民商法经典文库

赵万一　总主编

俄罗斯社团法人法（公司法）

РОССИЙСКОЕ
КОРПОРАТИВНОЕ ПРАВО

［俄罗斯］I. S. 施特金娜　主编
（Шиткина Ирина Сергеевна）
张建文　杨天放　等译

法律出版社 LAW PRESS・CHINA
北京

著作权合同登记号
图字：01-2021-0182

本书由罗蒙诺索夫国立莫斯科大学法律系学术委员会推荐作为“40.03.01法学”方向本科生培养教材和“40.04.01法学”方向硕士研究生培养教材

“民商法经典文库”编辑委员会

总主编简介

赵万一

西南政法大学民商法学院教授、博士研究生导师。曾任西南政法大学民商法学院院长、《现代法学》主编。兼任中国法学会商法学研究会副会长、中国法学会民法学研究会学术委员会副主任。先后被西北政法大学、福州大学、西南大学、福建师范大学、山东经济学院等多所大学聘为兼职教授；上海大学、福建师范大学兼职博士研究生导师；英国《法律与管理国际杂志》（ML-The International Journal of Law and Management）编委。

曾出版《民法的伦理分析》《民法概要》《商法基本问题研究》《证券法的理论与实务》《中国竞争保护法律制度研究》等个人专著多部，主编《商法学》《证券法学》等教材数十部。先后在《中国社会科学》《中国法学》《法学研究》《人民日报》《光明日报》等报刊发表论文150余篇，有数十篇文章分别被《新华文摘》、《中国社会科学文摘》、中国人民大学书报资料中心《复印报刊资料》转载。其《民法的伦理分析》一书曾分别于2005年和2017年在我国台湾地区五南图书出版股份有限公司和日本经济法律出版社出版，多篇论文在日本、韩国等国发表。

原著撰写分工

I.S.施特金娜　第一章，第三章第1节，第三章第2节第2.1分节、第2.4分节、第2.5分节，第四章，第十一章，第十二章，第十四章；

A.V.加博夫　第五章第1节、第2节、第6节、第7节，第六章，第七章第1节、第2节、第3节、第5节；

C.A.卡列琳娜　第三章第2节第2.3分节，第七章第4节；

N.V.科兹洛娃　第二章（与S.Yu.菲莉波娃合著），第三章第2节第2.2分节（与S.Yu.菲莉波娃合著），第三章第3节，第五章第3节、第5节（与S.Yu.菲莉波娃合著）；

S.Yu.菲莉波娃　第二章（与N.V.科兹洛娃合著），第三章第2节第2.2分节（与N.V.科兹洛娃合著），第五章第3节、第5节（与N.V.科兹洛娃合著），第九章，第十章，第十三章；

D.V.洛马金　第八章。

原著作者简介

I.S.施特金娜（Шиткина Ирина Сергеевна）

法学博士，罗蒙诺索夫国立莫斯科大学法律系企业法教研室教授、“公司法”硕士教学方向负责人、公司法教研中心主任，“施特金娜与合伙人”律师事务所管理合伙人，俄罗斯联邦政府创设的改善公司治理跨部工作小组成员，俄罗斯经济发展部下属的公司治理专家委员会的成员，俄罗斯企业家联合会国家公司治理理事会专家，莫斯科市仲裁法院科学咨询委员会成员，俄罗斯联邦工商会国际商事仲裁法院、俄罗斯现代仲裁协会仲裁中心、俄罗斯企业家联合会仲裁庭仲裁员，多家大型俄罗斯及跨国公司董事会成员、独立董事，如俄罗斯联邦储蓄银行（Sberbank）、Elinar控股股份公司等。俄罗斯公司法领域广受认可的专家，曾多次代表联邦及法人的利益参与诉讼案件。在对司法实践具有重要意义的案件中，多次为国际仲裁和国内法院提供专家意见。

著有240余篇/部企业法及公司法方向的学术成果。

A.V.加博夫（Габов Андрей Владимирович）

法学博士,俄罗斯科学院通信院士、科学出版委员会成员，俄罗斯联邦功勋法学家，俄罗斯联邦编纂及完善民事立法总统理事会成员，俄罗斯联邦最高法院科学顾问委员会成员，莫斯科州仲裁法院科学咨询委员会成员，俄罗斯中央银行公司治理专家委员会成员，俄罗斯司法部完善仲裁程序委员会成员，俄罗斯教育科学部最高学位评定委员会法律专家委员会副主席，俄罗斯联邦专利与商标局委员会成员，俄罗斯企业家联合会仲裁员、俄罗斯企业家联合会仲裁中心主席团副主席、俄罗斯企业家联合会社团关系委员会成员、俄罗斯企业家联合会独立董事国家登记委员会副主席。

著有180余篇/部学术成果，其中包括多部个人专著。

E.P.古宾（Губин Евгений Парфирьевич）

法学博士，罗蒙诺索夫国立莫斯科大学法律系企业法教研室主任及教授、“法与商”硕士教学方向负责人，俄罗斯联邦功勋学家，俄罗斯联邦工商会国际商事仲裁法院仲裁员，俄罗斯联邦最高法院及莫斯科市仲裁法院科学顾问委员会成员，“存款保险代理”国有公司专家分析委员会成员，《企业法》杂志主编，分管俄罗斯律师协会莫斯科分会委员会的经济活动法律调整方面的工作。

著有100余篇/部学术成果。

C.A.卡列琳娜

（Карелина Светлана Александровна）

法学博士，罗蒙诺索夫国立莫斯科大学法律系企业法教研室教授、“破产法”硕士教学方向负责人，俄罗斯联邦最高法院及莫斯科市仲裁法院科学顾问委员会成员，俄罗斯联邦工商会国际商事仲裁法院及俄罗斯现代仲裁协会仲裁中心仲裁员，兼顾教学、学术活动与职业实务工作，“卡列琳娜与合伙人”法律公司管理合伙人，破产领域学术咨询研讨会发起人及带头人，俄罗斯银行协会专家委员会成员，俄罗斯联邦工商会安全经营委员会危机管理附属委员会成员，“存款保险代理”国有公司专家分析委员会成员。

在核心法律期刊发表学术著作200余篇/部。

N.V.科兹洛娃

（Козлова Наталия Владимировна）

法学博士，罗蒙诺索夫国立莫斯科大学法律系民法教研室教授、法律系分管科研副主任，俄罗斯联邦最高法院科学顾问委员会成员，俄罗斯现代仲裁协会仲裁中心仲裁员，“EM & Co.”律师事务有限责任公司学术顾问。

著有200余篇/部民法方向相关学术成果。

S.Yu.菲莉波娃（Филиппова Софья Юрьевна）

法学博士，罗蒙诺索夫国立莫斯科大学法律系商法及法学原理教研室教授，执业律师。

著有200余篇/部民法及公司法方向的学术成果，包括若干专著和教材。

D.V.洛马金

（Ломакин Дмитрий Владимирович）

法学博士，罗蒙诺索夫国立莫斯科大学法律系民法教研室教授，5.1.3“私法科学”方向学位授予答辩委员会委员，教授民法及公司法课程，俄罗斯联邦最高法院科学顾问委员会成员，俄罗斯现代仲裁协会仲裁中心仲裁员，执业律师。《俄罗斯联邦民事立法发展构想》起草人之一，俄罗斯公司法领域享誉海内外的专家带头人。在解决民事法律纠纷方面拥有丰富的经验。

著有160余篇/部学术成果。

原著评阅人

O.A.别莉亚耶娃　法学博士，教授，俄罗斯政府附属立法及比较法律系民事立法与民事诉讼程序部科研带头人、私法学科教研室主任。

E.V.瓦维林　法学博士，教授，萨拉托夫国立法学科研副校长、民法教研室主任，原俄罗斯联邦最高仲裁法院法官。

译委会

主　编　张建文

副主编　杨天放

成　员（按章节编译顺序）

杨天放　统校全文

第一章、第六章、第十章、第十一章，

参译第五章第1～3节

张月萍　第二章、第四章第3节、第十三章、第十四章

邱玺诚　第三章、第四章第1～2节

何慕宇　参译第五章

谯红羽　第七章、第八章第9节

顾竞择　第八章第1～8节

宋佳冪　第九章、第十二章，参译第五章第4～7节

译者简介

张建文

河南邓州人。法学博士、管理科学与工程博士后。现任西南政法大学法学教授、博士生导师、博士后合作导师，西南政法大学俄罗斯法研究中心主任、西南政法大学中国信息法制研究所所长。兼任中国法学会案例法学研究会副会长、比较法学研究会常务理事。罗蒙诺索夫国立莫斯科大学访问学者。

杨天放

河北保定人。黑龙江大学法学学士、应用俄语学士，圣彼得堡大学法学硕士，莫斯科大学法学博士。现任深圳北理莫斯科大学中俄法学比较研究中心讲师。兼任莫斯科大学客座教授、圣彼得堡大学客座教授，黑龙江大学东北亚法律查明中心外国法查明专家。研究领域为公司法学、数字法学、比较法学。

张月萍

黑龙江哈尔滨人。法学博士。现任黑龙江大学外国语言文学博士后流动站助理研究员、黑龙江大学东北亚法治研究学术交流基地研究人员，东北亚法律查明中心外国法查明专家。兼任黑龙江省首批涉外调解专家库成员。研究领域为宪法学与行政法学、中俄区域法治合作。

邱玺诚

黑龙江鹤岗人。黑龙江大学法学院学士、库塔芬国立莫斯科法律大学硕士，现于库塔芬国立莫斯科法律大学国际私法教研室攻读副博士学位。研究领域为俄罗斯国际私法、国际商事仲裁。

何慕宇

江苏南京人。北京大学外国语学院俄罗斯语言文学系文学学士、北京大学国际法学院法律硕士及美国法法律博士。现任上海市锦天城律师事务所律师。

谯红羽

黑龙江大庆人。俄罗斯圣彼得堡国立大学法学博士。现任大庆师范学院法学院助教。兼任大庆市法学会涉外民商事法律研究会副秘书长。

顾竞择

黑龙江哈尔滨人。黑龙江大学中俄学院法学学士、黑龙江大学法学院刑法学硕士。现任黑龙江龙广律师事务所三级律师。

宋佳慕

黑龙江大庆人。黑龙江大学法学学士、应用俄语学士，库塔芬国立莫斯科法律大学硕士。现任中兴通讯股份有限公司法律事务部合规经理。研究领域为贸易制裁及出口管制合规、反商业贿赂合规。

总序：民商法学研究的时代使命

时至今日，虽然理论界对民商法在中国特色社会主义法律体系中的角色定位并未形成完全一致的看法，但对其在促进社会权利意识的觉醒、创造力的激发乃至社会经济的振导方面所发挥的巨大作用，几乎没有人能够否认。一方面，缘于其调整内容的广博性、调整方式的人本性、调整范围的全覆盖性和规制目的的正义性；另一方面，则得益于其所承载的“固根本、稳预期、利长远”的历史使命的厚重性和在强调促进社会经济发展的同时注重人与自然和谐发展的先进立法理念。通过研读世界主要国家的法律发展史，我们不难发现，具有时代引领意义的重要民商法律制度的制定，通常是伴随一个国家社会制度的重构、社会政策的改变和社会观念的变革应运而生的。因此，民商法律制度的设计通常并不仅仅表现为单纯的制度进化和规则演变，更反映了社会经济政治制度环境的优化和社会意识的嬗变。我国也不例外。发轫于20世纪70年代末的经济体制改革，不但将现代中国社会深深打上了法治烙印，而且极大激发了法律对社会关系特别是社会经济关系的调整冲动，从而将上层建筑对经济基础的促进作用发挥到极致。时至今日，伴随计划经济向市场经济的成功转型而不断拓展其作用深度和广度的民商事立法,无论是对中国民众国民性格的塑造、行为模式的固化,还是对整个社会经济运行驱动力的重新构造,都产生了越来越显著的影响。以平等和自治为核心的民商法律制度不但成为国家调整社会关系特别是社会经济关系的最重要法律手段,而且成为社会主体行为选择的首要凭依因素;以公平和效益为主旨的民商法律思维已深深嵌入人们的思维逻辑链条中,成为人们臧否立法和司法活动的主要标尺;以良善、诚信、忠实为先导的民法文化不但发挥启佑民智之功效,而且已逐步内化为一种社会习惯和社会生活方式。作为民商法制度根基的平等原则并未得到有效贯彻,进而在主体立法上采取差别性待遇的做法还比较普遍。在民商事司法领域中,由于未对价值取向各异的不同审判类型进行必要的审判理念区分,从而导致审判活动既无法满足以自然人为代表的普通民事主体对公平理念的强烈渴求,也无法有效实现以公司为代表的商事主体追求效益的行为动机。在法律意识层面上,民商法的私法属性和权利法属性并未获得普遍的社会认同,民商法所体现的一些基本法律价值和法律精神也没有随着民商事立法的繁荣而获得广泛的尊重和支持。造成这种广大民众对民商法价值认同感不高的原因是多方面的。由于民商法是直接介入市场经济和商品经济形态塑造和规则设计的法律制度,因此,无论是在立法上还是在司法实践中,人们都有意或无意地将所有的民商事法律制度的作用定位为促进市场经济的发展,从而淡化了作为民商法精神内核的人本主义思想和人文主义理念。不仅如此,民商法的非理性繁荣还助长了法律对社会关系的调整作用,包罗万象的法律规则试图将调整的触角延伸至公民生活的每一个领域。实际上,法律更多是作为约束人类非理性行为的必要羁绊而存在的,任何类型的强制行为都不可避免地会对社会主体的行为及与此相连接的社会关系起到一定的限制作用。

从经济基础对上层建筑的作用结果来看,肇端于20世纪70年代末的经济体制改革和对外开放不但极大解放了受到压抑的生产力,而且充分激活了潜藏在人类内心深处追求财富的欲望,使人们从普遍的羞于言利转变成攫取财富。中国社会第一次感受到法律对社会生活的强大影响力和导引力。正是法律对社会经济关系的强力介入,不但彻底改变了利益的获取和分配方式,任何主体的正当经济利益诉求都必须通过法律加以固化、疏导和界定,而且极大地促进了社会财富的增加,使中国在很短的时间内跃居世界第二大经济体。正是基于对法律作用的高度重视,我们在短短的40多年时间里建立起了比较完备的社会主义市场经济法律体系,从而为全面实现依法治国奠定了必要的法律硬件基础。任何国家的法治现代化都不能通过简单的对外国法律制度的借鉴而完成,成熟的法律制度除借鉴人类法治文明建设有益成果外,还必须加强对本国法治资源的挖掘和对法治适用环境的建设和改造。为此,我们不但要重视对民商法具体法律制度的吸收和构造,而且更应加强对民商法基本理念、基本作用、基本精神和基本价值的研究和认识,更准确地定位民商法在构建新时代中国特色社会主义法律体系中的地位和作用,因为只有以先进理念作支撑的法律制度才能真正有效发挥其对社会关系的精准调整作用。

大学作为现代文明的发祥地和社会知识的集散地,既是民族文化的传承者,也是现代文明特别是现代法治文明的创造者和传播者。相对其他类型的院校而言,法科院校基于其独特的创设要求和人才培养目标,在创新社会法治理念、提供法律制度有效供给、推进国家现代法治文明建设方面无疑负有特殊的义务和责任。西南政法大学作为一所以法学为主的多科性院校,创设于新中国百废待兴之时,繁荣于改革开放的历史机遇期,不但见证了中国法治建设的曲折历程,而且对中国的法治建设贡献了自己的责任和智慧。其民商法学作为传统的优势学科之一，经过几代人的不懈努力，逐步形成了以民本天下为情怀、以商达经纬为志向、以知行合一为目标、以振兴国家为责任的学术精神和专业特色。自20世纪50年代开始，学科奠基人金平教授、杨怀英教授等老一辈开宗学者秉持学术报国之宏愿，开拓奋进、殚精竭虑，历经筚路蓝缕之磨难，披荆斩棘之艰辛，初创西南政法大学民商法之学林。20世纪80年代之后，沐浴改革开放之春风，西南政法大学民商法迎来第一次鼎盛时代，金平教授和杨怀英教授作为全国民商法领域中的重要领军人物，以他们的敬业精神和人格魅力，团结和凝聚了包括邓大榜、聂天贶、黄名述、李开国、柯瑞清、邓宏碧、张和光、赵勇山、叶清勋、赵泽隆、谭向北、程正宗、陈志学等30余位在全国有一定影响力的中年骨干教师；以王卫国、禄正平、伍载阳、刘晓星、张玉敏、尹田、吴卫国、赵万一等为代表的一批年轻学者开始在国内学术舞台上崭露头角。西南政法大学也自然而然地成为国内名副其实的民商法教学与研究重要阵地。20世纪90年代末期以来，在李开国、张玉敏、赵万一、陈苇、谭启平等学术带头人的带领下，本学科全体同仁励精图治、拼搏进取、内外双修，不但使学科师资规模达到创纪录的120余人，而且在职称结构、学历结构、学缘结构等方面都有了实质性改善，教学科研水平也不断上升到新的台阶。我们坚信，在国内外同仁的关心和支持下，经过本学科全体师生的共同努力，西南政法大学民商法学的明天一定会更加灿烂辉煌。

民商法作为一个应用性很强的实用性学科，并非产生于书斋中的理论推演，而应来源并服务于社会经济生活。本学科一直以关注民生、强调民本为己任，秉持造福苍生，心系天下的情怀，努力将自己的研究服务于国家的经济建设和法治建设。具有中国民法典“活化石”之称的金平教授不但全程参与了第一次至第三次《民法典(草案)》的拟定，而且其所提出的许多富有创见性的观点,如民法调整的是平等主体之间的财产关系和人身关系,直接影响了《民法典》的制定。具有中国婚姻法“女神”之称的杨怀英教授不仅参与了1980年《婚姻法》的修改,而且始终关心中国家庭制度的发展变化及其与社会之间的互动关系,在花甲之年仍亲自带队,到当时条件十分艰苦的云南西双版纳和德宏两大民族自治州长途奔波数千里,开展长达数月的田野调查,出版了具有填补空白性质的《滇西南边疆少数民族婚姻家庭制度与法的研究》。这个优秀传统一直传承至今。陈苇教授在主持司法部重点课题时,以“农村妇女土地权利保障”为视角,先后组织1000多名学生深入农村考察并形成了数十万字的调研报告。在2008年“5·12”大地震发生后不久,以本学科刘俊、谭启平、刘云生等教授为主的12位法学专家联名上书全国人大常委会,建议尽快制定重大自然灾害处置特别法令并草拟了一部近万字的《重大自然灾害处置特别法令(建议稿)》。在具有世纪工程之称的《民法典》制定过程中,本学科不仅有数十人深度参与了《民法典》的条文拟定及其相关的立法调研论证活动,而且在《民法典》颁布之后的第一时间内成立了规模庞大的《民法典》宣讲团,深入国家机关、企事业单位和社区、农村,向广大社会公众宣讲《民法典》的伟大意义,充分体现了学者的责任与担当。

近年来,国际、国内民商法学科的迅速发展向我们提出了严峻挑战。国际上,无论是源于罗马法的大陆法系还是源于海洋经济需要而产生的英美法系,都正朝着更深、更广、更前沿的方向延伸与发展,民商法学理论日益博大精深,法学流派呈现多元化趋势;民商法学研究更加注重与法律实践的契合,注重对司法领域中出现的新的法律问题的审视和研究;在全球化趋势的推动下,各国民商法学日益走向相互渗透与融合,同时又更加注重与本国国情的结合,呈现国际化与民族化共同繁荣的趋势；法学理论方面，跨学科研究方兴未艾，交叉学科、边缘学科如雨后春笋般大量涌现。在国内，随着依法治国方略的推行，民商法学研究更加深入与务实。一方面，在全球化的大潮之下，如何借鉴人类精神遗产，借鉴外国合理的法律制度与精神，成为摆在中国民商法学面前的重大课题之一；另一方面，在国内市场经济发展过程中出现的各种法律问题也向民商法学提出了挑战，如何立足中国的法律实践，利用世界各国的经验，发扬我国优良传统风俗，应对未来经济、政治、文化的重大转折，也是中国民商法进一步发展所必须解决的重大课题。为了总结西南政法大学民商法学科在过去40多年中取得的成绩，饮水思源，时刻铭记老一辈民法学者对本学科发展所作出的突出贡献，我们曾与法律出版社联袂于2009年编辑出版了5卷本的“西政民商法学阶梯”丛书和20卷本的“西南民商学人文库”和多卷本的“民商经典译丛”。为了发挥本学科在民商法基础理论特别是民法哲学方面的研究优势，我们先后编辑出版了两辑共13本“民法哲学”丛书。为了扩大与我国台湾地区的学术交流活动，我们曾与华中科技大学出版社、台湾元照出版股份有限公司倾力打造了“华中·元照西政民商法学术文库”和“华中·元照中青年法律科学文库”。

为了进一步充分发挥法学研究对法律实践的引领作用，我们决定集合校内外各种资源，推出既能综合反映西南政法大学民商法学科科研实力，又能广纳群贤、有效汇集国内外最新民商法学研究成果，并能对中国法治建设起到推动作用的大型系列丛书——“民商法经典文库”。本文库分为民法哲学、经典译著、学术研究、前沿争鸣、名家讲坛、教育研究、经典案例及年度十大有影响力案例、研究随笔9个系列。同时，我们也真诚邀请国内外贤儒同仁不吝赐稿，积极支持我们的工作。我们相信，在国内外同行专家的共同帮助下，本文库一定能够达到预期目标。

是为序。

2012 年 11 月 6 日于西南政法大学

2021 年 7 月 6 日修订于西南政法大学

中文版序

尊敬的中国读者们:

我谨代表作者团队就《俄罗斯社团法人法(公司法)》一书被译成中文以飨中国读者一事,表达悦怿与惬怀之感。

您手中所持的《俄罗斯社团法人法(公司法)》一书,是罗蒙诺索夫国立莫斯科大学的俄罗斯学生、外籍学生与其他主要俄罗斯高等教学机构的学生所学习的教材。毫不夸张地说,该作品是为服务于俄罗斯各社团的法律实践工作者们所撰写的案头必备书籍!

在充分认识"法律是一种国家现象——其由各国的社会、民族与文化特点而确定"的前提下,我希望《俄罗斯社团法人法(公司法)》教材也将受到中国读者的青睐。

中国公司法领域的法律制度与俄罗斯的法律秩序有许多共同之处,这也使本书对研究而言有所裨益。中国经济的快速发展需要与之相适应的法律保障,我们希望《俄罗斯社团法人法(公司法)》一书或许能够为推动中国法人制度与公司治理方面的立法完善与学理发展提供一定的参考与借鉴。

众多跨国公司的设立、中国企业经营者纷纷在俄罗斯成立公司等,均体现了中俄关系的稳定发展和经济联系的日益密切，这也许将是本书引发读者阅读兴趣的另一个原因。

我要向西南政法大学的张建文教授深致谢意！感谢张老师为本书中文译本付梓一事的倾力支持！此外还要感谢我的学生罗蒙诺索夫国立莫斯科大学法律系企业法教研室博士毕业生、法学博士、深圳北理莫斯科大学中俄法学比较研究中心讲师杨天放。其为本书汉语译文的质量提供了保障。

愿各位读者能够在研究俄罗斯社团法人法的过程中，得到专业知识的丰富与收获！

谨代表原著作者团队深致敬意！

I. S. 施特金娜*

* 罗蒙诺索夫国立莫斯科大学法律系企业法教研室法学博士、教授。

译者序

我对于俄罗斯联邦自2008 年以来所进行的民法典完善计划的关注已近12 年。2012 年，本人与当时还在上海交通大学凯原法学院读博士、目前于厦门大学法学院工作的魏磊杰师弟，联合主编了《俄罗斯联邦民法典：过去、现在与未来》，且已经留意并请西南政法大学外语学院廖红英老师翻译了直属于俄罗斯联邦总统的民事立法法典化与完善委员会所提出的《俄罗斯联邦民事立法发展构想》。

2016 年9 月至2017 年2 月，我经学校派遣到罗蒙诺索夫国立莫斯科大学法律系访学。在此期间，苏哈诺夫教授作为本人的指导教师，我在关注他的研究的同时，了解到他正是民事立法法典化与完善委员会所提出的《俄罗斯联邦民事立法发展构想》中社团法人法的基本构想的负责人〔1〕。苏哈诺夫教授出版了《俄罗斯民事立法改革》一书。在访学期间，我将该书通读，关注到俄罗斯民事立法法典化与完善委员会所提出的，俄罗斯国家杜马2012 年12 月30 日以第302 号联邦法律通过的关于将"参与社团法人组织或者与社团法人组织管理有

〔1〕 适逢本书作者之一 D.V. 洛马金教授亦为该文件起草人之一。

关的关系”（отношения，связанные с участием в корпоративных организациях или с управлением ими），也就是所谓的“社团法人关系”（корпоративные отношения）[1] 纳入《俄罗斯联邦民法典》第2条，[2] 作为民事立法调整对象的正式内容。这是俄罗斯民事立法的最重大的改革和创新之一。[3]

在俄罗斯联邦民法典现代化的过程中，关于法人部分所发生的重大变化莫过于，除在《俄罗斯联邦民法典》通过之初就已经存在的关于营利法人和非营利法人的分类之外，新增加了社团法人与单一制法人的分类，而且成为《俄罗斯联邦民法典》中关于法人分类的两大基本类型。因此，在《俄罗斯联邦民法典》中法人的分类分为营利社团法人组织和非营利社团法人组织、营利单一制组织和非营利单一制组织，这种基本分类以营利和非营利，以及社团性与单一制的划线分类方法[4]，是较完整和妥当的。在我国《民法典》编纂过程中，也有要求提出建立社团法人与财团法人之分类的设想，但是该设想并没有在我国《民法典》中得到具体的体现，可能是跟立法者对该问题的立法时机是否成熟持有疑虑，也跟我国国内对该问题的学术准备尚不够充分有关。

2019年暑假期间，当时正在罗蒙诺索夫国立莫斯科大学法律系攻读博士学位的杨天放博士与我联系，准备组织联合翻译I.S.施特金娜

---

〔1〕 参见《俄罗斯联邦民法典（第一部分）》，张建文译，华中科技大学出版社2019年版，第3页。

〔2〕 Гражданский кодекс Российской Федерации. Части первая，вторая，третья и четвертая. Москва：Проспект，2019. с. 7.

〔3〕 对比《独联体成员国示范民法典》第1条，就可以发现，将社团关系纳入民法调整对象之中，是最近的事情，《独联体成员国示范民法典》还没有涉及这个规定。参见《独联体成员国示范民法典》，张建文译，法律出版社2014年版，第3页。

〔4〕 即以“营利/非营利”和“社团性/单一制”两套标准组合。

教授主编的《社团法人法》[1]一书。本人不胜欣喜,决定参与。在组织翻译的过程中,杨天放博士表现出了高度的学术使命感和责任感,出色的组织与领导能力,细致的学术风格与深厚的学术素养,组织了一个由国内和国外青年学者联合组成的翻译团队,2019 年 12 月,基本完成了该书稿的翻译工作。在翻译过程中,我们也进行了反复的沟通和磋商,特别是对于一些在汉语中难以找到对应表述的俄语词汇和法律术语进行了多次探讨,确定了翻译方向。当时适逢我在翻译最新版《俄罗斯联邦民法典》,且已经完成了第一、第二和第三部分,译者对相关法律术语和翻译方向的讨论,也令我获益匪浅。

同时,我想感谢本书翻译团队中的每一位成员为本书的中文译本所付出的勤奋与坚持!同时,我还想对未列于本书翻译团队的高昂、姚碧钰、皮远卓和杨晓轲同学在本书翻译初期所付出的努力表达真挚的谢意!

2020 年 1 月 1 日前,我收到了罗蒙诺索夫国立莫斯科大学法律系 I. S. 施特金娜教授发来的邮件,并完成了对本书中文版翻译出版发行的授权。教授也高度评价和赞赏整个翻译团队所完成的工作,并专门为国内读者撰写了中文版序。

值此译事告竣,即将提交出版社,我不胜欣喜,谨将俄罗斯民事立法现代化过程中的最新成果,译介给国内的读者和学术同仁。

是为序。

张建文

2025 年 1 月于重庆

---

〔1〕 本书书名中"俄罗斯"一词系为方便中国读者查阅、经原著作者同意后添加。

关于译文的若干问题致读者书

亲爱的各位读者们：

毋庸置疑，俄罗斯社团法人法对于我国大部分读者来说是一个相对陌生的领域，对于母语为汉语的各位译者们而言亦是如此。

正如我的博士研究生导师 I. S. 施特金娜教授所提到的："法律是一种国家现象——其由各国的社会、民族与文化特点确定。"在将一本俄罗斯法学著作翻译成汉语时，我们所面临的不仅仅是语言本身的难度，还需要克服由两个国家甚至是各国的法律文化、法律传统、立法现状和法律特色的不同而产生的诸多问题。在本书的翻译过程中，译者们对于一些译法操作的难点展开了激烈而持久的讨论。最终，我们克服了重重困难，也对相关术语的初创性翻译处理达成共识。

针对本书所采用原著编写格式设计，对一些译法的处理作以下说明。

1. "➲"引出核心内容或作出小结的功能；

2. "▌"标出立法原文、术语概念、通说理论内容的功能；

3. "⚖"对司法判例、法律意见等的引用；

4. "📖"文献、学者观点的引用。

如原作者于本书正文第三章中所写的，各国对于“法人”“社团法人”“公司”均有其各不相同的学理理解与立法定义。译者将本书书名“Корпоративноеправо”（corporate law）译作“社团法人法”，是考虑俄罗斯为大陆法系国家，且书中“корпорация”（corporation）一词于俄罗斯法中指其成员享有参与权（成员资格）且可组建内部最高机关的法人（《俄罗斯联邦民法典》第65.1条）。该词的广度与特征要素与大陆法系中的“社团法人”一致。但由于语言表达习惯差异，如果将形容词“корпоративный”（corporate 社团法人的）一词的语义用于各相关类术语的中文翻译，则无法万能地适配于所有中文语汇。例如，本书大篇幅出现了“корпоративное правоотношение”（社团法律关系）一词，若将其译为“社团法人法律关系”，则过于拗口[1]，未免难臻“信达雅”中之“雅”境。亦考虑中文论及各国“营利社团”或“非营利社团”之时，并非所有组织形式[2]所在国家均采用“法人”制度。各位译者在经过激烈的讨论与权衡之后，决定可以将“社团法人”中的“法人”二字适当隐去，以达行文通畅、方便阅读之目的。**故本书中的“社团”均为与“财团法人”相对应的“社团法人”之简写**，而有别于“社会团体”这一具体的组织范畴。为防止误读，特作此说明。

但若不以我国法学部门划分标准来严格对应，本书实际讨论的是以股份公司、有限责任公司、无限公司、两合公司等各类法人的组建、经营、管理、清算等相关的法律问题。译作团队为方便读者理解与接受，故在名称之后取**“公司法”**的广义意涵，特添加括号作补充说明。

此外，我们还将本书中多次出现的“社团治理”一词，遵照国内学术用语使用习惯，翻译为“公司治理”。

---

〔1〕 文中亦有直译为“社团法人法律事实”等词组。

〔2〕 如本书第三章中所提及的美国公众社团、准公众社团、非营利社团、私营社团等。

另外值得注意的是,本书译者团队对于“合营”一词的处理。俄语“товарищество”一词有“同志关系”“友谊”“集体”“协会”“(工业、贸易界等的)公司、社会”“合营组织”“(合营)公司”“合伙营业”等义项。该词于俄语法律文本中实质上是一个类似于“公司”的专指性名词,在俄罗斯民法领域中是一个包含无限公司与两合公司的范畴概念,区别于用于指称概括有限责任公司与股份公司的“общество”(公司)一词。如在哈萨克斯坦法律中,该词(товарищество)则被用于该国的“有限责任公司”等术语中,用于指称“公司”。该词曾被国内学者译为“合伙”,考虑当时的《俄罗斯联邦民法典》中并未固定“合伙”(partnership)这一法律组织形式,且无限公司、两合公司在责任形式上与我国合伙企业有相似之处,故这一译法有其一定的必然性。但依2014年大修之后的现行《俄罗斯联邦民法典》,“合伙”(партнерство,即英文词汇“partnership”)一词已作为营利法人列举式清单中的一种法人类别被确立了下来(第65.1条),且就法律属性而言,其无异于英美法系中的合伙企业的组成形式。译者考虑“товарищество”一词于本书中出现频率亦很高,且其为两合公司与无限公司的概念,常与概括股份公司和有限责任公司的“公司”(общество)一词共同使用(见目录及本书上下文例)。为避免“общество”“товарищество”“партнерство”之类近义词间的语义冲突和语义之间勾连混乱的情况,**本书将概括无限公司及两合公司的统称概念“товарищество”一词首创而折中地译作“合营”**,而未使用前人“合伙”的译法。但是,俄语中“普通合伙协议”(договор простого товарищества)一词却照旧使用了“товарищество”一词,考虑该词本身的意义(见第四章第三节),译者决定尊重前人的翻译。相应地,本书第四章第三节中,“普通合伙”的译法,亦出于此原因。

另外，与我国立法中使用的“民事法律行为”有所区别，《俄罗斯联邦民法典》同样使用了德国民法中的（法律）“交易”（сделка）这一概念作为其调整的对象之一。我国学界对“法律交易”与“民事法律行为”孰是孰非的问题看法不一，但译者认为，排除立法者所赋予它们的专有意涵，单从字面上来看，二者各有优劣。考虑我国法学界的术语使用习惯，译者采取了折中的译法，为“重大交易”“关联交易”等更为具体的交易保留了“交易”二字的表述，但将除此之外的其他“交易”处理为了“民事法律行为”。这既符合我国民事立法对该术语的处理方式，也符合读者的阅读与理解习惯。

本书还对俄罗斯法中一些机构及制度名称作了原义保留的对译。例如，俄罗斯的“监事会”（наблюдательный совет）一词在其早期被引入立法之时便被列为董事会的同义词——立法者将公司的管理机关命名为“董事会（监事会）”，并沿用至今。与其他大陆法系国家普遍理解上的“监事会”不同，俄罗斯立法规定的“监察委员会”（ревизионная комиссия）仅履行对公司财务活动的监督检查职能，且并非必设机关。同样地，“仲裁法院”（арбитражный суд）虽使用了“仲裁”二字，却着重体现“法院”二字，实为国家法院履行商事案件审理的职能。同理，《仲裁程序法典》（арбитражный процессуальный кодекс）为对商事案件诉讼程序予以规制的程序法。本书将俄罗斯实际履行仲裁职能的机构翻译为“仲裁庭”（третейский суд）。相应地，文中所见《俄罗斯联邦仲裁法（仲裁审理法）》，为解决仲裁争议时所需适用的程序法。为避免误解，特此说明。

因参考资料有限，本书译者方才冒昧对一些术语使用了首创性译法。为避免跨语言语义差异、生造词晦涩难懂和语汇转换偏差等问题，在保证尊重原文的前提下，我们在正文中添加了大量译者短注和页底长脚注译者注，望能带给您最佳的阅读体验！

本书翻译时，翻译团队虽已力尽严谨，从完稿到付梓，我亦竭尽所能进行周密审校，五易其稿，但力有未逮、水平有限，疏漏错讹之处恐在所难免，深望各界读者不吝指教，以期再版得以修正。

顺借此书之中文译本敬谢我的博士研究生导师 I. S. 施特金娜教授，师德之深，如沧海如泰山；师恩之切，若蜡炬若春泥，言语未足尽表也！

杨天放*

2025 年 1 月于深圳

* 罗蒙诺索夫国立莫斯科大学法学博士、深圳北理莫斯科大学中俄法学比较研究中心讲师。

原著序

各位亲爱的读者们：

呈现于你们面前的是新版的《俄罗斯社团法人法(公司法)》一书，其由俄罗斯该领域有着丰富实践经验的著名学者、教师等专家共同倾力编成。

自2018年由I. S. 施特金娜教授主编的《俄罗斯社团法人法》两卷编教科书问世后，似乎已不那么必要再出版同类题材的图书了，但事实上并非如此。

该书阐述了有关法人权利能力、社团法人法的概念与渊源、社团法人的概念与种类、社团法人的设立、改组和终止，社团的种类，还有社团法律关系，包括社团成员的权利与义务。尤其分析了经济团体的法律地位：注册资本形成问题、公司治理的细节问题、团体机关成员的责任以及社团法律关系中成员的权利保护问题。“难题简说”是本书作者在创作时的宗旨。书中各类材料的呈现使本书不仅可用于硕士研究生对社团法人法的学习，也可有助于本科阶段同学对企业法和民法的探究。

书中对俄罗斯法律体系和法律适用中的最新变化、学理中的主要观点进行了分析说明。想必读者一定会喜欢本书中“主要概念—定义—结论”的结构体系。

同时我想再次表达我的谢意，感谢罗蒙诺索夫国立莫斯科大学法律系企业法教研室为本书的编纂集中了各学术流派的作者，使本书的高水准得以实现。

我相信本书会成为广大读者学习社团法人法道路上的坚实阶梯，并激发大家对该学科的学习热情及法律实践的浓厚兴趣。

E. P. 古宾*

* 罗蒙诺索夫国立莫斯科大学法律系企业法教研室主任法学博士、俄罗斯联邦功勋法学家、教授。

俄语术语缩略语表

规范性法规、其他法规及司法材料

АПК РФ -Арбитражный процессуальный кодекс Российской Федерации от 24 июля 2002 г. № 95 – ФЗ/2002 年 7 月 24 日通过的第 95 号联邦法《俄罗斯联邦仲裁程序法典》。

ГК РФ -Гражданский кодекс Российской Федерации, часть первая от 30 ноября 1994 г. № 51 – ФЗ; часть вторая от 26 января 1996 г. № 14 – ФЗ; часть третья от 26 ноября 2001 г. № 146 – ФЗ; часть четвертая от 18 декабря 2006 г. № 230 – ФЗ /《俄罗斯联邦民法典》:第一部分于 1994 年 11 月 30 日经第 51 号联邦法通过;第二部分于 1996 年 1 月 26 日经第 14 号联邦法通过;第三部分于 2001 年 11 月 26 日经第 146 号联邦法通过;第四部分于 2006 年 12 月 18 日经第 230 号联邦法通过。

ГК РС ФСР 1922 г.-Гражданский кодекс РСФСР (введен в действие По-становлением ВЦИК от 11 ноября 1922 г. «О введении в действие Гражданского кодекса РСФСР»)/全俄中央执行委员会于

1922 年 11 月 11 日以《关于俄罗斯苏维埃联邦社会主义共和国民法典生效》决议通过的《俄罗斯苏维埃联邦社会主义共和国 1922 年民法典》。

ГК РС ФСР 1964 г. -Гражданский кодекс РСФСР от 11 июня 1964 г. /于 1964 年 6 月 11 日通过的《俄罗斯苏维埃联邦社会主义共和国 1964 年民法典》。

ГПКРФ -ГражданскийпроцессуальныйкодексРоссийской Федерацииот 14 ноября 2002 г. № 138 – ФЗ /2002 年 11 月 14 日通过的《俄罗斯联邦民事诉讼法典》。

ЖК РФ -Жилищный кодекс Российской Федерации от 29 декабря 2004 г. № 188 – ФЗ /2004 年 12 月 29 日通过的第 188 号联邦法《俄罗斯联邦住房法典》。

КоАП РФ -Кодекс Российской Федерации об административных право-нарушениях от 30 декабря 2001 г. № 195 – ФЗ /2001 年 12 月 30 日通过的第 195 号联邦法《俄罗斯联邦行政违法法典》。

Концепция развития гражданского законодательства РФ -Концепция развития гражданского законодательства Российской Федерации: Одобрена решением Совета при Президенте РФ по кодификации и со-вершенствованию гражданского законодательства от 7 октября 2009 г. /于 2009 年 10 月 7 日由直属于俄联邦总统的民事立法法典化与完善委员会决定通过的《俄罗斯联邦民事立法发展构想》。

НК РФ -Налоговый кодекс Российской Федерации, часть первая от 31 июля 1998 г. № 146 – ФЗ; часть вторая от 5 августа 2000 г. № 117 – ФЗ /《俄罗斯联邦税法典》:第一部分于 1998 年 7 月 31 日经

第 146 号联邦法通过;第二部分于 2000 年 8 月 5 日经第 117 号联邦法通过。

Основы законодательства РФ о нотариате -Основы законодательства Российской Федерации о нотариате（утв. Постановлением Верховного Совета РФ 11 февраля 1993 г. № 4462 – Ⅰ）/《俄罗斯联邦公证立法纲要》,于 1993 年经第 4462 – Ⅰ号最高苏维埃决议批准。

ТК РФ -Трудовой кодекс Российской Федерации от 30 декабря 2001 г. № 197 – ФЗ /2001 年 12 月 30 日通过的第 197 号联邦法《俄罗斯联邦劳动法典》。

Закон о банках и банковской деятельности -Федеральный закон от 2 декабря 1990 г. № 395 – Ⅰ «О банках и банковской деятельности» /1990 年 12 月 2 日通过的第 395 号联邦法《银行及银行活动法》。

Закон о Банке России -Федеральный акон от 10 июля 2002 г. № 86 – ФЗ «О Центральном банке Российской Федерации（Банке России）» /2002 年 7 月 10 日通过的第 86 号联邦法《俄罗斯联邦中央银行(俄罗斯银行)法》。

Закон о банкротстве -Федеральный закон от 26 октября 2002 г. № 127 – ФЗ «О несостоятельности（банкротстве）» /2002 年 10 月 26 日通过的第 127 号联邦法《破产法》。

Закон о благотворительной деятельности -Федеральный закон от 11 августа 1995 г. № 135 – ФЗ «О благотворительной деятельности и добровольчестве（волонтерстве）» /1995 年 8 月 11 日通过的第 135 号联邦法《慈善活动法》。

Закон о бухгалтерском учете -Федеральный закон от 6 декабря

2011 г. № 402 – ФЗ «О бухгалтерском учете»/2011 年 12 月 6 日通过的第 402 号联邦法《会计核算法》。

Закон о жилищных накопительных кооперативах -Федеральный закон от 30 декабря 2004 г. № 215 – ФЗ «О жилищных накопительных кооперативах» /2004 年 12 月 30 日通过的第 215 号联邦法《住房合作社法》。

Закон о защите конкуренции -Федеральный закон от 26 июля 2006 г. № 135 – ФЗ «О защите конкуренции» /2006 年 7 月 26 日通过的第 135 号联邦法《保护竞争法》。

Закон о коммерческой тайне -Федеральный закон от 26 июля 2006 г. № 135 – ФЗ «О защите конкуренции» /2006 年 7 月 26 日通过的第 135 号联邦法《商业秘密法》。

Закон о конкуренции 1991 г. -Закон РСФСР от 22 марта 1991 г. № 948 – Ⅰ «О конкуренции и ограничении монополистической деятельности на товарных рынках» /由俄罗斯苏维埃联邦社会主义共和国于 1991 年 3 月 22 日第 948 – Ⅰ 号联邦法《商品市场竞争及限制垄断活动法》。

Закон о кредитной кооперации -Федеральный закон от 18 июля 2009 г. № 190 – ФЗ «О кредитной кооперации» /2009 年 7 月 18 日通过的第 190 号联邦法《信贷合作社法》。

Закон о лицензировании -Федеральный закон от 4 мая 2011 г. № 99 – ФЗ «О лицензировании отдельных видов деятельности» / 2011 年 5 月 4 日通过的第 99 号联邦法《关于各类活动许可证法》。

Закон о народных предприятиях -Федеральный закон от 19 июля 1998 г. № 115 – ФЗ «Об особенностях правового положения акционерных обществ работников (народных предприятий) » /1998年7月19日通过的第115号联邦法《关于工人股份公司(人民企业)法律地位特点法》(《人民企业法》)。

Закон о некоммерческих организациях -Федеральный закон от 12 ян-варя 1996 г. № 7 – ФЗ «О некоммерческих организациях» / 1996年1月12日通过的第7号联邦法《非营利组织法》。

Закон о политических партиях -Федеральный закон от 11 июля 2001 г. № 95 – ФЗ «О политических партиях» /2001年7月11日通过的第95号联邦法《政党法》。

Закон о потребительской кооперации -Закон РФ от 19 июня 1992 г. № 3085 – I «О потребительской кооперации (потребительских обществах, их союзах) в Российской Федераци и» /《消费合作社法》:1992年6月19日通过的第3085 – I号联邦法《关于俄罗斯联邦境内消费合作社》(《消费合作社法》)。

Закон о приватизации -Федеральный закон от 21 декабря 2001 г. № 178 – ФЗ «О приватизации государственного и муниципального имущества»/2001年12月21日通过的第178号联邦法《关于国有和市政所有财产私有化》(《私有化法》)。

Закон о производственных кооперативах -Федеральный закон от 8 мая 1996 г. № 41 – ФЗ «О производственных кооперативах» /1996年5月8日通过的第41号联邦法《生产合作社法》。

Закон о профессиональных союзах -Федеральный закон от 12 января 1996 г. № 10 – ФЗ «О профессиональных союзах, их правах и гарантиях деятельности» /《工会法》:1996年1月12日通过的第10号联邦法《工会及其权利、活动保障法》(《工会法》)。

Закон о регистрации юридических лиц и индивидуальных предпринимателей -Федеральный закон от 8 августа 2001 г. № 129 – ФЗ «О государственной регистрации юридических лиц и индивидуальных предпринимателей» /2001 年 8 月 8 日通过的第 129 号联邦法《法人和个体工商户登记法》。

Закон о рынке ценных бумаг -Федеральный закон от 22 апреля 1996 г. № 39 – ФЗ «О рынке ценных бумаг» /1996 年 4 月 22 日通过的第 39 号联邦法《有价证券市场法》。

Закон о садоводческих, огороднических и дачных некоммерческих объединениях граждан -Федеральный закон от 15 апреля 1998 г. № 66 – ФЗ «О садоводческих, огороднических и дачных некоммерческих объединениях граждан» /1998 年 4 月 15 日通过的第 66 号联邦法《园艺、菜园和避暑地公民非营利团体法》。

Закон о саморегулируемых организациях -Федеральный закон от 1 декабря 2007 г. № 315 – ФЗ «О саморегулируемых организация х» /2007 年 12 月 1 日通过的第 315 号联邦法《自律组织法》。

Закон о свободе совести и о религиозных объединениях -Федеральный закон от 26 сентября 1997 г. № 125 – ФЗ «О свободе совести и о религиозных объединениях» /1997 年 9 月 26 日通过的第 125 号联邦法《信仰自由和宗教团体法》。

Закон о сельскохозяйственной кооперации -Федеральный закон от 8 декабря 1995 г. № 193 – ФЗ « О сельскохозяйственной кооперации» /1995 年 12 月 8 日通过的第 193 号联邦法《农业合作社法》。

Закон о содействии развитию жилищного строительств -Федеральный закон от 24 июля 2008 г. № 161 – ФЗ «О содействии развитию жилищного строительства» /2008 年 7 月 24 日通过的第 161 号联邦法《促进住房建设发展法》。

Закон о средствах массовой информации -Закон РФ от 27 декабря 1991 г. № 2124 – Ⅰ «О средствах массовой информации»/ 1991 年 12 月 27 日通过的第 2124 – Ⅰ号联邦法《大众传媒法》。

Закон о торгово-промышленных палатах в РФ -Закон РФ от 7 июля 1993 г. № 5340 – Ⅰ «О торгово-промышленных палатах в Российской Федерации» /1993 年 7 月 7 日通过的第 5340 – Ⅰ号联邦法《俄罗斯联邦境内工商会法》。

Закон о хозяйственных партнерствах -Федеральный закон от 3 декабря 2011 г. № 380 – ФЗ «О хозяйственных партнерствах» /2011 年 12 月 3 日通过的第 380 号联邦法《商合伙法》。

Закон об адвокатской деятельности и адвокатуре -Федеральный закон от 31 мая 2002 г. № 63 – ФЗ «Об адвокатской деятельности и адвокатуре в Российской Федерации» /2002 年 5 月 31 日通过的第 63 号联邦法《律师活动及律师制度法》。

Закон об АО -Федеральный закон от 26 декабря 1995 г. № 208 – ФЗ «Об акционерных обществах» /1995 年 12 月 26 日通过的第 208 号联邦法《股份公司法》。

Закон об аудиторской деятельности-Федеральный закон от 30 декабря 2008 г. № 307 – ФЗ «Об аудиторской деятельности» /2008 年 12 月 30 日通过的第 307 号联邦法《审计活动法》。

Закон об инвестиционном товариществе -Федеральный закон от 28 ноября 2011 г. № 335 – ФЗ «Об инвестиционном товариществе» /

2011年11月28日通过的第335号联邦法《投资合伙法》。

Закон об иностранных инвестициях -Федеральный закон от 9 июля 1999 г. № 160 – ФЗ «Об иностранных инвестициях в Российской Федерации» /1999年7月9日通过的第160号联邦法《俄罗斯联邦境内外国投资法》(《外国投资法》)。

Закон об информации -Федеральный закон от 27 июля 2006 г. № 149 – ФЗ «Об информации, информационных технологиях и о защите информации» /2006年7月27日通过的第149号联邦法《信息、信息技术及信息保护法》(《信息法》)。

Закон об образовании -Федеральный закон от 29 декабря 2012 г. № 273 – ФЗ «Об образовании в Российской Федерации» /2012年12月29日通过的第273号联邦法《俄罗斯联邦教育法》。

Закон об ООО -Федеральный закон от 8 февраля 1998 г. № 14 – ФЗ «Об об-ществах с ограниченной ответственностью» /1998年2月8日通过的第14号联邦法《有限责任公司法》。

Закон об общественных объединениях ——Федеральный закон от 19 мая 1995 г. № 82 – ФЗ «Об общественных объединениях» /1995年5月19日通过的第82号联邦法《社会团体法》。

Закон об общих принципах организации общин ——Федеральный закон от 20 июля 2000 г. № 104 – ФЗ «Об общих принципах организации общин коренных малочисленных народов Севера, Сибири и Дальнего Востока Российской Федерации»/2000年7月20日通过的第104号联邦法《关于俄罗斯联邦北方、西伯利亚和远东地区本地少数民族公社组织共同原则》(《公社组织共同原则法》)。

Закон об объединениях работодателей -Федеральный закон от 27 ноября 2002 г. № 156 – ФЗ «Об объединениях работодателей» /2002 年 11 月 27 日通过的第 156 号联邦法《雇主团体法》。

Закон об унитарных предприятиях -Федеральный закон от 14 ноя-бря 2002 г. № 161 – ФЗ «О государственных и муниципальных унитарных предприятиях» /2002 年 11 月 14 日通过的第 161 号联邦法《国家和地方单一制企业法》(《单一制企业法》)。

Закон от 5 мая 2014 г. № 99 – ФЗ -Федеральный закон от 5 мая 2014 г. № 99 – ФЗ «О внесении изменений в главу 4 части первой Гражданского кодекса Российской Федерации и о признании утратившими силу отдельных положений законодательных актов Российской Федерации» / 2014 年 5 月 5 日通过的第 99 号联邦法《关于修改俄罗斯联邦民法典第一部分第四章及承认俄罗斯联邦法规个别条款的废除》。

Закон от 29 июня 2015 г. № 210 – ФЗ -Федеральный закон от 29 июня 2015 г. № 210 – ФЗ «О внесении изменений в отдельные законодательные акты Российской Федерации и признании утратившими силу отдельных положений законодательных актов Российской Федерации» /2015 年 6 月 29 日通过的第 210 号联邦法《关于修改俄罗斯联邦部分法律文件并承认俄罗斯联邦个别法律文件的废除》。

Закон от 3 июля 2016 г. № 343 – ФЗ -Федеральный закон от 3 июля 2016 г. № 343 – ФЗ «О внесении изменений в Федеральный закон «Об акционерных обществах» и Федеральный закон «Об обществах с ограниченной ответственностью» в части регулирования крупных сделок и сделок, в совершении которых имеется заинтересованность» / 2016 年 7 月 3 日通过的第 343 号联邦法《关于对“有限责任公司法”和“股份公司法”对重大交易及关联交易部分进行修改》。

Закон от 29 июля 2017 г. № 266 – ФЗ -Федеральный закон от 29 июля 2017 г. № 266 – ФЗ «О внесении изменений в Федеральный закон «О несостоятельности (банкротстве)» и Кодекс Российской Федерации об административных правонарушениях» / 2017 年 7 月 29 日通过的第 266 号联邦法《关于对“破产法”和“俄罗斯联邦行政违法法典”进行修改》。

Закон от 4 июня 2018 г. № 133 – ФЗ -Федеральный закон от 4 июня 2018 г. № 133 – ФЗ «О внесении изменений в отдельные законодатель-ные акты Российской Федерации и признании утратившей силу части 15 статьи 5 Федерального закона «О внесении изменений в Федеральный закон «Об обязательном страховании гражданской ответственности владельцев транспортных средств» и отдельные законодательные акты Российской Федерации» в связи с принятием Федерального закона «Об уполномоченном по правам потребителей финансовых услуг»» / 2018 年 6 月 4 日通过的第 133 号《关于修改俄罗斯联邦个别法律文件和基于“金融服务消费者权利授予”联邦法的通过而承认“关于修改‘交通工具持有人民事责任强制保险’联邦法和俄罗斯联邦个别法律文件”联邦法第 5 条第 15 款失效的联邦法》。

Закон от 19 июля 2018 г. № 209 – ФЗ -Федеральный закон от 19 июля 2018 г. № 209 – ФЗ «О внесении изменений в Федеральный закон «Об акционерных обществах»» / 2018 年 7 月 19 日通过的第 209 号联邦法《关于对“股份公司法”进行修改》。

ККУ -Кодекс корпоративного управления, одобренный Советом директоров Банка России и рекомендованный Письмом Банка России от 10 апреля 2014 г. № 06 – 52/2463 к применению акционерными обществами, ценные бумаги которых допущены к организованным торгам /《公司治理准则》由俄罗斯银行于 2014 年 4 月 10 日通过的第 06 – 52/2463 号公函建议适用有价证券可在交易所流通的股份公司,并由俄罗斯银行董事会通过。

Положение о раскрытии информации -Положение о раскрытии информации эмитентами эмиссионных ценных бумаг, утвержденное Банком России 30 декабря 2014 г. № 454 – П / 由俄罗斯银行于 2014 年 12 月 30 日批准的第 454 – П 号条例《关于发行人对发行的有价证券进行信息披露的规定》(《信息公开条例》)。

Положение о стандартах эмиссии ценных бумаг -Положение о стандартах эмиссии ценных бумаг, порядке государственной регистрации выпуска (дополнительного выпуска) эмиссионных ценных бумаг, государственной регистрации отчетов об итогах выпуска (дополнительного выпуска) эмиссионных ценных бумаг и регистрации проспектов ценных бумаг, утвержденному Банком России 11 августа 2014 г. № 428 – П / 由俄罗斯银行于 2014 年 8 月 11 日颁布的第 428 – П 号《关于有价证券发行标准、发行(增发)有价证券登记程序、有价证券发行(增发)结果报告书的国家登记和有价证券招股说明书登记的规定》(《有价证券标准发行条例》)。

Постановление Пленума Верховного Суда РФ и Пленума ВАС

РФ от 9 декабря 1999 г. № 90/14 «О некоторых вопросах применения Федерального закона «Об обществах с ограниченной ответственностью»» / 由俄罗斯联邦最高法院全体会议及俄罗斯联邦最高仲裁法院全体会议于1999年12月9日作出的第90/14号决定《关于"有限责任公司法"适用的若干问题》。

Постановление Пленума ВАС РФ от 18 ноября 2003 г. № 19 «О некоторых вопросах применения Федерального закона «Об акционерных обществах»» / 由俄罗斯联邦最高仲裁法院全体会议于2003年11月18日作出的第19号决议《关于"股份公司法"适用的若干问题》。

Постановление Пленума ВАС РФ от 30 июля 2013 г. № 62 «О некоторых вопросах возмещения убытков лицами, входящими в состав органов юридического лица» / 由俄罗斯联邦最高仲裁法院于2013年7月30日作出的第62号全体会议决议《关于法人机关成员损失赔偿的若干问题》。

Постановление Пленума ВАС РФ от 16 мая 2014 г. № 28 «О некоторых вопросах, связанных с оспариванием крупных сделок и сделок с заинтересованностью» / 由俄罗斯联邦最高法院于2014年5月16日作出的第28号全体会议决议《关于对重大交易及关联交易提起诉讼相关若干问题》。

Постановление Пленума Верховного Суда РФ от 23 июня 2015 г. № 25 «О применении судами некоторых положений раздела I части первой Гражданского кодекса Российской Федерации» / 由俄罗斯联邦最高法院于2015年6月23日作出的第25号全体会议决议《关于法院对"俄罗斯联邦民法典"中第一部分第一编的部分条款的适用》。

Постановление Пленума Верховного Суда РФ от 21 декабря 2017

г. № 53 «О некоторых вопросах, связанных с привлечением контролирующих должника лиц к ответственности при банкротстве» / 由俄罗斯联邦最高法院于2017年12月21日作出的第53号全体会议决议《关于在破产中追究债务人的控制人的责任的相关若干问题》。

ПостановлениеПленумаВерховногоСудаРФот 26 июня 2018 г. № 27 «Обоспариванииkрупныхсделокисделок, всовершениик оторыхимеетсязаинтересованность» / 由俄罗斯联邦最高法院全体会议于2018年6月26日作出的第27号决议《关于对重大交易与关联交易的诉讼》。

官方刊物

БВС РФ-Бюллетень Верховного Суда Российской Федерации / 《俄罗斯联邦最高法院公报》

БНА-Бюллетень нормативных актов федеральных органов исполнительной власти /《联邦行政机关规范性文件公报》

Ведомости СНД РФ и ВС РФ-Ведомости Совета народных депутатов и Верховного Совета Российской Федерации /《人民代表苏维埃和俄罗斯联邦最高苏维埃公报》

Вестник ВАС РФ-Вестник Высшего Арбитражного Суда Российской Федерации /《俄罗斯联邦最高仲裁法院公报》

Вестник ФКЦБ России-Вестник Федеральной комиссии по рынку ценных бумаг России /《俄罗斯有价证券市场联邦委员会公报》

Вестник ФСФР России-Вестник Федеральной службы по финансовым рынкам /《金融市场联邦局公报》

САПП РФ-Собрание актов Президента и Правительства Российской Федерации /《俄罗斯联邦总统和政府法律文件汇编》

СЗ РФ-Собрание законодательства Российской Федерации /《俄罗斯联邦立法会议》

СП СССР（РСФСР）-Собрание постановлений Правительства СССР（РСФСР）/《苏联（俄罗斯苏维埃联邦社会主义共和国）政府法规汇编》

СУ РСФСР-Собрание узаконений РСФСР /《俄罗斯苏维埃联邦社会主义共和国法律文件汇编》

国家机关

ВАС РФ-Высший Арбитражный Суд Российской Федерации（упразднен6 февраля 2014 г.）/俄罗斯联邦最高仲裁法院（已于 2014 年 2 月 6 日废除）

ФАС-Федеральный арбитражный суд /联邦仲裁法院

目　录

第一章

社团法人法的概念与渊源

术语表

社团内部文件(章程)——依法不属于设立文件、由有权管理社团的机关依法通过以调整社团法律关系的文件(其中包含一般行为规范),其可多次适用于社团法律关系中的所有成员。

社团法人法的渊源(广义)——法律的外在表现形式,包括由国家直接制定的各类文件,及调整社团法律关系的其他形式文件——章程、社团内部文件、股东协议、建议性文件等。

公司治理准则——由公司治理实践汇编而成的建议性文件,商公司可将其全部或部分(个别条款)整合到社团内部文件之中。

社团立法——狭义上指相关联邦法的总和;广义上则指联邦法及其他包含社团法人法相关规范的规范性法律文件的总和。

社团法人法——依调整对象和结构而划分出来的俄罗斯法的一部分,其涵盖了该领域的各类规范,这些规范调整包括社团的内部关系和与社团依照参与原则作为个别的法人团体之设立、运行、终止有关的外部关系。

作为一门科学的社团法人法——有关社团法人法的知识体系,其包括基本概念、原则、学理观点、当代社团法人法研究、适用实践与发展史以及外国法在该领域的法制经验。

社团法律关系——以规范的形式调整的有关对社团组织进行参与或管理的社会关系。

社团法人——法人形式的一种,其发起人享有参加权(成员资格)并根据社团章程依法组成最高机关[参加人全体会议、代表大会、会议或其他代表性(合议制)机关]。

规范性法律文件——在规定程序下由有相应职权的国家机关、地方机关或公职人员制定的文件，其中包含针对不特定人多次适用的法律规范，并旨在调整社会关系的产生、变更或现有法律关系的消灭。

社团法人法的原则——确定法律对社团关系调整之总方向的发端性原理。

社团主体权利 *——社团法律关系主体的行为限度。

社团法律关系主体——有权成为社团法律关系成员的各方：(1)社团；(2)社团的成员（参加人）；(3)社团管理机关的成员；(4)与社团产生相互关系的第三人（在法律规定的情形下）。

对社团的参与（参加）——社团与社团成员间的法律联系，其具体体现在社团成员与社团依照社团的法律组织形式而确立的权利和义务上。

* 关于“主体权利”的意涵，见下一条译者注。——译者注

第一节 社团法人法的概念及客体

众所周知，“Pravo” * 一词有多重含义。**其客观上指法律**，即调整主体活动及其在实施活动中各主体间所产生关系的规范之总和。**主观上指权利**，即相关法律关系主体的行为限度，其实现须由其他一方或多方的义务来保证。

“法”指**立法整体上的集合**，即作为实在法渊源的总和。“法”还可理解为作为人类知识的特殊领域——**法学**，其包括产生过程、方法论、发展理念及该领域实用性研究的总和。“法”也可以作为一门**学科**，并在该框架下开展教学活动。

以上所述全部义项均可用于指称“社团法人法”一词不同层面的含义。

作为法律规范总和的社团法人法

2012 年 12 月 30 日第 302 号联邦法对《俄罗斯联邦民法典》作出了相应修改，改革后，社团法律关系因民法典规定而获得了合法地位。

➲ 《俄罗斯联邦民法典》第 2 条将社团法律关系列于民事立法

---

* 俄语原词 “право”为多义词。其意为“法”“权利”“法律”“法学”等，此处取前两个义项。俄罗斯学界有两个专门术语作为对比区分，“субъективное право”（书面意思为“主观上的 pravo”，即“主体权利”“法定权利”，本书为术语统一之便，于后文中统一译为“主体权利”）与“объективное право”（书面意思为“客观上的 pravo”，即“客观上的法”）。需要指出的是，俄罗斯法学界对“pravo”加以范围修饰限制，实际上并不着重体现两个术语在法律本质上的主客体逻辑对立，只为在术语使用时对多义词语义的区分提供便利。——译者注

的调整范围之内，并将其定义为有关社团组织的参加或管理关系。

将社团法律关系进行“参加社团组织”与“管理社团组织”视为两种不同关系的划分方式，明显体现了立法者的理解：社团法人法不应仅穷尽于对“参加”关系的调整，还对与社团组织管理有关的关系进行调整。

为明确管理社团法律关系，我们来看一下社团法人组织的法律定义：

> 社团是指设立人依照《俄罗斯联邦民法典》有权加入并于其中设立最高机关的法人（《俄罗斯联邦民法典》第65条第1款）。

由于社团成员的参加地位在管理层面上表现为：(1)最高机关的设立；(2)通过该机关作出决定，可作出如下合理推演：立法者在《俄罗斯联邦民法典》第2条中所提到的“管理”并不是社团成员对社团管理关系的直接参加，而是指社团成员关系之外的其他社团法律关系主体对社团管理关系的参加。

在理解社团的本质特征为参加（参与）* 的同时，还需明确，社团法律关系的内容不局限于成员资格。因为社团法律关系不仅产生于成员与社团之间，还存在于社团成员内部和机关成员之间。在法律特别规定的一些情形中，社团法律关系的产生还涉及第三人的加入（如登记结算人、社团的债权人）。

社团法律关系中单独划分出管理关系的部分，其参与者既可以是有法人资格方（社团、管理机关成员），又可以为民法上无法

---

* 本书有关“参加”和“参与”两个词语语义的区别与联系，参见本书第八章第一节。——译者注

人资格方——法人机关。

在社团中除社团法律关系外，同时还会产生不具备法律关系特点的组织内部关系，即不能将在社团中存在的所有关系都划归为由法律规范所调整的社会关系。

其他的解释则会缩小社团法人法的客体范围，并削弱该领域社会关系的特点。

作为社团法人法客体的社团法律关系

社团法律关系在社团法人法的客体中理所当然地占据着中心地位。法理学中已经明确：由法律规范所调整的社会关系为法律关系，其参与者为享有主体权利、负有法律义务的各方，权利的实现和义务的履行由国家来维护与保障。这样，法律关系即为社会关系的一种，并于社会中受法律规范调整。法律规范明确法律关系的各方、其权利和义务，说明法律关系产生及发展的条件和具体内容，即对未来社会关系中固定的标准与模式进行列举，这些关系应依赖法律文件或在其基础上形成。[1]

社团法律关系是一个范畴概念，其涵盖了有不同法律组织形式（营利法人和非营利法人）的社团组织中的法律关系。

应强调的是，**社团法律关系首先是由法律规范调整的社团内部关系**。其次社团自身还参与各类外部法律关系中，其中包括保障它作为社团形式的法人运行的关系。例如，关于社团设立、发行有价证券、具有关联关系并须公开信息等关系；或关于国家实现参与股份公司的权

〔1〕 Марченко М. Н. Теория государства и права. 2 – е изд. М. ,2004. С. 586.

利、购买大宗股票的关系;抑或有关社团清算的关系等。

此类外部关系常常由公法的法律规范予以调整。根据《俄罗斯联邦民法典》第2条中对社团法律关系的定义,此类外部关系本不属于社团法律关系,但为了对社团的设立、运作和终止进行系统化的分析,本书中对此类**体现法人社团形式的外部关系**亦有涉及。而其他关于社团按章程开展活动(生产、商业、金融活动)的外部关系,由于其相较于涉及单一制法人所参与的法律关系并不具有自身特殊性,即不属于社团所特有的法律关系,因此,我们将不对此类关系进行深入研究。

为了揭示社团的各类特点是如何影响其在财产流转等其他领域的地位,对社团组织特点予以厘清至关重要。同时,必须对社团的设立、运行和终止进行系统化的研究,以在立法、司法和权利实现等各个层面对社团的各种特点予以综合考量。

> **社团法人法是依据调整对象与结构而划分出的俄罗斯法的一部分,其整合了该领域对各类规范,包括社团的内部关系与社团依照参加(参与)原则作为特殊的法人团体之设立、经营及相应外部关系的终止等进行调整。**

社团法律关系在法律调整体系中的性质与地位

自社团法律关系作为特殊法律关系[1]存续至今,甚至是在其被列入民法调整范围后,社团性质的确定问题一直都颇具争议。

作者认为,将社团法律关系与其他民事法律关系区分开来的原因是其管理因素的存在。

[1] 参见 Корпоративное право: Учебный курс в 2 т. Т. 1. Гл. I(автор главы-Шиткина И. С.)。

社团法律关系的特点是其具备民事法律关系所不具有的管理因素，由此将二者区别为不同类型。

同时，按照作者的观点，社团的管理关系不等同于公法领域的主客体间的管理关系，其与建立在意思表示自由和自治基础上的典型民事法律关系也不尽相同。在社团作出决议时，并未达成各方意思的完全协调一致，而是采取了少数服从多数的原则。[1]

L. I. 佩特拉日茨基[2]和 A. I. 卡明卡提出了以下观点——民法中的民事法律主体平等基本原则不适用于社团关系中的成员。A. I. 卡明卡认为，组织中各方的不平等性是社团关系的基本原则。无论国家和股份公司之间的差别多么显著，国家职权和社团权力间都有可类比性。[3]

A. V. 加博夫写道：当有着不同利益的各方开始以各种各样的方式相互协作以形成股份公司的意志时[（暂时或长期）成为管理体系的组成部分，并影响管理决议的作出]，社团关系就产生了，这就是将社团关系与股份公司中其他关系（无论是内部还是外部关系）相区分的基础。社团关系中的一部分是横向平等的，而另一部分却是纵向而有阶级性的。显而易见的是，对该关系的调整是跨越法律部门的，而不仅应将社团关系看作是民事法律调整的客体。[4]

---

〔1〕 关于"投票是对少数意志的忽视"，参见 Филиппова С. Ю. Инструментальный подход в науке частного права. М. ,2013（СПС «Кон- сультантПлюс»）。

〔2〕 参见 Петражицкий Л. И. Биржевая игра и теория экономических кризисов. Т. 1. СПб. ,1911. С. 26。

〔3〕 参见 Каминка А. И. Очерки торгового права. М. ,2002. С. 389 – 390。

〔4〕 参见 Габов А. В. Сделки с заинтересованностью в практике акционерных обществ：проблемы правового регулирования. М. ,2015. С. 18。

众所周知,**法律关系的分类**可以依一系列不同标准来进行。按照权利方利益实现的方式可以将其分为物权法律关系和债权法律关系;按照权利与义务主体间关系的性质可以将其分为绝对权法律关系和相对权法律关系;按照客体的不同可分为财产法律关系和非财产法律关系。

俄罗斯联邦立法在2012年12月30日第302号联邦法对《俄罗斯联邦民法典》第2条进行修改以前一直将社团法律关系列为债权法律关系的一种。

改革后的《俄罗斯联邦民法典》将社团法律关系划为与物权、债权法律关系并列受法律调整的独立客体。

《俄罗斯联邦民法典》第307.1条第3款规定,(由于《俄罗斯联邦民法典》未作出其他特殊规定,其他法律也并未作出调整相关法律关系的规定)对社团法律关系中的请求权补充适用有关债权的相应条款。

社团法律关系因其自身特点而区别于其他民事法律关系,这一点还体现在**其法律调整的方式上**。社团法人法调整许多主体的活动,而这些主体的利益常常完全不同(多数股东往往追求生意的发展和股票资本化程度的提高,少数股东多重视股息的获取,社团管理层则关注自身地位和工资的提升),重要的是要保障这些利益的平衡,而不能一贯以任意性手段来进行调整。某些关系固然需要以强制性方式来调整,例如,涉及"弱势方"(少数股东、商公司子公司的债权人)的参与问题,或者出于保护公法法律程序的目的的情况(如在国家作为股东参与的关系中)。同时,在社团法人法的不同机制中强制性和任意性规范的相互关系也不尽相同。譬如,在确立股东协议机制,实施关联交易,实现非上市公司份额或股票的优先购买权时,更多采用的是任意性规范。

在讨论社团法人法在俄罗斯法律体系中的地位前，我们需要首先说明，目前在学理界明显体现出了一个不尽合理的趋势——**主张依据法律调整的客体和方法将法律进行分类。**

S. A. 西尼岑十分有道理地写道：在这种情况下，对法律部门分类这一观念的一味严格遵循，并不具备任何优势，且不会为法学界带来除混乱之外的任何结果……应对英美法系所采用方法的逻辑进行思考，其并未将法律体系理论中单一表意的规范结构意义强加到法律部门（branches of law）的概念之上。在英美法系中，对法律进行不同部门的划分，主要出于对各独立专题课程学习时将规范性材料的实践与实用意义进行整合归类之于教学意义的考量。[1]

在作者看来，鉴于由法律所调整的各种关系日趋复杂，听取多方专家与学者的意见，是在当代俄罗斯法律部门划分的结构框架下，对法律进行部门化划分的地位与意义进行重新认识的基础。

作者认为，社团法人法是一个独立的法律部门，即若严格地按照现有部门法划分标准，当前并不能将其划入任何一个部门法的系统之中。一系列由民法规范调整的社团关系应被纳入民事法律关系之中；而其他社团组织内部关系却并不受民法调整。涉及社团设立、运行和终止的大量关系则应受到公法的规范调整。

总体而言，将社团法律关系独立划分出来，并对其在民法领域采取特殊的法律调整方式，是应受支持的。

---

〔1〕 参见 Синицын С. А. Место корпоративного права в системе частного права // Законодательство. 2015. № 3。

作为科学与学科的社团法人法

社团法人法作为一门科学是指有关社团法的知识体系，包括基本概念、原则、学理观点、现行社团法人法研究、适用实践与发展史以及外国法在该领域的经验。

社团法人法作为一门科学，是一个调整组织和不同组织形式（营利与非营利）社团法人活动的快速发展的知识体系。**社团法人法科学要求建立科学范畴、法律调整方式和其他社团法的工具体系，体现出社团法人法发展的规律性，并促进提升社团法人法领域司法和权利实现活动的效率。**

社团法人法科学与部门法科学、其他社会科学是固然相关的。首先，社团法人法积极利用一系列法理论中的基础概念，其中包括“法人”“法律关系”“法的渊源”“主体权利和义务”等。我们将对社团本质的研究与社团的产生、形成史相联系，在国家与法的理论框架下开展研究。社团法律关系作为一个知识领域，与经济、哲学、社会学、政治学互相作用。而社团法人法本身也运用了大量经济学概念，例如，“利润”“净资产”“账面价值”等。

应当指出，此处提及的社团法人法与其他科学领域的整合，指的不仅是社团法人法这一科学单方面可能借用其他科学领域的概念与构思，更是各个领域的相互丰富与补充。

社团法人法作为一门学科，在大多数高等教育机构法律专业的教学大纲中均占有一席之地。开设这门学科的目的，是构建学生在社团法人法领域的知识体系，培养其相关技能，以期在立法、司法和专业咨询领域开展专业的业务活动。理解“社团是在参加（参与）原则上建立的法人”是这一学科的基础。通常，在社团法人法课程框架下，学习社团的概念、种类和法律地位，社团的形成和发展，社团法人法律体系等是必不可少的内容；该法亦会研究与社团的设立、改组和终止，社团运行的财产基础等有关的问题，社团管理的法律保障，社团成员的权利、义务及权利维护的方式，社团完成特别交易的特点，社团法律关系中的财产责任问题，以及国外企业活动的社团形式、国外社团法（公司法）* 渊源的特点和主要制度等。

显然，社团法这门学科的研究对象为调整社团设立、运行和终止的私法及公法规范。

第二节 社团法的渊源

法的渊源

实证法（源于国家）渊源的概念应理解为国家意志的表现形式，以期承认法的存在事实，形成、变更法的内容或确定法的个别内容的废除。[1]

法理学中通常会提及四类法的渊源：规范性法律文件、司法判例或其他形式的司法成果、习惯和规范性条约。

同时，文献中提到："每个法律体系针对法的渊源均有适合自身的优先级排序。因此，每个国家依据本国传统、政治局势、法律科学和法

* 此处"社团法"隐去"法人"二字的原因同"关于译文的若干问题致读者书"，英美法中"Corporation"一词并无立法先天赋予的"法人地位"。此处译者为行文统一将该词处理为"社团法"，实际上应对应译为"公司法"，为防误读，特此说明。——译者注

〔1〕 Общая теория права и государства: Учебник для вузов / Под ред. В. В. Лазарева. М., 1994. С. 29.

律体系的发展水平等而有其独具特色的法的渊源。"[1]例如,在不同的历史时期,法律思想和法学家的观点也曾被视为法的渊源。有趣的是,426 年在古罗马出版了《引证法》,其中规定大众必须承认乌尔比安、盖尤斯等法学家的观点。[2]

社团法渊源的概念与种类

我们认为,支持将法的渊源理解为狭义上的以强制手段来保障国家意志得以体现的实证论观点,并不应在社团法人法中占据上风。

社团法人法的特点是,其对所调整的众多社会关系的规制手段是多种多样的,其中包括社团内部的立法文件、"软法"等。

我们主张,在研习当代社团法人法时,应不仅将法的渊源看作国家所颁布法律的外在表现形式,还应延伸到其他规制社团关系的手段——如章程、社团内部文件、建议性文件等。[3] 而其他观点或许会使社团法人法"减色",且与已经形成的现实状况相抵触。

在赞同将社团法人法的渊源按照广义理解的同时,我们主张规范

---

〔1〕 参见 Курс уголовного процесса / Под ред. Л. В. Головко. М. ,2016. С. 225(автор главы-Н. В. Ильютченко)。

〔2〕 Теория государства и права:Учебник для вузов / Отв. ред. В. Д. Перевалов. М. , 2014. С. 170. 且当今法学文献中有时可见一些观点,它们主张法律科学(学说)、法学家及学者作出的解释文件等亦可作为法源。V. M. 司雷赫(В. М. Сырых)对于俄罗斯法律公允地指出:"在现今条件下没有一个由法学学者所作出的渊源获得了公认的属性,且仅在最佳状态下具有建议性质,为理解各类法律条例,则需要以进一步完善立法为目的。此类建议可以被立法者和法律适用机关所考虑。"(参见 Сырых В. М. Теория государства и права:Учебник. М. ,2004. С. 113。)的确,法庭在审理具体案件之时会参考学说理论来理解和明确立法中各条例的意思。并且,在并不轻视科学理论意义的同时,将其作为俄罗斯法渊源之一,未尝不是妥善的结果。

〔3〕 "社团法人法"这一概念,对于区分这些定义起不到关键作用的各种情形,将用作广义,作为渊源(实在法的形式)的一种,也将作为规制社团关系的其他手段(内部文件、建议性文件等)。

性法律文件在法的渊源系统中应具有优势意义。原因在于，法律的确定性之于受法律调整的各种社会关系的参加人而言应当具有优先性。

> 社团相关立法是最具意义的社团法人法渊源。除立法之外，俄罗斯社团法人法的渊源还有规范性条约、最高法法律意见和习惯。章程、内部文件和建议性文件属于社团关系的其他规制手段。

法的渊源的分类多种多样，[1]按照组成客体的来源进行分类对于社团法人法而言是更具意义的。据此，可对各类来源进行如下划分：

——来自国家或由国家核准(规范性条约、立法及其他规范性法律文件、各高级法院的意见、习惯)；

——来自社团自身(章程、社团内部规章)；

——来自职业团体(建议性文件、公司治理最佳实践汇编)。

规范性条约

国际法公认的原则、规范和俄罗斯联邦[批准]的国际条约为俄罗斯联邦法律体系的组成部分(《俄罗斯联邦宪法》第 15 条第 4 款、《俄罗斯联邦民法典》第 7 条)。

根据俄罗斯联邦各高级法院的解释，**国际法中所公认的原则**应被理解为国际法中有强制性的基础规范，其由组成国际社会的各个国家所共同提出与承认，不可违背。其中，对人权普遍尊重和善意履行的国际义务原则也属于该范畴。**国际法公认的规范**则是指由组成国际社会

---

〔1〕 参见 Лаптев В. А. Источники предпринимательского права в Российской Федерации. М., 2017. С. 53 – 64。

的各个国家共同提出并承认的、作为法律义务的必要行为准则。[1]

俄罗斯联邦[批准]的国际条约应理解为俄罗斯联邦与其他国家、国际组织或其他有签订国际条约权利的组织所签订的书面国际协议,无论该协议包含于一份文件内或是数份相互关联的文件之中,也无论该协议以何具体名称命名(如"条约""公约""协定"等),均受国家法律调整适用(《国际条约法》第2条a款)。

《俄罗斯联邦宪法》规定,若俄罗斯联邦[批准]的国际条约中包含有别于法律中规定的规则,则适用国际条约的规定。*

俄罗斯联邦的国际条约可以以俄罗斯联邦(国家间条约)、俄罗斯联邦政府(政府间条约)、行政机关或获授权组织(部门间条约)的名义签署。

《国际条约法》第5条第3款规定,由俄罗斯联邦正式公布的国际条约,若相应条约不要求制定国内法律文件即可适用,则直接适用于俄罗斯联邦。为实现其他俄罗斯联邦国际条约内容,则需制定相关法律文件。如此便得到了两种将国际条约加入俄罗斯法律体系的方法——直接纳入和以特别制定法律文件的方式进行转化。

---

〔1〕 参见2013年10月10日第5号俄罗斯联邦最高法院全体会议"有关普通管辖法院适用国家法公认原则与规范,以及俄罗斯联邦国际条约"的决议(Постановление Пленума Верховного Суда РФ от 10 октября 2013 г. № 5 «О применении судами общей юрисдикции общепризнанных принципов и норм международного права и международных договоров Российской Федерации»)。

* 颁布于2020年11月9日的第5-ФКЗ号联邦宪法性法律《关于对联邦宪法性法律〈俄罗斯联邦宪法法院法〉进行若干修订》实质上已经变更了俄罗斯联邦对国际条约和国际法庭依相应条约所作出的判决的态度。根据该法的规定,按照俄罗斯联邦总统、俄罗斯联邦政府、俄罗斯联邦最高法院、获授权于国家间机构开展保护俄罗斯联邦利益的活动的联邦权力执行机关的要求,由俄罗斯联邦宪法法院来解决由国家间机构以俄罗斯联邦已接受的国际条约条款为依据作出的与《俄罗斯联邦宪法》相抵触之解释的决议的执行问题(《俄罗斯联邦宪法法院法》第3条第3.2款)。——译者注

谈及国际条约为法的渊源时，E. N. 叶菲缅科和 V. A. 拉普捷夫提出："在国际文件中调整社团关系问题可以追溯到19世纪末。例如，至今有效的1866年10月27日（11月8日）俄国与意大利两国所签订的宣言，便涉及了股份公司和其他合伙的权利。"[1]

同时，规范性条约在调整社团内部关系时并不是十分重要的社团法人法渊源。

在特定条件下，俄罗斯联邦与其他国家签订的有关避免双重征税的双边国际协定和鼓励与保护投资的协定，也属于个别规范涉及社团法人法的国际条约。除税法规范外，上述协定还包括有关注册资本出资、股息发放的规范等。这些条款也可被归类至社团法人法领域。[2]

立法和其他规范性法律文件

> 社团立法在狭义上指联邦法律的总和，广义上则指联邦法及其他包含社团法规范的规范性法律文件的总和（俄罗斯联邦总统令、俄罗斯联邦政府决定、联邦行政机关法律文件）。

社团立法文件的分类和受法律调整的其他领域并无二致。

按照法律效力的不同可将各法律文件进行如下划分：

——俄罗斯联邦宪法（《俄罗斯联邦宪法》第4条第2款、第15条）；

---

〔1〕 参见 Ефименко Е. Н., Лаптев В. А. Корпоративные конфликты (споры). М., 2014. С. 29。

〔2〕 例如，1996年12月16日俄罗斯联邦政府与荷兰王国政府间《关于对收入及财产避免双重征税及防止逃税的协议》第10条"股息"（Соглашение от 16 декабря 1996 г. между Правительством РФ и Правительством Королевства Нидерландов об избежании двойного налогообложения и предотвращении уклонения от налогообложения в отношении налогов на доходы и имущество. ст. 10 «Дивиденды»）。

——狭义上的法律，即联邦法、成文法与非成文法的总和(《俄罗斯联邦民法典》第3条第2款)；

——其他包含社团法人法相关规范的规范性法律文件：俄罗斯联邦总统令、俄罗斯联邦政府决定、联邦行政机关法律文件(《俄罗斯联邦民法典》第3条第3款、第4款、第7款)。

按照立法主体的不同，作为社团法人法的规范性渊源的基础渊源的民事立法工作，依《俄罗斯联邦宪法》第71条o款由**俄罗斯联邦专属开展**。

《俄罗斯联邦宪法》

根据在法的渊源位阶中所占据的位置，《俄罗斯联邦宪法》具有最高的法律效力。法律与其他法律文件的内容不得违反《俄罗斯联邦宪法》。为调整社团法律关系，《俄罗斯联邦宪法》中规定了以下基本条款：自由利用自身能力及财产以从事企业经营活动或其他法律未禁止的经济活动的权利(第34条第1款)；禁止[进行]导致垄断及恶意竞争的活动(第34条第2款)；不携带武器的和平集会权(第31条)；私有权，包括对土地的私有权(第35条、第36条)；思想、言论自由权；以任何合法方式搜寻、获取、转移、制造和传播信息的权利(第29条)；对自身权利和自由进行自救及获得司法救助的权利(第45条、第46条)。

联邦法

如前所述，联邦法和其他规范性法律文件在社团法人法渊源体系中占据中心地位。

📖 目前，学者对《俄罗斯联邦民法典》与其他联邦法间的关系所持的观点不一。大多数将《俄罗斯联邦民法典》当作“经济宪法”的民法学家认为，所有联邦法都应符合《俄罗斯联邦民法典》的规定。M.I.布拉金斯基形象地指出："民法典的规定是最为重要的。"[1]根据《俄罗斯联邦民法典》第3条第2款第2项,包含在其他法律中的民法规范应符合《俄罗斯联邦民法典》。

V.V.拉普捷夫在确定《俄罗斯联邦民法典》在法的渊源中的地位时公平地指出："民法典不是宪法,而是一部并不优于其他法律地位的普通法……事实上《俄罗斯联邦民法典》第3条第2款的内容为各议员不去制定违反民法典的法律的道德义务。但将该义务列入法律的做法着实令人生发疑问。"他写道："实践证明议员们在制定违反民法典的法律时并未遵循该项条款。"[2]可以说,《俄罗斯联邦民法典》第3条第2款并未排除地位优于民法典的特别法的适用。

除此之外,在调整法人的设立及其活动时,不仅要适用《俄罗斯联邦民法典》,还要适用涉及个别类型法人的联邦特别法。俄罗斯现代法律体系正是在这种模式的基础之上建立的。

《俄罗斯联邦民法典》第49条第4款规定,有关法人的民事条款和法人参与民事活动的秩序受《俄罗斯联邦民法典》调整。至于个别组织形式、类型的法人以及为实现在某些领域活动而设立的法人,与它们相关的民事条款特点由《俄罗斯联邦民法典》和其他法律、法律文件共同确定。

在《俄罗斯联邦民法典》与其他联邦法律规范相矛盾时,必须遵守传统准则,即特别法优于普通法(lex specialis derogate generali);

---

〔1〕 Брагинский М. И., Витрянский В. В. Договорное право. В 5 кн. Кн. 1: Общие положения. М., 1997. С. 37–49.

〔2〕 Лаптев В. В. Акционерное право. С. 19.

若调整同一社会关系的两部法律相矛盾,则后颁布的法律优先。

应当指出的是,在某些情况下《俄罗斯联邦民法典》中规定了其规范冲突时的优先适用规则。2014 年 5 月 5 日第 99 号联邦法第 3 条第 4 款即是很好的例子,其规定在引用俄罗斯联邦境内现行的法律文件或其他规范性文件前,依照《俄罗斯联邦民法典》条款(现行联邦法版本),上述所有文件以及苏联时期制定但目前仍适用于俄罗斯联邦境内的法律文件,只有在不违反《俄罗斯联邦民法典》(现行联邦法版本)的前提下方能得以适用。

从上述例子中可以看出,立法者指出了在涉及法人的立法领域,《俄罗斯联邦民法典》条款的适用优先于其他法律、规范性文件的地位。这一立法层面的解决方案并未消除特别法优先的普遍原则,因为《俄罗斯联邦民法典》为效力相当但更晚颁布的联邦法。

此外需要指出的是,俄罗斯联邦宪法法院也遵循特别法优先原则。

例如,《股份公司法》第 91 条第 1 款第 1 项关于《俄罗斯联邦民法典》第 67 条的适用问题,就曾被作为俄罗斯联邦宪法法院审查的对象。《俄罗斯联邦民法典》规定,公司的任何参加人(不论其参加份额的多寡)均有权依设立文件所规定之程序获取有关公司活动的信息和知悉其会计文书及其他文件。而《股份公司法》第 91 条第 1 款规定仅持有 25% 以上表决权股的股东有权查阅会计文件及合议制执行机关的会议记录文件。俄罗斯联邦宪法法院于判决书中指出:“立法者考虑股份公司类企业经营活动的特征、信息提供范围的特点,有权以确定信息提供的程序或信息准入条件等形式作出相应的限制。”“被争诉的条款,即‘仅持有 25% 以上表决权股的股东有权查阅会计文件及合议制执行机关的会议记录文件'这一规定，不能视作对宪法中平等原则的违反，这既归因于相应法律关系的特点，也因为以股东身份加入股份公司的做法是自愿的，也就是说，该行为应被推定为主体事先已知悉所有限制后作出的自由意思表示。"〔1〕

因此，俄罗斯联邦宪法法院实际上承认了《股份公司法》中的专门规范应优先于《俄罗斯联邦民法典》适用。

在阐释社团法人法之时，应理解，大多数形式的社团和社团关系均受各专门联邦法调整，其中包括《股份公司法》《有限责任公司法》《人民企业法》《生产合作社法》《商合伙法》等。社会团体*的活动除《俄罗斯联邦民法典》外，还受《非营利组织法》调整；作为社会团体一类的工商会的组织与活动受《俄罗斯联邦工商会法》调整。在调整俄罗斯境内组织和社团法人活动的各类最为重要的联邦法之中，不得不提的还有《有价证券市场法》《投资者利益保护法》《法人和个体工商户登记法》《保护竞争法》等。

大多数调整社团法人活动的法律文件都具备综合性的特征，不仅包含私法性质的规范，还包括保障对社团的设立、活动的开展等予以国家层面的调整的公法性行政规范。对立法文件的综合性予以明确，对于法律的适用与实施而言是大有裨益的。

还应强调的是，还有一系列所谓的联邦特别法中包含调整企业活

---

〔1〕 俄罗斯联邦宪法法院于2004年6月18日№ 263 – О《关于拒绝受理公民SimakovaSergeyIvanoviq主张联邦法〈股份公司法〉第91条第1款第1项违反了其宪法权利一诉》的决定（Определение Конституционного Суда РФ от 18 июня 2004 г. № 263 – О «Об отказе в принятии к рассмотрению жалобы гражданина Симакова Сергея Ивановича на нарушение его конституционных прав абзацем первым пункта 1 статьи 91 Федерального закона «Об акционерных обществах»»）。

* 此处为一般意义上的"社会团体"，区别于本书中所用的"社团"这一简称。——译者注

动个别领域的商公司运行规范,如《银行及银行活动法》《外国投资法》《投资基金法》《战略性公司外资实施程序法》等。

另外需要指出的是,2014 年 5 月 5 日№ 99 – ФЗ 号联邦法对《俄罗斯联邦民法典》第 66 条第 7 款的修改,确定了具有重大意义的组织清单及各类组织的法律地位特征。同时,相应组织参加人的权利及义务亦由调整相应组织的各特别法来确定,这些组织包括信贷组织、保险组织、结算组织、专门融资公司、专门项目融资公司、有价证券市场职业参加者、股份投资基金会、投资基金公司的管理人、股金投资基金会、非国有退休基金会及其他非信贷金融机构及职工股份公司(人民企业*)等。

可以说,随着《俄罗斯联邦民法典》的修改,受到专门调整的组织清单得到了显著扩大。这一处理是颇为消极的,因为具备如此体量庞大的一般规则之例外情形的列举,会对社团的各类独立法律形式的各种特征产生冲淡的威胁。

2007 年 2 月 5 日颁布的№ 13 – ФЗ 号联邦法《关于对核能领域从事活动组织的财产与股份的管理与处置特点,以及关于对俄罗斯联邦的专门立法文件进行若干修改》[1],便可以作为适用相对于《俄罗斯联邦民法典》的专门规范的例子。根据该联邦法,《俄罗斯联邦民法典》第 98 条第 6 款及《股份公司法》第 10 条第 2 款所规定的规则并不适用于母股份公司的子股份公司及各子公司的子公司。

包含社团法人法有关规范的其他规范性法律文件

除各部联邦法以外,还有大量次级规范性法律文件被列入社团法

---

* 本书上下文中的"人民企业"均指"职工股份公司",该种组织形式有两种称呼形式,是俄罗斯立法规定的一种集体所有制企业。为避免歧义,特此注明。——译者注

〔1〕 СЗ РФ. 2007. № 7. Ст. 834.

人法体系之中。

俄罗斯联邦最高法院全体会议对规范性法律文件定义如下：

> 规范性法律文件是由国家机关、地方自治机关或公职人员在规定程序下所制定的文件，其包含针对不特定人的可多次适用的法律规范（行为准则），旨在调整社会关系的产生、变更或现有法律关系的消灭。[1]

受法律约束的规范性法律文件不应违反《俄罗斯联邦宪法》和各部联邦法（《俄罗斯联邦宪法》第 90 条第 3 款）。

属于受法律约束的规范性法律文件有：俄罗斯联邦总统令、俄罗斯联邦政府的决定、部门规范性法律文件。

谈及社团法律关系领域相关的俄罗斯联邦总统令，需要指出的是 1995 年 11 月 18 日第 1157 号总统令《关于投资者和股东权利保护的若干措施》。

而至于调整社团关系的俄罗斯联邦政府的决定，则如 2004 年 12 月 3 日第 738 号决定《关于对俄罗斯联邦持有的股份公司股份的管理以及俄罗斯联邦参与股份公司管理的特殊权利的使用（"黄金股"）》。

社团法人法渊源的特点是包含大量部门规范性文件，金融市场调控者所制定的文件在此类规范性文件中占据主要地位。

自 2013 年 9 月 1 日起，俄罗斯银行履行调控者的职能。[2] 有关该机构在规范设立领域的权能规定于《俄罗斯银行法》第 7 条、《有价

---

〔1〕 Постановление Пленума Верховного Суда РФ от 29 ноября 2007 г. № 48 «О практике рассмотрения судами дел об оспаривании нормативных правовых актов полностью или в части».

〔2〕 在 2013 年 9 月 1 日前，调控者职能由联邦有价证券市场委员会（ФКЦБ России，更早先称为"联邦有价证券局"—— ФСФР России）履行。

证券市场法》第42条和《股份公司法》第47条第2款。

根据《俄罗斯银行法》第7条俄罗斯银行可以以指令、规定、规程形式颁布规范性文件，此类文件对于国家各联邦权力机关、国家各联邦主体的权力机关、地方自治机关及所有法人与自然人而言均具有强制力。

俄罗斯银行在社团法人法领域现行的最为重要的规范性文件包括：

——《关于发行人对发行的有价证券进行信息披露的规定》（俄罗斯银行2014年12月30日批第454－П号）；

——《关于有价证券发行标准、发行（增发）有价证券登记程序、有价证券发行（增发）结果报告书的国家登记和有价证券招股说明书登记的规定》（俄罗斯银行2014年8月11日批第428－П号）；

——《关于实施有价证券登记结算人名册登记活动相关要求的条例》（俄罗斯银行2016年12月27日批第572－П号）。

联邦行政机关的规范性法律文件，若涉及人权与公民的权利、自由和义务，或者涉及组织的法律地位的相关规定，抑或具有跨法律部门的性质，则需在俄罗斯司法部进行国家登记，其他文件则无须登记。同时，所有规范性法律文件均应正式颁布。

未按规定程序进行登记的文件等同于未获生效，不引起任何法律后果，且在解决纠纷时不得援引。

法律习惯

法律习惯应理解为非由立法规定的既成之例，即足以确定自身之内容、在对民事权利与义务的设置与实现时所被广泛采用的规则。

《俄罗斯联邦民法典》第5条第2款规定:"违背民事立法主要原则与对于相应关系的参加人而言所必要的法律规定、其他法律文件规定或合同约定的习惯,不予适用。"

正如俄罗斯联邦最高法院于2015年6月23日作出的全体会议决议中指出的:"既要适用一些在某些文件中确定下来的习惯(于出版物中所公布的、法院就具体的有相似情形案件的判决中所表述的、被俄罗斯联邦工商会所证明的习惯等),又要适用一些未经文件固定而既成的习惯。依相应习惯提出主张的一方须对习惯的存在进行证明(《俄罗斯联邦民事诉讼程序法典》第56条,《俄罗斯联邦仲裁程序法典》第65条)。"

在2012年12月30日№ 302 – Ф3号联邦法对《俄罗斯联邦民法典》作出修订之前,曾有观点认为,由于《俄罗斯联邦民法典》第5条所确定习惯的使用范围对企业经营实践习惯的适用作出了限制,习惯不能作为社团法人法的渊源。而目前,上述联邦法不再仅将习惯解释为商业流转的习惯,而将其推及企业活动及其他活动。

当前所有疑惑均已在立法层面上得以消除,但习惯在社团范围内的适用尚未得到广泛普及。

临时履行义务的独任执行机关的组建,可以作为于社团法人法领域适用习惯的一个例子。例如,依法或依公司章程选举(任命)的经理,负责作为独任执行机关的离职休假与临时丧失劳动能力之时的一系列相关事宜。

司法实践作为社团法人法的渊源

关于是否承认司法实践为法的渊源,在法学界众说纷纭,争论已久。

20世纪90年代俄罗斯联邦宪法法院成立,并积极履行其立法的使命。俄罗斯联邦宪法法院对《俄罗斯联邦宪法》作出了一系列产生普遍性义务的解释及对法律规范的违宪认定(被称为"消极立法"),从而对一些俄罗斯立法中最重要的问题给出了自己的法律意见。[1] 俄罗斯联邦宪法法院的判决具有强制性属性。

俄罗斯联邦宪法法院的法律意见作为俄罗斯的法源具备如下特征:(1)法律意见具有普遍适用性及强制性属性;(2)具备等同于《俄罗斯联邦宪法》所具备的法律效力;(3)其具有"宪法法律规范的属性,虽然法律意见永远不会成为宪法法律规范";(4)在"司法及其他法律适用的实践中"具有与"判例"的相似属性,虽然"就其法律性质而言并不是判例";(5)相较于其他法的渊源,作为宪法及其他法律部门的渊源,其具有相应的独立性。[2]

就法律性质而言,我们不应对俄罗斯联邦宪法法院所通过的所有文件进行逐一讨论,而应重点关注其以"决定"(Постановление)命名的结论性判决。[3] 根据1994年7月21日第1-ФКЗ号联邦宪法性法律《俄罗斯联邦宪法法院法》的规定,可针对以下问题作出相应的决

---

〔1〕 在学理上,法律意见理解为俄罗斯联邦宪法法院就具体的宪法问题作出的总结性指示。它是"由法院对《俄罗斯联邦宪法》的精神与文本、(现行的)各部门法规定的含义(立场)以及其他规范性文件在其职权界限之内进行阐释(解释)的结果,也是宪法法院的法律结论与指示。宪法法院的职权范围使在具体的宪法法律情形下的不明确性得以消除,同时也为俄罗斯联邦宪法法院的结论性判决(决定)提供了法律基础"。(参见 Витрук Н. В. Правовые позиции Конституционного Суда Российской Федерации: понятие, юридическая сила и значение // Конституционное правосудие в меняющихся правовых системах. М., 1999. С. 89, 91。)

〔2〕 Витрук Н. В. Правовые позиции Конституционного Суда Российской Федерации: понятие, юридическая сила и значение // Конституционное правосудие в меняющихся правовых системах.

〔3〕 Марченко М. Н. Теория государства и права. С. 543-544.

定；涉及解决法律、其他法律文件及该法中所规定的国家权力机关间的协议与《俄罗斯联邦宪法》是否相符合的案件；涉及解决对该法所列举的俄罗斯联邦国家权力机关间的划分所产生的争议；涉及侵犯公民的宪法权利与自由的诉讼；涉及法院要求核实其对具体案件的法律适用，以及对《俄罗斯联邦宪法》的解释是否合宪进行审查的事项等（《俄罗斯联邦宪法》第71条第3款第1～4项）。

言及俄罗斯联邦宪法法院的审理职权方面的相关立法趋势，需要指出的是，2016年12月28日通过了第11－ФКЗ号联邦宪法性法律。[1] 该法增加了新的决定类型，使俄罗斯联邦宪法法院可对国家权力机关的规范性文件与国家权力机关间的协议的合宪性审查案件进行受理。进而可**作出认定规范性文件、协议或此二者中的条款与《俄罗斯联邦宪法》、俄罗斯联邦宪法法院所作解释相符合的决定**。如果该决定业已作出，则相应的规范性文件与协议将不适用任何其他解释。而此类决定作出之后果，亦受到俄罗斯联邦宪法性法律《俄罗斯联邦宪法法院法》及（涉及认定规范性文件与协议或二者中具体条款与宪法不相符的）其他联邦法中的相应规定的规制。

因此，**禁止适用与俄罗斯联邦宪法法院决定中所作解释有差异的规范性文件及其条款解释**，也被作为一项原则被直接确定下来。正如在对立法草案的解释性说明里所指出的，修正案旨在确保执法机关考虑俄罗斯联邦宪法法院所给出的意见，在现行的法律制度框架内，这一点是维持制度合法性与法律秩序的必要因素。

显而易见，该法的目的是对司法解释在俄罗斯法的渊源中的作用

---

〔1〕 2016年12月28日通过的第11－ФКЗ号联邦宪法性法律《关于对〈俄罗斯联邦宪法法院法〉进行修订法》（Федеральный конституционный закон от 28 декабря 2016 г. № 11－ФКЗ «О внесении изменений в Федеральный конституционный закон（О Конституционном Суде Российской Федерации）»）。

予以加强。

根据《俄罗斯联邦宪法》,俄罗斯联邦最高法院被授予对司法实践中的各种问题向以下各级仲裁法院作出解释的职能(《俄罗斯联邦宪法》第126条)。[1]

判例是"被赋予法律规则效力及对类似案件解决发挥指导作用的具体司法判决或行政决定",[2]由各最高级别的法院(俄罗斯联邦宪法法院和俄罗斯联邦最高法院)根据《俄罗斯联邦宪法》所赋予的职能所作出的法律意见,应当与判例相区别。

对于属于大陆法系的俄罗斯法律体系而言,判例不作为法的渊源。

例如,如果一项判决的作出依据为另一项先前由法院作出的判决,则前者将被认定为不合法。只有规范性的法律文件可以被视作作出判决的依据,但是司法实践是司法文件作出时的重要指导。

下面一个事实可以作为俄罗斯联邦最高法院的法律意见被加以考虑的证据——《俄罗斯联邦仲裁程序法典》第311条第2款第5项规定的一系列新情形的产生可以作为审查司法文件的依据——在"俄罗斯联邦最高法院全体会议决定"或"俄罗斯联邦最高法院主席团会议决定"中对于法律规范的适用实践作出了确定或变更时,依俄罗斯联邦最高法院的相应文件规定,存在对涉及此情形的已生效之司法文件进行审查之可能性。

---

〔1〕 需要指出的是,先前(2014年2月5日通过的第2-ФКЗ号《俄罗斯联邦最高法院及俄罗斯联邦检察院法》联邦宪法级别法的修改于2014年2月6日生效前)相应的职权只能由俄罗斯联邦最高仲裁法院享有。而之前由俄罗斯联邦最高仲裁法院所作出的相应法律意见,仍保留其自身的意义。

〔2〕 Марченко М. Н. Основные источники англосаксонского права: понятие прецедента // Вестник Московского университета. Серия 11. Право. 1999. № 4. С. 26.

因此,如果某一司法文件的作出所依据的是对相应法律规范的解释,而该解释与俄罗斯联邦最高法院就其他案件选取的适用实践相背离,则已产生法律效力的司法文件可因某一案件被重新审查。

社团规范的制定

内部文件的概念与主要特点

将规则引入社团的有管理权能的机关所制定的内部文件中,是对社团关系规则进行调整的渊源体系的一大特点。

应当指出,自2014年5月5日第99号联邦法对《俄罗斯联邦民法典》进行修改后,制定社团领域规范的意义得到了显著加强。根据上述版本的《俄罗斯联邦民法典》第52条第5款的规定,法人的发起人(参加人)有权对调整社团关系(第2条第1款)且不作为设立文件的**法人内部规章及其他内部文件**进行确定。

对商公司内部规章或其他内部文件(第52条第5款)的确定属于股东会的专有职权,且不得移转至公司的其他机关。该禁止规定甚至对非公众公司有效(《俄罗斯联邦民法典》第66.3条第3款)。

内部文件的采用可以保障对社团法人活动的法律调整在立法许可的框架下进行。此外,涉及商公司的几部联邦法直接确定了采用专门的内部文件的必要性。例如,调整商公司的管理及监督机关的组建与活动等程序的条款,便是必须强制作出的规定。各内部文件的其他部分则按照社团的自身意愿,根据社团的活动领域与规模、参加人组织构成、参加人间的份额(股份)分配、组织的生产经营特征、分支机构的地域分布以及参加人与管理人员的相互关系传统等要素来进行设置。

社团内部文件(社团规章,有“为社团所使用的立法”之意),是由有权限的社团管理机关依据(包含非一次性、对于所有社团关系参加人均具有约束性的行为一般规则的)立法而制定并通过以调整社团关系的文件。

社团内部文件有如下主要特点:

——以法律和其他法律文件为基础,不得与之相违背,即在任意性立法认许的框架下制定;

——制定内部程序(规章)时,保障法律规范和其他规范性法律文件规范的实施;

——由商公司的有管理职权的机关在规定程序下制定;

——不同于具备独特性质的组织管理性文件(决定、领导指示、合议制管理机关决定),内部文件以一般规则为内容且可多次适用,对所有参与到相应关系中的人均产生效力——管理与监督机关的成员、社团的股东(参加人)及社团自身;

——在司法机关及护法机关审查因社团内部活动所产生的争议之时,应考虑社团内部文件的规定。

社团内部文件是由具备相应权能的社团管理机关所确定和通过的,对所有社团的参加人、社团的各机关成员具有非因公法强制力而产生的约束性。此种约束性因组织的社团形式之本质而产生——在加入社团法人之时,参加人均自愿承担对大多数成员意志的服从,而大多数成员意志则体现在对内部文件的通过与采用上。

在加入某个组织之时,主体也会接受“某种对自身的限制”,其表现为须对该社团中所确定的特定规则与规范的服从。对大多数意志服从的原则是任何社团的组建基础。应当将对少数社团参加人权利的侵犯与在社团中对成员资格的限制相区分。

首先,被规定于特定组织中的规则不得与立法的要求相抵触;其次,在存在对某一重大决定的不同意见之时,该社团的参加人应具有保全自身的财产状态与从社团成员构成中退出的权利。此类对于"用脚投票"的商公司的参加人的保障,得到了相应法律规范的确定:股东在法律规定的情形下有权要求公司回购其股份(份额)(《股份公司法》第75条、《有限责任公司法》第23条)。依据《有限责任公司法》第26条的规定,如果公司章程中规定了退股权,有限责任公司的参加人有权不经其他参加人同意而退出公司,且获得其于公司财产中所占份额的相应实际价值的偿付。

立法者规定了制定社团内部规范的可能性(有时直接要求社团制定内部文件),同时对这些文件的制定进行核准并赋予其约束力。

N. N. 巴霍莫娃就此写道:"社团的本地性文件不能被归入《俄罗斯联邦民法典》第3条文本中所述的规范性法律文件,因为它们不具有后者的属性、未达到后者的概括性水平。但社团本地性文件被赋予了另一种规范属性,此种规范属性反映了在特定的社团的联合中主体间的社会约束的相互作用,并受到社团核准的保障。"[1]

内部文件的本质体现为,尽管它们由作为私法主体的社团制定,但仍然对于社团关系的参加者具有约束力,即对管理及监督机关的成员、参加者、商公司本身及因审理社团内部活动之争议时的法院均产生影响。在民事诉讼程序及仲裁程序相关立法中,并未将内部文件援引作为解决争议时所使用的规范性法律文件。在此情况下,司法实践一贯

---

〔1〕 Пахомова Н. Н. Указ. соч. С. 168.

证明,在解决争议之时,法庭不仅遵照立法,还遵照由相应权限的组织内部机关依立法制定的内部文件。

例如,俄罗斯联邦最高仲裁法院主席团会议于2010年4月27日就第A40－13353/09－158－149号案件作出的决定中指出,“法律并不排除股东请求认定股东会所通过的本地性文件违法的可能性”。[1]

在综合以上所述及确定内部文件在法的渊源体系中的地位后,我们可以得出结论:由社团有相应权能的管理机关通过的内部文件为社团关系制定规则,其对于所有参加人及法院均具有约束力、由国家认为合法(虽不包含实在法法律规范),并且是将社团关系规则化的手段。

对我们而言,区分“内部文件”和“社团机关的决定”的概念似乎也尤为重要。

S. V. 费多谢耶夫就此问题写道:“如果将法律规范狭义而抽象地理解为由国家制定或批准的,以及对于所有人的行为均具有以国家强制力作保障的约束力的规范,在将法律规范以广义理解作为对照时,则可以将本地文件作为一套公式化的行为规则的总和来讨论,而相应的规则最终通过法人的管理机关的决议奏效。因此,管理机关的决议既作为实现法律主体资格的行为(意思行为),又是该行为的表现形式。同时,作为本地文件,管理机关的决议还是一种行为规则的书面具体化的系统。最后,决议本身不包含任何行为规则。”[2]

---

〔1〕 参见2014年12月4日由俄罗斯联邦最高法院作出的第308－ЭС14－1226号决定(Определение Верховного Суда РФ от 4 декабря 2014 г. № 308－ЭС14－1226)。

〔2〕 Федосеев С. В. Правовая природа решений органов управления акционерного общества // Законодательство. 2010. № 5. С. 63.

S. V. 费多谢耶夫对**作为社团意思表示行为的社团机关的决议**，与**作为内部规则制定之结果的内部文件**进行了正确的区分。

社团章程

按照直接理解，因为社团的章程为设立文件，[1]故其不属于社团内部文件。

社团章程虽然也调整社团的内部生活并对内使用，但与各类社团文件相比，其位阶要高于其他文件。

其他内部文件不得与章程相抵触，且在具有冲突时应以章程条款为准。针对社团的章程有特殊的核准及合法化程序。

第一，立法对特定的章程通过及修改的法律制度作出了相应规定。例如，立法针对大多数社团规定，章程的批准须由各发起人一致投票决定的程序（参见《有限责任公司法》第 11 条第 3 款、《股份公司法》第 9 条第 3 款）。对章程的修改往往[2]要求召开全体大会，并在会上以相应的特定多数表决决议通过。同时，如果股东就此决议投出反对票或未参与投票，则其股份回购的请求权由此产生（《股份公司法》第 75 条）。在对商公司内部文件须由全体会议批准的情况下，则不涉及此类决议的作出程序及相应法律后果的规定。

第二，与内部文件的变更不同，对设立文件的变更需要对变更事项进行国家登记，或就变更向国家登记机关作出通知。

第三，在一些有关商公司的各部联邦法的文本中，对章程与内部文件的内涵作出了不同阐释。例如，董事会职权范围的扩大依法仅能通过公司章程实现（《股份公司法》第 65 条第 1 款第 18 项），而董事会的

[1] 关于章程的法律本质，参见本书第五章第三节。

[2] 规则的例外，如《股份公司法》第 12 条第 2 款规定了在扩大（减少）注册资本时由董事会决议对章程进行修改的可能性。

会议召集与举行程序,则可以由章程或公司内部文件确定(《股份公司法》第68条第1款)。

因此,应当认真对待有关社团"酌情自由"之用语方式的立法规定:如果立法中规定了社团对某些问题进行调整的权利职能体现在公司章程中,则这些问题应当由公司章程加以规定,而非体现在内部文件中。

同时应当指出,在各部有关商公司的联邦法之中(《股份公司法》第89条、《有限责任公司法》第50条),章程被区别于内部文件单独列出。似乎上述论证足以表明,社团章程在社团规则制定体系中具有特殊地位。

2015年6月29日通过的第209－Φ3号联邦法对《俄罗斯联邦民法典》中加入的修改部分规定了商公司使用示范章程的可能性。示范章程由经俄罗斯联邦政府授权的权力执行机关制定(《俄罗斯联邦民法典》第52条第2款、《有限责任公司法》第12条第1款)。《股份公司法》中虽未作出相应的禁止性规定,但也并未提及示范章程的可能性。

公司应将其以示范章程为依据开展活动的事实向进行国家法人登记机关进行通知。须在章程中体现的各种项目(名称、公司所在地及注册资本数额等),应被直接确定于国家统一法人登记簿之中。

故此,示范章程并非公司的内部文件。示范章程是一种经规范性法律文件承认,由俄罗斯联邦政府授权的权力执行机关制定的文件。

股东协议在社团关系规则体系中的地位

营利组织参加人的权利与义务可因股东协议而产生。2019年,《有限责任公司法》及《股份公司法》得到了修订,修订的部分为这两类公司的参加人(股东)提供了其相互间可签订有关实现自身权利的专门协议的可能性，根据该协议，双方有义务以特定的形式实现其权利，或放弃相应的权利（《有限责任公司法》第 8 条第 3 款、《股份公司法》第32.1 条）。

2014 年 5 月 5 日通过的联邦法，对《俄罗斯联邦民法典》第 67.2 条“股东协议”* 进行了增补。如此一来，《俄罗斯联邦民法典》便将《有限责任公司法》及《股份公司法》中的有关条款固定了下来，且确定了此类股东或参加人之间的协议的类别概念——“股东协议”。

遵照股东协议，协议双方须以特定方式实现其社团权利或放弃（拒绝）实现相应权利，其中包括：于公司的股东会中以特定形式进行投票表决，就公司管理协商实施其他行为，于特定的情势产生之时以特定价格取得或转让注册资本份额（股份）或在特定情势产生前拒绝转让股份（份额）。

在最近一段时间内，股东协议被俄罗斯营商实践广泛采用，其原因是，法律条文及章程并不会面面俱到地对具体某一社团参加人（股东）权利实现的各种特征作出规定。

由于俄罗斯的股东协议制度在本国法律部门存在时间较短，其尚未得到充分研究，学术界存在众多与此课题相关的问题。其中，在对于该制度的法律本质理解与适用问题中，最为重要的问题便是：**股东协议是不是俄罗斯社团法人法的渊源？**

考虑最近的立法修改，** 股东协议在对参加者之间关系的调整中提供了广泛的自由酌定权（discretion）。其中，公众公司中的股东协议可对法人参加人的权利范围进行变更（《俄罗斯联邦民法典》第 66 条第 1 款第 1 段）。如果股东协议由公司的全体参加人签订，则其在本质

* 立法原文用语表述为“корпоративный договор”，若直译，可译作“社团协议”。——译者注

** 指民法典的修改。——译者注

上可以“代替”章程,因为在协议效力与章程相抵触时,协议各方主张协议无效的可能性便被剥夺了。[1]

如果《俄罗斯联邦民法典》及与商公司相关的各部门法均允许对公司各机关的结构与职权进行变更,则股东协议中可以规定,协议各方具有在全体会议上就具体事项进行投票表决的义务,如就公司各机关结构与职权确定的有关事项来增加章程条款问题。换句话说,股东协议可以改变社团机关的结构与职权范围,但仅在遵照立法或公司章程的情况下方有可能发生,这对于非公众公司而言无疑意义重大。

2014 年 5 月 5 日通过的第 99 – ФЗ 号联邦法的一个重要的新颖之处在于:如果在由公司机关作出相应决议之时股东协议的各方均为公司的参加人,则根据上述联邦法之规定,对股东协议的违反,可因合同一方的诉讼而导致商公司内部机关所作出之决议自始无效。在民法典的这些变更生效之前,只能通过各种民事法律责任的相应措施(追索违约金、赔偿、请求损害赔偿),来确保股东协议的执行。

因此,股东协议所具备的作用会越来越强,并成为调整社团关系的重要法律手段。**这是否足以使股东协议成为实在法的渊源?**[2]我们的答案是否定的。

如欲将股东协议认定为法的渊源,则其缺少由国家权力所保障的一般强制力特征。此外,股东协议在特定意义上虽然具备适用于公司及不作为协议各方参加人的法律效果,但其并不包含对于所有人均具

---

[1] 如 2015 年 7 月 23 日由俄罗斯联邦最高法院全体会议作出的第 25 号决定指出:“股东协议各方无权就其与商公司章程条款相抵触而主张其无效。在此情形下,股东协议的当事方不会丧失其依据该合同向另一方索取赔偿的权利。”

[2] V. A. 拉普捷夫的观点主张将股东协议认定为规范性协议及法的渊源(Лаптев В. А. Корпоративный договор в системе источников регулирования корпоративных отношений // Предпринимательское право. 2016. № 1)。

有约束力的规定,而仅对协议的缔约人有约束力,且并不会适用于未来因股东协议参加人的股份(份额)转让而产生的新股东(参加人)。换句话说,如果将股东协议与章程和内部文件相比,则其批准亦有某些固有特征,但前提是各方必须达成协议。即使在这种情况下,股东协议仍不能包含对公司或新参加人的强制性规定。

➲ 股东协议是一种以合同形式进行调整的法律手段,其仅对缔约各主体进行权利与义务的设定。

股东协议在批准程序上与章程和内部文件有所不同:与后二者相反,股东协议无须经商公司有权能的管理机关批准,而由公司的股东(参加人)缔结。对公司内部文件进行批准的公司机关人员构成的变化,并不会影响已经通过的内部文件的效力。

基于对法源的实在理解,股东协议不能被归于公司法的渊源之列,然而这并不会削弱社团法人法作为灵活协调不同参加人(股东)与各种利益集团间利益的工具手段的意义。

➲ 股东协议,是规范因社团参加人对自身权利实现与履行而产生的社团关系的重要的法律手段。

建议性文件("软法")

近年来,俄罗斯学界跟随国外学说发展,积极使用被视为具有建议性的文件的"软法"(soft law)[1]这一概念。

---

〔1〕 Soft law("软法")首次被提出于20世纪70年代,其与国际法律习惯方面的hard law("硬法")相对。当前,"软法"学说已经在包括社团法人法在内的各领域取得了实质性发展(参见 Чеховская С. А. Мягкое корпоративное право: постановка пробле-мы // Предпринимательское право. 2012. № 4)。

对于社团法人法而言,不仅立法文件具有重要意义,调控者(交易所、行业协会和包括超国家机构在内的非政府组织等,如经济合作与发展组织、[1]巴塞尔银行监督委员会等)的意见亦同等重要。例如,作为非国家调控者的交易所可通过制定上市与退市的规则来影响公众股份公司的公司治理活动。[2]

建议性文件(又可称"方法性建议""方法手册""指南""方法"等)通常来自获授权的国家机关[3],但与这些机关所颁行的规范性法律文件不同,建议性文件不具备强制性特征。特别是联邦国家财产管理局(Росимущество)通常会在其命令中批准各类方法性建议。

在俄罗斯社团法人法领域,目前俄罗斯银行发挥调控者的功能,制

---

[1] 经济合作与发展组织(Organization for Economic Co-operation and Development, OECD)有 34 个成员国,成立于 1948 年。(www. economy. gov. ru)

[2] 参见封闭式股份公司"ФБ ММВБ"上市规则// http://fs. moex. com。

[3] 对于有国家参股的股份公司的公司治理发展具有重要意义的文件包括:由俄罗斯联邦财产管理局于 2016 年 1 月 21 日发布的第 12 号令《关于批准组织与进行财务(会计)报表的强制审核的方法性建议》(приказы Росимущества от 21 января 2016 г. № 12 «Об утверждении Методических рекомендаций по организации и проведению обязательного аудита финансовой(бухгалтерской)отчетности»);2014 年 12 月 29 日发布的第 524 号令《关于批准在国家参股的股份公司中制定股利政策的方法性建议》(от 29 декабря 2014 г. № 524 «Об утверждении Методических рекомендаций по разработке дивидендной политики в акционерных обществах с государственным участием»);2013 年 11 月 21 日发布的第 357 号令《关于批准股份公司中董事会工作的方法性建议》(от 21 ноября 2013 г. № 357 «Об утверждении Методических рекомендаций по организации работы Совета директоров в акционерном обществе»);由俄罗斯联邦政府于 2014 年 3 月 27 日委托通过的第 ИШ – П 13 – 2043 号《俄罗斯联邦与俄罗斯联邦主体占注册资本份额总计超过 50% 的国有社团、国有公司、国有单一制企业的关键绩效指标使用方法指南》(Методические указания по применению ключевых показателей эффективности государственными корпорациями, государственными компаниями, государственными унитарными предприятиями, а так-же хозяйственными обществами, в уставном капитале которых доля участия Россий-ской Федерации, субъекта Российской Федерации в совокупности превышает 50%, одобренные поручением Правительства РФ от 27 марта 2014 г. № ИШ – П13 – 2043)。

定了数量较多的建议性文件。

《公司治理准则》在社团法人法的建议性渊源体系中有着特别意义。《公司治理准则》的前言对其建议性文件的属性进行了阐明。

《公司治理准则》在完善公司治理方面的目的包括：

——确定后续能够在长期投资者看来提高俄罗斯公司投资吸引力的原则与方法；

——以最佳活动标准的形式来反映过去一些年中在股份公司活动过程中所出现问题的解决方法；

——考虑股东权利被侵犯的负面案例，就公平对待股东的良好实践提出建议；

——收集《公司治理准则》适用所积累的实践经验；

——简化俄罗斯股份公司最佳公司治理标准的适用流程，以提高对国内外投资者的吸引力；

——提出旨在提高股份公司管理机关的效率和对其活动进行监督的建议。

在讨论《公司治理准则》作为规范社团关系的方法时，应当认识到，不具有被认定为次级规范性法律文件的“规范性”特征。换句话说，《公司治理准则》不具有约束力。

《公司治理准则》也不能被认作习惯，因为根据《俄罗斯联邦民法典》第5条，习惯须为在社团关系中形成并被广泛适用的行为规则。而不幸的是，当前我们尚不能将《公司治理准则》中所包含的最佳公司治理实践视作被广泛适用的规则。

《公司治理准则》是一种建议性文件，商公司可自行决定将其全部或部分(单独条款)整合到社团内部文件中。

根据实践操作的惯例，通常由公众股份公司宣告对《公司治理准则》相应条款的适用,《公司治理准则》本身也包含了可供公众股份公司使用的大多数建议。对《公司治理准则》条款的遵守,可以证明公司忠于最佳的治理实践,这也将有助于吸引投资者。

小结

本节的重点是社团法人法各类渊源的特征,其区别于其他部门法渊源的内容。

我们再次强调,此处我们讨论的是广义上的社团法人法的渊源——将其作为非仅依国家产生的各种社团关系规范手段的总和而进行讨论。

1. 社团法人法渊源体系的显著特征表现为在该体系中应包含社团规范的制定行为,**即章程和社团内有权能的管理机关所批准通过的内部文件**。

2. 社团法人法渊源体系的另一个区别性特征是**存在大量各类复杂文件,即包含旨在规范社团法律关系的公法规范在内的各部门法的规范**。

3. **当代社团立法的趋势是其与其他立法体系的整合**。例如,与破产相关立法在有关设立债务人的次级控制责任人与召开民事团体会议等方面的整合;与银行及银行业活动的有关立法在银行与非银行信贷组织等方面的整合;与竞争法有关立法在调整利益集团及国家对经济的各类调控方面的整合等。

4. 近年来出现的另一个社团立法的明显趋势,是社团立法在各种法律组织形式的社团性组织方面的统一,这在《俄罗斯联邦民法典》改革的理念方向上得到了体现。例如,在 2014 年 5 月 5 日通过的第 99 - Φ3 号联邦法对《俄罗斯联邦民法典》第四章进行修订后,该章的结构以下列方式得以重新构建：先对有关社团性组织的主要条款进行明确，然后规定社团的各种类别（如商合营及商公司），最后对具体的社团组织的法律组织形式进行规制。

例如，2016 年 7 月 3 日颁布的第 343 – ФЗ 号联邦法对商公司有关各特别法进行了重大修改，并确保对股份公司与有限责任公司中重大交易及关联交易的法律制度得到统一调整，这同样是法律调整统一化趋势的佐证。

制定统一《商公司法》的倡议，旨在实现对股份公司及有限责任公司这两类社团法人活动调整的统一整合。[1] 该倡议引发了专家学者们的不同评价，他们中有的积极支持并提出了此一体化之举的各种优点，[2]有的则因技术层面法律规范描述的复杂性及该联邦法的结构性难点，而完全不接受这一主张。

作者主张，法律文件的目的不是进行学术分类和达到高度的综合性目标，而是保障对相应领域调整的高效性。而要想达成这一点，则要求法律文件具备相当的明确性和简易性。

当代俄罗斯法律体系自触及含有社团经营在内的企业经营领域之

---

〔1〕 该法案是在俄罗斯司法部的倡议下制定的（参见 http://www.rbc.ru/economics/18/06/2015/5582f0349a7947309935d6c9）。

〔2〕 E. A. 苏哈诺夫亦支持这种观点，他主张：（1）将有关各商公司的规则合并至一部统一的法律中；（2）直接在《俄罗斯联邦民法典》引入统一化的规范（参见 Суханов Е. А. Сравнительное корпоративное право. С. 65 – 66）。

始,刚逾20年,[1]仍处于快速发展和完善阶段。当然,这一过程无法避免各种经济关系间存在的客观矛盾以及法律技术层面存在的主观偏差。

但整体上可以说,目前在俄罗斯已形成了快速发展的社团法人法律体系。

(第一章终)

---

〔1〕 习惯上认为,俄罗斯社团立法的出现时间为1990年。同年6月19日,苏联部长理事会第590号决定批准通过了《股份公司及有限责任公司条例》(СП СССР. 1990. № 15. Ст. 82)。同年,俄罗斯苏维埃联邦社会主义共和国还通过了两部主要法律,他们分别是1990年12月25日通过的第445－Ⅰ号《企业及企业经营活动法》(Ведомости СНД и ВС РСФСР. 1990. № 30. Ст. 418),及1990年12月24日通过的第443－Ⅰ号《俄罗斯苏维埃联邦社会主义共和国所有制法》(Ведомости СНД и ВС РСФСР. 1990. № 30. Ст. 416)。苏联部长理事会1990年12月25日第601号决定通过了《关于股份公司的规定》(СП РСФСР. 1990. № 6. Ст. 92)。

第二章 法 人

术语表

法人的民事行为能力——法人独立取得并实现民事权利、承担民事义务的能力。

法人的民事权利能力——法人享有民事权利、承担民事义务的能力。

赔偿能力——法人因未履行或不适当履行债务，而对所造成的损害承担责任的能力。

许可证——由许可机关所签发文件批准的特别许可，旨在允许主体取得并实现主体权利、义务以及所经营的活动。

法律组织形式——揭示组织的内部结构、各组成部分间的关系及各类关系产生、变更和终止依据的特点总和。

代表处——法人的独立分支，位于法人所在地之外，代表并保护法人的利益。

行业自律——由企业经营主体、职业主体或其他活动的主体通过制定标准和准则来实施的独立、主动的活动。

法律行为能力——法人实施包括民事法律行为和其他有法律意义的意思行为在内的法律行为的能力，上述法律行为旨在确立、变更或消灭民事权利和义务。

权利主体——被法律承认能够享有权利、承担义务，并成为法律关系一方的载体。

分支机构——法人的独立分支，位于法人所在地之外，履行法人的全部职能或部分职能，其中包括代理职能。

法人——拥有独立的财产并以该财产偿还自身债务，可以自己的名义取得并实现民事权利，承担民事义务，以及在法院作为原告和被告的组织。

第一节 法人的概念与功能

一、法人的概念

法人的定义规定于《俄罗斯联邦民法典》第48条第1款中。

> **法人是拥有独立财产,并以该财产偿还自身债务,可以自己名义获得并实现民事权利,承担民事义务,以及在法院作为原告和被告的组织。**

关于法人的本质这一问题,在学术界一直颇受争议。I. A. 波克罗夫斯基认为,法人一直以来都是民法中备受青睐的课题。[1] 各专家提出了众多学说,阐述了法人这一现象,包括拟制说、目的财产说、利益说、有机体说、社会现实说、集体说、管理者说、董事说、国家说、社会联系体系说、法律手段说等。有关法人本质的科学概念反映出当代经济和政治现实,哲学观点和务实需求。总的来看,这些学说中体现了法人的各类属性、功能和特点。[2]

法人,即人们设立的社会组织,依法被认定为民法的主体。

无论如何,法律主体的范围都应由公权力来确定。根据《俄罗斯联邦民法典》第2条第1款第2项的规定,法人是由民法调整的关系中的参加者。法人作为民法主体,其产生必须要经过国家登记,(《俄罗

[1] 参见 Покровский И. А. Основные проблемы гражданского права. 4 – е изд., испр. М.,2003. С. 146。

[2] 参见 Козлова Н. В. Понятие и сущность юридического лица: очерк истории и теории: Учебное пособие. М.,2003。

斯联邦民法典》第49条第3款、第51条）法人自其设立信息被载入国家统一法人登记簿之时起产生。

法人的功能

为满足人类的需求,不仅需将人认定为法的主体,还需将其他事物现象也认定为法的主体。法人就是这样一个被人们利用,旨在达成既定目标以及解决某些问题的法律手段。基于这一前提,法人具有以下功能。

第一,法人简化了几个人共同活动以解决既定问题的组织形式。

法人的地位使两人或数人成立的社会组织可作为一个整体来运作。

例如,数个农业制造商联合为相互保险协会。该协会设立的目的在于为成员财产和经营风险的保险积累和增加资金。该协会可设立储备基金,将成员所缴资金投入股市,存入银行并取得收入。该协会所有成员均被设保,以防因经营活动而遭受损失,即共同解决自身问题。

第二,允许法人为实现一定目的而积累资本。

法人在设立时被赋予一定的财产,以用于具体项目的实施。

例如,两位公民设立慈善基金会,积累资金以用于支持新型医药制剂领域的科研工作。作为法人,该基金会可从其设立者处或通过慈善捐赠获得资金,并从事经许可的经营活动,获取收入。基金会的资金将根据章程中规定的程序,在规定的条件下用于专门目的。

第三,法人使其设立人（参加人）仅在其转移给法人的财产范围内承担责任,而不以个人财产来满足法人债权人的请求。[1]

---

〔1〕 参见 Российское гражданское право: Учебник. В 2 т. / Отв. ред. Е. А. Суханов. Т. 1: Общая часть. Вещное право. Наследственное право. Интеллектуальные права. Лич- ные неимущественные права. М. ,2010. С. 186－187（автор главы-Е. А. Суханов）。

有时法人会被称作"社团之盾",即通过法人,那些不确定获利的各方可使个人财产免遭损失。正是法人的这一特点让那些风险重重的商业领域得以发展(创新活动、运输、农业生产等)。

例如,新型药品的创立者寻找拟为自身生产进行投资的投资方。由于该药品的效能尚且未知,药品可能出现副作用且生产成本较高,经营者在开发这一新领域之前可能会忧虑重重。未来的损失很可能数额巨大,而经营者可能会因此倾家荡产。若是让法人实施该项目,则仅以法人的财产承担风险。法人的发起人(参加人)除法律明确规定的情形外,不为法人的债务负责。如此,在未能保护风险项目之外的财产的情况下,"社团之盾"将经营者保护了起来。

第四,隐藏法人发起人(参加人)的"社团外壳"使发起人(参加人)的商业信誉和个人生活的不可侵犯性等得以保全。

在法人的"面纱"下,其发起人(参加人)可以避开大众的关注。对于消费者来说,法人是商品的生产者、承包者、服务的提供者。在不利情况下,卖方、运输方或旅游公司,即那些频繁承担因空难、经营不善而造成的不利后果的各方,可不受之前经历的影响,在原来财产的基础上设立新的法人,以新名称和未受影响的商业信誉,重新经营。在法国、比利时和荷兰法的相关立法中,开放式股份公司被称为隐名(股份有限)(societes anonymes)公司,不无道理。

第二节　法人的特征

作为民法主体,法人具有以下几点特征。

组织统一性

法律明确规定,法人为组织。不同于作为社会生物的人(自然人、公民),法人是社会组织。复杂的结构,各参加人、财产、员工和与各合同交易方的关系等均被看作一个整体,即作为一个主体看待。该整体的个别组成部分可发生变化:先前的参加人或员工离开,新成员加入;个别种类的财产被其他种类所替代,但法人一直存在。

例如,建于1755年的罗蒙诺索夫国立莫斯科大学不久前照例庆祝了建校日。在过去的100年里,社会体制、学校结构、教师队伍、学生名额、财产基础,甚至是学校名称都发生过改变,但学校的活动还在继续,组织统一性得到了保留。

组织统一性得到保留这一特性,是法人所具有的优势,这使其成为相比于自然人而言更加可靠的一方。法人不会受疾病和死亡风险的影响,这也正是法律仅允许法人而非其他主体从事保险及银行事务的原因。

法人的法律组织形式的概念

组织统一性应符合法律规定的要求,并体现于法人的设立文件中。

> 法人的法律组织形式,即揭示组织内部结构、组织各个要素之间的关系,以及上述关系产生、变更和终止依据的特征总和。

现行《俄罗斯联邦民法典》中列举了法人法律组织形式的两个清单:分别针对营利组织和非营利组织所设立的清单(《俄罗斯联邦民法典》第50条第2款、第3款)。俄罗斯联邦中央银行独立于这两份清单外(《俄罗斯联邦民法典》第48条第4款),其法律地位由《俄罗斯联邦宪法》(第 75 条)及《俄罗斯银行法》确定。

法人的分支机构与代表处

法人的结构体系中可包括分支机构和代表处。

> 分支机构为法人的独立分支,位于法人所在地之外,履行法人的所有职能或部分职能,其中包括代理职能(《俄罗斯联邦民法典》第 55 条第 2 款)。

分支机构的设立可扩大法人的活动范围。例如,储蓄银行(Sberbank)公众股份公司在俄罗斯全境都有分支机构,这使公民在俄罗斯境内可不受任何限制地享受该法人的服务。

> 代表处是位于法人所在地之外的独立分支机构,代表并保护法人的利益(《俄罗斯联邦民法典》第 55 条第 1 款)。

不同于分支机构,代表处不开展法人的各项活动。它推动其他主体与法人之间进行联系:代表处可接收意见、请求等。随着现代通信手段的普及,对代表处的需求程度在不断降低。

分支机构(代表处)的活动是在其相关规定的基础上开展的。分支机构(代表处)的管理者由法人任命,并在法人授权的基础上以法人的名义进行运作。分支机构和代表处在国家统一法人登记簿中有所记录。

财产独立性的特征

财产独立性的特征在法条中被表述为"拥有独立财产",这一规定与《俄罗斯联邦民法典》第 2 条第 1 款中有关民法调整的法律关系参加者"财产独立性"的规定有一定关联。财产独立性体现在法人拥有资产(预算)、账户等凭证。法人可享有物权、债权、智力成果和独创性表达的专有权以及其他财产权利和义务。

法人所有的财产权(义务)、物权和其他权利客体的总和构成法人的财产。

法人的财产独立于其发起人(参加人)的财产以及国家的财产。发起人(参加人)或法人财产的所有人不对法人的债务负责，法人也不对其发起人(参加人)或所有人的债务负责，法律另有规定的情形除外(《俄罗斯联邦民法典》第56条第1款)。

例如，在设立有限责任公司时，发起人(参加人)应对汽车的所有权缴纳注册资本。公司有权出售该汽车，并将所获金额用于实现自身目的。在该参加人退出公司时，他将获得与其缴纳份额相当的实际价值数额。在此情况下，该参加人无权要求返还转移给公司所有的汽车，也不能要求公司提供与被售汽车相同类型的汽车。

法人的名称

法人拥有区别于法的其他主体的名称。

法人的名称由几个必要的元素组成：法人的法律组织形式(《俄罗斯联邦民法典》第54条第1款)；本身名称；名称中可包含法律规定的其他要素。

例如，普通合伙的名称应当包括所有参加人的名字(名称)，或者一个或数个参加人的名字(名称)再加上“公司”字样(《俄罗斯联邦民法典》第69条第3款)。

非营利组织的名称，以及在法律规定的某些情形下的营利组织的名称中，应指出法人的活动性质。例如，信贷组织的名称中应有“银行”或“非银行信贷组织”的字样(《银行及银行活动法》第7条)。交易所的名称中应有“交易所”字样(2011年11月21日第325号联邦法律《有组织的交易所法》第9条第3款)。

➲ 作为营利组织的法人应具有商号。

营利组织的商号是为其提供法律保护的个性化手段(《俄罗斯联邦民法典》第1225条第1款第13项、第1473条)。《俄罗斯联邦民法典》第1474条第1款规定,以任何合法方式将商号作为个性化手段是法人的专有权利。商号的专有权允许法人在进行一切活动时都可指明其商号。名称可在招牌、商品、包装、告示、广告,包括互联网等载体上标出。法人可将其名称或名称中的其他元素作为商标或服务标志加以利用(《俄罗斯联邦民法典》第1476条、第1477条)。

法律针对商号制定了一些特别规定。商号中不可包含以下主体的完整或缩略的正式名称:社会团体、俄罗斯联邦国家机关及俄罗斯联邦主体,地方机关、外国国家名称及此类名称衍生出的词语、违背社会利益、人道主义原则及道德的标记(《俄罗斯联邦民法典》第1473条第4款)。

只有在法律规定的情形下,方可在商号中使用"俄罗斯""俄罗斯联邦"字样及其衍生的词和短语、(《俄罗斯联邦民法典》第1473条第4款第5项第3分项)。如今上述情形仅在俄罗斯联邦政府规定的程序下,根据相关许可方可实现。[1]

非营利组织的名称在受保护的个性化手段的列举式清单中并未得到体现(《俄罗斯联邦民法典》第1225条)。这就意味着《俄罗斯联邦

[1] 参见2010年9月24日俄罗斯联邦政府第753号决议《关于批准允许非营利组织的名称中包含"俄罗斯联邦"或"俄罗斯"字样的正式名称,以及由该名称衍生的字样的规则》(Постановление Правительства РФ от 24 сентября 2010 г. № 753 «Об утверждении Правил выдачи разрешения на включение в наименование некоммерческой организации официального наименования «Российская Федерация» или «Россия», а также слов, производных от этого наименования»)。

民法典》对于非营利组织将其名称作为个性化手段这一做法不予保护。根据《俄罗斯联邦民法典》第 1225 条第 4 款和第 1473 条第 1 款的规定，通过对司法实践进行总结，可得出以下结论：只有作为营利组织的法人享有商号的专有权，而非营利组织的商号依据《俄罗斯联邦民法典》第 1473～1476 条的规定，并不受法律保护。〔1〕

此外，根据《非营利组织法》第 4 条第 1.1 款，名称被载入国家统一法人登记簿的非营利组织，有法人名称专有权。因此，在类推适用法律时（《俄罗斯联邦民法典》第 6 条），非营利法人名称的法律制度可根据调整与营利组织的商号有关法律关系的规则予以确定。

➡ **任何法人自其名称被载入国家统一法人登记簿时起，对该名称的使用便享有专有权。**

法人的名称不可转让，不能将其转让给他人进行使用。法人与公民的不同之处在于，在某些情形下公民可使用编造的名字（《俄罗斯联邦民法典》第 19 条第 1 款），而法人则无权使用化名。

法人与公民的另一个区别是，法人在固定活动领域的名称具有独创性。使用与开展类似活动的其他法人的公司商号相同或容易混淆的商号的行为，属于违法行为（《俄罗斯联邦民法典》第 1474 条第 3 款）。

“哈巴罗夫斯克大豆”封闭式股份公司的名称使用权案是公司商

〔1〕 参见俄罗斯联邦最高法院全体会议第 58.2 条，2009 年 3 月 26 日俄罗斯联邦最高仲裁法院全体会议第 29 号决议《关于由于实施〈俄罗斯联邦民法典〉第四部分而产生的若干问题》//《俄罗斯联邦最高法院公报》2009 年第 6 期；2014 年 11 月 21 日俄罗斯联邦知识产权法院主席团针对第 310/2014 号案件所作的第 01 – 1034/2014 号决议（ст. 58. 2 постановления Пленума Верховного Суда РФ № 5，Пленума ВАС РФ № 29 от 26 марта 2009 г. «О некоторых вопросах，возникших в связи с введением в действие части четвертой Гражданского кодекса Российской Федерации» // Бюллетень Верховного Суда РФ. 2009. № 6；Постановление Президиума Суда по интеллектуальным правам от 21 ноября 2014 г. № С01 – 1034/2014 по делу № СИП – 310/2014）。

标侵权的一个典型例子,该名称极易与另一公司——“大豆”封闭式股份公司的名称相混淆。尽管商号之间在语音上有所不同,但仲裁法院认定,使用相同的关键词“大豆”会导致商号极易混淆。基于此,法院满足了“大豆”封闭式股份公司所提起的关于禁止“哈巴罗夫斯克大豆”封闭式股份公司使用易混淆的商号的诉讼请求。[1]

法人所在地和地址

法人的所在地,是指法人通过指出其居民点(市级地区)的名称而确定的其在俄罗斯联邦境内进行国家登记的地点。

法人在其常设执行机关所在的地点进行国家登记。在没有常设执行机关的情况下,法人在其他机关的所在地,或者根据法律、其他法律文件以及设立文件的规定,有权以法人名义进行活动的主体的所在地进行登记,《法人国家登记法》中另有规定的除外(《俄罗斯联邦民法典》第54条第2款)。

法人所在地应在其设立文件中予以规定。

法人的地址根据其所在地的范围确定。

法人的地址应体现在国家统一法人登记簿中(《俄罗斯联邦民法典》第54条第3款)。

这一规定在向法人发送具有法律意义的信息(《俄罗斯联邦民法典》第165.1条)以及确定债务履行地点(《俄罗斯联邦民法典》第316条)等情形下尤为重要。按照国家统一法人登记簿中的地址发

---

〔1〕 参见2011年7月29日远东地区联邦仲裁法院第03－3368/2011号决议(Постановление ФАС Дальневосточного округа от 29 июля 2011 г. № Ф03－3368/2011)。

送具有法律意义的信息而法人未能接收的风险，以及因法人并未在相应地址设置相应机关和代表而产生的风险，由法人自行承担。按照国家统一法人登记簿中的地址寄送信件，即使该法人未在上述地址，同样认为该信件已被法人接收（《俄罗斯联邦民法典》第54条第3款）。

对法人而言，其用于开展商业活动的、作为财产综合体的企业所在地，同样具有重要意义（《俄罗斯联邦民法典》第132条第1款）。

享有民事权利、承担民事义务的能力

■ **享有民事权利且承担民事义务的能力，即称为民事权利能力。**

对于组织而言，其取得法人的地位是为了参与到各法律关系和民事流转中，并成为法律上权利及义务的主体。法人可享有诸多民事权利及义务。它们可享有对财产之上的物权（根据该法人的法律组织形式）、智力成果、商品及生产商的个性化手段的专有权、实施合法民事法律行为的权利以及从事法律未禁止的其他活动的权利。

拥有权利能力，意味着法人和无权利能力的组织（包括法人的分支及代表处、控股公司等）不同。

下面再举一例说明法人和无权利能力的组织之间的区别。在成立生产合作社时，发起人在签署了交接单后，转让汽车作为出资。该合作社对汽车所有权并不是产生于移转文件签署时或汽车的实际交付时，而是产生于该合作社经国家登记成为法人时。在组织进行国家登记前，其不具有权利能力，便不能享有对财产的所有权。

独立取得并实现民事权利、承担民事义务的能力

■ 独立取得并实现民事权利、承担民事义务的能力为民事行为能力。

由于只有自然人可以完成行为实施,因此法人的行为能力是通过自然人的行为来实现的。

例如,买方在某法人拥有的自选商店内购买商品。买方实施交易时与收银员进行交流。然而卖方并不是收银员,而是法人,收银员只是在以法人的名义进行活动。法人本身的情况也能证明这一点:实施交易的地点为挂有招牌的商店;收银员身着标有商店特有标识的制服,可使用收银设备等。买方与商品有关的全部要求都将对法人提出,即零售买卖合同的一方,而不是向收银员提出。

独立对债务负责的能力

法人独立对债务负责的能力,是其享有民事权利、承担民事义务能力的自然延续。

法人的法律定义中对这一点这样表述:“以其‘财产’对债务负责。”

法人对其债务独立承担财产责任,其中包括因合同订立、侵权、不当得利等事实所产生的债务。

作为原告和被告的能力

法律明确规定,法人可“成为法庭上的原告和被告”。这意味着法人享有诉讼的权利能力。

民法中的全部主体均享有诉讼权利能力。在法律规定的情形下,司法程序中的参加人可以是从民法角度来说无权利能力的组织(《俄

罗斯联邦民事诉讼法典》第 3 条、第 22 条,《俄罗斯联邦仲裁程序法典》第 27 条第 2 款)。

法人特征的意义

法人的特征可总结为以下几种:

(1)组织统一性;

(2)财产独立性;

(3)拥有名称;

(4)所在地及地址;

(5)享有民事权利及承担民事义务的能力;

(6)独立取得并实现民事权利和义务的能力;

(7)法人以其债务独立承担财产责任的能力(其中包括因合同签订、侵权、不当得利等事实所产生的债务);

(8)参与诉讼权利能力。

法人的上述特征有着重要的理论和实践意义。认定某组织为法人的条件为该组织必须具有上述全部特征。

有趣的是,曾经出现过仲裁法院依据《俄罗斯联邦民法典》第 48 条中的法人特征,将组织认定为法人的情况。

例如,部队曾被基于以下特征而认定为法人:享有对财产的经营管理权;有权以自身名义订立合同并承担义务;以钱款偿还自身债务;有独立的资产表;有结算账户以及在税务登记中有备案。[1]

〔1〕 参见上诉审级就№ A40－5826/01－110－86 一案对各仲裁法院未生效判决的合法性与合理性于 2001 年 5 月 18 日所作出的裁决(постановление апелляционной инстанции по проверке законности и обоснованности решений арбитражных судов, не вступивших в законную силу, от 18 мая 2001 г. по делу № A40－5826/01－110－86)。

第三节 法人的民事权利能力

法人民事权利能力的概念

> **法人的民事权利能力指其享有民事权利，承担民事义务的能力。**

法人的民事权利能力仅在民法调整的关系范围内适用(《俄罗斯联邦民法典》第 2 条)。

法人参与其他法律关系的可能性可用另一种方式来确定。任何法人都不能成为雇员，但大多数法人都有权成为雇主。同时，作为法人的专门金融公司，不能与员工订立劳动合同(《有价证券法》第 15.2 条第 15 款)。

法人权利能力的产生

法人的权利能力是在复杂的事实要素基础上(包括发起人的行为以及其他法律事实)产生的。法人的权利能力自其设立信息载入国家统一法人登记簿时起产生(《俄罗斯联邦民法典》第 49 条第 3 款)。

在进行国家登记之前，发起人所设立的组织不能取得并实现民事权利、承担民事义务、独立承担财产责任以及作为法庭的原告与被告。只有在将组织的设立信息载入国家统一法人登记簿之后，该组织才具备上述特征。

赋予组织权利能力是行政行为——该行为由获授权的国家机关实施，并产生民事法律后果。

法人的特定权利能力

➲ 法人可享有与其设立文件中所规定的活动目的相一致的民事权利，并承担与该活动相关的义务（《俄罗斯联邦民法典》第49条第1款）。

活动的目的，是指计划的、预期的、可实现的并具有法律意义的结果。

发起人为达成法人设立文件中规定的目的而设立法人。这一点在通知组织的潜在交易方、保护交易方的权利和合法利益等方面十分重要。法人所开展的活动应旨在达成这些目的。组织的内部结构、其管理机关的权限、人员编制表以及该组织在设立时所分配的财产组成都由组织的目的决定。上述因素符合组织的目的，是评判其管理机关成员行为高效性及合法性的标准之一。

➲ 根据法律规定，作为法人的营利组织开展活动的主要目的是获取收益（《俄罗斯联邦民法典》第50条第1款）。

获取收益固然不是非营利组织开展活动的主要目的（《俄罗斯联邦民法典》第50条第1款、《非营利组织法》第2条第1款）。

法律对于非营利组织的可能性目的作了相当广泛的规定：社会目的、慈善目的、文化目的、教育目的、科学目的、管理目的，保护公民健康、满足精神上及其他方面非物质需求、发展体育及运动、保障公民及组织的权利和合法利益、解决纠纷与冲突、提供法律帮助、发展公民的社会活动以及其他旨在达成社会福祉的目的（《非营利组织法》第2条第2款）。

在营利组织的**设立文件**中可不指明活动的对象和目的，法律另有规定的情形除外。

根据法律规定，非营利组织、某些类型的营利组织，其中包括国家(地方)单一制(国有)企业，以及法律规定的其他类型的组织应在设立文件中规定活动的目的和对象。

在部分情形下，法人需在设立文件中规定的不仅仅是其目的，还有**其活动的范围和类型**(《俄罗斯联邦民法典》第49条第1款)。活动的范围和类型对法人选择何种方式达成目的有一定影响。这指的是各种商品的生产和/或销售、完成工作、提供服务和其他活动。选择何种方式达成目的，取决于法人为实现其目标而实施的民事法律行为的限度。

例如，以非营利自治组织为构成形式的法人将自己的活动目的确定为提供教育服务。该目的可通过指明活动范围得以具体化：从事中等教育方面的活动。除此之外，可以细化该教育组织所提供的教育服务的具体类型。

法人的设立目的可成为法人清算的依据(《俄罗斯联邦民法典》第61条第2款)。为组织和举办2014年索契奥运会而特别设立的法人正是基于这一依据被清算。[1]

---

〔1〕 2014年7月21日第210号联邦法《关于清算建设奥林匹克设施和将索契市建设为高山疗养区的国有公司，修订〈俄罗斯联邦行政违法法典〉以及认定俄罗斯联邦部分立法文件(立法条例)失效》[Федеральный закон от 21 июля 2014 г. № 210 – ФЗ «О ликвидации Государственной корпорации по строительству олимпийских объектов и развитию города Сочи как горноклиматического курорта, внесении изменений в Кодекс Российской Федерации об административных правонарушениях и признании утратившими силу отдельных законодательных актов (положений законодательных актов) Российской Федерации»]。

越权原则

长期以来，在包括苏联时期的俄罗斯在内的许多国家，主要遵循的是**越权原则**。根据该原则，法人在其法定目标范围以外实施的民事法律行为被视为无效。根据1964年《俄罗斯苏维埃联邦社会主义共和国民法典》第50条的规定，“若法人实施的民事法律行为违反其章程、法人相关规定或此类组织的一般规定中所规定的目标，则此类民事法律行为为无效行为”。针对此类民事法律行为，曾适用《俄罗斯苏维埃联邦社会主义共和国民法典》的规定，如第48条“符合法律要求民事法律行为的无效性”，或者上述法典第49条“实施目的违反国家和社会利益的民事法律行为无效”。

到20世纪中叶，对法人实施的民事法律行为的认定所带来的风险，使各主体全面拒绝与法人之间签订协议，这一度扰乱了民事流转。1968年，欧洲共同体理事会通过了一项指令，该指令大大限制了认定法人所实施的章程规定之外的民事法律行为为无效行为的可能性。[1]

超出目标权利能力的后果

尽管越权原则被削弱，但是超出目标权利能力仍然会导致对法人本身以及其行为对方造成不良后果。

超出目标权利能力可能会导致行为无效。根据《俄罗斯联邦民法典》第173条，只有在能够证明民事法律行为的另一方对法人的设立文

[1] 参见 Council Directive № 68/151/EEC of 9 March 1968 // Official Journal of the European Communities N L 65 of 14 March 1968。

件中所规定的限制目标明知或应知的情况下,才能认定法人所实施的与该限制目标相抵触的民事行为无效。该规则旨在确保民事流转的稳定性,因为若要认定行为无效,需要证明法人行为对方应当了解法人权利能力的目标性质,还需要证明该行为违反法人设立文件中所规定的限制目标。

此外,还存在这样一种风险:法人本身可能会滥用因民事行为超出法人的目标权利能力而提出异议权利。法人的潜在行为对方必须确保,其所实施的行为不会因法人的发起人(参加人)的滥用而无效。

对于一些从事违反其章程所规定目标的活动的非营利组织,法律规定了制裁手段(《俄罗斯联邦民法典》第61条第4款第3项)。

例如,如果社会组织有组织性地实施与其章程中所规定目标相抵触的活动,则可以根据依法有权提起诉讼的国家权力机关(地方自治机关)所提起的诉讼请求,由法院判决对该组织进行清算。

如果无法实现法人的设立目标,以及法人无法或难以开展活动,则根据发起人或参加人所提起的诉讼,法人可以依据法院的判决被清算(《俄罗斯联邦民法典》第61条第5款第3项)。

受法人性质影响的法人权利能力界限

受法人性质的影响,法人的权利能力具有一定的界限。

与公民不同,法人不能遗赠财产,因为遗嘱由公民个人执行(《俄罗斯联邦民法典》第1118条)。原则上,法人不能成为立遗嘱人,因为遗产继承只有从公民死亡时开始(《俄罗斯联邦民法典》第1113条)。法人不是法定的继承人(《俄罗斯联邦民法典》第1141条),尽管它们可以根据遗嘱继受。法人不可能拥有诸如生命与健康、人身不受侵犯、个人和家庭隐私权、肖像权等无形权益。

正如1996年12月17日俄罗斯联邦宪法法院第20号决定所指出的,《俄罗斯联邦宪法》中所规定的人和公民的宪法权利适用于法人,适用的程度需与该权利的本质相一致。[1]

苏联时期,俄罗斯法律允许法人享有某些个人非财产权,如期刊、电影和电视影片的著作权(1964年《俄罗斯苏维埃联邦社会主义共和国民法典》第484~486条、第498条)。当代立法确立了不同的方法。公民被认为是智力活动成果的创作者,而智力成果是由公民的创作活动所创造的(《俄罗斯联邦民法典》第1228条)。在1993年8月3日之前产生的法人著作权,自作品合法出版之日起70年后终止;如果尚未出版,则自该作品的创作之日起算。[2]

法律明确规定,保护公民商业信誉的规则,也适用于法人商业信誉的保护,但有关精神损失赔偿的规定除外(《俄罗斯联邦民法典》第152条第11款)。[3] 如此,根据司法程序,为法人进行"非物质损害""名誉损害"追偿这一显然有失妥当的实践做法"寿终正寝"了。

---

〔1〕 参见1996年12月17日俄罗斯联邦宪法法院第20号决议《关于检查1993年6月24日俄罗斯联邦〈联邦税警机关法〉第11条第1款第2项和第3项宪法性规定的案件》第4条(ст. 4 постановления Конституционного Суда РФ от 17 декабря 1996 г. № 20 – П «По делу о проверке конституционности пунктов 2 и 3 части первой статьи 11 Закона Российской Федерации от 24 июня 1993 года « О федеральных органах налоговой полиции»»)。

〔2〕 参见2006年12月18日第231号联邦法《关于〈俄罗斯联邦民法典〉第四部分的实施》第6条(ст. 6 Федерального закона от 18 декабря 2006 г. № 231 – ФЗ «О введении в действие части четвертой Гражданского кодекса Российской Федерации»)。

〔3〕 参见2013年7月2日第142号联邦法第1条第12款(п. 12 ст. 1 Закона от 2 июля 2013 г. № 142 – ФЗ)。

E. A. 苏哈诺夫强调,法人不会也不可能拥有个人非财产权,即使其商业信誉完全以其参与财产关系为条件。[1] 相反,V. S. 托尔斯泰归纳了法人的一系列非财产权,包括存在权、自主活动权、外观权、标记选择权、商业信誉权等。[2]

法人的名称、所在地和迁移自由(《俄罗斯联邦民法典》第 54 条),以及其商业信誉(《俄罗斯联邦民法典》第 152 条)是 "Goodwill"(商誉)[3] 的要素,且具有财产性质。

法人可能具有不与其性质相矛盾且不受法律禁止的公民权利与义务。

法人权利能力的范围

法人权利能力的范围可以由其法律组织形式及其活动范围来确定(《俄罗斯联邦民法典》第 49 条第 4 款)。

根据权利能力范围不同,法人可以分为具有完全民事权利能力、不完全民事权利能力和限制权利能力三类。

具有完全民事权利能力的法人

法人的完全民事权利能力,是指法人具有实施民事法律行为的能力,拥有开展法律未禁止的任何活动所需的民事权利和义务。

---

〔1〕 参见 Российское гражданское право: Учебник. В 2 т. / Отв. ред. Е. А. Суханов. Т. 1: Общая часть. Вещное право. Наследственное право. Интеллектуальные права. Личные неимущественные права. С. 176(автор главы-Е. А. Суханов)。

〔2〕 参见 Толстой В. С. Личные неимущественные правоотношения. М., 2006. С. 143 – 188。

〔3〕 参见 Ершова Е. А. Гудвилл бизнеса. М., 2013。

除法律规定的单一制企业和其他类型的组织外,营利组织可以拥有开展法律未禁止的任何活动所需的民事权利和义务(《俄罗斯联邦民法典》第49条第1款第2项)。

如果具有完全民事权利能力的法人在其设立文件(章程)中具体规定了其活动的目标、范围和个别活动类型,则不会影响其民事权利能力的范围。对范围进行明确的原因在于,法人管理机关的成员可以将尽可能多的精力集中在法人发起人和法人本身认为最有前景的方面。超出上述范畴不会影响所实施民事法律行为的有效性,但可以作为追究法人机关成员责任的依据。

具有不完全民事权利能力的法人

➲ **不完全的民事权利能力意味着法人无法实施某些民事法律行为,虽具有一定的权利和义务,但其权利与义务须与具有完全民事权利能力的法人所允许开展的个别类型的活动相关。**

银行、其他信贷组织、保险组织(保险机构)、[1]股份投资基金、[2]单一制企业[3]以及法律规定的其他个别类型的法人[4]拥有不完全民事权利能力。任何选择把提供银行服务作为活动领域的法人,无论

---

〔1〕 参见1992年11月27日第4015－Ⅰ号俄罗斯联邦法《俄罗斯联邦保险组织法》第6条第2款(п. 2 ст. 6 Закона РФ от 27 ноября 1992 г. № 4015－Ⅰ «Об организации страхового дела в Российской Федерации»)。

〔2〕 参见《投资基金法》第2条(ст. 2 Закона об инвестиционных фондах)。

〔3〕 参见《俄罗斯联邦民法典》第49条第1款(п. 1 ст. 49 ГК РФ);《单一制企业法》(Закон об унитарных предприятиях)。

〔4〕 参见 Юридические лица в российском гражданском праве: Монография. В 3 т. / А. В. Габов, О. В. Гутников, Н. Г. Доронина и др.; Отв. ред. А. В. Габов, О. В. Гутников, С. А. Синицын. Т. 1: Общие положения о юридических лицах. С. 178 (авторы главы-Н. В. Козлова, С. Ю. Филиппова, М. Г. Масевич)。

其法律组织形式如何，均不得从事生产、贸易和保险活动。[1]

超出法人不完全民事权利能力界限的后果由法律规定。例如，根据《俄罗斯联邦行政处罚法典》第 15.26 条之规定，信贷组织如实施生产、贸易或保险活动，将对其处以 4 万卢布至 5 万卢布的行政罚款。对于违反法律或其他法律文件要求的法人所实施的民事法律行为，应根据《俄罗斯联邦民法典》第 168 条之规定对其采取措施。[2]

法人被限制权利能力

限制权利能力，是指法律或合同规定的，法人实施特定法律行为、从事特定活动的临时禁止。

法人的权利能力限制可以作为对违法行为的制裁，也可以非因制裁措施而作出。

根据《俄罗斯联邦民法典》第 49 条第 2 款之规定，法人的权利仅能在法律规定的情形下，依法定程序被限制。法人可通过订立相应合同自愿限制其民事权利能力，民事权利能力也可以进行强制性限制。

例如，商业特许权合同可以限制双方的权利能力(《俄罗斯联邦民法典》第 1033 条第 1 款)。代理合同可以限制代理人和委托人的权利能力(《俄罗斯联邦民法典》第 1007 条)。

限制民事权利能力是对不当行为的一种制裁。例如，可违反空域的使用规则能导致该法人的活动被行政中止(《俄罗斯联邦行政处罚法典》第 11.4 条)。[3] 法人有权依据法定程序对限制其权利能力的判

---

〔1〕 参见《银行及银行活动法》第 5 条(ст. 5 Закона о банках и банковской деятельности)。

〔2〕 参见 Ем В. С. О критериях ничтожности сделок в новейшем гражданском законода-тельстве России // Вестник гражданского права. 2014. № 6. С. 140 – 165。

〔3〕 参见《俄罗斯联邦行政处罚法典》第 11.4 条(ст. 11.4 КоАП РФ)。

决提出异议(《俄罗斯联邦民法典》第 49 条第 2 款)。

许可制度与行业自律

法律规定的清单中所列的个别类型的活动,仅在获得特别许可(许可证),且参加了行业自律组织,或已获得行业自律组织出具的关于从事特定类型工作的证明的情况下方可实施(《俄罗斯联邦民法典》第 49 条第 3 款)。

许可证,是指针对取得或实现主体权利与义务,以及从事的活动,由许可机关颁发的文件所批准的特别许可。

强制要求获得许可这一规定,旨在预防对公民权利、合法利益、生命及健康、环境、文化遗产、国防及国家安全造成损害。

许可证需在遵循许可要求的条件下颁发,上述要求与法人的以下几个因素有关:法律组织形式、注册资本数额、是否对第三人负有债务、是否有开展许可类型活动的必需财产(硬件、设备及文件等)、工作人员的水平、是否有生产监督体系、安保制度等(《许可证法》第 3 条第 2 款、第 2 条第 1 款、第 8 条第 3 款)。

许可证由国家机关或国家授权的其他主体颁发。例如,从事银行业务首先必须获得俄罗斯银行颁发的许可证(《银行及银行活动法》第 13 条第 1 款)。

行业自律,是指由企业经营主体、职业主体或其他活动的主体通过制定标准和准则来实施的独立、主动的活动。

从事行业自律活动的主体可联合为行业自律组织,该组织履行对其所作的要求遵守的监督职能。[1] 参加行业自律组织,或获得行业自律组织出具的关于从事特定类型工作的证明,是开展大多数类型活动的必要因素。例如,法人有权进行工程勘察,筹备项目文件,根据承包合同实施建设、改造工作以及对基础建设项目进行大修,而法人需满足的条件是,法人应为工程勘察、建设、改造,以及对基础建设项目进行大修等领域内行业自律组织的成员。[2]

许可制度和行业自律是调整法人所实施活动的方式。

为调整法人所实施的活动,还可适用其他方法,例如,对从事教育活动的组织[3]及其他组织实行国家与社会认证。

获得许可,参加行业自律组织,获得行业自律组织出具的关于从事特定类型工作的证明,进行认证,列入名册等情况是法人取得并实现其民事权利和义务所必需的事实组成要素。

法人在开展活动时,若未获得应有的许可(许可证),或未参加行业自律组织,或者缺少依法必须具备的由行业自律组织所出具的关于从事特定类型工作的证明,将产生消极的法律后果。

需要特别注意的是,法人可能被追究行政责任。根据《俄罗斯联邦行政违法法典》第 14.1 条的规定,在这种情形下,对法人处以 4 万卢布以上 5 万卢布以下的行政罚款,同时没收其所制造的产品、生产器具

---

〔1〕 参见《行业自律组织法》第 2 条(ст. 2 Закона о саморегулируемых организациях)。

〔2〕 参见《俄罗斯联邦城市规划法》第 55.8 条第 1 款(п. 1 ст. 55.8 Градостроительного кодекса РФ)。

〔3〕 参见《教育法》第 90 条、第 92 条、第 96 条(ст. 90,92,96 Закона об образовании);2011 年 3 月 21 日俄罗斯联邦政府第 184 号决议《关于批准教育机构和科研组织进行国家认定的条例》(постановление Правительства РФ от 21 мар- та 2011 г. № 184 «Об утверждении Положения о государственной аккредитации образовательных учреждений и научных организаций»)。

及原料等。除此之外，在依法有权提起诉讼的国家机关（地方自治机关）提起诉讼时，法人可根据法院所做的判决被清算（《俄罗斯联邦民法典》第61条第3款第2项）。

在缺少必要许可、未参加行业自律组织或缺少行业自律组织出具的关于从事特定类型工作的证明的情况下，法人所实施的法律行为可能产生不同后果。

根据《俄罗斯联邦民法典》第168条第1款之规定，除《俄罗斯联邦民法典》第168条第2款或其他法律所规定的情形外，违反法律或其他法律性文件中相关要求的民事法律行为，为可撤销的民事行为，法律规定应适用其他与无效民事法律行为无关的后果的情形除外。违反法律或其他法律性文件中规定的要求，同时侵犯了公共利益或者第三人的权利、受法律保护的利益，这样的民事行为自始无效。法律未规定此类民事行为可以撤销，或未规定应当适用其他与无效民事行为无关的后果的情形除外。

因缺少许可而造成的消极后果，其适用情况取决于潜在的受害者。法律规定，在合同一方不具备实施活动所必需的许可，或未参加行业自律组织，即未满足依合同履行债务所必需的条件时，另一方有权拒绝签订（或履行）该合同，并要求损失赔偿（《俄罗斯联邦民法典》第450.1条第3款）。

正如俄罗斯联邦最高法院全体会议所指出的，除非法律明确规定，否则，不具备从事相关活动所需许可的一方所实施的民事法律行为有效。在此情形下，行为的对方有权拒绝履行合同，并要求损失赔偿（《俄罗斯联邦民法典》第450.1条第3款）。[1]

---

〔1〕 参见俄罗斯联邦最高法院于2015年6月23日作出的第25号全体会议决议第89条（ст. 89 Постановления Пленума Верховного Суда РФ от 23 июня 2015 г. № 25）。

《俄罗斯联邦民法典》第 835 条规定,不具备许可的主体,若开展银行储蓄业务,适用特殊的法律后果。若存款方为公民,则其可要求该主体立即返还存款数额,并支付相应利息(《俄罗斯联邦民法典》第 395 条),且在利息的基础上赔偿损失(《俄罗斯联邦民法典》第 15 条、第 393 条)。若存款方为法人,则适用普遍规则,即该民事行为为无效行为(《俄罗斯联邦民法典》第 168 条)。

法人权利能力的终止

法人权利能力,自有关法人终止的信息载入国家统一法人登记簿时终止(《俄罗斯联邦民法典》第 49 条第 3 款)。

根据《俄罗斯联邦民法典》第 63 条第 9 款,在有关法人终止的信息载入国家统一法人登记簿后,该法人不再存续。

自有关法人终止的信息载入国家统一法人登记簿时起,被登记为法人的组织丧失其权利能力,不再作为民法主体。

第四节 法人的民事行为能力

民事行为能力的概念

现行《俄罗斯联邦民法典》中规定的民事行为能力,仅适用于公民(《俄罗斯联邦民法典》第 21 条)。

法人的民事行为能力,是指法人独立享有民事权利及履行民事义务的能力。

俄罗斯法律认定,法人为民法上意思自治的主体(《俄罗斯联邦民法典》第2条第1款)。

然而法人不具有心理学意义上的身体、意识和意志,法人的活动由自然人代为进行。只有人才能意识到所实施行为的法律后果。法人的意志总是通过自然人来形成以及对外表达。法人的意思形成与表达的过程需受到调整,以符合法律、其他规范性文件以及法人设立文件中的要求。

根据《俄罗斯联邦民法典》第53条第1款,法人通过根据法律、其他法律性文件及设立文件运作的**机关**来获得民事权利,承担民事义务。通常,法人通过担任独任执行机关的自然人(董事长、总经理等)来实施法律行为。除此之外,法人的**发起人(参加人)、工作人员以及其他自然人**也可代表法人行事(《俄罗斯联邦民法典》第53条第2款、第182条)。

被赋予必要权力之自然人的行为,被看作法人自身的行为。法人行为能力的任何具体表现,均为上述自然人的行为结果。

依法有权以法人的名义进行活动的人的范围,取决于法人的法律组织形式,以及设立文件规定的内容。例如,任何普通合伙的合伙人均可以普通合伙的名义进行活动,设立协议另有规定的除外(《俄罗斯联邦民法典》第72条第1款)。独任执行机关可无须委托、以股份公司的名义行事(《股份公司法》第69条第2款第3项)。

法人的行为能力可分为法律行为能力和赔偿行为能力。

法人的法律行为能力

法人的法律行为能力,是指法人可实施包括民事法律行为和其他有法律意义的意思行为在内的法律行为的能力,上述法律行为旨在确立、变更或消灭民事权利和义务。

法人可对实施民事法律行为(《俄罗斯联邦民法典》第 157.1 条),进行谈判、签订、变更及解除民事合同(《俄罗斯联邦民法典》第 420 条、第 434.1 条、第 450 条),履行义务(《俄罗斯联邦民法典》第 309 条、第 310 条),对情况提供担保和保证(《俄罗斯联邦民法典》第 431.2 条),拒绝签订及履行合同和实现合同权利(《俄罗斯联邦民法典》第 450.1 条)等事项表示同意或不同意。

狭义上的法律行为能力,是指实施民事法律行为的能力。民事法律行为是(公民、法人)所实施的旨在设立、变更或终止民事权利及义务的行为(《俄罗斯联邦民法典》第 153 条)。

除民事法律行为外,法人还可实施其他有法律意义的行为。例如,被授予相应权限的法人,可以实施制定行政法律文件一类的行为。法人也可实施其他不具备民事法律行为特征的有法律意义的意志行为:向国家权力机关申请许可证、对公职人员的违法行为提起上诉等。

法人还可实施具有事实性的行为(不作为),如利用其所有的非住房类房屋来组织生产活动、安置其工作人员等。

法人的赔偿行为能力

法人的赔偿行为能力,是指法人因未履行或不适当履行债务而对所造成的损害承担责任的能力。

狭义上的赔偿行为能力,是指一方为其所造成的损害承担财产责任的能力。

“赔偿行为能力”这一术语(来自拉丁语“*delictum*”,违法)还可以进行广义理解。

赔偿行为能力包括因违反义务(《俄罗斯联邦民法典》第 393 ~ 406 条)以及造成损害(《俄罗斯联邦民法典》第 1064 ~ 1101 条)而承担责

任的能力。

法人为其工作人员的行为承担责任(《俄罗斯联邦民法典》第402条、第1068条)。

法人行为能力的范围

不同类型的法人拥有不同范围的行为能力。

➲ 法人行为能力的范围,取决于其法律组织形式、活动类型,以及参加人为法人的债务类型。

可将法人的行为能力分为完全行为能力、不完全行为能力以及限制行为能力。

法人的完全行为能力

大多数法人享有完全民事行为能力。这样的法人有权不经过其他主体的同意而独立取得并实现民事权利及义务,并且独立承担财产责任。

法人的不完全行为能力

某些法人依法律规定享有不完全民事行为能力。

行为能力的缺失可影响独立实施法律行为的可能性,以及独自承担民事责任的能力。不完全民事行为能力的产生可能受法人的法律组织形式、设立目的以及(或者)活动目的等因素影响。

法人的不完全法律行为能力

由机构所有人出资的单一制企业以及一些其他类型的法人享有不完全法律行为能力。

享有不完全法律行为能力的法人在实施重大行为时,需要获得其他主体,即财产所有人,设立人等的同意(《俄罗斯联邦民法典》第157.1条)。

例如,自治组织若要实施转让不动产的民事法律行为,须获得该不动产所有人的同意(《俄罗斯联邦民法典》第298条第2款第1项)。

法人的不完全赔偿能力

不完全赔偿能力由机构等主体享有。根据《俄罗斯联邦民法典》第123.21条第3款之规定,机构以其可支配的资金或法律规定的其他财产对自身债务负责。在上述资金或财产不足以偿还债务时,在法律规定的情形下,由相关财产的所有人对机构的债务承担补充责任。

例如,国家或私立机构以其可支配的资金对自身债务负责。在资金数额不足以偿还债务时,由财产的所有人对该类机构的债务承担补充责任(《俄罗斯联邦民法典》第123.22条第4款、第123.23条)。

法律可规定从事个别类型活动的法人享有不完全赔偿能力。依据《俄罗斯联邦民法典》第400条第1款之规定,针对个别类型的债务以及与特定种类活动相关的债务,法律可限制其完全赔偿损失的权利(限制责任)。比如,承运人在货物或行李遗失或缺失的情况下,仅对货物或行李所遗失或缺失的部分进行损失赔偿(《俄罗斯联邦民法典》第796条第2款第3项)。这就意味着,提供运输服务的法人享有不完全赔偿能力。

法人的法律行为能力限制

法律允许对法人的法律行为能力进行限制。法律行为能力可根据合同或法院判决予以限制。

依照合同对法人的法律行为能力进行限制的例子之一是捐赠，它要求受赠人严格按照合同中所规定的用途使用所获财产（《俄罗斯联邦民法典》第582条第5款）。

根据法院判决对法人的法律行为能力进行的限制，自仲裁法院依法律规定的程序实施监督之时起生效。根据《破产法》第64条第2款之规定，自监督工作开始时起，法人只有在得到临时管理者的书面同意后方可实施特定行为。正如2001年3月12日俄罗斯联邦宪法法院第4号决议所指出的，监督工作的后果在本质上是对债务人行为能力的限制。[1]

法人赔偿能力的限制

法律允许对法人的赔偿能力进行限制。对该能力的限制仅可基于合同进行，法律另有规定的除外。

根据《俄罗斯联邦民法典》第400条第2款，合同各方可将限制债务人责任范围的条款写入合同中。

---

〔1〕 参见2001年3月12日俄罗斯联邦宪法法院第4号决议《关于根据车里雅宾斯克州仲裁法院的要求以及公民和法人所提起的申诉，对联邦法〈破产法〉的若干条款，即关于对仲裁法院所做的破产裁定可能进行申诉的条款、该联邦法的其他条款、联邦法〈信贷组织破产法〉第49条，以及〈俄罗斯联邦仲裁程序法典〉第106条、第160条、第179条和第191条进行合宪性审查》（Постановление Конституционного Суда РФ от 12 марта 2001 г. № 4 – П «По делу о проверке конституционности ряда положений Федерального закона «О несостоятельности (банкротстве)», касающихся возможности обжалования определений, выносимых арбитражным судом по делам о банкротстве, иных его положений, статьи 49 Федерального закона «О несостоятельности (банкротстве) кредитных органи-заций», а также статей 106, 160, 179 и 191 Арбитражного процессуального кодекса Российской Федерации в связи с запросом Арбитражного суда Челябинской обла-сти, жалобами граждан и юридических лиц»）。

然而,根据吸收合并协议或其他债权人为消费者身份的公民的合同,如果该类型债务或违法行为的责任范围为法律所确定,以及如果协议在因未履行或未适当履行债务而导致产生责任的情况发生之前签订,则法律认定限制债务人责任范围的协议自始无效(《俄罗斯联邦民法典》第400条第2款)。

(第二章终)

第三章

社团的概念和种类

术语表

律师协会——以俄罗斯联邦律师协会或俄罗斯联邦各主体的律师协会的形式成立的,旨在实现律师执业行为和律师团体的有关法定目标的,以强制会员制为基础的非营利组织。

股份公司——其注册资本分成确定数量股份的商公司。公司参加人(股东)不对公司的债务承担责任,以所持有股票的价值为限对与公司活动有关的亏损承担风险。

社会团体——法人和/或自然人基于自愿或法定的强制成员制而成立的联合组织。社会团体成立的目的是代表和保护共同利益(包括职业利益),实现社会公益目标或其他具有非营利性质的合法目的。

住宅合作社——为满足公民居住和管理多层住宅的需求,由公民和(法定情形下的)法人成立的以成员资格为基础的自愿联合组织。

住宅建筑合作社——公民和(法定情形下的)法人成立的以成员制为基础的自愿联合组织。该合作社成立的目的是满足公民居住和管理多层住宅的需求,以及依照相关城市建筑法规作为建设单位,根据已签发的建筑许可证,保障合作社所属地块上多层住宅的建设与重建。

哥萨克协会——由俄罗斯公民及其居住在同一个或数个居民点的家庭成员成立的,已载入俄联邦哥萨克协会国家登记簿的联合组织。该协会的成员按照规定程序承担执行国家公务或其他职务相关的义务。

营利组织——以营利为自身活动的主要目的,在发起人(参加人)之间分配利润的法人。

社团——参加人(成员)有参加(参与)权并依法组建社团最高机关的法人。

信用消费合作社——自然人和/或法人为满足信用合作社成员(入股者/пайщик)的资金需求,依地域、专业和/或其他标准成立的以成员制为基础的自愿联合组织。

农业合作社——公民为了共同的生产活动或其他农业经济活动,基于成员们的个人参与和合作社成员的财产出资而成立的以成员制为基础的自愿联合组织。农业合作社也可以社团法人形式成立。

非营利组织——不以营利为自身活动的主要目的,且不在其成员间分配所获利润的组织。

非营利合伙——公民和/或法人为协助促进合伙成员从事旨在实现合伙设立文件中规定之目的的活动而成立的以成员制为基础的非营利组织。

非营利社团——不以营利为自身活动的主要目的,不在其成员间分配所获利润的法人。非营利社团的发起人(成员)拥有成员权利,依法组建社团最高机关。

非公众公司——其股份和可转换为股份的有价证券不公开发行(未公开认购)或者未按照证券法规公开发行股票的股份公司。所有的有限责任公司均属于非公众公司。

公证员协会——由从事私人公证业务的公证员组成的以强制会员制为基础的非营利组织,行业联合组织。

有限责任公司——公司注册资本被分成股份的商公司,有限责任公司股东不对公司的债务承担责任,而以其缴纳的出资额为限对与公司活动有关的损失承担风险。

社会组织——为了满足精神需要或其他需求,代表和保护共同利益,实现其他合法目的,公民在利益一致的基础上按法定程序成立的以成员制为基础的自愿联合组织。

社会运动*——由成员组成的社会联合体，旨在追求成员支持的社会、政治及其他公益性目标。

社会联合组织——依某些公民的倡议而成立的自我管理的自愿非营利组织。这些公民为实现社会联合组织章程规定的共同目标，在利益一致的基础上进行联合。

相互保险公司——以消费合作社形式成立的为其成员的财产利益进行相互保险的非营利社团法人组织。

俄罗斯联邦少数民族公社——公民为保护原有的生活环境，保存和发展传统的生活模式、经营模式、宗教观念和文化，依其血缘和/或相邻的地理位置成立的属于俄罗斯联邦少数民族自我组织形式的自愿联合组织。

法律组织形式——揭示组织内部结构，各要素间相互联系的产生、变化和终止的特征的总和。

共同基金——生产合作社在创建阶段所需的原始的和必要的财产，确定共同基金数额并在章程中予以规定是合作社进行国家登记的必要条件。

生产合作社——为了从事共同的生产活动和其他的经济活动而成立的以成员制为基础的公民自愿联合组织，其活动的基础是成员亲自或以其他方式参加劳动并缴纳财产股金进行联合。

政党——俄罗斯联邦公民为了表达政治意愿、参加社会政治活动、参与选举和改革、在国家权力机关和地方自治机关代表公民利益而成立的社会团体。

无限公司——其参加人（无限责任股东）根据他们之间签订的合

---

* 在俄罗斯系一种组织类型。——译者注

同，以公司的名义从事经营活动，并以自己的财产对公司的债务承担责任的公司。

消费合作社——公民或者公民和法人（在合法情况下允许只有法人）为了满足物质需求和其他需求，通过联合其成员的财产股金而成立的以成员资格为基础的自愿联合组织。

消费合作协会——公民和/或法人通常根据地域特征，为满足其成员的物质需求和其他需求，通过其成员共同缴纳财产股金而成立的以成员制为基础的自愿联合组织，协会的财产股金用于贸易、采购、生产和其他活动。

工会——公民基于共同的生产利益和职业利益，为代表和保护其成员的社会与劳动权益而成立的自愿社会联合组织。

公众公司——公开发行（通过公开认购方式）或者依相关证券法规公开发行其股份和可转换为股份的有价证券的股份公司，包括章程中规定其为公众公司的有限责任公司。

园艺消费合作社——公民为了实现对花园地（菜园地或别墅园地）的取得权、占有权、使用权和处分权，以及满足权利实现相关的需求而成立的消费合作社。

非营利园艺社——公民为了实现对花园地（菜园地或别墅园地）的取得权、占有权、使用权和处分权，以及满足权利实现相关需求而成立的非营利消费合作社。

行业自律组织——为研究、制定相关生产活动的标准和规范，监督相关规则的遵守情况，将某种统一的商品生产（加工、服务）行业或市场的企业经营活动各主体或某类行业活动的各主体联合起来，所组建的非营利社团。

农业消费合作社——由农业生产者和/或私人副业公民领导者成

立的消费合作社，合作社成员必须参加合作社的经营管理活动。

社会导向型非营利组织——一种以法定形式(国有社团，国有公司和政党除外)成立的非营利组织，组织成立的目的是开展解决社会问题、发展俄罗斯公民的社会活动和其他法定活动。

房地产业主委员会——不动产所有权人为实现共同占有、使用和依法处分其共有或共同使用的财产(所有物)，以及实现其他法定目标而成立的自愿联合组织。不动产是指多层住宅楼或其他建筑中的房屋、住宅、别墅、花园地、菜园地和别墅园地等。

业主委员会——住宅所有权人或多层建筑公寓所有权人为保障占有、使用、处分和管理其所有的财产或者共有的财产而组成的自愿联合组织。业主委员会成立的目的是从事建造、维修、保护财产并使财产增值的活动，为业主提供公共服务，开展旨在管理和共同使用上述财产的其他活动。

两合公司——若公司股东中既有以公司名义从事经营活动并以自己的财产对公司债务承担责任的参加人(无限责任股东)，又有以其出资额为限对与公司有关的损失承担风险，但并不参与公司的经营活动的一个或数个出资参加人(投资人)，则此类公司为两合公司。

工商会——为了代表和保护成员的合法权益，促进企业发展，开展经济和对外贸易活动，实现其他法定目标和任务，而以社团形式成立的非营利的非政府组织。

单一制法人——发起人不会成为参加人(股东)并且不会获得成员权利的法人。

单一制企业——对于企业所有的财产不拥有所有权的营利组织。

联邦公证员协会——由各州、联邦共和国、自治州、自治区、边疆区、直辖市的公证员协会组成的以强制会员制为基础的非营利行业组织。

俄罗斯联邦律师协会——由俄罗斯联邦各联邦主体的律师协会组成的以强制会员制为基础的非营利组织。

商公司——数个(或只有一个)法人和/或自然人为了以共同名义集体开展企业经营活动,通过以其财产向公司的注册资本注资的方式成立的营利组织的一般概念。

商合伙——由两人或两人以上成立的营利组织,其管理活动由合伙的参加人及其他主体在合伙管理协议规定范围内进行。

商合营[1]——将无限公司和两合公司两类法人概括起来的种类概念。

[1] 关于商合营翻译的说明见本书“关于译文的若干问题致读者书”。

第一节　法人的分类，社团的概念与特征

法人的基本分类

当前,在俄罗斯的学术文献及各高校教材中存在多种法人的分类方法。例如,法人可作如下分类:

(1)**根据法人的活动目的**,法人可分为营利组织和非营利组织(《俄罗斯联邦民法典》第50条);

(2)**根据法人的权利能力**,法人可分为一般权利能力组织、特殊权利能力组织、专门权利能力组织和限制权利能力组织;[1]

(3)**根据法人的内部组织结构**,法人可分为社团性组织和单一制组织。

应当指出,上述分类方法相互之间可以很好地组合。例如,营利组织法人可以拥有特殊权利能力(如保险公司或银行),也可以成为社团性组织(如有限责任公司)。

每种分类方法内部同样可以作进一步分类。例如,若**根据社团性**

---

〔1〕 非营利组织,单一制企业和一些具有专门权利能力(特殊权利能力的一种)的营利组织具有特殊权利能力。这种权利能力可以单独开展某种活动,而不与其他活动相结合。专门活动是指信贷的、保险组织的、股份制投资基金的、审计事务所的以及证券市场的一些参与者的活动等。企业法主体的权利能力受到从事某些活动的许可,以及法人在行业自律组织中的成员资格或行业自律组织从事特种工作的执照颁发的限制(《俄罗斯联邦民法典》第49条第3款)。权利能力也可以由组织的发起人在章程中予以限制。

组织具有的人身因素和财产因素,在学理上[1]可将其细分为明确表达人身因素、信托因素的人合组织和不具备参加人人身要素影响的资合组织。

针对社团性组织的人合组织和资合组织分类法,A. V. 加博夫正确地阐述了其本质:"……主要讨论的是那些确定其活动(法律主体资格的实现)、其内部组织(管理),以及合伙组织(人合)成员之间的关系的原则。"一般认为,体现人合组织特点的各类具体制度可包含以下特征:简易的管理程序、以合同作为关系的基础、可持相应股份退出组织(成员和资本的可变性)、可以除名其成员、限制成员独立开展企业经营活动、特定的股份转让规则、关于成员人身和其法律地位的规则、需要个人参与经营活动等。[2]

人合组织的特点多见于商合营,而资合组织的特点多见于股份公司,特别是公众公司。上述分类方式具有理论性和一定的推定性质。N. G. 瓦温还写道:"当然,应当明确,并不意味着在公民合伙(普通合伙)、无限公司和两合公司等人合组织中资本不能发挥其作用,无论在何处资本都备受重视。换句话说,在此类组织中,成员的人合性具有决定性作用。"[3]

---

[1] 将社团分成人合组织和资合组织的划分方式可以参见十月革命前的法学家的作品,例如,N. G. 瓦温(Н. Г. Вавин)、V. 沃尔夫松(В. Вольфсон)、A. E. 沃尔姆斯(А. Э. Вормс)、S. F. 沃伊采霍夫斯基(С. Ф. Войцеховский)、A. 克瓦切夫斯基(А. Квачевский)、V. A. 克拉斯诺库茨基(В. А. Краснокутский)、P. 彼谢姆斯基(П. Писемский)、S. S. 萨多夫斯基(С. С. Садовский)。也可以参见当代法学家的作品,例如,R. S. 巴夫金科(Р. С. Бевзенко)、A. V. 加博夫(А. В. Габова)、N. V. 科兹洛娃(Н. В. Козлова)、O. A. 谢罗娃(О. А. Серова)、D. I. 斯捷潘诺夫(Д. И. Степанов)、E. A. 苏哈诺夫(Д. И. Степанов)等。

[2] Габов А. В. Общества с ограниченной и дополнительной ответственностью в российском законодательстве. М. ,2010. С. 45.

[3] Вавин Н. Юридические лица в товарищеских объединениях // Право и жизнь. 1925. Кн. 4 –5. С. 3 –4.

在许多社团性组织中,人合和资合的特征在很大程度上交织在一起。为了对各种类型社团的特点进一步研究并将它们反映到立法之中而实现其系统化的可能性,是这一学理性分类的主要作用。

➲ 根据法律组织形式进行的法律分类(法律规定的)在法人的分类中占据核心地位。

法人的法律组织形式

根据《俄罗斯联邦民法典》第48条第2款之规定,法人应当以《俄罗斯联邦民法典》规定的某种法律组织形式在国家统一法人登记簿中进行登记。

法律组织形式——揭示组织内部结构,各要素间相互联系的产生、变化和终止之特征的总和。

➲ 用于对法人的法律组织形式进行区分的标准包括:组织的财产来源、组织结构、组织与成员或者成员之间的关系、成员对法人的责任以及法人对其成员和其他主体的责任等。

法律组织形式实际上揭示了组织发起人(参加人)权利的范围和内容。例如,通常情况下,商合营和商公司、商合伙、生产合作社的成员,按其在注册资本中的参股比例在组织中享有参加(参与)权。对于国有企业和市政企业、国有与市政机关的财产,其物权归发起人所有。

正如S. E. 日林斯基所写:“法律组织形式集中体现了法人和营利组织在法律上以及组织上的共同本质特征。”[1]

---

〔1〕 Жилинский С. Э. Предпринимательское право (правовая основа предпринимательской деятельности): Учебник для вузов. М., 1999. С. 95.

营利组织和非营利组织的法律组织形式清单都被列于《俄罗斯联邦民法典》之中,且该清单具有列举式的特征。

我们认为,应当对俄罗斯立法者针对法人的法律组织形式确立列举式清单的做法给予积极评价,因为这一做法可保障企业经营活动与财产交易的稳定性。无论是对于企业而言,还是对于第三人来说,各种组织的法律地位均不会存在“意外情形”。

众所周知,法人的相应的法律组织形式成立的前提,是组织的财产支配制度与法人对其债务承担责任的法律制度。立法已经规定了法人以属于其的全部财产对自己的债务承担责任的一般规则(参见《俄罗斯联邦民法典》第 56 条第 1 款)。此外,各部门的法律规范对国库企业、机关、宗教团体的特殊责任进行了规定。尽管立法规定了股东须按出资比例来承担责任,但除法律另有规定外,商公司的股东事实上并不会承担责任。不可否认的是,他们也有出资额遭受损失的企业经营风险。

《俄罗斯联邦民法典》对法人的民事法律地位进行了规定,并确定了股东参与财产交易的相应程序。且《俄罗斯联邦民法典》、其他法律与其他规范性法律文件对各法人法律组织形式所具备的民事法律地位的特殊性,以及为在某一领域开展活动而设立的法人进行了规定(参见《俄罗斯联邦民法典》第 49 条)。

社团性法人与单一制法人的分类

法人根据其内部结构分为社团性法人和单一制法人,该分类方法为 2014 年 5 月 5 日第 99 号联邦法《关于对〈俄罗斯联邦民法典〉第一部分第四章“法人”部分进行修改》的学理基础。近年来,俄罗斯通过了若干特别法的联邦修正法案,旨在使相应特别法中的规定符合修改后的《俄罗斯联邦民法典》。[1]

因此，在俄罗斯立法中，除了根据是否以营利为目的这一标准，将法人分为营利法人和非营利法人的传统分类方法之外，也存在根据其内部组织结构将法人分为社团性法人和单一制法人的分类方法。

需要指出的是，将法人分成社团和机关（或人合组织和单一制组织）的分类方法在俄罗斯法学界（含苏联时期）由来已久。在1922年《俄罗斯苏维埃联邦社会主义共和国民法典》中法人被分为人合组织（社团）和机关（单一制组织），这足以证明该分类方法在当时业已存在。按照惯例，此种划分方式的分类标准在于是否具备成员资格。

根据相关法律规定，发起人（或成员）拥有参与权（成员资格）并可组建社团最高机关的法人，为社团性组织。

商合营和商公司、农业合作社、商合伙、生产合作社和消费合作社、社会组织、社会运动组织、社会团体、律师协会、律师事务所（基于成员资格的法人）、房地产业主委员会、在俄罗斯联邦哥萨克国家登记簿上登记的哥萨克协会、俄罗斯联邦少数民族公社都属于社团。

组织发起人不成为参加人（股东）且不获得参与权（成员资格）的法人，为单一制组织。

国有单一制企业和市政单一制企业、基金会、机关、非营利自治组织、宗教团体和公法公司*都属于单一制组织。

---

[1] 需要强调，关于法人的立法改革还没有完成，而在使法律和规范性法律文件符合《俄罗斯联邦民法典》的期限内，它们适用于不违反《俄罗斯联邦民法典》规定的范围。（2014年5月5日第99号联邦法第3条第4款）

* 公法公司（публично-правовая компания）是指俄罗斯联邦按照联邦法规定的程序成立的，具有公法性职权，并为了国家和社会的利益开展活动的单一制非营利组织。因汉语中无对应概念，故只能根据词义进行直译处理。——译者注

在《俄罗斯联邦民法典》中,诸如国有社团之类的单一制企业并未直接被规定为法人的法律组织形式之一。然而,尽管2014年5月5日第99号联邦法第3条第5款规定,自其生效之日起(2014年9月1日)禁止以《俄罗斯联邦民法典》第四章规定的法律组织形式之外的其他形式设立法人,但国有社团实际上仍继续存在于俄罗斯法律体系之内。[1]

俄罗斯于2016年7月3日通过了第236号《关于俄罗斯联邦公法公司和修改部分俄罗斯联邦法律文件》的联邦法,公法公司据此成为单一制非营利组织。该类组织是俄罗斯联邦依据联邦法律规定的程序设立的,具有公法性权能,并为国家和社会的利益开展自身活动。依据涉及改组程序的有关联邦法,公法公司可以通过改组国有社团(本法中规定的国有社团除外)、国有公司*和俄罗斯联邦独资股份公司而设立。

可以说,该法的通过并未对社会政治和法律产生任何重大影响。

在《俄罗斯联邦民法典》引入将法人分为社团性组织和单一制组织的分类方法之后,这一分类方法的意义引起了俄罗斯学术界"关于在法律文件中引入此种分类方法的合理性"的讨论。

A. V. 加博夫这样评价社团改革的成果:"最令人困惑的是,现

---

[1] 截至本书编写时,共存在7种国有社团,其中包括:俄罗斯原子能公司(Rostom);旨在促进高科技产品的开发、生产和出口的国有社团——俄罗斯国家技术集团(Rostec);存款保险局;住房和公共服务改革基金会(国有社团);俄罗斯开发与对外经济银行(外经银行);国家航天社团(Roskosmos);一个国有公司——俄罗斯国家高速公路集团。每个国有社团和国有公司都在专门的联邦法律的基础上进行活动。

* 国有公司(государственная компания)是一种单一制非营利组织,没有被列入《俄罗斯联邦民法典》非营利组织清单,由特别法对其进行调整。(《非营利组织法》第7.2条)——译者注

行法规不能很好地对社团性组织和单一制组织加以区分。如果提出这样的问题，在有数个发起人的单一制组织中参加(权)和成员(权)的区别是什么？那么对于回答该问题我们将面临无法克服的障碍。法律明确承认多个主体参加单一制组织的可能性……例如，非营利自治组织的发起人能够将组织改为基金会，以及批准新成员加入……严格来说，这些发起人将拥有(至少能够拥有)与社团成员的某些成员权(参与权)相似的权利。但是，《俄罗斯联邦民法典》并未对这种‘原始社团权利’作出任何特殊规定，这迟早会不可避免地引起冲突。”[1]

O. V. 古特尼科夫指出：“在社团性组织和单一制组织的管理关系方面，除了单一制组织的管理职权属于一人(发起人或财产所有权人)，而社团性组织的管理职权属于共同参与法人组织管理的数人之外，并没有发现二者之间有本质上的区别。只有一个成员的社团性组织(所谓的一人公司)的存在，以及单一制企业的所有者对其创建的企业实际上拥有与商公司成员相同的‘社团权利’(管理权，部分利润收取权等权利)，可以证实这一点。”[2]

事实上，参加人(成员)与社团性组织的管理关系和发起人或者财产所有权人与单一制组织的管理关系具有相似之处。

---

〔1〕 Габов А. В. Корпоративное законодательство России в 2014 – 2015 годах: состояние, достижения, проблемы, основные дискуссии и перспективы развития // Национальный доклад по корпоративному управлению. Вып. Ⅷ. Гл. I. М. ,2015. С. 34 – 35.

〔2〕 Гутников О. В. § 2: Развитие законодательства РФ о юридических лицах в современный период(в гл. «Предмет и система законодательства о юридических лицах»)// Юридические лица в российском гражданском праве: Монография / Отв. ред. А. В. Габов, О. В. Гутников, С. А. Синицын. В 3 т. Т. 1: Общие положения о юридических лицах. М. , 2016. С. 137.

同时,特别是在社团关系的情况下,社团组织与其他法人相区别的特点在于,其往往具有“多个”利益相对主体的性质,这一点也是立法者所需考虑的。这样看来,为进行有针对性的专门调整,而将法人分成社团性法人和单一制法人的分类方法是具有合理性的。

除以成员资格为标准外,社团性组织和单一制组织的划分依据还有:在单一制组织中,财产是统一且不可分割的,**而在社团性组织中则不存在此特点**。E. A. 苏哈诺夫认为:“……与社团不同,单一制组织是一种财产的联合(共同体),或者说是一种财产的结合。更确切地说,是通过设立相应的法人而使发起人的财产独立。但是,那些由数人成立的单一制财产共同体,从来都没赋予自己的发起人任何股份或者财产权利,因此,发起人并不具有成员关系。”[1]

应当指出,在 2014 年立法改革之时,一些组织类型被排除在法律组织形式之外,例如,在实践中不被需要的补充责任公司。将股份公司分为开放式股份公司和封闭式股份公司的划分方式亦被排除。在使其章程符合立法规定之前,开放式股份公司和封闭式股份公司仍然以原有形式存续,但是此类法人的设立文件将只能适用其与《俄罗斯联邦民法典》不冲突的部分。(2014 年 5 月 5 日第 99 号联邦法第 3 条第 7 款)

根据《俄罗斯联邦民法典》第 65.1 条第 2 款的规定,鉴于对社团性组织的参加,其成员取得**社团权利(参与权)并对其所设立的法人承担责任**。

---

〔1〕 Суханов Е. А. Сравнительное корпоративное право. С. 28.

社团的概念和特征

为了理解当代以社团为类型成立的组织的结构，应当回顾“Корпорация”（社团）一词的词源。“社团”一词来自晚期拉丁语“*Corporatio*”——“联合”，意为“联盟”或“由职业利益或者阶级利益的共同体联合而成的群体”。[1]

在很长的一段时期里，“社团”作为法人的同义词而存在，其本质特征为：具有独立的财产，根据其份额承担责任，法人能与其成员建立法律关系，能在法庭上担任原告和被告。后来，根据德国民法学家对“机构（учреждение）”一词的定义，“社团”便具有了现代意义。在N. S. 苏沃洛夫看来，第一个区别“社团”（корпорация）和“机构”（институт/учреждение）概念的人是海泽（Гейзе），[2]冯·萨维尼（Ф. К. Савиньи）也为社团理论的发展作出了贡献。在19世纪下半叶，冯·基尔克（О. фон Гирке）提出了“人合”的概念，并对国家、社团和机构进行了区分。根据基尔克的观点，社团是集合或组合而成的实在的“人”。社团和其成员之间形成了一个社团内部的拟人化的法律团体。基尔克所理解的“团体成员”是指：“法律秩序所承认的由人联合而成的共同体，而人的联合作为一个整体，区别于相互联系的个体的总和，是权利和义务的主体……团体同个体一样，二者的存在均受到法律

---

〔1〕 参见 Словарь иностранных слов. М. ,1980. С. 261。研究罗马法的专家认为，“корпорация”的概念来自拉丁语“*corpus habere*”，意为“法人”。具有社团结构的完全独立于其成员的组织区别于不承认法人权利的契约性社团（societies），参见 Покровский И. А. История римского права. М. ,1998. С. 312。

〔2〕 参见 Суворов Н. С. О юридических лицах по римскому праву. М. ,2000. С. 67, 141。

承认……"[1]

德国法学家的成就体现在,阐明了成员资格的问题和社团管理的问题。他们认为,社团和其成员在社团内部有稳定的法律关系(成员资格),这决定了社团管理的特殊性。

俄国十月革命前的立法学说将法人分为人合组织(社团)和机构(机关)[2]。在分析有关文献资料后,S. D. 莫吉列夫斯基总结道:"在19世纪,俄罗斯学理上的'社团'与德国一样,均被用作各种法人的通用概念,其内部分为两种类型,即公社团法人和私社团法人。"[3]

一个多世纪以前,N. S. 苏沃洛夫基于冯·基尔克的理论,提出了社团具有以下特点:社团是一个基于个人联合的法人,其意志是全体社团成员的意志。[4] 除社团的管理部门外,还有社团成员,每个成员都有权利和机会行使自己的社团权利,至少可以选举管理者、听取管理者的报告,以及在全体大会上讨论涉及社团的重大事务时行使其权利。[5] 在过去的一段时期里,对于社团的本质方面的理解基本没有变化。

谈及当代,不难发现,在外国法律制度中,对"社团"概念并没有统一的理解。这种情况可以用两个原因来解释。第一,在大多

---

[1] Gierke O. Deutsches Privatrecht. S. 467,472,515 –516 and oth.(转引自 СуворовН. С. Указ. соч. С. 97 –98)。

[2] 参见 Суворов Н. С. Указ. соч.; Шершеневич Г. Ф. Учебник русского гражданского права (по изд. 1907 г.). М., 1995; Мейер Д. И. Русское гражданское право. Ч. 1. М., 1997。

[3] 参见 Могилевский С. Д., Самойлов И. А. Корпорации в России. Правовой статус и основы деятельности. М., 2006. С. 13, 14。

[4] 参见 Суворов Н. С. Указ. соч. С. 156。

[5] 参见 Суворов Н. С. Указ. соч. С. 168 –170。

国家，这一概念均未被以立法的形式固定下来，而只停留在理论层面。并且，这种分类方法在理论层面也未被赋予实质的意义。第二，在大陆法系和英美法系中，对于“корпорация”（社团）一词有着不同的解释。

E.A. 苏哈诺夫针对大陆法系国家写道：“在主要西欧国家的法律秩序中，为法律所认可的社团组织形式清单中仅包含为数不多的一些传统法律组织形式：三种无法人资格的人合组织——普通合伙（其中包括隐名合伙）、无限公司、两合公司，五种为法人的社团——表现为股份公司、股份合伙公司（被视为股份公司的一种）或有限责任公司、合作社及非营利联合组织（协会）……欧洲传统社团类型的‘标准’并不具有原则上的严格性，考虑各国的不同特点与当代经济发展的趋势，允许出现其他不同形式。”[1]

在普通法体系中，用以指称某种实体的完整性及其作为法律关系参加者的能力的“社团”，其应用非常广泛。因此，美国学者将社团分为以下四种类型：

（1）公众社团（public）——国家和市政机构以及其他国家机关的部门。

（2）准公众社团（quasipublic）——基于纳税人税款且满足居民共同需求的社团，其中包括：国防、铁路、水利、电力、油气、供水社团以及其他国有组织。

（3）非营利社团（non-profit）——为公益或慈善目的成立的无权在其发起人间分配利润的社团。

（4）私营社团（private）——为了满足私营需要（通常是企业经营

---

〔1〕 Суханов Е. А. Понятие и виды корпораций в зарубежном и российском праве // Хозяйство и право. 2013. № 11. С. 3 – 4.

目的)且有权在其发起人之间分配利润的社团。

为开展职业性活动而参加的职业性社团作为一种独立的社团类型,有时亦被区分出来。例如,医师协会和律师协会。

不难发现,此种分类方法几乎将法人和社团等同起来了。

在美国教授史蒂芬·普莱瑟(Stephen B. Presser)看来,社团最本质的特点是:(1)股东的有限责任;(2)能够自由转让其股份;(3)永久存续;(4)股份参股和管理权之间的划分(集中控制);(5)社团作为独立实体的法律地位(拟制人格)。[1]

在英国,"社团"一词更常用于对根据皇家宪章或者成文法而成立的法人的表述,这种法人在当下几乎消失。现存著名的此类法人是英国广播公司(British Broadcasting Corporation)。而那些为开展企业经营活动根据成员资格原则成立的法人被称为"公司"(company)。

在英国的学术界,对企业社团共划分出五个固有的关键特征:

(1)社团是法人;

(2)其成员以参股份额为限承担责任;

(3)社团的股份可以自由流通;

(4)由合议制机关进行集中管理;

(5)社团的所有权在股东间分配。[2]

这种观点更接近大陆法系对社团的理解。

可以看出,"корпорация"(社团)的概念有着十分丰富的内

[1] See Bevans N., *Business Organizationsand Corporate Law*, Cengage Learning, 2006, p. 166 – 173. Cp.: Bays A. W., *The Law of Private Business Corporations*, Biblio Bazaar, LLC, 2009, p. 31 – 32.

[2] See Hansmann H. et al., *The Anatomy of Corporate Law: a Comparative and Functional Approach*. Oxford university press, 2004, p. 5.

涵，С. А. Синицын（С. А. 西尼岑）用下列方式对“社团”进行定义：

“对社团最为严格的解释是，社团仅包括商公司和商合营两种形式。因为二者是典型的以其成员（股东）参与为基础的社团实体。社团权利是指股东和有限公司参与者的权利。有时，社团仅仅被理解为股份公司。”

“另一种观点主张，任何基于成员资格（参加）的非机关的组织（法人）均应属于社团。在这种情况下，除商公司和商合营外，还有大多数无论是营利的还是非营利的其他类型的法人亦在社团之列。其中包括合作社（生产合作社和消费合作社）与其他众多不同法律组织形式的非营利组织（行业组织、协会、社会团体、非营利合伙、工会、宗教团体和有法人资格的政党等）。”

“第三种观点认为，任何有法人资格的组织都属于社团，不论其是否以成员资格为基础。”[1]

“还可以更为广义地理解，任何公民或法人基于共同参与（某种活动或财产）关系而成立的联合组织均为社团，不论其是否具有法人资格。从这个角度看来，任何在一定程度上稳定的和为法律所承认的社会、职业、企业等联合组织，不论其是否具有法人资格，均属于社团。其中包括，社会团体、社会运动组织、普通合伙（共同经营合同）、非以法人形式成立的各种协会、财团，甚至共同共有关系的各参加人。”

---

〔1〕 实际上，“社团”“社团性组织”“社团争议”的概念常常被用于关于各种法律组织形式的法人的法律中，而不仅仅是用于社团中。［参见《俄罗斯联邦税法典》第11条第2款“关于社团实体”（п. 2 ст. 11 НКРФо «корпоративномобразовании»）；《俄罗斯联邦仲裁程序法典》第225.1条“社团争议”（ст. 225.1 АПКРФ, содержащуюпонятие «корпоративныйспор»）。］

根据被引作者的观点："就严格的民法学意义而言，拥有参加人（股东）的法人才真正属于社团。"[1]

应当指出，由于当前俄罗斯社团的法定概念和社团性组织的清单已经固定下来，有关社团性组织类型的讨论基本上已经结束。

在俄罗斯法律制度中，社团被视为一种拟制的法律构造，它具有不同于其他类型法人的特征。这些特征通常与由多人参与决定的内部组织结构相关联。[2]

根据俄罗斯立法（《俄罗斯联邦民法典》第65.1条）中对社团的法律定义，当代社团具有两个特征：一是参与权（成员资格）；二是最高机关的组建，最高机关根据不同的社团类型被称为会议、大会或代表会议等。

《俄罗斯联邦民法典》中的社团概念并没有对营利社团和非营利社团进行区分，而实际上，二者之间当然存在区别。在营利社团中，参加人（股东）发起人进行出资，用以"换取"对注册资本中股份、份额及股金的所有权。相应主体在完成股权登记之时，成为营利组织的参加人。例如，在股份公司中，自将有关事项记载在股东名册上之时起，相应主体成为其股东。在有限责任公司中，自完成国家统一法人登记簿

---

[1] Синицын С. А. § 1: Общие положения о корпорациях (в гл. 4 «Корпорации»)// Юридические лица в российском гражданском праве: Монография / Отв. ред. А. В. Габов, О. В. Гутников, С. А. Синицын. В 3 т. Т. 2: Виды юридических лиц в российском законодательстве. М.,2016. С. 209 – 211.

[2] 此规则的例外是只有一人商公司，我们遵循立法者的观点，将其归为一种社团形式。虽然一人商公司有很多特点，现行俄罗斯立法还是将其归为一种社团。一个持有另一家商公司100%股份的商公司，如果存在与股东会运作相关的某种特点，那么所有传统商公司拥有的部门都会在其中组建。由一个股东成立的商公司，随时能够"增加"股东。（参见 Корпоративное право: Учебный курс. В 2 т. Т. 1. С. 260 – 262. гл. 3, автор главы-Шиткина И. С.）

备案之时起，相应主体成为其股东。

社团概念的本质特点是参加或成员资格——产生于有法人资格的社团与其每个参加人之间的法律关系。社团及其参加人相应的权利和义务，是这种法律关系的内涵与要素。

应当强调，在俄罗斯立法中，社团不是法人的某种法律组织形式，[1]而是数种具有相应法定特征的法人的通用概念。《俄罗斯联邦民法典》第65.1条第1款规定了社团性组织类型的列举式清单，这标志着有关社团种类的讨论已经结束。例如，商合伙和以法人形式成立的农业合作社均属于营利社团（《俄罗斯联邦民法典》第86.1条）。

不同于营利单一制组织，营利社团组织具有下列特点：

（1）具有参加（参与）的属性，且参加人享有社团权利；

（2）有注册（联合）资本和分成一定数额（股份）的共同基金；

（3）能够基于所有权占有包括注册资本在内的社团财产，这一点和对其所属财产不具有所有权的单一制企业不同（单一制企业财产由企业基于经济管理权或经营管理权进行管理）；

（4）通过投票或其他法律手段（能够消除分歧的管理机关）对社团进行管理。

本章将详细研究那些旨在追求利润和开展企业经营活动的营利组织。截至2018年12月1日，俄罗斯国家统一法人登记簿中的统计显示有86%的登记主体为营利组织。其中，有限责任公司占96.7%；股

---

[1] 应当指出，在俄罗斯立法中，把法人的法律组织形式称为“**корпорация**”（社团），只有一种例外情况，即把非营利组织称为国有社团。根据《非营利组织法》第7.1条，俄罗斯联邦为实现社会、管理和其他社会公益功能基于缴纳的财产成立的无成员资格的非营利组织被认为是国有社团。也就是说，《非营利组织法》中规定的国有社团的特点与《俄罗斯联邦民法典》第65.1条中规定的社团的特点没有任何相同之处。因此，对于国有社团来说，“**корпорация**”（社团）的概念仅被用作公司的名称，不将社团的本质特征推广到这些法人中。

份公司占2.14%;生产合作社占0.34%;商合营利组织占0.02%;单一制营利组织占0.48%;其他营利组织占0.31%。因此,营利社团占营利组织的99%。*

第二节 营利社团

2.1 商公司概述

商公司的概念和种类

商公司——法人和/或自然人为了以共同名义集体开展企业活动,通过以其财产向公司的注册资本注资的方式成立的营利组织的一般性概念。

《俄罗斯联邦民法典》第66条中有关商公司的一般规定,这些规定是该类社团法律地位的基础。

商公司被认为是一种将注册资本划分为股东持有的股份的营利社团组织。

商公司包括股份公司和有限责任公司。

---

* 原著使用的是2018年7月的相应数据,但由于四舍五入,导致各项相加超过100%。译者已征求原著作者同意,将数据更新为I.S.施特金娜和S.Yu.菲莉波娃两位老师后续发表的《论俄罗斯营利法人:以法律组织形式立法完善的学理、立法与实践为视角》一文中所使用的数据。鉴于该文系两位老师的代表性成果之一,译者已将其翻译并于国内发表。参见刘晓红主编:《"一带一路"法律研究》(第3卷),中国政法大学出版社2021年版,第311页。——译者注

股份公司是把其注册资本分成一定数量的股份,股东不对公司的债务承担责任,但以其持有的股份价值为限对与公司活动有关的亏损承担风险的商公司(《俄罗斯联邦民法典》第 96 条第 1 款)。

如果需要在证券市场上吸引额外的投资,股份公司是应用最为普遍的企业经营形式。其能够自由转让和收购股份的特点,有助于广泛吸收各方人士的资金。只有在股东转让其所持有的股份的情况下,其股东地位的才会丧失,但股东不能通过取回股份应有的实际价值的方式退出公司。后者可能发生在与参股份额有关的有限责任公司中。换句话说,公司的财产在很大程度上是不受侵犯的。股份公司这种法律组织形式的优点之一是股份公司的财产基础具有稳定性。

有限责任公司将其注册资本分为份额,股东不对公司的债务承担责任,而以其缴纳的出资额为限对与公司活动有关的亏损承担风险的商公司(《俄罗斯联邦民法典》第 87 条)。

在我们看来,有限责任公司之所以成为应用最为普遍的企业经营形式,是因为得到了下列因素的保障:

(1)股东人员构成的稳定性,即能够在章程中限制第三人成为股东;

(2)法律调整的任意性,法律为在社团结构的组织提供了相当程度的自由酌定权;

(3)无须遵守股份发行与分配的程序;

(4)商业活动的高度保密性,包括有限责任公司无须公开披露其活动信息。

有限责任公司是一种相当全面且灵活的企业经营形式。当今,在俄罗斯,无论是中小企业,还是大型工业公司(包括含有外国投资的公司)纷纷采用这种法律组织形式开展经营。

公众公司与非公众公司的分类方法

如前所述,英美法系国家中人们所熟知的将社团分为公众社团和非公众社团的分类方式,随着《俄罗斯联邦民法典》的修订,在俄罗斯的法律中被固定下来。这种分类方式决定了不同类型社团的不同的法律地位。(见图 3-1)

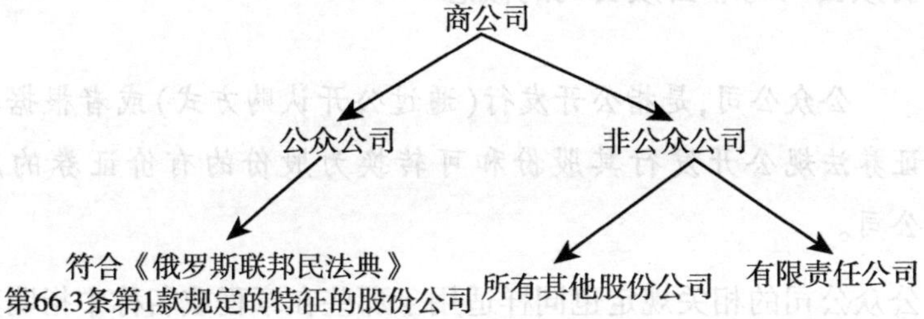

图 3-1　商公司的分类

根据《俄罗斯联邦民法典》第 66.3 条之规定,商公司可以是公众公司,也可以是非公众公司。只有符合法定特征(《俄罗斯联邦民法典》第 66.3 条第 1 款)的股份公司属于公众公司,其余的股份公司和有限责任公司均属于非公众公司。

立法者试图通过将商公司划分成公众公司和非公众公司来缩小两种非公众社团在法律调整上的差距。目前,虽然非公众股份公司与公众股份公司法律组织形式相同,但在其法律规定的各个方面,非公众股份公司更接近于有限责任公司,而不是公众股份公司。

关于非公众股份公司实际上越来越接近"人合组织",而距离严格意义上的"资合形式"越来越远的情况,法律中已有相关规定。例如,法律规定的非公众公司的人合因素有：对非公众股份公司股东的除名的请求权；股东与公司享有的对股份的优先购买权；向第三人转让股份须得到同意；若公司章程有相关规定，公司可以在确定股东权利范围方面有更广泛的自由酌定权；可制定非公众公司管理机关的相应职权范围；增加公司决策通过所需票数；使非公众公司股东承担额外的义务；等等。

公众公司与非公众公司的概念

> 公众公司，是指公开发行（通过公开认购方式）或者根据相关证券法规公开发行其股份和可转换为股份的有价证券的股份公司。

公众公司的相关规定也同样适用于那些在章程或名称中指明其为公众公司的股份公司。不符合上述特征的股份公司以及所有的有限责任公司都是非公众公司。

因此，非公众公司和公众公司的最主要区别在于，后者公开募集或发行公开（自由）流通的股票或者可转换为股份的有价证券（不一定在交易所进行）。此外，我们注意到，非公众公司并未被剥夺公开发行其非可转换为股份的有价证券的权利（如非转换公司债券），非公众公司也可以在非公开发行的情况下发行其他可转换为股份的有价证券和非可转换为股份的有价证券。

公众公司章程和国家统一法人登记簿上的公司名称应指明其为公众公司，简称 ПАО（PAO/公众股份公司）[1]（参见《俄罗斯联邦民法典》第 97 条第 1 款）。

---

〔1〕 非公众公司无须在公司名称指明其非公众性质。

“否认”公众性地位的可能性

2014 年 5 月 5 日第 99 号联邦法第 3 条第 11 款规定，在本法生效之前(2014 年 9 月 1 日)成立的符合公众股份公司特征(《俄罗斯联邦民法典》第 66.3 条第 1 款)的股份公司，无论公司名称中是否指明其为公众公司，均被认为是公众股份公司。

立法者的这一立场导致许多股份公司成为公众公司，这里的股份公司是指那些通过在不特定数量的主体中发行股份，且不在市场上公开发行其有价证券的私有化方法实现私有化的股份公司。一些未吸收投资资金且未来也无吸收投资计划的小公司也取得了公众股份公司的地位。

针对这种情况，2015 年 6 月 29 日第 210 号联邦法对 2014 年 5 月 5 日第 99 号联邦法第 3 条第 11 款作出如下修改：在 2014 年 5 月 5 日第 99 号联邦法生效之时(2014 年 9 月 1 日)，如果股份公司是根据法定程序免除俄罗斯联邦法律规定的证券信息披露义务，或是已注销所有已公开发行(通过公开认购方式)或根据相关证券法规公开发行的股票和可转换为股份的有价证券的封闭公司或者开放公司，则不被视作公众股份公司。

第 11.1 款也对 2014 年 5 月 5 日第 99 号联邦法进行了补充：在 2019 年 5 月 5 日第 99 号联邦法生效(2014 年 9 月 1 日)之前成立的，符合《俄罗斯联邦民法典》第 66.3 条第 1 款规定的公众股份公司特征的股份公司，如果存在下列情形，**有权否认其公众性地位**：

(1)在 2014 年 5 月 5 日第 99 号联邦法生效之日，公司股份或可转换为股份的有价证券未被列入获准上市的证券清单中；

(2)股东人数未超过 500 人。

股份公司可通过修改股份公司章程的相关规定，并向俄罗斯银行申请免除俄罗斯联邦法律规定的证券信息披露义务的方式，来否认其公众性地位。就该问题的决议需要经出席股东会的股东所持表决权的3/4以上通过。对该决议进行表决的还有作为优先股所有人的股东。

应当强调,“简易否认”公众性地位仅能根据2014年5月5日第99号联邦法第11.1条的有关规定进行,而不能适用《股份公司法》第7.2条关于终止公众性地位的规定。

股份公司公众性法律地位的取得与终止

2015年5月5日第210号联邦法予以修订的《股份公司法》规定了非公众性股份公司取得公众性地位的程序(第7.1条)和终止公司公众性地位的程序(第7.2条)。

➡ 公众性地位的取得与终止既不是改组,也不是类似开放性股份公司与封闭性股份公司互相转换的公司类型的变更。在存在一定的理由或条件时,公司的公众性地位的取得与终止通过修改章程来实现。

非公众性公司公众性地位的取得与公众公司公众性地位的终止程序见表3-1和表3-2。

表3-1 非公众公司公众性地位的取得

项目	内容
非公众公司取得公众地位的基础	修改公司章程并进行国家登记,表明公司是公众公司;如果章程中没有规定更高比例的投票权,那么该决议一般应经持有各类(种)股份的股东表决权的3/4通过 + 在国家统一法人登记簿上修改公司名称,表明其公众性
非公众公司取得公众地位的条件	登记招股说明书 + 与交易组织者就公司股票上市签订合同

表 3–2 公众公司公众性地位的终止

项目	内容
公众公司取得非公众地位的基础	修改公司章程并进行国家登记，除去表明公司为公众公司的部分 + 在国家统一法人登记簿上修改公司名称，新名称中不包含公众公司字样
公众公司取得非公众地位的条件	公司的股票和可转换为股份的有价证券不以公开认购的方式发行且未在有组织的交易所流通 + 俄罗斯银行作出决定，免除证券法规定的公司的信息披露义务
在章程中修改涉及免除信息披露义务，撤销股票以及可转换为股份的有价证券上市资格等内容的决议程序	就股东会议程的同一个议题以持有各类（种）股票的全体股东的95%的票数通过。决议在提出回购请求的股份总数不超过公司净资产价值10%的条件下生效
股东权利的保护	投反对票的股东或未参与上述问题决议的股东有权根据《股份公司法》第75条、第76条请求公司回购其股份

应当强调，公司的公众性法律地位和非公众性法律地位之间的相互转化不视为改组。

非公众公司法律地位的特点

对于非公众公司，立法在其活动和内部结构的调整方面给予了相当大的自由。例如，与公众公司不同，非公众公司根据股东一致通过的决议可以允许(《俄罗斯联邦民法典》第66.3条)：

(1)除《俄罗斯联邦民法典》第66.3条第3款第1项规定的最关键的问题外，将最高管理机关的职权重新分配给合议制管理机关或是合议制执行机关；[1]

(2)将不属于股东会法定职权范围的问题扩大到其职权范围中；

(3)将合议制执行机关的职权部分或全部分配给合议制管理机关；

(4)将合议制执行机关的职权转移给独任执行机关；

(5)放弃组建监察委员会；

(6)在不剥夺股东参与股东会和获得相关信息的权利的情况下，公司能够在章程中规定不同于上述法定程序的股东会的召集、筹备和召开程序；

(7)可就公司的合议制管理机关或合议制执行机关大会的召开、组建程序以及人员构成作出与法律规定不同的规定；

(8)可规定份额(部分份额)、股票(可转换为股份的有价证券)优先购买权的程序；

(9)商公司相关法律规定的情形下的其他规定。

例如，根据《股份公司法》第11条第3款，非公众公司可以在章程中限制某个股东持有的股份数量，也可以限制某个股东所享有的最大投票权。《有限责任公司法》第14条第3款对于有限责任公司也有类

---

〔1〕《股份公司法》未支持将股东会的职权转给合议制执行机关。(根据2015年6月29日第210号联邦法修改后的《股份公司法》第48条第2.1款，修改目的是使其符合《俄罗斯联邦民法典》。)在两个联邦法律间存在矛盾的情况下，应当适用特别法。即根据《股份公司法》，在非公众公司中，股东会的职权只能转移至董事会，而不能转移至管理机关。这种方式似乎更符合公司机关的性质：与转移到有其他任务的执行机关相比，把职权从最高机关转移到执行一般领导的合议制机关看起来是合乎逻辑的。

似规定:公司可以在章程中限制公司股东的最大份额,以及变更公司股东的份额比例。上述规定只能由商公司的机关作出或者经全体股东一致决议通过。

2015 年 6 月 29 日第 210 号联邦法对《股份公司法》的修改,旨在对公众商公司和非公众商公司法律地位的特殊性进行调整。根据上述联邦法修订的《股份公司法》第 7 条之规定,在商公司的机关作出规定或者经全体股东一致决议通过的情况下,可以在章程中作出下列规定:

(1)股东和公司(如果股东不行使其权利)优先购买股份的权利,对可转让的股份的有限购买应按照提供给第三人的同等价格或者根据公司章程规定的价格进行;

(2)将股份转让给第三人必须得到其他股东的同意;

(3)排除对购买额外发行的股份和可转换为股份的有价证券的优先购买权;

(4)股东的补充责任。

A. I. 卡明卡在讨论《有限责任公司法》草案时对此发表了如下评论:"……允许规定股东有除支付股金外的其他股东责任,破坏了股份公司不允许规定其他股东责任的原有形式。"[1]

如前所述,只有在非公众公司中,股东可以根据公司章程或者股东协议拥有与注册资本参股不成比例的权利范围。

非公众公司可以发行具有特殊权利的优先股。根据《股份公司法》第 32 条第 6 款,非公众公司的章程中可以规定能够排除或替代本条所规定之权利的优先股的类型,也可以规定涉及股东会职权范围内

〔1〕 Каминка А. И. Новое германское торговое уложение // Журнал Министерства юстиции. Год четвертый. № 1. Январь 1898. С. 41(转引自 Габов А. В. Общества с ограниченной и дополнительной ответственностью в российском законодательстве. М., 2010. С. 7)。

全部或部分问题的投票权。

法律针对非公众公司规定了重要特征，这些特征涉及以不增加公司注册资本的方式向股份公司财产出资的规制(《股份公司法》第32.2条)。

在非公众公司中，如果某个股东因其行为(或不作为)给公司造成重大损害或以其他方式给公司的生产经营活动和设立目标的实现带来实际困难(例如，严重违反法定义务或者公司设立文件中规定的义务)，则其他股东有权请求通过司法程序，在向该股东支付其股份的实际价值的情况下，将该股东从公司之中除名。(《俄罗斯联邦民法典》第67条第1款)。

请求将股东从非公众公司除名的权利是俄罗斯法律中新修改的部分，这一规定消除了有限责任公司股东与非公众股份公司股东在法定特征上的区别。将股东从公司除名可能性的前提包括但不限于，规定股东参与公司决策的义务(如果该股东的参与对于通过决议是必要的，且没有这些决策公司不能继续依法从事其经营活动)。

公众股份公司法律地位的特征

公众股份公司的成立和活动主要由强制性法律规范进行调整，主要为了最大限度地降低股东在公众公司的股份投资风险。

例如，为公众公司规定的义务有：

(1)设置合议制管理机关，即监事会(或其他委员会)(《俄罗斯联邦民法典》第65.3条第4款)；

(2)披露法律规定的公共信息。

公众股份公司不能限制某一股东持有的股票数量、股票的名义价值以及某一股东享有的最大投票权。

公众股份公司章程中不能规定公司股份的转让须得到他人同意。

公众股份公司法律地位的特征在其他社团法律制度中也有所体现。

例如，就公众股份公司管理机关成员的责任而言，不得以协议方式限制管理人员对其不当行为的责任（《俄罗斯联邦民法典》第53.1条）。

应当按照《股份公司法》规定的条件、范围和程序对公众股份公司股东签订的股东协议的相关信息予以披露。相反，除法律另有规定外，与公众股份公司股东签订股东协议的内容相关的信息为机密信息，无须公开（《俄罗斯联邦民法典》第67.2条第4款）。

公众股份公司无权发行低于普通股名义价值的优先股（《俄罗斯联邦民法典》第102条第1款、《股份公司法》第25条第2款）。这一规定旨在保护持有公司普通股股东的权利。因为，虽然当前存在公司发行的优先股名义价值不应超过公司注册资本的25%的法律规定，但是当低于普通股名义价值的优先股进行投票时，"一股一权"的原则便可能会导致普通股股东的权利受到侵害。

为了对股份公司（公众股份公司和非公众股份公司）与有限责任公司的法律地位特征进行探究，我们对这些法律组织形式进行法律比较分析（见表3－3）。

表3－3　股份公司（公众股份公司和非公众股份公司）与有限责任公司的法律组织形式的比较分析

比较范围	公众股份公司	非公众股份公司	有限责任公司
有价证券公开发行（流通）的可能性	有权公开发行（通过公开认购方式）或根据证券法规相关规定公开发行股票和可转换为股份的有价证券（《股份公司法》第7条）	无权公开发行股票和可转换为股份的有价证券（《股份公司法》第7条）	无权发行股票
	有权根据证券法规定的程序发行债券和其他有价证券		

续表

<table>
<tr><th>比较范围</th><th>公众股份公司</th><th>非公众股份公司</th><th>有限责任公司</th></tr>
<tr><td rowspan="2">必设的管理机关</td><td>股东会,合议制管理机关(董事会),独任执行机关(董事、总经理、董事长等)</td><td colspan="2">股东会,独任执行机关(董事、总经理、董事长等)</td></tr>
<tr><td colspan="3">可在公司章程中规定将独任执行机关的职权授予少数共同行事的主体,或规定组建若干独立运作的独任执行机关。(《俄罗斯联邦民法典》第 53 条第 1 款)
独任执行机关既可以为自然人,也可以为法人。公司章程中既可规定组建合议制执行机关,也可规定将独任执行机关的职权移交给管理组织</td></tr>
<tr><td rowspan="2">必设的监督机关和内部审计机关</td><td rowspan="2">如果公司章程中有规定,则应成立监察委员会。(《股份公司法》第 85 条第 1 款);自 2020 年 7 月 1 日起,董事会须下设审计委员会;应设立内部审计部门</td><td>除公司章程中另有规定外,应成立监察委员会(《股份公司法》第 85 条第 1 款)</td><td>如果公司章程中有相关规定,或股东超过 15 人,则应成立监察委员会(监察员)(《有限责任公司法》第 32 条第 6 款)</td></tr>
<tr><td colspan="2">可以设立内部审计部门</td></tr>
</table>

续表

比较范围	公众股份公司	非公众股份公司	有限责任公司
限制某个股东持有的股份(参股份额)数量、股份的名义价值以及享有的最大投票权的可能性	无	根据法律或公司章程可以限制某个股东持有的股份(参股份额)数量、股份的名义价值以及享有的最大投票权(《俄罗斯联邦民法典》第99条第5款,《股份公司法》第11条)	可以在公司章程中限制公司股东的最大持股数,可以更改股东的份额比例(《有限责任公司法》第14条第3款)
股东的权利和义务	不能有额外的权利和义务	可以有额外的权利和义务(《股份公司法》第7条第7款)	可以享有额外的权利,承担额外的义务(《有限责任公司法》第8条第2款、第9条第2款)
股东可以签订股东协议(《俄罗斯联邦民法典》第67.2条)			
除名股东的可能性	无	可根据法院判决除名(《俄罗斯联邦民法典》第67条第1款,《有限责任公司法》第10条,2015年俄罗斯联邦最高法院全体会议第25号决定第35条)	

续表

比较范围	公众股份公司	非公众股份公司	有限责任公司
股份(份额)转让程序	自由向第三人转让股份,无须他人同意(《股份公司法》第7条)	公司章程中可以规定,将股份转让给第三人必须得到其他股东的同意; 如果公司章程中有规定,则可以优先购买股东或公司有偿交易转让的股份(《俄罗斯联邦民法典》第100条第3款,《股份公司法》第7条第3～5款)	可在公司章程中规定,将份额转让给第三人和接受继承人(受让人)成为股东必须得到其他股东的同意(《俄罗斯联邦民法典》第93条第3款、第6款); 公司或者公司股东有权优先购买份额(份额的一部分)(《有限责任公司法》第21条第4款)
股东权利	与公司注册资本中的股份数量成正比	可在公司章程中规定或在国家统一法人登记簿上备案的股东协议中约定参加人的其他权能范围(《俄罗斯联邦民法典》第66条第1款)	

续表

比较范围	公众股份公司	非公众股份公司	有限责任公司
股东"退出"的可能性	股份公司的成员资格因股份转让而丧失。根据《股份公司法》第75条,股东有权请求公司回购股份		股东有权通过以下方式退出有限责任公司,无须其他股东或公司同意: ——如果公司章程中有规定,可提出退出公司的申请; ——在法定条件下请求公司购买其份额(《俄罗斯联邦民法典》第94条,《有限责任公司法》第23条、第26条)
确定份额(股份)所有权的方式	股东权利通过股东注册登记系统的登记结算人个人账户记录和提存账户的提存记录来证明(《有价证券市场法》第28条)		股东信息及其所持有的有限责任公司份额的额度和名义价值记载在国家统一法人登记簿上(《法人和个体工商户登记法》第5条第1款第4项)。此外,有限责任公司有义务编制载明份额大小的股东名册。如果二者存在冲突,则以国家统一法人登记簿为准(《股份公司法》第31.1条)

专门融资公司

根据《有价证券市场法》，[1]专门融资公司[2]和专门项目融资公司能以股份公司和有限责任公司的形式成立。有关其组织与活动及特点的规定，足以使学者作出结论——这些公司实际上超出了《俄罗斯联邦民法典》第50条第2款所规定的营利组织的清单范围。[3]

例如，这些专门公司具有法定的专门权利能力，且公司的章程中还可以规定额外的限制。专门融资公司和专门项目融资公司只能由机构设立，且只能通过清算终止，而不能以自愿改组的方式终止。此类专门公司的注册资本只能以金钱货币缴纳，且注册资本不可减少。

专门公司的管理具有明显的独特性，与以通过有权能的管理机关开展活动为特征的传统社团有着本质区别。涉及公司由章程规定的相应问题的决议的作出需要取得专门公司债券持有人或债权人的同意，例如，涉及对章程进行修改和/或补充、涉及对公司所完成的特定法律行为进行批准等问题的。

如果章程中有相关规定，在专门项目融资公司中可以不选举董事

[1] 2013年10月21日第379号《关于修改俄罗斯联邦部分立法法案》联邦法第3.1条将“专门公司”这一概念引入《有价证券市场法》第2编。

[2] 根据《有价证券市场法》第15.1条之规定，专门融资公司活动的目的和对象：一是取得请求债务人支付因履行信贷合同、贷款合同和/或其他义务产生的款项的财产性权利，其中包括将来因现有或未来义务产生的权利；二是取得与所取得的货币索赔相关的其他财产，包括根据租赁协议和发行由货币索赔抵押担保的债券而取得的财产。

[3] 参见 Суханов Е. А. Предпринимательские корпорации в новой редакции Гражданского кодекса Российской Федерации // Журнал российского права. 2015. № 1. С. 5 – 13；Филиппова С. Ю. Критика «чистого юридического лица»: специализированное финансовое общество-новая организационно-правовая форма коммерческого юридического лица или разновидность хозяйственного общества? // Вестник Арбитражного суда Московского округа. 2014. № 3. С. 77。

会和/或监察委员会。在这种情况下,该类公司不适用于批准重大交易和关联交易的相关规则。而专门融资公司中,不选举董事会和监察委员会,且依法不设立合议制执行机关(《有价证券市场法》第15.2条第11款)。专门融资公司的独任执行机关的职权应当转移给符合《有价证券市场法》第15.3条要求的管理公司。专门融资公司没有员工,也无权签订劳动合同。

两种专门公司的章程中也可以规定专属于这些组织的其他条款。例如,在专门公司的章程中可以规定联邦法律未作规定的其他情形,其中包括不进行股利(分配利润)的宣告与支付,或者规定完全禁止利润分配。

因此,专门融资公司是一种被特别法深刻改变了的商公司形式。公司中不设任何机关,没有员工,且很多社团法人法的制度都不适用于该类公司。

在研究专门公司是否为企业以及是否可以承认其为企业活动的主体的问题时,A. B. 别利茨卡娅写道:"应当指出,专门公司更像一个财产复合体或是投资联营,而不像法律主体。同时,这一特征对于旨在使投资者进行投资和为投资项目筹集资本的所有集体投资者而言均具有普遍代表性。当然,从形式上看,专门公司有权利和义务,能承担责任,因此可以被视作一种企业活动的主体。但是专门公司本质上是一种技术上的实体,其成立的唯一目的是保障投资项目或资产证券化的运行。"[1]

〔1〕 Белицкая А. В. Специализированное общество как специальный субъект предпринимательской деятельности // Предпринимательское право. 2015. № 3. С. 27.

我们认为，专门融资公司是集体投资的法律媒介，由于其具有很多独有的特征，这些构造很难被视为商公司。

2.2 商合营

商合营概述

商合营被认为是营利社团的法律组织形式之一(《俄罗斯联邦民法典》第50条第2款、第65.1条第1款)。法律将商合营分为两种类型:无限公司和两合公司。合营的法律规定包含在《俄罗斯联邦民法典》之中。《俄罗斯联邦民法典》中有关无限公司的规范可以适用于两合公司,但不能违反《俄罗斯联邦民法典》中涉及两合公司的规定。此外,《俄罗斯联邦民法典》中两合公司的相关规范不能适用于无限公司。

商合营是一种人合组织,是各类法人形式中唯一没有章程的法人(《俄罗斯联邦民法典》第52条第1款)。商合营的设立文件为**发起人协议**。

所有商合营都有**联合资本**,法律没有规定联合资本所需的最小数额。

无限公司

> 公司的股东(无限责任股东)根据他们之间签订的合同,以公司的名义从事经营活动,并以属于他们的财产对公司的债务承担责任的公司,是无限公司(《俄罗斯联邦民法典》第69条第1款)。

无限公司的名称中应该包含公司全体股东的姓名(名称),或者在

“和公司(и компания)”字样的情况下，只包含一个或数个股东的姓名(名称)(《俄罗斯联邦民法典》第69条第3款)。[1]

根据《俄罗斯联邦民法典》第66.1条第5款之规定，只有个体工商户和/或营利组织可以成为无限公司的发起人和股东。一人只能成为一个无限公司的股东(《俄罗斯联邦民法典》第69条第2款)。

在无限公司中不设机关。根据《俄罗斯联邦民法典》第71条第1款之规定，对无限公司**活动的管理**依照全体股东的一致同意进行。这一规定是由合营的协议性质和全体股东在共同事务中的个人参与所决定的。无限公司作为一种个体的联合，其设立的目的是，公司股东以无限公司的名义共同从事经营活动，并以属于他们的财产承担责任。在作出共同决策的过程中，每个股东仅拥有一票，但发起人协议另有规定的除外，如以多数票通过决议的规定。

每个无限责任股东均有权以公司的名义**对事务进行管理**(《俄罗斯联邦民法典》第72条)。股东代表公司实施法律行为的权利不需要特别授权。对于第三人而言，能够证明合营权能的是发起人协议和国家统一法人登记簿上的记录。此二者对合营的权利能力和具有无限责任股东地位的具体股东予以证明。发起人协议可以规定其他对合营事务的管理方式：如全体股东共同管理事务，或委托个别股东或数个股东共同管理事务。在全体股东共同管理事务时，每一项法律行为的实施均要求公司全体股东的同意。若公司的管理授权给了个别股东，则其余股东需要额外授权才能以公司名义实施法律行为。

在涉及第三人的关系中，无限公司无权援引发起人协议中有关限制公司股东权限的条款，除非公司能够证明第三人在实施法律行为时

---

[1] 参见 Филиппова С. Ю. Фирменное право России. М.,2016. С.140 и след。

知道或应当知道该股东无权以无限公司名义行事(《俄罗斯联邦民法典》第 72 条第 1 款)。这一规则保护了民事流转中信赖无限公司一般规则的善意股东。一个或数个股东享有的公司管理权限可以由法院予以终止(《俄罗斯联邦民法典》第 72 条第 2 款)。

无限责任股东拥有与其他社团参加人同等的**权利**(《俄罗斯联邦民法典》第 65.1 条),这些权利规定在《俄罗斯联邦民法典》第 67 条中。值得注意的是,与其他社团参加人的权利相比,无限责任股东拥有更广泛的信息获取权。每个参加人均有权了解全部公司事务管理相关的文件(《俄罗斯联邦民法典》第 71 条第 3 款)。不得向无限责任股东隐藏任何关于无限公司的文件和信息。剥夺和限制无限责任股东知情权的行为均是非法的。

无限公司全体股东**必须**参与公司的活动。参与的形式可以是财产性的,也可以实施法律行为、以自身劳动从事物品制造、以公司名义提供服务等方式(《俄罗斯联邦民法典》第 73 条第 1 款)。

法律规定了**无限公司联合资本**的出资程序(《俄罗斯联邦民法典》第 73 条第 2 款)。每位股东个人必须对联合资本进行出资,也就是说,出资义务具有严格的个人性质。委托第三人对联合资本出资将被视为股东未履行出资义务。在无限公司进行国家登记之前,无限公司的股东对联合资本的出资应当超过其一半。剩余未支付部分的出资期限由发起人协议予以确定。

在股东不履行上述义务时,应向公司缴纳未出资部分 10% 年息的法定违约金,并赔偿由此造成的损失(《俄罗斯联邦民法典》第 73 条第 2 款)。法定违约金具有罚金的性质。此外,还可以在发起人协议中规定违反出资义务的其他后果。

《俄罗斯联邦民法典》第 73 条第 3 款规定,**股东与合营之间禁止**

存在竞争。在未经其余股东同意的情况下，无限公司的股东无权以自己的名义、为了自己或第三人的利益，实施与公司活动对象相同的法律行为。

若存在充分理由，即某股东严重违反义务或发现某股东无法合理管理公司事务，在全体股东一致同意的情况下，可将**股东从无限公司中除名**(《俄罗斯联邦民法典》第76条第2款)。

无限公司与其他社团的主要区别是，无限公司股东以自己的财产对公司的债务**承担补充连带责任**。这意味着，无限公司的债权人应先向无限公司追偿，在无限公司财产不足以清偿或不能满足债权人请求的情况下，债权人可向任一股东或全体股东追偿。

两合公司

> 若公司股东中既有以公司名义从事经营活动并以自己的财产对公司债务承担责任的股东(无限责任股东)，又有以其出资额为限对与公司有关的损失承担风险但并不参与公司的经营活动的一个或几个出资人股东(投资人)，则此类公司为两合公司。

两合公司无限责任股东的法律地位及其责任与无限公司股东的法律地位完全相同。无限责任股东管理公司，处理公司事务，将个人劳动、声誉、姓名投入共同事业中。

除无限责任股东外，两合公司中还有出资人股东(投资人)。出资人股东的参与受到投资额的限制，且出资人股东不参与公司的经营活动。投资人不参与发起人协议的签订。投资人将其投资“委托”给两合公司，以期无限责任股东管理公司，处理公司事务，处分公司财产。这种公司形式被命名为两合公司并非偶然。无限责任股东以其全部财产对公司债务承担责任，而投资人不对公司的债务承担责任。此外，法律还限制两合公司中投资人的数量,投资人最高数量限额为20人(《俄罗斯联邦民法典》第82条第3款)。

两合公司的**公司名称**中应包含公司的法律组织形式("人资两合公司"或"两合公司"字样),并且应含有一个以上无限责任股东的姓名(名称)(《俄罗斯联邦民法典》第82条第4款)。公司名称体现了法人的合伙性质,告知潜在的交易相对人,有权实施法律行为的股东以自己的财产对公司债务承担责任。无论是无限责任股东还是投资人,若其姓名包含在两合公司名称中,则被视作无限责任股东。

投资人对联合资本出资的事实由公司签发的参加证书予以证明。参加证书是一个书面文件,不是有价证券,不能作为交易对象,但可以确认投资人在两合公司中有参与权,以及投资人对两合公司联合资本出资的事实。

投资人的权利:按其公司联合资本的份额收取所得的利润;了解公司的年度决算和会计报表;收回自己投资的份额;退出公司。依照《俄罗斯联邦民法典》第93条第2款规定的条件和程序,投资人享有优先购买份额(部分股份)的权利。该权利只能在投资人出卖其联合资本份额的情况下行使。

2.3 生产合作社

生产合作社的概念和特征

> 生产合作社(劳动组合),是指为了从事共同的生产活动和其他的经济活动而成立的以成员制为基础的公民自愿联合组织。其活动的基础是亲自或以其他方式参加劳动并缴纳财产股金进行联合(《俄罗斯联邦民法典》第106.1条)。

生产合作社可以在社会和其他活动的各种生产领域中设立(《生产合作社法》第2条第1款)。

上述定义中包含合作社的共同特征:一方面,合作社是生产活动的法律组织形式;另一方面,合作社为社团。合作社的共同特征包括:

(1)自愿成立;

(2)成员制是生产合作社的组织原则;

(3)无论份额多少,成员享有平等的权利;

(4)基于互助性和主动性的活动方式;

(5)基于选举制和自我管理的组织管理方式;

(6)共同从事生产活动和其他经济活动。

生产合作社是社团基础上成立的营利组织,是公民基于成员制的自愿联合。

通过分析上述特征,我们认为:生产合作社既是资合组织,也是人合组织。

作为一种企业结构,生产合作社所具有的地位上的特征为:合作社是基于所有权人和工作人员的成员制,以民主自治原则为其结构特点的一种所有权(资本)和劳动的联合的形式。

合作社经营活动的特征可分为以下几点:合作社是一种企业活动的法律组织形式,其特有的目的是追求利润,因为成立这种社团的目的在于共同管理事务、满足合作社成员的个人需要。尽管合作社不总是为自己的成员服务,但是无论何时合作社都服务于其成员的利益。

合作社成员

应当注意,《生产合作社法》和《农业合作社法》贯彻了《俄罗斯联邦民法典》第26条的规则，并规定，生产合作社和农业合作社的成员可以是年满16岁的公民。根据《俄罗斯联邦民法典》第2条，民事立法所确定的规则适用于有外国人、无国籍人参加的法律关系。因此，生产合作社的成员既可以是外国人，也可以是无国籍人。应当指出，农业合作社的成员不仅可以是专业的农产品生产者，也可以是从事副业的公民。

根据《俄罗斯联邦民法典》第106.1条第2款，生产合作社成员依照《生产合作社法》和合作社章程规定的数额与程序对合作社的债务承担补充责任。根据《生产合作社法》第13条第1款，合作社以合作社拥有的全部财产对合作社的债务承担责任。合作社成员对合作社债务的补充责任由合作社章程规定的程序予以确定。

法律规定了**合作社成员的权利和义务**。相关法定条款中体现了权利平等原则，根据该条款，在成员大会通过决议时，每个成员仅拥有一票（《俄罗斯联邦民法典》第106.4条第3款）。

合作社成员的权利根据其特点可被分为以下几类：

（1）财产性权利，例如，合作社成员取得在合作社与其成员间所分配利润的份额的权利，以及获得其他报酬的权利（对于亲自参与社团法人活动的成员，可以拥有获得货币和/或其他实物形式的劳动报酬的权利）。

（2）组织管理权，此类权利包括：参加合作社成员大会的权利；选举和被选举为合作社监事会、执行机关和监督机关的权利；就改进合作社活动、改正机关和主管人员的缺点提出建议的权利。

（3）信息获取权，例如，要求社团主管人员就其活动的任何问题提供相应信息的权利。

自行决定退出合作社的权利是一种特殊权利，不在上述分类范围之内。

除权利范围之外,立法者还规定了合作社成员的义务范围,其中包括:缴纳股金的义务,成员亲自劳动或通过缴纳额外股金的方式参加合作社的活动,以成员在合作社中的份额为限承担法定的或合作社章程规定的补充责任等。

共同基金

同其他营利组织一样,生产合作社活动的财产基础的形成也具有重要意义。

共同基金,是生产合作社在创立阶段所需的最初的和必要的财产。确定共同基金数额并在章程中予以规定是合作社进行国家登记的必要条件。

合作社成员必须在合作社注册之前缴纳10%以上的股金出资,其余部分应在自注册之日起1年内缴纳(《俄罗斯联邦民法典》第106.3条第2款、《生产合作社法》第10条第1款)。

根据法律规定,共同基金可以是货币、有价证券、其他财产和财产性权利,也可以是其他民事权利的客体(只要客体具有货币价值并可以保障债权人的请求即可)。

根据《俄罗斯联邦民法典》第106.5条第3款和《生产合作社法》第9条第4款,合作社成员有权将自己的全部或部分份额转让给合作社的其他成员,但法律和合作社章程另有规定的除外。在这种情形下,份额的转让导致其合作社成员资格的终止。

应当注意,只有在经过合作社同意的情况下,才允许成员将全部或部分份额转让给合作社之外的第三人。在这种情况下,取得全部或部分份额的合作社外公民会成为合作社的成员。

劳动组织与管理组织的特征

在生产合作社中，财产贡献和工人直接参与劳动的结合决定了合作社具有劳动组织的特征。合作社中的劳动力并不是一种被雇佣的劳动力，这种自我雇佣实际上是合作社组织的一个主要社会经济特性。

应当指出，合作社劳动组织的特征也会影响利润分配程序。例如，《俄罗斯联邦民法典》第106.3条第3款规定，合作社的利润按成员的劳动进行分配，但《生产合作社法》和合作社的章程另有规定的除外。合作社清算后的、满足了合作社债权人请求的财产也可以进行分配。

《生产合作社法》也确立了这一规则：合作社的利润按成员的劳动或其他贡献以及贡献的规模在成员间进行分配。同时，按股金比例进行分配的利润部分不应超过合作社成员总分配利润的50%。

作为社团性营利组织的生产合作社在很大程度上表现出了《俄罗斯联邦民法典》第65.1条第1款所规定的特征。上述条款规定，其发起人（参加人）拥有参与权（成员资格）且根据本条组建最高机关的法人为社团法人（社团）。上述特征表现为，只有合作社成员才能组建最高管理机关，成员是合作社的意志代表，在成员大会通过决议时，每个成员拥有一票。

合作社的另一个特征是，合作社基于民主自治原则开展活动。

根据现行法律规定，合作社管理机关体系包括：成员大会（代表会议）；管理委员会和/或合作社主席；在成员超过50人的情况下，生产合作社设立监事会。

《农业合作社法》允许将主席和管理委员会的一些权力转移给执行董事。合作社应根据成员大会的决议与执行董事签订劳动合同（第26条第8款）。这种劳动合同由监事会以合作社的名义签订，如果没有监事会,则由合作社主席签订。

2.4 商合伙

商合伙的概念与基本特点

> **商合伙,是由两人或两人以上成立的营利组织。由合伙参加人和合伙管理协议规定范围内的其他人对合伙的活动进行管理(《商合伙法》第2条)。**

根据上述定义,商合伙是一种社团(基于成员制的组织)。商合伙这种经营活动形式结合了"人合"和"资合"的特点,这体现了此种社团类型划分具有一定的相对性。在将商合伙与有限责任公司和作为"人合"最高表现形式的两合公司进行比较时,可以清楚地揭示商合伙法律地位的特点。

商合伙作为"人合"的特点包括:

(1)商合伙活动的管理具有任意性。大部分关于商合伙的基本规定应当在合伙管理协议中予以确定。

(2)涉及合伙的组织和活动等最重要问题的决议作出,须经全体参加人一致同意。例如,经全体参加人同意订立合伙管理协议;根据全体参加人一致决议修改合伙章程(《商合伙法》第9条第4款);根据全体参加人一致决议确定合伙参加人出资的货币价值,但合伙管理协议中另有规定的除外(《商合伙法》第10条第4款);仅在合伙全体参加人一致同意的情况下,方可接受新的参加人加入合伙(《商合伙法》第11条第1款)。

(3)《商合伙法》规定了合伙参加人对份额(部分份额)的优先购买权。

(4)对于合伙联合资本的数额,法律上未作要求。

(5)合伙管理协议可自由构建合伙的管理结构。

商合伙作为“资合”的特点包括:

(1)同商合营一样,商合伙的参加人既可以是自然人也可以是法人,但不必须是个体工商户。

(2)承担连带责任是“人合”的特征,商合伙的参加人无须对企业的债务承担连带责任。例如,根据《商合伙法》第 2 条,商合伙的参加人不对合伙的债务承担责任,但以其缴纳的出资额为限对与合伙活动有关的亏损承担风险。

(3)合伙的参与权可以转让,即便是在对联合资本的份额行使优先购买权的情况下。

(4)参加人退出合伙并不导致其活动终止。

(5)商合伙通过其机关进行管理,而不是通过参加人进行管理。因此,在商合伙中必须设有独任执行机关,也可以协议的方式规定其他管理机关。

值得注意的是,商合伙的形式最初仅用于投资活动,包括用于降低投资吸引力风险的投资活动,特别是降低知识产权领域和风险企业吸引投资风险的活动。然而,在已通过的《商合伙法》中规定了涉及合伙一般权利能力的规范。根据《商合伙法》第 2 条第 3 款,合伙可以拥有开展不受联邦法律禁止的活动所必需的民事权利和民事义务,但违反合伙章程和合伙管理协议所规定的活动对象和活动目标的除外。《商合伙法》对经营活动的实施规定了相当少的限制,这些限制涉及债券和其他有价证券的发行、宣传合伙活动的权利,以及成立除社会团体以外的法人并成为其参加人的权利。这些限制表明,在控股关系中,商合伙不能成为控制人,只能成为受控人。关于商合伙的成立,还存在两个法定限制：商合伙只能通过设立的方式成立，绝对禁止通过改组的方式成立(《商合伙法》第8条第1款)；商合伙这种企业经营活动的法律形式仅可以五种改组方式中的一种实施改组——以改变组织形式的方式改组为股份公司(《商合伙法》第24条第1款)。

参加人对商合伙债务的责任

商合伙这一构造最初是为投资领域设计的，对于商合伙来说，已经确立了**参加人对合伙的债务承担责任的特征**。例如，在合伙与债权人(企业活动主体)的协议中可以规定，当协议约定条件产生时，部分或全部终止该债权人的债务。在对属于合伙的智力活动成果专有权进行追偿时，合伙对债权人的债务(经合伙全体参加人同意，或经合伙管理协议规定的其他人的同意)可由合伙的某个、数个或全体参加人对其进行部分或全部履行。合伙的智力活动成果专有权只可依据法院判决予以剥夺。在合伙进行清算时，向债权人承担了合伙债务的参加人，对于满足债权人的请求后所剩余的智力活动成果拥有优先购买权(《商合伙法》第3条第4款)。

合伙管理协议

对商合伙的法律调整具有广泛的任意性。立法者事实上放弃了使用强制性规范来对合伙的法律地位进行调整，从而将此问题交合伙管理协议的发起人(参加人)进行自由酌定。

合伙管理协议必须包含《商合伙法》第6条第6款列出的指定条款，也可以加入《商合伙法》第7条所述的内容。协议中可供选择的规定包括：

(1)参与合伙管理的相关规定。例如，合伙参加人参与合伙管理的权利（包括否决某些问题的权利）与其在联合资本中的份额不成比例；依《商合伙法》为非必设管理机关的组建程序与职权，此类管理机关活动的实施与终止程序；合伙参加人行使权利和履行义务的程序和条件，其中包括与参与合伙管理有关的权利和义务。

（2）调整参加人财产性权利的相关规定。例如，不按参股比例对利润、与合伙活动相关的费用和各种开支进行分配和分摊的权利。

（3）限制对联合资本份额自由转让的权利的相关规定，以及对行使份额优先购买权或不适用份额优先购买权的特殊规定。

（4）参加人退出合伙或者新参加人加入合伙的程序性规定。

（5）限制参加人与合伙竞争的义务。

（6）合伙回购其参加人所持份额的情形、程序和条件，其他合伙参加人回购（包括强制回购）某些合伙参加人所持有的联合资本份额的情形、程序和条件。

（7）根据《商合伙法》规定的程序对合伙进行改组或清算的期限和条件，以及合伙终止时，满足债权人请求后在其参加人间对所剩余联合资本进行分配的条件。

应当再次强调，合伙管理协议也可规定非合伙参加人（投资人、债权人）的权利和义务，以及行使这些权利的程序和期限。

合伙管理协议中可以规定的内容非常广泛，而合伙章程中应当规定的信息却十分有限（《商合伙法》第9条第2款），这恰好证明了合伙这种经营活动法律组织形式的法律调整具有很大程度的任意性。为了证明这一结论，值得指出的是，合伙章程在传统上是由社团法人法强制调整的，章程中仅应规定选举合伙独任执行机关的程序和任期、独任执行机关活动的方式和其决议的通过程序。其他合伙机关的组建与活动方式可以在合伙管理协议中予以规定。

合伙管理协议实际上是确定其组织地位的基础文件,**协议的法律性质是什么?** 毋庸置疑,合伙管理协议不属于合伙的设立文件,因为根据《商合伙法》,只有公司章程才被视为设立文件。合伙管理协议也不是组织的内部文件(规章),因为它未经商合伙有相应权能的机关批准,而仅由其参加人以合同形式签订。

合伙管理协议似乎类似于股东协议(《股份公司法》第32.1条)或公司参加人行使权力的协议(《有限责任公司法》第8条第3款)。实际上,合伙管理协议应当被视作一种股东协议。但是,合伙管理协议作为一种股东协议并未得到法律承认:在《俄罗斯联邦民法典》第67.2条中,社团管理协议并未被列为一种股东协议,这引起了专家的批判。[1]

同时,应当指出,股东协议和合伙管理协议之间存在重大差异,特别是存在以下区别:股东协议旨在明确商公司股东的权力分配,并且必须符合公司章程的规定;而合伙管理协议可以包含任何不违反《商合伙法》和其他俄罗斯联邦法律文件的,关于合伙的活动、改组和清算的规定,但那些依据《商合伙法》必须包含在合伙章程中的规定除外。也就是说,如果章程与股东协议之间存在矛盾,俄罗斯的法院将优先考虑章程。而在合伙关系方面,只有《商合伙法》规定章程条款优先时,才能优先适用章程的规定。[2]

合伙管理协议不是公开文件,因为其无须进行国家登记,协议的相关信息也不会登记在国家统一法人登记簿上,而且合伙管理协议的存在仅在合伙章程中注明(《商合伙法》第9条第2款第6项)。这样保障了合伙在很大程度上的"封闭性",这种"封闭性"是一些专家认为这

---

〔1〕 参见 Гражданский кодекс Российской Федерации: Постатейный комментарий к главам 1 – 5 / Отв. ред. Л. В. Санникова. С. 380(автор главы-Л. В. Кузнецова)。

〔2〕 关于合伙管理协议与股东协议相比的其他特征,参见 Шиткина И. С. Новеллы российского корпоративного законодатель- ства // Хозяйство и право. 2012. № 4。

种法律组织形式具有优越性的理由之一，也是其他人完全不接受这种组织形式的理由之一。

作为营利组织法律组织形式之一的商合伙的相关评价

D. I. 斯捷潘诺夫在评价商合伙时指出："这种形式对商业活动的重要之处在于：其首次在俄罗斯司法管辖范围内最大程度实现了社团法人法中的契约自由思想，即流转的参加人能够在商业伙伴之间设计任何协议，然后将这些协议'打包'成社团形式……"

"以商合伙形式开展业务或许可以弥补俄罗斯有限责任公司和股份公司普遍的'本质缺陷'（如监管过度、立法与商业需求联系不紧密、对已达成的协议的司法保护不足等）。"[1]。

E. A. 苏哈诺夫这样评价这种法律组织形式："商业活动不只是希望秘密地开展业务，还希望有权排除适用传统的比例原则，即参股份额或出资额与利益分配、利润分配、分担风险、责任负担成比例的原则。"[2] E. A. 苏哈诺夫在另一篇文章中强调："毫无疑问，考虑合伙管理协议的特点，这种法律组织形式整体上具有协议的严格保密性，并且'参加人'和第三人与合伙人签订协议时，可以拥有与其出资不成比例的各种特权，这将吸引一些为'洗白'非法所得收入

〔1〕 Http://www.epam.ru/rus/publications/view/hozyaistvennye-partnerstva-v-rossii.

〔2〕 Суханов Е. А. Интервью // Законодательство. 2012. № 1. С.6.

或从事违禁经营活动的'投资者'(例如,某些官员和政客)。"[1]

V. V. 多林斯卡娅指出,随着新的法律组织形式——商合伙的引入,《商合伙法》延续了法人特殊法律人格的路线。[2]

V. V. 维特良斯基认为,商合伙管理模式的法律化实际上意味着消除了合伙以民主原则为基础的内部管理方式。[3]

我们认为,商合伙这种法律组织形式的出现使企业经营者有了更多选择,是值得欢迎的,但同时应遵守法律并对他人权利建立相应的保护机制。

合伙参加人的法律地位

在研究商合伙的一些特征时,应将重点放在合伙参加人的法律地位上。《商合伙法》第4条规定,合伙的参加人可以是公民和/或法人,但联邦法律对其进行相关限制或禁止的人除外。与商公司不同,合伙不能仅由一个参加人成立,也不能因为其他参加人陆续离开而变为"一人公司"。合伙参加人的数量上限为50人。《商合伙法》第5条规定了合伙参加人的权利和义务,其几乎与有限责任公司股东的权利和义务完全相同,且合伙参加人的权利和义务可以被分为组织管理上的权利义务、财产上的权利义务以及优先权方面的权利义务。二者主要

---

〔1〕 Суханов Е. А. Хозяйственное партнерство или инвестиционная коммандита? (раз- мышления над законопроектами)// Развитие основных идей Гражданского кодек- са России в современном законодательстве и судебной практике: Сб. статей / Отв. ред. С. С. Алексеев. М., 2011. С. 185.

〔2〕 Долинская В. В. Хозяйственное партнерство в современной системе юридических лиц // Законы России: опыт, анализ, практика. 2015. № 7 (СПС «Гарант»).

〔3〕 Витрянский В. В. Система гражданско-правовых договоров в условиях реформирования гражданского законодательства // Вестник ВАС РФ. 2012. № 1. С. 48.

的区别在于合伙参加人的地位不同：合伙参加人应按照合伙联合资本的份额占比来管理合伙活动，但《商合伙法》和/或合伙管理协议另有规定的除外。也就是说，商合伙也可以适用参与权利与参股份额不成比例原则。

与有限责任公司参加人的权利类似，如果合伙管理协议（不可以为合伙章程，这与《有限责任公司法》第 26 条第 1 款的规定有所不同）规定了退出权，则参加人退出合伙便是合法的。与有限责任公司的股东一样，如果合伙协议中有相关规定，则合伙的参加人有权请求合伙企业、其他参加人或第三人购买其所持有的份额（《商合伙法》第 5 条第 1 款第 5 项）。法律还规定了将参加人自合伙中除名的可能情形：

(1) 如果某参加人违反其义务并给合伙的活动造成严重困难或使合伙活动无法进行，则可以通过司法程序将其除名（类似于非公众社团）；

(2) 如果某参加人不按其出资履行义务，则可以不经过司法程序，仅依其他参加人的一致决议将其除名。

合伙的联合资本

对于合伙联合资本的数额，法律未作出相关规定。可以用货币、其他物品、财产性权利或其他有货币价值的权利对联合资本进行出资。不可以用有价证券对联合资本出资，但商公司的债券除外。合伙管理协议规定了不能作为合伙联合资本出资的财产类型和其他民事权利的客体。作为合伙联合资本出资的财产和其他民事权利客体的货币价值，由合伙的全体参加人一致决议来确定，但合伙管理协议另有规定的除外（《商合伙法》第 10 条第 4 款）。

合伙的管理

如上所述,合伙的管理的法律调整具有很大的任意性。合伙管理机关的体系、结构和权限,活动的实施与终止程序,合伙决议的通过程序等,均由合伙管理协议予以规定。合伙机关的组建程序也由合伙管理协议规定,只有在《商合伙法》规定的情形下,合伙机关的组建程序才由合伙章程规定。

设置合伙的独任执行机关是《商合伙法》的强制性要求。独任执行机关是合伙的唯一意志机关,独任执行机关的活动根据《商合伙法》第 19 条规定的权限进行。独任执行机关为自然人(总经理、董事长等),在合伙参加人中选出,任期为整个合伙的活动期间。这一规定当然地缩小了合伙选择管理结构的可能性,因为合伙参加人中必须有一个为董事。也就是说,合伙不能像商公司和其他营利组织那样雇佣董事。

根据合伙管理协议,在商合伙中可以组建董事会、监事会、管理委员会、管理处、委员会、合伙主席团。因此,合伙管理协议的参加人应自行决定这些机关的组建,确定机关权限、组织和活动程序等内容,且不对第三人公开。

应当注意,尽管存在一定程度的任意性,但在合伙管理的问题上也存在一些限制性规范。例如,除修改合伙管理协议须经全体参加人一致同意外,《商合伙法》规定的其他情形也须经全体参加人一致决议,例如,修改合伙章程和接受新的参加人加入的情形。

作为企业经营活动法律组织形式的商合伙的特征

总的来看,商合伙作为一种经营活动法律组织形式,最重要的特征有：

(1)商合伙中不同参加人可以有不同的权利范围，参加人的义务也可以与其所持有的联合资本的份额不成比例；

(2)第三人有权参与对合伙的管理；

(3)合伙管理协议是规制合伙参加人权利和第三人权利的渊源；

(4)能够在合伙管理协议中自由约定管理机关的结构和权限；

(5)具有对知识产权法律调整的特殊性，例如，为参加人创立“保留”合伙参加人专有权的法律机制；

(6)商合伙对第三人有显著的“封闭性”，因为合伙管理协议本身和对其所作的任何修改都无须进行国家登记，合营管理协议中的信息和其中包含的规定亦不载入国家统一法人登记簿。

法律对此类法人规定的禁止也是商合伙的特征之一。例如，禁止发行债券和其他可发行的有价证券，禁止对合伙的活动进行广告宣传，禁止合伙成为除社会团体外其他法人的发起人(参加人)。

我们对俄罗斯法律制度中使用商合伙这一企业经营活动法律组织形式的前景的评价是：商合伙同最初的构想一样，似乎能够在投资领域得到最广泛的应用，如风险融资等领域。风险投资的投资者和债权人按投资回报期限投入自身的资金，并因此对商业活动产生一定影响，即参与了对事业的管理。

实际上，商合伙这种法律组织形式在俄罗斯的法律秩序中并没有得到广泛应用。原因之一是，这类社团的相关法律规制并不完善，例如，没有为商合伙这种法人的法律组织形式的适用建立应有的专用制度(例如，重大交易、关联交易、转让联合资本的法律制度等)，而且投资者们对使用这种形式的效果存有疑虑。

除此之外，由于商公司这一传统营利组织在专门社团性工具上的发展,例如,根据“准股东”协议(《俄罗斯联邦民法典》第67.2条第9款),公司股东为了第三人利益能够全部或部分放弃其社团权利,这使得股东可以使用原有的法律手段解决业务问题,而不使用商合伙这种新的、未经证实的手段。

2.5　农业合作社

根据《俄罗斯联邦民法典》第86.1条,如果在农业领域从事共同活动的公民,未曾根据农业合作社设立协议组建法人的(《俄罗斯联邦民法典》第23条),则该公民有权成立农业合作社法人。

> **以法人形式成立的农业合作社,是公民为了共同的生产活动或其他农业经济活动,基于其自身参与和农业合作社成员的财产贡献而成立的以成员制为基础的自愿联合组织。**

农业合作社对其财产拥有所有权。一个公民仅可成为一个以法人形式成立的农业合作社的成员。以法人形式成立的农业合作社成员对合作社的债务承担补充责任。

合作社的参加人具有对合作社出资并转让财产所有权的义务,这一点是成员制的特征,因此农业合作社应被视作一种社团。

E. A. 苏哈诺夫提出:“这种社团的特点是什么?它似乎‘不符合’传统的社团法律形式。”而后,他回答道:“农业合作社以成员的自身劳动参与其活动,法律(《俄罗斯联邦民法典》第86.1条第3款)规定一个公民仅能成为一个以法人形式成立的农业合作社的成员。此规定与无限公司的规定一致(《俄罗斯联邦民法典》第69条第2款、第82条第3款)。此外,农业合作社的全体成员以自有财产对债务承担无限补充责任(《俄罗斯联邦民法典》第86.1条第4款第2项)。在未对注册资本或联合资本有任何要求的情况下,农业合作社实际上变成了一种无限公司。"[1]

上述论点对我们来说是有说服力的，我们同样对将其划分为一种法人类型的合理性怀有疑虑，因为这种法人实际上是一个在农业生产领域开展活动的无限公司。

第三节 非营利社团的种类

非营利组织的概念

人类自古以来就互相联合，成立社会团体，成立其他为实现互利的组织或实现对全社会有益或广泛利他性的组织。在许多法律体制中，较为常见的是慈善基金会与其他由自愿捐助并为有需要的人提供无偿帮助的发起人出资成立的相应实体。这些组织还可以提供付费服务，开展其他营利活动。但是所获得的收入不在其发起人（成员）中分配，而是为其项目开展和基本活动提供资金。与企业经营（营利）组织相区别，这种结构被称为非营利组织。

> 非营利组织是不以营利为自身活动的主要目的，且不在其成员间分配所得利润的组织（《俄罗斯联邦民法典》第 50 条第 1 款）。

法律上非营利组织的成立和活动的目的可以是：实现社会、慈善、文化、教育、科学和管理目标，保护公民健康，发展体育文化和体育事业，满足公民的精神和其他非物质需求，保护公民和组织的合法权益，

[1] Суханов Е. А. Сравнительное корпоративное право. С. 141.

解决争议和冲突,提供法律援助,以及实现其他社会公益目标等(《非营利组织法》第 2 条第 2 款)。非营利组织活动的具体目标由发起人确定,并且应在组织的设立文件中予以注明。

俄罗斯的非营利组织的活动受国家监督。非营利组织应根据法律或其设立文件向国家统计机关和税务机关、发起人或他人提交其组织活动的有关信息。

认定非营利组织为法人

为参与民事法律关系,非营利组织应当取得法人地位。

自成立信息登记在国家统一法人登记簿上之时起,非营利组织成为法人,并取得权利能力与行为能力(《俄罗斯联邦民法典》第 49 条、第 50 条)。对非营利组织进行国家登记的决议由俄罗斯联邦司法部作出。[1]

如果某一组织是以法定的非营利组织的法律组织形式成立的,则

〔1〕 参见 2011 年 12 月 30 日俄罗斯司法部第 455 号决定《关于俄罗斯联邦司法部通过非营利组织国家登记决议国家服务的行政条例的批准》(См.:Приказ Минюста России от 30 декабря 2011 г. № 455 «Об утверждении Админи- стративного регламента предоставления Министерством юстиции Российской Федерации государственной услуги по принятию решения о государственной регистрации некоммерческих организаций»);2011 年 12 月 30 日俄罗斯司法部第 456 号决定《关于俄罗斯联邦司法部行使国家职能批准行政条例,其职能即监督非营利组织的活动是否符合法定的目标和任务,监督国际组织的分支机构和代表处、具有特定目标和任务的外国非营利非政府组织,以及监督他们是否遵守俄罗斯联邦的法律》(Приказ Минюста России от 30 декабря 2011 г. № 456 « Об утверждении Административного регламента исполнения Министерством юстиции Российской Федерации государственной функции по осуществлению контроля за соответствием деятельности некоммерческих организаций уставным целям и задачам, филиалов и представительств международных организаций, иностранных некоммерческих неправительственных организаций заявленным целям и задачам, а также за соблюдением ими законодательства Российской Федерации»)。

可以被认定为法人。此类法律组织形式的清单由法律确定且为列举式的(《俄罗斯联邦民法典》第50条第3款)。

非营利法人的法律形式可以分为社团性非营利法人和单一制非营利法人(《俄罗斯联邦民法典》第65条第1款、第123.1条至第123.16－2条)。

非营利社团的法律形式

作为非营利组织的社团的法律形式有(《俄罗斯联邦民法典》第65.1条第1款第1项):

(1)**消费合作社**(《俄罗斯联邦民法典》第123.2条、第123.3条)。[1] 其中包括:住宅合作社、住宅建筑合作社(《俄罗斯联邦住房法典》第110～134条)、车库合作社、农业消费合作社(《农业合作社法》第4条)、园艺消费合作社、[2]信用消费合作社(《信贷合作社法》、《农业合作社法》第4条第8款)、相互保险公司(《俄罗斯联邦民法典》第968条、《相互保险法》)、租赁基金(《园艺、菜园和避暑地公民非营利团体法》)。

---

〔1〕 参见1988年5月26日颁布的第8998－Ⅺ号《关于苏联社团法人》苏联法(以下简称“苏联社团法人法”;Закон СССР от 26 мая 1988 г. № 8998 – Ⅺ «О кооперации в СССР»)。本法不适用于俄罗斯联邦境内的消费合作社团、农业社团、规范生产和服务领域的社团法人活动、规范园艺合作社和花园合作社活动,参见1992年6月19日俄罗斯联邦最高委员会第3086－Ⅰ决定(Постановление Верховного Совета РФ от 19 июня 1992 г. № 3086 – Ⅰ);1995年12月8日第193号联邦法(федеральные законы от 8 декабря 1995 г. № 193 – ФЗ);1996年5月8日第41号联邦法(от 8 мая 1996 г. № 41 – ФЗ);1998年5月8日第66号联邦法(от 15 апреля 1998 г. № 66 – ФЗ)。《非营利组织法》不适用于消费合作社,参见《非营利组织法》第2条第3款(п. 3 ст. 2 Закона о неком- мерческих организациях)。

〔2〕 参见《园艺、菜园和避暑地公民非营利团体法》第4条第2款(п. 2 ст. 4 Закона о садоводческих, огороднических и дачных некоммерческих объединениях граждан)。本法自2019年1月1日起失效。为了从事园艺,公民将需要成立园艺或花园合作社。

(2)**房地产业主委员会**(《俄罗斯联邦民法典》第123.12～123.14条),其中包括:业主委员会(《俄罗斯联邦民法典》第123.12～123.14条、《俄罗斯联邦住房法典》第135～152条)、[1]非营利园艺社。[2]

(3)**社会团体**(《俄罗斯联邦民法典》第123.8～123.11条),其中包括:非营利合伙(《非营利组织法》第8条)、行业自律组织(《行业自律组织法》等)、雇主联合组织(《雇主联合组织法》)、工会联合组织(《工会法》)、合作社(《苏维埃社会主义共和国联盟合作社法》第16条、《信贷合作社法》第33条)、社会组织(《社会联合组织法》第13条)、工商会(《俄罗斯联邦境内工商会法》)、公证员协会(《俄罗斯联邦公证立法纲要》第24～32条)。

(4)**公证员协会**(《俄罗斯联邦民法典》第65.1条第1款、《俄罗斯联邦公证立法纲要》第24～28条)。

(5)**律师协会**(《俄罗斯联邦民法典》第123.16－1条、《律师活动及律师职业法》第29条)。

(6)**作为法人的律师机构,即律师公会和法律顾问处**(《俄罗斯联邦民法典》第123.16－2条、《律师活动及律师制度法》第22～24条)。

(7)**社会组织**(《俄罗斯联邦民法典》第123.4～123.7条、《非营利组织法》第6条、《社会联合组织法》第8条),其中包括:政党(《政党法》)、工会或工会性组织(《工会法》)、公众文艺活动机关(《社会

---

[1] 《非营利性组织法》不适用于业主委员会,参见《非营利组织法》第2条第3款(п. 3 ст. 2 Закона о некоммерческих организациях)。

[2] 参见《园艺、菜园和避暑地公民非营利团体法》第4条第2款(п. 2 ст. 4 Закона о садоводческих, огороднических и дачных некоммерческих объединениях граждан);2017年7月29日第217号联邦法《关于公民为满足自身需要从事园艺活动和修改部分俄罗斯联邦法律文件》(ст. 4 Федерального закона от 29 июля 2017 г. № 217 – ФЗ «О ведении гражданами садоводства и огородничества для собственных нужд и о внесении изменений в отдельные законодательные акты Российской Федерации»)。

联合组织法》第12条）、地方社会自治组织（《地方自治组织共同原则法》）。

（8）**社会运动组织**（《俄罗斯联邦民法典》第123.7－1条、《非营利组织法》第6条、《社会联合组织法》第9条）。

（9）**载入俄罗斯联邦哥萨克协会国家登记簿的哥萨克协会**（《俄罗斯联邦民法典》第123.15条、《非营利组织法》第6.2条、《俄罗斯哥萨克公务法》）。

（10）**俄罗斯少数民族公社**（《俄罗斯联邦民法典》第123.16条、《非营利组织法》第6.1条、《公社组织共同原则法》）。

单一制非营利组织的法律形式

非营利组织可以使用下列**单一制法人形式**成立（《俄罗斯联邦民法典》第65.1条第1款第2项）：

（1）**基金会**（《俄罗斯联邦民法典》第123.17～123.20条、《非营利组织》第7条、《社会联合组织法》第11条），其中包括：社会基金会（《社会联合组织法》第10条）、慈善基金会（《慈善活动法》第7条）、继承基金会（《俄罗斯联邦民法典》第123.20－1～123.20－3条[1]）。

（2）**机构**（《俄罗斯联邦民法典》第123.21～123.23条、第296条、第298条），其中包括：国家（市政）机构（《俄罗斯联邦民法典》第123.21～123.23条、第296条、第298条，《俄罗斯联邦预算法典》第6条、第161条，《自治机构法》，《非营利组织法》第9.1条、第9.2

[1] 自2018年9月1日起生效。

条[1]);国立科学院(1996 年 8 月 23 日第 127 号联邦法《关于科学和国家科学技术政策》、2013 年 9 月 27 日第 253 号联邦法《关于俄罗斯科学院、改组国立科学院以及修改俄罗斯联邦部分法律文件》);私人机构(《俄罗斯联邦民法典》第 123.23 条、第 296 条、第 298 条,《非营利组织法》第 9 条);社会机构(《社会联合组织法》第 11 条)。

(3)**非营利自治组织**(《俄罗斯联邦民法典》第 123.24 条、第 123.25 条,《非营利组织法》第 10 条)。

(4)**宗教团体**(《俄罗斯联邦民法典》第 123.26 ~ 123.28 条、《非营利组织法》第 6 条、《信仰自由和宗教团体法》)。

(5)**公法公司**(2016 年 7 月 3 日第 236 号联邦法《关于俄罗斯联邦公法公司和修改部分俄罗斯联邦法律文件》)。

(6)**国有社团**(《非营利组织法》第 7.1 条[2])。

---

〔1〕 参见《俄罗斯联邦民法典》第 49 条第 4 款(п. 4 ст. 49 ГК РФ);俄罗斯联邦最高法院于 2015 年 6 月 23 日作出的第 25 号全体会议决议第 21 条(ст. 21 Постановления Пленума Верховного Суда РФ от 23 июня 2015 г. № 25)。《非营利组织法》不适用于国家权力机关、其他国家权力机关、国家预算外基金管理机关、地方(政府)自治机关、自治机构、公法公司,但联邦法律另有规定的除外。

〔2〕 参见《非营利组织法》第 7.1 条(ст. 7.1 Закона о некоммерческих организациях);《个人存款保险法》(Закон о страховании вкладов физических лиц; Закон о банке развития);2007 年 11 月 23 日第 270 号联邦法《关于共同开发、生产和出口高科技产品的国有社团——俄罗斯国家技术集团(Rostec)》(Федеральный закон от 23 ноября 2007 г. № 270 – ФЗ «О Государственной корпорации по содействию разработке, производству и экспорту высокотехнологичной промышленной продукции «Ростех»»);2007 年 12 月 1 日第 317 号联邦法《俄罗斯国家原子能公司法》(Федеральный закон от 1 декабря 2007 г. № 317 – ФЗ «О Государственной корпорации по атомной энергии «Росатом»»);1993 年 8 月 20 日第 5663 – Ⅰ号联邦法《关于太空活动》(Закон РФ от 20 августа 1993 г. № 5663 – Ⅰ «О космической деятельности»);2016 年 5 月 17 日俄罗斯联邦政府第 430 号决定《关于批准国家航天社团(Roskosmos)条例》(постановление Правительства РФ от 17 мая 2016 г. № 430 «Об утверждении Регламента Государственной корпорации по космической деятельности «Роскосмос»»)。

还有几种未被列入《俄罗斯联邦民法典》的非营利组织，它们由特别法调整。其中非营利社团包括**住房储蓄合作社**等(《住房储蓄合作社法》)，单一制非营利组织包括**国有公司**等(《非营利组织法》第7.2条、《俄罗斯国家公路公司(Rosavtodor)法》)。对于《俄罗斯联邦民法典》而言，规定某些法律组织形式、种类和类型的法人民事法律地位的联邦法，以及规定为实施特定领域活动而成立的法人民事法律地位的联邦法属于特别法。[1]

社会导向型组织

社会导向型组织是一种以法定形式(国有社团、国有公司和政党除外)成立的非营利组织，组织的成立旨在解决社会问题、发展俄罗斯公民的社会活动和其他法定活动。这些组织既可以得到资金、财产、信息、咨询和其他支持，又可以得到税收优惠，还可以得到其他来自国家权力机关方面或者地方(政府)自治机关方面的特惠。

作为外国代理人的非营利组织的地位

具有某些法定特征的非营利组织被认为具有**外国代理人**的地位(《非营利组织法》第2条第6款)。此类组织必须向授权机关提交文件，文件中应载明其活动情况、理事机构的成员构成、资金支出、其他财产的使用情况和审计报告。

---

〔1〕 参见《俄罗斯联邦民法典》第49条第4款(п. 4 ст. 49 ГК РФ)；俄罗斯联邦最高法院于2015年6月23日作出的第25号全体会议决议第21条(ст. 21 Постановления Пленума Верховного Суда РФ от 23 июня 2015 г. № 25)。

非营利组织的发起人

非营利组织发起人、参加人(成员)的法律地位具有一些特征。

发起人,是指单独(或者与他人一起,如果法律不禁止)决定设立非营利组织,批准组织章程,将部分财产转让给该组织,组建组织机构以及实施其他组织成立活动的人。

两个或两个以上的发起人可以订立关于设立非营利组织的协议。社会团体和非营利合伙的发起人可以签订发起人协议(《非营利组织法》第14条)。其他类型社团的发起人可以签订共同设立法人的协议,在由两人或两人以上设立的股份公司中也存在相同的法律规定(《俄罗斯联邦民法典》第98条第1款)。

非营利组织的发起人可以是公民、法人和其他法律主体。非营利社团发起人的组成和数量可以由法律加以限制。例如,一个由已生效法院判决确定其行为含有极端主义活动特征的人,不能成为非营利社团的发起人。[1]

非营利组织参加人(成员)的权利和义务

社团的特征之一是:社团中不只有发起人,还有参加人(成员)。

---

[1] 参见《非营利组织法》第15条;2001年8月7日第115号联邦法《关于打击犯罪所得资金合法化(洗钱)和资助恐怖主义》(ст. 15 Закона о некоммерческих организациях; Федеральный закон от 7 августа 2001 г. № 115 – ФЗ «О противодействии легализации (отмыванию) денежных средств, полученных преступным путем, и финансированию терроризма»);2002年7月25日第114号联邦法《关于打击极端主义活动》第10条(ст. 10 Федерального закона от 25 июля 2002 г. № 114 – ФЗ «О противодействии экстремистской деятельности»)等。

对于大多数非营利组织而言，**参加人**和**成员**这两个术语在含义上是完全相同的。

➲ **社团发起人在非营利社团进行国家登记成为法人之后，成为社团的参加人（成员）。**

非营利社团参加人（成员）的组成和数量可能受到限制。例如，住宅合作社的成员不能少于5个。住宅合作社成员的总数不能超过合作社已建成（所取得）的公寓楼的住宅数量等（《俄罗斯联邦住房法典》第112条第1款）。

非营利社团的参加人（成员）拥有一些（**社团性的**）**权利和义务**（《俄罗斯联邦民法典》第65.2条）。这些权利和义务由规定各种形式（种类、类型）的非营利组织地位相关的各部法律进行调整。

非营利社团的参加人（成员）有权组建社团最高机关，有权参与社团事务管理（《俄罗斯联邦民法典》第65.1条第1款、第65.2条、第65.3条）。

因此，他们通常应当支付股金，并对社团财产进行额外出资。社团对参加人（成员）所缴纳的股金享有所有权。社团的财产，包括由参加人（成员）的股金形成的财产，应当用于社团设立文件所规定的目的，例如，维持社团法人活动（向以劳动合同工作的雇员支付工资、支付必要支出等）。社团的参加人（成员）根据法律和社团设立文件所规定的条件和程序对社团的债务承担补充责任。例如，消费合作社的各成员就任一位合作社成员未支付额外股金来共同对社团债务承担补充责任（《俄罗斯联邦民法典》第123.3条第2款）。

对于不履行义务和有其他违规行为的非营利组织参加人（成员），可以将其从社团中**除名**。除名参加人的理由和程序由相关法律和社团设立文件予以规定，且相应规定可以根据行为种类的不同而有所区别。

例如,社会联合组织成员可能因不遵守联合组织章程规定的要求而被除名。

不同社会联合组织的参加人和成员的地位有所不同。

参加人无须形式上的参加,也可以表示对社团单独联合活动目的的支持。社会联合组织成员通过提交加入联合组织的申请而取得成员资格,有权选举和被选举为联合组织的机关成员,有权监督这些机关的活动等(《社会联合组织法》第6条)。社会运动组织只有参加人,没有成员(《俄罗斯联邦民法典》第123.7-1条)。

一些单一制非营利组织发起人的法律地位与非营利社团参加人(成员)的地位相类似。例如,非营利自治组织(AHO*)没有成员(《非营利组织法》第7条第1款、第10条第1款),但是其发起人的权利和义务与社团参加人的权利和义务相类似,例如,有权组建最高机关(《俄罗斯联邦民法典》第123.25条第1款、第2款),参与组织财产的形成。参加人可以退出非营利自治组织(《俄罗斯联邦民法典》第123.24条第6款)。后续加入的发起人或者唯一的发起人可以在将其自身权利转移给他人的情况下退出非营利自治组织。例如,单一制非营利组织中有"最初的"和"新加入的"发起人,他们获得了与非营利社团参加人权利和义务相类似的权利和义务,即一种"参与权(成员资格)"。与社团的参加人类似,单一制非营利组织的发起人可以组建并加入最高合议制机关。最高合议制机关不是全体发起人大会,机关成员经常含有组织外的其他人。例如,基金受托管理委员会的成员通常有公众人物、成功的企业家,以及为基金会提供组织和经济支持的其他

* 此处非为英文字母,系俄语"автономная некоммерческая организация"的缩写。——译者注

知名人物。法律不允许多人共同创建机构(《俄罗斯联邦民法典》第123.21条第2款第2项)。

非营利组织的设立文件

具体非营利组织民事法律地位的特征由其设立文件规定。

由发起人批准的章程为大多数非营利组织的设立文件。

部分社团(如社会团体、非营利合伙)的发起人,除有权批准其章程外,还有权签订**发起人协议**。

非营利组织设立文件的内容由规定此类非营利组织法人活动和组建程序的法律予以确定。至于非营利组织设立文件,有关其内容的一般要求由法律予以规定(《俄罗斯联邦民法典》第52条、《非营利组织法》第14条等)。由发起人批准的章程和已缔结的发起人协议须提交给进行非营利组织国家登记的授权机关。

非营利组织的名称

非营利组织的名称必须包含其法律组织形式、活动性质以及其他符合法律要求的字样。

社会团体的名称可以指明其活动的所在地区(地方、区域、联邦)。在俄罗斯全国性社会联合组织、全俄(包括行业性和跨行业性)雇主联合会和一些非营利组织的名称中,使用“俄罗斯联邦”(“俄罗斯”)和与“俄罗斯联邦”(“俄罗斯”)有关的其他字样可以不经过许可(《俄罗斯联邦民法典》第54条第1款、《非营利组织法》第4条第4~7款)。其他非营利组织在组织名称中使用“俄罗斯联邦”(“俄罗斯”)和与“俄罗斯联邦”(“俄罗斯”)有关的其他字样应当得到许可。[1]

与营利社团的社团名称不同,《俄罗斯联邦民法典》没有给非营利组织的名称以法律保护,不承认其个性化手段(《俄罗斯联邦民法典》第54条,第1225条第1款第13目、第2款,第1473条,第1474条)。司法实践并未将《俄罗斯联邦民法典》第1473条第4款规定的禁止扩大到非营利组织的名称上。[2]

非营利组织的名称似乎需要类推适用《俄罗斯联邦民法典》第1473条、第1474条的规定(《俄罗斯联邦民法典》第6条)。一个按规定方式注册名称的非营利组织对其名称拥有专用权(《非营利组织法》第4条第1.1款)。

非营利组织的名称载入国家统一法人登记簿(《俄罗斯联邦民法典》第54条)。

非营利组织的所在地

非营利组织的所在地由进行国家登记的地点决定,并需要在设立文件中注明(《非营利组织法》第4条第2款、第3款)。

应当在国家统一法人登记簿中写明非营利组织所在地的具体地址

---

〔1〕 参见2010年2月3日俄罗斯联邦政府第52号决定《关于批准在法人公司名称中使用"俄罗斯联邦"或"俄罗斯"以及与该词有关的词语的规则》(Постановление Правительства РФ от 3 февраля 2010 г. № 52 «Об утверждении Правил включения в фирменное наименование юридического лица официального наименования «Российская Федерация» или «Россия», а также слов, производных от этого наименования»)。

〔2〕 参见《俄联邦最高法院全体会议第5号决定》第58.2条;2009年3月26日俄罗斯联邦最高仲裁法院第29次全体会议《关于俄罗斯联邦民法典第四部分实施中出现的若干问题》(ст. 58.2 постановления Пленума Верховного Суда РФ № 5, Пленума ВАС РФ № 29 от 26 марта 2009 г. «О некоторых вопросах, возникших в связи с введением в действие части четвертой Гражданского кодекса Российской Федерации»)。

(《俄罗斯联邦民法典》第 54 条第 3 款)。

非营利组织的权利能力

民事权利能力的存在使非营利组织能够享有民事权利,履行民事义务。

自非营利组织取得法人资格之时起,便产生非营利组织的权利能力,即享有民事权利,履行民事义务(《俄罗斯联邦民法典》第 48 ~ 50 条)。

具体非营利组织的权利能力是指该组织能够依法拥有某些权利和义务。具体非营利组织权利能力的范围和内容取决于其法律形式、种类、活动范围等。

非营利组织能够拥有组织财产的所有权,对智力成果和个性化手段的专有权,以及其他强制性的、社团性的权利和义务。

非营利组织**能够实施一些营利组织不被允许进行的法律行为**。例如,非营利组织可以接受捐赠(《俄罗斯联邦民法典》第 582 条第 1 款),可以收取固定年金等(《俄罗斯联邦民法典》第 589 条第 1 款)。

对于非营利组织,法律规定了一系列涉及拥有某些民事权利和义务的可能性的**要求、限制和禁止**,其中包括与一些涉及被限制交易的主体(《俄罗斯联邦民法典》第 129 条),实施某种行为的主体,以及开展某种活动的主体的要求、限制和禁止。

所有非营利社团均可以**拥有组织财产的所有权**(《俄罗斯联邦民法典》第 123.1 条第 4 款、第 123.4 条第 2 款、第 123.8 条第 3 款、第 123.13 条第 1 款等)。

作为单一制非营利组织的国家(市政)机构和私立机构对其财产**拥有业务管理权**(《俄罗斯联邦民法典》第 296 条)。

非营利组织的**财产**形成来源为发起人(参加人)的股金、受许可活动所得的收入以及法律未禁止的其他来源。

非营利组织能够享有符合设立文件所定**活动目标**的民事权利并承担与该权利有关的义务(《俄罗斯联邦民法典》第49条)。

非营利组织的权利,特别是在占有、使用和处分其财产方面的权利可能会受到法律的限制。例如,社会联合组织仅在为了达成章程规定的目的时,才能够使用组织的财产(《俄罗斯联邦民法典》第213条第4款)。[1]

这些限制可能会涉及**社团权利和义务**。例如,非营利组织不能成为无限公司和两合公司中的无限责任股东(《俄罗斯联邦民法典》第66条第5款)。如果非营利组织是以社会联合组织形式设立的,则此非营利组织可以成为社会联合组织的成员(《社会联合组织法》第6条)。

法律不允许非营利组织拥有某些债权。例如,不允许非营利组织成为商业代理人(《俄罗斯联邦民法典》第184条)、财务代理人(《俄罗斯联邦民法典》第825条),通过公共交通工具进行运输(《俄罗斯联邦民法典》第789条),组织招标[2]等。

在从事已受许可活动的过程中,非营利组织应当遵守相关要求。例如,与非营利组织获得从事某类活动所必需的许可证(成为行业自律组织成员的许可,行业自律组织给出的可从事某类工作的许可证)

---

[1] Козлова Н. В. Абстрактное и конкретное понимание субъекта, правоспособности и гражданского правоотношения / Гражданское право: современные проблемы науки, законодательства, практики: Сб. статей к юбилею доктора юридических наук, профессора Евгения Алексеевича Суханова. М., 2018; Она же. Проблема ограничения и расширения гражданской правоспособности юридического лица по законодательству Российской Федерации // Предпринимательское право. 2018. № 2(приложение).

[2] 参见2011年11月21日第325号联邦法《关于组织招标》第5条第1款(п. 1 ст. 5 Федерального закона от 21 ноября 2011 г. № 325 – ФЗ «Об организованных торгах»)。

有关的要求(《俄罗斯联邦民法典》第 49 条第 1 款)。

非营利组织的营利活动

法律允许多种非营利组织依法从事可产生收入的活动。体育部门、音乐俱乐部、外语培训课程可以在有偿的基础上为所有人提供服务。

非营利组织只能在实现其设立目的时且在符合设立目的的范围内从事经营活动和其他营利活动(《俄罗斯联邦民法典》第 54 条第 4 款、《非营利组织法》第 24 条第 2 款)。

依其章程可以开展营利活动的非营利组织,应当拥有足够的财产来开展该营利活动。这一要求不仅仅适用于国库机构和私立机构。组织财产的市场价值应当不少于为有限责任公司设定的注册资本的最低数额(《俄罗斯联邦民法典》第 50 条第 2 款、第 66.2 条第 1 款)。

非营利组织所得的收入不在其发起人(参加人、成员)中分配,而应当用于该组织设立文件中所规定的目的。但这并不意味着排除组织的发起人(参加人、成员)从组织活动中获得物质利益的可能性。例如,社会团体的每个成员都有权与其他参加人平等地、无偿地享受社会团体的服务,但法律另有规定的除外(《俄罗斯联邦民法典》第 123.11 条第 1 款)。非营利合伙的参加人在退出非营利合伙时,可以在其转让给合伙的财产价值范围内取得合伙的一部分财产(实物或价值)(《非营利组织法》第 8 条第 3 款)。

根据俄罗斯联邦最高法院解释,开展营利活动的非营利组织适用开展经营活动的主体的相关法律规定。[1]

非营利组织的行为能力与该能力的实现

非营利组织通过法律、其他法规和设立文件确定的机关,或者通过其他人(包括发起人、参加人、工作人员)取得民事权利并承担民事义务(《俄罗斯联邦民法典》第52条、第182条)。非营利组织的结构、权限、机关的任期和组建程序,决议的通过程序,以及以组织名义进行交易的程序和其他特点,由设立文件依法确定。最主要的是应当遵守规制此类非营利组织法律地位的法律。

非营利社团的**最高合议制机关**为全体成员大会。如果非营利社团的参加人超过100人,则最高机关可以是大会、会议以及社团章程依法确立的其他代表(合议制)机关。

在非营利社团中,通常会设置一个常设合议制执行机关(理事会、管理委员会、主席团等),同时也可以组建监督机构(监察委员会等)。

非营利社团中存在**独任执行机关**(领导、代表、主席等)。以非营利社团名义进行活动的权利可以属于共同或单独活动的数人。与此相关的信息应载入国家统一法人登记簿(《俄罗斯联邦民法典》第53条第1款第3项)。

非营利组织独任(合议)管理机关只可以由组织的(一个或多个)发起人担任。例如,法律直接规定宗教团体的独任(合议)管理机关仅可由团体的(一个或多个)发起人担任(《俄罗斯联邦民法典》第123.27条第3款)。

---

[1] 参见俄罗斯联邦最高法院于2015年6月23日作出的第25号全体会议决议第21条(ст. 21 Постановления Пленума Верховного Суда РФ от 23 июня 2015 г. № 25)。

非营利组织的财产责任

非营利组织如果违反义务或为组织的财产造成损失,则应承担财产责任,但法律另有规定的除外。

最常见的例外与单一制非营利组织有关。例如,宗教团体债权人不得对宗教团体用作祝祷用途的财产行使请求权(《俄罗斯联邦民法典》第123.28条第2款)。私立机构仅以其可支配的资金对债务承担责任,在机构资金不足的情况下,其财产的所有权人对该机构的债务承担补充责任(《俄罗斯联邦民法典》第123.23条第2款)。

除非法律另有规定,非营利组织不对发起人(参加人)的债务承担责任。

非营利组织的改组

非营利组织改组和清算的程序,以及破产的认定由法律予以规定(《俄罗斯联邦民法典》第57~65条、《非营利组织法》第16~21条等)。例如,社会组织和俄罗斯联邦少数民族公社可以改组为社会团体和非营利自治组织(《非营利组织法》第123.4条、第123.116条第3款)。社会组织也可以改组为基金会(《俄罗斯联邦民法典》第123.4条)。

根据《俄罗斯联邦民法典》第60.2条,如果出现下列情况,法院可以根据对社团改组决议投反对票或未参与该问题投票的社团参加人的要求,认定社团的改组失败:

(1)改组决议未经改组社团参加人通过;

(2)在通过改组而形成的法人进行国家登记时,提交的文件中含有关于改组的不真实数据。

《俄罗斯联邦民法典》第60.2条没有规定法院判决认定改组失败

的法律后果。

非营利组织的清算

非营利组织可以根据其发起人(参加人)的决议或者通过设立文件授权的机关进行清算。例如,非营利组织可以在设立时所确定的期限届满时或创建时规定的目的达成时进行清算(《俄罗斯联邦民法典》第 61 条第 2 款)。

在法定条件下,非营利组织可以**根据法院判决进行清算**(《俄罗斯联邦民法典》第 61 条第 3 款)。例如,如果社会组织、社会运动组织、慈善基金会和其他基金会、宗教团体经常从事与其章程规定的宗旨相反的活动,则该组织应根据法院作出的判决进行清算(《俄罗斯联邦民法典》第 61 条第 3 款第 4 项)。这实质上指的是非营利组织实施非法行为的法律责任。这种责任据其性质属于一种行政责任。

法律可以对各种具体的非营利组织清算的理由和程序作出特殊规定。例如,如果在年度会计报表批准后三个月内,合作社成员未以向合作社财产提供额外资金的方式对合作社的亏损进行弥补,则消费合作社可以根据债权人的请求通过司法程序对合作社进行清算(《俄罗斯联邦民法典》第 123.3 条)。

非营利组织清算的特点是,满足债权人请求之后的剩余财产,用于组织设立文件中所规定的目的,但法律另有规定的除外。例如,在俄罗斯联邦少数民族公社根据法定程序进行清算时,公社成员有权获得公社部分财产或与该部分财产同等价值的补偿(《俄罗斯联邦民法典》第 123.16 条第 2 款)。

(第三章终)

第四章

社团的联合

术语表

子公司——能够由母公司(另一商公司或商合营)，基于在该公司注册资本中的多数参股，或基于双方签订的协议，又或者以其他方式控制其公司决策的商公司。

普通合伙协议*(共同经营协议)——由两个或两个以上合伙人签署的协议，各合伙人为了取得利润或完成其他目标，在不建立法人实体的情况下，共同出资，共同经营。

投资合伙——其参加人以营利为目的，基于共同出资，在不建立法人实体的情况下开展共同投资活动的一种普通合伙。

社团的联合——企业经营联合的一种，即经济上有相互联系的、共同开展企业经营活动的法人的联合。

母子公司关系的根据——使母公司(合营)能够决定其子公司决策的法律事实和实际情形。

持股关系建立基础——决定一个法人对其他法人具有经济控制权(能够控制其决策)的法律依据和实际情形。

母公司(合营)——基于其在某公司注册资本中的多数参股，或双方之间签订的协议等依据，能够对其他公司的决策施加控制的商公司(合营)。

企业的联合——共同开展企业经营活动，经济上相互联系的主体

---

* 此处原文为“договор простого товарищества”，虽然本书中将“товарищество”译作“合营”，将“партнерство”译作“合伙”。但是鉴于俄罗斯民法中关于“合伙”及“合营”的术语表述本身便存在混乱、冲突的状况，考虑词义本身，译者决定尊重前人的翻译方法[参见《俄罗斯联邦民法典》(全译本)，黄道秀译，北京大学出版社 2007 年版，第 357～360 页]，将“договор простого товарищества”译作“普通合伙协议”或“普通合伙合同”。相应地，本章第三节中，使用了“普通合伙”的表述，亦出于此原因。——译者注

间(指法人和个体工商户)的不具有法人地位的联合。

普通合伙——一种不具有法人地位的社团的联合。这种联合为基于合伙人所形成的财产基础的组织上的统一。

控股*——社团的联合的形式之一,是多个组织(成员)组成的集团。集团成立的基础是经济控制。集团成员在保持形式上的法律独立的同时,在其企业经营活动中"服从"另一个集团成员,即控股公司(母公司)。

控股公司——依其在注册资本中占有的多数股份、依合同或依其他情形,直接或间接地对于其他公司股东决议的通过产生决定性影响的控股母公司。

经济控制——在母子公司关系中或在其他形式的经济从属关系中,法人或者自然人有决定其他企业活动主体决策的能力。

---

* 原文作者的用词为"холдинг",对应英文中的"holding",该词直译为抽象意义上的"控股"或具象意义上的"控股组织""控股关系"。需要指出,在俄语文本中,学界往往将该词作为括号内说明同义词与"группа компаний"一词使用。后者可直译为"公司群""公司集团"。但在译者看来,后者应更确切地对应译为"企业集团"。本书中的"控股"多可作"企业集团"之理解。但原文中"控股"一词并非仅强调具象的组织形式意义,亦多用来形容抽象的"控股"关系,又因原作者并未将上述二词于原文中并列使用,故统一采用"控股"之表述。特此说明,以免误读。——译者注

第一节 社团的联合的概念和分类

为厘清“集团制”“合作制”,以及组织间的“经济从属”等各种形式,需要引入“联合”(объединение)*这一学理概念。而为了进一步将上述联合形式与其他集体性作实体区分,可将前者命名为“企业的联合”,因为此类联合的活动以系统性地获取利润为目的。

企业的联合不具有法人地位,是指开展经营活动的、经济上相互关联的多个主体(法人与个体工商户)的总和。

社团的联合是一类企业的联合,是指协同开展经营活动的经济上相互关联的多个法人的总和。

社团的联合与企业的联合仅在主体构成上有所不同:如果说构成企业联合的既可以是法人,也可以是个体工商户,那么社团的联合仅能由法人构成。

与社团不同,社团的联合不是法人,其仅为若干法人的一种集团一体化形式。

正如本书第一章在确定社团法人法的界限时所描述的,社团法人法的对象包括社团联合的建立及其相应的活动。E. A. 苏哈诺夫也支持这种观点,他写道:“某些特定的经济过程引发了一些趋势:形式上仍独立的各种社团之经营活动的相互协调与配合的趋势,社团间相互

* 关于企业活动中联合的概念和法律性质,参见 ШиткинаИ. С. Предпринимательскиеобъединения. М. ,2001。该词有“联合”“统一”“同盟”“联合企业”等义项。——译者注

参加各自资本形成与活动的趋势,以及它们基于此创立各种(有权利主体属性或不具备该属性的)社团的联合与团体的趋势。因此,此处讨论的是作为社团法人法研究对象的各种'外部'社团关系的特殊形式。"[1]依据西欧的经验,这位学者强调,社团法人法的范围不应局限于传统的社团内部关系,应适当关注对社团联合的内部相互关系的调整。[2]

社团联合的建立既可以基于合同自愿原则,也可基于一个参加人对其他参加人的经济控制。

从社团联合的法律形式来看,根据普通合伙协议可以将社团的联合分为控股和企业经营者的联合。

控股是一种基于经济控制关系的社团联合。依普通合伙协议建立起来的社团联合,是基于合同自愿而形成的整合形式。

第二节 控股

商业组织控股模式的优点

俄罗斯目前最普遍的社团联合形式为控股。控股作为一种一体化整合手段,既是一些自然垄断、战略部门、大型企业的特征,也是中型企业,甚至小企业的特征。这些中小企业一般不是指那些独立经营实体,而是指基于"参加机制"和商公司集团的经济控制而建立起来

[1] Суханов Е. А. Сравнительное корпоративное право. М. ,2014. С. 237.
[2] Суханов Е. А. Сравнительное корпоративное право. М. ,2014. С. 286 - 287.

的实体。

银行集团和银行控股公司这两种形式得到了广泛应用，并以立法的形式固定下来，且受银行相关法规的调整（《银行及银行活动法》第4条）。

控股是一种企业活动组织的高效形式。因为控股能使形式上独立的小型组织的灵活性和机动性与大型社团的活动有机结合。在这种情况下，控股的完整性由其参加人对控股的管理予以保证。同时，依据世界法律实务中著名的"集中控制的分散操作"模式，来从整体上确保联合的生命力与协同性。

作为控股特征的经济控制

控股是基于经济控制关系的一种纵向型联合形式，其在市场关系中应用最广泛。

一个参加人对其他参加人的经济控制是控股联合的基本标志，也是其组织中的关键要素。

延续M.I.库拉金的观点，我们将对组织的经济控制理解为对其进行支配的同义词组，即一种对该组织的决策施加决定性影响的权力。[1] 应当强调的是，此处所指的不是管理上的影响，而是指一个商业实体基于财产关系对其他商业实体施加的经济影响。这一特点便是作为一种市场性企业联合的控股与在苏联计划经济时期具有广泛代表性的基于行政从属关系的生产、科研生产的联合之间的最根本区别。

值得注意的是"经济控制"这一概念与"社团控制"概念之间的关

---

〔1〕 参见 Кулагин М. И. Государственно-монополистический капитализм и юридическое лицо. М.，1987. С.144。

系。虽然在俄罗斯立法中这两个术语均没有法律定义，但是“社团控制”的概念常见于与保护已丧失的股票（股份）权利相关的司法文件中〔1〕和法学文献〔2〕之中。

现行立法未对“社团控制”概念本身加以规定，而是直接对公司参加人已丧失的份额（股票）的恢复机制予以规制。根据《俄罗斯联邦民法典》第65.2条第3款，由于其他参加人或第三人的非法行为，在违背自己意志的情况下丧失其在社团中的股份（股票），参加人（股东）有权请求返还这些股份，并请求支付法院判定的合理赔偿金。同时，由股份丧失中的过错方赔偿相关损失，导致不公平地剥夺其他人的参与权的情况除外。

由此可见，学理和司法实践均将社团控制与注册资本中的参股份额联系起来。

但是，经济控制更为多面。它不仅可以通过注册资本的参股份额来确定，还可以通过其他方式（包括实际情形）来确定。

我们认为，如果将社团控制视为在营利组织注册资本中拥有占主导地位的份额，则经济控制为社团控制的种类概念。

〔1〕参见俄罗斯联邦最高仲裁法院全体会议决定2011年9月6日第2929/11号（постановления Президиума ВАС РФ от 6 сентября 2011 г. № 2929/11）；2014年1月21日第9913/13号（от 21 января 2014 г. № 9913/13）；2012年4月10日第15085/11号（от 10 апреля 2012 г. № 15085/11）；2011年11月22日第17912/09号等（от 22 ноября 2011 г. № 17912/09）。

〔2〕参见 Сарбаш С. В. Восстановление корпоративного контроля // Вестник гражданского права. 2008. № 4；Маковская А. А. Восстановление корпоративного контроля в системе способов защиты корпоративных прав // Вестник ВАС РФ. 2009. № 1；Филиппова С. Ю. Восстановление корпоративного контроля：общий риск через общего контрагента // Хозяйство и право. 2013. № 4 等。

控股的概念

控股是具有组织统一体特征的社团联合。组织统一体的特征与旨在实现系统化相互作用的参加人的目标设定有关。区别于商公司的母子公司关系，控股不是一种“随机现象”。前者的关系可由法院就每项具体的民事法律行为予以确定。[1]

组织统一体特征的存在意味着，组成控股的相关法人在整体上是一个统一的商业实体。控股的各参加人经常进行协同一致的活动，作为同一个商业实体（《保护竞争法》中的利益集团[2]）出现在市场上，且通常执行投资、财务、人事、科学技术、工艺和生产经营等方面的统一政策。

控股组织的统一体可因建立内部控股法律联系的统一性而得到确定。例如，社团联合关系下的每个法人（参加人）都有自己的内部文件，而这些文件的都是在共同控股标准和统一要求的基础之上制定的。

控股组织统一体的外部表现形式为实践中较普遍的做法，即控股的各参加人（法人）在其公司名称中使用母公司名称中的一部分，从而表明他们与有关联合的隶属关系。例如，俄罗斯铁路股份公司的子公司都在其公司名称中使用“俄铁”一词，如“俄铁建设”“俄铁物流”“俄铁商行”。

组成控股的法人通常基于商标（服务标记）转让许可协议，以及用于

---

〔1〕 关于在具体法律行为建立母子公司关系的可能性，参见《1996年7月1日俄罗斯联邦最高法院全体会议第6/8号决定》第31条。根据该决定，如果母公司（合营）能够决定子公司的决议或对其作出具有约束力的指示，则两个商公司的相互关系可以视作一种母子公司关系，其中包括仅就某一具体法律行为而形成的母子公司关系。

〔2〕 此为译者依意涵所进行的转译，原文词汇为“группа лиц”，该词组若直译，则为“若干人的群体”“若干人的组合”“多人的团体”等。

区别和识别作为某种组织统一体的社团的联合的协议建立相互联系。

控股——是社团的联合的形式之一,是多个组织(参加人)组成的集团,集团成立的基础是经济控制。集团成员在保持形式上的法律独立的同时,在其企业经营活动中"服从"另一个集团成员,即控股公司(母公司)。

控股公司——是指一个公司以其在注册资本中占有的多数股份、依合同或者其他情形直接或间接地对其他公司股东决议的通过产生决定性影响的控股母公司。

控股的结构

在各种法律组织形式的法人参加控股联合的结构中,最常见的是母、子公司的控股结构(见图4-1)。

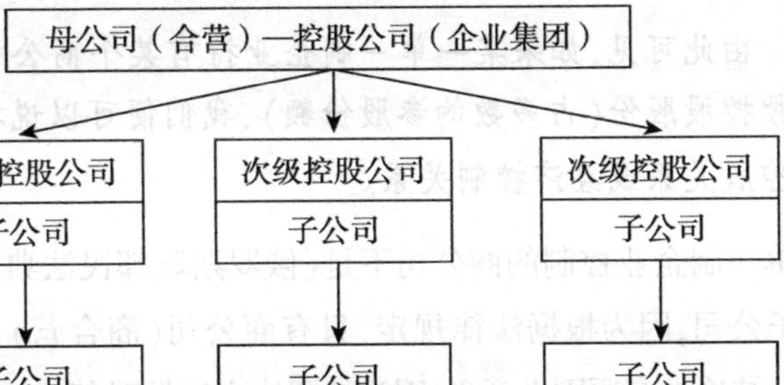

图4-1 母、子公司的控股结构

母公司既可以是商公司,如股份公司或有限责任公司,也可以是商合营,如无限公司或两合公司。但是子公司只能是商公司(《俄罗斯联邦民法典》第67.3条)。

禁止商合营成为子公司,源于立法者保护商合营参加人利益的立场。根据法律规定,营利组织或个体工商户仅能成为一个商合营的参加人,因为商合营的参加人通常需要亲自参与合伙的经营活动,而最重要的原因是,商合营的无限责任参加人根据其在合营中的参股份额承担无限财产责任(《俄罗斯联邦民法典》第75条)。按照商合营法律地位的上述特点,若合营参加人以无限公司的形式作为子公司的结构,则参加人的负担尤为繁重。

应当强调,除商公司外,其他法律组织形式的法人也可以参与控股的建立。**例如,应当认定持有商公司多数股份的单一制企业与商公司之间的关系为控股关系。**《单一制企业法》第6条第1款规定,单一制企业可以参加到社团法人中,但信贷组织除外。只有在所有者同意的情况下,单一制企业才可通过下列决议:一是关于单一制企业参加营利组织或非营利组织的决议;二是关于转让商公司或商合营注册资本(联合资本)的股份(份额)决议,且单一制企业对相应股份的取得仅在获得单一制企业所有权人同意的情况下方能完成。

由此可见,如果某一单一制企业持有某个商公司注册资本的多数控股股份(占多数的参股份额),我们便可以说在二者之间存在控股关系或经济控制关系。

受单一制企业控制的商公司不是《俄罗斯联邦民法典》第67.3条中规定的子公司,因为根据法律规定,只有商公司(商合营)可以拥有子公司。这一结论具有原则性意义,因为社团法人法针对其他法律组织形式的法人参与控股而产生的母子公司经济控制关系,规定了各种法律后果。[1]

---

[1] 商公司(合营)对子公司债务承担财产责任的理由是不同的。如果国有社团或者国有企业对受其控制的商公司的债务承担责任,那么母公司(合营)对子公司根据其指示或经其同意(《俄罗斯联邦民法典》第67.3条)实施的法律行为承担连带责任;如果国有社团与国有单一制企业一样,受其控制的商公司不是《俄罗斯联邦民法典》第67.3条中规定的子公司,那么国有社团对受其控制的公司的法律行为不承担责任。但是在存在法定理由的情况下,控制人对受控公司承担责任,例如,在受控公司破产的情况下(《破产法》第3.2章)。

商合伙可以作为子公司。但是，商合伙不可以成为控股的母体组织（母公司），因为法律规定禁止商合伙建立（或参加）其他法人，但社会团体除外（《商合伙法》第2条第7款）。我们也可以这样理解，立法者未将商合伙这种法律组织形式与对子公司债务承担责任的可能性联系起来。

应当指出，在现代俄罗斯经济运转中，由于国家公共部门过于强大，**国家参与控股的情况变得非常普遍**。有国家参与的控股的实现方式之一为国家控股的股份公司，例如，俄罗斯铁路（集团）股份公司（RZhD）、埃罗莎股份公司（Alrosa）、俄罗斯国家石油管道运输公司（Transneft）、俄罗斯航空公司（Aeroflot）、俄罗斯天然气工业股份公司（Gazprom）、俄罗斯石油公司（Rosneft Oil）、俄罗斯电网公司（Rosseti）、俄罗斯水电公司（RusHydro）、联合航空制造公司（OAK）、俄罗斯联邦储蓄银行（Sberbank）等。此外，国家还可以根据《非营利组织法》第7.1～7.2条或者其他各部联邦特别法，以国有社团或国有公司的形式实现国家的控股参与。国有社团作为一种非营利组织，不能从事企业经营活动，但是**许多国有社团（公司）由于将其他商公司的控股股份转移到其资本基金之中，从而能够作为国家控股的母体组织参与企业经营活动**。例如，国有社团俄罗斯原子能公司（Rostom）和俄罗斯国家技术集团（Rostec）就拥有广泛的受其控制的商公司网络，而受控商公司又持有其他商公司的控股股份，这就形成了一个以国有社团为母体组织的强大的一体化结构。在这种情况下，这些受国有社团控制的商公司可以不受限制地开展企业经营活动。

母、子商公司

母商公司(商合营)[1]和子商公司的结构是最普遍的控股形式。

如果母商公司或商合营依其在一个商公司注册资本中的多数参股份额、二者之间签订的其他协议,或者以其他方式决定该商公司的决策,则该受母体公司(合营)决定的商公司被认为是子公司。

母公司(合营),是指基于在子公司注册资本中的多数参股,或双方之间签订的协议等依据,从而控制子公司决策的商公司(合营)。

在《俄罗斯联邦民法典》中(第67.3条)和与商公司有关的法律中(《股份公司法》第6条、《有限责任公司法》第6条)存在关于母公司和子公司的法律规定。

根据《股份公司法》和《有限责任公司法》,商公司可以拥有具有法人地位的子公司和附属商公司。[2] 这些子公司和附属商公司可以根据联邦法律在俄罗斯联邦境内建立,也可以根据设立所在国的外国法在俄罗斯联邦境外建立,但俄罗斯联邦的国际条约中另有规定的除外。

---

〔1〕 由于俄罗斯实践中合营的形式并不普遍,在下文中,我们将主要分析母商公司和子商公司之间的关系。

〔2〕 2014年5月5日第99号联邦法已将“关联公司”从《俄罗斯联邦民法典》中删除,应该说这种做法是完全正确的。因为,关联性的定义是一个公司在另一个公司注册资本中的参股份额超过20%,而这在实践中几乎没有什么意义,结果只是有一种信息披露的必要性(参见《俄罗斯联邦民法典》第106条)。众所周知,无须建立“母子公司”关系的情况下,也可以解决上述信息披露义务的问题。但是,基于综合考量,可能遗留下了一个开放性问题,即这种“关联性”(影响公司决策的能力)转变为“子公司性”(决定公司决策的能力)时的问题。

➲ 母公司(合营)和子公司不是企业经营活动的特殊法律组织形式,他们用于表示两个法人之间的经济附属关系。

同时需要注意的是,母公司和子公司还具有一些法律地位上的特征。例如,母公司有权向其子公司作出指示,而子公司有义务执行这些指示;同时,母公司在法定情况下对子公司的债务承担责任。

母子公司关系的根据

在母公司和子公司之间会产生经济控制的关系,这种经济控制关系在此被称为母子公司关系。

应当指出,虽然"母子公司关系"和"控股关系"常常被作为同义词使用,但是二者是不同的。一方面,"母子公司关系"的概念在其范围上比"控股关系"狭窄。因为"母子公司关系"仅适用于商公司(商合营),而不适用于能够建立控股的其他法律组织形式的法人。另一方面,因为"针对每个具体的民事法律行为"[1]均可以建立母子公司关系,并且"母子公司关系"不一定是一种用于保障控股的联合的组织统一体的长期关系。

➲ 因此,母子公司关系是特定法律组织形式的法人之间的一种控股关系(经济控制关系),即作为母公司的商公司(商合营)和子公司(商公司)之间的关系。

下面我们对母子公司关系(有商公司参与的控股关系)的依据进行深入探讨。

---

〔1〕《1996年7月1日俄罗斯联邦最高法院全体会议及俄罗斯联邦最高仲裁法院全体会议第6/8号决定》第31条(Пункт 31 Постановления Пленума Верховного Суда РФ и Пленума ВАС РФ от 1 июля 1996 г. № 6/8)。

母子公司关系的根据——使母公司(合营)能够决定其子公司决策的法律事实与实际情形。

母子公司关系的法定依据包括:持有注册资本中的多数股份(财产型附属)、协议(协议型附属),以及其他情况(其中包括实际控制)。母子公司关系各种依据的法定清单为非列举式的,因为立法者使用了“以其他方式决定公司决策”的表述(《俄罗斯联邦民法典》第 67.3 条)。

财产控股类型下的母子公司关系产生的最常见依据为:母公司持有的股份在子商公司的注册资本中占据主导地位。

综合各种实际情形,立法者根据实际情况评价性地将这种主导型参股理解为“一种一个实体能决定另一个实体决策的能力”,而不是“数量上占主导性的参与”,即控制注册资本中一定比例的股份。

对于确认母子公司关系来说,注册资本的主导型参股并非一定要求持有公司 50% 以上表决权的股票(注册资本的参股份额)。例如,在股东人数较多的情况下,因为大量股东分散地持有公司的股份,所以对公司决策产生决定性影响所需的投票数大幅减少。因此,对于一个商公司所持有的另一个商公司注册资本中主导型参股并没有任何比例上的限制。

通常(无其他对这一结论的产生影响的情形),如果一个参加人(股东)持有 50% 及以上的注册资本份额,则俄罗斯法院将会确认母子公司关系实际存在。商公司 50% 及以上有表决权的股份被称为控股股份,而相应的参股份额被称为主导型参股份额。[1]

为建立母子公司关系,母公司除直接参股子公司的注册资本外,还可以通过其他子公司间接参加。

例如,法院在确认母子公司关系的存在时指出:“Razgulyay”集团(公众股份公司)是“Razgulyay-Finance”有限责任公司的母公司,因为“Razgulyay”集团是“Razgulyay-Finance”有限责任公司的股东,持有40%股份。“Razgulyay-Finance”有限责任公司的第二个股东是塞浦路斯法人“Razgulyai-Ukrros Group Limited”,持有60%的股份。而“Razgulyay”集团持有塞浦路斯法人“Razgulyai-Ukrros Group Limited”99%的股份。[2]

因此,商公司注册资本中的主导型份额是指能够使股东决定该公司决策的份额。法律上并没有规定主导型份额的数量,其既可由实际情况决定,也可由法院予以裁量。

母子公司关系建立的协议性,是指母公司对子公司基于双方签订的协议而产生经济控制。

当前立法并未规定能够产生母子公司关系的协议具体有哪些。在商公司有关法中(《股份公司法》第6条、《有限责任公司法》第6条),

---

〔1〕 参见2006年1月30日莫斯科州仲裁法院第A41-K1-16462/05号案件的裁决书(“Sidanko”案)(решения Арбитражного суда Московской области от 30 января 2006 г. по делу № A41-K1-16462/05 - «Дело Сиданко»);2016年2月18日滨海边疆区仲裁法院第A51-15241/2013号案件的裁决书(Арбитражного суда Приморского края от 18 февраля 2016 г. по делу № A51-15241/2013);2014年7月3日第七仲裁上诉法院第A27-17633/2013号案件的决定(Постановление Седьмого арбитражного апелляционного суда от 3 июля 2014 г. по делу № A27-17633/2013)等。

〔2〕 2016年11月3日莫斯科州仲裁法院第A40-238419/15号案件的决定(Постановление Арбитражного суда Московского округа от 3 ноября 2016 г. по делу № A40-238419/15)。

仅规定了可以在母子公司之间签订关于子公司有义务遵循母公司指示的协议,同时还规定,此类协议为母公司对子公司按照相应指示而实施的法律行为承担责任的基础。

我们认为,在研究协议型母子公司关系时,有必要对该关系产生的具体情形进行区分:

(1)因特殊协议的框架与期限而产生,即协议中规定一家商公司有权控制另一家商公司,包括可对另一家公司作出指示。

(2)因商业合同的签订而产生,该协议在执行的过程中导致一方对另一方产生了经济控制。此类协议可能包括:股份和其他财产的信托管理协议、共同经营协议、特许经营协议、有既有约定的信贷协议、允许信贷机构控制借款人决定的协议等。[1]

由于在俄罗斯企业经营实践中引入了新的合同结构,协议型母子公司关系的问题得到了特别的关注。

例如,《俄罗斯联邦民法典》第 67.2 条第 9 款规定了订立所谓的**准股东协议**[2]的可能性。根据上述法条,信贷公司和第三人可以同商公司的股东签订协议,协议中股东承诺通过以某种方式行使其公司权利或拒绝行使权利的方式来保障第三人的合法利益。例如,以某种方式在股东会上投票;共同实施其他公司管理行为;因某些情况发生或以某种价格取得或者处分其注册资本份额,或在某些情况发生时拒绝处

〔1〕 有关转让独任执行机关组织管理权力的协议不会产生母子公司关系,因为该协议只与公司当前的活动控制有关,而不是确立一种股东的控制权。参见 об этом подробнее: Корпоративное право: Учебный курс. В 2 т. Т. 1. С. 473 – 474 (гл. 5, автор главы-И. С. Шиткина)。该结论在司法实践中也多次得到证实。

〔2〕 该协议之所以被称为"准股东协议",是因为它不属于股东协议。根据《俄罗斯联邦民法典》第 67.2 条第 9 款,"准股东协议"适用股东协议的相关规定。参见 Бирюков Д. О. Квазикорпоратив- ные договоры: новелла российского законодательства // Хозяйство и право. 2015. № 5。

分其份额(股份)。

准股东协议与商合伙管理协议相类似,其参加人不仅可以是合伙人,还可以是第三人(《商合伙法》第6条)。

通过缔结"准股东协议",债权人和第三人可根据公司的投资需求参与公司的管理,作为按优惠条件吸引投资的利益相关人,各股东(参加人)有权约定对其自身权利予以限制,或有权放弃自己的社团权利。通常来说,这种"准股东"协议能够在参加人具有共同利益且参加人数量少的社团中实现。此处的共同利益包括,为了实现具体的投资项目股东准备"牺牲"他们的社团权利来吸引投资。

因此,根据"准股东协议",因一些股东为保障受法律保护的第三人的利益而(全部或部分)放弃自己的社团权利,债权人、投资人和第三人可取得对该商公司的控制权。

母子公司关系建立的依据可能是一种**签订合同的期权**(《俄罗斯联邦民法典》第429.2条)。

应当指出,在世界商业领域,期权制度由来已久。期权传统上分为两类:一类是卖出期权(put option);另一类是买入期权(call option)。

在《俄罗斯联邦民法典》根据2015年3月8日第42号联邦法(该法于2015年6月1日生效)修订后,俄罗斯立法中出现了期权这种合同法制度。根据《俄罗斯联邦民法典》第429.2条第1款定约期权规定,只有期权规定的某些条件出现时,如单方意志,承诺方可能作出。因此,期权协议的缔约各方可以依据受协议各方影响的条件来实现该权利。由此可推知,缔约方可以用一些涉及期权协议当事人实现自身社团权利和义务的规定作为期权的前提条件。

因此,在某些情况下,期权可以成为控制商公司的手段。这一观点在俄罗斯的司法实践中也有所体现。[1]

➲ **某一协议是否属于能够产生母子公司关系的协议，取决于该协议的条款和合同签订与执行的实际情况。**

用以确认母子公司关系的存在的合同关系，应当具有可对协议当事人一方向另一方的决策控制能力施加影响的稳定性和系统性。

相应决策的作出为母子公司关系产生的法定依据，而**能够决定公司决策作出的其他情形**包括：通过股权参与体系实现间接控制，即母公司通过其子公司控制“孙公司”；相应的从属关系可决定某主体商公司独任执行机关组建，或可以决定董事会、合议制执行机关50%以上人员构成；为有限责任公司股东提供额外的权利和设定额外义务（《有限责任公司法》第8条第2款、第9条第2款）；为非公众公司股东设定额外的义务（《股份公司法》第7条第7款）等。

母子公司关系也可能因母公司对子公司的实际控制而建立。[2]

➲ **总结对商公司母子公司关系建立根据问题的研究，应当强调，立法者并未全面地总结出“母公司和子公司”关系中的全部经济控制类型。为查明母子公司关系，应采取评价性的方法——某一实体是否能够决定另一实体的决策作出。**

---

〔1〕 参见2013年7月17日中央区联邦反垄断局第A23－1803/2012号案件的决定（Постановление ФАС Центрального округа от 17 июля 2013 г. по делу № А23－1803/2012）。

〔2〕 关于实际控制的问题详见本书第十四章第六节。

母子公司关系建立的法律后果

母公司对子公司债务的责任

认定法人为控股公司,将随之产生诸多法律后果。其中最主要的后果便是,在保护子公司债权人和股东(参加人)利益的问题上产生各种特殊要求,因为他们是财产流转中的弱势参与者。

"揭开公司面纱"或"刺破公司面纱"(lifting the veil, piercing the veil of incorporation)[1]**法律制度旨在保护债权人的利益**。在这种情况下,立法者试图放弃使债权人不能主张公司参加人(股东)个人财产的"法人外壳"。

在保护子公司债权人利益的同时,《俄罗斯联邦民法典》第67.3条规定以下两种打破参加人对法人债务承担有限责任这一原则限制的相应情形(《俄罗斯联邦民法典》第56条第2款):

(1)对于子公司依母公司(合营)的指示或经其同意实施的民事法律行为,所产生的母公司(合营)的连带责任(第401条第3款);

(2)如果子公司的破产是由母公司或其他控制人的过错导致的,则产生补充责任。

为追究《破产法》第3.2章规定的法律责任,母公司也可认定为债务人的控制人。[2]

只有在子公司的债权人经司法程序提起诉讼的情况下,才能适用"揭开公司面纱"制度。而在子公司破产的情况下,也可以在仲裁管理人起诉时使用这一制度。

为保护子公司股东(参加人)的利益,立法者确定了如下保护措

---

〔1〕 关于母公司对子公司债务的责任问题参见本书第十四章第三节。

〔2〕 关于债务人的控制人的责任问题参见本书第十四章第六节第6.2小节。

施：股东有权请求母公司赔偿因其作为或不作为而给子公司造成的损失（《俄罗斯联邦民法典》第67.3条第3款）。

同时，《俄罗斯联邦民法典》第53.1条第3款的规定，实际上能够决定某一法人行为的主体，例如，能够向该法人管理机关成员发出指示的主体，应当合理且善意地为该法人的利益行事，并对因其过错给该法人造成的损失承担责任。[1]

总的来说，应该得出这样的结论，因对受控公司决策施加的影响而追究控股股东（参加人）责任的法律基础已然具备，法院追究相应责任的积极性也有所提高。

母子公司法律关系的法律后果不仅规定于社团法人法之中，在税法、银行法、反垄断法和其他部门法中也存在相关规定。

控股参加人税收地位的特点

控股参加人税收地位的特点体现在以下几个方面：

（1）此类参加人可被认定为相互关联的各方，税务机关为了依据产品、劳动、服务的市场价值进行税额计算，从而监督各方之间的交易价格（转移定价）（《俄罗斯联邦税法典》第14.1条）；

（2）在控股参加人符合标准的情况下，将其认定为纳税人团体；

（3）确定某一控股参加人代替另一参加人履行纳税义务的可能性——民法上的“揭开公司面纱”制度在税法中的类推适用（《俄罗斯联邦税法典》第45条第2款第2项）；

（4）由某一控股参加人向另一参加人移转货币钱款或财产时的税收优惠。例如，子公司向母公司支付股息之时（《俄罗斯联邦税法典》第284条第3款第1项），某一控股参加人向另一参加人无偿转让财产

〔1〕关于社团关系中实际控制法人的责任问题参见本书第十四章第六节第6.1小节。

之时(《俄罗斯联邦税法典》第251条第1款第11项),等等。

作为关联借款人的控股参加人

在银行法领域,参加控股的公司被视为关联借款人。[1] 针对关联借款人设置的最高风险标准(N6标准),对涉及某一集团的关联借款人的银行信贷风险予以调整(限制),并对借款人(该组关联借款人中的借款人)对银行和对第三人的最大债务[2]数额进行调整。

换句话说,这一标准确立了银行向集团关联借款人发放贷款的最高限额,即限制控股中所有法人可获得贷款的总计最高额度。

作为关联方的控股公司参加人

根据《俄罗斯联邦民法典》的解释,**关联性**(аффилированность)**是由法律确定其是否存在的一种相关性关系**。能够对关联性予以确定的法律仍然为1991年《竞争法》。

> 能够对其他从事企业经营的法人和/或自然人施加影响的法人和/或自然人,为关联人。

从反垄断法的角度来看,以下不同性质的关系,既可以作为关联性的存在依据,也可以是某一独立企业活动主体依赖于另一个主体的原因:

(1)以商公司注册资本中主导型参股为依据的财产关系;

(2)以能够使一方决定另一方从事企业经营活动的条件的各种合同之债为依据而产生的合同关系,如财产信托协议;

---

〔1〕 2012年12月3日俄罗斯银行第139-I号指令《关于银行债务标准》第4章(Глава 4 Инструкции Банка России от 3 декабря 2012 г. № 139 – И «Об обязательных нормативах банков»)。

〔2〕 基于该债,银行作出对上述借款人(该组关联借款人中的借款人)向其支付自有资金(资本)的请求。

(3)组织管理关系,如基于自然人参加法人的管理机关而产生的组织管理关系;

(4)亲属关系。

立法者将关联方分为法人关联方和自然人关联方。

根据1991年《竞争法》的规定,俄罗斯立法中的关联方制度暂时规定在“利益集团”这一反垄断概念的语境下。“关联方”和“利益集团”这两个概念之间为一般与个别的关系,因为一个主体被认定为关联方时不仅只有附属于某个“利益集团”这一个标准,还可以根据其他标准进行认定。

➲ 关联方和利益集团之间的区别在于施加影响的程度,或经济控制的深度不同:与对利益集团的认定相比,认定某一主体为关联方所需要的相互联系的密切性更小。

例如,由两个法人构成的集团中,其中一个法人须有权处分另一个法人表决权股总数的50%以上的票数。为了认定一个主体为关联方,只需其中一个主体拥有20%的票数即可。若以管理机关为例,那么行使法人独任执行机关权能的自然人便和该法人组成了一个利益集团。涉及关联关系的不仅可以是行使独任执行机关权能的主体,而且董事会成员、合议制执行机关的成员也是其法人的关联方。

➲ 根据利益集团从属性的标准,控股关系的参加人通常是关联方。

关联关系的建立会产生何种法律后果?

在当前的社团法人法中,关联性或相关性的分类被用于:

(1)对由商公司为其保存和披露信息的人员名单进行确定时(《股份公司法》第89条、第93条,《有限责任公司法》第50条);

(2)对有义务依照《股份公司法》第 11.1 章之规定遵守取得公众股份公司 30% 以上股份的特定程序的人员进行确定时；

(3)根据《公司治理准则》[1]对董事会成员的独立性予以确认时。

会计核算有关立法中也使用了"关联方"这一范畴概念。[2] 此类法规用以对相关各方(包括依俄罗斯联邦立法作为关联方的法人和/或自然人,以及编制会计报表的相应组织)的会计报表信息进行披露。

为了确保商主体之间关系的透明度,**法律规定要求商公司就其存在关联方的事实进行统计,并且向企业经营流转的其他参加人和有关国家机关进行通知。**

商公司应当留存其关联方的名单(《股份公司法》第 89 条第 2 款、《有限责任公司法》第 50 条第 2 款)。值得注意的是,在关联方取得股份之日起 10 日内,**关联方必须以书面形式通知该股份公司所取得股份的数量和类型**(《股份公司法》第 93 条第 2 款)。如果因关联方的过错未向公司提供或未按时向公司提供指定信息,从而给公司造成财产损失,则关联方对所造成的公司损失承担赔偿责任(《股份公司法》第 93 条)。

股份公司应当根据《股份公司法》(第 3 条、第 92 条)和《证券发行人信息披露规定》,**披露其关联方的相关信息**。根据上述法律文件,公众公司以及公开发行债券和其他证券的非公众公司,应当以关联方名单的形式披露关联方的相关信息。关联方名单应在一个报告季度结束之日编制,并在报告季度结束之日起两个工作日内将名单公开发布在

---

〔1〕 参见《公司治理准则》(Кодекскорпоративногоуправления)第 2.4 条。对此应强调,《公司治理准则》使用的主要分类标准仍为"关联性"这一概念。

〔2〕 参见 Положение по бухгалтерскому учету «Информация о связанных сторонах» ПБУ 11/2008, утв. Приказом Минфина России от 29 апреля 2008 г. № 48 – н // Российская газета. 2008.4 июня。

“互联网”上。而对于关联方名单变更的内容，应在该名单变更之日起两个工作日内公开发布。公开发行债券和其他有价证券的有限责任公司应当每年对法定应披露的活动信息进行披露，其中包括与关联方有关的信息（《有限责任公司法》第49条）。

应当注意的是，对于违反披露关联方信息法定要求的情形，法律规定了相应的行政处罚措施（《俄罗斯联邦行政违法法典》第15.19条）。

作为利益集团的控股参加人

与1991年《竞争法》一样，《保护竞争法》中也并未明确利益集团的定义。认定利益集团的标准是存在某些经济从属性的特征，即能够使得两个或两个以上的主体属于某一个利益集团的特征。《保护竞争法》第9条第1款第1~9项罗列了可将商主体认定为利益集团的各类依据。

根据《保护竞争法》，控股的各参加人通常都是利益集团

在学理上，利益集团是指数个法人和自然人的总和，这些法人和自然人因法定的某种相互控制与影响的手段而被认为是一个统一的市场主体。[1] K. Y. 托季耶夫指出：“为适用反垄断法，利益集团作为一个统一的商主体，即一个从事企业经营活动的组织。作为利益集团参加人的、形式上独立的各法人和/或自然人，是该整体结构的组成部分。他们为了满足利益集团的利益，从统一的中心出发，来管理和开展企业经营活动。从属于利益集团的参加人不能自由决定自己在市场上的行为，因为他们的行为处于其他主体的控制之下。”[2]

司法实践中也有对“利益集团”概念的解释。例如，西北联邦

〔1〕 参见 Паращук С. А. Конкурентное право. М. ,2002. С. 44。

〔2〕 Тотьев К. Ю. Легитимация субъектов предпринимательской деятельности // Законность. 2002. № 12.

区仲裁法院以这样的方式来定义利益集团：根据《保护竞争法》第9条规定的内涵，从反垄断法的角度来看，应视利益集团为一个为共同经济利益行事的商主体……在这种情况下，该利益集团的主体内部之间不会相互竞争。法院认为，由于利益集团内部缺乏竞争，应直接适用《保护竞争法》第4条第17款，该条款规定，限制竞争的特征是减少商品市场上不属于同一利益集团的商主体的数量。[1]

因此，无论是在反垄断法中还是在司法实践中，利益集团均被视为一个稳定的经济实体、一个统一的市场主体。

组建利益集团的法律后果

《保护竞争法》中规定了组建利益集团的法律后果：

1.《保护竞争法》中有关商主体作为（不作为）的禁止性规定适用于利益集团的作为（不作为）（第9条第2款）。我们认为，商业实体间竞争的相关法律规范，不仅包括禁止性规定（消极义务），还包括积极义务。例如，遵照国家对经济集中控制的要求，向反垄断机构提交关于同意其实施民事法律行为的申请的义务。

2. 国家反垄断监管措施适用于利益集团的全体参加人，而不仅仅针对其中某一个参加人。例如，如果确定利益集团中某一个参加人违反了反垄断法，则反垄断机关在审查该违法行为时，有权向能够确保消除该违法行为的其他参加人发出命令。

3. 俄罗斯竞争法根据利益集团参加人的"共同"支配的概念，将利益集团认定为一个统一的商主体。根据《保护竞争法》第5条，支配地

---

〔1〕 2008年4月16日西北联邦区仲裁法院对于第A56－23922/2007号案件的决定（Постановление ФАС Северо-Западного округа от 16 апреля 2008 г. по делу № А56 – 23922/2007）。

位是指一个或数个商主体(利益集团)在特定商品市场上的地位,这一地位使某一商主体(利益集团)或若干商主体(利益集团)能够对相应商品市场货物流通的一般规则产生决定性影响,和/或将其他商主体排除出该商品市场,和/或阻碍其他商主体进入该商品市场。

某一主体对一个利益集团的隶属性能够影响对其支配地位的认定,尽管该主体本身可能具有非常微小的市场份额。N. I. 克莱因强调,在使用“利益集团”概念时,市场份额的确定应考虑利益集团中每个参加人各自在市场上的份额。[1]

4. 同一个利益集团的参加人不适用禁止协同开展经济活动的规定,这种协同应理解为商主体针对第三人的一致行为。第三人是指未与其中任何一个商主体构成利益集团,且不在这些商主体实施一致行为的商品市场上开展活动的主体(《保护竞争法》第 4 条第 1 款第 14 项)。

立法者的这一处理是完全合理的,因为控股通常具有的目标为协调利益集团内各参加人的活动,确保他们的共同活动,以在总体上提高控股的经济效率。最重要的是,这种利益集团内部的协同不会对竞争市场产生不利影响。

5.《保护竞争法》规定了对利益集团的经济集中进行国家调控的特点。[2]

6. 被认定为控制人或受控人的利益集团的各参加人不适用协议或协同行为的禁止,以及不适用根据《保护竞争法》第 11 条、第 11.1

〔1〕 参见 Клейн Н. И. Рассмотрение дел, связанных с обжалованием решений (предписаний) налоговых органов // Комментарий судебно-арбитражной практики. М., 1997. С. 48。

〔2〕 关于利益集团经济集中的控制,参见 Корпоративное право: Учебный курс. В 2 т. Т. 2. § 4 гл. 14(автор главы-И. С. Шиткина)。

条所确定的针对进行限制竞争行为的商主体所规定的协同行为的禁止。

应当强调,并非所有的利益集团的参加人均不适用上述禁止,只有被认定为控制人或受控人的利益集团参加人不适用上述禁止。**控制关系的存在是利益集团成员间最密切的相互联系。**根据《保护竞争法》第 11 条第 8 款,受控是指一个自然人或法人能够通过下列一个或多个行为直接或间接地(经过一个法人或数个法人)控制另一个法人的决策作出:

(1)处分法人注册资本(联合资本)中有表决权的股份(份额)总票数 50% 以上的票数;

(2)行使法人执行机关的职能。

总而言之,应当指出,俄罗斯法规定了将利益集团中的商主体认定为统一的市场主体的一系列法律后果。

控股中公司治理的特点

与在商公司的联合之中的治理一样,控股中的治理是公司治理的一种。如果说法人的构造是为了管理交易中的财产和为法人内部的治理而设计的,那么控股结构还将包括第三种因素,即对社团联合内部由控股结构的中心所产生的影响进行治理。控股机构的中心,是指作为经济上从属于联合参加人的母公司。当然,与"自治的"法人相比,控股公司的治理体系更复杂。

与共同从事企业经营活动的法人联合一样,控股中公司治理的客体除作为社团联合之部分的法人外,还包括控股参加人彼此间以及与外部环境之间的高效协同。

控股应被视为一种复杂的层级系统。子公司是母公司的治理客体，但如果这些子公司也拥有自己的子公司，则产生了次级控股（或"中间控股"），那么他们又分别成为其下一级控股的治理主体。应当指出，控股中的公司治理是一种垂直类型的治理，此时控股关系的一个参加人充当管理者（治理主体），而另一个参加人作为被管理者（治理客体）。

在控股结构中，为了确保多数股东持有和管理股份的稳定性，经常会见到**"交叉"持股的现象，即子公司持有母公司股份**。这些股份被称为"准库存股"，因为根据其性质，这些股份类似于公司资产负债表上的那些被称为"库存股"的股票。由于这些股份向子公司募集，所以"准库存股"区别于可参与母公司股东会投票的库存股。在这种情况下，由于经济控制关系的存在，子公司很明显将会为了母公司的利益而进行投票。

同时，将"库存股"制度适用于"准库存股"（《股份公司法》第72条）的观点已被旷日经年的讨论。该观点认为应剥夺这些"准库存股"的投票权。正如俄罗斯银行《关于完善公众股份公司的公司治理的报告》中所述："禁止以'准库存股'投票的目的是遏制明显的权利滥用行为，如管理层或控股股东不自行出资而另由全体股东出资获得股份的投票权。鉴于此，这种剥夺'准库存股'投票权的做法，是对经合组织'平等对待全体股东'这一公司治理基本原则的实现。"经合组织成员国的法律中呈现这样一种趋势——禁止在能够以某种方式对其最高机关的行为与决策产生影响的公司之间建立交叉持股的链条。

由于很多俄罗斯的控股在其结构设置中使用"准库存所有权"的机制，调节者认为，禁止"准库存股"进行投票之规范的生效时间可能会大幅延迟。[1]

考虑控股中的公司治理特点,应当指出,虽然这些特点确实存在并在实践中得到应用,但**现行的社团法人法中没有任何涉及子公司治理的专门规范**。

控股中管理的法律机制

控股是数个组织的联合,虽然这些组织在其内部内容上是一个经济统一体,但各自保留了法人地位。

统一内部文件,是指直接适用于全体控股参加人(法人)的文件。不可以通过作出此种文件的方式对子公司进行管理,因为任何内部文件都不能“突破法人的边界”。法人通过自己的管理机关(《俄罗斯联邦民法典》第53条),而不是通过其他法人的管理机关(即使是母公司的机关)取得民事权利、承担民事责任,这一规定是基本的法律规范。只有在法定情形下,法人才能通过自己的参加人取得民事权利、承担民事责任(《俄罗斯联邦民法典》第53条第2款)。这些特殊情形包括,在“一人公司”(母公司持有其100%注册资本的商公司)中实现全体股东(参加人)大会的权能。《俄罗斯联邦民法典》第53条第1款规定的一般规则的另一个特殊情形为,将商公司独任执行机关的权能转移给管理组织的情形。在这种情况下,另一个法人的管理机关将以被管理公司的名义行事,该管理机关须为拥有被管理公司独任执行机关权能的营利组织的独任执行机关(经理)。上述两种情形是一般规则的例外,而不是对一般规则的动摇。根据一般规则,法人(包括商公司的

[1] О совершенствовании корпоративного управления в публичных акционерных обще-ствах:Доклад для общественных консультаций / Банк России. М. ,2015. С. 48 – 50.

子公司）通过自己的管理机关实现其权利能力。

因此，在子公司有相应职权的管理机关对某一事项未作出决定之前，母公司管理机关的任何决定均不能直接适用于子公司。母公司的决定包括但不限于总经理命令、管理委员会、董事会或股东会的决议。

➲ 母公司可以通过组建子公司管理机关的组成人员，并经由这些人员作出决策的方式来管理子公司。

例如，为实现其意志，作为股东（参加人）的母公司可以授权自己的代理人在子公司股东会上进行投票。

多数股东（主导型参加人）可以行使其权利，来提名与母公司有财产上、职务上或其他利益关联的主体为董事会成员。随后，在董事会作决议时，这些作为非法律意义上代理人的主体便成为提名他们的股东的"意志传达人"。

为减少这种间接管理方式的消极影响，多数股东（参加人）常常利用向董事会成员发出所谓的投票指令（委托）的机制。

为了阐明发出投票指令的合法性与法律后果，首先应明确董事会成员的地位。根据现行立法，子公司董事会成员从民事代理角度来看并不是母公司的代理人（《俄罗斯联邦民法典》第182条第1款）。因为根据《股份公司法》第66条第2款，董事会的成员可以直接是被选为董事会成员的自然人，而不是提名他们的股东（参加人）。股东（参加人）与其提名的董事会成员之间没有法律上的联系，而董事会成员与商公司之间有社团关系。考虑这一点，各种问题便应该能迎刃而解。例如，根据《俄罗斯联邦民法典》第53.1条、《股份公司法》第71条和《有限责任公司法》第44条，关于董事会成员对公司遭受的损失承担责任的可能性问题。

2013年7月30日通过的俄罗斯联邦最高仲裁法院全体会议第62

号决议《关于法人机关成员损失赔偿的若干问题》中指出,如果一个董事[1]为了一个或数个参加人的利益行事却损害了法人的利益,则其不能被认定为法人利益行事。

因此,根据法律的要求,董事会成员没有义务按照母公司的立场(指令)进行投票。[2] 然而,鉴于这些董事会成员与提名他们的母公司之间存在其他形式上的(作为母公司管理机关的职务人员等)和/或非形式上的从属性基础,这些成员的行为受程式化控制的可能性是极高的。

➲ **同时应当指出,当前社团法人法规定了董事会成员和事实上能够决定法人行为的主体的连带责任。决定法人的行为,包括向该法人管理机关成员发出指示的可能性(《俄罗斯联邦民法典》第53.1条第3款)。**

俄罗斯的控股中也使用**其他法律机制来实现对子公司的治理**,其中包括:

(1)以制定内部文件(规章)的模型样本,并以控股中每个法人的主管机关决议通过这些文件的方式,在控股中建立统一的法律结构。

---

〔1〕 本决定中的"董事",不仅指履行独任执行机关义务的人(经理),还指董事会成员和公司管理委员会成员。

〔2〕 除董事会成员为政府雇员和根据所签协议形式的代理人的有国家参与的股份公司外,必须根据2004年12月3日俄罗斯联邦政府第738号决定《关于对俄罗斯联邦持有的股份公司股份的管理以及俄罗斯联邦参与股份公司管理的特殊权利的使用("黄金股")》(Постановление Правительства РФ от 3 декабря 2004 г. № 738 «Об управлении находящимися в федеральной собственности акциями акционерных обществ и использовании специального права на участие Российской Федерации в управлении акционерными обществами («Золотой акции»)»)进行投票。根据上述决定第17条,俄罗斯联邦董事会利益代表根据联邦国家财产管理局的书面指示,就董事会会议议程上的问题进行表决。应当指出的是,如此并不免除这些人对自己投票结果的财产责任。

（2）由母公司向子公司独任执行机关发出指示的可能性。

（3）合同管理模式，此时将子公司独任执行机关的权利转移到母公司或受母公司控制的组织。这确保了母公司对子公司当前活动的影响，并总体上节约了控股的管理开支。

（4）建立具有以协调控股参加人的企业经营活动、制定统一政策和标准为目标的内部控股机构，即控股委员会、控股联合会。这些机构实体不是法人（控股参加人）的机关。这些内部控股机构通过建议性文件，而后由商公司主管机关对其进行批准，这样，这些建议性文件对于每个法人（控股参加人）而言便成为强制性文件。

在结束对控股公司治理特点的研究后，应当关注到**这些社团的联合中使用的特殊融资方式。例如，组织的赠与禁止不适用于控股体系中的现金和财产的自由转移（《俄罗斯联邦民法典》第575条第4款）。**

俄罗斯联邦最高仲裁法院主席团在2012年12月4日第8898/12号（Almaz-Antey案）决定中指出："母公司和子公司之间进行的无直接相对给付的财产转让行为，不能被认为是赠与行为。因为赠与相对给付的双方主体，不具备作为在经济上被视为同一商主体的法人之间相互关系的特点。财产从子公司转移到母公司（反之亦然），取决于他们之间为了实现经济活动（经济合理性）的共同目标而进行财产（资源）重新分配的必要性。"

控股作为社团的联合形式的一般特征

基于对社团的联合形式之一的控股的研究的总结，我们提炼出了下列特征：

(1)控股是若干法人的总和,由控股公司(通常是母公司)决定其意志的形成和决策的作出,并充当集团化体系的中心;

(2)控股是具有组织统一体的特征且通常在市场上统一行事的社团的联合;

(3)根据组织方式,控股是基于一个参加人对另一个参加人的经济控制的垂直型联合(或不平等的联合);

(4)控股参加人为了控制人的利益开展企业协同经营活动;

(5)控股作为一个集团化的联合,可以构成各种法律关系的主体(利益集团、纳税人团体*);

(6)控股中具有特殊的治理方式,这些方式在法律中并无规定,但在企业经营实务中被经常使用。

第三节　普通合伙

社团联合形式的普通合伙

如果普通合伙是为实施经营活动而设立,且其参加人为营利组织,则可将其归为根据横向(自愿)形式而设立的社团联合的一种。

相比于同样以合同作为依据的协议控股,自愿建立且无经济强制性是普通合伙区别于协议控股的特殊标志。但在协议控股中,一个参加人对另一个参加人的经济控制关系基于相应的合同得以建立。

---

* 此概念是俄罗斯税法中的特有概念,俄文表述为 Консолидированная группа налогоплательщиков(КГН)。——译者注

通常来说，当法人的设立因某些原因无法实现时，可以缔结普通合伙协议来解决某些经营问题，例如：

——组织实施短期和/或非专业项目。

——实施要求其参加人具备不同专长的复杂综合项目，例如，实施大型建筑项目和基础设施建设项目。实施此类项目需要集中大量的物质资源与非物质资源，而这些资源通常是某一主体所缺少的。

——为实施经营项目，在需要联合出资并将合伙企业参加人按份持有的财产形成合伙的独立财产之时。设立营利社团以及对该社团的注册资本份额进行注缴，将导致社团参加人失去对该财产的所有权，即不会导致必要的结果。

——在不存在对特定主体参与某经营活动进行宣传之必要性的情况下，根据《俄罗斯联邦民法典》第1054条之规定，普通合伙协议可以规定不向第三方披露其存在（隐名合伙）。

普通合伙协议是大多数临时合作财团（консорциум）和联营（пул）的组织与活动的法律基础。

例如，根据1992年11月27日第4015－Ⅰ号俄罗斯联邦法《俄罗斯联邦保险业务组织法》第14.1条之规定，保险（再保险）联营是一种保险机构联合组织，它根据普通合伙协议（共同经营协议），共同从事某些类型的保险活动或保险风险活动。

为了在不设立法人的情况下达到联合各方力量与财产的约定目的，企业经营流转的参加人经常使用普通合伙协议。

根据普通合伙协议（共同经营协议），两个或两个以上的主体（合伙人）必须联合自己的出资，在不设立法人的情况下共同行事，以便获取利润，或者实现其他不与法律相违背的目的（《俄罗斯联邦民法典》第1041条）。

以从事经营活动为目的而订立普通合伙协议的参加人，只能是营利组织和/或个体工商户。谈及社团的联合，我们此处指的是为实现经营目的而设立的具有相应人员构成的普通合伙。

普通合伙是社团的联合，其不具备法人地位，是以参加人形成的财产为基础的组织上的统一体。

普通合伙协议应当与各种合作协议、互助协议等区分开来。因为后述协议从本质上而言属于双务合同，其中一方的权利与另一方的义务相对应，且协议双方不具备一致的目标，双方各取利益。例如，承包合同、有偿服务合同、租赁合同等合同中的合作是由双方当事人以某种形式予以实施的。

普通合伙协议的主要特征

基于下述普通合伙协议的各类特征，可将该协议划分为合同之债的单独类别或由其产生的企业经营活动的联合：

1. **根据协议的不同特征而被称为参加人或合伙人的协议各方，具有共同的经济利益和协商一致的目标。**由于利益和目标的共同性，参加人之间的身份不能像传统的债务人和债权人那样相互对立。G. F. 舍尔舍涅维奇曾就此写道："合伙协议中的大部分参加人不能被分为主动和被动的双方，但他们都处于相同的法律地位上。协议的每一位参加人相对其他所有参加人均享有权利并承担义务，他们既是主动的主体，同时也是被动的主体……与缔约双方利益相互冲突的其他协议不同，普通合伙协议中缔约双方的利益是一致的。"[1]

2. **普通合伙最重要的特征是其组织性。**尽管为了组织开展联合活

[1] Шершеневич Г. Ф. Курс торгового права. Т. 1. СПб. ,1908. С. 278,388.

动，普通合伙的参加人必须通过将各自出资结合成共同所有之份额的方式建立财产基础，但该协议的主要目的是设立有组织性的组织统一体，即允许合伙企业各参加人在财产流转中统一行事的联合。共同所有制的建立并非普通合伙协议的目的，而是达成参加人组建联合以实现所商定目标这一目的的一种手段。

普通合伙协议的实质性条款

普通合伙协议具有以下实质性条款：

——关于联合参加人的出资的条款；

——关于在不具有法人地位的组织统一体的框架内共同行事的条款。

在《俄罗斯联邦民法典》中，普通合伙协议的目的并未被规定为实质性条款，但在很多情况下，协议目的具有其相当的意义。通常，在设立社团联合时，设定的目标不同会使联合被划定为不同的种类。因此，联合的目的通常由普通合伙的参加人作为协议的实质性条款予以规定。

➡ 普通合伙协议各参加人的目的应当是一致的。目的一致是普通合伙协议的特征，该特征可以将普通合伙与其他参加人为达成不同目标而共同行使的合同之债相区分。

普通合伙的参加人

与社团联合的其他各种形式相同，普通合伙协议的各方被称为参加人。有普通合伙参与的关系通常可被分为两种：参加人之间的内部关系和与第三方之间的外部关系。普通合伙协议本身旨在直接调整参加人内部的相互关系。外部关系由普通合伙的各参加人与第三人之间的合同之债确定。

普通合伙参加人的权利与义务

在法律赋予合伙参加人的一系列权利和义务之中,与合伙管理相关的权利尤其值得关注。例如,合伙人通过参与合伙所作出的某种决策来行使其**参与管理合伙公共事务**的权利。对普通合伙的管理须经过一致同意方能进行,如果协议中有规定,则根据大多数投票进行。法律并未规定多数投票的确定程序,而是将这一问题留给了各参加人自行确定:既可根据其持有份额的数额比例确定,也可根据"一人一票"的原则予以确定。

合伙人管理共同事务的权利被赋予每一位合伙人,但普通合伙协议中规定共同事务由特定的参加人管理或由协议中全体参加人共同管理的情形除外。在企业经营联合(предпринимательское объединение)中,对合伙事务及合伙共同财产的会计核算的管理,通常由合伙中的某一参加人依委托进行。正是由参加人对外代表合伙。某一合伙人以所有合伙人名义实施民事法律行为的权能,由其他合伙人签发的授权委托书或普通合伙协议本身予以证明。参加人管理合伙共同事务的权能可能在民事法律行为的数额和类型方面受到限制,若存在此种情况,应当在授权委托书或协议中明确指出。

合伙人的信息获取权,是指普通合伙的每一位参加人,无论其是否有权管理共同事务,均具有针对事务管理获知全部文件的权利。放弃该权利或对该权利的限制(包括根据合伙人协议进行限制),均为自始无效的行为。合伙人的这一权利对于社团性联合而言具有重要意义,因为作为企业经营活动的独立主体,社团性联合的参加人必须分别核算并缴纳财产税和共同活动的所得税。协议中通常会预先规定需由法人(报表、税务文件和其他文件的参加人)编制之必要信息的提供期限与范围。

普通合伙的财产法律制度

合伙人具有所有权的出资的财产，以及由于共同活动而生产的产品和从活动中获得的成果收入，均视为合伙人的共同财产，但法律或普通合伙协议中另有规定或非因债产生的其他情形除外。由各合伙人基于非所有权的其他依据占有的出资财产，将为全部合伙人的利益而使用，并且与共同共有财产一样，属于各合伙人的共同财产。立法并不排除普通合伙的参加人以其不具有所有权的财产进行出资的可能性，但针对此类财产确定了另一种法律制度。即使与共同事务中的其他出资相同，在确定参加人的共同财产份额和对利润进行分配时会将此类财产考虑在内（《俄罗斯联邦民法典》第 1048 条），但其并不属于合伙企业的按份共有财产。

参加人以无所有权财产进行的出资，可以通过将财产供合伙使用的方式进行。

普通合伙各参加人的按份共有财产，不仅包括参加人以其享有所有权的财产进行的出资，还包括从共同活动中获取的产品、成果和收入。值得注意的是，无论是以财产出资还是以其他方式（非物质）出资的普通合伙参加人，均可获得此类财产权。

合伙人维护共同财产的义务以及与该义务的履行有关的支出补偿程序，由普通合伙协议确定（《俄罗斯联邦民法典》第 1043 条）。如果参加人未在协议中规定上述问题，则应遵循一般立法规范。依据该规范，除非法律或协议中另有规定，否则维护财产的责任由该财产的所有者承担（《俄罗斯联邦民法典》第 210 条）。而拥有共同财产的每一位参加人，均有义务按其份额比例支付共同财产的税费和其他钱款、财产的维护和保存费用(《俄罗斯联邦民法典》第249条)。

普通合伙的利润分配

对于为实现经营目的而设立的普通合伙,其于参加人之间进行利润分配的原则相当重要。根据《俄罗斯联邦民法典》的任意性规范,因合伙人共同活动而获得的利润,根据合伙人对共同事务的出资额比例向其进行分配,但普通合伙协议或合伙人之间的其他协议中另有规定的情形除外(第1048条)。合伙人就排除某合伙人参与利润分配,以及免除某合伙人参与对共同开支或损失的补偿(义务)而订立的协议,自始无效。

投资合伙

投资合伙的概念

投资合伙,即旨在进行共同投资活动的一种普通合伙协议,法律上是指合伙人为实施投资项目(包括创新项目)而根据投资合伙协议,共同将合伙人的共同财产投入到联邦法以及该协议所准许的投资客体中的活动(《投资合伙法》第2条第1款)。

就其自身特点而言,投资合伙的结构在很大程度上接近国外最常见的集体风险投资形式——有限合伙(limitedpartnership)。[1]《投资合伙法》反映了将外国规范性文件中的规定在俄罗斯法律体系中予以适用的实践。[2] 这些外国规范性文件包括《美国统一合伙法》

---

〔1〕Комментарий к Федеральному закону от 28 ноября 2011 г. № 335 – ФЗ «Об инвестици-онном товариществе» (постатейный) / Е. Я. Гулиева, А. А. Кирилловых, А. Е. Молотников и др.; Отв. ред. А. Е. Молотников. М., 2012. С. 88.

〔2〕Макэри Д., Эрик Вермелен Э. Исследование внекорпоративных форм бизнеса: международный аспект / Пер. с англ. Ж. Молоковой; Общ. ред. и предисл. А. Молотникова. М., 2007.

(Uniform Partnership Act Ch. 614 Limited Liability Partnerships)、《英国1907年特殊合伙法》、《1992年澳大利亚共同发展基金法》(Pooled Development Funds Act)等。

从俄罗斯法的角度来看，投资合伙的组织模式结合了普通合伙和营利社团(两合公司)的特征。

科学文本中对投资合伙这一模式提出了广泛批评，而批评的理由在很多方面具有相当的合理性。[1]

> 按照投资合伙协议，为获取利润，两个或两个以上的主体(合伙人)在不设法人的情况下，有义务进行联合出资。

与其他形式的共同活动不同，投资合伙协议具有专用性：协议的条款不能规定参加人可从事其他共同活动，但法律中规定的共同投资活动的情形除外(《投资合伙法》第11条第2条)。

投资合伙的参加人

投资合伙的参加人至少为两人，至多不能超过50人。投资合伙协议的各方既可以是营利组织，也可以是非营利组织。只有在法律规定的情形下，当非营利组织是为实现其设立目标而从事投资活动，且所从事的活动与其目标相一致时，该非营利组织才能作为投资合伙协议的一方。自然人不能成为投资合伙协议的缔约方。

与营利社团的参加人相比，任何合伙人都有权：

——根据投资合伙协议对照共同事务的出资额比例获得其作为投

---

〔1〕 Суханов Е. А. Указ. соч.; Семилютина Н. Г. Совершенствование законодательства, привлечение инвестиций в экономику Российской Федерации и новые законы об инвестиционных товариществах и хозяйственных партнерствах // Гражданское право и современность: Сб. статей, посвященный памяти М. И. Брагинского / Под ред. В. Н. Литовкина, К. Б. Ярошенко; Ин-т законодательства и сравнит. правоведения при Правительстве РФ. М., 2013(СПС «КонсультантПлюс»).

资合伙协议参加人的部分利润,但投资合伙协议中规定了其他的利润分配程序的情形除外;

——依照投资合伙协议中规定的程序和范围,了解与合伙人公共事务相关的文件;

——依照投资合伙协议中规定的程序,在投资合伙协议届满时或已实现既定目标时获得其在合伙人共同财产中的份额;

——根据法律和协议规定,参与关于合伙企业公共事务的决策。

根据法律地位不同,可将合伙参加人分为管理合伙人和出资合伙人。管理合伙人除有义务对公共事务出资外,还有义务独立或与其他管理合伙人共同管理合伙事务。投资合伙协议赋予其中一位管理合伙人额外义务,被赋予义务的管理合伙人,即授权管理合伙人,有义务独立核算收支、开设银行账户、对因参加投资合伙协议产生的税务进行处理,以及管理投资合伙协议的参加人名册。

对于出资合伙人以及在俄罗斯联邦境内非通过其常设机构开展活动的外国合伙人,法律禁止其参与合伙人共同事务的管理(《投资合伙法》第 9 条第 1 款)。

合伙人的出资

管理合伙人的出资,是指管理合伙人对共同事务所作的全部出资,包括货币、其他财产、财产权和其他具有货币估价、专业知识和其他知识、技能与本领,以及商业声誉等其他权利。除非投资合伙协议另有规定,否则非**管理合伙人对于共同事务的出资**仅能是货币。合伙人共同财产所有权中每个合伙人的份额大小,由其对共同事务的出资额比例予以确定。

合伙人的责任

言及合伙人责任的承担,每一位出资合伙人以其在合伙人共同财产所有权中的份额为限，按比例对因各合伙人从事共同的投资活动而产生的共同合同债务负责，而不以其自身财产负责。若各合伙人共同财产的价值不足以满足债权人对因其共同投资活动而产生的共同合同债务之请求，则管理合伙人以其全部财产承担补充责任(《投资合伙法》第14条第3款)。

合同法律制度的特点

投资合伙协议的法律制度特点由其适用的领域决定。例如，作为对合伙的管理手段之一，《投资合伙法》建议设置由合伙人代表组成的投资委员会。该委员会可对下列事项进行批准：(1)管理合伙人以全体合伙人之名义实施的法律行为；(2)对管理合伙人予以补偿或拒绝对其补偿；(3)对管理合伙人所实施的超过投资合伙协议所规定之范围的法律行为，向法院申请认定其无效。

为避免投资合伙这一设计被用于可疑的投资项目中，立法者规定投资合伙协议不能成为公开要约。此外，禁止合伙对其活动进行广告宣传。

投资合伙协议的条款无须披露，并根据《商业秘密法》的相关规定予以保护，但在《投资合伙法》和投资合伙协议中规定的须向第三方披露本协议条款的情形除外。同时，投资合伙协议不可规定有关该合伙的存在不向第三方披露(隐名投资合伙)的条款。合伙人之间所签订的关于设立隐名投资合伙的协议自始无效。

在对投资合伙的相关问题进行研究分析之后，可以发现，这种普通合伙是普通合伙协议在经营领域，尤其是在投资和投资活动领域得以适用的鲜明体现。

（第四章终）

第五章

社团的成立

术语表

法人地址——国家统一法人登记簿中包含关于法人的各项必要信息，其中包含俄罗斯联邦主体、区划、城市、其他居民点、街道、门牌号、地产、房产、楼宇、建筑物、设施和场地的名称（包括公寓、房间、办公室）。

国家注册号——记录于国家统一法人登记簿中的由 13 个字符组成的号码（编号）。

法人的国家登记——一方面可指联邦权力执行机构的行为，即在国家登记册中登记法人的成立、改组及清算信息和关于法人的其他信息；另一方面可指法人的设立程序。

股份公司成立协议——股份公司的发起人就股份公司的共同经营达成的协议，该协议不是包含各方在成立公司时确定的共同经营程序、公司注册资本额度、发起人的股份类别和类型、支付的额度和流程、发起人创立公司的权利和义务以及其他条件的股份公司设立文件。

有限责任公司成立协议——有限责任公司发起人间的协议，该协议并非公司设立文件，同样不包含各方实施创立有限责任公司联合经营的程序，注册资本额度，发起人每股额度及票面价值，注册资本中这些份额的支付额度、方式及期限，以及其他必要条件。

国家统一法人登记簿——一种联邦信息资源系统；是一种包含法人成立、改组和清算信息，法人的其他信息以及依照法律在国家登记期间提交给登记机关的国家法人登记文件在内的国家登记簿。

国家统一法人活动事实的重要信息登记簿——包含依照俄罗斯联邦法律须公布的国家法人登记信息的联邦信息资源系统。

法人所在地（住所）——一种法人信息的种类，其用于确定完成某些有意义的法律行为(国家注册)的地点及确定该法人地址。

国家统一法人登记簿中所含信息的不可信性——一种法律事实，登记机构依照国家法人登记的相关法律,在国家统一法人登记簿中记载的不可信的记录。

国家基本注册号——列入国家统一法人登记簿中的、关于法人成立的 13 个字符组成的号码(代码)。该号码在国家统一登记簿中关于法人的所有后续记录以及在确认记录情况的文件中被记入。

暂停国家登记——国家登记机关在法人的国家登记过程中采取的国家应对措施。

对国家统一法人登记簿中包含信息的可信度检查——一种由登记机构在对信息准确性有合理怀疑的情况下进行的行政程序,其中包括在收到相关人员对即将进行的法人国家登记的章程变更或对即将录入国家统一法人登记簿中的信息有异议时进行。

国家统一法人登记簿中数据的公信力——任何人均有权认定国家统一法人登记簿中信息与实际情况相符合(的原则)。

法人设立决定——发起人之间对设立法人达成一致的结果(或相应组织唯一发起人的意思表示)。

创立大会[发起人大会、全体大会、全体组织会议、大会(会议)、创立代表大会等]——社团组织或单一制组织的发起人或若干决定设立法人的发起人间的联席会议。

社团发起人——参与法人设立的自然人与/或法人,以及公法机构。

第一节 社团成立的方式

法律主体资格的产生

实在法将独立取得财产与权利的可能性与法律主体资格的存在联系了起来,即将这种可能性与对人、植物界与动物界的特定代表物、其他有机体、自然物、人造物或虚构物被赋予的法律实体属性的承认联系了起来。

这些虚构的对象也包括法人。十月革命前的俄罗斯法学家和参政院上诉司将"法人"定义为"与自然人概念不相一致的法律主体"。[1]

根据俄罗斯法律,法人被认定为法律主体,可以以自己的名义独立取得及行使权利、承担和履行义务、在法庭上作为原告和被告出现。立法对产生特定法人资格的程序进行了规定,该程序以俄罗斯立法的下述主要条款为基础:

——强制性国家注册:法人应依法以某种法律组织形式于国家统一法人登记簿之中进行登记;

——确定法律行为能力(法人资格)产生的时刻:法人的法律行为能力自关于其创立之信息被录入国家统一法人登记簿的时刻起产生;

——确定法人创立的完成时刻:自相关记录列入国家统一法人登记簿之日起,视法人成立,同时视法人的数据已纳入国家统一法人登记簿。

根据上述规定可知,若无国家参与,将无法在俄罗斯联邦设立法

---

〔1〕 参见 Решение кассационного департамента Правительствующего Сената от 12 ноября и 10 декабря 1880 г. № 246 «По прошению мещанина Софония Ткачукова об отмене решения С. -Петербургской Судебной Палаты» // Решения гражданского касса-ционного департамента Правительствующего Сената. 1880. СПб. ,1880. С. 722 – 726。

人。换言之，不存在未经国家登记（在国家统一法人登记簿中列入法人信息）而为法律主体的法人。

法人成立的方式

被法律承认的法人组建方式有四种：设立、改组（除吸收合并外的所有形式）、原有法人的恢复、类型变更。

适用于社团组建的方式为：设立、改组（除吸收合并外的所有形式）和恢复于法院认定改组无效前已存在的社团。

法人类型变更并不作为适用于社团组建的方式，该方式仅适用于特定类型的单一制组织的设立，即国家机构的设立。[1]

设立，为一种组建先前未曾存在的组织，即（设立）新机构。

此新设组织的任何发起人均不产生概括继受。

概括继受，是指在法律规定的情况下，已经终止的法人或其他一些主体将所有权利与义务以法定移转时刻前的形式移转至相应法律主体，不得进行继受的情况除外。

新成立法人的财产由其发起人进行组织，在法律规定的一些特殊情况下（例如，在建立政党的情况下），由第三人组织。

作为法人成立的一种方式，改组与设立的相似之处在于，其亦为组建先前所未有之新组织的一种方式。然而，二者本质区别不仅在于法律事实的构成及其实现的特点，还在于新设立法人的

---

〔1〕 参见《非营利组织法》第17.1条（ст. 17.1 Закона о некоммерческих организациях）、《自治机构法》。

财产基础通常是依靠被改组法人出资。

其他人(第三人)不能进行出资。迄今为止唯一的例外情况是以改组职工股份公司(人民企业)的形式组建法人。

权利继受,尤其是有概括性质的继受,并不是改组的区别性特征(尽管人们经常根据这一标准将设立和改组进行区分),其原因如下:(1)于设立之时,亦可发生特定继受;(2)如以存续分立方式进行改组时,继受不具有概括的性质;(3)在某些情况下进行改组之时(除组织同发起人所产生之关系外),完全不产生继受(如变更组织形式[1]之时)。

对认定改组无效前已存在社团的恢复(《俄罗斯联邦民法典》第60.2条)为社团组建方式的一种,该方式于2014年被规定于《俄罗斯联邦民法典》中。

> **法人的恢复是法院判决生效的结果。此判决依据对社团改组决议投反对票或未就此事项参与投票的社团成员所提起诉讼作出,同时认定改组失败。**

该组建方式与设立和改组之间的区别在于,其并不是要设立新的组织,而是恢复先前业已存在但因改组而导致不再存续的组织。在此基础上,组织的财产基础与参加人员构成的形成逻辑是明了的:(1)被恢复组织的财产是依靠终止(先前于改组期间创建的)法人的财产而形成的(《俄罗斯联邦民法典》中的表述为:“权利和义务的移转被认定

---

〔1〕 言及变更组织形式作为法人组建的一种方式,应指出,《俄罗斯联邦民法典》第98条规定,私有化被视为组建法人的方式(法典原文中使用“途径”一词)。但现实中并不能将私有化视作法人组建的一种独立方式(途径)。这一结论亦得到了《私有化法》第13条的确认,该条在能使新法人的依组建的众多私有化手段之中,仅提及两种:由单一制企业变更组织形式为股份公司及由单一制企业变更组织形式为有限责任公司。《私有化法》第37条规定了使用此两种手段进行法人组建的特点。另外,由此法条款所调整的“组织形式变更”,正是《俄罗斯联邦民法典》第57条所称的,作为法人改组方式之一的“变更组织形式”。

为失败”);(2)先前存在法人的参加人被认定为份额持有人,其股份额度与改组前所持额度相同,在改组过程中或在改组结束之时发生法人参加人变更的,先前已存在法人参加人的份额依《俄罗斯联邦民法典》第65.2条第3款规定向其退还。

第二节 社团的设立

社团的发起人

➲ **设立,是任何法人(包括单一制组织和社团)组建的通用方式。**

《俄罗斯联邦民法典》第50.1条规定,法人可以根据(一名或多名)发起人的法人设立决定而得以建立。

任何民事法律主体均可以通过设立法人的方式参与法人的组建,并获得法人发起人的特殊法律地位。这是一种完全符合宪法中经济活动自由原则的处理方式(《俄罗斯联邦宪法》第8条和第34条)。《俄罗斯联邦宪法》第34条规定,每个人均享有自由利用其能力和财产从事企业经营活动以及从事其他未被法律禁止的经济活动[1]的权利。

---

〔1〕 俄罗斯联邦宪法法院的法律意见曾不止一次强调,公民依据经济活动自由的宪法原则,在实现对法律不加禁止的企业经营活动和其他经济活动之能力与财产的自由使用权利之时,既可直接实现这种自由,又可借由组建包含营利组织在内的各种组织来实现,也可独自或协同其他公民与法人共同参加至该组织之中(俄罗斯联邦宪法法院于2010年5月25日就N. I. 古辛所诉“俄罗斯联邦法在《俄罗斯联邦居民就业法》第2条第10自然段的宪法审查”一案所作第11-П号判决 / Постановление Конституционного Суда РФ от 25 мая 2010 г. № 11-П «По делу о проверке конституционности абзаца десятого статьи 2 Закона Российской Федерации «О занятости населения в Российской Федерации» в связи с жалобой гражданина Н. И. Гущина»)。

对法人组建的参与，被俄罗斯联邦宪法法院视为行使自由利用其能力和财产从事企业经营活动，以及从事其他未被法律禁止的经济活动的权利形式。[1]

“发起人”的概念及其法律地位的要素（根据对改变各要素的各种变量所可能进行的规定），尚未在任何规定中得到确定。

总体来说，《俄罗斯联邦民法典》第 50.1 条对法人所有形式、种类及类型最为基本的状态进行了规定。

发起人，可以理解为决定设立法人（如果由个人设立）或参与设立法人决定作出（如果决定由两人或多人作出）的人。

同时，应当指出，立法还对除参与组建决议作出外与获得发起人法律地位有关的法律事实进行了指出，例如：(1)签订设立（组建）协议；(2)参加创立大会；(3)向获授权的联邦机构发送书面申请；(4)参与发起人会议的组织；(5)以其他形式（向获授权机构发出询问）参与设立过程。

对一些人而言，参与社团设立的机会可因各种原因而受到限制，而对另一些人而言，对社团设立的参与，则被规定为直接禁止。需要强调的是，此类禁止可以被公开而明确地作出，亦可遵循可能并非以对设立社团加以禁止为目的其他规范性条款而得出。

《单一制企业法》第 21 条可作为一个有关直接限制的例子，该条规定，禁止单一制企业负责人成为法人的发起人（参加人）。而间接限制更是形式多样。如此，便可对俄罗斯联邦公职人员、联邦各主体的公职人员及市政人员作出有约束性的限制制度（并且，考虑在个别组织

---

[1] 俄罗斯联邦宪法法院于 2010 年 5 月 25 日所作第 11 – П 号判决（Постановление Конституционного Суда РФ от 25 мая 2010 г. № 11 – П）。

中的国家职务特点，这一限制制度是相当的复杂）。[1]

《法人和个体工商户登记法》第 23 条作出了相当多的限制，该条中所规定的也是非直接限制，因为其描述的并非对参与设立的直接禁止，而是通过拒绝为法人进行登记的方式所作出的限制。

按照该法规定，相关机构拒绝为法人进行登记的依据之一是，剥夺自然人于一定期限内从事企业经营活动的法院生效判决，且此期限尚未届满。

特殊的禁止和/或限制可由各非营利组织的相关立法，或特殊权利能力的组织地位条款等规定，例如：

——根据《非营利组织法》第 15 条有关规定，非营利组织发起人不得是法院判定其行为有极端性质的人。该条同时规定，依照 2002 年 7 月 25 日第 114 号联邦法律《反极端行为法》或 2006 年 3 月 6 日第 35 号联邦法律《反恐法》规定，被法院作出解散或禁止活动之生效判决的组织有关联的社会团体或宗教团体，若某人曾为负责人或管理成员之一，则自法院判决生效起 10 年内，不得成为非营利组织发起人。

——根据《社会联合组织法》第 19 条有关规定，被依法剥夺自由者不得成为社会联合组织的发起人。

——根据《银行及银行活动法》第 16 条有关规定，信贷组织发起人的不良商誉可以作为拒绝为其进行国家登记的标准之一。例如，因蓄意犯罪依法受惩罚且惩罚未被撤销或未到期限。

〔1〕 参见《俄罗斯联邦反腐败法》第 12.1 条（ст. 12.1 Федерального закона «О противодействии коррупции»）、《俄罗斯联邦国家公民服务法》第 17 条（ст. 17 Федерального закона «О государственной гражданской службе Российской Федерации»）及其他法律中的相关规定。

社团发起人数量

法律有关社团发起人数量的规定较为抽象：根据《俄罗斯联邦民法典》第 50.1 条有关规定，法人可由一人（根据唯一发起人的决定）或多人（根据多位发起人的决定）组建设立。

换言之，根据法律规定，社团发起人至少为一人；而法律未对社团发起人的人数上限作出一般规定。同时意味着，社团发起人的人数上限问题根据社团单独法律地位、种类以及类别来确定：

——在某些情况下，法律允许社团由一人独自设立（《俄罗斯联邦民法典》第 88 条中有关有限责任公司部分、第 98 条中有关股份公司部分）；

——对于一些社团而言，其发起人数量的上限及/或下限均受限制［例如，两合公司中的参加人总数不得超过 20 人（《俄罗斯联邦民法典》第 20 条），有限责任公司的股东（发起人）不得超过 50 人］。

需要注意的是，对于非营利组织，需要考虑《非营利组织法》中的一般规定。如该法第 15 条指出，在联邦法律未另加说明的情况下，非营利组织的发起人数量不受限制。也就是说，除设立非营利合伙、社会团体的情况或其他联邦法律规定的情况外，非营利组织可以由一人设立。

社团设立时发起人的行为程序

> 法人的设立是一种复杂的法定构成。新的权利主体（法人）因设立的实现而得以组建。

《俄罗斯联邦民法典》第 50.1 条可能会造成某种错觉，让读者误以为“设立”这一行为始于法人设立决议的通过。然而,这一决议仅为意愿的表达。为了这一决议得以通过,需要在通过决议前于与发起人间达成意见统一(若单一发起人为公法机构,则需要进行必要的调解程序)、筹备决议大会(准备必要的文件、通知参会人、发出邀请和决定会议地点)和就决议草案进行谈判并进行其他组织行为。

当数人(两人及以上)共同设立时,发起人及获其授权之人所必须进行的组织行为(阶段)有数量上限。

就潜在共同发起人的职位协商一致,是共同设立的首个行为。谈判各方(未来的共同发起人)可遵循《俄罗斯联邦民法典》第434.1条中关于谈判进行的一般要求,亦可根据其约定,自行制定有关谈判规则的协议。例如,《俄罗斯联邦民法典》第434.1条所提到的,该协定中可以写明对诚信谈判的要求,确定对谈判相关的开销、其他类似权利与义务的分配,以及明确对违反协定内容的惩罚措施。

若谈判双方就参与设立法人的后续过程达成了一致,双方和/或获其授权人将实施后续的法人设立行为。

在这一阶段,共同发起人有三种方式参与组织活动:

(1)非协议方式。该方式包含两种形式:

——第一种形式是,共同发起人之间不缔结任何形式的特别协议,此情况下,未来发起人或其他主体的活动为事实上的协同活动,其旨在达成创立大会的召开;

——第二种形式是,潜在的发起人和/或第三方(包括获授权的国家机关)在组织委员会架构下开展活动。

(2)协议方式。此时,潜在发起人的行为受到由他们所签订的成立协议、发起人协议或其他类似协议约束。

(3)混合方式。在该情形下,由协议所规定的活动受到第三方的实际行为的补充；抑或在已具备协议的前提下，另组织委员会，并发挥效力。

只有在关于设立法人的决议通过后，潜在发起人的实际活动方才获得法律基础。因为，作为该决议的必要条款，《俄罗斯联邦民法典》第50.1条对法人发起人的协同活动顺序作出了规定。

在下列情况下，发起人活动需以设立组织委员会的形式进行：(1)设立农业合作社之时；[1] (2)成立政党之时；[2] (3)设立建筑单位民事责任相互保险公司之时。[3] 在设立以下社团组织时，共同发起人的行为必须基于合同进行：无限公司与两合公司、[4] 少数民族公社、[5] 法律顾问处、[6] 有限责任公司、[7] 股份公司、商合伙。[8] 法律对以上各组织所使用协议的内容、有效期及其他事项均分别作出了规定。

创立大会在社团设立的过程中有着极为重要的意义，大会上将通过组建新社团的决议。“创立大会”这一名词在这里是对不同类型社团所召开大会的统称。根据对各类社团的不同规定，大会可以有不同

---

〔1〕 参见《农业合作社法》第8条(ст. 8 Закона о сельскохозяйственной кооперации.)。

〔2〕 参见《政党法》第12条、第13条(ст. 12, 13 Закона о политических партиях)。

〔3〕 参见2007年9月20日第286号联邦法律《相互保险法》第23.2条(ст. 23.2 Федерального закона от 20 ноября 2007 г. № 286 – ФЗ «О взаимном страховании»)。俄罗斯联邦地区发展部2013年4月2日第125号令(Приказ Минрегиона России от 2 апреля 2013 г. № 125)就建筑单位民事责任相互保险公司的发起人人选作出了规定。

〔4〕 参见《俄罗斯联邦民法典》第70条(ст. 70 ГК РФ)。

〔5〕 参见《公社组织共同原则法》第8条(ст. 8 Закона об общих принципах организации общин)。

〔6〕 参见《律师活动及律师制度法》第23条(ст. 23 Закона об адвокатской деятельности и адвокатуре)。

〔7〕 参见《俄罗斯联邦民法典》第89条(ст. 89 ГК РФ)、《有限责任公司法》第89条(ст. 89 Закона об ООО)。

〔8〕 参见《商合伙法》第6条(ст. 6 Закона о хозяйственных партнерствах)。

的称呼，如“创立大会”（учредительное собрание）〔1〕、“创立大会（会议）”［учредительное собрание（конференция）］〔2〕、“发起人大会”（собрание учредителей）〔3〕、“大会”（собрание）〔4〕、“全体组织大会”（общее организационное собрание）〔5〕、“全体大会”（общее собрание）〔6〕、“发起人全体大会”（общее собрание учредителей）〔7〕、“代表大会（会议）”［съезд（конференция）］〔8〕或“创立代表大会”（учредительный съезд）〔9〕。

同其他任何会议一样，**对创立大会的筹备工作**是不同法律含义的

---

〔1〕 参见《俄罗斯联邦民法典》第98条（ст. 98 ГК РФ）、《股份公司法》第9条（ст. 9 Закона об АО）、《公社组织共同原则法》第9条（ст. 9 Закона об общих принципах организации общин）、《消费合作社法》第7条（ст. 7 Закона о потребительской кооперации）。

〔2〕 参见《律师活动及律师制度法》第29条（ст. 29 Закона об адвокатской деятельности и адвокатуре）。

〔3〕 参见《有限责任公司法》第11条（ст. 11 Закона об ООО）、《商合伙法》第8条（ст. 8 Закона о хозяйственных партнерствах）、《俄罗斯联邦住房法典》第112条（ст. 112 ЖК РФ）。

〔4〕 参见《工会法》第8条（ст. 8 Закона о профессиональных союзах）。

〔5〕 参见《农业合作社法》第8条（ст. 8 Закона о сельскохозяйственной кооперации）。

〔6〕 参见《社会团体法》第18条（ст. 18 Закона об общественных объединениях）、《俄罗斯联邦境内工商会法》第6条（ст. 6 Закона о торгово-промышленных палатах в РФ）、《相互保险法》第5条（ст. 5 Закона о взаимном страховании）、《俄罗斯联邦住房法典》第135条（ст. 135 ЖК РФ）、《生产合作社法》第5条（ст. 5 Закона о производственных кооперативах）。

〔7〕 参见《园艺、菜园和避暑地公民非营利团体法》第16条（ст. 16 Закона о садоводческих, огороднических и дачных некоммерческих объ-единениях граждан）。

〔8〕 参见《俄罗斯联邦民法典》第123.1条（ст. 123.1 ГК РФ）、《社会团体法》第18条（ст. 18 Закона об общественных объединениях）、《俄罗斯联邦境内工商会法》第6条（ст. 6 Закона о торгово-промышленных палатах в РФ）、《工会法》第8条（ст. 8 Закона о профессиональных союзах）、《律师活动及律师制度法》第29条（ст. 29 Закона об адвокатской деятельности и адвокатуре）。

〔9〕 参见《政党法》第11条、第14条（ст. 11, 14 Закона о политических партиях）、《俄罗斯联邦境内工商会法》第6条（ст. 6 Закона о торгово-промышленных палатах в РФ）。

活动与组织活动的组合。其包括：

——起草并通过创立大会上所通过的文件草案，在必须组建组织委员会的情况下，该职责由组织委员会履行；

——以各种方式将议定文件及决议草案(或通知书)分发给即将参会者；[1]

——如有需要，租赁用以召开发起人大会的处所；

——向与会者发放通知(邀请函)。

在筹备创立大会期间，发起人须了解法律是否对法人发起人作出禁止或限制(尤其是担任法人独任执行机关职责的发起人)。

此外，必须确认获法人(包括管理组织)授权(但无权代理行事)的主体是否因行政违法受行政处罚而失去资格且处罚是否已经到期。除须获取主体是否存在于资格清单的信息之外，还须明确：

——不存在依据《法人和个体工商户登记法》第23条第1款第22副款中所规定的登记机关有权拒绝进行国家登记(针对营利组织)的条件；

——不存在依据《银行及银行活动法》第16条中所规定的登记机关有权拒绝进行登记(针对信贷组织)的条件。本条涉及被提名为信贷组织领导、信贷组织总会计师及副总会计师候选人及成员与职业要求和商业信誉要求不相匹配，和上述候选人有对信贷组织董事会(监事会)商誉要求不相匹配的细节规定。

有关设立法人的大部分决定，均是由大会以法人设立决议的形式通过的。《俄罗斯联邦民法典》第50.1条对决议的内容作出了一般规

---

〔1〕 例如，《促进住房建设发展法》第16.5条规定合作社设立文件须公布在官方媒体及“互联网”网站上。《政党法》第14条规定政党须在《俄罗斯报》或其他全俄期刊上登载其发起人大会的召开时间及地点，且不得迟于创立大会一个月后。

定。根据该条,法人设立决议须指出以下信息:

——关于法人的设立;

——关于法人章程的批准(当法人依照由获得授权的国家机构所批准的示范章程活动时,则须指出规定信息);

——法人资产形成的程序、额度、方式及期限;

——与选举(任命)法人机关有关的信息。

在设立社团时,该决议须以必要程序包含以下信息:

——发起人对设立法人事项的投票结果;

——发起人就组建法人的协同活动程序。

《俄罗斯联邦民法典》第50.1条规定,在共同发起的情况下,法人设立决议须由全体发起人**一致通过**。

在社团设立决议通过后,**发起人和/或获得其授权人员应以履行发起人及被选举或任命为相应机关责任人的义务为目的,依据协议或各发起人通过的决议行事。**

首先,发起人须从获授权的国家机构处获得创立社团的许可或同意(在此许可具有先决性质的情况下)。

其次,发起人须于国家登记之刻前,为形成新设社团财产而以其部分或全部财产履行相应义务[在新设法人的财产(或部分财产)形成于国家登记前的情况下]。

最后,准备须发往相关国家机构以供注册新设社团之用的文件。

需要注意的是,根据2018年6月4日第133号联邦法律第12条有关规定,在个别情况下,俄罗斯联邦总统可就某些领域商公司的设立进行特别规定。因此,俄罗斯联邦总统的命令及指示可对个别社团(股份公司及有限责任公司)的创立作出各种特别规定。

第三节 设立文件

设立文件的概念

与自然人不同,法人不具备实际的“身体”,无法主动向他人告知自己的存在,因而法人的存续必须经书面记录加以证明。对于法人的发起人而言,其构想唯有被口头表达、确定后,方能够为众人所知。设立文件的订立为法人设立过程中的一个环节——在这一环节中,法人发起人的构想得以确立。

设立文件是法人注册时所必需的基本文件。

设立文件确定法人的法律组织形式、名称、所在地、目的、活动对象及组织架构。

设立文件是了解有关法人信息的可靠来源。其在各个方面对法人的活动作出规定,包括以何种方式形成和表达法人意愿、以何种方式授权何人代替法人行事、在何种情况下以何种方式执行改组或清算、以何种方式处置清算后的剩余资产等。

设立文件既是法律关系中法人的客观存在形式,也是法人于法律意义上存在的外在表现形式。对法人而言,设立文件确立了其组织上的统一,反映了其作为法律主体的资格。

设立文件的种类

依照法律规定,存在两类设立文件:一为章程;二为发起人协议。

法人遵照这两种文件开展活动。

大部分法人仅有一类设立文件,即章程。根据《俄罗斯联邦民法典》第 52 条第 1 段规定,除商合营外,法人须遵照由其发起人(参加人)订立的**章程**开展活动。

商合营遵照**发起人协议**开展活动。发起人协议由商合营的发起人(参加人)依照《俄罗斯联邦民法典》中涉及法人章程的相关规定加以订立。根据《非营利组织法》第 14 条的规定,社会团体、非营利合伙、自治性非营利组织的发起人亦可订立发起人协议。

设立文件有多种获得法律效力的合法程序。章程及发起人协议由法人的发起人订立。

设立文件的内容

就内容而言,任何设立文件均包含以下三部分:

第一,设立文件须包含按照立法者意志应被载入的法人有关信息。文件该部分被称为**"规约部分"**。

第二,设立文件须包含发起人根据自身意思表示将承担的义务。文件该部分被称为**"协议部分"**或**"指令部分"**。

第三,设立文件须包含法人就其将承担的义务所作出的意思表示。文件该部分被称为**"宣言部分"**。

设立文件的规约部分

设立文件的规约部分须遵照立法者的意志并基于法规之规定而订立。

《俄罗斯联邦民法典》第 52 条对设立文件的规约部分作出了总体要求。各联邦法根据不同的法人类别对这一要求进行了进一步细化。

规约部分体现了立法部门的规定,这些规定并不能以设立文件制定者的意志为转移。

大部分法人设立文件的规约部分均可逐字摘录法律中的相关规定。设立文件中的此类内容有其作为规约部分的实际意义,而并非对法律文本的简单照搬。当现行法律发生改变时,这类内容便会起到重要作用:倘若相关规定未被收录进规约部分,则当现行法律进行修订并生效后,这部分条款同样会对法人失去效力。

➲ **于法人创立之时被载入章程的强制性法律条款,在法律发生变更时,将依当时法律的一般规则继续生效。**

该规则在以下两种情况下失去效力:(1)当有关法律的变更具有溯及力之时;(2)当法律规定须对设立文件进行必要修订,以使后者符合新的法律要求之时。

例如,2014 年 5 月 5 日第 99 号联邦法对《俄罗斯联邦民法典》第 4 章中有关法人的条款进行了实质性的革新。其规定,于本法生效之日起所成立法人的设立文件及名称,须于法人文件初次变更之时,依照新生效版本的《俄罗斯联邦民法典》第 4 章规定予以修订。在设立文件被修订至符合现行法律要求前,仅与上述规范不相违背的部分具有效力。

➲ **借由规约部分,法人得以将立法在某一特定时刻的状态固定下来。这赋予了发起人、法人及其合同对方更为明确的法律地位。**

设立文件的协议部分(指令部分)

设立文件的协议部分(指令部分)对单一发起人的意愿或两位及

两位以上发起人的一致意思进行固定。

设立文件的协议部分(指令部分)的内容由单一发起人的意愿或两位及两位以上发起人(参加人)的一致意思进行确定。设立文件该部分规定了发起人(参加人)对法人的义务及限制,亦规定了发起人(参加人)对彼此的权利及义务。

发起人(参加人)确定设立文件内容的意愿受到法律的限制。协议部分(指令部分)内容由基于任意性或可选性规范所确定的诸多可能方案而订立,以及通过向设立文件中列入不与法律相违背的条款来确定。法人的法律组织形式限定了可供发起人选择方案的多寡。

例如,就公众股份公司的发起人(参加人)而言,他们可选择的方案便少于非公众公司的发起人(参加人)。与公众公司章程不同,依照《股份公司法》第 7 章之规定,非公众公司章程可以规定在何种情况下,公司股东能够以何种程序行使其对某一股东意图转让给第三方股份时的优先购买权。有限责任公司的发起人可以事先商定,并在章程中明确股东享有股份优先购买权的有效期、是否有权退股、是否有权将已离世股东之股票转让给其继承人等。商公司章程可以对单一股东持有有限责任公司的份额(或非公众股份公司股份数量)的上限作出限制等。

并非因发起而获得参加资格的相应主体(如在增发股票的过程中获得参加资格等),亦可参与到此种意思表示(合同)之中,并成为参加人。因此,设立文件不仅将现有的各发起人(参加人)连接为整体,还联结了他们的权利继受人——这些权利继受人后续将于发起人处取得参加资格,成为法人的参加人。

设立文件的宣言部分

设立文件须包含法人就其将承担的义务所作出的意思表示。

设立文件的宣言部分为法人的公告，它明确了包括法人意欲达成何种目的、从事何种业务、位于何处、为何名称、以既定程序完成何种法律行为在内的诸多事项。从某种意义上来说，这是某种对不特定人群作出的“公开宣告”，其对须履行该公告的法人有约束作用。

设立文件的宣言部分由法人借由其所授权的机关——股东会或其他机关所作出的文件予以通过。

章程及发起人协议的形式

就形式而言，章程及发起人协议须为书面文件。

章程及发起人协议须以规定字体用黑色油墨打印于单面纸上。[1]

示范章程

法律规定了可供选择的示范章程的可能性，其形式可由获授权的国家机关批准。[2]

就股份公司的章程而言，十月革命前，俄罗斯学界将其分为“标准章程”及“模范章程”两类。标准章程包括一般规则及特殊规则——前者对所有股份公司均适用，而后者则就公司目的不同而有所变化。[3]

在国外法律秩序中也存在类似的情况，由于该类章程具体内容无须核验，法人注册时所遵照的通常是简化程序。国家登记机关仅对于进行国家登记之时所提交的信息进行核验。法人基于示范章程参加民

---

〔1〕 参见俄罗斯联邦税务局于2012年1月25日通过的№ ММВ－7－6/25号令《对提交至登记机关的文件形成要求》第1.17条（ст. 1.17 Требований к оформлению документов, представляемых в регистрирующий орган, утвержденных приказом ФНС России от 25 января 2012 г. № ММВ－7－6/25）。

〔2〕 参见《俄罗斯联邦民法典》第52条第2款。

〔3〕 参见 Тарасов И. Т. Учение об акционерных компаниях. М., 2018. С. 236－237。

事流转，一方面简化了法人同合同对方的互动，另一方面也稳固了各类法律关系——毕竟，在完成交易之时，该法人的合同对方并不能借称其对章程一无所知。

由获授权国家机关批准的示范章程中并不包含法人的名称、商号、所在地以及注册资本数量。在使用示范章程时，应将依法包含于章程中的信息列于国家统一法人登记簿中。因此，当同一个使用示范章程的法人缔约时，其对手方谨慎的做法应是，预先于国家统一法人登记簿中查阅相关信息。

示范章程在法人的创设过程中得到了广泛使用，在法人的经营活动中亦是如此。在法人的创设过程中，由发起人决定是否使用示范章程。在使用示范章程的情况下，法人进行登记时无须提供设立文件，只需向负责注册的国家机构提交关于法人将以示范章程为基础开展活动声明与决定。

在法人的经营活动中，使用示范章程的决定可以由发起人（参加人）作出，亦可由其他机关作出。

《法人和个体工商户登记法》第 17 条规定，如决定不再依据示范章程开展活动，则这一变动须登记于国家统一法人登记簿之中。

适用示范章程意味着法人自愿放弃法律所赋予各主体的自我调整之机会。在订立章程时，发起人可以在法律范围内根据自己的需要选择管理模式，分配职责权限。因此，在决定放弃这一机会并使用示范章程之前，各主体须对所有后果谨慎斟酌。

单一制非营利组织（如学校、医院等以机构形式设立的组织）须基于示范章程开展活动。

统一示范章程

统一示范章程同示范章程有所不同。机构（учреждение）在法定情况下基于统一示范章程开展活动。根据《俄罗斯联邦民法典》第52条第3款的规定，针对开展某些特定活动而设的机构，其示范章程由发起人或发起人获授权的机关批准。

以联邦法作为法人设立文件

俄罗斯联邦的一些特别法本身便是某些法人的设立文件。[1] 例如，《俄罗斯联邦民法典》第52条第1款第3节及《非营利组织法》第7.1条规定国有企业基于与其相关的联邦法律设立并开展活动；中央银行（俄罗斯银行）的法律地位则由特别法确定。[2]

此类特别法遵照联邦法律所规定的程序得以通过、修订或失效。这些特别法中包含相应法人设立文件中所必须体现的信息。

此类法律中包含一些能将这些法律文件界定为非规范性文件的规定。M. N. 马尔琴科指出，同规范性法律文件不同，非规范性文件所针对的对象受严格规定，且针对严格的情况被颁布。[3]

值得一提的是，若法人的设立文件为联邦法时，该法人的发起人便是俄罗斯联邦。因此，倘若法人的设立文件为联邦特别法，则可以说，该设立文件由与指令部分相重合的规约部分构成。在这种情况下，在法人成立时，其设立文件的宣言部分也随之产生，且宣言部分并不能由法人自行修订。

---

〔1〕 参见2007年12月1日第317号联邦法律《俄罗斯国家原子能公司法》（Федеральный закон от 1 декабря 2007 г. № 317 – ФЗ «О Государственной корпорации по атомной энергии «Росатом»»）。

〔2〕 参见《俄罗斯银行法》（Закон о Банке России）。

〔3〕 参见 Марченко М. Н. Теория государства и права：Учебник. М. ,2005. С. 613。

设立文件的形成程序

设立文件可分成两部分：一为明示规则；二为默认规则。

➡ 明示规则为被直接写入设立文件，即写入法人的章程和/或发起人协议之中的规则。

法律明确了对其内容的诸项要求。

➡ 默认规则可以不写入章程和/或发起人协议等设立文件中，而是包含于立法的强制性及任意性规范中。

例如，依照《俄罗斯联邦民法典》第66.3条第1款之规定，若于股份公司的章程及商号名称之中指明了其为公众公司，则该公司须遵守适用公众股份公司的法律法规。也就是说，即便在书面文件中仍于形式上包含关于该公司性质的内容，章程中原有的将该公司规定为非公众公司的条款自此失效。而在该公众公司修订其章程前，其地位由立法规定直接确定，不论相应法规是否颁布，亦不论它是否同该公众公司章程书面列出的规则存在抵触之处。

➡ 默认规则一般包括与设立文件的规约部分相关的规定。后者反映了立法的要求，且并无须重复体现于章程和/或发起人协议等文件之中。

所选的法律组织形式以及发起人的人员构成决定了订立设立文件的不同程序。

如果团体由一人创立，则其章程由单一发起人的决定而获批确认。

该决定的性质取决于发起人的法律地位以及被设立法人的法律组织形式。例如，若发起人为单一发起人且拥有公民身份，则其成立法人的决定便为单方法律行为；而联邦国库企业的成立则基于俄罗斯联邦政府的行政文件——俄罗斯联邦政府命令（根据《国有与地方单一制企业法》第8条第3款有关规定）；国有社团则遵照联邦法而成立（根据《俄罗斯联邦民法典》第52条第1款第3节及《非营利组织法》第7.1条第1款有关规定）。

若法人发起人不止一名，根据《俄罗斯联邦民法典》第52条第1款第1节、第2节及第50.1条有关规定，发起人协议须由各发起人缔结，章程须由各发起人一致确认通过。

根据联邦法律，在订立发起人协议时，发起人须遵循法定程序；此外，发起人协议的形式须为一份由发起人签名的单独文件（《俄罗斯联邦民法典》第70条）。《俄罗斯联邦民法典》中有关法人章程的规则（《俄罗斯联邦民法典》第52条第1款第2节），适用于发起人协议。

发起人有关是否通过发起人协议的决议须一致通过。这一决议须被记录在对法人设立作出决定的创立大会的会议记录中。根据《股份公司法》第9条及《俄罗斯联邦民法典》第50.1条有关规定，会议记录须包含表决时间、地点、出席大会的发起人名单、表决结果、大会结果以及订立章程的决议。会议记录须由全体发起人签名。

设立文件中所载信息须真实无误。若发现信息不实，国家登记机关将不予办理登记手续。[1] 根据《俄罗斯联邦行政违法法典》第12.25条及《俄罗斯联邦刑法典》第170.1条有关规定，向国家登记机关递交不实信息者将承担行政和刑事责任。

---

〔1〕 参见2001年8月8日第129号联邦法律《法人和个体工商户登记法》第23条第1款第18项（подп. «р» п. 1 ст. 23 Федерального закона от 8 августа 2001 г. № 129 - ФЗ «О государственной регистрации юридических лиц и индивидуальных предпринимателей»）。

根据《俄罗斯联邦民法典》第 50.1 条有关规定，在用以设立相应组织的设立文件制定之时，相应法人尚未存在。根据《俄罗斯联邦民法典》第 49 条第 3 款及第 51 条第 8 款有关规定，唯有当法人被列入国家统一法人登记簿之后，法人方成为有权利能力的主体。因此，在通过设立相关组织的决定及对组织章程确认之时，各发起人对其自身意思作出表达。这样一来，当法人使用示范章程及统一示范章程时，其设立文件的内容便全面囊括了立法者的意志，且成为设立文件的规约部分。

可以通过两种方式来抑制发起人与法人之间可能存在的利益冲突。第一，任一发起人可就设立文件内容行使其否决权，因为立法对章程的确认提出了一致同意的要求；第二，在成立之后，法人可酌定对其章程条款进行变更。

设立文件的变更

对设立文件的变更，可据不同法人之类型、种类与组织形式相对应的程序进行。

例如，公司股东会可以作出对股份公司章程进行修改的决议（《股份公司法》第 12 条第 1 款）。此时所行之修改将作为**法人依照自身意志作出法律行为**的法律后果。

对单一制企业章程进行变更的决定则由获得授权的国家机构作出（《单一制企业法》第 9 条第 2 款及第 7 款）。此时所行之修改将作为该机构**作出行政法律行为**的法律后果。

无限公司的发起人协议及基金会的章程可依照**法院判决**进行变更（《俄罗斯联邦民法典》第 72 条第 2 款及第 123.20 条第 1 款第 2 节）。

除法律另有规定外，对设立文件的变更自其由国家机关进行登记或被国家机关公告之时起**对第三人生效**。若第三人在此之前便已知悉设立文件的变更,并遵照变更后的内容行事,则法人亦须遵照变更后的章程行事,且无权以未对变更进行国家登记为借口。

因此,对法人、参加人、管理机关之成员及已知悉修改并依修改提出主张的第三人而言,设立文件自有关对其进行变更的决议通过之刻起便视为生效。而对于并不知晓或并不愿依修改提出主张的第三人,相应变更于国家登记之刻起方才产生效力。

因此,修改前、后的设立文件或可同时有效。

一案例中,某商公司诉至仲裁法院,要求驳回国家登记机关所作出的对该公司就其设立文件变更不予登记的决定。国家登记机关作出这一决定的理由为,该公司在申请中所包含的信息与其登记成立时记录的信息不符。在审理该案时,法院发现该公司曾经对参加人名单进行过变更,但这一变更并未登记于国家统一法人登记簿之中。因此,该法人递交的申请中包含不实内容。基于这一点,法院驳回了该公司的诉求,裁定国家登记机关所作出的对该公司就其设立文件变更不予登记的判决合法。[1]

第四节　社团成立时财产的形成

社团财产的形成方式

资本的形成方式和形成期限问题是所有法人在其成立时都要面对

〔1〕 参见西北联邦区仲裁法院于2009年3月5日对第1593－A46－37号案件作出的№ Φ04－5421/2008号判决。

的(《俄罗斯联邦民法典》第50.1条第3款)。正如法人的定义所呈现出来的,法人天然需要能受其处置的资本,用以承担自身的义务(《俄罗斯联邦民法典》第48条)。因此,所有法人都须以某种方式持有财产。

发起人同法人之间的财产关系在很大程度上取决于法人的资本转让情况。可以分为以下情形:

(1)发起人将资本转让给新成立的法人,但发起人并未放弃对资本的所有权,法人对该资本仅有限制物权(经营权或控制权)。这意味着,在法人清算后,乃至于在法人的活动过程中,发起人均可收回该财产(例如,单一制企业、国有企业及联邦预算机构)。

(2)发起人(俄罗斯联邦)将资本转让给法人(国有社团、公法公司)。发起人虽转让出资本的所有权,但并未完全同该资本失去关系——法律对这部分资本的使用作出了限制,发起人仍有权在法人运营中或清算时无偿将它们收回归联邦所有(如《关于俄罗斯联邦公法公司和修改部分俄罗斯联邦法律文件》第21条第10款第6节第4项,2007年12月1日第317号联邦法律《俄罗斯国家原子能公司法》第41条第3款第17项、第18项,以及2014年7月21日第210号联邦法律《关于清算国有奥运设施及索契山地疗养地建设公司》)。

(3)发起人将其有权处置的国家所有、地方所有或私人所有的资本转让给新成立的法人独立所有(例如,形成商公司的注册资本)。在法人活动的过程中发起人无权收回资本。当法人活动终止后,资本并不返还给发起人,而是在清算时交付法人的股东,或转让给第三人以实现法人的目标(所有社团性组织中的财产关系正是据此方式得以建立的)。

(4)依照发起人的意愿,资产转让由法人(遗产基金)所有,但当法人设立时发起人已因丧失权利能力而无法对财产享有所有权。按照《俄罗斯联邦民法典》第123.20－1条第7款有关规定，遗产基金在完成清算后，其财产将按可继承份额转让给受益人、遗产基金管理条款中规定的其他人，或俄罗斯联邦所有。

由此可见，在法人活动和清算过程中，财产的命运、应当适用的法律制度及其消灭方式各有不同。

就财产而言，所有社团法人都属于上述资本关系类型中的第三种。所有的社团法人均为其财产的所有权人。财产归社团法人私有，发起人失去对已转移资本的所有权，且无权在法人的活动过程中任意收回资本。社团法人的特点之一便是它具有其他主体在未来加入这一组织的潜在可能。法律规定了社团法人法律组织形式的特点——既包括管理机关的形成，还包括股东间的权利分配的不同比例标准（注缴注册资本、个人劳动出资等），而这些特征确保了前述之可能性的实现。建立社团的主体中大多数都参与了公司资本的形成，因此它们间便必然涉及对转移给新成立法人的资本的分配。如何分配这些资本取决于社团法人的法律组织形式。在一些法律组织形式下，资本被平均分配给所有发起人（在社团法人成立时各发起人出资可相等），而在另一些法律组织形式下，出资额则可以不相等（向有限责任公司注缴注册资本）。

《俄罗斯联邦民法典》对营利社团组织资本形成的程序作出了规定，而非营利社团组织资本形成的程序则由其他特别法规定（如《自治组织法》第12条）。当前并无法律法规对非营利社团组织资本形成的程序作出一般性规定，这是因为当前对非营利社团组织在设立时所需最低财产额还没有作出特别的要求。法律仅对意图从事营利活动的非营利组织作出了限制——根据《俄罗斯联邦民法典》第50条第5款有关规定,此类社团拥有的资本须足以维持该类项目进行,但亦不可少于有限责任公司的注册资本。但如果非营利组织并不准备从事营利项目,那么在成立社团时可以不需要发起人以财产进行注资——在法人的设立决定中应当指明这一点。

营利社团法人使用发起人的出资设立注册资本、联合资本或共同基金。在商公司中设立注册资本,在商合营及商合伙中设立联合资本,在生产合作社中设立共同基金。

营利社团建立时注册资本的形成

在创设商公司时,发起人在完成一系列法定行为(**法律事实构成**)后形成注册资本。下文将讨论这些构成要件。

1. 当作出成立商公司、商合营或生产合作社的决定时,发起人须就一系列注册资本的有关事宜进行决策。

首先,订立章程以决定注册资本或共同基金的数额。股份公司的章程还须明确注册资本被分割成多少股,股份的种类(类型)和面值。有限责任公司的章程中应当明确注册资本的数额。合作社的章程须明确共同基金的数额,合作社成员向共同基金注资数额以及向共同资金注资的程序。也就是说,当章程订立时,各发起人便应当明确各自欲向注册资本或共同基金注资数额,也应当明确各自欲认购多少股份(份额)。合作社的章程中需要依照《生产合作社法》第5条有关规定写明前述信息,而商公司的章程中则不需要。发起人订立的章程中可以限定以何类资产充作注册资本。既可以限定唯有某类资产可以充作注册资本(如货币),也可以限定某类资产不得用以注资(例如,可以规定不得以智力成果权利向注册资本出资)。在章程中可以对增加或减少注册资本作出特别的要求,亦可对核定股本的数额加以规定。商合营不存在章程，故对商合营而言，有关资本及其形成的有关信息应写入商合营的发起人协议中。

其次，决议中需包含有关法人资本形成的程序、数额、时限和方式的信息（《俄罗斯联邦民法典》第 50.1 条）。若公司仅有一位发起人，则这些信息应在决定中直接写明；如果公司由多位发起人共同发起，则这些信息应当收录于规定缴注注册资本所遵循程序的附件（有关成立营利社团的决议）中。

最后，依照《股份公司法》第 9 条及《有限责任公司法》第 9 条有关规定，有关公司创立的决议中须明确发起人在注册资本中的非货币投资的货币估价。对生产合作社则没有此项要求。

上述的所有决定须由共同发起人一致通过，并记录于有两名及两名以上共同发起人参加的发起人大会会议记录中。会议记录中须包含决定的作出日期，参与决定作出的人员名单，决定内容以及对内容的表决结果。会议记录须由所有发起人签名。

2. 在商公司设立时，两名乃至更多共同发起人之间签订的商公司成立协议中的许多内容都同缴注注册资本有关。这一协议可以是口头的，亦可是书面的。法律并不强求必须缔结书面形式的成立协议。发起人有权选择口头形式还是书面形式。不过，若发起人之间没有订立协议，则商公司便无法成立。如果发起人决定口头缔结成立协议，则有关一切关键问题的共识需被记录于发起人大会会议记录中。需要特别指出的是，发起人需就以下问题达成一致：(1) 注册资本数额；(2) 股份公司发起人所持有股份的种类和类型（各发起人所持股份的数额和面值）；(3) 股份或股票的认购数额及程序。商公司成立协议中亦可规定当发起人不能按时认购（或无法认购）股份时应承担的经济责任，如设定违约金。协议各方可授权某一名发起人在公司完成国家登记之前收集用以向注册资本出资的财产。

商公司成立协议并非公司设立文件。自它被订立起该协议便生效，直至协议中写明的注资期限截止时方失效。商公司成立协议的有效期限在《股份公司法》第9条中有直接的规定。在生产合作社中，此类信息均被写于章程内。在建立生产合作社时并没有单独的协议，故此种情况下章程亦被视为发起人协议。

3. 发起人向注册（联合）资本及共同基金中实际转移财产的行为是意思行为（发起人的作为）。注资行为需遵守同其有关的一般规定，即拟定移交文件、收据与其他文件的程序。

注册资本认缴的各种出资形式

以各种认缴注册资本的各种出资程序各有不同。

货币资产是最普遍的向注册资本注资的资产形式。货币资产可以充作任何社团的注册资本。既可以以现金形式的货币资产注资，也可以以非现金形式的货币资产注资；既可以在法人进行国家登记前注资，也可以在其之后注资。在法人进行国家登记前，现金由发起人大会选举出的人掌管，或由单一发起人（作为独任执行机关）指定的人掌管，也可在商公司成立协议或单一发起人的决议中指定。上述人员需出具一份书面收据，以证明款项收讫。在法人进行国家登记前，用于注资的非现金货币资产应存储在依商公司成立协议中指定的一名发起人的申请所开立的银行储蓄账户中。申请中须写明开立账户用于储存哪个拟成立法人的注册资本。法人自身不是银行账户的户主，但可以被认为是账户的收款人。

在法人进行国家登记后，其注册资本的形成须遵守结算操作的程序，对与法人有关的现金结算操作。在从发起人处接收现金资产后，法人须向发起人出具收款单；向法人结算账户上转入非现金资产须通过支付委托进行清点。

为了确保商公司（营利社团的最常见形式）成立时其注册资本形成过程的可靠性，**法律对以非货币资产缴注注册资本进行了诸多限制**，包括：

（1）《俄罗斯联邦民法典》第66.2条第2款对注册资本中现金资产的最低数额有所规定。举例而言，对注册资本为50,000卢布的有限责任公司而言，其现金资产至少须为10,000卢布，而剩下40,000卢布的资产可以以其他形式补足。

（2）立法中禁止以某些形式的资产充作某些营利组织的注册资本。例如，根据2010年4月2日俄罗斯银行第135号准则第4.3条的规定，可充作信贷机构注册资本的资产形式，包括俄罗斯联邦货币、该准则中直接规定的外币、可供该信贷机构办公使用的建筑和房间、自动柜员机、终端设备及其他有法律规定许可的资产形式。

（3）被注入的资产须经过两次估价：第一次估价需由发起人一致作出（此次估价的结果须记录于发起人大会的会议记录或单一发起人的决定中）；第二次估价则需由独立第三方作出。发起人作出的估价结果不可高于独立第三方作出的估价结果。这一规定被认为可以防止不持有资产的团体法人的"泡沫化"——法人的对手方往往基于法人章程中披露的有关注册资本的信息行事，并无条件地信任这一信息的真实性。按照《俄罗斯联邦民法典》第66.2条第3款有关规定，自注资后的5年内发起人及独立第三方就估价结果各自承担责任。

（4）《俄罗斯联邦民法典》第66.1条中开列了所有能够用于缴注注册资本的客体清单，其中包括实物、注册（联合）资本份额、股份、国家及地方债券、经过估值的专营权、知识产权以及所获许可执照。根据俄罗斯银行的态度可以看出，由于现行法律中所有的有价证券都被归入“物品”清单中，故本票、仓储证明、提货单及其他有价证券均可作价缴注注册资本，即“股份公司可以使用货币和物品（包括有价证券）认缴股份”。根据《商合伙法》第2条第7款有关规定，合伙公司联合资本的股份不得用于认缴注册资本，生产合作社共同基金的股份也不能充作前述用途。不得以其他财产权缴注注册资本，包括使用权、其他拥有经济价值的权利及无形资产（如商业信誉、名誉、商业秘密等）。

只有在法人进行了注册之后方可向注册资本中注资不动产，因为只有在进行国家登记后法人方可拥有交割不动产的权利，而国家登记唯有在法人注册后方才生效。不动产的交割遵照转让文件进行。

当向注册资本中注资动产时，伴随转让文件的订立。转让文件由发起人中转让资产的一方同作为拟成立法人的独任执行机关的人员或按照社团成立协议负责接收被注资于注册资本中资产的发起人共同订立。

只有在公司注册后方可在注册资本中认购股票——因为需要登记入股东名册。

向注册资本中注资的程序取决于其债券为记名债券或是以有价证券形式。

使用本票向注册资本中注资时，需在本票上背书。背书不仅确认了资产的转让，也确认了公司对出票人具有权利；而交接书则确认了向注册资本中注资的票据已收讫。

以注册资本份额形式向有限责任公司注册资本中注资的程序同转让注册资本份额的程序一致（详见本书第十章第二节）。以该种方法进行注资需要满足一些特别的条件，必须出具一份书面公证证明，且相应记录需登记于国家统一法人登记簿。只有在商公司进行登记后，才可以注册资本份额形式向注册资本中注资。

以知识产权成果形式向注册资本中注资时，发起人同商公司间需签订授权协议或专用权转让合同。如果法律规定此类知识产权成果需加以登记，则上述协议的形式亦须满足国家登记机关按照法律对此类成果的交易之规定作出的各项要求。例如，著作不需要登记，则以著作向注册资本注资的协定亦不需登记；而由于发明创造需要登记，故以发明创造向注册资本注资的协定便需要登记。

诸项不可转让的权利不能被注资进入注册资本。不能转让的权利包括商号权、商品起源地名称权、著作署名权、反曲解作品权。当使用知识产权缴注注册资本后，是否仅有其作者有权处置它，是一个值得讨论的问题。（考虑这一知识产权成果的特性、独创性以及需要允许作者对自己的作品进行拷贝。）追续权毫无疑问可以以金钱来衡量，但它仍然是人身权，并且并不可以被转让。

根据法人法律组织形式的不同，缴注注册资本的期限也各不相同。根据《俄罗斯联邦民法典》第66.2条第4款相关规定，当法律未就商公司作出其他规定时，在公司进行国家登记前发起人已注资数额不得低于注册资本的3/4，余下部分则需在公司活动的第一年内补齐。有关商公司的诸事项，如未有其他法律作出规定，则均一律遵照《俄罗斯联邦民法典》相关规定执行。当前亦有其他有关商公司的规定出台。根据《股份公司法》第34条有关规定，对于股份公司而言其发起人认购的股份需在公司进行国家登记起1年内付清，且在公司进行国家登记起3个月内至少需付清公司股份的50%。根据《有限责任公司法》第16条第1款有关规定，在公司进行国家登记后4个月内，每位发起人须足额缴纳在公司成立协议或发起人决议中规定的个人需注资的金额。

《俄罗斯联邦民法典》未就注资其他类型营利社团的联合资本或共同基金的期限作出限制。根据《生产合作社法》第 10 条第 1 款有关规定，在合作社进行国家登记前其成员至少需缴纳共同基金的 10%，余下部分则需在登记后一年内缴清。根据《俄罗斯联邦民法典》第 73 条第 2 款有关规定，在无限公司进行国家登记前发起人至少需缴纳其投资的 50%，但法律并没有对其余部分的缴清期限作出规定。

未注缴注册资本、联合资本及共同基金注资的法律后果

为鼓励发起人按时形成法人资产，法律作出了如下规定：

(1)对未注缴股份(份额)的发起人的社团权利作出限制。根据《股份公司法》第 34 条第 1 款有关规定，除非社团章程另有规定，否则发起人在足额缴纳其注资份额前并不能享有表决权。根据《有限责任公司法》第 16 条第 3 款有关规定，除非社团章程另有规定，否则发起人享有的表决权取决于其已经缴清的注资额。这意味着发起人在没有付清其出资额的情况下将无法行使同自己股份相关的权利(例如，从投资中撤资)。

(2)根据《俄罗斯联邦民法典》第 66.2 条第 4 款有关规定，在注册资本付清前，社团成员对社团负有连带责任。根据法律规定，这一连带责任须由社团所有参加人共同承担(而并非仅由未付清出资额的发起人承担)。这促使其他社团参加人对相关参加人施加压力，督促其及时缴清出资额。根据对法律的字面解释，即便当注册资本全额缴清后，参加人仍然应当担负起该项义务。也就是说，倘若某项义务发生于注册资本全额付清前，那么各参加人需以其私有资产(甚至可以是其全部的私有资产)补足公司资产所不能偿付的部分。

(3)根据《商合伙法》第 10 条第 1 款、《俄罗斯联邦民法典》第 73

条有关规定，依照每年10%的比率对商合营或商合伙的联合资本或其中未付清部分征收罚金。在商合伙中，该罚金需高于向他人借用资金的利率——后者基于俄罗斯联邦中央银行再融资利率计算得出。（很明显，在这一情况下需参考俄罗斯联邦中央银行基准利率的相关规定，因为法律中对计算利率方式的规定如今已经不再适用。）商公司的成立协议可规定未付清出资额的一方须缴纳罚金。

（4）注册资本中超过一定期限后仍未付清的股份或份额，将按照规定程序被交由社团处置。根据《有限责任公司法》第16条第3款、第23条及第24条有关规定，到达注资期限后注册资本中仍未付清的股份或份额将被转移给公司，而公司须在之后的1年内将其处理妥当。根据对该法的字面解释，这部分注册资本的转移是自动发生的，但法律实践中尚未有过此类先例。

为将未缴清的注册资本份额转移至公司，公司独任执行机关须就此作出决议并将其登记于国家统一法人登记簿。根据《有限责任公司法》第24条第2款有关规定，自参加人大会作出决议并转移未付清注册资本后1年内，这部分资本须依照占股比例分配给一名至数名公司参加人或出售给第三方。未付清股份也会导致类似法律后果。根据《股份公司法》第43条第1款的规定，若股份未付清，则未付清部分股份的所有权将被转移至公司。此后1年内公司可以：（1）作出减少注册资本的决定；（2）经董事会决定以合理价格出售这部分股份。若1年内公司未执行上述任意一个决定，则在这1年结束时须作出决定以减少注册资本并注销股份。若仍未执行这一决策，则公司应相关机构（国家法人登记机关、其他国家机关或地方自治机关）的要求可能会被法院宣布破产清算。对商合伙和生产合作社而言，在同样的情形下，未缴清注资的参加人可以被非诉程序从组织中除名（《生产合作社法》第

22条第2款、《商合伙法》第7条第2款)。

对公司而言,未付清注册资本还有一个法律后果。根据《股份公司法》第2条第3款有关规定,在公司发起人所持股份注缴部分不足50%时,公司无权同与其成立无关的公司进行交易。根据2003年11月18日俄罗斯联邦最高法院全体会议第19号决议的有关规定,和公司设立有关的交易,除了注缴发起人之间分配的股份之外的交易,可以通过认购(租赁)可用于公司安置的场地、办公设备、签订银行账户合同或其他和公司商业(生产经营)活动不直接相关的交易进行。法律中的这些条款有时被解释为是对有限责任公司权利能力的限制,然而法律并未同时规定公司在这段时间内所达成的交易为无效交易。

第五节 公司设立时公司机关的形成

法人机关的概念

根据《俄罗斯联邦民法典》第50.1条第3款有关设立法人机关的规定,法人机关的成立决议中需包含选举(任命)法人机关的信息。

> 法人机关可以被理解为公司组织架构中独立且不具备法人主体资格的部门,负责形成及作出法人的意志。

唯自然人才有意识、意志及能力。因而,在法人意志的形成及表达过程中,永远都需要自然人的参与。即便该法人的参加人是另一个法人,一名或数名有相应权限的自然人亦会参与该法人机关的工作。以股份公司为例,倘若一个股份公司为一有限责任公司的参加人,则该股份公司既可以派遣其领导(不需委托),亦可以派遣其他人员(需要委托）参加该有限责任公司的股东会。

负责法人意志的形成和表达的自然人须在法人注册前确定。且须规定这些自然人为法人行事的方式，无论是共同行事，还是各为其事，抑或遵循其他方式。

通过该类机关形成、表达法人意志并组织活动、进行管理对法人主体的营业活动尤为重要。在俄罗斯联邦法律体系下，除商合营外，任何法人都须有管理机关——这绝非偶然。商合营中缺少管理机关源于法律监管传统的影响。这种情况的出现同合伙关系的合同性质不无关系——在合伙关系中，人与人相互关联，并以商合营的名义各自行事。

在公司创立期间形成的机关之类型由法人的法律组织形式及其社团成立文件决定。

➲ 法人机关可分为必设机关和选设机关。

必设机关

▌ 必设机关是每个法人都必须拥有的机关。

最重要的必设机关为常设独任执行机关。根据《俄罗斯联邦民法典》第65.3条第3款有关规定，任何法人都应设立独任执行机关。该机关可有多种称呼，如董事长、董事、总经理、（医院）院长等。

根据法律规定，独任执行机关的权利既可分别授予数个共同行事之人，亦可组建数个彼此独立行事的执行机关。独任执行机关即根据其所选择的形式而成立。

就某些法人而言，其组成独任执行机关的自由受法律限制。例如，根据《单一制企业法》第21条第1款有关规定，单一制企业的负责人由单一制企业财产的所有者任命。

在某些情况下，独任执行机关的职能可被授予管理机关或管理人。例如，根据《股份公司法》第 69 条第 1 款第 3 项有关规定，股份制公司独任执行机关的权利可被授予个体工商户或商公司。此时须同管理人(管理机关)签订协议。

因此，独任执行机关的职能可由个人或法人执行。若该职能被分配给法人执行，则一名自然人将为其代表。

若由一名自然人执行独任执行机关的职能，则须于组建法人机关的决议中明确指明该自然人。

若由法人执行独任执行机关的职能，则承担这一职能的法人不由法人发起人指定，而由法人依照法律及法人成立文件中规定的法人之意志形成程序指定。

例如，若公众股份公司的总经理为伊万诺夫，则他可在没有委托书的情况下代表该公众股份公司行事。若公众股份公司的总经理为一个有限责任公司，则有权代表该公众股份公司行事的为有限责任公司的独任执行机关，或得到委托执行该机关职能之人，或其他受委托之人。

就某些法人而言，其独任执行机关的职能仅能由另一个法人行使。以专门融资公司为例，其董事会(监事会)并非由选举产生，也不会组建合议制管理机关。根据《有价证券市场法》第 15.2 条第 13 款及第 15 款有关规定，专门融资公司的独任执行机关之职能应转移至营利组织作为管理公司。

股东会亦是公司的必设机关。该机关在法人进行国家登记后由公司的自然人股东及参股法人的代表构成。

就少数法人而言还有**其他必设机关**。例如，根据《俄罗斯联邦民法典》第97条第3款有关规定，公共股份公司中须设立成员数不少于5人的合议制管理机关。根据《股份公司法》第64条有关规定，该机关被称为“董事会(监事会)”。根据《股份公司法》第9条第4款有关规定，在组建公司时成立董事会的决议须由发起人以3/4多数通过。

选设机关

■ 法律不强制要求法人拥有的机关被称作法人的选设机关。

监事会等机关可为公司的选设机关。此类机关的组建需求及组建程序写明于法人章程中。

机关的合法化

法人机关组成机构的形成及合法化程序取决于法人的法律组织形式及其发起人的组成和数量。

有关法人机关的成立及其构成人员的确定可来自发起人大会会议记录或独立发起人决议。独立发起人可以是公民、法人或代表国家权力机关(或地方政府)行事的公法机构。

已通过决议中有关独任执行机关的信息须登载于国家统一法人登记簿之中。

对组成机构代表法人行事的授权可以来自发起人大会会议记录、独立发起人(参加人)决议或其他文件。此项事务亦须登载于国家统一法人登记簿之中。

第六节 通过设立方式创立社团的国家登记

国家登记所需提交文件一览

《法人和个体工商户登记法》第12条规定了进行国家登记时所需提交文件的一览表。此一览表不适用于非营利组织，也不适用于被单独列出的组织。

通常，须提交给政府机构的文件包括：

——新成立法人的登记申请（P11001号表）。[1]

——成立法人的决议。决议的格式由新成立公司的种类和类别决定。

——法人的发起人文件。文件的种类和数目由成立法人的需求而决定。

——关于缴纳国家规定费用的文件。

如果参与公司国家登记的发起人中有外国法人，则须另附上该法人所在国法人登记名录的部分摘录或其他具有同等效力的证明该外国法人法律地位的证明。

若法人计划使用由经授权国家机构批准和公布的示范章程进行活

---

〔1〕 该表的形式由2012年1月25日ММВ－7－6/25@联邦税务局命令《关于批准法人、个体工商户和农业合作社进行国家登记时递交给登记机关文件的格式和要求的决定》（приказ ФНС России от 25 января 2012 г. № ММВ－7－6/25@ «Об утверждении форм и требований к оформлению документов，представляемых в регистрирующий орган при государственной регистрации юридических лиц，индивидуальных предпринимателей и крестьянских（фермер-ских）хозяйств»）审核通过。

动,则无须递交上述清单中法人的发起人文件。

部分营利组织进行国家登记时有其特殊文件清单。例如,《银行及银行活动法》第14条对信贷组织进行国家登记时需提交的文件就作出了特别规定(考虑可以同时授权其开展银行业务)。

非营利组织进行国家登记时需提交的文件清单见《非营利组织法》第13.1条。当发起人中有外方参与,或该组织不根据对该类组织的一般规定或示范章程展开活动时,该文件清单亦会有所变动。

一些非营利组织的文件清单可能有另行规定(如《政党法》第16条有关规定)。[1]

立法中除规定文件一览表外,亦规定了文件需遵循的要求。此类要求既可由法律直接规定,也可基于法律作出。此类要求可能包括:对手工填写文件的要求(如信贷组织注册申请表)、对个别文件进行认证的要求(如对提交国家注册的信息进行公证)、对相应文件副本数目的要求、对个别文件的装订要求等。[2] 文件未按要求准备可能会产生一系列严重的负面后果,包括被拒绝进行国家登记。此外,法院作出的一系列法令亦作出了补充规定。根据这些规定,若法人提交文件不符合既定要求,则国家机关将以不符合要求(未提交文件)为由拒绝进行国

〔1〕 参见2011年12月30日俄罗斯联邦司法部第455号决定《关于俄罗斯联邦司法部通过非营利组织国家登记决议国家服务的行政条例的批准》(Административный регламент предоставления Министерством юстиции РФ государственной услуги по принятию решения о государственной регистрации неком-мерческих организаций, утв. Приказом Минюста России от 30 декабря 2011 г. № 455)。

〔2〕 当前规定此类要求的现行法律包括2012年1月25日MMB－7－6/25@联邦税务局命令《关于批准法人、个体工商户和农业合作社进行国家登记时递交给登记机关文件的格式和要求的决定》[приказ ФНС России от 25 января 2012 г. № ММВ－7－6/25@ «Об утверждении форм и требований к оформлению документов, представляемых в регистрирующий орган при государственной регистрации юридических лиц, индивидуальных предпринимателей и крестьянских(фермерских)хозяйств»]。

家登记。

当前,在进行国家登记时提交的最重要的文件是进行国家登记的申请书。该申请的签署人被《法人和个体工商户登记法》第9条称为“申请人”。申请人身份为下列之一:

——法人常设执行机构负责人或有权代表该法人行事的其他人(无须委托书);

——法人成立时的发起人;

——身为注册法人发起人的法人领导;

——联邦法律和法规中规定的其他获有关国家机关或地方政府特别授权的人;

——文件为下列情况之一的,其申请人签名不需公证:

——申请人亲自向登记机关递交身份证明文件;

——向登记机关递交的是附有效力的申请人电子签名的电子文件。

在所有其他情况下,申请人签名均需公证以证明其真实性。

根据《法人和个体工商户登记法》第9条有关规定,发起人可以以下方式向注册机关递交文件:

——通过邮寄方式递送并对附件声明价值;

——直接向获授权的国家登记机关递交;

——向提供国家和市政服务的多功能中心递交;

——使用信息通信系统(包括国家及市政服务网在内的互联网网站)以获俄罗斯联邦政府授权的联邦执行机构指定的方式递交有电子签名的电子文件;

——使用信息通信系统(包括国家及市政服务网在内的因特网网站)以获俄罗斯联邦政府授权的联邦执行机构指定的方式递交有公证

员电子签名的电子公证书。

递交文件的方式随后会决定申请人接受有关已被登记入国家统一法人登记簿的确认信息的方式。

国家登记的程序和期限

根据《法人和个体工商户登记法》第 9 条有关规定，国家登记申请的递交日期为该申请送达登记机关的日期。

在收到文件后，登记机关须出具收据并写明送达时间。

收据送达申请人的方式由法律规定，并取决于申请人递交申请文件的方式。例如，若文件由申请人或经公证或授权者直接递交给登记机关，或经由多功能中心递交，则收据将在文件递交的当天下发。当文件通过邮寄及信息通信系统（包括国家及市政服务网在内的互联网网站）递交时，登记机关将以适当的方式将收据下发至申请人。

有关信贷组织的国家登记有一条特殊规定。当递交有关信贷组织国家申请以及银行业务许可的文件时，俄罗斯银行（及其下属机构）应向该信贷组织的发起人下发书面确认函以证明其收到前述文件。[1]

相关申请的递交状况在登记机关收到文件后的 1 个工作日内公布于其官方网站上。

登记机关须在法律规定的期限内就其收到的申请作出决定。一般而言，国家登记的期限不超过自登记机关收到申请后的 5 个工作

〔1〕 参见《银行及银行活动法》第 15 条及俄罗斯银行 2010 年 4 月 2 日第 135 – I 号指令《由俄罗斯银行批准的对信贷组织进行国家注册及发放银行业务许可的程序》（Статья 15 Закона о банках и банковской деятельности，Инструкция Банка России от 2 апреля 2010 г. № 135 – И «О порядке принятия Банком России решения о государственной регистрации кредитных организаций и выдаче лицензий на осуществление банковских операций»）。

日。但《法人和个体工商户登记法》第 8 条中规定了一些特别的期限。例如，以机构 * 为例，按照法律规定其国家登记的期限为 3 个工作日。

登记机关决定的种类

在法律规定的期限内［根据俄罗斯联邦税务局的规定，[1] 不建议缩短规定的期限，因为这样会“增加登记（税务）当局犯技术性错误的风险，也会导致国家登记过程中的不合法决策，引发‘对公司的侵占’”］，注册机关有权（且有义务）作出如下几种类型的决定。

1. 若相应的国家登记受到《法人和个体工商户登记法》的调整，则注册机关有权采取以下决定：

——**同意对法人进行国家登记的决定**。当（a）根据《法人和个体工商户登记法》第 23 条及其他联邦法律有关规定无理由拒绝登记时，或（b）无理由对已收录和将收录于国家统一法人登记簿中信息的准确性进行检查时，注册机关采取该决定。

同意法人进行国家登记之决定的作出是将有关创立法人的相应信息录入国家统一法人登记簿的依据。根据《法人和个体工商户登记法》第 11 条有关规定，相应信息的录入意味着国家登记的完成。

登记机关应在国家登记期限届满后的 1 个工作日内向申请人下发通知（通知须为法律规定的格式，并以同递交国家登记申请之方式相

---

* “Учреждение”，亦作“机关”，其区别于社团的“内部机关”，但非主体概念。——译者注

［1］ 参见俄罗斯联邦税务局 2006 年 4 月 21 日第 ШТ－6－09/432 号《关于禁止缩短期限的意见函》（письмо ФНС России от 21 апреля 2006 г. № ШТ－6－09/432 @ «О недопустимости сокращения сроков»）。

对应的方式下发)，就其法人信息已被列入国家统一法人登记簿向其告知。

同意进行国家登记之决定的作出，也是税务机关对新设法人进行登记及赋予其纳税人识别号的前提。该决定也是登记机关有义务在国家登记完成之日后的1个工作日之内，以电子文档形式，向国家预算外的各基金(用于将相应法人登记为投保人)及统计部门提交包含于国家统一法人登记簿的相应信息。

登记机关应在国家登记后5个工作日内，以电子文档形式向俄罗斯联邦政府确定的国家机关提交登记信息。根据《法人和个体工商户登记法》第7.1条有关规定，在信息录入国家统一法人登记簿之后的5个工作日内，负责对法人进行国家登记的联邦权力执行机关，须将法人信息录入国家统一法人活动事实的重要信息登记簿中。

若将法人信息录入国家统一法人登记簿的职责交由不同机关来履行，因为各机关之间需要进行协调以使得信息能够录入国家统一法人登记簿之中，则进行国家登记之决定的采取所带来的影响会有所不同。对于由登记机关从对国家统一法人登记簿进行信息录入的机关处对带有相应注册标注的文件收取而言，情况亦是如此。[1]

---

〔1〕 上述行为由俄罗斯银行2010年4月2日第135－И号《关于俄罗斯银行批准对信贷组织进行国家登记和发放银行业务许可的程序等指示》(инструкция Банка России от 2 апреля 2010 г. № 135 – И «О порядке принятия Банком России решения о государственной регистрации кредитных организаций и выдаче лицензий на осуществление банковских операций»)及由俄罗斯联邦税务局第BK－16－09/86号命令及俄罗斯银行2002年6月26日第01－33/2002号文件批准的《俄罗斯联邦税务及关税局及俄罗斯联邦中央银行就对信贷组织进行国家登记的合作程序规程》予以确定[Регламент взаимодействия Министерства РФ по налогам и сборам и Центрального банка РФ по вопросам государственной регистрации кредитных организаций(утв. МНС России № БГ – 16 – 09/86, Банком России № 01 – 33/2002 26 июня 2002 г.)]。

当所设立的法人为股份公司之时(该股份公司为信贷组织时除外),[1]国家登记意味着在发起人间对股份公司的股份进行分配(或将股份分配给单一发起人)。[2]根据发行标准,[3]股份公司的股份在股份公司进行国家登记之日、在进行股份发行登记之日之前,便已视为已于各发起人间分配完毕(或由单独发起人获得);当股份公司发起人为单一发起人时,则遵循单一发起人有关设立股份公司的决定进行股份分配。

---

〔1〕《有价证券市场法》第19条对创建信贷组织时发行股票的程序作出了具体规定。当前,此类规定由俄罗斯银行2013年12月27日第148-И号《关于批准俄罗斯境内信用组织发行证券规定的指示》(инструкция Банка России от 27 декабря 2013 г. № 148 – И «О порядке осуществления процедуры эмиссии ценных бумаг кредитных организаций на территории Российской Федерации»)作出。根据该指示第2.6款,在信贷组织成立时其股份由该信贷组织发起人根据信贷组织设立文件进行发行;若信贷组织发起人仅有一人,则以信贷组织唯一股东的决定为基础,股份以非公开认购的方式由该唯一股东获得。信贷组织作为发行人之时,其设立时的股份自其进行国家登记并收到已经将信息录入国家统一法人登记簿中的确认函后一个月内须全部发行、认购完毕。

〔2〕参见《有价证券市场法》第24条;俄罗斯银行颁布的第428-P号文件《关于证券发行标准、对有价证券的发行(及补充发行)进行国家登记的程序及对有价证券的发行(及补充发行)的结果进行汇报的规定》[Положения о стандартах эмиссии цен-ных бумаг, порядке государственной регистрации выпуска (дополнительного выпуска) эмиссионных ценных бумаг, государственной регистрации отчетов об итогах выпуска (дополнительного выпуска) эмиссионных ценных бумаг и регистрации проспектов ценных бумаг, утв. Банком России 11 августа 2014 г. № 428 – П]第12.1条。因此,根据现行法律,股份的发行发生于对证券发行进行国家登记之前,而国家登记则稍晚一些,同对有价证券的发行进行的国家申报同时进行。股份公司进行国家登记后30天内需对有价证券的发行进行国家登记,并就有价证券在发起人间的认购(或单一发起人取得所有股份)向登记机关进行申报。

〔3〕参见俄罗斯银行颁布的第428-P号文件《关于证券发行标准、对有价证券的发行(及补充发行)进行国家登记的程序及对有价证券的发行(及补充发行)的结果进行汇报的规定》第12.1条[ст. 12.1 Положения о стандартах эмиссии ценных бумаг, порядке государственной регистрации выпуска (дополнительного выпуска) эмиссионных ценных бумаг, государственной регистрации отчетов об итогах выпуска (дополнительного выпуска) эмиссионных ценных бумаг и регистрации проспектов ценных бумаг, утв. Банком России 11 августа 2014 г. № 428 – П]。

——**拒绝对法人进行国家登记的决定**。当(a)根据《法人和个体工商户登记法》第23条有关规定(对信贷组织而言则是《银行及银行活动法》第16条),有理由拒绝进行国家登记或(b)根据同国家统一法人登记簿中信息检查结果认定申报信息不实时,[1]注册机关可采取该决定。

《法人和个体工商户登记法》第23条规定,该决定须包含拒绝进行登记的理由,且必须指出申请人违反了该法第23条的规定。在决定作出后的1个工作日内,这一决定将依照法律规定的格式并以递交国家登记申请方式的相对应的方式下发给申请人。[2]

——**对将登载入国家统一法人登记簿中信息的确实性进行核查的决定**。若对信息的确实性存在合理怀疑,包括当有关方面提出异议时(根据《法人和个体工商户登记法》第9条有关规定),可采取该决定。此决定为过渡性决定:登记机关根据核查结果,同意进行国家登记,或者拒绝进行国家登记。需要指出的是,即便有必要就信息的确实性进行核实,现行法律也没有规定可以在就新设法人进行国家登记时对登记流程进行暂停。因此,必须在收到申请文件后的3个工作日内作出

---

〔1〕 由俄罗斯联邦税务局于2016年2月11日下达的第MMB－7－14/72号令批准的《实施〈法人和个体工商户登记法〉第9条第4.2款中所列的措施的基础、条件、方法及这些措施的结果适用程序》第17款(Пункт 17 Оснований, условий и способов проведения указанных в п. 4.2 ст. 9 Феде-рального закона «О государственной регистрации юридических лиц и индивиду-альных предпринимателей» мероприятий, порядка использования результатов этих мероприятий, утв. Приказом ФНС России от 11 февраля 2016 г. № ММВ－7－14/72@)。

〔2〕 对于信贷组织而言,若国家机关拒绝对其进行国家登记,则应遵照俄罗斯银行2010年4月2日第135－I号指令《由俄罗斯银行批准的对信贷组织进行国家注册及发放银行业务许可的程序》第6.20条(ст. 6.20 Инструкции Банка России от 2 апреля 2010 г. № 135－И «О порядке принятия Банком России решения о государственной регистрации кре-дитных организаций и выдаче лицензий на осуществление банковских операций»)中规定的向发起人发送通知函件的特别程序。

决定。

对信贷组织而言,法律还规定了另一种决定(虽然并未对此作出特别说明)——**返还申请文件**。当对呈递文件存有意见或文件提交不完备时,可采取该决定。[1]

2. 若适用《非营利组织法》进行登记,则登记机关有权作出以下决定:

——**作出同意对非营利组织进行国家登记的决定**。根据《非营利组织法》第23.1条、《社会团体法》第23条及其他有关非营利组织的联邦法律有关规定,若无理由拒绝进行国家登记,则应作出同意决定。同意给营利组织进行国家登记的决定之影响由上述之具体情况而定,包括登记机关和国家统一法人登记簿登记机构职责上的分离。根据《非营利组织法》第13.1条有关规定,登记机关需向俄罗斯联邦税务局发送对国家统一法人登记簿进行登记所需的信息和文件。在文件收到后5个工作日内须在国家统一法人登记簿中对相应组织进行登记,在登记后1个工作日内向登记机关进行通报并在非营利组织信息被收入国家统一法人登记簿后3个工作日内向申请人下发国家登记证明。[2]《社会团体法》第21条也作出了类似的规定。同意对非营利组织进行国家登记的其他影响(如税务登记和预算外资金核算等)与前

---

[1] 参见俄罗斯银行2010年4月2日第135-I号指令《由俄罗斯银行批准的对信贷组织进行国家注册及发放银行业务许可的程序》第6.7条(ст. 6.7 инструкции Банка России от 2 апреля 2010 г. № 135 – И «О порядке приня-тия Банком России решения о государственной регистрации кредитных организа-ций и выдаче лицензий на осуществление банковских операций»)。

[2] 有关两个机构的相互协作,参见俄罗斯司法部2010年11月12日第343号命令《关于俄罗斯联邦司法部同联邦税务局就对非营利组织进行国家登记的协作程序》(приказ Минюста России от 12 ноября 2010 г. № 343 «О порядке взаимодействия Министерства юстиции Российской Федерации с Федеральной налоговой службой по вопросам государственной реги-страции некоммерческих организаций»)。

述情况类似。

——**作出拒绝对非营利组织进行国家登记的决定**。当(1)根据《非营利组织法》第23.1条、《社会团体法》第23条及其他有关非营利组织的联邦法律有关规定，有理由拒绝进行国家登记或(2)申请人未能在《非营利组织法》第23.1条规定期限内解决导致阻碍非营利组织之国家登记程序进行之问题时，则应作出拒绝决定。根据《非营利组织法》第23.1条有关规定，若拒绝进行国家登记，则在相关决定作出后3个工作日之内需以书面形式告知申请人并说明拒绝进行国家登记的决定(《社会团体法》第23条及《政党法》第20条也作出了类似的规定)。

——**作出中止对非营利组织进行国家登记的决定**。根据《非营利组织法》第23.1条有关规定，当交由进行国家登记的文件未按规定制作时采取该决定。除就中止对非营利组织进行国家登记的决定作出的一般规定外，一些法律，尤其是《政党法》第20条，还作出了特殊规定。向申请人通知此类决定的程序类似于通知申请人有关拒绝进行国家登记的决定的程序。

就登记机关决定进行申诉(提出复议)

可以依照法定方式就国家同意、拒绝进行国家登记或登记机关采取的其他决定及逃避进行国家登记的行为提出申诉(进行复议)。为保护利益相关方的权益，可以采取司法程序及行政(诉前)命令。在某些情况下，此类行政(诉前)程序具有强制性。

根据《法人和个体工商户登记法》第25.1条有关规定，当采取司法程序[向上级地方登记机关或获授权的联邦执行机构(俄罗斯联邦税务局)提交书面申诉(请求)]时，有权提交此类申诉的人员为认为相关决定侵犯其权利的有关人员。

《法人和个体工商户登记法》第25.2条规定了以下申诉程序：

——可向上级登记机关、获授权的联邦执行机构（俄罗斯联邦税务局）或法院就地方登记机关之决定提交申诉或依司法程序起诉。因此，就同国家登记有关的决定而言，就此决定进行申诉时并不必须有预备诉前（行政）程序。法院亦持相同意见。[1] 若就拒绝进行国家登记的决定向上级登记机关发起申诉时，则就上级登记机关对该申诉作出的决定可向获授权的联邦执行机构（俄罗斯联邦税务局）和/或法院提起上诉。就获授权的联邦执行机构作出的决定仅可向法院提起上诉。

——地方登记机关拒绝国家登记的决定仅能先向上级登记机关上诉。只有在先向上级登记机关[2]提出上诉后方可向法院和/或获授权的联邦执行机构（俄罗斯联邦税务局）提出上诉。若当地登记机关的直接上级为获授权的联邦执行机构（俄罗斯联邦税务局），则拒绝国家登记的决定须向指定的联邦执行机构和/或法院提起上诉。上级登记机关就对拒绝国家登记提出的上诉之决定可向获授权的联邦执行机构（俄罗斯联邦税务局）和/或法院提出上诉。获授权的联邦机构作出的

---

〔1〕 例如，莫斯科州仲裁法院2016年4月12日就A41－68330/15案件作出的第F05－4621号裁决（Постановление Арбитражного суда Московского округа от 12 апреля 2016 г. № Ф05－4621/2016 поделу № A41－68330/15）明确指出，"仅在当就拒绝进行国家登记的决定进行上诉时，不要求在发起诉讼前须向上级机关提出申诉"。另参见俄罗斯联邦税务局2016年7月4日第GD－4－14/11938@号函件《有关审查2016年第2号有关参与登记机关相关争议之司法实践的概况》[письмо ФНС России от 4 июля 2016 г. № ГД－4－14/11938@ «О направлении «Обзора судебной практики по спорам с участием регистрирующих органов № 2(2016)»»]。

〔2〕 若诉前程序未得遵守，法院将不会对相应请求予以满足。参见俄罗斯联邦最高法院2016年10月11日就A40－178222/2015号案件作出的第305－KG16－12584号裁决及2016年2月19日就A32－4711/2015号案件作出的第308－KG15－19739号裁决（см. определения Верховного Суда РФ от 11 октября 2016 г. № 305－КГ16－12584 по делу № A40－178222/2015；от 19 февраля 2016 г. № 308－КГ15－19739 по делу № A32－4711/2015）。

决定应向法院提出上诉；

——若上级登记机关未在规定期限(一般为收到申诉后15 个工作日内。此期限有可能有所延长,但不得延长超过10 个工作日)内受理就拒绝国家登记作出的上诉,则可向获授权的联邦执行机构(俄罗斯联邦税务局)和/或法庭就拒绝国家登记的决定提出上诉。

就登记机关之决定作出的申诉可通过注册机构转递,直接向有权接受申诉的登记机关呈递给上级登记机关或获授权的联邦执行机构(俄罗斯联邦税务局)。根据《法人和个体工商户登记法》第25.3 条有关规定,通过登记机关渠道呈递的申诉将被呈递给上级登记机关或获授权的联邦执行机构。

除非《法人和个体工商户登记法》另有规定,否则当事人可在知晓(或应当知晓)其权利受侵害后 3 个月内向上级登记机关或获授权的联邦执行机构(俄罗斯联邦税务局)提出申诉,尤其是:

——当就登记机关作出拒绝进行国家登记提出申诉时,若当事方为国家登记申请人,则可在收到上述决定后 3 个月内提出申诉;

——就上级登记机关作出之决定提出的申诉可在上级登记机关在受理就当地登记机关作出之决定提出的申诉 3 个月内呈递给获授权的联邦执行机构(俄罗斯联邦税务局)。

若有合理理由不能在截止日期前递交申诉,则申诉人有关宽限期限的申请由上级登记机关或获授权的联邦执行机构受理。

根据对申诉的审议结果,上级登记机关或获授权的联邦执行机构可以作出以下决定之一:[1]驳回登记机关决定,或驳回申诉。

如果撤销登记机关有关拒绝进行国家登记的决定,则登记机关应

---

[1] 法律还规定了可以在对申诉进行实质性审议之前,便可对不经审议而采取将申诉搁置的决定(参见《法人和个体工商户登记法》第25.5 条)。

在收到上级登记机关或获授权的联邦行政机构的决定后 5 个工作日内就提交进行国家登记的文件作出决定。

如果在审查申诉后作出的允许进行国家登记的决定同自先前国家登记被拒绝至申诉通过时记载于国家统一法人登记簿中的信息不符，则可拒绝进行国家登记。[1]

若登记机关有关国家登记的决定被驳回，则登记机关须在收到上级登记机关或授权的联邦执行机构之决定后 5 个工作日内作出相应记录。

就回避进行国家登记的行为提出的申诉须直接递交给法院（尽管亦可以在预审程序中提出申诉）。

就与非营利组织相关的进行国家登记、拒绝国家登记、回避进行国家登记有关的上诉（申诉）的规定有其特殊性。需要特别指出的是，在某些情况下，就某些非营利组织而言，有关它们法律地位的特殊法律规定对于拒绝对其进行国家登记的决定作出的申诉可以直接呈递给法院。例如，根据《信仰自由和宗教团体法》第 12 条有关规定，可就拒绝对宗教组织进行国家登记和回避国家登记的行为向法院提出上诉；根据《俄罗斯联邦境内工商会法》第 10 条有关规定，可就拒绝对商会进行国家登记的行为向仲裁法院提出上诉。

---

[1] "根据就 2001 年 8 月 8 日第 129 - F3 号联邦法律《法人和个体工商户登记法》第 25.6 条第 5 款第 1 节之规定作出的系统性解释，登记机关就提交进行国家登记的文件作出决定的职责并不等同于其就进行国家登记作出决定的职责。在 2001 年 8 月 8 日第 129 - F3 号联邦法律《法人和个体工商户登记法》第 25.6 条第 5 款第 2 节规定的情况下，登记机关须采取拒绝进行国家登记的决定。"[参见俄罗斯联邦税务局 2015 年 10 月 8 日 GD - 4 - 14/17525 @ 函件《2015 年第 3 号就登记机关参与的争议的司法实践作出的简评指导》(п. 2.4 Письма ФНС России от 8 октября 2015 г. № ГД - 4 - 14/17525@ «О направлении Обзора судебной практики по спорам с участием регистрирующих органов № 3(2015)»)]。

第七节　国家统一法人登记簿和联邦统一法人活动信息记录册

国家统一法人登记簿的概念和内容

国家统一法人登记簿是一种国家登记簿，其中包含了有关法人建立、改组和清算的信息，以及根据《法人和个体工商户登记法》规定需要在进行国家登记时呈递给登记机关的文件。

国家统一法人登记簿由俄罗斯联邦税务局[1]以纸质形式和电子形式填写。需要注意的是，在进行国家登记时递交给登记机关的文件也是国家统一法人登记簿的一部分。

《法人和个体工商户登记法》第5条规定了国家统一法人登记簿中必须包含的内容（有关每一个法人的信息和文件，以及尚在存储期限内的已经不存在的法人的信息和文件）。上述信息和文件既有助于国家机关履行其公共职能和国家权力职能，亦有助于个人（公民和组织）

---

〔1〕　参见《法人和个体工商户登记法》第4条，以及俄罗斯财政部2015年2月18日第25号命令《填写国家统一法人登记簿、填写国家统一个体工商户登记簿、纠正此类国家登记簿中的技术性错误，向国家权力机关、其他国家机关、国家财政预算外机关、地方自治机关及法院递交此类登记簿中信息的规定》（приказ Минфина России от 18 февраля 2015 г. № 25н «Об утверждении Порядка ведения Единого государственного реестра юридических лиц и Единого государственного реестра индивидуальных предпринимателей, исправления технической ошибки в записях указанных государственных реестров, предоставления содержащихся в них сведений и документов органам государственной власти, иным государственным органам, органам государственных внебюджетных фондов, органам местного самоуправления и судам»）。

查阅国家统一法人登记簿中相关内容并核查交易对手方的当前情况，如交易中的对手方或其他法人是否是依法指定的总经理，其授权是否有效等。自2013年起法律规定了国家统一法人登记簿的**公共可靠性原则**，这促进了前述各功能的运作。

国家统一法人登记簿中信息的数据公共可靠性原则

根据国家统一法人登记簿中信息的公共可靠性原则，任何出于善意信任国家统一法人登记簿中信息的人，均有权以此认定这些信息符合现实情况（参见《俄罗斯联邦民法典》第51条）。

根据《俄罗斯联邦民法典》第51条有关规定，法人无权同信任国家统一法人登记簿中信息的一方联系并告知其未被收入国家统一法人登记簿中的信息或收入该登记簿中信息的错漏之处，除非该信息因第三方的非法行为或其他违背法人意志的方式被收录入登记簿。根据《俄罗斯联邦民法典》第51条有关规定，法人有义务向其他参与者主张因其未能向国家统一法人登记簿登记、未能及时向国家统一法人登记簿登记、未能如实向国家统一法人登记簿登记信息而造成的民事资金流转损失。

为确保国家统一法人登记簿中信息的公共可靠性，法律规定了验证收录进国家统一法人登记簿中信息准确性的理由、程序和条件。特别指出的是，《法人和个体工商户登记法》第9条规定，在下列情况下登记机关可以对国家统一法人登记簿中所登载信息进行核查：(1)对其可靠性有合理怀疑；(2)利益相关方就登记法人章程之变动或将信息登载入国家统一法人登记簿提出反对。为确保国家统一法人登记簿中信息的公共可靠性，也对验证已经受理进入国家统一法人登记簿信息的准确性的理由作出了类似规定。

因此，若对登记簿中信息检查，结果证明法人在个别信息[1]上存在不实，根据《法人和个体工商户登记法》第11条有关规定，登记机关将对该法人采取一系列措施，这些措施将导致在国家统一法人登记簿中增加有关该法人信息不实的记录。这一记录将导致一系列负面后果：根据《法人和个体工商户登记法》第21.1条有关规定，若国家统一法人登记簿中有关于某法人信息不实的信息，则自记录之日6个月后遵照适用的行政程序将该记录从国家统一法人登记簿中删除。

《俄罗斯联邦民法典》及《法人和个体工商户登记法》允许利益相关方提交有关其载入国家统一法人登记簿中信息不准确的声明，并同时将这一声明寄送个人。

向国家统一法人登记簿中递交准确信息的义务，确立了因不及时递交法人信息、未递交法人信息、未如实递交法人信息及不及时（或不如实）将法人信息载入国家统一法人登记簿中而应承担的行政责任（参见《俄罗斯联邦行政违法法典》第14.25条有关规定）。

联邦统一法人活动信息记录册的概念、内容及填写规范

联邦统一法人活动信息记录册是一个出现于2001年的联邦信息资源。它包含的信息是根据俄罗斯联邦有关对法人进行国家登记的法律公开。该信息资源由各主体（包括获授权的国家机关）将信息登载于其中而形成。

---

[1] 法人住所地地址；股份制公司的发起人（股东）或有限责任公司的股东；公司拥有的法定资本中份额的数额、面值及其参加人；以股份或部分股份的转让作抵押或其他用途；根据继承规定获得相应股份支配权者；不须授权便可代表法人行事者的姓、名、父称及其职位，及其护照信息或根据俄罗斯联邦法律规定能够证明其身份之证件的信息；纳税人识别号（如果有）。

根据《法人和个体工商户登记法》第 7.1 条有关规定，国家统一法人活动信息记录册中的信息除俄罗斯联邦法律另有规定不得公开的部分以外均应公开。除非法律另有规定，则相关信息应该在互联网上公开。

同由相关国家机关负责维护的国家统一法人登记簿不同，国家统一法人活动信息记录册的维护由依《法人和个体工商户登记法》取得法人资格的操作者负责。该操作者为俄罗斯联邦居民，拥有以电子形式登记并维护联邦统一法人活动信息记录册的技术手段。该操作人由行政当局（当前是俄罗斯联邦经济发展部）[1]遵照俄罗斯联邦政府规定的程序和标准招标确认，并履行上述职能。

登记和维护联邦统一法人活动信息记录册及联邦统一破产信息登记簿当前已获得俄罗斯联邦经济发展部 2013 年 4 月 5 日第 178 号令批准。

（第五章终）

---

〔1〕 参见2018 年6 月5 日第437 号俄罗斯联邦政府法令批准的《关于俄罗斯联邦经济发展部的若干条例》（Положение о Министерстве экономического развития Российской Федерации，утвержденное Постановлением Правительства РФ от 5 июня 2018 г. № 437）。

第六章
社团的改组

术语表

吸收合并协议——并入社团与被并入社团间签订的协议，由双方依法在该协议中对合并程序、合并条件及其他条件进行确定。

新设合并协议——两个或多个参与合并的社团所签订的协议，由各方依法在该协议中对合并程序、合并条件及其他条件进行确定。

法人地位恢复——一种用以恢复先前终止的法人资格的法定构成，应对其在国家统一法人登记簿中作出相应的记录。

存续分立——一种法人改组的方式，其结果是，于改组后继续存续的法人的财产的基础上，将被改组法人的部分权利与义务向新设法人进行移转，以设立一个或数个新的法人。

移交文书——在作出以存续分立和新设分立（其他情形下可以但不必须）方式进行改组的决定时起草与批准的文件（或一套文件的总和）；该文件包括被改组的法人就包含受各方争议的债务在内的所有权利与债务对全部债权人与债务人进行权利继受的条款，也包括权利继受的确定程序等条款（“过渡期条款”）。

变更组织形式——法律承认的五种改组方式之一。

吸收合并——一种俄罗斯立法规定的改组方式，由两个或两个以上的法人参与，其结果为：（1）以吸收合并形式改组的一个或者数个法人不再存续，而其所有权利与义务以当时所具备的形式转移到参与改组的另外一个法人（存续法人）；（2）存续法人（兼并法人）成为已终止法人的概括继受人。

新设分立——一种法人改组方式，以这种方式改组的原法人不再存续，若干新的法人得以设立，终止存续法人的所有权利及义务，原法人权利及义务应按照依法作出的改组决定中确定的份额及条件移转至新设立的法人。

新设公司的股份在被改组公司原股东间的分配——股份公司以存续分立方式，或者以兼有新设合并或吸收合并环节的存续分立的综合改组形式进行改组时的股份分配方式。

改组——涉及债权人和/或组织主要的受益人（参加人、发起人）的法律人格的实质性变更，因而对旨在终止、变更法律关系及对特定补偿获取的机制提出了相应的使用要求。

改组失败——法院依据对相应社团进行改组持反对意见的社团成员或未就此问题参与表决的成员要求，对涉及进行改组的法律事实所作出的积极行为进行排除。

结合了多种方式的改组——以一项对法人开始进行改组的决定，来实现涵盖两种或两种以上改组方式的组织上的变更。

新设合并——由两个或两个以上法人参与的改组方式。其结果为：通过此种合并的方式，被改组的数个法人将不再存续；一个新的法人得以创立，所有在移转时刻已具备的权利和义务将转移给新的法人；新成立的法人成为已终止法人的概括继受人。

第一节 改组的概念、类型及方式

改组的概念

目前,“改组”一词仅可以理解为:由法律(《俄罗斯联邦民法典》第 57 条)规定的新设合并、吸收合并、新设分立、存续分立及变更组织形式等五种活动(法定构成)。

立法承认各种类型的改组,即承认根据改组依据不同而划分的不同法律状态,包括:

(1)自愿改组;

(2)强制改组;

(3)于联邦单独立法的基础上进行的改组。[1]

由法人的发起人(参加人)或设立文件授权的法人机关作出决定进行的改组,为自愿改组。

在法律规定的情形下,由国家有权机关决定或依法院判决,依《俄罗斯联邦民法典》第 57 条之要求进行的改组,为强制改组。

第三种基于联邦单独立法进行的改组形式特点是:改组进行

〔1〕 关于改组类型的详细论述,参见 Габов А. В. Теория и практика реорганизации (правовой аспект). М. ,2014. С. 425 – 442。

的基础为联邦法。[1]

这一针对国家社团与国家公司的类型得到了最广泛的应用,但以联邦法为依据来进行改组的相关规定,同样包含于调整其他有特殊活动目的的法人的法律中。[2] 在最近一段时间内,立法得到了进一步的发展,法律规定,俄罗斯联邦总统令可以作为一些法人改组的基础。例如,2016 年 7 月 3 日通过的第 236 号《关于俄罗斯联邦公法公司和修改部分俄罗斯联邦法律文件》联邦法特别强调,如果公法公司在联邦法的基础上建立,则该公司的改组亦在联邦法的基础上进行。但如果公法公司依联邦总统令而设,则其改组亦应基于联邦总统令进行。

同样需要指出的是,2018 年 7 月 4 日通过的第 133 号联邦法第 12 条规定,俄罗斯联邦总统可以对某些特殊情况下在特殊领域开展活动的商公司改组特征作出规定。如此一来,如今俄罗斯联邦总统的命令和指令不但可以为改组提供依据,还可以对改组的特征进行确定。并

---

〔1〕 参见 2007 年 11 月 23 日第 270 号《共同开发、生产和出口高科技产品的国有社团——俄罗斯国家技术集团(Rostec)》联邦法第 18 条(ст. 18 Федерального закона от 23 ноября 2007 г. № 270 – ФЗ «О Государственной корпорации по содействию разработке, производству и экспорту высокотехнологичной промышленной продукции «Ростех»»),2007 年 12 月 1 日第 317 号《俄罗斯国家原子能公司法》联邦法第 41 条(ст. 41 Федерального закона от 1 декабря 2017 г. № 317 – ФЗ «О Государственной корпорации по атомной энергии «Росатом»»)等。

〔2〕 参见 2013 年 9 月 27 日第 253 号《关于俄罗斯科学院、改组国立科学院以及修改俄罗斯联邦部分法律文件》联邦法第 5 条(ст. 5 Федерального закона от 27 сентября 2013 г. № 253 – ФЗ «О Российской академии наук, реорганизации государственных академий наук и внесении изменений в отдельные законодательные акты Российской Федерации»);2012 年 10 月 16 日第 174 号《关于预案经研究基金会》联邦法第 21 条;由 2017 年 10 月 17 日俄罗斯联邦政府第 1231 号决定批准的"期房建设参与人公民权利保护基金"公法公司章程第 7 项(ст. 21 Федерального закона от 16 октября 2012 г. № 174 – ФЗ «О Фонде перспективных исследований», п. 90 Устава публично-правовой компании «Фонд защиты прав граждан-участников долевого строительства», утвержденного Постановлением Правительства РФ от 7 октября 2017 г. № 1231)。

且,立法并未对此类特征的范围进行限制,因此,此类特征可以涉及特定种类社团——商公司(股份公司和有限责任公司)的改组程序与后果。

如上文提到的,当前立法承认**五种改组方式:新设合并、吸收合并、新设分立、存续分立及变更组织形式**。[1] 对于不同形式、种类与类型的法人而言,其对个别改组方式的使用仍不受限制。[2] 而一些法人(无论是社团法人还是单一制组织)则因法律明确规定不得改组。[3]

新设合并

> **新设合并是法人改组的一种方式,其结果为:通过此种合并的方式,被改组的数个法人将不再存续;一个新的法人得以创立,所有移转时刻所具备的权利和义务将转移给新的法人;新成立的法人成为已终止法人的概括继受人。**[4]

---

〔1〕 关于改组方式的详细论述,参见 Габов А. В. Теория и практика реорганизации (правовой аспект). С. 442 – 524。

〔2〕 例如,根据《商合伙法》第 24 条的规定,商合伙的改组只能以变更组织形式的方式进行,且只能改组为股份公司;而合营与商公司则可改组为非营利组织或单一制的营利组织(《俄罗斯联邦民法典》第 68 条第 3 款)等。

〔3〕 例如,下列组织被禁止进行改组:除养老基金外的其他基金(《俄罗斯联邦民法典》第 123.17 条);股价员行业自律组织(《俄罗斯联邦评估活动联邦法》第 22 条/ст. 22 Федерального закона «Об оценочной деятельности в Российской Феде рации»);仲裁管理人行业自律组织(《破产法》第 21 条)。

〔4〕 需要指出,在一些联邦法中给出了对新设分立的定义。例如,《有限责任公司法》第 52 条规定:"在设立新的公司时伴随两个或更多公司对其进行的所有权利与义务的移转,同时后者存续终止。"

司法实践[1]对继受概括性进行了直接明确,因新设合并而产生继受的概括性由以下情形所决定:进行新设合并的各组织终止存续,因此产生了由存续组织对终止存续组织在合并终止时对后者全部权利和义务取代的可能性。

社团的新设合并在新设合并协议的基础上进行,双方在合同中确定合并的程序与条件,同时根据立法的要求对其他条款进行确定。

吸收合并

吸收合并在俄罗斯立法中的规定:为改组方式的一种,由两个或两个以上的法人参与,其结果为:(1)以吸收合并形式改组的一个或者数个法人将不再存续;(2)其所有权利与义务以当时所具备的形式转移到参与改组的另一个法人(存续法人)。[2]

在此情形下,合并后的法人成为已终止(数个)法人的概括继受人。

《俄罗斯联邦民法典》在有关吸收合并的部分,对此改组方式的特点进行了规定,其特征体现在完成的时刻上,即在以一个法人并入另一法人的吸收合并方式进行改组时,自被并入法人活动终止的事项载入国家统一法人登记簿之时起,视法人已完成改组。

吸收合并产生的权利继受人属性与新设合并相同,均为概括继受。

例如,俄罗斯联邦宪法法院于2010年12月7日作出的第1620-O-O号裁定着重指出:"……在以吸收合并方式进行法人

[1] 参见2015年7月23日俄罗斯联邦最高法院全体会议第25号决定第26条(ст. 26 Постановления Пленума Верховного Суда РФ от 23 июня 2015 г. № 25)。

[2] 存续组织理论上可多于一个。

改组时所进行的权利继受，是根据包含受各方争议债务的在内的、与被并入法人全部债权人与债务人相关的权利与义务内容的移交文书，向存续方法人进行转让。此时的权利继受属于概括继受，其应保证债务的存续、保障依靠改组后的新建法人的财产得以履行、保护法人的债权人利益，且应涵盖被改组法人的其他财产或非财产权利。”

其他司法文件也对权利继受的概括属性进行了着重强调（参见2015年7月23日俄罗斯联邦最高法院全体会议作出的第25号决定第26条、2017年5月22日西北联邦区仲裁法院针对第A02－1375/2016号案件作出的第Φ04－1614/2017号判决及其他文件）。

社团吸收合并与新设合并的相似之处在于，吸收合并同样依据协议进行，协议中各方确定吸收合并的程序与条件，同时根据立法的要求对其他条款进行确定。

新设分立

新设分立是一种法人改组方式。以此方式进行改组的结果是，被改组法人不再存续，若干新的法人得以设立。同时先前存续法人的所有权利及义务终止，并按依法作出的改组决定中确定的份额及条件移转至新设立的法人。

新设分立与新设合并和吸收合并的区别是：在进行新设分立时，无须任何协议作为改组的前提。因为以新设分立方式进行的改组仅由一个法人实施。这意味着权利人（所有权人、股东会、获授权机关）所作出的改组决定有着至关重要的作用。

立法未对此种有关以新设分立方式进行改组的决定作出一般要求,相关要求根据各种组织的法律组织形式作出调整。

新设分立的权利继受性质仍为概括继受(即使改组导致了两个或更多新法人的产生)。因为被改组主体与所有法律关系的全面而彻底地脱离(其法人人格丧失),其在所有法律关系中都被数个新组建的法律主体所取代。

存续分立

新设分立是法人改组方式的一种。以此方式进行改组的结果是,在改组后继续存续法人财产的基础上,将被改组法人的上述财产向作为权利继受人的(数个)新设法人进行移转,以设立一个或数个新的法人。[1]

即一个或数个新法人在接受被改组法人的部分权利与义务移转后得以建立,且被改组法人自身的存续不会终止。

同新设分立一样,存续分立同样不具备任何协议前提。因为以存续分立方式进行的改组,亦仅由一个法人实施便可完成。与新设分立的情况相同,立法亦未对以存续分立方式进行改组的决定作出一般要求,相关要求同样需根据各种组织的法律组织形式作出调整。

与上述方式相区别的是,存续分立的权利继受不具有概括继受的性质。

《俄罗斯联邦民法典》已经对相关区别作出了强调,其规定指出,

---

〔1〕 各单行法中含有对存续分立的定义,例如,《股份公司法》第19条规定:“公司的存续分立,是将被改组法人的部分权利与义务向新公司进行移转,设立一个或多个公司。”

在进行存续分立改组时，被改组法人的权利与义务根据移交文书向法人构成中的一个或数个法人移转。因此，向新设（数个）法人移转的权利与义务，仅限于移交文书中所明确的部分，而不包含其他权利与义务。

存续分立的另一个特点是，被改组法人不会终止其自身的存续。这一点有着十分重要的影响，即改组时已存在的权利与义务不产生任何不确定性：所有未被明确为应向新设（数个）法人移转的权利与义务，由被改组法人保留。

需要指出的是，在进行存续分立改组时，一系列权利与义务能够被移转。例如，《俄罗斯联邦税法典》第50条明确指出，“在以存续分立的方式进行改组时，新设的一个或数个法人不会继承被改组法人的税款（滞纳金、罚款）支付义务”。

变更组织形式

> 变更组织形式是改组的方式之一，在按此方式进行改组时，法人的法律组织形式发生变化。有关定义来自《俄罗斯联邦民法典》第58条的直接规定，且各特别法中没有对此方式进行其他定义。

变更组织形式同新设分立与存续分立相同，其进行无须任何协议作为前提，因为以变更组织形式的方式进行的改组也仅由一个法人便可实施。

一般而言，以变更组织形式方式进行的改组不产生权利继受（司法实践亦多次着重强调了这一点）：[1]《俄罗斯联邦民法典》第58条规定，除由改组引起的与发起人（参加人）有关的权利与义务发生变更外，被改组法人与他人的权利与义务不发生变更。因此，在变更组织形式的情况下，没有起草移交文书的必要性。

立法允许以同时结合上述多种方式进行法人改组。《俄罗斯联邦民法典》未对此种综合改组方式作出规定，而是为联邦级别的法律留下了对此类问题进行调整的自由。当前只有《股份有限公司法》一部联邦法对此进行了相应规定，如该法第19.1条规定，在存续分立与新设分立进行的同时，分立成立的组织可与其他法人进行新设合并或吸收合并。

在改组由两个或两个以上的法人参与进行的情况下（当前为新设合并与吸收合并两种情形），立法（《俄罗斯联邦民法典》第57条）允许此类改组的参加人具备不同的法律组织形式。但仅在《俄罗斯联邦民法典》或其他法律中规定了由某种法律组织形式的法人向另一种法律组织形式进行组织形式变更的可能性时，方能进行本段所述方式的改组。

为便于对该规则的理解，现举例进行说明：

根据《俄罗斯联邦民法典》第68条的规定，商合营（无限公司与两

---

〔1〕 参见俄罗斯联邦最高法院2016年4月28日对第A33－19123/2013号案件作出的第302－ЭС15－16979号裁定；2016年7月19日对第A14－3915/2015号案件作出的第310－КГ16－1802号裁定；2016年8月8日对第A32－26230/2015号案件作出的第308－КГ16－8933号裁定；2016年8月26日对第A12－28076/2015号案件作出的第306－эс16－7779号裁定；2016年10月4日对第A12－28076/2015号案件作出的第306－ЭС16－7779号裁定等（определения Верховного Суда РФ：от 28 апреля 2016 г. № 302－ЭС15－16979 по делу № А33－19123/2013；от 19 июля 2016 г. по делу № 310－КГ16－1802，А14－3915/2015；от 8 августа 2016 г. № 308－КГ16－8933 по делу № А32－26230/2015；от 26 августа 2016 г. № 306－эс16－7779 по делу № А12－28076/2015；от 4 октября 2016 г. по делу № 306－ЭС16－7779，А12－28076/2015 и др）。

合公司）与商公司可改组为其他类型的商合营和商公司，或改组为生产合作社。《俄罗斯联邦民法典》还针对有限责任公司（第92条）、股份公司（第104条）和生产合作社（第106.6条）作出了相应条款的规定。因此，计划设立新的有限责任公司（或股份公司、无限公司、两合公司、生产合作社）的新设合并，可同时参与其中的有：有限责任公司、股份公司、无限公司、两合公司、生产合作社。

还可以举一反例，《俄罗斯联邦民法典》第123.8条规定，社会团体可以改组为社会组织、非营利自治性组织或基金会，但未规定改组为其他法律组织形式的可能性。因此，社会团体不能参与上述新设合并方式的改组，同样新设合并方式改组亦不会导致成立新的社会团体。

第二节　权利继受与改组时资产与债务的善意分配原则

概括继受与特定继受

除变更组织形式外，其他方式的改组会导致权利与义务的继受［由改组引起的发起人（参加人）有关权利与义务变更另作别论］。

在改组引起权利继受的情形下，继受即可为概括继受，亦可为特定继受。改组（新设合并、吸收合并及新设分立）中的**概括继受**，是指将法律规定的移转时刻已存在的**全部**权利和义务（不得进行继受的权利义务除外），向新设法人（或吸收合并改组的存续法人）进行移转的继受。先前的权利与义务人法律人格的终止，是继受具备普遍性的主要原因。

改组中的特定继受,是指将法律规定的移转时刻已存在的部分权利和义务,向新设法人(或吸收合并改组的存续法人)进行移转的继受。此类型的继受是以存续分立和变更组织形式进行改组所产生的后果[针对被改组法人的发起人(参加人)之权利与义务]。

> 被改组法人基于各种法律基础、从私法及公法法律关系中产生的任何性质的权利与义务(如果这些权利义务能根据《俄罗斯联邦民法典》中规定的移转时刻向其他法人进行移转),为权利继受的客体。

可向继受人进行移转的并不仅限于各种财产、因债产生的权利与义务和知识产权,还有税金、费用、滞纳金和罚款的支付义务(存续分立除外),实施行政违法所造成的责任(存续分立除外),作为雇主的权利与义务,以许可所获权利及其他行政性关系中的权利与义务等。

根据《俄罗斯联邦民法典》第58条、第59条和俄罗斯联邦最高法院所作出的法律意见[1]:

(1)进行存续分立与新设分立时的继受事实,由移交文书进行证明。该文书应含有被改组法人对其受各方争议的债务在内的全部债权人与债务人(包含受各方争议的债务在内)的所有债务进行继受的条款。

(2)进行新设合并与吸收合并时的继受事实,可(不)由移交文书进行证明。在未拟定移交文书之时,继受的事实可由国家法人登记机关出具的文件进行证明,且文件中包含国家统一法人登记簿中的下列事项:

---

[1] 参见2015年7月23日俄罗斯联邦最高法院全体会议第25号决定第26条(ст. 26 Постановления Пленума Верховного Суда РФ от 23 июня 2015 г. № 25)。

——针对因新设合并而终止活动的法人的权利与义务，载入有关新设法人的改组事项；

——针对因吸收合并而终止活动的法人的权利与义务，载入有关被并入公司的改组事项。

继受事实还可通过确定因新设合并（吸收合并）而终止活动的法人的相应权利与义务继受事实的文件进行证明。

某项数据在移交文书中的缺失（如果相关债务在进行国家登记期间未被查明），不作为相应权利和/或义务终止的根据。若在进行新设分立时发生此种情况，须适用《俄罗斯联邦民法典》第60条第5款规定的连带责任。在以存续分立的方式进行改组时，所有应移转至新设法人而未在移交文书中明确体现的（权利与义务），由被改组法人保留。

若被改组法人的种类、构成、财产价值发生变化，或权利与义务产生、变更与终止的，将在转让文书编制日期之后进行权利继受的确定程序（该程序亦被称为“过渡期条款”），作为移交文书的组成部分之一。根据《俄罗斯联邦民法典》第59条的规定，任何移交文书均应包含有关此程序的内容。

在以新设分立和存续分立的方式进行改组时，遵守对被改组人的资产与债务进行善意分配是一个原则性的问题。[1]

---

〔1〕 在2014年之前，司法实践承认了“在权利继受人间对被改组公司的资产与债务进行公平分配的原则”。这一原则最初是由俄罗斯联邦最高仲裁法院全体会议于2003年11月8日作出的第19号决定第22条中针对股份公司的改组而提出的，之后，其被法院用来评估法人或其他法律组织形式的主体在改组时的资产与债务的分配。

总体而言：[1]

资产与债务的善意分配规则可表述如下：其为由改组所产生的财产与债务的相互作用关系，该规则应同时保证改组后继续存续（存续分立）的法人和新设立的法人（新设分立与存续分立）向债权人履行自身的债务。

对此规则的违反将导致适用《俄罗斯联邦民法典》第60条第5款规定的连带责任。同时应当考虑，为使第60条相应的条款得以适用，《俄罗斯联邦民法典》规定了如下条款：对被改组法人的资产与债务所进行的非善意分配，可导致债权人利益受到实质性的侵犯。

司法实践明确指出，对改组时法人的资产与债务所行的善意[2]分配的证明责任，应由被改组法人及其权利继受人承担。债权人没有义务对该原则的违反进行证明，因为其无法具备充足的证据，也没有证据获取的现实可能性。[3]

---

〔1〕 目前对该原则的遵守或违反问题由法庭来进行定夺，法庭应每次对资产及债务的相互关系及它们的结构与性质进行评估。参见伏尔加－维亚特卡联邦区仲裁法院于2015年8月20日对第A17－5064/2013号案件作出的第Ф01－4656/2016号裁定；东西伯利亚联邦区仲裁法院于2016年6月9日对第A33－5776/2015号案件作出的第Ф02－1595/2016号裁定；乌拉尔联邦区仲裁法院于2016年9月9日对第A34－3496/2015号案件作出的第Ф09－8245/16号裁定；等等（постановления: Арбитражного суда Волго-Вятского округа от 20 августа 2015 г. № Ф01 – 3175/2015 по делу № А43 – 19300/2014; от 7 ноября 2016 г. № Ф01 – 4431/2016, Ф01 – 4656/2016 по делу № А17 – 5064/2013; Арбитражного суда Восточно-Сибирского округа от 9 июня 2016 г. № Ф02 – 1595/2016 по делу № А33 – 5776/2015; Арбитражного суда Уральского округа от 9 сентября 2016 г. № Ф09 – 8245/16 по делу № А34 – 3496/2015 и др）。

〔2〕 法庭至今使用“公平”（справедливое）一词进行表述。

〔3〕 参见西北联邦区仲裁法院于2016年9月13日对第A75－11927/2015号案件作出的第Ф04－3431/2016号裁定（постановление Арбитражного суда Западно-Сибирского округа от 13 сентября 2016 г. № Ф04 – 3431/2016 по делу № А75 – 11927/2015 и многие другие дела）。

被改组法人的财产范围变更、改组完成后新设法人的财产形成

改组会导致被改组法人财产范围的重大变化。在改组的过程中(完成改组前),被改组法人财产的减少主要归因于:在满足债权人请求权时向其进行了财产移转,或者赎回股票时向股东进行的财产移转(如涉及股份公司的改组)。

因改组结束而不再存续法人的财产范围(财产与债务),同样会发生实质性的变更。例如,在以存续分立的方式进行改组时,相应的权利和/或义务均因其部分被移转至新设法人而减少。在以吸收合并的方式进行改组时,被并入法人的财产和债务数额均会增加。

被改组法人的财产,是因改组而新设法人财产形成的基础(且在绝大多数情况下是其唯一来源)。

一些次级法律条例,如《关于证券发行标准的条例》,在一些情况下会针对因改组而设立的股份公司规定注册资本形成的特殊规则。比如:

——在以存续分立的方式进行改组时,注册资本依靠原股份公司的注册资本减少部分而形成,和/或依靠该公司的其他自有资产(包括补充资本、未分配利润等)形成;

——因新设分立或新设合并而新设股份公司的注册资本,依靠已被改组的股份公司的其他自有资产(包括补充资本、未分配利润等)形成;

——以吸收合并的方式进行改组时,被并入(存续)股份公司注册资本的数额增加部分,是依靠并入股份公司的注册资本形成的,和/或依靠并入公司及/或被并入公司的其他自有资产(包括补充资本、未分

配利润等)而形成的(第50.11项)。

第三节 改组程序

改组为一种复杂法定构成

改组是由可导致产生特定法律结果和各种法律属性的法律事实(股东会的决议、法人独任机构的决定、行政决定、民事法律行为等)所组成的复杂的法定构成。

法律事实的实现是以明确的顺序性、在明确的时间阶段进行的。简言之,其具有明确的秩序(порядок)*。立法将这种秩序描述为程序(процедура)。并且,对改组中秩序的违反,鉴于立法中规定的相应情形,可导致尤为明确的负面后果。如《法人和个体工商户登记法》第23条规定,**未遵守俄罗斯联邦法律规定程序进行的法人改组,是被拒绝进行国家登记的根据**。换句话说,对程序("程序之秩序")的违反,可导致任何形式登记(对新设法人的国家登记、法人终止的国家登记)的完成不能。

改组程序由多种因素决定,其中最重要的便是进行改组的原因(自愿改组、强制改组还是基于联邦单独立法的基础上进行的改组)。

---

* 俄语中"порядок"与"процедура"常作同义词使用,均可译作"程序"。若详加区分,笔者认为一种解释最适宜对本书前后文的理解——前者强调某项活动开展的接续步骤,后者更突出某一活动开展的流程总和。为避免语义重复造成中文读者对此产生理解障碍,特将前者处理为"秩序"。本书下文的翻译处理方法(第七章第二节)同此处。——译者注

自愿改组的程序

自愿进行的改组程序可以分为以下几个阶段：

——(在作出正式改组决定之前的)准备行为与准备性决定；

——由有相应职权的机关(所有权人、发起人、参加人)作出改组的决定；

——法人及其他遵照改组决定而产生的主体的改组行为(从决策作出时刻起至在国家统一法人登记簿中进行相应变更登记时间段内所实现的一系列法律事实)；

——在相应文件已递交至国家登记后(包括进行国家登记的时刻之后,即完成有关改组的国家登记后)所实施的行为。

在关于改组的决定作出之前,须完成一些即便不是改组直接程序,但对进行改组而言不可或缺的特定行为。其中包括,对法人的**财产及负债进行清点**,清点的结果将用于对改组移交文书的准备(适用于需要制作移交文书的情形)。

在改组时必须制定移交文书的各种情形下(见上文),文书的制定行为同样须在所指定的期限内进行[这一点对于一些情况而言是具有现实性意义的,例如,在股份公司改组时移交文书须(与关于改组的一致决定)同时获得通过]。

在股份公司进行改组时,须由独立的价格评估人员对公司股份的市值进行确定,以便后续确定股份的赎回价格。[1]

获授权的国家机关的同意同样可以作为该期限最为重要的要素之

---

〔1〕 股份的赎回按照董事会(监事会)所确定的价格进行,但不得低于市场价值(该市场价值应由独立估价人来确定,定价时不应考虑因公司行为导致股份估价与赎回请求权而产生的股份价值变化)。

一。《俄罗斯联邦民法典》第57条规定，在法律规定的情况下，法人的改组如果是以新设合并、存续合并或者变更组织形式的方式进行，则改组仅可依据获授权的国家机关的同意来进行。此类同意作出的情形、作出同意机关的清单、同意的条件与程序由各专门立法进行规定。

法律对由被改组法人的股东会来组织设立新设股份公司内部机关的事宜作出了规定。对候选人的提名、相关候选人的审议以及将他们加入投票传签之中等活动，同样须在改组决定作出之前进行。

在准备阶段之后，应由具备相应职权的机关（所有权人、发起人）作出关于进行改组的决议。在自愿改组的情况下，相应进行改组决议的作出，一般属于社团最高管理机关的职权。

各专门法律就此问题作出了规定：与进行改组相关的相应决议，应依法人其他机关的提议作出（且应按照提出相应议题的机关所作出的表述通过决议）。例如，《股份公司法》第49条确定了股东会作出决议的一般规则，如果公司章程未作其他规定，关于进行改组的决议仅可根据公司董事会的提议由股东会作出。

那么，上述机关需要作出关于进行改组的何种决议，又需要作出多少个决议？这一问题在实践中是尤为重要的。

与股份公司相关的立法对这一问题进行了相当详细的规定。该领域的部分立法对作出一个统一改组决议的必要性进行了规定，关于改组决定本身的通过、移交文书的批准确认（如果必须编制移交文书或按规定股东们必须对移交文书决议通过）等事宜，以及大多数其他问题的解决，均在此份决议的框架下进行。至于多份决议作出的可能性，

《股份公司法》仅对为数不多的几种情形作出了规定。[1]《信贷合作社法》第 9 条针对信贷合作社改组的规定,也可作为统一决议的例子。

在股份公司和信贷合作社的相关立法中所采取的做法是十分合理的。其他方法或许会导致毫无可行性决议获得通过,或者可能导致改组虽已被宣告(有关对其实施的决议已通过)但其他重要决议却未获批准的情况(例如,众社团成员已经通过了有关进行改组的决议,但移交文书尚未获得批准)。然而需要指出,现如今作出一份综合性统一决议的必要性,对于大多数情况而言是值得商榷的。调整相应关系的各部特别法(包括针对其他商公司采用相似方法的立法条款),不是没有对相应问题给出具体规定,便是规定可以一并作出数个改组决议。

从改组决议通过时起,至对国家统一法人登记簿进行变更登记的时刻止,这段时间可作为自愿改组程序的第三个阶段。我们不妨来看一下此阶段可发生的若干事实。

就改组程序开始进行通知。根据《俄罗斯联邦民法典》第 60 条的规定,此通知应由法人[2]于其改组决议作出之日后 3 个工作日内,向进行法人国家登记的机关发出。[3] 进行法人国家登记由国家机关依据该通知,向国家统一法人登记簿中就该法人正处于改组过程的事实进行登记(参见《法人和个体工商户登记法》第 13.1 条)。根据相关法

---

〔1〕 例如,针对新设合并的情形(《股份公司法》第 16 条),参加合并各公司的股东会就各公司以新设合并方式进行改组的问题作出决议,决议包括下列内容:参与合并公司的新设合并协议、移交文书的批准确认,改组后新设公司章程的批准,与新设公司董事会(监事会)成员选举等事项的相关决议的通过等。可以看出,在第二种情况下,法律规定了对单独问题进行审议及对它们分别作出决议的可能性。

〔2〕 如两个或两个以上法人参与改组,则此通知应由最后作出改组决定或由改组决定中指定的法人发出。

〔3〕 此通知应依俄罗斯联邦税务局 2012 年 1 月 25 日发出的第 MMB－7－6/25 号命令中所确定的 P12003(№ P12003,утв. приказом ФНС России от 25 января 2012 г. № MMB－7－6/25@)格式模板作出。

人处于改组过程之中的国家登记结果,可开具关于其改组状态的国家统一法人登记证明和国家统一登记簿摘录(摘录中包含被登记的相关事项,可向申请人或符合俄罗斯联邦立法的委托代理行权人开具)。

除须向获授权国家机关提交用以进行国家统一法人登记簿登记的文件外,法律还对一些情形下国家登记机关的补充性义务进行了规定。例如,《非国有退休基金法》第33条规定,在俄罗斯银行收到相应通知后,同样须将所收到之通知公布在自己的官方互联网网站上。

向其他国家机关(获授权国家登记机关)就有关改组事项进行通知。除应向国家登记机关通知外,部分其他法律还对向其他国家机关进行通知作出了要求。例如,2001年11月29日通过的第156号联邦法《投资基金会法》第9条规定:相应基金会应在作出改组决议后5个工作日内,就改组决议的通过事宜向俄罗斯银行进行通知。

于国家统一法人登记簿中进行信息公开。《法人和个体工商户登记法》第7.1条就进行此种通知的必要性进行了规定。根据上述条款规定,法人需就其处于改组过程中的相关事项在该系统(http://www.fedresurs.ru/)中进行强制性登记。根据该法第23条的规定,未履行相应要求,目前可作为国家登记申请被拒绝的独立依据。

通知债权人。《俄罗斯联邦民法典》第60条确定了关于向债权人进行通知的一般规定:(1)被改组的法人应在向国家统一法人登记簿登记改组程序开始的事宜之后,每月1次、共分2次于大众传播媒介之上就法人国籍登记的相关数据进行公布,以及就自己的改组状况进行通知;(2)各特别法也可以对被改组法人对自身的改组向债权人进行书面通知一事作出规定。

目前,在大众传播媒介上对有关改组进行的通知公告,是对债权人进行通知的普遍认可形式。此处所提及的媒介,目前仅为《国家登记公报》[1]杂志，以其他方式或在其他出版物上对此通知进行公布，不能代替在指定出版物中所作的公告。《俄罗斯联邦民法典》中所规定的书面通知，是“备用”的第二种形式，如果特别法对此作出相应情形的规定，此形式将得以使用。需要指出的是，一些特别法中含有就改组决定的通过向债权人提前进行通知与信息传达的特别规则(参见《银行及银行活动法》第23.5条、《非国有退休基金法》第33条)。

对债权人请求的满足。《俄罗斯联邦民法典》第60条就在债权人得到妥善通知后的改组进行之时或改组程序启动阶段(通过公告通知、发出书面通知、电子信息或法律规定的其他形式进行通知)债权人所拥有的权利，进行了一般条款规定：

——如果债权人的请求权产生于有关法人改组的第一次公告通知之前，则债权人有权以司法程序要求债务人对相应债务提前履行。如债务不可能提前履行，则债务终止且“(债务人)”对因此产生的损失进行赔偿，法律或债权人与被改组人协议规定了其他情形的除外。

——有关进行债务提前履行或进行损失赔偿的请求，可由债权人于不晚于最后一次法人改组通知发出之日后的30日内提出。[2]

需要指出的是，法律仅向请求权产生于被改组法人进行第一次公告通知前的债务人赋予了特别的权利。[3] 对于公告时刻前请求权尚未产生的债权人，或在公告作出之后与被改组法人产生关系的债权人，

[1] «Вестник государственной регистрации».

[2] 此一般期限仅针对改组通知以公告形式作出的情形。在公告以书面或其他形式作出的情形下，可规定其他期限。参见《单一制企业法》第29条(ст. 29 Закона об унитарных предприятиях)。

[3] 在对获得相应权利的债权人范围进行评定时，应当考虑，《俄罗斯联邦民法典》第60条的相关规定仅适用于被改组法人应以规定方式向债务人进行公告通知的情形。在各特别法规定了书面通知(或以其他方式通知)之必须性的情形下，应采用其他方式确定债权人范围(参见《单一制企业法》第29条)。

法律未作出相应的特殊条款规定。但为保护债权人利益,在实践中特别解释的方式得到采用。

例如,乌拉尔联邦区联邦仲裁法院下设的学术咨询委员会于2015年6月10日作出的第1/2015号“针对仲裁法院管辖的民事案件的法律适用问题的建议”作出了下列规定:“债权人在法人改组第一次公告通知前产生的请求权,合同签订日期应视为其产生日期。”

因此,债务履行期限尚未到达的债权人,可以行使此种针对债权人的特别权利[法庭先前在对旧版《俄罗斯联邦民法典》第60条进行解释之时[1]也持这种观点(现行版本的此条此部分内容与旧版并无二致)]。

值得注意的是,如果相应的债务已具备了充分的担保,《俄罗斯联邦民法典》则排除债权人使用上述权利的可能性。《俄罗斯联邦民法典》第60条第4款阐明了“充分担保”的概念,比如,就被改组法人债务的履行或涉及履行终止的损失赔偿而向债权人所提供的担保,在下列条件下可视为充分担保:

——债权人同意采用该担保。

——信贷机构向债权人提供了不可撤回的担保。该担保的信誉度高,有效期超过被担保债务履行期限不少于3个月,且规定了相应补充条件:在向担保人索赔时,债权人对改组或被改组法人未能履行债务的

---

[1] 参见俄罗斯联邦最高仲裁法院全体会议于2013年5月28日对第16246/12号案件作出的第A56-65460/2011号判决;莫斯科联邦区仲裁法院于2015年8月19日对第A40-147193/14号案件作出的第Ф05-10608/2015号判决(постановления Президиума ВАС РФ от 28 мая 2013 г. № 16246/12 по делу № А56-65460/2011; Арбитражного суда Московского округа от 19 августа 2015 г. № Ф05-10608/2015 по делу № А40-147193/14)。

事实有举证义务。

如果在债权人提出相应请求之日后的30日内,债权人获得过能被认定为充分的担保,则其请求将无法得到满足。

《俄罗斯联邦民法典》第60条还规定,债权人提出请求的相应权利可以被排除,并于合同中对此进行相应体现。

所有于规定期限提出的请求,应于改组程序完成之前得以履行。包括在《俄罗斯联邦民法典》第327条规定的情况下,以对债务进行提存的方式来履行债务。

该结论不能推翻由《俄罗斯联邦民法典》第60条第5款及一系列特别法所规定的连带责任。

同被改组社团参加人的结算。目前,与此相关的问题由涉及法人法律地位的其他法律规范进行调整。例如,有关同股份公司股东进行结算的相应问题已得到了详细的规制(参见《股份公司法》第75条)。

新设法人参加人会议和新设法人参加人联合大会的举办。当现行立法规定改组须由数个决议(包括有限责任公司的决议)的作出来完成的情形下,便产生了召开此类会议的必要性。

税务机关或其他机关进行的检查、对预算收支结算关系的调整和规定情形下审计结论及其他结论的取得。改组决议作出的事实,会导致以税务机关检查为主的各种检查的进行。税务机关有权进行实地税务检查,并且根据《俄罗斯联邦税法典》第89条的规定,因纳税人组织改组而引发的税务实地检查,与上一次进行检查的时间与对象等无关。

有关发行证券决议的作出与旨在就发行进行国家登记行为的实施。现行有关证券市场的立法规定,在改组完成时所发行的证券必须进行国家登记。因此,在国家登记之前,被改组发行人应按照立法规定的发行程序,对有关证券发行的决议进行批准确认(参见《证券市场法》第27.5－5条）。

以完成相关国家统一法人登记簿登记为目的的行为。《法人和个体工商户登记法》第14～17条，对被改组法人以完成相关国家统一法人登记簿登记为目的的行为程序作出了规定。该法第14条规定了改组（变更组织形式、新设合并、存续分立和新设分立）产生的新设法人在进行国家法人登记时，必须提供的文件清单。该清单不涉及以吸收合并为方式进行的改组，此情形下的文件提交行为，由《国家登记法》第17条进行调整。

与改组完成相关的文件，可于将法人改组的信息在《国家登记公报》杂志进行第二次公告之日的30日期满后，或于就改组程序的开始进行国家统一法人登记簿登记完成的3个月期满后，向国家登记机关提交。

文件送交国家登记之后所实施的行为（包含进行国家登记时刻之后，即改组国家登记完成之后的行为）。在用以对法人成立（终止）进行登记的文件被接受之后，获授权的国家机关应作出进行或拒绝进行国家登记的决定。如相应登记机关有理由对涉及包含于国家统一法人登记簿中改组事项的准确性进行核实，则该登记机关也可以作出暂缓进行国家登记的决定（《法人和个体工商户登记法》第9条）。[1] 相应决议的有效期至对国家统一法人登记簿中事项准确性进行检查的完结日期，但总体不得超过1个月。《非营利组织法》将暂缓国家登记的可能性作为一般规则进行规定，其作出此种规定的依据有别于《法人和个体工商户登记法》。

---

〔1〕 暂缓进行国家登记的决定中应指出暂缓登记的依据、申请人对国家统一法人登记簿中含有不实信息这一假设进行驳斥的文件及说明的提交期限。上述用于申请人提交文件或说明的期限不得少于5日。

就形式角度而言，根据《俄罗斯联邦民法典》第57条与《法人和个体工商户登记法》第16条的规定，下列情况**视为改组完成**：

——因改组而新设的法人完成国家登记之刻起（吸收合并除外，变更组织形式时亦可产生问题及对此条款适用）；

——以吸收合并方式进行法人改组时，被并入法人在其活动终止的事项被载入国家统一法人登记簿之时起，法人视为已改组完成。

强制改组的程序

《俄罗斯联邦民法典》第57条规定了三种强制改组的进行方式：（1）依据法院判决进行；（2）依据获授权国家机关的决定进行；（3）如果依照法人设立文件授权可进行改组的法人发起人（参加人）、被法人授权的机构或法人的机关，未按照获授权国家机关决定中所确定的期限作出进行改组的决议，则法院就获授权国家机关所提起的诉讼而任命仲裁管理人，改组依该仲裁管理人的决定进行。

《俄罗斯联邦民法典》未规定依法庭判决进行的强制改组在何种情形下进行，也未规定依获授权国家机关的决定进行的强制改组的相应情形。且民法典未确定哪些机关有权就强制改组向法庭提起诉讼。此类问题默认归由联邦特别法的层级进行调整。例如，在违反了反垄断条款的情形下，强制改组依法院的判决进行；而有关信贷组织强制改组的调整，则应优先考虑获授权机关——俄罗斯银行的要求。

作者认为，法院判决和获授权机关作出的有关改组的决定中，均可包含要求法人的有效受益人（社团参加人、单一制组织的创立人）进行改组之内容。因此，如果不考虑期限的确定问题（期限在不同情况下可分别为“必须确定”“由法律确定”和“可进行限定”），则其他所有与改组程序有关问题的决定，同样应与自愿改组的情况相同。因此，在此情况下，可认为改组程序已得到了规制。

如果上述各主体未根据获授权国家机关所作决定中确定的期限对法人进行改组，针对获授权国家机关提起的诉讼，则法院可依照《俄罗斯联邦民法典》第 57 条任命仲裁管理人并委托其对该法人进行改组。在仲裁管理人被任命的时刻起，其便被赋予了对法人进行管理的职能。《俄罗斯联邦民法典》未对相应职能作出详细规制，其仅规定：仲裁管理人在法庭上代表受其管理的法人行事，并起草移交文书，将改组后新设法人的设立文件一并向法院呈交。关于仲裁管理人还有哪些其他责任、在实施自身行为时仲裁管理人需对哪些资源改组的因素加以使用等，法律未作出相应的规定，而是将相应问题交由法院决定。

改组的暂停与禁止、改组程序的拒绝实施、执行改组决议的期限届满

立法对因特殊原因而**暂停改组程序**的情况进行了规定。例如，改组程序的暂停可以表现为对非营利组织的国家登记的暂停（《法人和个体工商户登记法》第 9 条、《非营利组织法》第 23.1 条）。

除改组程序的外部作用外，基于决议而开始的改组，可由启动改组的法人来**终止（或暂停）**。

启动改组的法人若拒绝实施改组（或暂缓实施未完成改组所预先规定的行为），此拒绝可以为事实上的拒绝（法人单纯不实施必要的行为、不作出必要的决策），也可以为法律上的拒绝。法律上的拒绝只能以取消关于改组程序开始进行的决议的形式作出。

改组程序可由于改组决议中的某一条件而终止。例如，《股份公司法》第 49 条规定，在股东会作出的关于以存续分立方式进行公司改组的决定中，可规定决议执行的期限，在此期限内如未对新设的（一个

或多个)法人进行国家登记,则期限届满时此决议不应继续执行。

第四节　对改组决议无效与改组失败的认定

改组决议无效的认定

《俄罗斯联邦民法典》第60.1条规定了认定改组决议无效的可能性,此条是针对大多数改组的可能性瑕疵作出的应对性普适条款。

值得注意的是,法律明确对改组时所签订协议、转让文书(和/或)财产移转的事实或其他行为单独提出异议的必要性进行了排除,只有**改组决议为可争诉事项**。

上述条款并未对认定改组无效的依据开列专门清单。一般规则为,法人的改组决议可依被改组法人的参加人和其他非参加人主体(如果法律向其提供了此项权利)的请求而被认定无效。本质上可以认为,此条规则间接地对此问题进行了说明:认定改组无效的依据,即为上述主体对决议提出异议的可能性事由。

如果法律未规定其他期限,则在开始就改组程序向国家统一法人登记簿进行登记之后的3个月期限内,可对改组决议提出异议。因此,申诉开始的期限不以改组决议作出的时刻起算,而是按照《俄罗斯联邦民法典》第60条所规定的依据,自在国家统一法人登记簿中就有关改组程序进行登记的时刻开始计算。

一些社团的特别法对社团参加人有权向社团管理机关的决议提出异议进行了规定,在对这些特别法进行分析时,应当考虑改组异议的提出期限问题的特点。很显然,这些期限并不适用于认定改组决议无效的请求权的行使。

改组决议的无效认定,并不会导致因法人改组而引起的清算,也不作为认定该法人所完成法律行为无效的依据。

《俄罗斯联邦民法典》第 60.1 条规定了参与改组决议作出的主体,在嗣后决议被认定无效时的**连带责任条款**:

——恶意促成法院认定改组无效的主体,有义务向对改组决议投反对票或未参与投票的参加人以及被改组法人的股东进行连带损失赔偿;

——依上述决议而新设的法人,对恶意促成法院认定改组无效的主体承担连带责任;

——如果法人的改组决议是由合议制机关作出的,该机关中投票赞成相应决议的成员,同样承担连带责任。

改组失败的认定

《俄罗斯联邦民法典》第 60.2 条对有关社团改组失败的认定问题进行了规定。改组失败制度仅适用于社团改组的情况。

"改组失败"的概念表述为,改组应有的所有积极后果实际均被排除的情形。因此产生了一种于某种程度上与无效法律行为后果相当的情形——除其本身的无效外不产生任何法律后果。

相关认定改组失败的诉讼程序得到了确定。对社团改组决议投反对票或未就此议题进行投票的社团参加人,是具有提出改组失败认定请求权的主体。

法律规定了如下**认定改组失败的依据**:

——改组决议未获得拟进行改组社团的参加人通过;

——对因改组而新设法人进行国家登记所提交的文件中,含有关改组的明显不实信息。

《俄罗斯联邦民法典》第60.2条第2款规定了法院作出认定改组失败裁判后的若干后果。

第一种后果是恢复改组前已存在的法人，同时终止因改组而新设的法人。对改组前法人的恢复程序（除对国家统一法人登记簿进行登记的程序外），当前既未被《俄罗斯联邦民法典》所涉及，亦未有其他文件进行确定。

《俄罗斯联邦民法典》对认定改组无效的第二种后果进行了规定——因改组而新设的法人与善意信赖继受事实的主体所实施的法律行为，其效力应为被恢复的各法人所保留。民法典在描述“被恢复法人”时使用了名词复数，但实际上，也可以恢复为单一法人——例如在以新设分立方式进行改组之时。在此情况下，上述法律行为的效力将仅针对一个被恢复法人继续保留。但当被恢复的法人为多个时，《俄罗斯联邦民法典》对此规定了连带责任：此类法人将就上述法律行为成为连带债权人和连带债务人。规定此条文的目的是容易理解的：善意的行为人将不会承受改组失败的负面后果。因为，如果他们善意信赖改组是没有瑕疵的，则其所实施的行为不应受行为无效的影响。

权利或义务的移转未能成功地认定，是改组失败的第三种后果（该机制有时被称为“逆向继受”）。尽管相应的继受未能成功进行，但《俄罗斯联邦民法典》第60.2条为被终止法人的善意法律行为相对人制定了特殊规则：对债权人一方所发生的继受善意信赖的债务人，为改组时新设的法人的利益所作出的给付（支付、服务等），视作为获授权的法人利益所作出的已完成的给付。该规则旨在将法律行为相对人善意（或恶意）行为所产生的风险进行分担。如果相应主体在与因改组而设的法人产生法律关系并履行所产生的义务的同时，对改组已经发生作出了善意信赖，则此主体不用承担与此改组所具备的瑕疵有关的风险。《俄罗斯联邦民法典》规定，如果参与到改组中的一个法人以它们中另一法人的财产（资产）对移转至因改组而新设法人的债务进行了履行，则对于上述法人间的关系适用因不当得利而发生之债的相关规则（《俄罗斯联邦民法典》第60章内容）。

参加权的恢复，是承认改组失败之于社团关系而言尤为重要的后果。《俄罗斯联邦民法典》第60.2条确定了相应规则。根据该规则，先前存在法人的参加人，应被认定为与改组前其所拥有份额数目相同的占有人，而在改组过程中或改组完成后该法人参加人变更的情况下，先前已存在法人的参加人的份额，应按照《俄罗斯联邦民法典》第65.2条第3款所规定的规则向其返还。

（第六章终）

第七章

破产清算

术语表

行政管理人——为进行财务重整由仲裁法院根据《破产法》指定的仲裁管理人。

外部管理——作为恢复债务人偿付能力的一系列再建措施，是在破产案件中适用于债务人的程序之一。

外部管理人——出于恢复债务人的偿付能力的主要目的，由仲裁法院指定来进行外部管理的仲裁管理人。

临时管理人——为进行调查程序即最初的破产再建程序、实现债务人财产保全的措施及实现其他由《破产法》规定的职权，而由仲裁法院指定的仲裁管理人。

资产置换——在外部管理程序中，通过以债务人财产为基础创办一个或若干股份公司，来恢复债务人偿付能力的方法。同时将企业内部用于经营活动的财产(包括财产权利)引入这个公司(多个公司)的注册资本中。

根据法人登记机关的决定，将已停止自身活动的法人从国家统一法人登记簿中除名——已停止自身活动的法人的终止程序(法律事实构成)。

破产财产——在破产程序开始时所拥有的全部财产和在破产程序进行过程中披露的财产。

破产程序——破产过程中的最终阶段，该阶段旨在按《破产法》法定顺序，更充分地满足债权人的请求。

破产管理人——为实现破产程序目标，由仲裁法院指定的仲裁管理人。

破产债权人——除获授权机关、公民和因参与而产生债务的债务人的发起人(参加人)外的,基于金钱债务的债权人。债务人对该类债权人生命或身体健康造成的损害及精神损害承担责任,且根据《俄罗斯联邦城市建设法典》,债务人有义务支付高于其相应赔偿损害金额的赔偿金(因毁坏、损坏基本建设项目,在其建设期间违反安全要求、违反保障建筑物及工程的安全管理要求,因此而产生的损害需支付高于相应赔偿损害金额的赔偿金)、支付智力成果作者报酬。

债权人——基于金钱和其他债务、强制性款项的缴纳、退职金的给付及根据劳动合同为在职或离职员工劳动报酬的支付,而对债务人有请求权的人。

(以破产案件的程序*为目的)重大交易——与债务人财产的取得与转让有关,或与直接或间接转让的可能预期有关的单个交易或若干关联性交易,此类交易的账面价值超过签订该交易之前最近一次结算日的债务人的资产账面价值的10%。

清算——旨在不将权利和义务转让给他人(不以概括继受的方式)而对法人进行终止的程序(复杂法律事实构成)。

清算资产负债表——清算委员会(一些情况下,也可以是清算人、仲裁管理人)在与清算法人的债权人结算之后所编制的,并经法人的发起人(参加人)或作出法人清算决议的机关进行批准的文件(或文件总和)。

清算委员会——为了进行清算程序而被指定的专门法人机关。

---

* 破产案件的程序即在破产案件中适用的程序"процедуры банкротства"或"процедуры, применяемые в деле о банкротстве",应与破产程序即破产案件中适用的众多程序中的一个程序——"конкурсное производство"相区分。在破产案件中适用的程序包括调查程序(наблюдение)、财务重整程序(финансовое оздоровление)、外部管理程序(внешнее управление)、破产程序(конкурсное производство)与和解程序(мировое соглашение)共5个程序阶段。——译者注

破产和解——以通过在债务人和债权人之间达成和解来达到终止破产案件目的的程序，该程序在案件审理的任一阶段均可适用。

调查——在破产案件中适用于债务人的程序。该程序的目的是：(1)保全债务人的财产；(2)分析债务人的财务状况；(3)编制债权人申报债权登记表；(4)进行第一次债权人会议。

已停止自身活动的法人——据推定实际上已经终止自身活动的法人。

已停止自身活动法人的终止——终止法人(从国家统一法人登记簿中除名)的独立法律事实构成。

过渡性清算资产负债表——清算委员会(在一些情况下，也可以是清算人、仲裁管理人)在债权申报期限结束之后所编制的文件(或文件总和)。

在有权获得财产的主体中分配已披露财产的程序——根据法院判决指定的特殊程序，目的是解决在清算结束后新发现的法人财产的分配问题。

(以破产案件的程序为目的)关联交易——交易一方为外部管理人、破产管理人或债务人的利害关系人的交易。

获授权机关(适用于破产案件的程序)——由俄罗斯联邦政府授权的，在破产案件和适用于破产案件的程序中，提出支付强制性付款的请求和基于金钱债务代俄罗斯联邦提出请求的联邦行政机关，以及在破产案件和适用于破产案件的程序中，基于金钱债务代替联邦主体及地方自治组织提出相应请求的联邦主体、地方自治机关的行政机关。

财务重整——于破产案件中以对债务人偿付能力进行恢复，以及根据债务偿还进度表对债务进行清偿为目的的、适用于债务人的程序之一。

第一节 清算的概念及其形式

清算的概念

法人的清算导致其存续不以将其权利及义务概括继受给第三人的方式而终止(《俄罗斯联邦民法典》第61条)。

现行立法将法人的清算和法人的终止进行了区分。

终止——无论以何种形式进行清算的主要法律后果。

该情形实质上对清算和改组进行了区分——在改组中,法人终止只是以部分形式(除存续分立外的所有形式,同样适用于吸收合并中的兼并一方)进行法人改组的后果(结果)。

无论于何种情况下,概括继受都不可能是清算的后果,但清算的后果可以是(产生)特定继受。

(定期支付的资本化、将执行委托给第三方等)。[1]

清算的形式

清算以不同的法律形式进行。法律形式(模式)的划分依据可能会在下列方面有所区别:清算的理由、清算的程序和/或清算产生的后果。目前有以下清算形式:

---

〔1〕 参见 Габов А. В. Ликвидация юридических лиц. История развития инсти-тута в российском праве, современные проблемы и перспективы. М. ,2011。

(1)以一般程序进行的自愿清算,即根据法人的发起人(参加人)或其获授权机关的决议进行,且该清算决议本身非因发起人意愿之外的其他原因造成的。

(2)根据法定情形以司法程序进行的自愿清算,且清算诉求的提出不是因为发起人意愿之外的其他原因造成的。

(3)因法定情形而按照司法程序进行的自愿清算,且诉诸法院的依据为法定情形的出现,如《俄罗斯联邦民法典》第123.20条规定的基金会的清算。

(4)以一般程序(不经过法院)进行的清算。以该方式进行清算需达到国家获授权机关的要求,且该要求需获得法人的发起人(参加人)或其获授权机关的同意,同时有法定情形的出现。以这种形式进行的清算,其众多属性之中的“边缘性”,使一些学者将该形式的清算归为所谓强迫的和/或非自愿的清算。

(5)强制清算(根据法院判决)。在法人违法的情况下,由国家获授权机关按司法程序提出诉求进行的清算。

(6)因法人经营活动难以为继而以司法程序进行的强制清算。如法人的发起人(参加人)回避参与管理,决议因缺少法定人数而不能作出,最终无法实现法人设立的目的,包括由于长期无法组成法人机关而导致法人经营活动难以为继,这些情况下,法院可以满足清算的诉求(俄罗斯联邦最高法院于2015年6月23日作出的第25号全体会议决议第29条)。[1]

---

〔1〕 俄罗斯联邦最高法院全体会议还指出社团冲突的一个单独情形:“发生长期的社团冲突时,合营或商公司的所有参加人都会发生重大侵权行为,因此其经营活动受到严重阻碍。”正如上述俄罗斯联邦最高法院决定所强调的那样,只有在解决社团冲突和消除法人继续活动的障碍的所有其他措施(将参加人从法人中除名、参加人自愿退出法人、选举行使独任执行机关职权的新人员等)都已经用尽或无法实施的情况下,法人的清算才有可能作为解决社团冲突的方法。

(7)依据《破产法》进行的在破产过程中的清算。《俄罗斯联邦民法典》第65条规定的一些特点,可以形成单独的法律制度,第65条规定,法院确认法人破产的依据、法人清算的程序以及清偿顺序都由《破产法》调整。

(8)依据个别联邦法律进行的清算,即此种形式的清算是在个别联邦法律的基础上进行的。[1] 应当指出的是,根据2018年6月4日第133号联邦法*第12条的规定,俄罗斯联邦总统可以在特殊情况下,对在某些领域经营的商公司清算特征作出规定。因此,俄罗斯联邦总统令和其指示现在不仅可以作为社团清算的依据,而且还可以对清算的特点进行规定[限于某些社团——商公司(股份公司和有限责任公司)清算的程序和后果]。

第二节　清算的一般(非诉讼)程序

清算——由复杂法律事实构成(包括许多完全不同性质的法律事实:管理机关的决议、交易、具有法律意义的文件、行政行为等)。在立法中使用"过程"(процесс)(《俄罗斯联邦民法典》第62条、《法人和

---

[1] 该形式的清算在实践中目前仅限于单一制组织,因此在本书中不讨论这种清算形式。参见2014年7月21日第210号联邦法《关于建造奥林匹克设施和开发索契市作为山地气候度假村的国有社团的清算,修改俄罗斯联邦行政违法法典并确认俄罗斯联邦的某些法案(法案规定)无效》[Федеральный закон от 21 июля 2014 г. № 210 – ФЗ «О ликвидации Государственной корпорации по строительству олимпийских объектов и развитию города Сочи как горноклиматического курорта, внесении изменений в Кодекс Российской Федерации об административных правонарушениях и признании утратившими силу отдельных законодательных актов (положений законодательных актов) Российской Федерации»]。

* 此联邦法为《关于修改俄罗斯联邦个别法律文件和承认》。——译者注

个体工商户登记法》第20条及其他条款）、“秩序”（порядок）（《俄罗斯联邦民法典》第65条）、“程序”（процедура）（《法人和个体工商户登记法》第23条）等词来说明清算。

清算决议的作出

如果清算是根据法人的发起人（参加人）或其获授权机关的决议进行的，则法律（《俄罗斯联邦民法典》第61条）规定，将由设立文件中授权的法人发起人（参加人）或其获授权机关的清算决议的作出作为该清算程序的第一步。

一般而言，此类决议足以启动清算程序，但在某些情况下，只有参加人（发起人）作出清算决议的意愿是不够的，还需要获得其他主体的同意，据以法律规定这些主体指的是债权人、国家获授权机关、某些居民点的居民。[1]

当前法律不包含关于自愿清算决议内容的一般（针对所有法律形式、种类和类型的法人）要求。

《俄罗斯联邦民法典》第62条规定，该决议应当确定清算程序的“启动”。除此之外，第62条还规定了任命清算委员会（清算人）及依法设立清算程序和期限的必要性。依据《俄罗斯联邦民法典》第62条的规定，此类清算决定在形式上可以被单独作出，但也可以在某一项清算决议的框架内作出。若干法律均对第二种模式（在获授权国家机关

〔1〕 参见《有价证券市场法》第15.2条、2011年2月7日第7号联邦法《关于非现金结算、非现金结算活动及共同对手方》第11.1条（ст. 11.1 Федерального закона от 7 февраля 2011 г. № 7 – ФЗ «О клиринге, клиринговой деятельности и центральном контрагенте»）、1994年12月29日联邦法第78号联邦法《关于图书馆事业》第23条（ст. 23 Федерального закона от 29 декабря 1994 г. № 78 – ФЗ «О библиотечном деле»）、《教育法》第22条（ст. 22 Закона об образовании）。

的某项决议框架内作出部分或全部上述决议)作出了规定。例如,《有限责任公司法》第57条规定,自愿进行清算的公司股东须作出公司清算的决议并任命清算委员会的成员。[1]

通过对《俄罗斯联邦民法典》第61~64条的分析,我们可以理解第62条所规定的"依法"(в соответствии с законом)进行清算程序的含义。与此同时,法律中并没有对相应程序的特殊表述。理论上可以援引《俄罗斯联邦民法典》和特别法所规定的一般程序来解决这一问题,或可以根据法律规范对调整程序进行详细的表述,来规范那些法律中没有规定的关系。在准备清算决议时,需要考虑某些法人的设立文件中可能有相应规定——实践做法通常是针对清算程序通过专门的内部文件。

清算的期限

一般规则为,清算的期限应当由作出清算决议的社团参加人确定。清算期限的设定需要考虑以下情况:

——根据《俄罗斯联邦民法典》第63条的规定,清算法人债权人申报债权的期限,自清算消息公布之日起计算,不得少于2个月。根据《法人和个体工商户登记法》第22条的规定,清算法人可以自清算委员会(清算人)在新闻机构发布法人清算公告2个月后,通知登记机关已完成清算程序。这2个月在本质上可间接作为清算期限的最低设立标准。

——在已申报债权的债权人的基础上,必须为已明确的清算财产编制过渡性清算资产负债表,并将此表编制的消息向登记机关进行通知(《法人和个体工商户登记法》第20条)。该表须经法人的发起人

[1] 在《股份公司法》第21条中规定了类似的模式。

(参加人)或作出清算决议的法人机关批准。因此,上文提到的2个月期限,包括过渡性清算资产负债表编制和批准的时间(含召开股东会的必要公司程序,此外如果有法律规定,还包含与国家获授权机关就该表达成一致的期限)。

——同时《法人和个体工商户登记法》第20条规定,过渡性清算资产负债表编制的通知不得在下列期限之前提交给登记机关:

• 法院在案件审理中,接受了包含向该清算法人提出的诉求的,不得在案件判决生效前提交;

• 根据俄罗斯联邦关于税费的立法,对清算法人实施实地税务稽查,不得在此稽查结束及该稽查结果最终文件生效之前提交。

上述因素的确定,对于清算期限持续时长的影响颇为复杂。

——过渡性清算资产负债表编制完成之后,应与债权人进行结算。法律没有对结算的期限作出规定,理论上期限可以由清算决议和/或针对清算程序与期限所作决议来直接确定。

——在根据《法人和个体工商户登记法》规定的一般规则进行清算时,登记机关在收到申请进行国家登记的文件后,应在5个工作日内作出合法决定(《法人和个体工商户登记法》第8条、第22条)。[1] 与此同时,根据《法人和个体工商户登记法》第9条,登记机关在验证国家统一法人登记簿所载信息的准确性结束之日前,可以作出中止国家登记的决定,但中止期不得超过1个月。

因此,应该注意的是,清算期限实际上可从最短的两个半月至三个月变化至由上述情况客观引起的更长任意期限(如果未对某些类型的

〔1〕 在非营利社团进行清算时,清算期限可能有所不同。例如,《社会联合组织法》第26条规定,社会联合组织有关清算的国家登记,自按规定方式将所有办理好的文件提交之日起,不超过10个工作日内进行。

社团作出清算最长期限规定)。[1]

非由客观原因引起的清算期限的人为推迟,可作为对清算实施主体和决议作出主体产生负面后果的依据(参见《俄罗斯联邦民法典》第53.1条、第64.1条)。清算委员会(清算人)有义务为清算法人及其债权人的利益而善意合理地行事。

依前述可见,由法人决议来确定具体清算期限的真实可能性是非常有限的。任何既定的一般清算期限都可能被打破延长,但在受到客观情况影响而延长时不会产生负面后果。法人可以随意确定某些期限(债权的清偿期限)的持续时间。

有一些期限不能被缩短。根据《法人和个体工商户登记法》第23条,此类期限被打破缩短时,因不遵守俄罗斯联邦法律规定的法人清算程序,会产生国家登记被拒绝的风险。

应该指出的是,法律对于个别社团规定了清算的最长期限,并限制了其参加人确定清算期限的能力:《有限责任公司法(自2017年起)》第57条规定,由公司股东或作出清算决议的公司机关确定的清算期限,不得超过1年。当公司的清算无法在指定期限内完成时,该期限可按诉讼程序由法院进行延长,但延长不得超过6个月。

需要注意到法院判决延长期限规则的普遍性:该规则既适用于自愿进行清算的情形,又适用于强制进行清算的情形。

---

[1] 俄罗斯联邦最高仲裁法院在其2008年9月4日第11133/08号裁定中强调,"根据《俄罗斯联邦民法典》第61~65条的规定,法人的清算程序不规定上述程序实行的期限"。俄罗斯联邦最高法院的司法实践中也有类似的结论。参见2016年9月20日第309-ЭС16-1116号案件的А60-38543/2015号裁定(определение от 20 сентября 2016 г. № 309-ЭС16-11164 по делу № А60-38543/2015)。

组建清算委员会(任命清算人)

如上所述,《俄罗斯联邦民法典》第62条规定了为进行清算而组建特殊机关的必要性,该特殊机关为清算委员会或清算人。《俄罗斯联邦民法典》和司法实践均承认清算委员会(清算人)是法人的机关。在《俄罗斯联邦民法典》里有这样的表述:自任命清算委员会(清算人)的一刻起,管理法人事务的职能便转移给清算委员会或清算人。该表述为将独任执行机关的职能移交给清算委员会(清算人)提供了依据。清算期间法人的所有主要机关均将得到保留,并且能充分进行其自身活动。[1]

《俄罗斯联邦民法典》中未对哪些主体可以被任命为清算委员会成员(由清算人任命)的问题作出规定。决议作出主体可将其认为必要的人员组建成清算委员会,并将清算委员会成员在清算决议中体现。但在某些情况下,一些特别法直接规定了在清算委员会的组成中必须包括某些类别的人员,或规定了对可为法人实行清算的人员的要求。

清算委员会(清算人)的职权主要是实施清算程序。根据一些法院所作的决定,清算委员会的职权仅限于实行清算程序。但实际上,上述机关的职权范围比解决与清算相关问题的范围要广泛得多,其职权

---

〔1〕 但是我们注意到:法律中对于清算委员会(清算人)将承担哪些机关的职能并没有完全确定的规定,而相关的结论是从司法实践中得到的。参见2015年3月13日第Ф10-147/2015号案件的A14-8487/2014号中央联邦管区仲裁法院决定、2015年4月9日第Ф01-628/2015号案件的A38-6132/2013号伏尔加-维亚特卡区仲裁法院决定(постановления Арбитражного суда Центрального округа от 13 марта 2015 г. № Ф10-147/2015 по делу № А14-8487/2014; Арбитражного суда Волго-Вятского округа от 9 апреля 2015 г. № Ф01-628/2015 по делу № А38-6132/2013)。法律中的一些表述值得讨论,"清算法人的所有机关的职能都转移给清算委员会(清算人)"(参见《股份公司法》第21条),但实际该情形并未发生。

还包括在清算阶段开展社团当前的经营活动。[1]

法律未对**清算委员会的活动期限**作出规定，在将法人从国家统一法人登记簿中除名后，清算委员会便“失去了其法律地位”。但实际上，清算委员会的部分活动是在国家统一法人登记簿中作出相应记录后进行的。具体来说，剩余活动为将清算委员会（清算人）活动中形成的文件移交存档。

立法允许社团的参加人承担清算人的义务。并且，《俄罗斯联邦民法典》第62条规定，社团的参加人亦为负责社团清算的主体。[2] 在实践中，自司法文书中可以得出，法院相关规则是将清算人的职能分配给社团参加人和/或其管理机关成员的依据。[3]

在使用《俄罗斯联邦民法典》中的上述规定责成社团参加人承担清算义务时，有必要考虑俄罗斯联邦宪法法院在2016年11月10日第2371－O号裁定内的法律意见。该法律意见的作出对象是《俄罗斯联邦民法典》第61条第5款，“在法院关于法人清算的判决中，可责成法人的发起人（参加人）或由其设立文件授权的进行清算的机关承担法人清算的义务”。在审理适用于自启动清算程序之刻起，已停止自身参与的消费合作社发起人责任的法律条款后，俄罗斯联邦宪法法院指出：“在退出信用消费合作社后，

[1] 俄罗斯联邦最高法院在2016年3月31日针对第A27－16398/2014号案件作出的第304－ЭС15－16673号裁定中明确指出，“清算委员会负责确保清算社团的现有义务的适当履行”。

[2] “因此，立法将法人清算的重负不仅交给清算人（清算委员会），还交给了社团的参加人。”（2016年8月11日第Ф06－11016/2016号案件的A65－18110/2015号伏尔加联邦管区仲裁法院决定/ постановление Арбитражного суда Поволжского округа от 11 августа 2016 г. № Ф06－11016/2016 по делу № А65－18110/2015。）

[3] 参见2015年5月28日第АКПИ15－485号俄罗斯联邦最高法院判决（Решение Верховного Суда РФ от 28 мая 2015 г. № АКПИ15－485）。

退出的参加人(包括其发起人)便断绝了与法人的社团关系,不再承担与法人未来经营活动相关的额外责任,特别是不再承担社团清算和偿还相关费用的义务。如果削弱自愿退出团体的权利,将会与《俄罗斯联邦宪法》第 30 条的规定产生违背与偏离。”以此为基础,宪法法院作出以下结论:“……因此这本身就是有争议的……《俄罗斯联邦民法典》第 61 条第 5 款作为一般性规则,既适用于单一制法人,又适用于社团法人。相应地,其亦对单一制法人的发起人及社团的参加人(成员)适用,在现行法律规制体系中,不要求非法人成员的发起人对社团清算的义务进行承担,也不妨碍退出社团权利的行使。因此不能将此视为对诉讼申请人的宪法权利的违反,即特别是在上诉中提到的结社权和受司法保护的权利。”

依据作出法人清算决议的通知行事及在大众传媒上刊登有关法人清算的通知

清算决议依《俄罗斯联邦民法典》第 62 条作出后,法人在作出该决议之日起 3 个工作日内,将作出决议的事实以书面形式通知国家获授权机关。[1] 基于此通知(《法人和个体工商户登记法》第 29 条),登记机关在国家统一法人登记簿中对该法人正处于清算过程中进行记录。在一些情况下,法律规定必须将清算决议的作出向其他国家机关进行通知。

根据《法人和个体工商户登记法》第 7.1 条的规定,法人应将其处

---

〔1〕“法人清算通知”的相应格式已于 2012 年 1 月 25 日第 MMB－7－6／25＠号俄罗斯联邦税务局命令批准(«Уведомление о ликвидации юридического лица» утверждена Приказом ФНС России от 25 января 2012 г. № ММВ－7－6/25@)。

于清算阶段的信息(有关进行改组的信息也要按此步骤记录)在国家统一法人活动事实的重要信息登记簿(http://www.fedresurs.ru/)中进行记录。

清算委员会(清算人)有义务在大众传媒上发布法人国家登记的数据(《国家登记公报》)、法人进行清算的信息及其债权人申报债权的期限和程序(《俄罗斯联邦民法典》第63条)。除此之外,法律还另外规定了清算委员会(清算人)有义务以书面形式向债权人通知关于法人清算的信息。

清算时债权人的权利

在清算法人确定的申报债权期限内(自刊登清算通知之日起不少于2个月),债权人有权向清算法人申报债权。与此同时需要注意的是,根据《俄罗斯联邦民法典》第61条的规定,自法人作出清算的决议之后,认为其对债权人的债务履行期限已经开始。

法律规定由清算委员会(清算人)作出对债权人进行清偿的决定。

当前《俄罗斯联邦民法典》为债权人规定了以下可能性:如果清算委员会(清算人)拒绝清偿债务或逃避债权审查,债权人有权在清算资产负债表得到批准之前提起诉讼,其债权依据法院的判决可由清算法人的剩余财产进行清偿。

除此之外,《法人和个体工商户登记法》第20条规定,法院在案件审理中,若已就此案接受了对清算法人提出的诉讼请求,在法院对该案件的判决生效之前,清算委员会不得将编制过渡性清算资产负债表的通知提交给登记机关。因此,如果债权人在收到清算委员会所作出的拒绝之后,仍来得及迅速向法院提出诉求,即其利益能在很大程度上得到保障。

过渡性清算资产负债表

在债权人申报债权期满后，清算委员会（清算人）对过渡性清算资产负债表进行编制。

清算人有义务将过渡性清算资产负债表的编制事宜通知登记机关。过渡性清算资产负债表编制的相应通知不得在下列期限前向登记机关提交：

——为债权人申报债权而设立的期限；

——法院对处于清算程序之中法人所提起的诉讼请求作出的判决生效之前；

——根据俄罗斯联邦有关税费的立法，对清算法人实施实地税务稽查的，不得在此稽查结束、对其结果的整理（包括对其材料的审查）及稽查结果的最终文件生效之前编制过渡性清算资产负债表；

——至于在海关事务领域对清算法人实施出境海关检查的，不得在该检查完成前、检查记录编制前以及相关检查结果的决议（最新的决议）作出之前（如果相关决议是根据俄罗斯联邦的国际条约、欧亚经济联盟的法律和/或俄罗斯联邦关于海关事务的立法而作出的）编制过渡性清算资产负债表。

过渡性清算资产负债表应包含下列信息：(1)清算法人的财产构成；(2)债权人申报的债权清单；(3)对已申报的债权的审查结果；(4)法院已生效判决所满足的诉求清单（不论清算委员会是否接受这些诉求）。

清偿顺序规则

过渡性清算资产负债表的批准是与债权人结算开始的基础，该结算按照《俄罗斯联邦民法典》第 64 条规定的清偿顺序进行，过渡性清算资产负债表的批准同时也是（按顺位或非按顺位）对目前清算所用费用偿还的基础。

与债权人的结算是以金钱方式进行的。如果清算法人（除机构外）的资金不足以对债权人的债权进行清偿，则清算委员会（清算人）可将法律允许的财产进行拍卖出售，但价值不超过 10 万卢布无须进行拍卖来变价的物品除外（价值以已批准的过渡性清算资产负债表为依据）。

《俄罗斯联邦民法典》第 64 条规定了四个债权清偿顺位。在前一顺位的债权得到全额清偿后，后一顺位的债权方能开始清偿，但对清算法人的财产有抵押权的债权除外。值得注意的是，债权的清偿是在偿还目前清算所需费用后进行的。

《俄罗斯联邦民法典》中规定的第一顺位请求权包括：

——清算法人应对相应公民的生命或健康造成的损害负责，受损害公民对此提出的将相应的定期支付资本化的请求权；

——在基本建设项目建设期间违反安全要求，因毁坏、损坏基本建设项目而支付高于相应赔偿损害金额的赔偿金的请求权，保障建筑物及工程的安全管理的请求权。

第一顺位请求权中除了上述在任意法人清算时提出的请求权，在可吸纳公民存款的银行进行清算时，还会产生如下请求权：

——公民根据与银行签订的存款协议或账户协议（但与公民经营活动或其他专业活动有关的协议除外）而成为银行的债权人的，该公民对债务本金与应付利息总额的请求权；

——公民根据与银行签订的存款协议或账户协议(但与公民经营活动或在债务本金与应付利息总额方面的其他专业活动的协议除外)而成为银行的债权人的,该公民对债务本金与应付利息总额的请求权；

——根据《存款保险法》,以存款来开展强制性保险业务的组织,就存款要求偿付的请求权；

——根据2004年7月29日第96号联邦法《关于俄罗斯联邦中央银行对被认定为破产的、未参与俄银行个人存款强制保险系统的银行对个人存款的支付》,俄罗斯联邦中央银行就公民对银行存款的支付请求权。

《俄罗斯联邦民法典》中规定的第二顺位请求权包括：

——基于退职金的给付及根据劳动合同对在职或离职员工劳动报酬的支付请求权；

——基于对智力成果作者的报酬的支付请求权。

《俄罗斯联邦民法典》中规定的第三顺位请求权包括纳入预算*和预算外基金的强制性付款的请求权。

《俄罗斯联邦民法典》中规定的第四顺位请求权为其他债权人的请求权。

清算资产负债表

《俄罗斯联邦民法典》第63条规定,在与债权人的结算结束后必须编制清算资产负债表,该表由法人的发起人(参加人)或作出法人清算决议的机关批准(在一些法律规定的情形下,可就批准主体事宜与国家获授权机关协商)。

---

* “预算”与“预算外基金”同时出现时,“预算”为名词,下同。——译者注

清算资产负债表,是指对清算人活动进行总结,并用于与法人的主要受益人(发起人、财产所有者、参加人)结算的文件。该文件也将决定具有特殊法律制度的财产的法律命运(如慈善组织的财产、专项资金所有者非营利组织的财产等)。

自国家统一法人登记簿中相应记录作出之日的次日起,视法人已终止其自身活动。

第三节 根据法院判决进行的清算的程序(含强制清算)

《俄罗斯联邦民法典》第 61 条规定了下列根据法院判决进行清算的情形:

——国家机构或地方自治机关依法有权向法人提出有关清算请求的诉讼:

• 确认法人国家登记无效的情形(包括因在法人成立时存在与其有关的重大违法行为)且这些行为无法消除;

• 法人在没有相应许可(经营许可证)、在强制加入行业自律组织的情况下未加入,或是不具备法律规定由行业自律组织颁发的特定类型工作证的情况下进行经营活动的情形;

• 法人从事的活动为法律所禁止、违反《俄罗斯联邦宪法》、屡次或严重违反法律和其他规范性文件的;

• 社会组织、慈善或其他基金会、宗教团体屡次违反其组织章程中规定的经营范围的活动的情形。

——法人的发起人(参加人)因不可能达到其成立目的(包括法人经营活动难以为继)而提起的诉讼。

——法律规定的其他情形。

在分析上述所有情形时（除最后一个情形外，因其具有“兜底备用”性质），应当注意的是，法律对可凭适当依据向法院提出清算诉求的主体与相应机关的“行事依据与职权范围”间的关联作出了规定。

针对“法人从事法律禁止、违反《俄罗斯联邦宪法》、屡次或严重违反法律和其他规范性文件活动”，俄罗斯联邦最高法院指出，屡次违法本身不能作为法院对法人作出清算判决的依据，这种特殊措施应当与法人的违法行为及该行为引起的后果相对等（俄罗斯联邦最高法院于2015年6月23日作出的第25号全体会议决议第28条）。

同样值得重点注意的是，针对某一已被提起了破产诉讼的主体或所谓的已停止自身活动的法人，对其进行清算的请求不会得到法院满足。[1]

言及根据法院清算判决而进行清算的法人，法律未对该类法人的清算作出详细而特殊的程序规定。

《俄罗斯联邦民法典》第61条第5款规定，在法院就法人清算作出的判决中，可以包含责成其发起人（参加人）或由其设立文件中授权进行清算的机关承担法人清算义务的内容。

在不执行法院判决的情况下，法人的清算由仲裁管理人进行。

因此，在形式上，法律可以直接责成仲裁管理人承担进行清算的义

〔1〕 2004年8月13日第84号俄罗斯联邦最高仲裁法院函件《关于仲裁法院对〈俄罗斯联邦民法典〉第61条的若干适用问题》第11款（Пункт 11 информационного письма Президиума ВАС РФ от 13 августа 2004 г. № 84 «О некоторых вопросах применения арбитражными судами статьи 61 Гражданского кодекса Российской Федерации»）。

务，而仲裁管理人的指定也可通过另作新判决的方式实现。

此种清算在原则上与一般的清算在程序上并无二致。

第四节 破产作为社团终止的方式

法人破产的概念、原因及特征

在经济发展的现阶段，破产制度是在法人丧失财务支付能力时，管理法人财务经营活动的现实市场机制之一，其目的是恢复其偿付能力或终止其经营活动从而进行随后的清算。现代法律科学的理解是，破产是市场经济不可分割的一部分，在债务人与债权人之间发生冲突时，如果离开了破产，法人的经营活动也是不可能积极发展的。

破产是由法律特别规定的终止法人经营活动的“特殊”方式之一。

应该指出的是，《破产法》的法律规范只调整适用破产法规范的各类法人。[1] **除国库企业、机构、政党和宗教团体外，《破产法》对所有类型法人均适用(《俄罗斯联邦民法典》第65条)。**

与此同时需要考虑，如果有相应法律规定调整某一基金会的成立和活动的，则该基金会不能被认定破产。

据《破产法》的规定，破产是由仲裁法院对债务人无法向债权人完全清偿金钱债务和/或无法对后者履行强制性付款的支付义务的状态认定。

〔1〕 在下文中，将在法律对社团破产特征有规定时使用“社团”一词。

债务人依据相关的**破产原因**进行破产。为国际所广泛认可的**破产原因有二：无力偿还**(неплатежеспособность)和**资不抵债**(неоплатность)。

据《破产法》的规定，**债务人可在其无力偿还的情况下(其停止向债权人偿还债务的情况下)被认定为破产**。

破产制度在这一标准下得到了明确规定：

作为破产的主要标志之一，《破产法》规定了对主体提出破产诉讼的最低债务额度——不少于30万卢布；

——如果法人自应履行之日起3个月内未能履行相应的债务和/或义务，则该法人可被认定为无法对债权人的债权进行清偿；

——在确定是否存在破产特征和每个债权人的债权范围时，只有金钱债务才具有法律意义，即已移交的商品、已完成的工作、已提供的服务、应收利息的和未付利息的贷款金额、不当得利产生的债务及对债权人财产造成的损害等均为债务。

应当注意的是，在确定作为债务人的法人是否存在破产特征时，不应考虑罚金债务(罚款、滞纳金)、逾期付款的利息、预期利益的损失及其他财产和/或财务处罚的不当适用或不当履行(包括强制性付款义务的不履行)。

《破产法》不仅限于调整债务人的民事责任，因为在确定是否存在破产特征时，也要考虑相应主体的公共义务，即对预算和预算外基金的税务及其他强制性付款的缴纳义务(税、费、保险及其他规定的公共费用和付款)。

金钱债务和强制性付款的构成与金额，通常在向仲裁法院提交认定债务人破产的申请时确定(《破产法》第4条第1款)。在向仲裁法院提交认定债务人破产申请之后产生的所有其他的具有公共性和非公共性的金钱请求，为当期金钱请求，基于此请求的债权人比其他债权人具有显著的优先权。

有权提出认定债务人破产申请的主体

首先，债务人本人享有向仲裁法院提出认定债务人破产申请的权利。

目前，为了认定债务人破产申请的提出，申请人必须通过已产生法律效力的法院判决来证实自己诉求的可行性（《破产法》第 6 条第 3 款、第 7 条第 2 款）。该判决的缺失可作为仲裁法院退回申请的依据。

除此之外，下列主体亦有权提出认定债务人破产的申请：破产债权人；获授权机关；对退职金的给付和/或劳动报酬的支付有请求权的债务人的在职、离职员工（《破产法》第 7 条）。

需要特别注意向仲裁法院提出申请的权利产生时刻，因为该因素对债务人破产程序的采用和其导致的法律后果有着重要意义。因此，向仲裁法院提出申请的权利产生于：

——自法院、仲裁法院的判决生效之后，或关于强制执行仲裁庭（третейский суд）向社团债务人追偿资金判决的司法文书（强制执行令）生效之后，基于金钱债务的破产债权人、债务人的在职或离职员工、获授权机关均有权向仲裁法院提出该申请；

——自债务人出现《破产法》规定的破产特征之日起，作为破产债权人的信贷机构有权向仲裁法院提出该申请；

——自税务机关追缴欠税的决定生效 30 日之后，且该欠税额不得少于 30 万卢布，获授权机关有权就强制性付款向仲裁法院提出该申请。

债务人向仲裁法院提出认定破产（自愿破产）的申请，应该先由该法人的发起人(参加人)[1]或其设立文件授权的机关作出决议。

法律既规定了作为债务人的法人向法院提出认定破产申请的权利,也规定了其义务。例如,在某些情况下,债务人有权向仲裁法院提出预期破产的申请:当债务履行的期限尚未到来,但有证据证明债务人在一段时间后将无法偿付债权人的债务,也无法向预算和预算外基金支付强制性付款的情形存在之时。

在一些情况下,作为债务人的法人的负责人*必须向仲裁法院提出认定破产的申请。尤其是当一个债权人或几个债权人的债权得到清偿导致债务人对其他债权人的全部金钱债务无法清偿时;在依据债务人设立文件有权作出清算决议的内部机关,作出向仲裁法院提出相应申请决议时等。

破产过程中债务人的法律主体资格

在对债务人启动破产程序时,便会产生关于其法律主体资格的问题。

自调查程序实行之刻起,法人作为经济活动的主体,不会丧失其自身整体的权利能力,即该法人仍然能拥有、获得和行使公民权利并承担义务。但在调查程序实施之后,法人不再能够据其管理机关的意思表示而行使相应的全部权利和独立履行相应义务。

正因为最为重要的决议须经股东会作出,所以立法者设置了主要

[1] 为了便于叙述,在下文中的相关的情况下,可以使用“参加人”这一概念,该概念既指法人的参加人,也包括法人的发起人。

* 根据《破产法》第2条的规定,债务人的负责人是指法人的独任执行机关或合议制执行机关的负责人,以及根据联邦法律不用法人授权书而以其名义进行活动的其他主体。——译者注

针对债务人股东会的限制制度。**股东会决议权的范围受到破产案件中适用程序的限制。**

因此,在调查程序中,根据《破产法》第63条第3款的规定,禁止股东会就以下问题作出决议:(1)关于债务人改组和清算的问题;(2)关于法人的成立或债务人加入其他法人的问题;(3)关于分支机构和代表机构的成立问题;(4)关于将债务人的股息或其利润支付或分配给参加人的问题;(5)关于除股票外,债务人债券和其他有价证券的发行问题;(6)关于债务人参加人的退出问题,以及自股东处取得先前已发行的股票的问题。

在财务重整程序的框架下,同样禁止股东会就债务人的改组(吸收合并、新设合并、新设分立、存续分立、变更组织形式)作出决议(《破产法》第82条)。

在外部管理程序中,由于该程序具有恢复性的目的,允许参加人(发起人)股东会作出下列决议,例如,关于认购股份数量、面值的确定,关于通过发行额外普通股来增加注册资本,关于向债权人会议申请将增发股票的可能性引入外部管理计划之中(《破产法》第94条)。

应该注意的是,参加人(发起人)股东会在认定债务人破产且破产程序已开始后,其部分权限仍得到了保留。因此,在破产程序框架下,股东会有权就第三方(一人或数人)提供资金以清偿债务人债务的条件签订协议而作出决议(《破产法》第126条)。

参加人(发起人)股东会决议的存在,是和解协议签订的必要条件。根据法律规定,若债务人的和解协议是根据联邦法律和/或债务人的设立文件作出的法律行为,且该行为是在债务人管理机关的决议或与债务人管理机关达成一致(批准)的基础上作出的,则以债务人名义签订和解协议的决议,可以在债务人管理机关相应决议通过后或获取相应同意(批准)后作出(《破产法》第151~154条)。

根据以上所列的规定,关于**参加人(发起人)是否可以在破产过程中对其作出的股东会决议提出异议**的问题,是具有重要意义的。社团相关立法规定参加人(发起人)对股东会决议有申诉的权利,且《破产法》并未对此问题进行限制。

此外《破产法》规定,处于破产案件中任意程序阶段社团的参加人(发起人)**对董事会、独任及合议制执行机关的决议有申诉权**。

但需要指出的是,与《股份公司法》和《有限责任公司法》规定的问题范围相比,《破产法》对上述机关可以作出决议的问题的范围有所限制。这些限制取决于在破产案件中适用的程序。[1] 因此,根据《破产法》第94条第1款和第126条第2款的规定,在实行外部管理程序或破产程序时,社团执行机关(独任或合议制)的职能完全终止。根据《破产法》第126条第2款的规定,在实行破产程序时,社团董事会的职能完全终止。

参加人(发起人)对仲裁管理人的行为提出申诉可能性的问题同样值得关注。根据《破产法》,已启动破产案件适用程序的社团中的每个单独参加人,对仲裁管理人的行为没有独立上诉权。

只有参加人(发起人)的代表(而非任一单独股东),才有权利对仲裁管理人的行为提出上诉。

依据俄罗斯法律对法人适用的破产程序

现行《破产法》规定了以下可能适用于法人的程序:

(1)调查程序;

〔1〕 适用于每个程序的相应限制将在下文进行探讨。

(2)财务重整程序；

(3)外部管理程序；

(4)破产程序；

(5)和解程序。

在破产案件的程序启动之前，对债务人可以采取破产预警措施，该措施不构成独立的破产案件的程序。

《破产法》中没有列出防止债务人破产的可能措施清单。按立法者的目的，此类措施中首先应包括向债务人提供财务援助(预防破产措施)。

> **预防破产措施(Sanation)，是指提供足以偿还金钱债务、支付强制性付款的金额并恢复债务人偿付能力的财务援助。**
>
> **调查程序，是指为保全债务人的财产、分析其财务状况、编制债权人申报债权登记表及举行第一次债权人会议的程序。**

应当指出，现行的破产立法规定了一些不适用调查程序的情形。例如根据《破产法》第228条的规定，在债务人缺失而进行破产的情况下*，可不适用调查程序。

应该注意的是，调查程序是根据仲裁法院审查认定债务人破产申请的理由充分性而实行的。

债务人管理层在调查程序期间的状态特征体现在，调查程序的实行并不是债务人负责人及其他管理机关职位撤销的依据，债务人负责人及其他管理机关在行使职权时受到了一定限制。

在该程序的框架下，对债务人法律主体资格进行限制的法律制度，其实质主要体现在其订约能力的限制上。例如，经临时管理人同意，债

* 根据《破产法》第228条第1款的规定，债务人缺失指的是债务人实际上已终止自身活动，无所在地或难以确定其所在地的情形。——译者注

务人管理机关(独任或合议制)只能以书面形式订立以下类型的交易或若干关联交易:

(1)与债务人财产的取得、转让或是直接或间接转让的可能预期的有关交易或若干关联交易,且该财产的账面价值在实行调查程序当天超过债务人资产账面价值[1]的5%;

(2)与借贷(贷款)的获得和发放、保证和担保的提供、请求权的让渡、债务的转让及对债务人财产信用托管设立的有关交易或若干关联交易。

临时管理人负责调查程序主要任务的完成,其活动本质上具有补偿性,这使受《破产法》限制之债务人的法律主体资格得以补足。

临时管理人的活动按两个主要方面进行:(1)为确定改组(恢复)或清算程序进行的可能性和合理性,对债务人财务状况的研究;(2)检查债务人管理层的行为(包括其财产的保全)。

并且与债务人管理机关同时行事的临时管理人,有权在必要时向仲裁法院提出撤销债务人管理层职位的申请。

为了债权人利益的保护和债务人财产的保全,《破产法》赋予了临时管理人广泛的权利。因此,临时管理人有权提出认定债务人交易无效的诉讼,以及对自始无效交易的后果提起诉讼,其还有权向法院提出采用(《破产法》第64条第2款中未规定的)额外措施以保全债务人财产的申请,包括有权向法院提出禁止债务人在未经其同意的情况下进行任何交易的申请等。

临时管理人的部分主要职责是:分析债务人的财务状况,确定债权

[1] 法人资产的账面价值(根据法人资产负债表资产的价值):是在申请提交或通知之前由最近一季度的资产负债表确定的法人资产的价值(全俄管理文件分类手册第1号表格/форма № 1 по Общероссийскому классификатору управленческой документации-ОКУД),申请或通知按这些部分汇总——“固定资产和其他非流动资产”“余额和成本”“货币资金,清账和其他资产”。对外国法人来说,其资产的账面价值即资产的总额(总资产量)。

人的债权数额，以及有义务召集、筹备和举行第一次债权人会议。

财务重整，是指在认定债权人破产的申请被仲裁法院通过后，为在债权人和法院的控制下进行恢复措施而实行的程序。

如果存在债务人参加以及第三人（一个或数个）的申请，则仲裁法院根据债权人会议的决议来实行财务重整程序。

在财务重整的框架下，债务人的债务是根据债务偿还进度表来履行的，同时，履行可通过抵押（不动产抵押）、独立保证、* 国家或地方自治组织保证、** 保证以及其他方式来担保。属于债务人所有权或经营权范围内的财产和财产权利不能作为担保物。除此之外，债务人债务的履行不能以留置、定金或违约金来担保（《破产法》第 79 条第 1 款）。

法律对债权人债务的偿还期限和程序作出了非常严格的要求：(1) 债权人申报债权登记表中所有债权人的债权，必须在该程序结束日期前一个月内予以清偿；(2) 第一顺位和第二顺位债权，必须自财务重整程序实行之日起 6 个月内予以清偿；(3) 应每月按比例等额偿还债权人的债权；(4) 在规定的财务重整期限届满 1 个月前，债务人必须向行政管理人提交有关财务重整程序结果的报告。

在财务重整过程中，债务人的管理机关在继续行使自身职责的同时，其对资金的支配也受到了限制。因此，未经债权人会议（委员会）

---

* 《俄罗斯联邦民法典》第 368 条第 1 款规定，根据独立保证，无论该保证所担保的债务是否有效，保证人应另一人（委托人）的请求，依据该保证人提供的保证条款，承担向指定第三人（受益人）支付一定金额的义务。——译者注

** 《俄罗斯联邦预算法典》第 6 条指出，国家或地方自治组织保证（俄罗斯联邦国家保证、俄罗斯联邦主体国家保证及地方自治组织的保证）——债务的一种类型，依据此债务在发生保证事项（保证情形）时，根据该保证受益的一方（受益人）的书面请求，按照该保证的条款，俄罗斯联邦、俄罗斯联邦各主体、地方自治组织（保证人）负责履行第三人（委托人）对受益人的债务，从相关预算出资，向受益人支付委托人债务中一定数量的金钱。——译者注

同意，债务人无权进行：(1)关联交易；(2)与债务人财产的取得、转让有关的，且该财产的账面价值超过债务人资产账面价值的5%的交易；(3)会产生发放借贷(贷款)、提供保证和担保及对债务人财产设立信用托管的交易。

《破产法》同时规定，未经行政管理人同意，债务人无权进行某些交易。此类交易包括会导致下列情形的交易：致使债务人应偿还的债务额增加，超过在财务重整程序实行之日的债权人申报债权登记表中债权人债权数额的5%，致使债权让渡、债务转让、获得借贷(贷款)等。

仲裁法院作出实行财务重整程序的裁定，同时确认行政管理人。法律规定了其候选资格提名和批准程序的一般要求(《破产法》第83条)。

该程序的特征确定了行政管理人权利和义务的特点。比如，行政管理人既有权向仲裁法院提出有关撤销债务人管理层职位、采取额外保全债务人财产措施的申请，又有权对债务人违反法律要求而签订或执行的交易和判决提出认定其无效的诉求等。

行政管理人义务中，主要义务之一是检查财务重整计划和债务偿还进度表的完成情况。

外部管理程序，是指作为恢复债务人偿付能力的一系列再建措施，在破产案件中适用于债务人的程序之一。

在外部管理程序中，财务破产债务人的公司治理机制发生了根本变化：债务人事务的管理，由最初根据公司立法和/或作为债务人的法人的设立文件任命的债务人的负责人，转移到法院批准的特殊主体——外部管理人的手中。[1]

---

[1] 参见 Фролов И. В. Управление процедурами банкротства: теория и юридическая практика. Новосибирск, 2013. С. 270。

外部管理程序的实施期限不超过 18 个月，其可以延长，但延长时间不超过 6 个月。同时应债权人会议或外部管理人的请求，规定的外部管理程序期限可以被缩短。需要注意的是，财务重整程序的期限和外部管理程序的期限，累计不能超过 2 年。

对债务人而言，外部管理程序最具吸引力之一的后果是暂停清偿债权人对债务人的债权。**暂停清偿债权人的债权涉及清偿金钱债务和强制性付款的暂停，但当期款项 * 除外。**基于当期款项的请求权应在其履行期限届满时满足，且不应填写到债权登记表中。因为现如今的债权人为权益已受损害的群体，其有权坚持立即执行他们的请求权。

相对于临时管理人而言，外部管理人完全取代了债务人的负责人，因为其负责管理债务人的事务（包括对债务人财产的处分），但重大交易及关联交易的完成除外。外部管理人只有在债权人会议（委员会）同意的情况下，才有权进行此类交易，在经债权人会议（委员会）批准的外部管理计划中另有规定的除外。

外部管理人的批准程序，由《破产法》中仲裁管理人批准程序的一般规定确定。

外部管理人作为仲裁管理人，享有《破产法》为该破产过程参加人规定的全部权利和义务。但是与此同时，立法者考虑外部管理程序的特点，赋予了外部管理人特殊的权利和义务（《破产法》第 99 条）。

---

* 《破产法》第 5 条规定，当期款项指的是自认定债务人破产的申请通过之日起，产生的金钱债务、基于退职金的给付及根据劳动合同为在职或离职员工劳动报酬的支付和强制性付款的请求权。还有在提起破产诉讼之后，债权人基于已提供的商品、已提供的服务和已完成的工作的请求权是基于当期款项的请求权。——译者注

外部管理人的职能在当前阶段可分为两个组别：

(1)外部管理人作为债务人的负责人所行使的职能。

(2)与外部管理程序中的措施的完成有关的职能。

外部管理人在外部管理程序中主要的义务之一是，制定外部管理计划并按照该计划采取措施。外部管理人必须自其被确定后 1 个月内，制订外部管理计划，并将该计划提交债权人会议批准。

外部管理程序包括在财务经济方面和组织性上恢复债务人偿付能力的一系列不同措施。

因此，在外部管理程序的框架下可以进行下列活动：

——产业转型[一套旨在改变债务人专长(专业)的措施]；

——关闭债务人亏损的生产部门；

——追索债务人出借但未被偿还的欠款，及出售债务人部分财产；

——请求权让渡，以单一制企业债务人的财产、由债务人发起人(参加人)或由第三人来履行对债务人的债务，对债务人的企业进行出售等(《破产法》第 109 条)；

——增加债务人的注册资本；

——对债务人进行资本置换等。

例如，为恢复债务人的偿付能力，外部管理计划可以规定，**通过增发普通股来增加作为股份公司(债务人)的注册资本**(《破产法》第 114 条第 1 款)。在这种情况下，产生了一种独特的债务交换，该债务交换提供给债权人(或多个债权人)参与对债务人管理的机会。

应当注意的是，立法者规定，只有经过批准才可以实施增发股份。首先，需要债务人管理机关的批准(该机关向外部管理人提出请求)；其次，为审查债务人管理机关将增发普通股的决议列入外部管理计划的请求，外部管理人召开债权人会议来进行批准。

在外部管理框架下，另一项旨在恢复债务人偿付能力的措施为：**通过在债务人财产的基础上成立一个或几个股份公司**[1]**来置换债务人的资产，出售其股份的收益则用于偿还发起人（为债务人）的债务**。由于《破产法》的法律规范与《股份公司法》的法律规范有着特殊关系，进行资产置换的决定将由债务人的意思机关作出，该管理机关与债务人负责人不同的是，其为债务人的股东会或董事会。此处讨论的是这些机关所保留的作出相关决议的职权。

对《破产法》法律规定的分析，可将为恢复债务人偿付能力而进行的资产置换分为如下若干阶段：

——在债务人财产的基础上作出成立新的法人（股份公司）的决议；

——债务人的意思机关[股东（参加人）会或董事会]批准重大交易；

——在股东（参加人）会上确认新成立的股份公司的章程，选举管理机关、监察委员会，批准财产和财产权的估价将其作为股份支付等；

——将关于资产置换的决议转交给外部管理人；

——举行债权人会议，将作为恢复偿付能力措施的资产置换问题提上议程，随后对该问题进行讨论；

——批准外部管理计划，包括对旨在进行债务人资产置换措施的批准。

在包含进行资产置换决议在内的外部管理计划经债权人会议批准后，须对新成立的股份公司进行国家登记。

针对债务人或债务人出资由其他人进行的交易以及为履行债务人债务和义务的行为，可以提出异议——这是旨在恢复债务人偿付能力

---

〔1〕 参见 Карелина С. А. Замещение активов как мера по восстановлению платежеспособности должника по законодательству РФ // Предпринимательское право. 2014. № 2。

的有效措施之一。对交易产生的异议,既可以根据《破产法》第3.1章的规则提出,也可以根据民法立法的一般理由来提出。

根据《破产法》规定来确定有权对债务人交易提出异议的申请主体范围,是相对更为困难的问题。现行《破产法》为外部管理人、破产管理人、债权人会议(委员会)的代表、破产债权人或者获授权机关确立了此权利,在应付账款金额超过其总额的10%时,金融组织的临时管理人亦享有该权利。

不具有法定应付账款数额的个别债权人,也可以在一些情况下对交易提出异议(2010年12月23日第63号俄罗斯联邦最高仲裁法院全体会议决定《与联邦法〈破产法〉第3.1章有关的若干适用问题》)。

> **破产程序是破产全过程(конкурсный процесс)中的清算阶段,其目的是更充分地满足债权人的请求,且为满足此目的出售债务人财产。**

如果不能与债权人完成结算,则破产程序可以在调查程序、财务重整程序、外部管理程序之后实行。

破产程序开始的依据是仲裁法院关于认定法人破产判决的作出。破产程序的期限不得超过6个月,但仲裁法院可应案件参加人的请求将此期限再延长6个月(《破产法》第124条第2款)。

破产程序中的关键主体之一是破产管理人,由仲裁法院在作出认定债务人破产和启动破产程序的判决时对其进行批准。**自管理人被批准的时刻起,包括对法人财产处分在内的对作为债务人的法人事务进行管理的全部职能,均将转移给管理人。**

除所有仲裁管理人都行使的共同职能外,破产管理人还将行使下列与破产程序特点有关的若干职能:

(1)处分法人财产的权利;

(2)整理破产财产的权利;

(3)分配破产财产的权利;

(4)在破产程序实施过程中的其他权利。

与对破产财产进行组织整理相关的权利,属于破产管理人最为重要的权利之列。

破产财产是指:(1)社团债务人在破产程序启动时拥有的全部财产;(2)在破产程序进行过程中已披露的全部财产。

破产财产不包括停止流转的财产、与债务人人格相关的财产权利[包括基于许可(许可证)进行某些类型经营活动的权利]以及《破产法》规定的其他不属于破产财产的财产。法律规定,后者包括社会住房基金、儿童学前机构和对该地区至关重要的公共基础设施。

在破产程序中,债务人企业的出售程序与《破产法》第110条在外部管理程序中债务人企业的出售程序类似。同时不应忘记的是,债务人在外部管理程序和破产程序中的法律地位有所不同,因此,《破产法》第110条中的一些规定不适用于破产程序中债务人企业的出售。例如,出售债务人企业的程序和期限包含于外部管理计划之中,以及债权人会议对外部管理计划的后续批准,会自动导致对涉及企业出售程序与期限的规定的获批。但由于在破产程序中并不涉及外部管理计划,所以该规定不适用于破产程序。

临时管理人、行政管理人或外部管理人转交至破产管理人处的债权人申报债权登记表,由破产管理人进行编制管理。

有意愿参加破产程序并获得债权受偿的债权人,应当自破产宣告公布之日起两个月内提出对债务人的债权。上述期限届满后,对债权人申报债权登记表的编制终止。

债权人申报债权登记表停止编制后,破产管理人开始按照《破产法》第134条规定的清偿顺位与债权人进行结算。应当注意的是,法律规定了所谓的例外费用。在认定债务人破产的申请通过之前产生的对当期款项的请求权,以破产财产不按顺位优先清偿。

在上述例外费用清偿后,按照《破产法》规定的程序进行债权清偿。

公民的请求权为第一顺位请求权,债务人对公民的生命或健康造成的损害、精神损害赔偿及损害赔偿之外的补偿金额负责。无论公民与损害造成人之间是何种关系,均应进行损害赔偿,包括但不限于:合同关系、劳务关系、民事法律关系等。

以下应付费用的给付请求权为第二顺位请求权:退职金的给付、根据劳动合同对在职或离职员工劳动报酬的支付以及对智力成果作者的报酬支付。

其他债权人(破产债权人和获授权机关)的请求权为第三顺位请求权。第三顺位债权人请求权还包括债权人对债务人财产抵押担保之债的请求权。此类债权以出售抵押物品所得的资金来进行清偿。

《破产法》只规定了三个债权清偿顺位,从中可以得出,未被法律列明清偿顺位的其他全部请求权,应当按其到期的先后顺序来清偿。具体说来,此类请求权包括作为债务人的社团参加人的请求权;作为债务人的社团基于应计未付股息的请求权。

考虑破产制度的性质以及债权人债权清偿的顺序特征,只有在全部顺位的债权人请求权完全清偿后,参加人的请求权才能得以清偿。

和解程序,是指为了在财务破产的债务人、其债权人和因向债务人追索资金而有利益关系的其他主体之间达成妥协的调解程序。

和解协议可规定延期或分期履行债务、请求权让渡、第三方履行债务人的债务、债务减免等，这对于债务人而言，无疑是破产案件终止的最理想方式。

和解协议的各方为作为债务人的法人、破产债权人和获授权机关。在债务人方面，和解协议由作出其签订决议的主体签订（调查程序时为债务人的负责人，外部管理程序和破产程序时为仲裁管理人）。

和解协议由债权人会议的代表或有权实行此行为的主体以破产债权人和获授权机关的名义签订。

为获得生效，和解协议须经仲裁法院批准。仲裁法院对和解协议批准的主要强制性条件，是对第一顺位和第二顺位债权人的债权完成清偿。

法律规定了拒绝批准和解协议的依据。可将这些依据分为三类：(1)未遵守和解协议签订的规定程序；(2)和解协议不符合其他法律及司法文书的要求；(3)对第三方的权利造成侵犯。

经仲裁法院批准的和解协议，不得通过个别债权人与债务人之间的协议终止。应当指出，根据一个或多个破产债权人和/或获授权机关的申请，仲裁法院可废除由全部破产债权人和获授权机关签订的和解协议。对申请人的资格要求是，申请人在和解协议批准之日拥有不少于破产债权人和获授权机关对债务人请求权的1/4。

适用于法人破产案件的简易程序

对被清算债务人或缺席债务人的破产，可适用简易程序。

如果作为债务人的法人作出关于自愿清算的决议，但其财产价值不足以清偿债权人的债权，则此类法人根据《破产法》规定的程序进行清算，被称为被清算债务人。在这种情况下清算委员会（清算人）必须向仲裁法院提出认定法人破产的申请。

仲裁法院通过认定债务人破产和启动破产程序的判决，确认批准破产管理人。

应该注意的是，法院对法人清算作出的判决，是对被清算债务人适用简易破产程序的必要条件。该判决是必要条件，但并不是唯一条件。因为，债务人的财产必须不足以充分满足所有债权人的请求权，才能符合清算法人适用破产法相关规定的条件，且只有当债务金额超过被清算债务人财产的价值时，才能对被清算的债务人作出认定破产的判决。由此可见，资不抵债是认定被清算债务人破产的标准。

法人具备被清算债务人的特征，是其向仲裁法院提出认定其破产申请义务的产生基础。

有义务向仲裁法院对被清算债务人提出破产认定的主体是：

——作为债务人的单一制企业财产的所有人，债务人的发起人（参加人）或其负责人［在关于法人清算的判决作出之后和在清算委员会（清算人的任命）成立之前］；

——清算委员会或清算人。

立法者规定了向仲裁法院对被清算的债务人提出认定破产申请的义务不履行的明确后果（《破产法》第226条）：

——在国家统一法人登记簿中不作出有关债务人清算的记录；

——在债务人的财产不足以充分清偿债权人的债权时，有过错的主体［所有人、债务人的发起人、参加人、清算委员会（清算人）的代表］将对不足部分自费清偿债权人的债权（可能承担补充责任）。

应该指出的是,《破产法》有关简易程序的相关规定,通常不会在破产程序实施过程中为被清算债务人建立某些新机制。

这既涉及破产的启动程序,也涉及程序机制的实现。与此同时,被清算债务人程序机制的特点是,调查程序、财务重整程序和外部管理程序不对被清算的债务人适用。

在有能证明这些情况的证据存在时,仲裁法院对被清算债务人破产的认定和破产程序的启动作出判决。破产程序须在自债务人破产申请被认定受理的裁定作出之日起,不少于 15 天且不超过 30 天内启动(《破产法》第 42 条第 6 款)。

需要注意的是,破产管理人的批准是根据《破产法》第 45 条规定的一般程序进行的。

如果某组织或作为债务人的法人负责人事实上已经终止自身活动且无所在地或难以确定其所在地的,对缺席债务人的破产认定申请不受应付账款金额的限制,由破产管理人或获授权机关提出。

只有在具备用以支撑破产案件程序的必要资金时,获授权机关才能在债务人缺席的情况下提出破产认定申请。

自接受在缺席债务人的情况下提出的破产认定申请之日起 1 个月内,或自临时管理人就债务人缺席提出适用破产案件简易程序的申请收到之日起,仲裁法院对缺席债务人作出破产人地位认定,并启动破产程序的判决。同时,调查程序、财务重整程序、外部管理程序对债务人缺席的破产不适用。

应该注意的是,如果出于破产原因,且自认定债务人破产的申请提交前的最近 12 个月内债务人的银行账户中无任何交易,或其他证据表明债务人未从事经营或其他活动,此时作为债务人的法人财产明显不够支付诉讼费用的,适用《破产法》的相关规定。

第五节 已停止自身活动的社团的终止

根据司法实践可得出结论，通过将法人从国家统一法人登记簿除名来终止已停止自身活动的社团（参见《俄罗斯联邦民法典》第 64.2 条和《法人和个体工商户登记法》第 21.1 条）是区别于清算方式来实现法人终止的特别依据。[1] 俄罗斯联邦宪法法院还就上述机制的独立性及该机制与清算机制均存在的问题进行了表态（参见俄罗斯联邦宪法法院于 2015 年 5 月 18 日第 10 – П 号对《基于有限责任公司“Otdelservis”的上诉对联邦法〈法人和个体工商户登记法〉第 21.1 条第 2 款的合宪性进行审查》的决定）。[2]

认定法人已停止自身活动的概念和程序

已停止自身活动的法人，指根据推定实际上已经终止自身活动的法人。

《俄罗斯联邦民法典》为实际终止自身活动的主体制定了以下判

---

〔1〕 2006 年 12 月 20 日第 67 号俄罗斯联邦最高仲裁法院全体会议《关于〈破产法〉中有关缺席债务人和已停止自身活动法人的终止规定的若干适用问题》第 1 条（Пункт 1 постановления Пленума ВАС РФ от 20 декабря 2006 г. № 67 «О некоторых вопросах практики применения положений законодательства о банкротстве отсутствующих должников и прекращении недействующих юридических лиц»）。

〔2〕 在该文件中指出：“同清算机制一样，《俄罗斯联邦民法典》和《法人和个体工商户登记法》规定了法人已停止自身活动的认定机制和以行政程序将其从国家统一法人登记簿除名的机制。此处行政程序是指在某些特征表明该主体实际已终止其活动时，根据具有相关职能的登记机关作出的决定，将其从国家统一法人登记簿除名。”

定标准：

——在被从国家统一法人登记簿中除名之前的12个月期间，未按俄罗斯联邦税费相关立法提交申报文件的法人；

——在被从国家统一法人登记簿中除名之前的12个月期间，任何银行账户均未进行过交易的法人。

《法人和个体工商户登记法》规定了如下已停止自身活动法人的终止程序：

——在同时具备已停止自身活动法人的全部特征的情况下，登记机关对目前将法人从国家统一法人登记簿中除名作出决定；

——自该决定作出之日起3日内，须在发布国家登记数据的新闻机构公布该法人即将被除名的决定；[1]

——除即将被除名的决定外，还应当同时发布关于已停止自身活动的法人、债权人或因将已停止自身活动的法人从国家统一法人登记簿中除名的、权利及合法利益受到影响的其他主体提交申请的程序和期限的相关信息，且应当指明可以接收申请的地址；

——上述申请可自即将被除名的决定公布之日起3个月内提交；

——如果在指定的期限内发出该申请，则不会作出将已停止自身活动的法人从国家统一法人登记簿中除名的决定，可以按照民事立法规定的方式对该法人进行清算，即根据《俄罗斯联邦民法典》规定的程序之一进行清算；

——如果在指定的期限内未发出该申请，登记机关可在国家统一法人登记簿中作出相应的记录，将已停止自身活动的法人从其中除名。

《法人和个体工商户登记法》自2017年制定了相应规则，该规则

[1] 在《国家登记公报》(«Вестник государственной регистрации»)上。

对已停止自身活动法人的终止程序的规定亦在下列情形下适用:

——由于法人缺少清算所需费用的资金而无法进行清算,且无法责成法人的发起人(参加人)承担这些费用;

——对国家统一法人登记簿中的信息存在不准确的记录,且自该记录作出之日起已超过6个月。

将已停止自身活动的法人从国家统一法人登记簿除名的法律后果及对此申诉的可能性

将已停止自身活动的法人从国家统一法人登记簿除名,将导致《俄罗斯联邦民法典》和适用于清算法人的其他法律所规定的法律后果,特别是终止被除名的法人。

债权人或(因将已停止自身活动的法人自国家统一法人登记簿中除名)权利及合法利益受到影响的其他主体,自其知道或应知其权利受到侵犯之日起1年内,可以就相应主体被从国家统一法人登记簿中除名一事提出申诉。因此需要注意的是,法院在计算相关期限时会关注发布于《国家登记公报》中的日期。

除可以根据上述规则以行政(非诉讼)程序将已停止自身活动的法人从国家统一法人登记簿除名外,俄罗斯的立法还规定了以司法程序认定社会联合组织法人已停止自身活动(《社会联合组织法》第29条)。根据《社会联合组织法》第29条的规定,作出社会联合组织国家登记决定的机关,可以向法院提出认定团体作为法人已终止自身活动,及因屡次未能提供法定信息而将其从国家统一法人登记簿中除名的申请。

认定非营利组织作为法人已终止自身活动及从国家统一法人登记簿中删除其信息的案件,须经地区法院根据行政法律程序的一般规则进行审理(《俄罗斯联邦行政诉讼法典》第三编第19条)。[1]

第六节　从国家统一法人登记簿中除名的被清算社团已披露财产的分配程序

法人的终止并不总是伴随该法人所有财产命运而确定的。在某些情况下，在法人终止时，由于各种原因其财产不会用来清偿债权人的债权，也不会在法人发起人(参加人)间分配，更不会按清算时设立文件中规定的目的来使用。

对于此类情况，**《俄罗斯联邦民法典》第64条第5.2款针对从国家统一法人登记簿中除名的清算法人已披露财产的分配程序作出了特别规定，该程序由法院判决指定，其目的是解决在清算结束后新发现的法人财产的分配问题。**

《俄罗斯联邦民法典》第64条第5.2款规定，如果发现被从国家统一法人登记簿中除名的已被清算法人的财产，则利害关系人或国家获授权机关有权向法院提交针对该财产在有权主体间进行分配程序的申请。从该法律条款中可以看出，法律中所规定的“利害关系人”(заинтересованное лицо)和“对该财产有权利的主体”(лицо, имеющее право на имущество)并非同一个主体。显然，法律并没有

〔1〕 参见2016年12月27日第64号俄罗斯联邦最高法院全体会议决定《关于在法院审理与非营利组织的活动中止或清算有关的案件以及禁止不是法人的社会或宗教团体活动时出现的若干问题》(постановление Пленума Верховного Суда РФ от 27 декабря 2016 г. № 64 «О некоторых вопросах, возникающих при рассмотрении судами дел, связанных с приостановлением деятельности или ликвидацией некоммерческих организаций, а также запретом деятельности общественных или религиозных объединений, не являющихся юридическими лицами»)。

指出谁可以成为利害关系人,此类主体范围似乎相当广泛。在司法实践中,利害关系人包括:

——法人的参加人;

——清算法人的债权人,包括执行书未得到执行的追缴人。

从大部分现有司法文书的内容中可以推测出,上述主体为有权取得已披露财产的主体。

自在国家统一法人登记簿中作出法人终止信息记录之日起 5 年内,可以提出对清算法人已披露财产开始分配程序的申请。

如果资金足以支撑这一程序的实施,且足以在利害关系人之间对已披露财产进行分配,则可以对清算法人的已披露财产提出开展分配程序。遗憾的是,法律留下了一个悬而未决的问题,即如果发现此类财产,但并不存在“资金足以支撑这一程序的实施且足以在利害关系人之间对已披露财产进行分配”的条件,这种情况又该如何解决?

法院在确定清算法人已披露财产的分配程序后,须任命仲裁管理人,并责成其对清算法人的已披露财产进行分配。同时该程序的“启动”并不会引起法人的恢复(尤其是破产诉讼的恢复)以及其他后果。

清算法人已披露财产的分配程序依据《俄罗斯联邦民法典》规定的有关法人清算的规则进行。

（第七章终）

第八章

社团法律关系

术语表

意思自治——私法原则之一，根据该原则，民事法律关系的参加人可自由地形成自己预期达成的特定法律结果的意愿，并向外表达出这种意愿。

第一性社团法律关系——“主社团法律关系”。一种以社团参加（参与）为表现形式的法律关系，或参加（参与）的法律关系。

股利——按照股份公司股东会根据某一时期公司活动的财务结果作出的决议，向已发行股份的持有人支付的股份公司的部分净利润。

法律关系的发展进程——由法律关系存在决定的过程，始于法律关系产生之时，止于法律关系消灭之时。

社团参加人（成员）的财产权——为满足社团参加人（成员）的物质需求，以对物质材料进行生产、占有、分配和交换的社团参加为表现形式的社团参加人（成员）的主体权利。

利益——于意识中产生的，以意识能动形式反映出的需求和必需性。

社团利益——社团的财产性及非财产性的需求，这些需求依社团设立文件所规定的经营活动目的而确定，且需要实施相应经营活动来满足。

商业秘密——一种能使其持有人在现有或可能的情况下增加收入，避免不合理的开销，维持其在商品、劳动和服务市场中的地位或获得其他的商业利益的信息保密机制。

社团参加人（成员）的社团利益——通过在社团法人活动中的财产性或者非财产性参加来得到满足的，自觉的财产性或者非财产性的需求。

社团纠纷——涉及法人的设立、对法人的管理与参加的一种诉讼纠纷，这些法人可以是：营利组织的法人、非营利合伙、由营利组织组成的社会团体、将营利组织和/或个体工商户联合起来的其他非营利组织以及依法拥有自治组织地位的其他非营利组织。

社团——以参加（参与）原则为基础，其法人身份被立法者承认的组织。

对等原则——以私法原则（各方平等）为前提的，调整事实社会关系的原则。

社团参加人（成员）的非财产性权利——社团参加人（成员）的主体权利，间接表现为与监督管理和信息职能有关的社团参加和其他非财产性社团参加。

法律关系发展进程的规范前提——调整社会关系从而使其具有法定形式的法律规范。

法律关系的客体——受（法律关系）主体的主体权利和义务影响的客体。

社团参加人（成员）的义务——由法律和/或社团设立文件所规定的、以社团参加（参与）为前提条件的、社团参加人（成员）所必须遵守的行为标准。

支付股利的限制——导致不能支付宣告股利的有关法定事实情形。

股利宣告的限制——导致股东会无法通过支付股利的决议的有关法定事实情形。

法律关系发展进程的基础——法律事实或客观情形，法律将法律事实或客观情形的存在或缺失与法律关系变动相联系。

公众股份公司股东转让（回购）股票的权利——在由控制公司的

主体更换或其职能管理范围的变更所引起的相应程序实施过程中，股东出售或收购对已发行股票的法定可能性的总和。

股东在股份公司收购自身已发行股票过程中出售其股票的权利——法律和股份公司章程规定的，在公司为减少其已发行股的总额或为实现被收购股份的后续出售而决定启动收购其已发行股票的程序时，股东将其股票转让给公司的可能性。

回购股票的权利——在存在法定依据的前提下，股东享有要求股份公司回购其持有的已发行股票的可能性。

退出社团的权利——由法律或社团设立文件规定的，社团参加人（成员）可通过社团特殊程序通知社团，终止其现有的参加（参与）法律关系的可能性。

信息获取权——社团参加人（成员）获得社团法人活动的各类相关信息以及查看会计报表和其他文件的法定可能性。

监督权——营利社团的参加人（成员）对社团财务与经营活动进行审查以及要求获授权的社团机关进行此类审查的法定可能性。

对清算后剩余财产的权利——营利社团的参加人（成员）在社团清算的过程中可就与社团债权人结算后剩余的部分财产或其价值进行分配的法定可能性。

参与社团事务管理的权利——社团参加人（成员）组成社团最高机关并参加后续工作的法定可能性。

参与利润分配的权利——在对特定期限内活动所产生的净利润和获得部分该利润的过程中，营利社团参加人（成员）针对分配事宜所作出之行为，并要求其他主体亦为此作出必要行为的法定可能性。

法律关系——由法律规范所调整的法律形式与物质内容（现实社会关系）的统一。

参加(参与)法律关系——由法律规范调整的统一复杂的社团组织内部的具有财产特性的社会关系。该关系产生于以参加(参与)原则为基础的社团及其参加人(成员)之间,即该关系在后者获得以对社团法人活动的过程施以参加(参与)为间接表现形式的参加(参与)权利之时,于社团与参加人(成员)之间产生。

法律主体资格——主体基于法律规范成为法律关系参加人的法律能力。

法律关系发展进程的先决条件——法律范畴的一种,即法律关系产生与发展需具备的充分且必要的法律条件。

社团参加人(成员)的优先权——由法律和/或社团章程规定的,为保障社团参加人(成员)构成的稳定性或预防属于社团参加人(成员)的社团注册资本份额(股份)被"侵蚀",而赋予参加人(成员)权利的可能性的总和。

对被转让给第三人份额(股份、股金)的优先取得(收购)权——由法律和/或社团章程规定的,一些社团的参加人(成员)可优先收购被其他参加人(成员)转让给第三人的股份(股金、股票)的可能性。

对已发行股份和可转换为股票的发行有价证券的优先收购权——法律和/或股份公司章程规定的,股东相较于其他非股东主体以认购方式优先购得被发行的增发股和可转换为股票的有价证券的可能性,其收购的数量与其所持有的同类型(种类)的股票数量成正比。

第二性社团法律关系(从社团法律关系)——在复杂的法律事实构成基础上产生的,涉及社团参加(参与)的法律关系。第一性(主)社团法律关系为其得以成立所不可或缺的要素。

法律关系的内容——法律关系各主体的各项权利和义务的有序整体。

营利社团的净资产值——除全部债务外，社团以货币为表现形式的资产总价值。

法律关系的主体——法律关系的各方，在其之间建立了以权利和义务（法律关系内容）为形式的法律联系。

参加（参与）——社团参加人（成员）与该社团之间关系的总和，主要表现为社团主体享有或承担构成参加（参与）法律关系内容要素的主体权利与义务。

净利润——利润的一部分，即营利社团根据其会计（财务）报表，在缴纳税费以及扣除其他强制性付款后所剩余的可处分利润。

第一节 社团法律关系的实质

“法律关系”的范畴意义

“法律关系”是最基本的法理学范畴之一。在学界首先引用“法律关系”这种说法的是 F. K. 冯·萨维尼。他认为法律关系是受特定形式调整的主体之间的联系，并指出，所有法律关系的总和构成私法的对象，而不是私法的内容。[1] 目前在学界已达成共识：

> 法律关系可以理解为“受法律规范所调整的实际社会关系”。

这一说法也同样适用于社团法律关系。

社团法律关系在法律规范对社团关系的作用的过程中形成。“社团法律关系”是社团法人法科学的范畴—概念体系中最为基础的范畴。

社团法律关系作为以参加(参与)社团为间接表征的法律形式

欲解读社团法律关系的本质，离不开对有社团结构的法人的作用的理解，《俄罗斯联邦民法典》第 65.1 条第 1 款第 1 项对“社团”的这类法人进行了规定。

---

〔1〕 参见 Савиньи Ф. К. фон. Система современного римского права. Т. I. М.，2011. С. 278 – 279，456 – 464。

社团作为法人类型的一种,是代替其参加人(成员)参加财产流转的法律构造。社团的参加人(成员)联合到一起,已不是为了通过直接参加财产流转获得个人利益,而是要在社团法人活动的过程中,通过社团共同利益的实现来满足自身需求。

在此种情况下,独立参与财产流转的个体将被其参加的社团所取代,社团便成为参与财产流转的直接主体。

此种对社团性质的理解也在俄罗斯联邦宪法法院的文件中有所体现。例如,某一裁定包含了以下法律意见:"……向俄罗斯联邦宪法法院提起诉讼的股份公司、两合公司、无限公司以及有限责任公司,究其本质,是公民为共同实现相应宪法权利而创设的联合组织,即法人。其中相应的宪法权利指的是为进行企业活动及其他法律未禁止的经济活动而自由支配自身能力和财产的权利……"〔1〕

社团是一种被立法者承认的法律结构,所以社团参加同样以(其他)法律结构——产生于以社团命名的组织及其参加人(成员)之间的法律关系为间接表现形式。如果说财产流转主体可以独立参加到与其他主体的直接法律关系之中,那么为自己选择了间接表现形式(通过社团)参与流转的社团参加人(成员)则参加到了与社团的法律关系之中。参加社团只能凭借社团法律关系的建立来实现。

〔1〕 Постановление Конституционного Суда РФ от 24 октября 1996 г. № 17 – П «По делу о проверке конституционности части первой статьи 2 Федерального закона от 7 марта 1996 года «О внесении изменений в Закон Российской Федерации «Об акцизах» // Вестник Конституционного Суда РФ. 1996. № 5.

社团法律关系,仅在以参加制原则(成员制原则)为基础建立的组织中产生,也正因此,可以说参加人(成员)具有内部组织性。

在参加人(成员)参加社团过程中所形成的社会关系,是作为法律形式与物质内容的统一体的社团法律关系的物质内容。

因此,各类社团法律关系的主要使命在于,以法律形式对社团的参加进行间接表现。

同样,此处所言的“参加”不但可以具备财产性特征,也可以具备非财产性特征。

相应地,财产性(非财产性)的社团参加,以构成社团法律关系内容的财产性(非财产性)权利与义务为间接表现形式。

例如,依照《俄罗斯联邦民法典》、其他法律或设立文件中规定的必要数额、程序、方式和期限参加到社团财产构成之中(《俄罗斯联邦民法典》第65.2条第4款第2项),是财产性社团参加的间接表现形式。而就非财产性参加而言,此种参加则可以通过参与社团事务管理的权利或获取社团信息的权利来实现(《俄罗斯联邦民法典》第65.2条第1款第2~3项)。相应地,社团法律关系可以被描述为一种参加制(成员制)的法律关系。

将社团法律关系看作一种间接表现社团参加(参与)的法律形式的观点,最初仅在相关学说中被予以阐述,[1]而后被现行法(de lege lata)所承认(《俄罗斯联邦民法典》第2条第1款第1项)。

---

〔1〕 参见 Ломакин Д. В. Акционерное правоотношение. М., 1997; Он же. Корпоративные правоотношения: общая теория и практика ее применения в хозяйственных обществах. М., 2008。

“参加”与“参与”* 概念的相互关系

主体与社团组织内部结构之间存在从属性关系，而“参加”与“参与”的概念，主要用以对间接表现该从属关系的法律联系进行明确。术语上的差异，使在各种社团内产生的法律联系的不同特点均能得到着重强调。

“参加”(участие)这一概念，相对于主体对社团的财产性参加而言，主要被用于着重强调主体对于社团而言的个人品质等次要意义。这一概念为商公司和商合营所特有，相应地，在这些组织的法律定义中也对财产因素进行了强调。

> **例如，根据《俄罗斯联邦民法典》第 66 条第 1 款第 1 项的规定，拥有由其发起人(参加人)按股份(出资)划分的注册(联合)资本的社团性营利组织，为商合营及商公司。**

且相对于商合营而言，上述因素对于商公司更为重要。因为，商公司参加人的职权大小都需要依据公司的注册资本份额按比例确定。非公众商公司可确定例外规则。根据《俄罗斯联邦民法典》第 66 条第 1 款第 2 项的规定，非公众商公司的章程可确定其参加人的其他职能范围，或在须对股东协议及该合同规定的参加人职权范围的信息进行国家统一法人登记的条件下，由股东协议对其职权范围进行规定。

---

* 该词俄语原文为“членство”，书面意思为“参与”“成员资格”“会员资格”等。为行语句通常之便，本书译者团队在本书中将该词进行了处理，如“成员资格”“成员制”等均可为本词在不同语境中的译法。——译者注

"参与"(членство)[*]这一概念指的是,以在社团组织框架内完成特定的共同活动为目的,设立社团组织的主体具备的个体特征所起到的特殊作用。在相当程度上,上述情形为活动不涉及获取利润的非营利社团组织所特有。例如,"参与"(加入)一词,在言及消费合作社(《俄罗斯联邦民法典》第123.2条、第123.3条)、社会团体(《俄罗斯联邦民法典》第123.8~123.11条)、不动产所有权人委员会(《俄罗斯联邦民法典》第123.12~123.14条)等组织时均被使用。

形象地说,相较于参加,参与(制)使社团和为共同解决特定问题而联合起来的社团成员之间形成了更为紧密的关系。同时不得不指出的是,这种由术语所划定的区别具有一定的假定性质。因为,与其说社团参加人(成员)的人格意义取决于社团的种类,不如说更多地取决于参加人(成员)在他们所选取的社团内所处的地位。因此,立法者并非永远坚持上述划分的做法也并非偶然。比如,就生产合作社而言,用了由"参与"(членство)派生出的"成员"(член)一词,也使用了由"参加"(участие)派生出的"参加人"(участник)一词(《俄罗斯联邦民法典》第106.1条第1款)。此外,在《俄罗斯联邦民法典》第65.2条第1款第1项中,"社团参加人"[**]概念被用作一种囊括了"参加人"[***]"成员""股东"(акционер,特指股份公司股东)等种类的类别概念。

---

[*] "членство"本义有"成员资格"的义项,或可译为"加入"。本书中该词出现频次较多,且多与"参加"同时出现,译者们为求术语统一,采用了较为晦涩的"参与(参加)"的处理方法。特此说明。——译者注

[**] 即"社团成员"。——译者注

[***] 俄语中针对有限责任公司的"股东"亦使用"参加人"的表述。后文章节中,译者们为行文方便,在原文单独讨论有限责任公司股东或与股份公司股东作一并论述时,将本词处理为"股东",而在与股份公司制度作区分论述或一并对无限公司、两合公司"参加人"进行探讨时,则尽量尊重俄语中的分类,使用"参加人"这一表述。特此说明。——译者注

在任何情况下,“参加”和“参与”的概念都用来说明产生于社团与其参加人(成员)之间的持续性法律关系。

社团法律关系的法律概念

根据《俄罗斯联邦民法典》第2条第1款第1项的规定,社团关系分为两个独立的组别。第一组类由与社团参加有关的关系组成;第二组类由与社团管理有关的关系组成。从立法者角度来看,这两类关系并不重合,因为其相应的概念是由“或”来连接的。

对社团法律关系第二组类的予以独立划分,是因为立法者希望将属于管理机关的相应主体在行使管理职能之时所产生的关系纳入社团法律关系的范畴之中。这些主体包括:董事会成员、商公司的合议制执行机关成员以及履行公司独任执行机关职能的相关主体等。

将与社团管理关系进行独立划分的另一重要原因是,如此便可以在法律层面上承认作为非参加人(成员)的第三人参与社团管理的可能性。例如,在商合伙关系中,社团的管理秩序便可以由合伙管理协议来规定。合伙管理协议可包含与合伙组织管理立法不相抵触的任何条款,法律规定相关条款应由合伙组织章程规定的情形除外(《商合伙法》第6条第1款)。该协议的各方均可以为不属于商合伙参加人的其他主体。

在社团章程中,可以对第三人参加社团管理的职能予以确定。例如,专门公司的债券持有人以及其他债权人可以参与到专门公司的社团管理之中。根据《有价证券市场法》第15.2条第6款第2项的规定,专门公司的章程之中可以包括问题清单(其中包括对专门公司章程的修改和/或补充以及对专门公司完成的特定交易的批准)和由经专门公司债权人同意而作出的决议等内容。

因此,社团法律关系是一种间接体现参加(参与)社团组织关系的统一法律形式。就这一意义上而言,社团法律关系是法律形式与以参加(参与)社团关系为形式的经济(物质)内容的统一。社团是一种体现立法者意志的法律构造,基于对社团的参与,可以形成以参加(参与)法律关系或社团法律关系为形式的法律形式。

立法者将社团法律关系分为两类:

(1)与参加社团组织有关的社团法律关系;

(2)与对社团组织进行管理有关的社团法律关系。

第二节 社团法律关系的概念、法律性质和类型

社团法律关系的划分标准

社团法律关系多种多样,可根据不同标准对其进行分类。根据其产生的基础或引起法律关系的法律事实,可以划分为两类主要的社团法律关系。

第一类为社团法律关系本身或者在参加(参与)社团时形成的参加(参与)法律关系(第一性社团法律关系,或称主法律关系)。在参与这种法律关系时,主体成为社团的参加人(成员)。因此,此种法律关系的产生,需要以一些必要的、足以取得社团参加人的主体地位的法律事实为依据。此种法律关系,正是《俄罗斯联邦民法典》第2条第1款第1项规定的与参加社团组织有关的法律关系进行规制的结果。在此种法律关系框架内,对社团的参加(参与)可分为财产性的和非财产性

的。社团与其参加人为社团法律关系的主体。因此,参加人地位的丧失也会导致参加(参与)法律关系的消灭。从这个意义上来说,第一类社团法律关系为最主要或最基本的法律关系,因为如若没有它们,也便没有社团中的参加(参与)机制。

第二类为第二性社团法律关系,或称从法律关系。之所以这样命名,是因为第二性社团法律关系是在一些复杂法律事实构成[通常为参加(参与)法律关系和一些补充法律事实]的基础上产生的。

言及第一性社团法律关系和第二性社团法律关系的相互关系,可以用股东参与利润分配来作为例子。例如,已获股份的主体,便成为股份公司的股东。作为股东,其享有股份公司的权利,并对股份公司负有义务。由于股份公司为营利组织(《俄罗斯联邦民法典》第 50 条第 1.2 款),所以股东参与利润分配的权利,是能够间接体现股东对公司财产性之参加的主要财产性权利之一。此项权利也是参加法律关系*的内容,可使权利人能够成为以股利方式获得部分利润的主体。

参与利润分配的权利是通过将股东列入由股东会决定支付其股利的人员名单之中来实现的。如果依股东名册信息,某主体于被授权分配利润的人员名单编制之日已为有价证券持有人,但由于某种原因而未被列入名单,则意味着其参与利润分配的权利已经受到了侵犯。在此种情况下,即使支付宣告股利的期限尚未届满,社团参加权也已被侵犯。为了保护这一权利,股东可以向法院提起诉讼,要求将其列入相应的名单之中。

股东会对关于支付股利所作的决议为补充法律事实(《俄罗斯联邦民法典》第 9.1 章),其与参加法律关系,即第一性社团法律关系,共

* 此处“参加”为动名词,非动词,下同。——译者注

同导致了第二性社团法律关系的产生。此时，第二性社团法律关系的内容包括，股东要求支付其宣告股利的权利，以及公司应当支付宣告股利的法定义务。就性质而言，第二性社团法律关系为典型的债，该债的执行对象和执行日期由股东会的决议确定。

同股利支付一样，股利宣告不会导致参与利润分配的权利终止，股东有权嗣后再次主张将其列入有权获得宣告股利的人员名单中。因为在股东与公司之间存在以参加法律关系为形式的特殊联系，参与利润分配的权利方能得以存在。相应地，参与利润分配的权利终止的原因，可能是导致股东与公司之间的参加法律关系终止的某一法律事实，如股份转让合同。

一般来说，股份公司支付宣告股利之债的终止原因为适当履行，即公司足额支付已宣告的股利（《俄罗斯联邦民法典》第 408 条第 1 款）。后续每一新的有关股利支付的决议作出，亦相应将导致新的支付宣告股利之债的产生。〔1〕

上述例子清楚地体现了金钱之债的第二性特性。金钱之债中包含有于第一性参加法律关系中产生的股利支付请求权。而第一性社团法律关系中所包含的是参与股份公司利润 * 分配的权利。

前文中提到的情况明显证明了两种不同的权利的存在，也证明了两种主体权利是因两种不同法律关系（第一性社团法律关系和第二性社团法律关系）而产生的结果。

---

〔1〕 关于分配利润参加权与获得宣告股利的债权之间的相互关系的详尽信息，参见 Ломакин Д. В. Корпоративные правоотношения: общая теория и практика ее применения в хозяйственных обществах. С. 337 – 354。

* 指在一定期限内股份公司因进行活动而产生的合计利润。——译者注

第二性社团法律关系的类型

如果在社团与其参加人（成员）之间仅可产生一种参加（参与）的法律关系，那么将存在多个第二性社团法律关系。将第二性社团法律关系与参加（参与）法律关系一同列入社团法律关系之中，是因为它们两者均与社团的参加（参与）有着直接联系，并且都是自第一性社团法律关系中派生而来的。第二性社团法律关系的多样性使它们能够被按照不同的依据进行分类，其中便包括按照主体构成进行的分类。

第一类第二性社团法律关系也是数量上最多的一类，是由社团作为一方主体、其参加人（成员）作为另一方主体之间的法律关系。如上文已经提到的，在股份公司向其股东支付因公司活动所产生的部分利润（以宣告股利为表现形式）的情况下，此类法律关系产生。在非营利社团中，此类法律关系的产生可能与社团参加人（成员）对具体的社团财产的使用有关，也可能与社团一方提供服务的活动有关。

由于各种被授予的参加（参与）权具有实现的可能性，本类别中所包含的社团法律关系才得以产生。因为此类法律关系有依附（从属）的特征，所以该类关系基于参加（参与）权的实现而产生。例如，行使参与对社团特定期限内因活动所产生利润进行分配的权利，可能会导致全体会议通过关于按照社团注册资本的份额的比例进行部分利润支付的决议。这类与具体支付行为有关的法律关系具有依附（从属）性。第二性社团法律关系也可以基于其他参加（参与）权的实现而产生，例如，对清算后剩余财产的权利、对社团的活动与其相关信息进行监督的权利，以及参与社团管理的权利等。

第二类第二性社团法律关系产生于社团各参加人（成员）自身之间。此类法律关系的内容要素可能包括某些营利社团参加人（成员）

享有的优先权。根据《俄罗斯联邦民法典》第93条第2款第2项的规定,有限责任公司股东享有购买其他股东全部或部分份额的优先权。

欲使优先权产生,仅有社团及其具体参加人(成员)之间的参加(参与)法律关系是远远不够的。从本质上来说,优先权,是指社团的某一参加人(成员)享有较于第三人以优先顺位取得其他参加人(成员)所转让参加(参与)权的可能性。例如,对份额的优先购买权。如果在某一社团中仅有一个参加人(成员),而没有其他的参加人(成员)(潜在的权利转让人),则优先权便不会产生。相应地,优先权的产生,不仅需要社团与享有优先权的主体之间存在参加(参与)法律关系,还需要有补充的法律事实。此处的补充法律事实是指,社团与潜在的权利转让人之间存在同名且相对应的法律关系。

最后,如果相应法律关系与对社团的参加(参与)有关,则第三类第二性社团法律关系为有第三人参加的法律关系。例如,非为股份公司股东的主体以《股份公司法》第11.1章规定的方式来取得大宗股票时,可产生此类法律关系。该类法律关系被称作与潜在或未来社团参加人(成员)有关的法律关系。如果是股份公司股东取得这些股票,那么与此过程有关的法律关系,将属于第二类第二性社团法律关系。

第三类第二性社团法律关系也可以是股份公司的股东与登记人(发挥管理股东名册功能的证券市场职业参加人)之间的法律关系。该法律关系在登记人对股权进行核算的过程中产生,表现为股份公司的参加权(《俄罗斯联邦民法典》第149条第2款)。股东为实现自己的社团权利,经常向登记人提出请求。例如,股东向登记人提出获取股东名册中的信息的请求(《有价证券市场法》第8条第3款)。通过此种请求以及登记人对此请求的回应,股东获取信息的权利得以实现。有登记人参加的第二性社团法律关系是建立在类似于“债务人—债权人”的简单模式之上的。正如一些法律文献中所指出的，这种法律关系本质上是债。[1]

第二性社团法律关系的类型还包括与前社团参加人（成员）[已经停止对社团的参加，但仍享有社团参加（参与）的权利或负有相应义务的主体]相关的法律关系。例如，在向退出有限责任公司的股东支付其股份的实际价值的过程中产生的法律关系（《俄罗斯联邦民法典》第94条第2款）。

参加（参与）法律关系的财产性

与大多数民事法律关系相同，参加（参与）之法律关系具有财产性，这是由社团机构的活动目的所决定的。最鲜明的例子是以获取利润为主要目的的营利社团（《俄罗斯联邦民法典》第50条第1款）。通过对参加（参与）法律关系的参与，主体享有参与利润分配的可能性（《俄罗斯联邦民法典》第67条第1款第2项）。

个别营利社团的参加人有直接参与财产流转的可能性，但他们终究需要以相应社团组织的名义，通过法人来间接地参与利润分配（《俄罗斯联邦民法典》第69条第1款、第74条和第82条第1款）。

非营利社团对参加（参与）同样具有财产性特征。即使非营利社团不从事企业经营活动，其参加人（成员）也不参与利润分配（《俄罗斯联邦民法典》第50条第1款和第123.1条第1款），我们也并不能排除与其相关的参加（参与）法律关系所具备的财产性。例如，公民和法人共同组成消费合作社的首要目的是满足其物质需求。合作社是基于其成员对财产性质的股金加以整合而得以设立的（《俄罗斯联邦民法典》

[1] 参见 Суханов Е. А. Ю. К. Толстой на путях поиска «людского субстрата» юридического лица // Гражданское право России-частное право / Отв. ред. В. С. Ем. М., 2008. С. 577。

第123.2条第1款)。类似的情况也出现在其他各种类别的非营利社团中,因为设立非营利社团的目的在于直接参与财产流转,并保障其参加人(成员)(通过社团组织)间接地参与财产流转。

作为对等关系的参加(参与)法律关系

作为民事法律关系,参加(参与)法律关系是在对等原则基础上产生的,其主体享有意思自治。

社团法律关系的法律性质

正如上文已经提到的,现行立法赋予了第一性法律关系特殊组类(sui generis)的地位,从而解决了第一性法律关系的法律性质问题。作为单独的一个类别,社团关系与其他类型的社会关系一同作为民法调整的对象,于《俄罗斯联邦民法典》第2条第1款第1项中被予以列明。

社团法律关系的概念

由于法律划分出了若干类型的社团法律关系,所以现行立法中并未形成统一的社团法律关系概念。

首先是参加(参与)法律关系。

参加(参与)法律关系可以定义为,在参加人(成员)获得对社团法人活动过程的参加(参与)权时,产生于以参加(参与)原则为基础的社团法人及其参加人(成员)之间的,由法律规范所确定的、统一的、复杂的、社团组织内部的、具有财产特性的社会关系。

参加(参与)法律关系间接表现为,基于对社团组织的从属性质或对其的参加(参与),在社团参加人(成员)与社团之间产生的一系列社会联系的综合统一。这为参加(参与)法律关系的统一提供了前提。而这种从属性的法律形式便是参加(参与)法律关系。法律关系客体的统一决定法律关系的统一。由于参加(参与)法律关系是对社团法人活动进行财产性与非财产性参加的间接表现形式,所以社团法人活动本身及其结果便是法律关系的客体。

参加(参与)法律关系的复杂特性表现为:(1)其内容由众多财产性和非财产性的权利与义务组成;(2)参加(参与)法律关系的主体与主体彼此之间相互享有此类权利,相互负有此类义务。

参加(参与)这一相对性法律关系在社团内部结构框架中的产生、变更与终止的事实,是该法律关系内部组织特征的基础,社团的建立是此法律关系存在不可或缺的条件。

对社团法人活动的财产性参加是具有决定性的,这一特性导致了参加(参与)法律关系也具有财产性。的确,建立一个社团法人的目的是使社团参加人(成员)间接地参与到财产流转之中,而对流转的间接参与又以参加人(成员)以财产性手段直接参加到社团中去为前提。非财产性参加,是社团管理的辅助性参加,是为满足社团参加人(成员)的财产性目的而创造各类组织的先决条件。

若没有社团,则参加(参与)关系便也不可能存在。因此,这种法律关系本身应当被称为"社团法律关系",或"狭义上的社团法律关系"。其特殊的法律性质导致其既无法被列入物权法律关系之中,也无法被归为债权法律关系。

"社团法律关系"这一表述,也可用于广义上的理解。广义上的参加(参与)法律关系除参加(参与)法律关系外,还包括由参加(参与)

法律关系派生出的第二性法律关系。第二性法律关系有三种类型，它们以复杂的法律事实构成为基础，于社团法人活动之中产生。法律事实构成的要素之一便是参加（参与）法律关系。根据主体构成的不同，可将相应的第二性法律关系划分为不同种类，且根据其法律性质而言，一般为债。

尽管在性质上有所不同，但参加（参与）法律关系与其派生出来的法律关系间是有联系的，因为前者是后者存在的先决条件。重要的是，上述的法律关系是对社团法人活动参与过程予以间接表现的法律形式。这一联系使这些法律关系相互结合，可以说，其导致了一类新的民事法律关系产生，即社团法律关系。

与对社团参加（参与）有关的社团法律关系的处理方式相同，立法者在《俄罗斯联邦民法典》第2条第1款第1项中将与对社团管理有关的法律关系列入社团法律关系之中。其中最主要的为就社团管理而产生的法律关系，该关系的主体为非社团参加人（成员），如社团组织的管理机关的成员。此类法律关系还可以包括，与行使社团管理机关职能的主体（如管理人员或管理组织）的参加相关的法律关系（《俄罗斯联邦民法典》第67.1条第2款第2项）。最后，在与社团管理相关的法律关系中，还包括在社团结构框架之外产生的法律关系。例如，与商合伙管理问题有关的法律关系，依其与第三人签订的商合伙管理协议产生（《商合伙法》第6条第1款）。

第三节 社团法律关系的结构

社团法律关系结构的概念

与所有的社会性的体系相同，社团法律关系亦具有其自身结构。这种结构是组成其自身体系的各要素之间产生相互联系的方式。

法律科学传统上将法律关系的结构要素分为三类：客体、主体和内容。法律关系中主体的权利和义务构成其内容。

社团法律关系的客体

因为“社团法律关系”是一个集合概念，其涵盖了多种法律关系，所以每一单独的社团法律关系都具有自己的客体。目前法律关系客体的通说是行为理论。根据此理论，法律关系的客体为义务主体的行为，其既可以表现为行为的实施，也可表现为行为的不予实施。

法律关系的客体受到相应主体的权利及其法定义务的影响。

同样地，主体权利以及法定义务的本质在于对法律关系主体（主要是责任主体）的具体行为予以保障。受上述影响，主体的行为可能会发生变化。而有形利益和无形利益相对于这一影响而言都是无关紧要的，所以不论是有形的利益还是无形的利益，都不能作为法律关系的客体。

因此，对社团法律关系不同类型客体的确定，应基于法律关系行为客体理论，参加（参与）法律关系有其相应的客体。一旦参加（参与）法律关系以对社团的财产性或非财产性参加（参与）为间接表现形式，或者更确切地说，以对社团法人活动的参加（参与）为间接表现形式，那么社团自身的各种活动及其相应结果将是参加（参与）法律关系的客体。

参加（参与）法律关系之主体的法定民事权利以及法定义务对上述活动产生影响。

第二性社团法律关系的客体由法律关系的特征决定。因此，在因股东会作出关于利润分配决议而产生于股份公司及其股东之间的社团法律关系中，客体将会是公司对宣告股利进行支付这一行为。在因社团参加人（成员）要求提供有关公司活动的明确信息而产生的社团法律关系中，客体应是对所需信息进行提供的相应行为。

由于大多数第二性社团法律关系在本质上均为有积极内容的债，所以债务人为债权人利益而实施的有义务的具体活动，为此类法律关系的客体。

参加（参与）法律关系的主体

与客体的情况相同，社团法律关系的主体由法律关系的类型所决定。参加（参与）法律关系作为第一性社团法律关系，其主体为社团及其参加人（成员）。

在参加（参与）法律关系中，社团发挥着特殊的作用。考虑此类法律关系的内部组织性，它们的产生、变更和终止只能在社团组织内部进行，所以社团不仅仅是此类法律关系的主体，还是此类法律关系存在所不可或缺的条件。

其他类型社团法律关系的主体

如前文所述，除参加（参与）法律关系外，社团法律关系还包括与社团管理有关的法律关系（《俄罗斯联邦民法典》第2条第1款第1项）。这些法律关系的主体可分为下列几类：

第一类主体为被选出的社团独任机关，以及该社团合议制机关的成员。上述主体在相应机关的职权范围内行使其管理职能。与任何法人相同，社团机关的特殊作用体现在：社团可以通过其机关来获得相应权利和履行相应义务。换言之，社团通过其机关来实现自身的法律主体资格（《俄罗斯联邦民法典》第53条）。

第二类主体为不属于社团法定人员构成之列但依各种依据被授予社团机关职能的主体。商公司股东会决议是该职能产生的基础，根据《俄罗斯联邦民法典》第67.1条第2款第2项的规定，股东会可决议将公司独任执行机关的职能转移给其他的商公司（管理组织）或者个体经营者（管理人）。

第三类主体最为特殊，为母公司（合营）。母公司（合营）具有对子公司的决议起决定性影响的可能性，并在管理子公司（合营）的过程中发挥关键作用（《俄罗斯联邦民法典》第67.3条第1款）。值得注意的是，如果母公司（合营）和子公司（合营）之间经济法律关系的产生是基于二者之间的合同，或是基于与母公司（合营）持有子公司（合营）的注册资本多数份额无关的其他理由，则母公司（合营）将成为与管理（子公司/合营）有关的社团法律关系的主体。在另一种情况下，如果法律关系是由于母公司（合营）参加了子公司（合营）的注册资本的形成且占多数份额而产生的，则母公司（合营）对子公司（合营）的管理将在参加(参与)法律关系的法律框架下通过行使参与社团事务管理权来进行(《俄罗斯联邦民法典》第65.2条第1款第2项)。

第四类主体为社团结构框架之外产生的法律关系。与社团管理有关的法律关系的主体可以是第三人。如前文所述,此种可能性的产生是因为立法者允许某些种类的社团在其社团结构框架之外开展其管理活动。上述经典示例说明了第三人在商合伙管理中的作用(《商合伙法》第6条第1款)。

第四节 社团法律关系的内容

社团法律关系内容的一般特征

> 法律科学传统上将法律关系的内容理解为主体的权利与义务。

各种社团的权利和义务系统在很大程度上取决于社团本身的种类。尽管社团的各类权利与义务在《俄罗斯联邦民法典》第65.2条第1款和第4款中被全部列明,相应的权利义务仅能在社团种类框架之内产生。例如,有限责任公司的股东可能具有所谓的附加权利与附加义务。如果公司个别股东被赋予附加权利和附加义务,那么当此类股东转让其所持有的公司注册资本份额时,其所拥有的附加权利和义务不会随之转移给份额的购买人(《有限责任公司法》第8条第2款第2项和第9条第2款第2项)。

构成社团法律关系内容的具体权利和义务也是由相应法律关系的性质预先决定的。如果是参加(参与)法律关系,则其内容包括财产性的和非财产性的权利与义务，而这些权利与义务又是对社团的财产性参加和非财产性参加的间接表现形式。

社团参加人（成员）的财产性权利和义务不仅作为财产性参加的间接表现形式，还使参加人（成员）能够间接（通过社团）参与到财产流转之中。作为某种调整（组织）方式，非财产性的权利与义务对财产性的权益起着辅助性作用。

非财产性的参加（参与）权不是传统的非财产性权利。传统的非财产性权利与权利享有人本身密不可分，因此传统的非财产性权利和义务不可被剥夺，也不能被转让。非财产性的参加（参与）权与非财产性的人身权不同（《俄罗斯联邦民法典》第2条第1款第1项）。非财产性的参加（参与）权可以与其他的社团权利一起被自由地继承与转让。例如，对股份公司注册资本中股份的继承。财产性的与非财产性的参加（参与）权形成了一个完整的体系，且该体系并非权利的简单集合。[1] 这一权利体系在整体上具有财产性，常常具备可流转性，并成为财产流转的独立客体。例如，股份公司与有限责任公司注册资本中的股份或份额、属于合作社成员的股金（《俄罗斯联邦民法典》第93条、第106.5条第3款和第128条）。

参加（参与）权体系的统一性表现在不能对该体系中的任何单独权利进行让渡。例如，根据《俄罗斯联邦民法典》第149.2条第2款的规定，对无凭证的有价证券所拥有的权利进行的转让，在对此权利进行登记的主体于购买人的记名账户上作出相应的登记之时方为完成。立法者直接规定了参加（参与）权的体系移转实现的统一时刻，并将其与

---

〔1〕 有关参加商公司注册资本份额作为财产流转的特殊客体的更多信息，参见 Ломакин Д. В. Копоративные правоотношения: общая теория и практика ее применения в хозяйственных обществах. С. 153 – 177。

股东名册中为买受人开立的个人记名账户中的进款记录登记行为联系起来。对社团组织参加权予以体现的有限责任公司的注册资本份额也同时转让至买受人。相应地,若有限责任公司股东的份额转让给他人,将导致该股东对公司的参加终止(《俄罗斯联邦民法典》第 93 条第 7 款)。

在参加(参与)权的统一体系形成中,无论是各种财产性权利,还是非财产性权利,权利间总是相互关联和相互制约的。权利间的相互关联性体现在此类权利基于相同的法律行为产生,而各种法律事实的总和导致了参加(参与)法律关系的产生。例如,在股份买卖的民事法律行为之中,权利的相互制约性的特点为一些权利为其他权利的行使提供保障。譬如,为使社团参加人(成员)参加全体会议并行使自身参与社团事务管理的非财产性权利,应以合理的方式通知参加人(成员)为参加会议作准备。只有在社团参加人(成员)有获取关于社团法人活动的信息的权利时,才具备进行相应通知的可能性。社团参加人(成员)可以在营利社团的全体会议上对利润分配的问题进行表决,也可以在行使参与社团事务管理权利的同时实现其财产性的参与利润分配权。

社团参加人(成员)的权利和义务是由法律规定的,而法律可以规定若干个调整层级。例如,为对商合营参加人的权利和义务进行确定,《俄罗斯联邦民法典》(第 65.2 条和第 67 条)这一层级的规定便已足够。而按照一般规则,商公司受两个层级的调整,除了须符合《俄罗斯联邦民法典》的规定,还应符合《股份公司法》和《有限责任公司法》的规定(《俄罗斯联邦民法典》第 87 条第 3 款和第 96 条第 3 款)。

对某些类型的商公司可以设立三个法律调整层级。例如,以股份公司的法律组织形式设立的信贷机构在对社团权利和义务进行确定时，相较于《俄罗斯联邦民法典》和《股份公司法》的规定，特别法即《银行及银行活动法》更具优先性（《俄罗斯联邦民法典》第96条第3款第3项）。

法律未规定的社团参加人（成员）的权利和义务，可以在社团设立文件中进行规定（《俄罗斯联邦民法典》第65.2条第1款和第4款）。

除法律和社团设立文件外，在某些情况下社团的权利和义务也可以被规定在各类专门合同之中，如股东协议。由于典型的股东协议的目的是制定有关现有权利行使的相关规则，所以在该协议中不能规定新的社团权利（《俄罗斯联邦民法典》第67.2条第1款）。与此同时，立法者在非公众商公司的相关法律之中规定了例外情况。众所周知，商公司参加人的权能与其所占的公司注册资本份额成正比，然而非公众商公司参加人的权能可由社团章程以及股东协议确定。由于股东协议和协议中规定的公司参加人权能的相关信息须于国家统一法人登记簿之中进行登记（《俄罗斯联邦民法典》第66条第1款第2项），因此，在此种情况下，股东协议实际是非公众商公司的补充性社团设立文件。

组成社团法律关系内容的、与社团管理有关的权利和义务（《俄罗斯联邦民法典》第2条第1款第1项）也可以被规定于其他合同之中。与商合伙管理有关的合同便为上述内容的经典示例（《商合伙法》第6条）。

可以按不同的依据对社团的权利和义务进行分类。如前文所述，主要的分类依据是参加的性质，参加的性质又以社团的权利和义务的分类为间接表现形式。相应地，财产性参加以财产性的权利和义务为间接表现形式，而非财产性参加以非财产性的权利和义务为间接表现形式。

营利社团的参加人（成员）所享有的财产性权利的最终种类范围，很大程度上取决于营利社团本身的类型。例如，如果有限责任公司的公司章程中有相关规定的，则此有限责任公司的股东可无须经过公司其他股东或公司的同意，便有权通过转让公司份额的方式来退出该公司(《有限责任公司法》第 26 条第 1 款)。若股份公司对某些种类(类型)股份进行收购的决议是按照《股份公司法》第 72 条和第 73 条规定的程序通过的，则每个持有相应种类(类型)股份的股东均有权出售这些股份，且该股份公司有购买义务。

非营利社团的参加人(成员)同样享有财产性权利。例如，社会团体的每位成员均有权平等地无偿享受社会团体所提供的服务，法律另有规定的除外(《俄罗斯联邦民法典》第 123.11 条第 1 款)。

一般来说，作为社团法律关系内容的要素，财产性权利可以根据上述社团法律关系为间接表现形式的各类社会关系被分为三类。前两类包括以对处于正常运营和清算阶段的社团之财产性参加为间接表现形式的权利。第一类包括之前提到的参与利润分配的权利。第二类为对清算剩余财产的权利。第三类包括保障以财产性社团参加为间接表现形式的权利不被限制和侵犯的财产性权利。在财产性社团权利被侵犯(限制)的情况下，第三类权利可以作为对社团的特殊保护手段，其范围取决于社团的具体类型。此类权利在商公司组织形式之中得到了最为广泛的体现。甚至还可对其进一步细分，得到两个相应的子类。第一个子类包括通过特别程序收购非公众公司的注册资本份额的权利；商公司参加人享有的对其他参加人转让的份额(股份)的优先收购权(《股份公司法》第 7 条第 3 款和《有限责任公司法》第 21 条第 4 款)；对已发行股的优先收购权(《股份公司法》第 40 条)；少数股东享有的请求公众公司回购股份的权利(《股份公司法》第 84.8 条)。第二个子类为能够保障以特别程序对商公司注册资本份额进行转让的权利，包括下列权利：在股份公司收购其已发行股的过程中，股东拥有转让其所持有的股份的权利(《股份公司法》第 72 条)；在股份公司回购股份的过程中，股东拥有转让其所持有股份的权利(《股份公司法》第 75 条)；向有意按《股份公司法》第 11.1 章规定的程序收购公众公司 30% 以上股份的主体转让股份的权利；在多数股东回购公众公司股份的程序中转让股份的权利(《股份公司法》第 84.7 条)；有限责任公司股东将股份转让给公司后退出公司的权利(《有限责任公司法》第 26 条)。

回到上面提到的优先权，值得注意的是，优先权可以形成一个单独的分类。**在其他条件相同的情况下，优先权可赋予其享有人相较于其他财产流转的参与主体一定特权。**这种特权(或优先权)是由所涉权利主体的特殊地位所决定的。某些社团的参加人(成员)享有优先的社团权利，而这些权利由参加(参与)法律关系所决定。举个例子，有限责任公司的股东享有上文所提到的优先权；非公众公司的参加人在其他参加人转让该公司的注册资本份额时，享有上文提到的优先权(《有限责任公司法》第 21 条第 4 款和《股份公司法》第 7 条第 3 款)。

当社团权利具体表现为民事权利的特殊客体时，如股份(份额、股金)，享有处分这些客体的社团参加人可以将其转让给社团的其他参加人、第三人或者社团本身。另外，处分权可能会受到限制。例如，在其他参加人同意的前提下，无限公司的参加人有权将其所持有的联合资本份额全部或部分转让给公司的其他参加人或第三人(《俄罗斯联邦民法典》第 79 条第 1 款)。生产合作社的成员有权将自己的股金全部或部分转让给合作社的其他成员，法律和生产合作社章程另有规定的除外(《俄罗斯联邦民法典》第 106.5 条第 3 款第 1 项)。

非财产性权利应被分为参与社团事务管理的权利和获得关于社团

法人活动信息的权利(《俄罗斯联邦民法典》第65.2条第1款)。由于行使属于参加人的参与利润分配权的可能性取决于财务与经营活动的结果,所以营利社团的参加人享有对社团财务与经营活动的监督权。即该项权利为其享有人提供了要求监察委员会或审计人对社团的财务与经营活动进行审查的可能性。但是只有在不少于10%的生产合作社成员提出审查请求的前提下,审计人方能对生产合作社的财务与经营活动进行审查(《生产合作社法》第18条第5款第2项)。同样,对股份公司财务与经营活动的审查是就公司年度活动的结果来进行的,同时,持有股份公司总计不少于10%的表决权股的各股东可在任意时间提出审查要求(《股份公司法》第85条第3款)。

最后,社团参加人(成员)享有保护权。根据《俄罗斯联邦民法典》第65.2条第1款的规定,社团参加人(成员)有权对产生相应民事法律后果的社团机关决议提出控诉,可以社团的名义对社团蒙受的损失提出赔偿请求,并依据法律规定的事由请求认定社团的法律行为无效。除此之外,社团参加人(成员)有权要求采用社团所实施的无效法律行为的后果。

社团权利还可以按照其他依据进行分类。例如,还可以将其分为所谓的集体权利(或称团体权利)。其既可以属于个体,也可以属于社团参加人的集体(团体)。此类权利在商公司形式中最为普遍,其享有人在参加社团事务管理、控制社团法人活动和获取社团相关信息的过程中享有额外的权能,但享有人(因享有的额外权能)可能会损及对社团各类权利的保护。上述权利更适用于股份公司。I.T.塔拉索夫对特殊"股东权利总和"进行了专门讨论。[1]

[1] 参见 Тарасов И. Т. Учение об акционерных компаниях. М.,2000. С. 456–462。

例如，在对股份公司事务管理的参与权框架内，持有股份公司总计不少于2%表决权股的各股东被授予额外权能——若按照公司章程的规定，监察委员会的设立、公司的计票委员会的设立以及独任执行机关的职位人选的确定为强制性要求时，上述各股东被授予以下权能：将相关议题列入年度股东会的议事日程之中，提名董事会候选人、合议制执行机关候选人以及监察委员会候选人（《股份公司法》第53条第1款）。

《俄罗斯联邦民法典》第65.2条第4款规定的社团参加人（成员）义务清单为非列举式清单，参加人（成员）的义务种类取决于其所属社团的类型。可以按照不同的依据对参加人（成员）的义务与权利进行划分。社团参加人（成员）参与社团财产的形成的义务，属于积极的财产性义务；社团参加人（成员）不泄露社团法人活动的机密信息的义务，则被视为消极的非财产性义务。而社团参加人（成员）参加公司决策的义务属于积极的非财产性义务，如果社团参加人（成员）的参加对相应社团的决议通过而言是必要的，那么无此义务履行社团也将无法存续。

第五节　社团参加人（成员）的财产性权利

参与利润分配权的概念

由于发起人建立营利社团的目的是获得利润，所以参与利润分配权是营利社团参加人（成员）的主要财产性权利（《俄罗斯联邦民法典》第50条第1款）。作为参加（参与）权的一种，营利社团参加人（成员）所享有的参与利润分配权，始于参加（参与）法律关系的产生，止于该法律关系的终止。

参与利润分配的权利，是指在社团对特定期限内活动所产生的净利润和获得该部分利润的过程中，营利社团参加人（成员）针对分配事宜作出行为，并要求其他主体亦为此作出必要行为的法定可能性。

净利润在营利社团的参加人（成员）之间进行分配。

净利润是利润的一部分，即营利社团根据其会计（财务）报表，在缴纳税费以及扣除其他强制性付款后所剩余的可处分利润。

营利社团参加人（成员）自身的行为，对于参与利润分配权的行使具有特别重要的意义。例如，有限责任公司股东会作出的决定对利润进行分配的决议（《有限责任公司法》第33条第2款第7项）。显然，如果全体公司股东不参加有关利润分配的表决，则相应决议将无法通过，利润也便无法被妥当分配。

同时，非营利社团参加人（成员）自身的行为对于行使上述权利的作用不应被绝对化。因为参与利润分配的权利在本质上是相对的，所以行使此权利的过程不被归结为非营利社团参加人（成员）自身的行为，其还涉及其他主体的相关行为（主要是社团本身的相关行为）。

参与利润分配权的行使特征

向营利社团的特定参加人（成员）所分配之利润的数额，是由多种因素决定的，但其中的决定性因素为该社团的类型。考虑营利社团各类法律组织形式的特征，可将参加人（成员）间的利润分配分为三种基本模式。第一种模式通常被适用于商公司和商合营的法律关系中，即分配给每个参加人的利润数额取决于其所占营利社团的注册资本（联合资本）份额。该模式为比例模式。例如，《俄罗斯联邦民法典》第66条第1款第2项明确规定，商公司参加人的权能范围与其所占公司的注册资本份额成正比。无限公司参加人的利润分配数额与其所占的联合资本份额成正比（《俄罗斯联邦民法典》第74条第1款）。因为两合公司的投资人有权按其所占公司的联合资本份额获得公司的部分利润，所以上述模式对两合公司的出资人同样适用（《俄罗斯联邦民法典》第85条第2款第1项）。

利润分配的比例原则具有例外。无限公司的参加人可在设立文件或在参加人之间签订的其他合同中规定非按比例分配利润的相应条款。立法者明确规定了非按比例分配利润的权利行使界限，其实施不能导致无限公司的任何参加人丧失参与利润分配的可能性（《俄罗斯联邦民法典》第74条第1款）。

目前，上述的例外情况也可涉及非公众商公司。如果在公司章程中有明确规定，则允许此类公司不按参加人所占公司的注册资本份额的比例进行利润分配。此类型的例外还可以被规定在股东协议之中，但前提是该协议本身及由协议所规定的非公众商公司参加人的权能范围的有关信息已被登记于国家统一法人登记簿中（《俄罗斯联邦民法典》第66条第1款第2项）。换言之，在赋予股东协议准设立文件之特征的情况下，上述例外可以被规定于股东协议之中。

商合伙的利润分配采用第二种模式，即以合同的形式对利润进行分配。在符合合伙组织与第三人签订的合伙组织管理协议条款的前提下，此模式不仅允许合伙组织将获得的利润在参加人间进行分配，还可在上述合同中规定不按商合伙的参加人所占的联合资本份额对利润进行分配时，允许在第三人间对利润进行分配（《商合伙法》第6条第7款第1项）。

最后一种模式——劳动模式。例如，根据《俄罗斯联邦民法典》第106.3条第3款第1项规定的一般规则，生产合作社按照其成员的劳动参与进行成员间的利润分配。生产合作社的章程中还可以规定其利润分配的另一种方式，如对于在生产合作社的活动中不从事个人劳动参与的成员，可按其所占的股金的份额进行利润分配(《生产合作社法》第12条第1款第1项)。

营利社团作为独立法律主体，其利益并不仅限于参加人的利益。所以立法者制定了诸多限制来防止营利社团通过将资产进行资本转化的方式来满足其财产需求。上述的限制通常与营利社团财务状况的关键指标，即净资产值有关。

营利社团的净资产值是社团除所有债务以外的，以货币为表现形式的资产总价值。

根据《俄罗斯联邦民法典》第74条第2款的规定，在无限公司的净资产值超过其联合资本前，无限公司不得将其获得的利润在参加人间进行分配。

营利社团在参加人(成员)间进行利润分配的行为受到法律的诸多限制，其中商公司受到的限制最多。因为就一般规则而言，商公司的参加人不承担偿还公司债务的义务。商公司参加人间的利润分配不应损害其参加人的已有财产，这不仅对法人本身的正常运营而言至关重要，对债权人的利益来说也是极为重要的。例如，当存在《有限责任公司法》第29条第1款所规定的情况之一时，有限责任公司无权作出在股东间进行利润分配的决定。股份公司的类似情况载于《股份公司法》第43条第1款。

立法者未规定营利社团利润分配的统一程序。例如，在商公司和生产合作社中，将进行参加人(成员)间利润分配的程序由最高管理机关(全体会议)的决议来确定(《股份公司法》第 42 条第 3 款、《有限责任公司法》第 28 条第 1 款和《生产合作社法》第 15 条第 1 款)。

在商合伙和商合营中,参加人之间的利润分配无须社团管理机关的特殊决议。就一般规则而言,在商合营中,关于此类问题的决议需经全体参加人的同意,但发起人协议另有规定的除外(《俄罗斯联邦民法典》第 71 条第 1 款)。在商合伙中,社团参加人与第三方之间的利润分配程序由合伙管理协议确定(《商合伙法》第 6 条)。

股利的概念与特征

在股份公司中,公司股东间的利润分配关系的调整受到最明确的规定,公司将利润以股利的形式分配给股东。"股利"一词有其拉丁词源"*dividendum*",其指应被分配之物。

> 股利是按照股份公司股东会根据某一时期公司活动的财务结果作出的决议,向已发行股份的持有人支付的股份公司的部分净利润。

虽然社团立法中并未直接规定股利的概念,但上述概念是对《股份公司法》第 42 条第 1 款的内容进行总结而得出的结论。

> 股利可以被描述为股东参加股份公司活动而产生的经济结果,表现为根据股东大会的决议,按公司已发行股的比例分配给股东的,公司在一定时期内获得的净利润的一部分。

在收购股份时,股利收益权便为股东参加股份公司利润分配以及获得公司在一定时期内因活动而产生的利润提供了法定可能性。换言之,根据《俄罗斯联邦民法典》第 65.1 条第 1 款的规定,股利收益权是参加(参与)权的主要组成部分之一。

股利收益权使其享有人具备成为(以股利形式)被予以分配部分净利润的主体的可能性。此权利通过将股东列入股东会决定支付其股利的人员名单中得以实现(《股份公司法》第42条第3款和第5款)。

在股东会通过关于股利支付的决议时,授予股东的权利范围便发生了本质上的变化,此时债权随之产生,而债权为其享有人提供了要求股份公司按规定的形式和数额支付股利的可能性。与此同时,参与利润分配的权利并未终止,股东可再次被列入享有获得宣告股利权利的人员名单之中。参与利润分配权的存在,以在股东和股份公司之间存在的、以参加法律关系为形式的特殊联系为限。因此,此权利终止的原因可以是导致股东与股份公司之间的参加法律关系终止的某一法律事实,如以股份转让为目的的法律行为。

至于股份公司的支付宣告股利之债,其终止原因一般来说是公司适当履行了对宣告股利的全额支付(《俄罗斯联邦民法典》第408条第1款)。此后作出的每一个关于股利支付的新决议,将使新的支付宣告股利之债产生。

因此,股利收益权的行使以股东会通过关于股利的支付决议的事实为前提。股利收益权不具有统一性,包含两种独立的主体权利:股东的参与利润分配权和由参与分配权派生而出的请求支付宣告股利的债权。此债权产生于以股东会的相应决议为形式的公司文件。

股利收益权的行使

立法者对因支付(宣告)股利的决议而产生的股利债权的实现程序作出了最为完备的规定。此决议由持有公司表决权股的参会多数股东表决通过(《股份公司法》第49条第2款)。关于支付特定类型优先股的(宣告)股利的决议,须符合《股份公司法》第49条第4.2款的规定。

关于股利宣告的问题,在法律中并无相关规定,只有在董事会提议时,股东会才会通过关于股利宣告的决议(《股份公司法》第49条第3款)。与此同时,基于董事会就股利的数额和支付程序提出建议这一事实,我们可以得出结论,公司的其他机关和主体实际上被剥夺了将股利支付的有关问题列入股东会的议事日程的可能性。

董事会的决议是股利宣告的法定先决条件。此外,股利宣告的另一先决条件为具备实质性质的股利支付来源,即税后的公司利润或净利润。同时,特定类型优先股的股利,可由公司先前为此目的设立的特别基金来支付(《股份公司法》第42条第2款)。特别基金的资金来源亦为股份公司的净利润。

年度股利的支付问题通常作为有关利润分配问题的一部分,交予股东会审议。但在任何情况下,年度股利的支付问题都是独立的问题。股利支付决议应对每一类型股份的股利数额以及股利的支付方式进行规定。股利支付的一般方式为货币,但公司章程可规定以其他财产支付股利的可能性(《股份公司法》第42条第1款第2项)。法律中并未规定可转让给股东的用作股利支付的财产清单,因此,任何具有可流转性的财产都可以作为股利向股东转让(《俄罗斯联邦民法典》第129条)。公司以实物支付股利的权利在国外立法中极为常见。[1]

如果股东会依公司章程作出的决议规定股利支付以非货币形式进行,则该决议亦应对非现金支付程序予以明确。而该程序在很大程度上取决于将转让给股东的财产的特点。在《股份公司法》第42条第8

[1] See Allen W. T., Kraakman R. & Subramanian G., *Commentaries and Cases on the Law of Business Organization 2012 - 2013*, Statutory Supplement, N. Y., 2012. p. 163, 313.

款中规定了以货币形式支付股利的相应程序。

最后，股利支付决议必须指明有权获得股利的主体可获得相应股利的明确日期。

在股份公司股东的股票被股权托管机构核算时，则股份公司作为发行人执行与支付股利有关的决议时，并不直接向股东支付股利（因为关于股东的信息并不在股东名册之中），而是向第三方支付，即向以持有人的名义登记在股东名册之中的托管机构支付。股利支付的代转是在法律的基础上进行的。根据《有价证券市场法》第8.7条第1款的规定，股份持有人的股利收益权由托管机构进行核算，前者通过后者以货币为形式获得股利。同时，股东（委托保管人）与托管机构（名义上的持有人）之间的股利支付关系，受到两者之间的托管合同的调整。

除托管机构外，还存在另一主体——受托管理人。受托管理人不作为接受股利转入的有价证券持有人，但可以行使作为股票所有人的股东的权能（《俄罗斯联邦民法典》第1020条第1款）。在此种情况下，对有价证券的专业管理，由有价证券市场的职业参加人，即拥有相应许可的管理人来实现（《有价证券市场法》第5条第2款），而不是由获股东授权的可就有价证券行使权利的普通主体实现的（《有价证券市场法》第5条第3款）。

对股利宣告与支付的限制

即使股份公司有净利润，且股东会有关支付股利的决议符合法律对其形式和内容的要求，也无法保证公司最高机关所作决议的合法性。《股份公司法》第43条第1款列明了股利宣告受阻事由的非列举式清单。例如，存在下列情况之一时，股份公司无权对股利进行宣告：

(1)公司的注册资本尚未全额注缴;(2)公司未回购依《股份公司法》第75条之规定应予回购的全部股份;(3)在股利宣告日,公司有丧失支付能力(破产)的特征,或因支付股利将出现此特征;(4)在股利宣告日,公司的净资产值[1]小于以下三项的数额:注册资本、储备基金和已发行的优先股的清算价值超过章程规定的名义价值的差额,或因股利宣告将导致此结果。

由于在《股份公司法》第43条第1款中对股利宣告的一般性限制的清单为非列举式的,所以其他法律中可能包含相似限制。例如,以股份公司这一法律组织形式而设立的非国有退休基金,在其进行国家登记之日起5年内,无权作出有关股利支付的决议。[2]

对股利宣告的特殊限制与保障个别类型(种类)股份持有人的优先权有关。例如,对于章程中规定有具体股利额度的优先股,其支付决议的作出应永远先于普通股的股利支付决议和章程未对股利金额予以规定的优先股的股利支付决议的作出(《股份公司法》第43条第2款)。若在章程中规定了股利金额的优先股可以多种有价证券为形式,则相应的证券类型应按照决议作出时所确定的股利支付顺序进行支付。[3] 若该顺序已经确定,则必须无条件遵守(《股份公司法》第43条第3款)。

当存在《股份公司法》第43条第4款规定的对支付已经宣告的股

---

〔1〕 关于确定净资产值的程序,参见 Приказ Минфина России от 28 августа 2014 г. № 84н «Об утверждении Порядка определения стоимости чистых активов» // Российская газета. 2014. 24 окт。

〔2〕 参见 ст. 20. 3 Федерального закона от 7 мая 1998 г. № 75 – ФЗ «О негосударственных пенсионных фондах» // СЗ РФ. 1998. № 19. Ст. 2071。

〔3〕 在美国社团中,普通股也可能存在这种顺序(参见 Klein W. A., Coffee J. C. Jr. & Partnoy F., *Business Organization and Finance*, Legal and Economic Principles, 11th ed. N. Y., 2010, p. 140)。

利的限制时,公司不仅不能实施支付,甚至还有义务对该支付的可能性予以排除。与此同时,未支付宣告股利的依据不作为导致权利终止的法律事实,相应地,这些依据也不会引起向股东请求支付宣告股利的债权清偿。股东只是于存在上述限制的期间内未能行使属于自己的权利。

在阻碍支付宣告股利的情况终止(被消除)后,股份公司有义务在合理期限内向股东支付已经宣告的股利。[1]

股利的支付与未支付的后果

由于股东会作出的股利支付决议就性质而言是能使相应权利产生的法律事实,所以嗣后追认此法律事实无效便可以排除支付的可能性。此种情况下,不能将已产生的支付认定为股利。

无充分依据产生的给付视为股东的不当得利的行为,因此股东应当将其所得退还给股份公司(《俄罗斯联邦民法典》第1102条第1款)。

股份公司必须严格按照债的履行原则履行有关支付宣告股利的债务。例如,公司应向适当主体履行此债务(《俄罗斯联邦民法典》第312条)。

主体无充分依据自股份公司处获得股利的,有义务将其所获的股利,即不当得利,退还给被赋予了股利收益权能的相应主体。

对股利支付之债的权利侵犯,会使股东产生依据相应的支付方式向法院请求追偿资金或判付财产的权利。在第一种情况下,股份公司可能会因非法使用资金而承担民事责任(《俄罗斯联邦民法典》第395

〔1〕 参见2003年11月8日第19号《俄罗斯联邦最高仲裁法院全体会议决议》第17条(ст. 17 Постановления Пленума ВАС РФ от 8 ноября 2003 г. № 19)。

条）。此外，股东可要求股份公司因未支付股利而造成的损失进行赔偿（《俄罗斯联邦民法典》第15条）。

股份公司章程规定了股利金额的优先股持有人的股利收益权，且该权利被侵犯时，立法者规定了一种特殊的社团保护方式。无论是股份公司不作为（不通过股利支付的决议），还是其主动的作为（通过支付部分股利的决议），均将导致股东支付股利的表决权的产生（《股份公司法》第32条第5款）。在限制股利收益权的情况下，表决权亦可能产生（《股份公司法》第32条第4款第2项）。

因其未支付宣告股利的行为，公司不仅可能会被采取民事法律责任措施，还可能会受到行政处罚。逾期支付股利或股份公司作为发行人侵犯了股东的股利收益权的其他行为，均被认为是妨碍股东行使其由股份证明的权利的行为（《俄罗斯联邦行政违法法典》第15.20条）。

显然，在股份公司（债务人）因股东（债权人）的逾期而不能履行关于支付股利的债务时（《俄罗斯联邦民法典》第406条第1款），则不具备让股份公司（债务人）承担相应责任的依据。例如，债权人的逾期可以表现为，其未向股东（债务人）提供自己地址变更或银行要项变更等相关信息。

因债权人的逾期而导致股份公司无法支付的股利，为未领取的股利。在此种情况下，逾期的债权人有权在《股份公司法》第42条第9款规定的期限内向股份公司申请支付，但此期限是除斥期间，因此无法恢复。但若享有获得股利权利的主体因受到暴力或威胁的影响而未提出申请的，视为例外情况。除斥期间的届满既会导致经济上的后果，也会导致法律上的后果。经济上的后果指的是，未领取的股利将重新成为股份公司未被分配的利润的一部分。至于法律上的后果，随着除斥期间的届满，要求支付宣告股利的债权与支付股利的债务全部终止。

对清算剩余财产的权利

属于营利社团参加人（成员）对清算剩余财产的权利，是参加人（成员）财产性参与社团的清算过程的体现形式。就非营利社团而言，当债权得到清偿后，在清算过程中剩余的财产一般用于达成非营利社团的成立目的和/或慈善目的。若非营利社团被清算的财产的使用无法符合其设立文件的相关规定，则其被清算的财产将被划归为国有（《非营利组织法》第20条第1款）。此规定有例外情况，例如，根据《非营利组织法》第8条第3款的规定，非营利合伙的成员有权在合伙组织进行清算期间，获得合伙组织与债权人结算后剩余的部分财产，或者获得以其转让给非营利合伙的财产价值为限的财产。

对社团的清算剩余财产的权利是参加（参与）权的一种，此权利因取得商公司（亦包含商合营、商合伙）的注册资本（联合资本）份额（股份）或生产合作社的股金而产生。该权利还可以作为由复杂的法律事实构成产生的债权，该法律事实构成的要素之一便为参加（参与）之法律关系。

作为参加（参与）权，对清算剩余财产的权利是营利社团参加人（成员）在社团进行清算期间，社团与债权人结算后参与剩余财产分配的法定可能性。

在对与实际支付清算剩余财产有关的债务标的予以确定时，营利社团参加人（成员）获得对清算剩余财产的债权。该债务标的是在社团与债权人结算后、参加人（成员）分配剩余财产的过程中，由营利社团各参加人（成员）所占份额的金额来确定的。清算剩余财产的金额，是由清算委员会编制并经营利社团全体会议核准的清算资产负债表来确定的(《俄罗斯联邦民法典》第63条第6款和第8款)。

立法者对清算剩余财产的债权的行使范围进行了限制,此种限制是由营利社团的种类决定的。例如,只有在有限责任公司向其股东支付已分配但尚未支付的净利润部分后,债权才可能被行使(《有限责任公司法》第58条第1款)。在股份公司中,对清算剩余财产的支付既以对公司应回购股份的预先支付为条件,也以对已积累但尚未支付的优先股股利和公司章程规定的优先股清算价值的支付为条件(《股份公司法》第23条第1款)。

间接表现为退出社团的相应权利的一般特征

因为社团参加(参与)是基于自愿原则,所以加入社团与按一般规则退出社团均是由参加人(成员)的意愿进行的。如果社团参加人(成员)失去了社团参加(参与)的兴趣,且有退出的意向,则退出社团的目的可通过行使主体权利来达成。所以,有必要对退出社团的可能性与退出社团的特殊权利加以厘清。

退出社团的可能性是按参加人(成员)终止其与社团之间现有的参加(参与)社团法律关系的意愿来实现的。

> 退出社团的权利,是指由法律或社团设立文件规定的,社团参加人(成员)可通过社团特殊程序通知社团,以终止其现有的参加(参与)法律关系的可能性。

在第一种情况下,退出社团的可能性可以通过不同方式实现,其中包括转让社团的注册资本份额或联合资本份额,以及通过社团参加人在履行民事合同(买卖合同、互易合同和赠与合同等)时合作社股金的转让。欲退出社团职能的主体可自行选择相应方式。从上述例子可以看出,参加(参与)法律关系的终止并不一定需要经过特殊的社团程序。

第二种情况与第一种情况相反,退出社团的权利仅可遵照明确规定的社团程序来行使。即在此过程中,社团参加人(成员)须实施就其退出向社团进行通知这一行为。就法律性质而言,此行为属于单务法律行为。

能够实现退出社团的各种权利中,大多数被适用于股份公司。除通过普通的民事权利合同将股份转让给其他股东或第三人的权利外,股东还享有特殊社团权利,这些权利允许其向公司或第三人出售自己的股份。关于上述权利,前文的社团法律关系相关内容中已有提及。

股东于股份公司收购自身已发行股份过程中的权利

法律中明确规定了股东在股份公司收购自身已发行股份过程中出售其股份的权利。根据《股份公司法》第72条第4款第3项的规定,若有关收购某一类型(种类)股份的决议已经通过,则任何持有相应类型(种类)股份的股东均有权出售这些股份,而公司则有义务收购。按有价证券收购目的不同,股份的收购程序可由股份公司在以下两种情形下启动:

(1)为减少公司自身已发行股份的总额。这要求股东会通过关于以收购公司自身已发行股份的方式来减少公司的注册资本的决议(《股份公司法》第72条第1款第1项)。被股份公司收购的股份需被注销。

(2)为实现被收购股份的后续售出。在此种情况下,收购有价证券的程序可由股东会的决议启动,也可在公司章程授予股份公司董事会通过收购决议的权利的前提下,由董事会的决议启动(《股份公司法》第72条第2款第1项)。此外,应针对已收购的股份建立库存股法律制度,换言之,库存股不附表决权,在统计表决结果时不考虑此类股份，且此类股份不积累股利。购得的股份必须自购得之日起1年内被出售，否则股东会应通过关于以注销购得的股份的方式来减少公司注册资本的决议(《股份公司法》第72条第3款第2项)。

因此，股东在股份公司收购股份的过程中出售其股份的权利，只有在职能机关代表公司决定采用该项权利制度时才会产生。

当股份公司章程中规定，为减少公司已发行股份的总额或为后续出售这些股份，公司可收购其已发行的股份时，该公司方能享有上述权利(《股份公司法》第29条第1款第3项、第72条第1款第1项以及第2款第1项)。法律规定了股份公司行使此项权利的一般与特殊限制。一般限制与收购股份的目的无关；而特殊限制则相反，其取决于股份公司收购其自身已发行股份的目的。例如，若股份公司是为了减少公司自由发行股总额而收购股份，则剩余流通股份的名义价值不得低于《股份公司法》第26条规定的注册资本的最低金额(《股份公司法》第72条第1款第2项)。若股份公司是为了实现后续的出售而收购股份，则剩余流通股份的名义价值不得低于股份公司注册资本的90%(《股份公司法》第72条第2款第2项)。

《股份公司法》第73条对股份公司收购自身发行的普通股与优先股的权利的一般行使范围进行了规定。

在股份公司收购自身已发行股份的过程中，股东实现出售其股份的权利的程序，直接取决于由公司职能机关为此次收购作出的决议中所确定的相应条件。上述条件的确定，须依据《股份公司法》第72条第4款的要求进行。股份出售按《股份公司法》第77条规定的价格进行。为确保股东正常行使出售其股份的权利，法律规定了股份公司须履行的信息义务(《股份公司法》第72条第5款第7项)。

对股东请求公司回购其股份的权利的行使程序予以规制的《股份公司法》第72条第8款,可对股东上述权利的行使进行补充适用(《股份公司法》第72条第8款)。

因此,股东在股份公司收购股份的过程中出售其股份的权利,是指法律和股份公司章程规定的,在公司为减少其已发行股的总额或为实现被收购股份的后续出售而决定启动收购其已发行股票的程序时,股东将其股票转让给公司的可能性。

股东要求股份公司回购其股份的权利

并非所有的股东都能享有要求股份公司回购其股份的权利,[1]此权利在俄罗斯民法学说中通常被视为社团对股东权利(利益)的特殊保护方式。[2] 原因在于,此权利可作为股东的保障,防止股份公司的一系列由法律对其进行详细性质规定的社团文件对股东权利(利益)产生侵犯(限制)的实质威胁。

上述的社团文件具有合法性。假设股份公司作出上述文件是为了整体上实现公司法人固有的社团共同利益,且该文件的作出可能会与个别股东购入股份时所预期的个人的社团利益相抵触。在总体社团利益与个人社团利益发生冲突的情况下,立法者倾向于认为总体社团利益对股份公司的存续与活动的事实更为重要。立法者承认实施上述社团文件的可能性,正体现了其这一倾向。

同时,若没有适当的保护,个人社团利益便不会存在。个人社团利

[1] 例如,如果国有企业的股东同时也是其雇员,则无权要求回购股份(《人民企业法》第6条第12款 / п. 12 ст. 6 Закона о народных предприятиях)。

[2] 参见 Ломакин Д. В. Корпоративные правоотношения: общая теория и практика ее применения в хозяйственных обществах. С. 422–425。

益实现的可能性基于主体购买股份并成为公司股东而存在。所以当侵犯(限制)社团权利(利益)的威胁能实质性地妨碍到个人社团利益的实现,甚至导致其无法实现时,股东应享有退出社团的可能性。而这种退出社团的可能性,又是通过股东直接向公司提出行使其对表决权股的回购请求权来实现的。

只有存在《股份公司法》第75条第1款和第1.1款规定的相应依据时,股东请求股份公司回购其股份的权利才会产生。针对某些情形,立法者对股东不享有请求回购股份的权利作出了直接但书,《股份公司法》第48条第2款第2项对此有具体示例。

相关的司法实践主要来自对请求股份公司回购股东股份的权利有关各类依据予以尽数列举的清单(2003年11月28日第19号《俄罗斯联邦最高仲裁法院全体会议决定》第29条)。由于应当尽量将库存股产生的可能性降到最低,所以上述做法是合理的。

某些社团文件的作出可能会与个别股东的个人社团利益相抵触,其中包括股东大会对以下问题作出的决议:

第一种情况,股份公司的改组决议。改组可能会导致股份公司财产基础的减少,例如,在以存续分立或新设分立的形式进行改组期间,将部分资产转让给新设立的法人。在新设分立中,被改组的股份公司将终止存续。

股份公司的财务状况也可能会因其接受了其他法人的债务而恶化。在以吸收合并的形式进行改组和新设合并的情况下(在先前已经存续的法人的财产基础之上设立新的法人),财务状况恶化的情形可于法律上(de jure)凸显出来。言及以变更组织形式的方式进行改组,需要指出,此种方式的改组会导致社团权利范围的变化,甚至直接损害个人社团的利益。

第二种情况，当依《股份公司法》第 79 条第 3 款的规定需经股东会批准的重大交易中包含资产剥离时，股份回购请求权于股份公司进行资产剥离时或存在资产剥离（间接剥离）威胁的情况下产生。

此规定有诸多例外情况。但这些例外情况又以一般做法为基础——若根据法律规定无须对此交易进行批准，则全体股东会关于批准交易的决议不作为股份公司回购自有股份的依据。

在对《股份公司法》第 75 条第 1 款第 2 项的规定进行分析时，需要指出的是，在此种情况下，重大交易本身并不是产生权利的法律事实，其最终可能不会被完成，而以股东会作出的关于批准交易的决议为形式的社团文件才是产生权利的法律事实。

第三种情况，股东会的职权范围包括对股份公司章程进行修改和增补或批准新版本的公司章程（《股份公司法》第 48 条第 1 款第 1 项）。股份的回购可于股份公司对其章程进行增修或批准新版章程时进行，增修或新章程的通过导致股东权利受限制的除外。上述行为作出的依据为以股东会相关决议的形式被通过的社团文件。为使回购股份的请求产生，章程的新规定应剥夺股东在新规定出现之前所享有的相应能力。“股东权利受限制”一词的含义比“对社团权利的侵犯”一词的含义要更为广泛，因此有时仅缩小某一社团权利的内容便足以被认定对权利进行了限制。

第四种情况，股东会将股份公司的公众地位转变为非公众地位的决议导致回购股份的请求权的产生（《股份公司法》第 75 条第 1 款第 4 项）。具体而言，此处指的是自公众公司的章程中删除关于该公司之公众地位的相关说明（《股份公司法》第 7.2 条第 3 款），以及针对公司的股票或可转换为公司股份的发行有价证券退市提出退市申请（《股份公司法》第48条第1款第19.2项)。立法者采取这一做法的主要原因是,股份公司的公众地位向非公众地位的转变将对股东权利产生实质上的限制。例如,股东自由处置其股份的权利(《俄罗斯联邦民法典》第97条第5款)将受到限制。

特殊类型优先股的持有人为非公众公司的股东,是股份回购请求权产生的最后一个依据。在非公众公司的章程中可以规定一种或多种附表决权的优先股,而表决权包括在特定情形产生或终止时股东对股东会职权的全部或部分问题进行表决的权利(《股份公司法》第32条第6款)。上述优先股的持有人可以在《股份公司法》第75条第1.1款规定的条件下,向公司请求回购其股份。

股份回购请求权只能属于持有股份公司表决权股的股东。公司的普通股为附表决权的股份(《股份公司法》第31条第2款)。优先权股在法律规定的情况下附表决权(《股份公司法》第32条第4~6款)。然而根据《股份公司法》第75条第1款和第1.1款的规定,如果仅持有表决权股,不足以产生股份回购请求权。表决权股的持有人应当对股东会通过关于《股份公司法》第75条第1款和第1.1款列举的问题的决议投反对票或未参加相应的表决。

公司应以适当的形式就股东享有行使股份回购请求权的可能性对其进行通知。为此,在股东会(其议事日程包括《股份公司法》第75条第1款和第1.1款列举的问题)的召开通知书中,应包括《股份公司法》第76条第1款列出的相应信息。

根据《股份公司法》第77条的规定,股份回购应以股份公司董事会决定的价格进行。[1]《股份公司法》第76条对有关回购股份的相应

〔1〕 参见 Ломакин Д. В. Право требования выкупа акций: понятие и порядок осуществления // Гражданское право. 2013. № 1. С. 6–10。

程序进行了详细规定。

因此，股份回购请求权，是指股东在具有法定依据的前提下所享有的请求股份公司回购其持有的公司已发行股份的可能性。

有限责任公司的股东要求公司收购其份额的权利

针对有限责任公司，同样规定有与股份回购请求权构造类似的权利。此种权利构造以有限责任公司的股东请求公司收购其份额权利为形式。该权利在以下情况产生：

第一，当有限责任公司股东对份额的转让受到禁止或限制时。例如，如果公司章程规定禁止将属于公司股东的份额转让给第三人，而其他股东拒绝收购上述份额，则公司应股东的请求，有义务收购其份额（《俄罗斯联邦民法典》第93条第3款）。

第二，如果公司章程规定有限责任公司股东将份额转让给第三人或其他股东须取得相应的批准，但股东未获得批准，则有限责任公司的收购义务产生（《俄罗斯联邦民法典》第93条第3款）。

第三，当股东会准备通过有关进行重大交易的决议，或准备根据《有限责任公司法》第19条第1款的规定通过关于增加公司注册资本的决议，而有股东对该决议的通过投反对票或未参加相应的表决，则有限责任公司应股东的要求，有义务收购此类股东的份额（《有限责任公司法》第23条第2款第2项）。

在上述情况中，公司应向股东支付其份额的实际价值（《有限责任公司法》第23条第2款第3项）。

在《俄罗斯联邦民法典》第93条第6款规定的情形中，即有限责任公司的章程规定，只有经其他股东同意，停权的股东才可将其注册资本份额转让给权利继受人，但（停权的股东）在未得到其他股东同意的情况下，公司产生向停权股东的权利继受人支付其份额的实际价值或给付相应价值的实物财产的义务。

转让(回购)公众股份公司股份的权利

因公众股份公司控制人更换或控制人的管理职能范围变更而产生的转让股份的权利，为特殊类型的股份转让权。此类权利可保障股份公司股东的利益免于可能发生的侵犯。当然，控制人的更换可能会对公司产生正面的影响，但不能排除有负面影响的风险。例如，某一新多数股东同样在其他社团中有着某种相似商业目标，但可能对本公司的发展却并不感兴趣，结果导致其他股东的利益可能遭受损害。公众股份公司的股东所享有的将其股份出售给有意获得控制人身份的主体的权利，会使这种风险大为降低。

《股份公司法》第11.1章对收购公众股份公司超过30%股份的过程之中公司控制关系的确定进行了详细的规定。各发达国家的社团法人法(公司法)立法将上述关系视为新设合并和吸收合并程序的组成部分。目前，美国对新设合并和吸收合并的程序进行了最全面的规定，美国各州均有对社团新设合并和吸收合并相关程序予以规定的法律文件。[1]

在更换控制人时，俄罗斯立法者授予了公众公司股东《股份公司法》第84.1条第1款规定的出售有价证券的权利。有价证券的出售是在特殊社团程序的框架内进行的。该特殊的社团程序，是指有关收购公众股份公司的股份和已发行的可转换有价证券的自愿要约或

〔1〕 Гохан Патрик А. Слияния, поглощения и реструктуризация компаний: Пер. с англ. 2-е изд. М., 2006. С. 30.

强制要约[1](《股份公司法》第84.1条和第84.2条)。就自身法律性质而言,该要约为公开要约。自愿要约的内容应符合《股份公司法》第84.1条的规定,强制要约的内容应符合《股份公司法》第84.2条的规定。自相应要约到达公众股份公司的一刻起,即视为各股东加入公众公司之刻起,视此要约向全体待收购的有价证券持有人发出。

自愿要约是有意收购超过30%《股份公司法》第84.1条第1款规定的有价证券的主体按其自身意愿提出的。相反,强制要约必须由已经收购超过上述有价证券总额30%的主体提出。显然,在达到30%的规定界限之前,有价证券可以在《股份公司法》第11.1章规定的社团程序框架外被收购。但对于有意愿获得对公众股份公司的控制的主体而言,使用自愿要约程序有着直接的意义。因为,在以依照《股份公司法》第84.2条第2~5款规定提出的自愿要约为依据进行收购股份的情况下,有意愿获得对公众股份公司的控制的主体提出强制要约的必要性便得以免除(《股份公司法》第84.2条第8款第3项)。

为了对公众股份公司的董事会和执行机关阻止股份收购的可能性予以限制,立法者在《股份公司法》第84.6条中规定了相应的问题清单,公司收到自愿要约或强制要约后,有关清单中问题的决议只能由股东会通过。这种限制是为了防止对股份公司注册资本的“侵蚀”和对其资产的剥离。

《股份公司法》第84.3条对公众股份公司的股东以提交股份出售申请书的方式来接受自愿要约或强制要约的相应程序进行了规定。

---

〔1〕 А. Е. 波波娃(А. Е. Попова)在其专题文章《强制提议:在吸收合并期间对股东的权利和利益的保护》(«Обязательное предложение: защита прав и интересов акционеров при поглощении». М.,2012)中对与强制提议有关的关系开展了详细的研究。

在自愿要约或强制要约程序进行的过程中，未对所持股份行使出售权利的股东，可重新获得请求控制人回购其股份的可能性。法律对上述行为的依据直接进行了规定。根据《股份公司法》第84.7条第1款的规定，因收购公众股份公司全部有价证券的自愿要约或强制要约，而成为《股份公司法》第84.1条第1款规定的股份总额95%持有人的主体，有义务回购属于其他主体的剩余股份，并有义务应已发行有价证券持有人的请求，回购可转换为股份的发行有价证券。

剩余股份的回购可在少数股东按《股份公司法》第84.7条规定的程序行使回购股份的请求权时，按自愿出售股份的流程进行。立法者也授予了有价证券的收购人股份回购请求权（《股份公司法》第84.8条第1款）。因此，收购人还可以不按股东对所持股份行使请求回购股份的权利流程来启动有价证券自愿转让程序，行使其回购有价证券的请求权。这种情形实质讨论的是对少数股东在股份公司之中股东地位的强制剥夺。显然，在此种情况下所产生的并非对社团权利的限制，而是因股份转让而导致的社团权利的终止。

因此，股东所享有的转让（回购）公众股份公司股份的权利，是指在由控制公司的主体更换或其职能管理范围的变更所引起的相应程序实施过程中，股东出售或收购已发行股票的法定可能性的总和。

股东退出社团的权利

如前文所述，退出社团的权利行使是通过参加人一方向社团发出其退出社团的通知而实现的，此类通知属于单务法律行为。立法者规定了适用于非营利社团的一般规则，根据该规则，其设立文件中应包含参加人（成员）退出的相应条件与程序（《非营利组织法》第14条第3

款第1项)。所有非营利社团的参加人(成员)均享有退出社团的权利,其可在任意时间无须社团其他参加人(成员)同意行使该权利。同时,立法者规定了此一般规则的例外情形(《非营利组织法》第15条第3款第1项)。自由退出社团的制度是由此种情况下社团法人活动的特点决定的——此类社团法人活动与具有风险性的企业经营活动的开展并无关联。不具备企业经营风险,使非营利社团参加人(成员)在不损害社团的债权人及其余参加人(成员)利益的情况下,可不受任何限制地按个人意愿退出社团。

退出非营利社团的权利行使程序,是指非营利社团参加人(成员)根据《法人和个体工商户登记法》的规定,向登记机关提交有关自己退出的信息。非营利社团参加人(成员)享有的社团权利,应自国家统一法人登记簿中包含的该社团的信息变更之日起终止。退出非营利社团的主体有义务于其向登记机关提交关于自己退出的信息之日,将有关自己退出的信息告知社团(《非营利社团法人法》第15条第3款第2项)。

立法者并不总是承认存在退出营利社团的相应权利。因为股份公司的股东无此项权利,所以股东可以通过出售股份的方式来终止其与股份公司之间存有的参加(参与)法律关系。在有限责任公司中,可以说其股东只有在公司章程直接规定退出权的情况下才能享有此权利(《俄罗斯联邦民法典》第94条第1款第1项)。商合伙的参加人在遵守附加条件的前提下,也享有退出合伙组织的权利,且此权利应在合伙组织管理协议中进行规定(《商合伙法》第5条第1款第5项),在协议中也可以包含对上述权利行使程序的规定(《商合伙法》第6条第7款第3项)。当退出程序未被规定时,应适用《商合伙法》第11条第2款第1项的任意性规范。该条款规定,参加人应在实际退出合伙组织前至少3个月声明拒绝参加合伙组织。合伙组织向停权的参加人支付其联合资本份额的实际价值。如果因为此参加人的退出而导致合伙组织不再有任何参加人,则此参加人不能行使退出合伙组织的权利(《商合伙法》第11条第3款)。

在商合营中的情况却恰恰相反。商合营的普通参加人享有的退出权利与设立文件的规定无关。此外,无论是发起人协议,还是参加人之间签订的其他协议,均不得规定拒绝退出权行使的任何条件,违反此禁止性规定将导致相应的协议条款无效(《俄罗斯联邦民法典》第77条第2款)。退出权的行使程序将取决于商合营的存续期限。在有明确存续期限的商合营中,只有存在退出商合营的正当理由时,普通参加人才可以行使退出的权利。在无存续期限的商合营中,退出权利是通过普通参加人提交拒绝参加合营申请的方式来行使的,普通参加人必须至少在实际退出合营前6个月提交此申请(《俄罗斯联邦民法典》第77条第1款第2项和第82条第2款)。

立法者对有限责任公司中退出权利的行使作了最为完备的规定。其将退出有限责任公司权利的存在与公司章程中规定的退出的可能性联系在一起(《俄罗斯联邦民法典》第94条第1款和《有限责任公司法》第26条第1款)。

股东通过须公证的单务法律行为来行使退出有限责任公司的权利(《有限责任公司法》第26条第1款),即股东就其退出告知公司的行为。通知的方式为股东向公司提交关于其退出的申请。经公证证明的申请是此种法律行为的合格书面形式。该法律行为的法律目的是终止公司与股东之间现存的法律关系。

参加法律关系终止时,退出股东的份额自公司收到其退出申请之日起转让给有限责任公司(《有限责任公司法》第23条第7款第2

项）。同时，应当强调，根据《俄罗斯联邦民法典》第165.1条第1款的规定，由法律或法律行为将其与对其他主体产生的民事法律后果联系起来的申请、通知、通告、申请书或者其他通信，为具有法律意义的文件。此后果在相应的文件送达给另一主体或其代表人时生效。如果因收件人的状况，导致其未收到文件或未对此文件进行了解，亦认为文件已被送达。

有限责任公司股东人员构成的变更，自其进行国家登记之时起对第三人产生效力。应进行国家登记的与此类变更有关的文件在份额转交给公司之日起1个月内，提交至法人国家登记机关（《有限责任公司法》第23条第7.1款）。

参加法律关系的终止并不意味着有限责任公司和退出的股东之间不能存在第二性社团法律关系。公司根据《有限责任公司法》第23条第6.1款的规定，向退出的股东支付其份额的实际价值或相应价值的实物财产，第二性社团法律关系产生。另一个类似的例子，如果退出的股东在提交退出公司申请前，已经产生了对公司财产出资的有关义务，那么在退出的股东与公司之间亦存在相应的法律关系（《有限责任公司法》第26条第4款）。

第六节　社团参加人（成员）的优先权

对社团参加人（成员）转让的份额（股份、股金）的优先购买权

有限责任公司的股东、商合伙的参加人、两合公司的出资人、生产合作社成员以及非公众股份公司的股东享有相较于第三人，优先收购社团营利组织参加人（成员）所转让的份额（股份、股金）的权利。前三

种社团的参加人所享有的上述权利是法律直接授予的，但其中商合伙参加人的优先权可能会受到合伙管理协议的限制。相反，如果非公众股份公司章程中有规定，则其股东享有上述权利。

该权利的内容是社团参加人（成员）相较于第三人，优先取得其他参加人（成员）出售的社团份额（股份、股金）的法定可能性。

权利享有人为具有相应社团参加人（成员）地位的主体。此地位的特点由社团的种类决定。例如，直接于股东名册中对其股份权利得以记录进行体现的股东的地位，经登记结算人提供的股东名册摘录予以确认（《股份公司法》第46条）。有限责任公司股东、商合伙的参加人、两合公司的出资人以及生产合作社成员的地位，由国家统一法人登记簿摘录或其他文件确认。

优先权只有在份额（股份、股金）转让给第三人时才能被行使。如果社团参加人（成员）将其份额（股份、股金）转让给另一位社团参加人（成员），则社团其余的参加人（成员）不能行使优先购买份额（股份、股金）的权利。值得注意的是，在生产合作社中，并不总是允许将全部或部分股金转让给第三人。例如，根据《农业合作社法》第16条第4款的规定，在农业生产合作社中不允许将全部或部分股金转让给其他非生产合作社的成员。显然，在此种情况下，优先权不会产生。

除份额（股份、股金）的受让人必须为第三人外，优先购买权的行使还需要遵守相应的附加条件。

第一，根据对《股份公司法》第7条第3款的字面解释，份额（股份、股金）应通过有偿的民事法律行为来进行转让。在有限责任公司、两合公司、商合伙以及生产合作社中相应的优先权，甚至被称为对份额（股金）的优先购买权（《有限责任公司法》第21条第4款，《俄罗斯联邦民法典》第85条第2款第4项、第106.5条第3款第2项和《商合伙法》第15条第1款第1项)。在无偿转让份额(股份、股金)的情况下,如基于赠与合同,不会产生优先取得此份额(股份、股金)的权利。

份额(股份、股金)的有偿转让本身可以不同的法律行为为依据。而并非每一类似的法律行为作出时,对份额(股份、股金)的优先权都可能被行使。根据对法律的字面解释,有限责任公司的股东、商合伙的参加人、两合公司的出资人以及生产合作社成员只有在份额被出售时才享有上述优先权(《有限责任公司法》第21条第4款、《商合伙法》第15条第1款第1项、《俄罗斯联邦民法典》第85条第2款第4项和《生产合作社法》第9条第4款第2项)。在签订其他有偿合同时,如互易合同,优先权不产生。

在非公众股份公司中,可导致对有价证券的优先取得权行使且用以转让股份而作出的法律行为的清单要更为广泛。根据《股份公司法》第7条第3款第1项的规定,除因买卖合同而产生的对待转让股份的优先取得权外,此类公司的章程还可以规定因其他民事法律行为而产生的优先取得权(如互易合同、补偿等)。但是,此种优先权只能按照公司章程规定的价格或以章程规定程序所确定的价格行使。

第二,如果社团参加人(成员)同意以其他社团参加人(成员)提供给第三人的价格取得被转让的份额(股份、股金),则其可以按一般规则行使对该待转让份额(股份、股金)的优先收购权。此规则在适用于非公众商公司和商合伙之时存在例外。在非公众商公司中,行使优先权可按公司章程规定的价格或以章程规定的相应程序所确定的价格行使(《股份公司法》第7条第3款第1项)。在有限责任公司中亦有相似规则,其章程可以规定股份转让的固定价格,也可以规定受公司获得的净利润、在最近一次结算日其资产的账面价值以及其他预定指标影响的待转让股份的可变价格(《有限责任公司法》第21条第4款第1

项、第3项）。至于取得商合伙的联合资本份额的价格，可以按照由合伙管理协议规定的固定价格，也可以按照依商合伙的净资产值来确定的价格。同时，预先确定的商合伙的联合资本份额的购买价格，可因主体不同而做差异定价（《商合伙法》第15条第3款）。

上文并不意味着，如果在优先权行使的程序中取得份额（股份）的价格由公司章程确定，则公司的参加人（成员）在任何情况下都有权要求以此价格取得被转让的份额（股份）。对份额（股份）的价格预先确定规则的适用，不应侵害受法律保护的转让人的权利和利益。例如，当以非公众公司章程规定的价格或以公司章程规定的相应程序所确定的价格时，对被转让股份的优先取得权的行使产生争议的，若在优先权行使时上述价格明显低于公司股份的市场价格，则针对优先权的行使，法院有权不采用公司章程关于价格的规定（《股份公司法》第7条第3款第3项）。

第三，在社团参加人（成员）行使对向第三人出售的份额（股份、股金）的优先购买权时，根据一般规则，其应收购拟出售的全部份额（股份、股金）。根据《股份公司法》第7条第4款第2项的规定，在非公众公司的其他股东和/或公司本身不行使优先权来收购全部待转让的股份时，非公众公司股东有权将股份转让给第三人。

在有限责任公司和商合伙中，上述一般规则可能会发生变化。根据《有限责任公司法》第21条第4款第5项的规定，对于拟出售的公司注册资本的部分或非全部的注册资本份额，公司章程可以授予公司股东行使优先购买权的可能性。同时，在部分行使此权利后，剩余的份额或部分份额可被出售给第三人。

在商合伙中，允许在合伙管理协议层面违背一般规则。合伙管理协议可以规定，其参加人享有对非全部的拟出售合伙联合资本份额的优先购买权。在该权利被行使后，剩余的合伙注册资本份额可以出售给第三人（《商合伙法》第15条第5款）。

第四，根据一般规则，社团参加人（成员）有权按照其在社团注册资本（联合资本）中所占的份额（股份、股金）金额的比例，收购其他参加人（成员）转让给第三人的份额（股份、股金）。非公众股份公司章程和有限责任公司章程中可以规定非按比例取得份额（股份、股金）的规则（《股份公司法》第7条第3款第1项、《有限责任公司法》第21条第4款第1项）。上述例子是立法者对非公众商公司的统一手段的个别规制，即非公众商公司参加人的职能范围可以不由其公司的注册资本份额决定（《俄罗斯联邦民法典》第66条第1款第2项）。

在商合伙的合伙管理协议中，同样可以规定不遵守此一般规则（《商合伙法》第15条第1款第1项）。

第五，份额（股份、股金）的优先取得权可在严格规定的期限内行使。

就其自身性质而言，此期限为除斥期间。该期限自转让份额（股份、股金）的主体履行对其他参加人（成员）与其社团的通知义务时开始计算。主体有义务将其转让份额（股份、股金）的意向告知社团。当然，通知中应包含转让的相应条件，尤其是被转让的客体以及客体的价格。

非公众股份公司有义务自收到通知之日起两日内，以召开股东会的通知程序将该通知的内容告知股东。非公众股份公司的章程可以规定其他通知程序（《股份公司法》第7条第4款第1项）。在商合伙和有限责任公司中，上述通知应以要约的形式作出，且有限责任公司的通知须经公证证明。自社团收到要约之时起，此要约视为已被有限责任公司的全部股东和商合伙的全部成员接受（《有限责任公司法》第21

条第5款第1项、《商合伙法》第15条第6款第2项）。社团参加人对被转让份额（股份）的优先取得权的行使期限，自社团收到上述通知之时起算。

在生产合作社中，由于全部或部分股金的转让是在社团章程规定的程序框架内进行的，所以其成员行使优先权的程序并非主要由法律规定，而是由设立文件规定的（《生产合作社法》第9条第4款第3项）。

在侵犯优先权出售其份额（股份、股金）的社团参加人（成员）未获得法律要求的同意所完成的法律行为，不是无效法律行为，因为《俄罗斯联邦民法典》第173.1条针对此情况规定了其他后果。[1] 例如，在侵犯任何社团参加人（成员）或社团本身的优先购买权的情况下出售份额（股份、股金）时，如果法律允许社团章程赋予社团本身优先权，则社团有权诉诸法院，请求将购买人的权利与义务转移给自己。非公众股份公司及其股东，也有权请求以买卖合同之外的其他行为将转让给购买人的股份移转给自己，并按照公司章程规定的价格向股份的购买人支付相应的价款（《股份公司法》第7条第4款第3项）。

上述诉讼的原告为优先权受到侵犯的社团参加人（成员），如果根据社团章程，社团本身被授予优先购买权，则原告也可以为社团本身。

该诉讼中的被告为购买份额（股份、股金）的第三人。如果原告将出售份额（股份、股金）的主体列为被告提起诉讼，则法院应该以原告的请求或经原告的同意变更被告。

需要指出，在生产合作社中，由于第三人想要享有全部的社团权利须以全体合作社成员通过的社团文件为前提，所以若第三人收购股金

---

〔1〕 俄罗斯联邦最高法院于2015年6月23日作出的第25号全体会议决议第91条（Постановление Пленума Верховного Суда РФ от 23 июня 2015 г. № 25）。

的事实侵犯了合作社成员所享有的优先购买权,则此事实为第三人不能享有相应权利的依据(《生产合作社法》第9条第4款第2项)。

因此,对被转让给第三人的份额(股份、股金)的优先取得(购买)权是指由法律和/或社团章程规定的,一些社团的参加人(成员)可优先于第三人取得被其他参加人(成员)转让的股份(股金、股票)的可能性。

股东对以认购方式发行的有价证券的优先收购权

对发行股和可转换为股票的发行有价证券的优先取得权是法律和/或股份公司章程规定的,股东相较于其他非股东主体以认购方式优先购得被发行的增发股和可转换为股票的有价证券的可能性,其收购的数量与其所持有的同类型(种类)的股票数量成正比。

《股份公司法》第40条第1款对此权利进行了规定。通过行使该权利,股东作出行为,以确保其在注册资本中的份额不会因注册资本的增加而产生变化。在以认购方式发行股票的过程中,行使优先权的股东可购得的股票数量应与其所持有的同类型(种类)的股票数量成正比。

《股份公司法》第40条第1款中以认购方式发行增发股的公司的全体股东,均为享有优先权的主体。某些股东优先权行使的可能性,很大程度上取决于应被发行股票的类型(种类)。例如,如果发行的为普通股,则在遵守其他条件的情况下,普通股的持有人可以行使其优先购买权。在某种特定类型的优先股发行时,此特定类型优先股的持有人可以行使其优先权。在此种情况下,如果发行的是可转换为股票的有价证券,则可以行使优先权的主体为上述有价证券转换后的相应类型的股票的持有人。

行使对增发股和可转换为股票的发行有价证券的优先购买权的条件之一，是其发行的方式。此方式只可能为认购，其中包括公开认购和非公开认购。在通过非公开认购方式发行股票和可转换为股票的有价证券时，在就上述有价证券发行的问题在股东会上进行表决时，投反对票或未参加表决的公司股东可行使其对上述有价证券的优先购买权（《股份公司法》第 40 条第 1 款第 2 项）。在公开认购的情况下，股东可收购的增发股与可转换为股票的有价证券的数量与其所持有的同类型（种类）的股票成正比。

由于股东的优先权是为保障其持有的股票所代表的公司注册资本份额占比不被削减，所以如果在公司股东之间以非公开认购方式发行股票，且无第三人参加此过程，根据有价证券的发行条件，股东有按其所持有的相符类型（种类）股票数量的比例，整数收购被发行股票和可转换为股票的发行有价证券的可能性，则股东的优先权便会失去意义。这便是在上述情况下不会出现对有价证券的优先收购权的原因（《股份公司法》第 40 条第 1 款第 2 项）。

为行使对股份公司发行的有价证券的优先收购权，需明确权利人的构成，即明确享有该权利的股东。为此，需编制享有对增发股和可转换为股票的发行有价证券的优先收购权的主体名单，该名单由对股东名册进行管理的登记人依据《有价证券市场法》第 8.7－1 条的相关要求编制，且应依《股份公司法》第 40 条第 2 款第 1 项中所确定的日期编妥。

如果在股东名册中被登记的主体为名义上的持股人，那么为编制上述名单，持股人有义务提供其持有股票的利益获得主体的相关信息（《有价证券市场法》第 8.7－1 条第 6 款）。

将股东列入上述主体名单中，股份公司便产生了对其股东的信息性义务。权利人名单是使股份公司能够对享有有价证券优先购买权的主体进行确认的文件,但是此类名单的编制并不意味着被列入名单的股东已经被告知其享有上述优先购买权和权利的行使程序。

公司应就权利主体所享有的优先权及相应行使程序对其进行单独且适当的通知。其须以《股份公司法》第 52 条规定的召开股东会的通知程序,以挂号信或递交签收的形式,逐一就上述的内容对列于优先权主体名单中的主体进行通知,但股份公司章程也可另行规定书面通知的其他发出方式(《股份公司法》第 52 条第 1.2 款)。

对于发给权利人的书面通知的内容,立法者在《股份公司法》第 41 条第 1 款第 2 项中作出了特殊规定。在通知包含的全部信息中,应予以特别强调的是,在《股份公司法》第 41 条第 2 款中规定的优先权的有效期。在此期限内,任何权利人均可行使其对发行有价证券的优先购买权。此期限为除斥期间,应在其届满时,对有价证券的优先购买权终止。该期限的届满会导致其他法律后果。例如,只有在该期限届满后,公司才可开始发行增发股和可转换为股票的发行有价证券,换言之,只有在期限届满后,公司才可通过合同,将增发股和可转换为股票的发行有价证券转让给不在优先权主体名单中的相应占有人(《股份公司法》第 41 条第 4 款)。

立法者规定了对公司有价证券的优先购买权的行使方式。享有对增发股和可转换为股票的发行有价证券的优先购买权的主体,应通过向管理公司股东名册的登记人提交相关书面申请来行使此优先权。获得通知的权利人可以全部或部分行使其享有的优先权,既可以在其申请中指明其依通知可购买的数量,也可指明此数量的一部分。除对有意愿收购的有价证券的数量进行说明,申请中还应包含证明申请人为本人的有关信息。

为确定股东行使优先购买权所需的已发行有价证券的数量，股份公司应对行使此权利所需要的数量进行总数统计，并在有关发行有价证券的决议所规定的程序中对此信息进行说明(《有价证券的发行标准条例》附录13第8.5条)。

需要指出，在某些股份公司中，不存在享有优先购买权的员工。其原因是，人民企业的增发股以及从股东处回购的股票，只能按结算财务年度中的此类企业员工薪酬金额的比例，分配给所有符合条件的员工。根据《人民企业法》第5条第3款的规定，如果人民企业新招入的员工在结算财务年度中工作不少于3个月，则其可获得被分配的股份。

如果对以认购方式发行的增发股的优先购买权遭到侵犯，股东可以向法院申请对其权利进行保护。仅股东享有此权利，而股份公司无权向法院提起此类诉讼。

第七节　社团参加人（成员）的非财产性权利

参与社团事务管理的权利

现行立法确立了对社团事务管理的法定参与权的复杂结构，其由一系列与筹备和召开社团全体会议程序存在某种联系的职能组成。[1]在拥有超过一百名参加人的非营利社团和生产合作社中，最高机关可以为章程依法确定的代表大会、代表会议或其他代表机关(合议制机关)(《俄罗斯联邦民法典》第65.3条第1款第2项)。在各类职能中，

〔1〕 在有关股份公司的法律文献中，对管理的法定参加权的复杂结构已经引起注意(参见 Ломакин Д. В. Акционерное правоотношение. С. 121)。

组成参与社团事务管理的权利内容如下：

第一，参与筹备召开全体会议的职能。参与内容既包括将问题列入全体会议的议事日程中，也包括提名管理机关或其他社团机关的候选人。

第二，相关权利主体可以参加社团全体会议，即由社团的参加人（成员）组成社团最高机关（《俄罗斯联邦民法典》第65.1条第1款第1项）。在股份公司召开股东会时，应编制有权参加股东会的主体名单，以对上述职能主体予以确定（《股份公司法》第51条）。

第三，上述职能还包括对社团全体会议的议事日程内的全部问题事项进行表决的权利。

第四，参与社团事务管理的权利，包括要求召开临时社团全体会议的职能。

第五，在存在法定前提的情况下，社团参加人（成员）有权召开临时全体会议。

第六，社团参加人（成员）有权被选入社团的管理机关或其他机关。[1]

以上列出的清单为一般标准，并非所有的社团都需要完全遵循。例如，在股份公司中，股东便被剥夺了自主召开临时股东会的可能性。如果公司董事会未通过召开临时股东会的决议或作出了拒绝召开的决议，则要求召开临时股东会的股东仅有权向法院提出强制公司召开此类大会的请求（《股份公司法》第55条第8款）。

根据社团的类型，行使上述管理职能的程序之间存在很大的差异。在商公司中，特别是在股份公司中，此程序不仅在联邦性法律层面，还

〔1〕 参见 Ломакин Д. В. Корпоративные правоотношения: общая теория и практика ее применения в хозяйственных обществах. С. 366 – 367。

在次级规范性法律文件中得到了详尽的规制。[1] 适用于商合伙和商合营的程序以最为一般的形式予以规定,因为此类社团的参加人(成员)本身被授予了足够的可能性来对此程序进行详尽的规定。同样地,对于非营利社团而言,除少数例外情况,作为最高的管理机关,其全体会议的决议作出程序主要由法人的设立文件予以确定(《非营利组织法》第28条第1款)。上述例外情况包括法律针对因召开不同类型的不动产业主委员会(如住房业主委员会)的全体会议作出足够详尽的规制(《俄罗斯联邦住房法典》第44～48条、第145～146条)。

当对某些社团法律地位特点进行规定的特别法未规定召开全体会议的详尽规则,且尽管根据特别法的规定社团设立文件中可以规定此类规则,但设立文件未对此作出规定时,应遵循《俄罗斯联邦民法典》第9.1章的一般条款(《俄罗斯联邦民法典》第181.1条第1款)。

➲ 综上所述,参与社团事务管理的权利是由社团参加人(成员)组成社团最高机关并后续参与到其工作中的法定可能性。

对社团财务与经营活动的监督权

对社团财务与经营活动的监督权与信息获取权有很多共同之处。实际上,行使对营利社团财务与经营活动的监督权的方式之一便是从社团中获得相应的信息。但之前一些作者指出了这两种权利之间存在

---

〔1〕 参见 приказ ФСФР России от 2 февраля 2012 г. № 12－6/пз-н «Об утверждении Положения о дополнительных требованиях к порядку подготовки, созыва и проведения общего собрания акционеров» // БНА. 2012. № 35。

的本质性差异。[1] 例如，监督权并不仅限于简单地了解营利社团的财务与经营活动的相关信息。此权利允许社团参加人(成员)出于审查相应活动的目的，要求获授权的机关代表社团作出规定的行为。例如，监督权授予持有不少于10%的股份公司表决权股的股东要求对公司的财务与经营活动进行临时审查的可能性(《股份公司法》第85条第3款)。在此种情况下，监督权的行使不仅取决于股东个人行为的作出，还取决于监察委员会相应审查的进行。与其他社团权利相同，监督权为相对权，而非绝对权。因此，对于监督权的行使而言，仅仅有权利人的行为是不够的。

除此之外，还有对营利社团财务与经营活动进行的监督。在行使信息获取权的过程中，向社团参加人(成员)提供的信息不仅仅涉及社团的财务与经营活动。例如，受股份公司委托管理其股东名册的登记人，有义务向持有超过1%表决权股的股东提供被登记主体的姓名(名称)，以及在其个人记名账户上记录的有关其持有的每一类型(种类)股份数量的信息(《有价证券市场法》第8条第3款第2项)。

监督权与参与社团事务管理的权利是密切相关的。然而在欧洲大陆各国的社团法人法中，这两者在传统上是有区别的。区别在于对"管理"和"监督"的概念有不同的解释。最初，在大陆法系中，会把监督权体系与对各类主体活动进行的审查联系起来。此种做法的后果是，承认对被监督主体的侵权行为施加干预措施的可能性。对受监督主体的施加干预的权利由监督机关享有。[2] 监督程序的实质在于，将受监督主体的理想行为模式与其实际行为进行对比。理想行为模式与

---

〔1〕 参见 Ломакин Д. В. Акционерное правоотношение. С. 136 – 137。

〔2〕 Hoghton C. The Company, Law, Structure and Reform in Eleven Countries, London, 1970, p. 152.

实际行为之间的不相符,是干预措施实施的基础。

此外,还应根据监督与管理功能上的区别,相应地对监督权与参与社团事务管理的权利加以区分。

从此种意义上说,主体的监督权是营利社团的参加人(成员)对社团财务与经济活动进行审查,以及要求获授权的社团机关进行此类审查的法定可能性。

社团参加人(成员)的信息获取权

营利社团和非营利的社团参加人(成员)均享有信息获取权。所以,此权利被载于有关社团参加人(成员)的权利和义务的一般条款中(《俄罗斯联邦民法典》第65.2条第1款第3项)。

信息获取权一般表现为社团参加人(成员)获取社团法人活动的各类相关信息及查看会计报表和其他文件的法定可能性。

立法者多次强调信息获取权的重要性,并直接指出不可以对信息获取权进行限制。例如,根据《俄罗斯联邦民法典》第71条第3款的规定,无限公司的每个参加人均有权获得关于公司活动的全部信息,以及查看有关业务状况的全部文件。任何拒绝或限制此权利行使的行为,包括无限公司的参加人协议,均属无效。

此权利包含的职能以及权利行使的程序,由法律和社团设立文件确定。调整商公司的各部法律对因向社团参加人(成员)提供信息而产生的关系进行了最为详尽的规制。例如,《股份公司法》第89~91条以及《有限责任公司法》第50条。

信息获取权的行使既是通过商公司参加人行为的作出来实现的,也是通过公司本身行为的作出来实现的。参加人为获得必要的信息,应起草并向公司发出相应的询函。

收到询函的公司承担提供信息的义务，提供的方式由商公司参加人自行决定。参加人可要求公司以具体的方式直接提供所需的信息，如以文件副本的形式，或者限于公司执行机关的场所内了解相应信息。在仅限于公司执行机关的场所内了解信息情况下，商公司仅提供相应信息载体的访问权限。

因此，信息获取权的行使既可间接表现为获取信息的访问权限，又可间接表现为相应信息的提供。

信息的访问权限是获得和使用信息的手段，同样，信息的提供是以特定主体获得信息或将信息转发给特定主体为目的而作出的行为（《信息法》第 2 条第 1 款第 6 项和第 8 项）。

为从商公司参加人处获得某些类型的信息，无须任何预先行为。因为在公司为履行其信息披露的公法义务，或为保障不特定主体获得信息而进行信息传播的公法义务的过程中，一系列的信息会被了解（《信息法》第 2 条第 1 款第 9 项）。

法律与次级规范性法律文件对商公司强制性信息披露的依据进行了规定。例如，公众股份公司有义务以《股份公司法》第 92 条列举的一般的形式披露信息。次级规范性法律文件对此类信息作出了详细规定。[1] 披露信息程序的启动并不取决于个别股东的意志。

因此，商公司参加人旨在获得有关公司活动信息的非财产性利益，通过法定的社团信息获取权的行使与商公司信息披露的公

---

〔1〕 参见 Положение о раскрытии информации эмитентами эмиссионных ценных бумаг(утв. Банком России 30 декабря 2014 г. № 454 – П)// Вестник Банка России. 2015. № 18 – 19。

法义务的履行来实现。披露信息的构成由法律和依法通过的次级规范性法律文件来确定。

提供访问受限信息的程序具有某些特征。例如，提供含有构成商业秘密信息的文件的访问权限。

> 商业秘密是一种能使其持有人在现有或可能的情况下增加收入，避免不合理的开销，维持其在商品、劳务和服务市场中的地位，或获得其他的商业利益的信息保密制度（《商业秘密法》第3条第1款第1项）。

根据《商业秘密法》第3条第1款第6项的规定，信息的接收人遵守保密制度是对含有商业秘密的信息进行传递的前提条件。但是，机密信息的全部种类不仅限于含有商业秘密的信息。作为机密信息载体的文件和含有商业秘密的文件为种类与个别的关系。

公司与要求获得文件访问权限的股东之间签署的禁止信息传播协议（保密协议），是公司提供含有商业秘密的文件的前提条件。禁止信息传播协议（保密协议）的条款由公司以履历簿或其他标准形式确定，且相应条款对于公司全体股东一致适用（《股份公司法》第91条第12款和《有限责任公司法》第50条第5款）。

在某些情况下，商公司可能会拒绝其参加人作出的提供有关文件（包括机密信息）的请求。例如，在持有不足25%公司表决权股的股东请求提供《股份公司法》第91条第2款和第3款中规定的文件与信息时，提出请求的股东应说明请求提供文件的业务目的（《股份公司法》第91条第4款）。如果股份公司认为此业务目的不合理，则其有权拒绝提供此文件的访问权限（《股份公司法》第91条第8款第4项）。立法者已经对业务目的不合理情况作出了推定，其中包括，作为公司的竞争对手或竞争对手的关联人的股东，要求提供的文件中含有涉及竞争的机密信息，且此信息的传播可能会损害公司的商业利益（《股份公司法》第91条第7款第3项）。

对某些文件建立的特殊保密制度，排除了应参加人的请求提供此类文件的可能性，如包含国家机密的文件。如果在该文件中除不得向参加人提供的信息外，还包含参加人可获得的信息，则应根据参加人的请求提供此文件，但仅限于其中可获得的部分。

在要求提供某些信息时，遵守对信息获取权的行使范围尤为重要。谈及对信息获取权主体资格的范围，需要重点强调，信息获取权的主体是商公司的参加人。因为参加人被认为与公司之间存在以社团法律关系为形式的特殊联系。显然，其他主体，如商公司的董事会成员，除非他们同时是此法人的参加人，否则无权要求提供《有限责任公司法》第50条和《股份公司法》第91条规定的有关公司活动的相关信息。

社团利益由其利益相关主体对商公司内部结构的从属性所决定，因此信息获取权的行使能满足不同的社团利益。社团法律关系的终止使主体失去成员身份，也会导致其相应社团权利的终止。

因此，不再是商公司参加人的主体，相应地将被剥夺获得公司活动信息以及含有此类信息之文件的可能性。此外，在主体即将丧失参加人身份时，采取属于此主体的全部措施去实现上述的全部可能性是没有意义的。因为在这种情况下，未实现的利益以及未行使的信息获取权并未中止效力。

⚖ 司法实践亦应据此基本原理作出。例如，在案件审理时，主体若不是商公司参加人，则其提出转让商公司履行提供信息义务的请求将不能得到满足。但存在相应的例外，仅在为了其他权利行使的情况下。例如，要求支付有限责任公司注册份额实际价值的权利，或要求支付按照《股份公司法》第84.8条规定的程序被回购的股份价值的权利，前商公司主体享有获得公司相应活动有关信息的可能性(2011 年 1 月 18 日俄罗斯联邦最高仲裁法院第 144 号《关于仲裁法院审理有关向商公司参加人提供信息的纠纷的若干实务问题》信息函第 6 条)。

商公司参加人有关请求获得公司信息的可能性的相应权能范围，取决于其所占的注册资本的份额。例如，全体股东均有权获得《股份公司法》第 91 条第 1 款中所列明的各类文件的访问权限，而只有持有不少于 1% 公司表决权股的股东有权查阅董事会的会议记录(《股份公司法》第 91 条第 3 款第 2 项)，持有不少于 25% 公司表决权股的股东有权获得会计核算文件的访问权限(《股份公司法》第 91 条第 5 款)。

而下述的范围类型与商公司参加人行使信息获取权的方式有关。立法者将行使此权利的可能性与向公司提出相应的请求联系起来，在公司收到请求后，其有义务为申请人提供所需文件的访问权限，或应参加人的请求转交给其所需文件的副本。公司履行该义务的期限取决于参加人所请求提供的信息类型。根据一般规则，股份公司的履行期限为 7 天(《股份公司法》第 91 条第 11 款)，而有限责任公司的履行期限为 5 天(《有限责任公司法》第 50 条第 3 款)。

并且在准备股东会的过程中，股东为参加股东会而选择行使信息获取权的方式时，须考虑联邦权力执行机关根据有价证券市场的情况而作出的附加要求。[1]

提供信息的请求应当具体化。例如，商公司参加人有意查阅的文

---

〔1〕 参见《关于准备、召集及举行股东会的补充要求条例》第 3.6 条和第 3.7 条(ст. 3.6, 3.7 Положения о дополнительных требованиях к порядку подготовки, созыва и проведения общего собрания акционеров)。

件应具有必要性和充分性的特征，这些特征允许法人能够适当地满足相应请求。否则，会因无法确定提供信息之债的标的导致公司无法履行此债。与此同时，法律并未要求商公司参加人对其提出的请求绝对具体化，即不要求在请求中列明所需文件的要项详细清单，如数量和日期等。商公司为相应请求的收件人，相应地，请求应被发送至公司的所在地。

商公司可以通过各种方式履行其向参加人提供所需信息的义务，但方式的选择取决于参加人的意愿。若参加人要求本人到访公司查阅某组文件或获得文件副本的，可以在请求中列明其到访公司的具体日期。显然，此日期不能早于立法者规定的商公司履行该义务的期限届满日期。

履行提供所需信息义务的另一种方式，是通过信件或其他方式将所需文件的副本发送给商公司参加人。参加人若有意以此种方式获得相应信息，则应在信息请求中列明。若选择了此种方式，则商公司参加人应承担邮费。在这种情况下，仅在参加人实际收到信件时，方可视为商公司已经以适当方式履行了其提供信息的义务。因此，公司须对所有第三方的行为负责，如参与信息传递过程的通信机构。

凭信息获取权实现的法定利益，对于该权利的行使有重要的意义。例如，如果此法定利益（的实现）取决于股东会的召开准备工作，则股东与公司之间的相互关系将受《股份公司法》第 51 条和第 52 条的特殊规定调整，而不是由《股份公司法》第 91 条规定的一般规则调整。

若由商公司参加人提出的信息获取请求符合为信息获取权的行使而规定的范围，则该请求应得到满足。否则商公司可能会被强制向其参加人提供后者有意获得的信息。除强制履行实际的债之外，商公司还可能有义务赔偿因其不履行或未适当履行提供信息义务而使参加人造成的损失。此外，在这种情况下，商公司或许还将承担行政责任，其中包括《俄罗斯联邦行政违法法典》第15.23.1条第2款和第11款以及第15.19条第1款规定的行政责任。

第八节　社团参加人（成员）的义务

社团参加人（成员）义务的总体特征

与社团权利的情况相同，立法者列举了各类社团义务的总清单，此清单可由法律和社团的设立文件对其加以补充（《俄罗斯联邦民法典》第65.2条第4款）。在商合伙中，合伙组织参加人的义务也可由合伙管理协议进行规定（《商合伙法》第6条第1款）。

社团义务的分类取决于社团的类型。适用于非营利社团参加人（成员）的义务清单大多是由社团的活动目的和对象所决定的。例如，少数民族公社的成员有义务合理利用自然资源并采取环境保护措施（《公社组织共同原则法》第13条）。此种义务直接由少数民族公社的设立目的（保护其成员的原始栖息地和传统生活方式）所决定（《公社组织共同原则法》序言）。

在营利社团中，同样并不存在义务分类的唯一标准。例如，有限责任公司股东的义务根据《有限责任公司法》第9条的规定可以分为两类。第一类义务的产生是由获得公司股东地位所导致的。每一位公司股东均承担此类义务。第二类义务承担的可能性不仅与主体享有公司股东地位有关，还与作为社团文件作出依据的股东个人品质有关。此处的社团文件，是指有限责任公司股东会就特定股东承担附加义务作出的决议。附加义务的特点在于，当承担附加义务的注册资本份额持有人转让其份额时，其所承担的附加义务并不移转给份额的买受人(《有限责任公司法》第 9 条第 2 款第 2 项)。因为此类义务不仅取决于份额的收购人所享有的公司股东地位，还取决于份额转让人的个人品质。立法者将此类义务称为附加义务。

考虑生产合作社基于其成员的个人劳动与其他参加方式，为开展共同生产活动和其他经营活动而设立的特点，其成员被要求以个人劳动的方式参加合作社活动的义务(《生产合作社法》第 1 条和第 8 条第 2 款第 3 项)。

在股份公司中，与某些社团程序开展有关的股东，可能承担某些特定义务。例如，已购买超过公众股份公司股份总额 30% 的股东所承担的义务(《股份公司法》第 84.2 条)。

如果非公众性质的商公司参加人有意出售其持有的商公司注册资本份额，则须承担相应特殊的义务。其中最主要的是《股份公司法》第 7 条第 4 款第 1 项和《有限责任公司法》第 21 条第 5 款第 1 项规定的信息义务。如果有限责任公司的其他股东有意行使对被转让股份的优先购买权，则有意转让份额的股东承担签订相应合同的义务。相应的份额基于该合同转让给享有优先权的主体。

商合伙的参加人同样承担类似的义务(《商合伙法》第 15 条第 6 款)。

立法者并非只将信息性社团义务的承担与对营利社团的注册(联合)资本份额的购买与转让联系在一起。信息性社团义务的承担可以其他情形为前提条件，如关联关系的产生(《股份公司法》第 93 条第 2 款)，有利害关系的法律行为(交易)的实施(《有限责任公司法》第 45 条第 2 款和《股份公司法》第 82 条)或其他情形。

因此，社团参加人(成员)的义务是由法律和/或社团设立文件所规定的、以社团参加（参与）为前提条件的、社团参加人（成员）所必须遵守的行为标准。

消极型义务

在社团参加人（成员）各项义务的总清单中，消极型义务占据着特殊的位置。消极型义务包括禁止披露有关社团法人活动的机密信息、作出明知会对社团造成损害的行为以及使社团的设立目的在实质上变得难以达成或无法达成的行为（不作为）。此类义务是为确保社团参加人（成员）对社团的忠诚，以防止参加人（成员）为实现个人社团利益而损害社团总体的利益。

需要注意的是，不造成损害的义务在《俄罗斯联邦民法典》第 65.2 条第 4 款对其进行规定前便已经存在，但彼时其仅为一般的民事义务。现今，此义务已为社团义务，当违反此义务时，准许适用针对社团的保护措施。

将上述义务认定为社团义务是为了通过特殊的社团手段来对一般民事保护措施进行补充，以扩大对侵权人的惩罚手段范围。

无论是社团，还是其他主体，均不应遭受损害。根据《俄罗斯联邦民法典》第 1064 条第 1 款第 1 项的规定，对公民的人身或财产造成损害，或对法人的财产造成损害的，应由致害人对损害进行全额赔偿。但是上述内容并不意味着社团参加人可以损害社团利益。例如，有限责任公司股东造成损害的事实，本身足以作为公司除名股东的充分依据。在任何情况下根据《有限责任公司法》第 10 条的字面解释，都不能得出这样的结论。

将社团参加人(成员)不损害社团利益的义务在法律层面上认定为社团义务,一切便变得明确了。商合营或商公司的参加人违反此种义务,不仅可能导致损害赔偿,还可能导致其被适用自商合营(商公司)中除名的特殊社团保护手段(《俄罗斯联邦民法典》第67条第1款第4项)。

不作出本质上使社团的设立目的变得难以达成或无法达成的行为的义务,包括不作出尽管并非为了直接造成损害,但可对公司造成其他负面后果的行为(使社团的设立目的在实质上变得难以达成或者根本无法达成)。由于社团只是达成其发起人(参加人、成员)所制定目的的一种手段,所以上述行为的作出会使社团本身的存在失去意义。当无法达成既定目的或既定目的难以达成,且最终积极的影响并不能弥补所耗费的物质与时间资源时,以达成此目的为使命的相应法律手段也便丧失了其必要性。例如,商公司参加人利用其在公司中的地位(其中包括访问公司活动信息),发展自己的竞争业务,损害公司的利益,结果导致公司的利润不断减少。

由于第三人获得社团限制自由访问的信息可能会对社团造成负面后果,所以规定不披露有关社团法人活动的机密信息的义务是为了使第三方无法获得此类信息。在营利社团中,此义务主要为禁止披露构成商业秘密的信息,即专有技术(《俄罗斯联邦民法典》第1465条和《商业秘密法》第3条第1款第2项)。因为构成商业秘密信息的商业价值是以第三人的不知情为前提的,所以不能对此类信息建立自由访问制度。商业秘密制度的建立限制了对专有技术的访问。[1] 社团采取《商业秘密法》第10条第1款规定的措施后,即可以认为其建立了

〔1〕 参见 Северин В. А. Коммерческая тайна в России. М. ,2007. С. 346 – 374。

商业秘密制度。此类措施体现在一般性质的社团文件中(如社团设立文件,以及对建立商业秘密制度的相应关系的细则予以明确的专门社团文件)。

根据上述内容可得出一个明确的结论:仅凭引起参加(参与)法律关系产生的法律事实,不足以产生社团的参加人(成员)所承担的不披露专有技术的义务。此种义务的产生以补充法律事实为前提条件(在补充法律事实中,至少应包括对建立商业秘密制度的相应关系的细则予以明确的社团文件)。

社团参加人(成员)的“权利—义务”结构

在《俄罗斯联邦民法典》第65.2条第4款第4项中规定了一种以社团参加人(成员)义务为形式的特殊结构,此处的义务指的是,社团因缺少此类决议[此类决议的通过必须参加人(成员)的参加(参与)]而不能依法存续,社团参加人(成员)所承担的参加此类社团决议通过的义务。此种结构的不同之处在于,如前文所述,法律将参加社团决议通过与一项主要社团权利联系在一起(《俄罗斯联邦民法典》第65.2条第1款第2项)。事实证明,在特定的情况下,参与社团事务管理的权利已转化为相应的法定义务。此处的特定情况分为两种:

第一种,相应的社团决议必须通过,没有此类社团决议,社团便无法存续。

法律并未对此类决议的一般清单作出规定,因为此类社团决议的类型取决于社团的种类、社团设立文件的内容以及其他因素。在司法实践中可以找到关于此类决议的例子。根据俄罗斯联邦最高法院于2015年6月23日作出的第25号全体会议决议第34条的规定,如关于任命独任执行机关或董事会成员的决议,便在此类决议之列。如果根据法律的相关规定,如不对章程进行相应的修改,则社团将无法存续,那么此类决议还包括关于修改章程的决议。

第二种,如果缺少社团某一特定参加人(成员)的意思表示,则上述决议便无法通过。此参加人(成员)的重要性取决于其所占的社团注册(联合)资本份额大小。例如,当社团决议的通过需要特定多数表决,或者取决于其参加(参与)本身,如在社团决议须经一致通过的情况下。

得益于执法实践,"权利—义务"结构早在社团立法规定之前便已在社团法人法领域广为人知。俄罗斯联邦最高仲裁法院和俄罗斯联邦最高法院对《有限责任公司法》第10条的规范曾作出如下解释:导致公司无法存续或难以为继的股东的行为(不作为)应具体理解为——股东无正当理由不断逃避参加该公司的股东会,而这种逃避使公司丧失了就相关问题作出须经全体股东一致同意之决议的可能性(俄罗斯联邦最高法院全体会议及俄罗斯联邦最高仲裁法院全体会议于1999年12月9日作出的第90/14号决定)。这一对法律规范的解释,实质上是允许在某些情况下将参与有限责任公司事务管理的权利视为一种法定义务。

社团参加人(成员)因参加社团财产而产生的义务〔1〕

该义务以社团应当具有的财产独立性特征为前提条件(《俄罗斯

〔1〕 在与社团财产基础的形成有关的问题的部分,将对有关义务的履行的问题进行更为详细的探讨。

联邦民法典》第 48 条第 1 款）。社团（包括非营利社团）是财产流转的参加人，因此需要相应的财产基础来确保在此流转框架内开展的社团法人活动。显然，此财产基础的最初来源是社团发起人（作出社团设立决议的主体）的出资。设立决议应对社团财产形成的程序、金额、期限和方式作出规定（《俄罗斯联邦民法典》第 50.1 条第 3 款）。在社团的创立阶段，社团财产由注册（联合）资本、共同基金和其他形式财产构成。在注册（联合）资本、共同基金等形式中，相应类型（种类）的独立社团财产得以形成。社团财产之后可依靠其活动的收入以及参加人（成员）和第三人的出资而增加。

在非营利社团的设立文件中必须包括其财产形成来源的相应信息（《非营利组织法》第 14 条第 3 款第 1 项）。非营利社团进行获取收入活动的可能性受到法律的严格限制，所以来自发起人（参加人、成员）的定期和一次性的出资是其财产形成的主要来源（《非营利组织法》第 26 条第 1 款）。因此，非营利社团的参加人（成员）履行因参加社团财产而产生的义务，对于维持社团法人活动有着重要的意义。

该义务的内容因非营利社团的类型不同而有所不同。例如，在消费合作社中，此义务被以要求其成员以一定的金额、组成和程序进行股金缴付的形式规定于章程中（《俄罗斯联邦民法典》第 123.2 条第 2 款第 1 项）。此外，根据法律的规定，消费合作社成员有义务通过额外出资来弥补合作社的损失（《俄罗斯联邦民法典》第 123.2 条第 1 款）。

在营利社团中，其活动的目的在于不断获取利润，所以上述义务的意义便相应降低。在公众股份公司中亦然。这很容易解释，因为营利社团财产形成的主要来源是其从自身活动中所获的利润。此外，公众股份公司可依靠股票的公开发行来向非特定主体募集资金。

与非营利社团相同，营利社团的参加人（成员）的上述义务的内容亦由其类型决定。在商合营中,参与财产形成的义务体现在对于普通参加人向商合营的联合资本的出资要求(《俄罗斯联邦民法典》第73条第2款)。两合公司的出资人也承担这样的义务(《俄罗斯联邦民法典》第85条第1款)。尽管商合伙的参加人履行向联合资本出资义务的程序应由合伙组织管理协议规定,而不是由其设立文件进行规定,向联合资本出资的义务也同样适用于商合伙的参加人(《商合伙法》第5条第2款第1项)。生产合作社成员有义务通过缴纳股金的方式来参与其共同基金的形成(《生产合作社法》第8条第2款第2项)。

对于有限责任公司而言,其股东形成公司财产的义务有下列表现形式:

第一,有限责任公司股东有义务按照法律和公司设立协议规定的程序、金额以及期限对注册资本份额出资(《有限责任公司法》第9条第1款第2项)。该义务产生于公司的设立阶段,且具有极其重要的特征(《有限责任公司法》第16条第1款)。例如,有限责任公司不能要求强制履行此义务,因为立法者已经对不履行份额出资的义务规定了特殊后果——将未出资的份额移转给该公司(《有限责任公司法》第16条第3款)。除此之外,有限责任公司股东在不履行其所承担的其他义务时应被采取的制裁措施,并非全部可适用于不履行对份额的出资义务的股东。例如,如果股东严重违反义务,可能会被公司除名(《有限责任公司法》第10条)。此规则不适用于未履行其对份额的出资义务的股东,因为法律规定了不履行此义务的其他后果(《有限责任公司法》第16条第3款)。

在由股东出资增加公司注册资本的情况下,立法者更多地将出资视为股东的权利,而非其义务(《有限责任公司法》第19条第1款第2项)。公司股东拒绝行使此项权利则表现为——其在规定的时间内未对公司的注册资本出资，将导致注册资本的增加被认定为未获成功（《有限责任公司法》第19条第2.2款）。认定增加注册资本失败，将导致公司有义务将股东已缴纳的出资返还给相应股东（《有限责任公司法》第19条第3款）。

由于《有限责任公司法》第19条第1款和第2.2款的规定具有强制性，不能在降低拒绝出资股东的股份票面价值的同时，将公司的注册资本增至其他股东实际出资后的数值。俄罗斯联邦最高法院全体会议及俄罗斯联邦最高仲裁法院全体会议于1999年12月9日作出的第90/14号决定第10条）但在特殊情况下，可能会存在与此规则不符的情形（如为避免破产而需要增加公司的注册资本）。俄罗斯联邦宪法法院于2014年2月21日“就有限责任公司‘Firma Reyting’的诉请对《有限责任公司法》第19条第1款的合宪性进行审查”一案作出的第3－П号的裁定中对上述规则作出了扩大解释。

第二，在出现《有限责任公司法》第27条中规定的依据时，有限责任公司的股东应当为公司财产出资。为责成股东承担此义务，须具备以下两个条件：(1)公司章程应对承担此义务的可能性作出规定（《有限责任公司法》第27条第1款第1项）；(2)只有在股东会关于对公司财产出资的决议经公司股东总票数的特定多数通过之后，才能责成股东承担该义务（《有限责任公司法》第27条第1款第2项）。

对公司财产的出资义务适用于全体股东，但对于不同股东而言，义务的内容可能并不相同。例如，可针对个别股东规定对财产出资的相关限制。此类限制与为特定股东设置的额外义务相同，并不会因注册资本中的份额的售出而转移至买受人（《有限责任公司法》第9条第2

款第2项和第27条第2款第2项)。

就注册资本的出资义务的法律性质而言,其与上文已提到的额外义务类似。同额外义务一样,该义务最初由公司设立时的章程所规定,或者也可以由经公司全体股东一致通过的股东会决议确定(《有限责任公司法》第9条第2款和第27条第1款第1项)。然而并不能将对财产的出资义务视为额外义务,因为根据《有限责任公司法》第9条第2款第1项的字面解释,只能在章程中对额外义务进行规定,而此义务与之相反,是由法律所规定的。

应注意的是,只能在非公众股份公司的章程中对上述财产出资的义务予以规定,且该义务依据非公众公司股东会的决议产生(《股份公司法》第32.2条第3款第1项)。若在公司章程或股东会决议中无另外规定,则出资以现金形式进行。此义务的主体为其产生之日有股东资格的相应主体。

应将公众或非公众公司股东享有的、以资助和支持公司经营活动为目的而为其财产无偿出资的权利,与股东为非公众公司财产出资的义务相区分。此类无偿出资可作为《俄罗斯联邦民法典》第66.1条第1款中规定的民事权利客体。无偿出资是根据与公司签订的合同(依据性质该合同不属于赠与合同)而进行的(《股份公司法》第32.2条第1款第3项)。

参与公司财产形成的义务在股份公司中主要体现为立法所要求的股金缴纳,通常不得免除股东缴纳股金的义务(《俄罗斯联邦民法典》第99条第2款第1项)。

根据现行立法,缴纳股金为股东的义务。若股东不履行此义务,可以采取以追索违约金为形式的责任措施。此外,未及时缴纳股金,将导致相应股份所证明的社团权利的终止(《股份公司法》第34条第1款第4项)。

第九节 社团法律关系产生的先决条件及依据

社团法律关系产生的先决条件及依据的总体特征

社团法律关系自其开始产生至其终止的特殊过程,为法律关系发展进程〔1〕的一部分。此过程具有自己相应的先决条件及依据。〔2〕

先决条件为法律关系的产生与发展创造了充分且必要的条件,换句话说,其为法律关系的产生提供了可能性。为使这一可能性转变为现实,需具备法律关系产生的相应依据。这些依据为现实世界中的法律事实或情形,且法律将它们存在与否与法律关系的进程联系在一起。

社团法律关系进程的先决条件有诸多种类,可分为规范上的先决条件、法律主体的先决条件及物质上的先决条件(利益)等。

规范上的先决条件,是指基于参加(参与)原则、旨在调整社团内部社会关系的法律规范。

在承认社团法律关系各主体具有平等法律地位的同时,需要强调,在此类主体之间现存的社团关系中,选择某种行为的可能性仍受

〔1〕 参见 Красавчиков О. А. Юридические факты в советском гражданском праве // Категории науки гражданского права: Избранные труды. В 2 т. Т. 2. М. ,2005. С. 50 – 51。

〔2〕 参见 Халфина Р. О. Общее учение о правоотношении. М. ,1974. С. 283。

到极大限制。社团法人法的大多数规范均为强制的。而这并非私法的特征,因为私法为其主体提供了广泛的行为自由。但近来在社团关系中对任意性方法的采用正有扩大的趋势。立法上的许可对于以谨慎制定细则而著称的商公司中出现的社团关系而言,是正确而适宜的。上述趋势主要涉及非公众商公司(可参考《俄罗斯联邦民法典》第66条第1款第2项和第66.3条第3款)。但即使有这样的变化,也不能对社团法人法中基于强制性原则确定的优先权提出怀疑,且在可预见的将来此优先权也不会受到成为债权附属权利的威胁。何况,发达国家社团法人法的丰富历史明确地指出了立法发展的强制化趋势。

利益作为社团法律关系产生及其发展进程的物质先决条件

作为物质上的先决条件的利益,为后续社团法律关系产生、变更及终止的先决条件。下列观点早已在法律文献中得到证实:利益是主体权利产生及实现的先决条件。[1] 因此,利益也可以被视作以主体权利为内容的法律关系产生、动态化发展及终止的先决条件。

> **利益,是指在意识中产生的,以意识能动形式反映的需要和必需性。**

同样,主体权利是确保利益实现的法律手段。[2] 因此,在作为社团法律关系内容要素的主体权利与利益之间形成了一种相互关系。由于主体权利有助于利益的满足,所以这些利益本身便是权利产生及实

〔1〕 参见 Грибанов В. П. Интерес в гражданском праве//Грибанов В. П. Осуществление и защита гражданских прав. М. ,2000. С. 241 – 244。

〔2〕 参见 Иоффе О. С. Правоотношение по советскому гражданскому праву//Избранные труды по гражданскому праву. М. ,2000. С. 559 – 561。

现的先决条件。

在现行立法中反复提到了社团自身及其参加人(成员)的各类利益。例如,《俄罗斯联邦民法典》第53条第3款、第53.1条第1款和第3款、第55条第1款、第62条第4款、第67.1条第4款和第5款,《有限责任公司法》第5条第3款、第44条第1款,《股份公司法》第69条第2款、第71条第1款及《非营利组织法》第5条第3款、第24条第4款,均对社团自身的利益进行了规定;而《俄罗斯联邦民法典》第67.1条第4款和第5款、第73条第3款、第123.4条第1款、第123.8条第1款,《有限责任公司法》第35条第1款、第43条第1款和第3款,《股份公司法》第1条第1款、第49条第7款及《非营利组织法》第6条第1款对社团参加人(成员)的利益进行了规定。如此种种,不一而足。

因此,立法者直接划分了两组社团法律关系发展进程的先决条件,这两组先决条件构成了社团自身作为法人的利益以及其参加人(成员)的利益。社团中的每个参加人(成员)均可以拥有诸多不同的利益,其中包括社团所有参加人(成员)的共同利益。正是为实现这些共同利益,个别主体设立社团以通过法人的制度来满足其财产和非财产需求。社团的参加人(成员)基于此目的对社团法人活动进行共同的财产参与及非财产参与。

但个别参加人(成员)通过对社团法人活动的参与,通常不但追求实现所有人的共同利益,而且还追求满足其私人需求的目标,且此目标与社团其他参加人(成员)的需求不相符。不仅单独参加人(成员)享有此种私人利益,社团中的群体参加人(成员)也享有此种利益。可以将参加人划分为两组:捍卫社团大多数参加人(成员)利益的群体及旨在满足少数参加人(成员)需求的群体。私人利益通常不但不会相互符合，而且会彼此相互矛盾，从而导致利益冲突。

应当指出，需通过对社团法人活动的财产性或非财产性参加来满足的、社团参加人（成员）意识上的财产或非财产性需求，即为对社团参加人（成员）一般的形式的利益。

社团利益——依社团设立文件所规定的经营活动目的确认的、需要实行相应经营活动来满足的财产性及非财产性的需求。

社团法律关系产生及其发展进程的法律主体先决条件

下一组先决条件为法律主体先决条件（由社团法律关系参加人主体的权利能力及行为能力组成）。[1]

法律主体资格是主体基于法律规范成为法律关系参加人的法律能力。

法律主体先决条件的实质在很大程度上由社团种类决定，社团法律关系在社团种类的框架下产生、变更及终止。立法者对社团潜在参加人（成员）的法律主体资格提出了诸多要求，相关要求习惯上可分为如下几组。

第一组为确定某社团参加人（成员）类型的要求。并非任意民法主体的法律主体资格都包括享有某种（类型）社团的社团权利与承担相应义务的能力。例如，大多数社团的参加人（成员）既可以是自然人，也可以是法人。但是此条规则存在诸多例外。

《公社组织共同原则法》第 8 条第 2 款规定法人不能成为少数民族公社的发起人。此外，只有公民能成为住房储蓄合作社的成员（《住

[1] Красавчиков О. А. Указ. соч. С. 51.

房储蓄合作社法》第 5 条第 1 款）。

国家机关和地方（政府）自治机关通常不能作为社团法律关系的主体。例如，它们无权以自己的名义作为商合营和商公司的参加人（《俄罗斯联邦民法典》第 66 条第 6 款）。但某些社团仅能由国家机关设立，如俄罗斯联邦主体经济互助协会（1999 年 12 月 17 日第 211 号联邦法《俄罗斯联邦主体经济互助协会的组织及活动共同原则》第 2 条第 1 款）。

第二组要求，则由立法者针对同一类型社团法律关系的个别主体提出的补充要求构成。现行立法规定，若自然人仅具备俄罗斯公民资格，不足以成为基于参加（参与）原则设立的某些社团的参加人。例如，只有少数民族人民才能成为少数民族公社的个体成员（《公社组织共同原则法》第 11 条第 1 款）。

第三组为法律主体的先决条件，此类条件与社团法律关系参加人达到特定的年龄有关。从事劳务（职业）活动的自然人自其 14 岁起有权组建工会（《工会法》第 2 条第 2 款）。满 16 岁的自然人可以成为住房储蓄合作社（《住房储蓄合作社法》第 5 条第 1 款）、住房合作社（《俄罗斯联邦住房法典》第 111 条第 1 款）以及其他合作社（《俄罗斯联邦民法典》第 26 条第 2 款）的成员。

社团法律关系产生及其发展进程的依据

导致社团法律关系产生及发展的法律事实多种多样。

这些法律事实的特点由下列因素决定。

第一，基于法律事实得到的法律结果。一些法律事实会导致社团法律关系的产生，而另一些法律事实则是社团法律关系发展的基础。此外，法律事实在设立社团的过程中及在已经设立的社团内，均可导致相应社团法律关系的产生。在第一种情况下,随着社团法律关系的产生,以社团组织为形式的新的权利主体得以成立。

第二,社团类型及其法律地位。例如,在股份公司中,社团法律关系可因按照《有价证券市场法》所规定的程序进行股票发行而产生(《有价证券市场法》第2条)。民事权利的新客体(股票)正是因其发行的过程而进入民事流转。

第三,获得社团权利的主体的法律地位。显然,个别种类的自然人、法人及公法机构获得此种权利的依据可能有所不同。

第四,社团法律关系的类型。例如,为使参加(参与)法律关系产生,需要一系列法律事实。如上所述,复杂的法律事实构成引起第二性社团法律关系的产生,而此法律事实构成的主要要素是参加(参与)之法律关系。

第五,社团权利的获得方式。例如,上文提到的发行仅可以被视为社团权利获得的初始方式。相反,可以将基于普通民事法律行为对已发行股份的取得,归于获得社团权利的第二种方法。

现行立法规定了社团法律关系产生及其发展的多种依据,在绝大多数情况下,它们与引起其他法律关系的依据并无太大不同。例如,社团法律关系可在商公司和通过民事法律行为取得公司注册资本的份额(股份)的主体之间产生。但是,就以社团法律关系产生、变更和终止为其社团性特征的层面而言,将相应的法律行为或法律事实构成单独划分出来的做法,是十分合理的。从这层意义上来说,在法律事实分类的框架内,便可以对作为法律事实特殊类别的(依社团法律关系产生、变更及终止的特点而划分出的)社团性法律事实展开讨论。例如,经由生产合作社全体会议通过的、将其成员自该组织中除名(如因该成员未按合作社章程履行其相应的义务)的决议,是导致权利终止的社团法律事实(《生产合作社法》第22条第2款)。

法律事实的特点已多见于法律文献中,如社团招募成员或将成员从其中除名等。[1] 需要明确的是,招募成员或将其除名的程序本身并不是社团法律事实,基于这些程序通过的文件才是真正的社团法律事实。在发行股票过程中致使社团法律关系产生的法律事实构成,可作为社团法律事实构成最为鲜明的例子。

（第八章终）

[1] Халфина Р. О. Общее учение о правоотношении. М. , 1974. С. 291.

第九章

社团的财产

术语表

股票——股份公司注册资本的组成部分,是其发行的用以确认与该股份公司有关的财产权和其他权利的记名且非实物的有价证券。

注册资本份额——有限责任公司注册资本的组成部分,注册资本份额的认缴是公司的股东取得有限责任公司股东的权利与义务的基础。

“库存”股——发行人所持有的、不赋予其社团权利(表决权、股息权)的股份。

债券——用以确认持有人在债券上所约定的期限内,从发行人处取得该债券的面值和其他财产等价物的权利,以及按固定利率取得债券面值的利息的权利,或确认其他财产性权利的有价证券。

普通股——赋予其持有人就股东会议程中所有问题的相关权利,如表决权;公告的股息的取得权;在公司终止时,与债权人结算后仍有剩余财产的情况下,部分财产的分配请求权等权利。所有普通股均赋予其持有人相同的权利。

核定股本——指股份公司在其章程中所订明的、可发行股份的上限。

优先股——赋予其持有人在公司解散清算时,可依照公司章程取得公司与债权人结算后剩余的股息和/或部分财产的权利,在一些情况下,也包括公司章程中规定的其他权利。优先股可以是不同类型的,每种类型可以赋予其持有人不同的权利。同次发行的优先股具有同等权利。

联合资本(合资)——商合营或商合伙的参股人所投入的以货币形式估价的约定数额。

注册资本——反映在经济公司的章程中的股东(参加人)获得的所有股份(份额)的面值的总和。

发行——发行人招募有价证券行为的法定过程。

第一节 社团的财产权

社团所有权的概念

根据《俄罗斯联邦民法典》第66条第1款的规定，商合营或商公司的**所有权**，由商合营或公司的发起人（股东）所注入的资金，以及商合营和公司在其活动中取得的财产构成。《俄罗斯联邦民法典》第106.3条第1款规定，合作社的财产归合作社所有。《俄罗斯联邦民法典》中，将营利社团划分为单独类别所依据的关键特征，就是其财产法律制度。所有社团都是其各自财产的所有权人。此外，商合伙的财产法律制度在法律上还存在一些不确定性，无论是在《俄罗斯联邦民法典》还是在《商合伙法》中，都没有就此作出直接专门的规定，然而依照《俄罗斯联邦民法典》第48条第3款和第213条第3款的系统解释，我们可以得出这样一个结论：商合伙也是财产所有权人。

➲ 营利社团和单一制营利组织在财产所有权上存在差异，法律中明确指明后者不对组织财产具有所有权。

所有权人的权利

社团的所有权即其自行占有、使用、处分财产的能力。法人作为所有权人，通过占有、使用、处分财产来实现其所有权，以达到其目的。成立营利社团的目的是获取利润——这也就是营利社团的内在目的，这个目的甚至都可以不在其章程中专门体现出来。由此可见，营利组织的财产应该作谋求利润之用。这个普遍性定义也就可以解释，为什么营利组织之间赠与财产是要被禁止的(《俄罗斯联邦民法典》第 575 条第 4 款)。

财产所有权人权利的实现贯穿于社团所有活动的过程当中,并由社团的雇员、独任执行机关以及其他人来实现。例如,社团的**占有权**在商业经营当中体现在以下方面:对其财产进行登记和标记;在经营活动中设定商号、范围、财产登记号、警告标志等,以向第三人表明和标明这些财产属于社团。这样做是为了预先告知第三人,社团享有绝对的所有权,其余所有人都有义务去避免侵犯这一权利。

使用权体现在对财产收益的获取上。社团出于生产活动的需要而使用设备、机械、交通工具和其他工具;出于安置员工的需要而使用办公区;以及出于开展商业经营活动的需要而使用商业区等。法律中对出于特定目的使用某些类型的财产作出了限制。比如,法律对土地区块的使用、煤矿区块和与其他自然物有关的各种性质的使用都进行了限制:规定了砍伐森林和捕猎的最大限度,对生产与农业用途设施的布局等。这种对于个别客体的使用权所作出的限制是出于这些客体独特的属性,这些限制也是“财产法律制度”这一概念的一部分。在取得某些财产的所有权时,社团通常需要考虑对该财产的使用存在哪些限制,还要将这些限制同所开展或计划开展的经营活动的类型和对象相联系,根据这种比较的结果来决定是否取得这些财产。如果社团的所有物中包括其不能独立使用的财产(如因为其权利能力的限制,或法律规定的其他的禁止情形),社团则应对这些财产进行处分。可以把它们交付租赁、租借、信托管理;也可以交付存放,直至该财产的命运问题得以解决,或直至对该财产的使用同社团的权利能力之间的矛盾得以解决。

处分权通过对财产的法律或事实上的命运作出决定而实现。社团具有很多处分财产的方式——完成交易以转让财产、对财产的再处理以取得新物品（如处理原材料以取得商品）、消灭财产（如生产废物的消灭）。这种处分可以由社团里有职责作出同社团财产有关的行为的任何员工来完成。比如，在工作岗位上工作的女裁缝工人就可以决定财产的命运——她将社团的布料加工成衣物和内饰，这也就是合法地对财产进行了处分。在这种情况下，员工所能行使的、作为所有权人的权利受其劳动义务和职业性质等条件所限。如果这名女裁缝工人试图将缝纫机卖掉，那她的行为就不会被视为是对财产合法进行的处分——因为根据她的职业性质，她无权转让缝纫机，毕竟缝纫机是社团的财产。另外，销售缝纫机的商贸公司的员工有权去出售缝纫机，但其不能去为公司缝制窗帘，这同样也是由其职业性质所决定的。由此可见，社团的员工处分财产的可能性是存在限制的。

根据法律规定，社团的独任执行机关可以处分财产。与员工对财产的处分不同的是，独任执行机关处分财产时，与它的职责义务、工作性质、合同等无关。就一般的规定而言，独任执行机关的财产处分权是不受限制的。但对社团实现其基本活动所必需的财产加以处分，法律是设定了限制的。例如，这种处分可能需要社团的治理机关（如董事会、股东会）的同意或事后追认才可以实行。此外，法律对有利害关系的重大交易的完成规定了特别程序。在社团的章程中可以对独任执行机关的财产处分权作出单独的限制。比如，商公司的章程常常包含对不动产处分的限制，或对独任执行机关不经社团其他机关同意对社团财产所能处分的限额作出规定。

社团所有权的取得及消灭

通过以下方式，可以将财产取得为社团所有：(1)由发起人（股东）

注资取得;(2)获取对使用其财产所产生的孳息、生产及收益的取得权;(3)制造新物品及对现有物品的再加工取得;(4)根据其他的法律依据取得。社团不能以继承人身份依法继承财产,而只能通过遗嘱获得。存在社团不能取得所有权的一些情形,如只能属于自然人和国家的客体,社团就不能取得。例如,储蓄存单仅适用于自然人,而野生动物是属于俄罗斯联邦的。这样说来,无论是野生动物还是储蓄存单,都不能由社团取得。

社团的财产的转让依法实现。一些与财产消灭(如私有化和遗产权利继受)相关的法律,不能适用于社团。

社团的股东不具有社团的财产权。正因如此,将社团的股东视为社团的"所有权人"引起了很大的争议。认为社团的股东是所有权人的类似观点还在一些包含经济内容的文献中有所提及,这些观点的理论基础为"注册资本的发行理论"。应当注意的是,这种见解并没有任何法律依据。法律明确认定,社团(也仅仅是社团)才是财产的所有权人。

社团不具有其股东的财产权。这一点体现在:在社团的财产不足的情况下,其股东并不必对社团的债务承担责任,但在法律另有规定的少数情况下除外。[1]

第二节　社团的注册(联合)资本

注册(联合)资本的概念和作用

商公司传统上被看作资本的联合,因而商公司的概念是同资本相

[1] 此问题参见本书第十三章第三节。

关的。立法中没有就“注册资本”这一概念作出定义。《股份公司法》第25条第1款指出，公司的注册资本由股东所具有的股份面值组成。类似的规定亦存在于《有限责任公司法》第14条第1款：“公司的注册资本由其股东的份额之面值组成。”也就是说，法律仅指出了注册资本的组成性质，却没有明确其本质。

在法律文献中，对商公司注册资本的性质，有两种研究角度：一为实质说，这一角度认为注册资本是由参加人注入的资金的集合所构成的社团财产；二为形式说，这一角度认为注册资本仅仅是反映在商公司章程中的、股东所持有的份额（股份）的面值的约定数目。在现行的法律文件中，这两种角度均可以见到，不过还是后者在逻辑上更为严谨。在公司的存续期间，其财产的构成和价值是在变化的，但并不会导致注册资本的增加或减少，尽管在某些情况下，这可能会成为完善法律对于社团注册资本变更程序规定的理由。

注册资本的作用分类取决于对其的立场角度。

注册资本被认为是起着基础的（起始的）和保证性的作用的财产。如果将注册资本理解成在社团章程中所载的股份（份额）的面值的总和，那么注册资本就不能起到上述的作用，但是它可以起到分配和形象塑造（声誉和信息）的作用。学界通过上文中提到的两种角度，将注册资本的功能分为四种。

基础功能。注册资本的基础功能，是指商公司股东所注入的财产将由公司用以开展其企业活动。意即公司为实现某种计划而募集股东所提供的资金，用股份（份额）这种“虚拟资本”来换取这些资金——这是商公司的关键特征，使商公司这种法律组织形式最便于私营企业的经营。募集财产使一些大规模的项目变得可行，比如铁路。铁路一般都是在股份公司的基础上建设和运营的，在1820年俄罗斯出现了第一家交通股份公司,并存续至19世纪80年代末。比如,股份公司"皇村铁路"(Царскосельская железная дорога)以每股200卢布的价格共发行了17,500股,共募得350万卢布股资。这些款项因建设铁路而全部用尽,后来在资金不足的情况下,依照股东会的决议,又借款150万卢布以增补资金。由此可见,获取贷款和由股东注资都是实行公司某种项目计划的筹资手段。这两种手段的根本区别在于,前者的主体是公司的债权人,这也就意味着无论公司借贷开展的项目计划是否成功,都要偿还贷款。而将自己的财产注入公司注册资本的股东,是没有对其注入财产的返还请求权的,也不会成为公司的债权人。公司开展新的项目计划的时候,筹资方式的选择至关重要。项目计划的风险越大,成功的可能性越小,对商公司来说借贷就越危险。

由此可见,注册资本的基础功能可以理解成"固定资本",它是发起人(股东)所转让的,以用于公司开展基本商业活动的财产。形式说认为,基础功能不是由注册资本实现的,而是由股东资金的注入而实现的。

注册资本的保障功能体现在股东所注入的财产上,如同商公司的其他财产一样,如果公司没有对其债务进行履行,则可以由债权人申请强制执行。注册资本有"固定"资本的概念,在此概念中股东的个人财产对公司的债务不承担任何责任。彼谢姆斯基认为,"由于股东的有限责任,这种资本成为满足债权人的唯一的标的,是其(公司)借贷的唯一基础"。[1] E. A. 苏哈诺夫对此也写道,一个世纪以来的实践中,欧洲大陆的所有国家都将注册资本视为"保护债权人和少数股东利益

〔1〕 Писемский П. Акционерные компании с точки зрения гражданского права. М., 1876. С. 41.

的最重要手段”。[1]

债权的其他主要法律手段，如提供独立保证、担保、合同抵押等，有助于确保债权人的权利和合法利益。这是俄罗斯立法发展的趋势，这一趋势在《关于在俄罗斯联邦部分有关注册资本形成的法律文件中修改商公司注册资本之限制、修改在注册资本减少时债权人权益的保障方式、修改对商公司在注册资本与净资产值不符时的要求、修改商公司发行债券的限制》的联邦法草案的解释说明中便得到了体现。

保障功能在法律中有直接的表现。根据《有限责任公司法》第 14 条第 1 款的规定，公司的注册资本决定了公司能保障其债权人利益的最低数额。类似的规定也存在于《股份公司法》第 25 条当中，但该法中的规定被 2015 年 6 月 29 日通过的第 210 号联邦法*所废止。因为只有作为财产时注册资本的保障职能的履行才能得以确保，上述废止体现了立法者对认为注册资本是财产的实质说的淡化。

尽管立法者在一定程度上弱化了注册资本的保障职能，但还是有很多法律手段来保障这一职能的行使，其中包括：

(1)提高从事特殊活动的公司，或其活动可能显著损害潜在的债权人的公司(如从事银行业、保险业等活动的商公司)注册资本最低数额的要求。

(2)确定可用于支付为注册资本的财产构成要求，并评估其数额，以免产生“泡沫”公司(指向不具有任何有价值的客体支付其注册资本的商公司)。在经济社会出现的那一刻起，就存在这种在开设商公司

---

〔1〕 Суханов Е. А. Уставный капитал хозяйственного общества в современном корпора- тивном праве // Вестник гражданского права. 2012. № 2. С. 4 – 45.

* 该法名称为《关于修改俄罗斯联邦部分法律文件及废止俄罗斯联邦部分法律条款》(Федеральный закон от 23.06.2016 г. № 210 – ФЗ«О внесении изменений в Федеральный закон «О стратегическом планировании в Российской Федерации»»)。——译者注

时的舞弊行为。在开设股份公司的法律调控历史上，英国首先出台了一部禁止创建虚假注册资本公司的法案，被称为“泡沫法案”（Bubble Act）。

（3）对商公司实际财产、注册资本的要求加以确定，通过比较注册资本和净资产的规模来保障这些要求不被违反。

（4）确定公开发行股份的公司的注册资本和净资产信息的披露要求。

（5）确定为债权人提供与减少注册资本的决定有关信息的相关要求，并为债权人提供与之相关的特别权利，以保障债权人的财产利益。

为更妥善地履行注册资本的保障功能，在股份有限公司中设立了储备金，其数额直接取决于注册资本的数额。根据《股份公司法》第35条的规定，股份有限公司的储备金应不少于注册资本的5%，并按年度扣除章程中规定的数额。根据这一百分比，可以看出立法者对于注册资本的基础功能和保障功能的态度。显然，立法者认为，注册资本的主要目的是奠定公司活动的财产基础，而不是保障公司的债权人的利益，否则储备金的金额就应该和注册资本的数额是相等的。储备金用于弥补公司的亏损，以及向债券持有人进行清算。因此，被认为是“固定资本”的注册资本，其担保功能在于通过手段体系来保障商公司的财产状况，这体现在清算时公司的债权人可用以清算的财产价值不得低于注册资本的数额上。形式说的支持者并没有提出注册资本这一功能。他们认为，为债权人提供保障的并不是注册资本，而是商公司的财产，公司的财产价值则是净资产的数额。

分配功能。注册资本的分配功能在于通过注册资本的数额决定股东社团权利的多寡。注册资本的分配功能在《俄罗斯联邦民法典》中有直接的规定。根据《俄罗斯联邦民法典》第66条第1款，商公司股东的权利范围与其在公司注册资本中的份额按比例确定。份额和股份作为注册资本的组成部分，所有由股东认购的股份(份额)的面值，与注册资本相等。**参加人所持的部分在注册资本中的占比越多，其社团权利的范围也就越大**。参与商公司管理的权利、获得股利的权利、清算时获取剩余财产的权利(取得与债权人清算后的部分剩余公司财产的权利)，这些权利都取决于股份或份额的多少。股东所持有的股份(份额)的数额，和其他一些权利(如一些优先权)也是成正比的。股东的财产性义务，同样和份额的多少或股票的数量有关。例如，向有限责任公司注资的数目就取决于份额的多少，注资决议是由股东会来作出的。

有关股东权利和财产义务的比例问题，以及属于股东的注册资本份额的规定，可以在某些情况下根据法律、章程或已签订的股东协议进行更改。比如，根据《股份公司法》第84.2条第6款的规定，公众公司的股份持有人和该持有人的关联方在取得超过30%该公司股份总额时起，至向该公司提出收购股份的请求时止，仅有权以30%的股份进行表决。因此，在这种情况下，根据法律的直接规定，已获得超过30%股份的股东的社团权利暂时受到限制，并且股权的权利比例原则对这些股东产生影响。公司可以依照章程发行优先股，就特定问题赋予表决权但不赋予其他权利(《股份公司法》第32条)，并可以规定股东所能持有的份额的最大数目或股份的最大数量，这是比例原则的一个例外情形。在股东协议中也可以就特定问题的表决权作特别的规定(《俄罗斯联邦民法典》第67.2条)，从而列举出不适用比例原则的情况。

综上所述，注册资本的分配功能体现于：股东在注册资本中所占有的份额的数目(股份的数量)决定其社团权利的范围。

商誉(声誉和信息)功能。注册资本的商誉(声誉和信息)功能在于，外界可以通过注册资本的数目对商公司形成认识。同注册资本为最低额的商公司相比，注册资本更高的商公司更容易获得合同对方的信任。许多公司都制定并采用有关合同的规章制度，其中的内容就包括选择对合同对方的规定。其中有一个标准就是要辨别出“一日公司”，通常这类公司的注册资本都很低。媒体报道中一些关于注册资本过低的内容，常常使读者和观众对这类公司产生一种负面态度。

注册（联合）资本的构成

商公司的注册资本分为若干部分。股份公司注册资本的“部分”称作“股份”，有限责任公司的则称为“份额”。

股票及其类型

只有股份公司才可以发行股票。其他任何组织都无权发行股票。根据《有价证券市场法》第22条的规定：

> 股票是赋予其持有人（股东）权利以取得股份公司部分收益作为股利、参与股份公司管理，以及取得公司清算后部分财产的权利证书。

股票的性质在学界一直是有争议的。立法者在不同时期对股票的法律制度有不同的规定。

学界于各时期均曾将股票看作一种参与股份公司的权利证书，一种无形物。[1]

---

〔1〕 关于此，请参见 Юлдашбаева Л. Р. Правовое регулирование оборота эмиссионных ценных бумаг (акций, облигаций). М., 1999. С. 37; Мурзин Д. В. Ценные бумаги-бестелесные вещи. Правовые проблемы современной теории ценных бумаг. М., 1998; Степанов Д. Вопросы теории и практики эмиссионных ценных бумаг // Хозяйство и право. 2002. № 3. С. 73。

现行法律下，股票是一种发行的无凭证的、记名的有价证券。

股票的**发行性**，在于股票由其发行人发行，每次发行的所有股票都具有相同的性质；**无凭证性**，指的是记载股票内容的纸质票券并不存在，即并不发行股票的凭证，股权的登记是在受许可的证券市场中的专业人员（登记结算人）在登记系统中所进行的（《有价证券市场法》第8条）。**记名性**，是指只有在该有价证券上所指明的才具有股权，比如从股东手中购买股票的人，只有将股权在股东名册中对向其转让股权进行登记后，才能获得股权。

持有股票的股东有绝对的财产权，这种财产权使其有权根据自己的意志持有、使用和处分其股票。

这项权利并没有法律上的名称。在《俄罗斯联邦民法典》据2013年7月2日第142号联邦法《关于修改俄罗斯联邦民法典第一编第一章第三节》修改之前，股票被认为是物，因此股票的绝对财产权彼时被认为是所有权。在《俄罗斯联邦民法典》的此次修订之后，股票不再适用物权的法律制度，股权不再是所有权。不过在《股份公司法》《有价证券市场法》中，股权被称为所有权。从这两部法律的内容来看，股权类似于所有权，但其客体并不是物，故这种权利并不是物权。

股票的占有，意味着股东可以在其商业活动中占有股份，即被列入股东名册或股票名义上持有人的账户中。使用，指可以以任何合法的方式从股票中获取有用的财产，包括取得股息和在清算时获取股票所代表的价值等。处分，指持有人有权决定股票的法律命运。股票作为可流转的法律客体，可以被自由转让。

因此，作为独立的民事法律行为客体，股票可以保障商公司注册资本的不变性，甚至是在股东基于某种理由想要退出该公司的情况下。

股份公司可以发行普通股和优先股。

普通股赋予其持有人全部社团权利,同时,禁止在章程中对普通股的股息数额与清算价值的数额进行规定。在股东会职权范围内,除选举董事会成员之外的所有问题,普通股均每股一票。在选举董事会成员的问题上,适用累积投票制:此类股份将被提供与待选董事会成员数量相同的票数(如股东会拟选出7名董事会成员,则每股普通股赋予其持有人7票)。所有普通股都赋予其持有人相同的权利。

股份公司可以同时发行部分种类的优先股,且在其章程中应规定每种优先股的持有人权利。优先股和普通股相比,最主要的区别在于应在章程中规定每种类型优先股的股息数额和/或其清算价值。根据《股份公司法》第32条的规定,公司可按以下方式规定股息的数额:(1)以固定的金钱数额;(2)按优先股面值的百分比;(3)通过股息结算程序来确定(如"按普通股股息的1.2倍计算")。在规定了股息数额的优先股当中,有一种叫作累积优先股。

对于累积优先股来说,未结清或未全部结清的股息将再积累至下一周期并结清,且不得迟于章程中规定的期限。

章程中应当明确规定这一类型的优先股为累积优先股。优先股的清算价值应当以固定的金额或以其面值的固定百分比确定。若公司发行了若干种优先股,则在章程中应当对每种优先股的持有人行使股权的顺序加以规定。优先股不赋予其持有人在股东会的表决权,但法律另有规定的除外。

法律对非公众股份公司发行的、在股东会上就特定问题和在特定条件下有表决权的优先股作了规定,这种权利可以:(1)取代收益权和/或取代清算价值的取得权;(2)与上述收益权和/或清算价值取得权同时享有(《股份公司法》第32条第6款)。

股份公司所发行的优先股，总数不得超过注册资本的25%。同时，一些特别法对这一要求规定了例外情形。比如，2008年10月13日第173号联邦法《关于支持俄罗斯联邦金融系统的额外措施》第4条曾规定，俄罗斯国家福利基金可以取得信贷机构的优先股，对此不适用《股份公司法》有关优先股数额及发行流程的规定。2009年7月18日第181号联邦法《关于使用俄罗斯联邦国家有价证券以提高银行资本化》第10条也有进一步的例外规定。这两部法律对特定的主体作出了限制，采取这些限制旨在解决2008~2009年的金融危机问题。

股份公司的每种股票都有**面值**。面值不用于确定股东的财产权，也不用于确定股票的市值和收益。对股票的面值并没有单独的法律规定。在公司活动中，股票的面值可能会有所改变，比如，通过将股票进行合并与拆分转，以将其转换为更高或更低面值的股票。注册资本不会随之改变，仅股票的面值和数额会发生改变。这种行为的目的是不尽相同的。

例如，在某一案件中，88名股东持有的100股股份被扣押冻结之后，公司股东会作出拆分股票的决议，将此前的100股拆分为270,050股。基于此决议，该公司股东试图对股票进行处分，他们主张：被法院下令冻结的股份仅有100股。不过，法院支持了登记人拒绝执行这一处分文件的诉求，并认为众股东的这一行为是对抗一般管辖（**общая юрисдикция**）下司法文书的行为。[1]

股票的市值因目的不同而有不同的规定。比如，出于回购股票的目的，股票的市值会被视为在可比状况下该种股票的中间价。（《股份

---

[1] 参见俄罗斯联邦最高法院2015年11月3日第302-ЭС15-13577号决定书（Определение Верховного Суда РФ от 3 ноября 2015 г. № 302 - ЭС15 - 13577）。

公司法》第75条）在证券交易所上市的股票的市值，则为其交易价格的中间价。而不在交易所上市的股票，其市值在必要时必须由独立评估师计算。

例如，在某一法庭纠纷中，在从一名股东手里强制回购的股票的市值的确定环节上产生了问题。公司以每股210,112卢布的价格给付该股东；而根据独立评估师的计算，每股应值3,382,631卢布。在本案的审理过程中采用了司法鉴定，基于司法鉴定的结果，法庭对原告股东的诉讼请求予以了支持。

股份公司的股份可以是**整手股**或**零星股**。在非公众公司的股东取得其他股东转让的股份的财产权、取得增发股的财产权，以及合并股份的情况下，可能会导致零星股的产生。

零星股和整手股有着相同的法律制度，但零星股的权利范围会按照其数额的比例而确定。

在立法中引入零星股，可以在股份合并的情况下，起到保障小股东财产利益的作用。

在法律中也提到了“**黄金股**”的概念。黄金股并不是一种股票，也不是有价证券或注册资本的组成部分。根据《股份公司法》第51条的规定：

黄金股，即赋予俄罗斯联邦或联邦主体参与股份公司管理的特殊权利。

在股份公司的章程中会记载注册资本的数额，以及注册资本共分为几种类型，各种类型的面值、数额。在股份公司的章程中还需载明核定股本的面值、种类（类型）。

> 核定股本，是指在章程中所载明的、股份公司在招募其注册资本外，可在未来增加其注册资本的过程中，额外发行的股票数量、种类和类型。

核定股本不是股票，也不是有价证券。在章程中载明核定股本的数额是为了对不经章程修改而增加注册资本的可能性加以限制，换句话说，对在增加注册资本的职权属于董事会的情况下，对董事会加以限制。核定股本所载的股份数额不能被视为是公司在某时有义务发行的股票数量。此外，根据《股份公司法》第27条的明确规定，如果在公司章程中没有写明核定股本，则公司无权增发股票和发行可转换有价证券。

有限责任公司的注册资本份额

有限责任公司的注册资本被分为若干份额。P. 彼谢姆斯基（П. Писемский）的观点认为，早在古罗马时期就出现了资本的结合，在这些结合中参与的份额被称为“partes”，这些份额可以被继承、转让，并具有市值。[1]

份额以小数、分数（例：0.4，1/3）或百分数（例：20%）表示。份额的度量单位由发起人选择。一个公司注册资本中的全部份额都应使用同一种度量单位。所有份额都有面值，**面值以卢布确定，并对应注册资本中份额的部分**。（例如，若有限责任公司的注册资本为20,000卢布，那么1/4的份额就是5000卢布。）在注册资本中，份额的面值并不相同（与股票不同的是，同次发行的股票的面值相同）。份额还有实际价值，即按注册资本中的份额所占的公司净资产的值。实际价值被用于在参加人从公司退股或除名时进行结算，以及除此之外其他的一些情

---

〔1〕 Писемский П. Указ. соч. С. 5 – 6.

形中。有限责任公司的每名参加人永远都只可拥有注册资本中的一份份额(与股票不同的是,每人可持有若干股票)。参加人的份额在一些情况下,如转让份额的时候,可以被分为若干部分。对其中份额的各个部分所适用的法律制度,与一份份额的法律制度相同。同一主体在不同民事法律行为中所取得的所有份额的部分,可以被积攒和整合成一份份额。例如,股东A将自己所占注册资本中份额的一半——注册资本中10%的份额售予M,股东B将自己所占注册资本中份额的一半——注册资本中40%的份额也售予M。这两起交易的结果就是,公司的参股东变成了三个人,三人中的每个人都在注册资本中有一份份额。股东A占注册资本的10%,股东B占40%,股东M占50%。公司股东的所有份额总数为100%或"1"。

注册资本的份额并没有物质性的固定形式——它不是由有价证券和权利凭证所确认的。确认某人拥有有限责任公司注册资本份额的是国家统一法人登记簿的记录和权利确认文件——比如买卖合同、公司设立协议、继承权证明等。

法律没有就**注册资本份额的法律性质**加以明确。显而易见的是,它可以被归为《俄罗斯联邦民法典》第128条所指的其他财产的客体。同股权一样,有限责任公司注册资本份额的性质所产生的是一种绝对的财产权。同股权一样,份额权包括对份额的占有、使用和处分。

和股份公司的股份相比,有限责任公司的注册资本的份额的流转性更弱。份额的流转性的特点在法律和具体的公司章程中有所规定。

注册资本的数额

对注册资本最佳数额的确定,贯穿于商公司整个存续期间。积极从事商业活动的社团会不止一次地改变注册资本数额,这取决于市场现状、社团财产的组成、股东的构成特点，以及社团的法律关系。通过改变注册资本数额，可以解决摆在商公司面前的很多实践上的问题。所有同注册资本有关的行为，都有着相同的强制性限制。

> **注册资本的最低数额，是法律规定的最低货币数额。在订立和改变注册资本以及完成其他行为时，注册资本均不得低于该数额。**

有限责任公司注册资本的最低数额在《有限责任公司法》第 14 条第 1 款中有所规定，为 1 万卢布。

《股份公司法》第 26 条规定了股份公司注册资本的最低数额，其中公众股份公司为 10 万卢布，非公众股份公司为 1 万卢布。

对一些组织的注册资本最低数额，另有其他规定。比如，根据印古什共和国 2010 年 11 月 11 日第 39 号法律的规定，在该共和国从事乙醇制品的零售贸易，须满足最低注册资本为 20 万卢布的要求方可获颁许可。而在莫斯科市，根据莫斯科市政府 2005 年 12 月 28 日第 1069 号法令第 4.1 条，从事乙醇制品的零售组织的最低注册资本为 100 万卢布（根据 2013 年 12 月 17 日莫斯科市政府法令修订后）。

学界常常讨论，现行的注册资本数额是否已经足够，还是应该继续提高。通常，支持多次提高注册资本最低数额的人认为，法律中所规定的对注册资本最低数额的要求，不足以保障债权人的权利，因为以此数额未必可以成功进行商业活动。支持维持较低注册资本数额的人通常援引欧洲的经验：在欧洲允许建立完全没有注册资本的商公司（如英国），或者允许建立以极低的数目为注册资本的商公司。对小型商业的企业活动加以限制的做法并不合时宜，也佐证了这一观点。俄罗斯联邦 2008 ~ 2014 年的民事立法改革过程中，对这一问题进行了积极的研讨。由于对修订《俄罗斯联邦民法典》关于大幅度提高注册资本最低数额缺乏一致意见,本次修订未获通过,而这份修正案被拆分为单独的若干部分,并分阶段地达成了一致。现行的立法更多地对组织的最低净资产加以要求,而不是对最低注册资本。因为相较而言,这更能保障组织的财产稳定性。

低于注册资本最低数额不会被许可建立商公司。如果违反这一限制,将引发一个严重的、不可避免的后果:商公司会因此进入司法清算程序。

注册资本的增加

商公司在其活动中可能会遇到必须要增加注册资本的情况。法律对这种可能性进行了确定,并确定了增加注册资本的不同方式;选择何种方式增加注册资本取决于公司或其参加人想要完成的经营任务。表9-1比较了这些需要增加注册资本而完成的任务,以及与之相关的注册资本的作用、增加注册资本的方式及风险。

注册资本的增加经常会影响股东的社团权利之多寡,包括不同股东间的权利关系。正因如此,增加注册资本需要遵循社团的程序,以保证可以对社团参加人的财产利益加以保障。增加注册资本可能与很多主体的利益休戚相关,这些主体包括社团的债权人、股东、职工、政府,以及社团本身。但归根结底,增加注册资本的问题取决于社团通过其机关所作出的相关决议。因此,增加注册资本的问题常常会忽视个别主体的利益。在大多数情况下,类似的状况都会引起国家的注意并采取强制性的调控,为所有利害关系人的权利提供最低限度的保障。

表 9 – 1　通过增加注册资本解决的任务

需解决的经营任务	注册资本的作用	股份公司和有限责任公司增加注册资本的方式	风险、代价
商公司需要资产以完成新的计划	基础（起始）功能	公开发行、招募、增发股票；由第三人或公司若干股东出资增加股份有限公司注册资本	吸收资金的数额无法保证；可导致股东间份额分配的改变，以及管理机关组成和商业活动方向的改变
通过向债权人提供公司股份（注册资本份额）减少公司债务	基础（起始）功能	公开发行、招募、增发股票；由第三人出资增加注册资本	导致份额的再分配；导致对公司净资产要求的提高
巩固保护债权人利益的资产基础	保障功能	在股东中公开发行、招募、增发股票；由有限责任公司的股东出资增加注册资本	需要参加人额外投资；可能导致股东的份额分配发生改变
改变参加人权利的相互关系	分配功能	公开发行、招募、增发股票；由部分股东或由第三人出资增加注册资本	需要股东额外注资；可能侵犯参加人利益，导致社团的冲突
面向第三人优化公司商誉	商誉功能	通过提高份额（股份）面值或发行价值，以及按比例分配在股东间增发的股份	增加了公司的债务规模的同时，需要持续保障公司具有较高的净资产额，且存在净资产与注册资本不符的风险

从表 9 – 1 我们可以看出，在将需要完成的任务同因增资而难免产生的风险、代价进行比较的同时，正确选择合适的增资方式是非常重

要的。

商公司在设立时存在的缴清注册资本的困难,[1]会导致公司的发起人在公司设立时,解决所完成的基本任务的同时,将注册资本设定为最低数额或接近最低数额。上述基本任务包括:(1)分配彼此间参加必要关系的份额;(2)遵守法律对注册资本最低数额的要求。而在之后其注缴注册资本后,商公司可能会产生增加注册资本的需求,以达到与公司财产状况相适应的数额。

增加注册资本总体有以下要求:(1)注册资本的增加只能在全部注缴之后才会获准;(2)增加的注册资本应一直受公司的净资产保障——如果用公司的财产来增加注册资本数额,则只可以净资产数额为限设定注册资本数额;如果用股东的出资来增加注册资本数额,则只有在该出资注缴后才可增加。在其他情形下,增加注册资本的程序因商公司的不同法律组织形式而决定。

注册资本的增加分为按比例增加和非按比例增加。按比例增加注册资本时,参加人的份额不会改变;而在不按比例增加的情况下,股东的份额会发生改变。

法律对不按比例增加注册资本作出了更严格的要求,因为在这种情形下,参加人财产权利受侵害的风险更大。比如,股份公司使用公司财产增加注册资本时应该按比例增加,因为所有股份(份额)的面值都增加了,但份额的数额(股票数量)并未改变;用一名参加人的出资来增加有限责任公司注册资本,则应该是不按比例增加,因为其出资必然导致其他股东的份额减少。

注册资本由具有面值的(股份或份额的)各部分组成,所以在注册

---

[1] 关于公司设立时注册资本的形成,参见本书第五章第四节。

资本增加的同时,必然会有至少一项参数也随之增加。股份公司可能增加的是:(1)股票数量;(2)股票的面值。有限责任公司则可能增加:(1)一名或多名股东的份额面值增长;(2)注册资本中增加一份或多份的份额。有限责任公司增加注册资本有一个有趣的特点,在非按比例增加注册资本时,会有股东(哪怕只有一名)的份额随之减少。这是因为注册资本的份额总量恒为"1"(亦可表示为100%)。事实上,这种会导致股东(哪怕只有一名)的参股额不得不减少的情况,也会在股份公司中存在,然而在股份公司中却不会像有限责任公司中那么明显,因为在注册资本增加时,属于股东的股份的数量可能并不会改变。

注册资本的增加永远要遵循一系列程序性的要求。无论在何种情况下,修改公司章程都必须在国家统一法人登记簿进行国家登记。关于增加注册资本的决议应得到股东会的法定多数同意;而在该问题的决议之作出归属于董事会的职权下的时候,应当得到董事会的一致同意。对有限责任公司还有额外的要求:根据《有限责任公司法》第17条的规定,股东会作出关于增加注册资本的决议这一事实,以及参加该决议表决的公司股东之构成,都应该通过公证的形式加以确认。在公司只有一名股东的情况下,公司的决议应当由其签名确认,并将该签名交予公证。总而言之,立法者为保障有限责任公司股东的权利和法定利益制定了如上的法律制度。

利用商公司的财产增加注册资本

➲ **利用商公司的财产增加注册资本的情形,可能发生在公司的净资产大于公司的注册资本及储备金数额的情况下。**

净资产数额依俄罗斯财政部2014年8月28日第84n号令《关于净资产值的确认程序》所确定。根据该程序第4条,净资产值为一组织的资产值与该组织的债务值的差值。此外,资产负债表中所清点的会计核算对象,在确定净资产价值时不予计入。组织的所有资产都应当纳入计算,但发起人未缴清的注册资本除外;组织的所有债务也都应当纳入计算,但在未来的周期内因接受政府补助和无偿接受的财产而获得的收入不应纳入计算。

净资产数额的评估,依照作出注册资本增加决议的上一年度的会计报表数据来进行(《有限责任公司法》第 18 条第 1 款)。

根据《有限责任公司法》第 18 条第 1 款的规定,以公司的财产增加注册资本的决议,应由股东会不少于 2/3 股东票数的法定多数作出。此外,还可以在公司章程中规定更高的票数要求。

有限责任公司注册资本的按比例增加不会导致股东份额数目的增加,而只会增加所有股东持有的各份额的面值。

股份公司以公司财产增加注册资本则可能会通过增加股票面值或通过增发股票的方式。《股份公司法》第 28 条规定,零星股不可用于增加注册资本。在股东间分配的股份数目,应当根据已持有的股份数目按比例分配,同时,应向股东分配与其已持有的股票相同种类与类型的股票。

通过增加股票面值的方式,从而以股份公司财产增加注册资本的决议,由股东会作出。通过增发股票的方式,从而以公司财产增加注册资本的决议,在公司章程有规定的情况下,可由董事会作出。但由董事会作出的决议应当符合:(1)决议应取得董事会一致同意方可作出;(2)增发的股票数目应以章程中规定的核定股本数目为限。如果这两个要件缺一,那么增加注册资本的决议就应当由股东会作出。以公司财产增加注册资本并不会导致股东的社团权利发生改变。公司的财产状况在此情况下也并不会有所改善,注册资本的增加对公司的净资产额并未产生什么影响。

由股东或第三人出资增加有限责任公司注册资本

这种增加注册资本的方式是非按比例的。同时,这种方式本身就有不同的类型。法律将其分为两种情形:(1)由全体股东出资注入注册资本;(2)由部分股东或第三人出资注入注册资本。前者对有限责任公司股东的法定利益损害程度更小,因为每名股东都要出资注入注册资本才能保留自己在注册资本中的份额。而后者则不可避免地使股东间的份额关系发生了改变,使所有股东(除了出资增资的股东)的份额变少。用这种方式增加注册资本会导致:(1)公司净资产增加;(2)公司商誉改善;(3)对债权人的保障加强;(4)减少对债权人的债务;(5)股东的份额发生改变(包括减少部分股东的份额)。

第一种方式(通过全部股东注资增加注册资本)常常被用于虚化持少数份额的股东*的份额,因为以此方式增加注册资本的决议并不需要取得股东的一致同意。也就是说,该决议可以在1名或若干名股东缺席的情况下作出。这种情形从注册资本体系的角度来看,是无法容许的,因此,对股东会决议的作出有更严格的要求(作出决议的这一事实,以及参加该决议表决的公司股东构成,均须通过公证形式加以确认——《有限责任公司法》第17条第3款)。

《有限责任公司法》第19条第1款规定,由各股东额外出资增加注册资本的,应取得全体股东2/3的多数同意。在决议作出后2个月内,股东可以按各自的份额比例注缴额外的出资。额外出资的注缴截止之日起1个月内,将进行增加的注册资本的汇总,并由股东会作出因注册资本增加而修改章程的决议。因增加公司注册资本而产生的变更信息,须递交予国家统一法人登记簿。

---

* 即我国公司法所惯称的"小股东""少数股东"。——译者注

第二种增加有限责任公司注册资本的方式(通过一名或若干名股东、第三人出资的方式)则对公司股东的法定利益产生了较大的风险。用该种方式增加注册资本往往是不按比例的,且无可避免地导致有限责任公司一名或若干名股东的份额数额减少,正因如此,法律对以这种方式增加注册资本的社团程序,提出了更为严格的要求。

与第一种方式不同的是,在第二种情形下,从个别股东或第三人递交期望取得的注册资本份额及其准备注入的出资数额与构成的申请之时起,增加注册资本的程序就开始了。这种申请,从其自身的性质来说,可以被看作向公司发出的要约。这种方式也常被用于向债务人提供注册资本份额来抵销债权人对公司的交叉请求的情况中。这种增加注册资本的方式会使公司在有破产清算的威胁时存续下来,然而在此情况下,公司原股东的份额将在分给新股东(公司之前的债权人)注册资本份额后,成比例地减少。因此,入股公司的风险性有所暴露,因为在以这种方式增加注册资本的情况下,解决公司的财务困难是以牺牲股东利益为代价的——减少份额的数额必然会影响份额的价值,也就导致了股东财产的价值减少。

基于前述的要约的基础,股东会可以一致同意,作出有关接纳第三人加入公司及增加注册资本的决议,以向该第三人分配其申请的注册资本份额。这种社团程序的特点是,法律要求公司同时作出以下两项决议:(1)有关以部分股东或第三人出资增加注册资本的决议;(2)有关修改章程的决议。后者在第三人或股东实际上完成出资认缴注册资本之前,不产生效力。

在这种情形下,前述第三人或股东须在大会作出决议之时起6个月内完成注资。注资后,公司的独任执行机关应当签署关于因注册资本增加而修改公司章程的国家登记修改申请。

根据《有限责任公司法》第 19 条第 2. 1 款的规定，自因注册资本增加而修改公司章程所修改国家登记之时起 3 年内，在公司资产不足时，公司股东以未注入的资本增加部分价值为限，承担次要共同连带责任。

在这两种由股东或第三人出资增加注册资本的情况下，可以使用法律所允许的、与公司设立时注入的相同的财产和权利，本书第五章已经介绍过这些财产和权利。增加注册资本的另一种作用是抵销债权人对公司的请求权。意即增加注册资本可以在债权人行使请求权时，通过给予债权人注册资本份额的方式，防止产生公司破产的可能。

没有章程而使用示范章程的有限责任公司，与其增加注册资本相关的信息应通知国家法人登记机关。

降低注册资本

注册资本可根据商公司自身的决定自愿降低，也可依据法律规定而降低。

法律中所规定的必须降低注册资本的情形：

（1）公司在一年内有库存股（份额），并未依章程规定的程序处分的。（《股份公司法》第 17 条第 4. 1 款、第 34 条、第 67 条、第 72 条，《有限责任公司法》第 23 条、第 24 条）

（2）公司净资产低于注册资本数额的第二个结算年度之后或其后的每一结算年度起，公司净资产价值截至上一结算年末持续低于注册资本的。（《股份公司法》第 35 条第 6 款、《有限责任公司法》第 30 条第 4 款）

自愿降低注册资本可以为达成不同的经营任务而进行。其中最主要的任务是使股东取得公司部分财产。法律没有就股东从股份公司中退股作出规定。股东可利用取得清算价值的权利取得公司财产，但只有在公司进行破产清算的时候才可以实现。减少注册资本是退出公司或取得股票清算价值的替代方案。借此程序，公司可以货币或以特定财产实物给付股东。（例如，公司基于《股份公司法》第29条第3款发行的有价证券）

注册资本的降低会对债权人的利益产生负面影响，并损害社团自身的利益，因为与此同时社团的财产会显著减少。正因如此，所有降低后会低于法定的注册资本最低数额的商公司，都不得降低注册资本。

就以下情形，法律规定不得通过减少股票面值和对股东进行补偿来降低注册资本：(1)注册资本未缴清的；(2)依《股份公司法》第75条应回购的股票，但未完全回购的；(3)公司净资产价值低于注册资本额和储备金，且公司发行的优先股的清算价值高于面值的；(4)公司破产的；(5)未完全给付公示股息的。（《股份公司法》第29条第4款）

根据《股份公司法》第29条的规定，股份公司可以通过两种方式减资：(1)减少股份面值；(2)减少股份数额。有限责任公司减资的方式，则在《有限责任公司法》第20条第1款中有所规定，分别是：(1)减少公司全体股东的份额的面值；(2)注销属于公司的份额。

股份公司只有在公司章程中有规定的情况下，方可通过取得或注销股份来减少公司的注册资本。有关有限责任公司以此方式减资的可能性完全没有规定。

股份公司减资的决议需股东会中3/4具有表决权的股东之法定多数同意，方可作出。有限责任公司减资的决议须取得股东会2/3的法定多数同意，方可作出（《有限责任公司法》第33条第2款第2项、第37条第8款）。

公司应在减资决议作出之时起3个工作日内通知法人登记机关，

并应在1个月内两次在《国家登记公报》刊物中刊登减资的公告。公告的内容在《股份公司法》第30条第2款、《有限责任公司法》第20条第4款中有所规定。

在这种情况下，债权人可请求提前清偿债务，若无法提前清偿则可请求终止债务并要求赔偿损失。法律缩短了主张该请求权的除斥期间，缩短为自最后一次公告减资之日起6个月。如果债权人的权利并未因减资而受损，债务有所保障并足以被履行，法院则有权驳回债权人的诉讼请求。存在抵押、独立保证、担保，均可被视为"有所保障"。这种对债权人诉讼请求的驳回，可以保证民事交易的稳定性，以及公司及其股东、债权人利益的平衡性。

第三节　社团的筹资方式

社团筹资方式概述

除我们已经提到过的增加注册资本之外，商公司如果需要资产以拓展其活动，就会产生有关这些资产的来源的问题。在现行的立法当中对其他解决这一问题的方式另有规定。比如：(1)取得借款、贷款；(2)股东向社团缴注资金（取得股东的资金而不向其提供注册资本份额或股份）。在实践中还有一些其他的方式，如利用长期租赁取得资产、取得商业贷款（分期或延期付款）等。我们将这两种方式和上文中的增加注册资本比较一下。

取得借款、贷款

此方式通过取得银行或商业贷款、借款而实现，其中包括发行债券、期票及其他债务性有价证券。这种筹资方式在俄罗斯的企业主之间已经行之有年了(比如之前所提及的、在完成必要建设的时候资金不足而从股东手里募款的那个俄罗斯较早的股份公司之一——"皇村铁路")。这种方式的优点主要在于:(1)取得款项的可预知性;(2)维持对商公司的控制,以及维持对股东之间现有的相互关系。但与此同时,取得借款、贷款意味着公司承担了返还金钱的债务。无论公司的活动是否取得成功,都需要偿还这些债务。大部分借贷都需要支付利息,利息同样也是不取决于公司有无收入,均应支付。此外,大额的借贷款常常伴随着对所取得款项用途的规定,债权人可能会干预债务人的商业活动,以核实款项的用途。借贷款需要有所保障。也就是说,有意取得借贷款的公司应当提供足够的财产作抵押。借贷合同常常包含对债权人权利的特定保障,其中包括对社团股东实现其公司权利的限制(在这种情况下会签订"准股东协议")。

商公司可以通过发行债券的形式使用这种方式。《股份公司法》、《有限责任公司法》和《有价证券市场法》就此有所规定。其中,《股份公司法》第 33 条规定,公司有权依董事会决议发行债券。该条第 3 款同时规定,在注册资本全部缴清之后方可发行债券。由此我们也可以看出,注册资本的功能之一——保障功能体现于此。

股东向社团缴注资金

采取这一方式的结果是,吸收了公司股东的资金,却没有增加注册资本。在《股份公司法》第 32.2 条和《有限责任公司法》第 27 条中就此作出了规定。

《股份公司法》第 32.3 条规定了向公司注资的两方面的基础。股东基于这两方面可以无偿向公司提供资产:第一种是基于公司与股东签订的合同。对这种合同不适用《俄罗斯联邦民法典》有关赠与的条款，且需要公司监事会的批准。在这种情形下，资金可以提供给公众公司，也可以提供给非公众公司。第二种是基于非公众公司的股东会的决议，但前提是在该公司章程中有事先规定。《股份公司法》第 32.2 条第 3 款规定，要求所有股东承担出资注入公司财产的责任的决议，须获公司所有股东一致同意方可作出。值得注意的是，这是为数不多的不由股东会的多数同意作出，而是须由全体股东一致同意方可作出的决议。也就是说，如果在股东会上股东没有全部出席的情况，则有关承担出资责任的决议便无法通过。所有股东依自己持有的股份数额按比例注入资金。但该股份公司的章程可事先规定不按比例注入资金。例如，可仅规定持特定种类(类型)的股东承担注资责任，亦可规定确认注资的程序。在任何情况下，要求所有股东承担出资注入公司财产的义务性条款都要通过股东表决"同意"方可通过。由此可见，在这两种情形下，都保留了股东注资义务的民事法律行为性质。

上述资金应当以货币形式注入，但公司章程中另有规定的除外。

有限责任公司可以在章程中规定通过全体股东会的形式，确定股东向公司注入财产的责任。这种情况在《有限责任公司法》第 27 条得以规定，如在章程中没有更多的人数要求，则需全体股东会 2/3 的多数同意，方可作出关于注入资金的决议，基于该决议，公司的全体股东，包括投反对票的股东及未加入大会的股东，均有义务按其在注册资本中的份额比例向公司注入资金。

公司的章程可以就资金的最大数额、不按比例注资的程序和对资金的其他限制性条款加以规定。

向公司注入资产是一种增加公司净资产的有效方式。公司资产的价值提高了，但债务并未增多。同时，公司的股东可凭自己的意图，使用自己的资产通过向公司注入财产来参加公司的活动开展,形成公司的财产基础,但并不增加资产份额。商公司的本质,是资本同股东就公司债务承担的有限责任的集合,这一本质的前提条件是,对于股东而言,对公司的活动开展的财产性参与是限制在其所能承担的风险数额内的。对于众多主体(投资基金、保险公司和其他的机构投资人)来说,向公司注资往往与其认购股票作为投资物的目的相悖,且实现这一目的是基于股票行情的上涨并取得收益,任何额外付出都不是他们所乐见的。正因此,对于公众公司来说,注资的决议不由股东会作出,而只能由公司和每个股东单独签订合同来实现。在有限责任公司,公司和股东有着更紧密的联系,取得份额后也很少会在日后将其转售——毕竟份额并不像股份公司的股票一样在市场上自由流通。因此,对有限责任公司来说,向公司注资是更为普遍的取得资产的方式。

第四节　股票与债券的发行

筹资亦可通过发行有价证券来实现,其中最有代表性的就是股票和债券。其他的有价证券(如可兑换的预托证券)则很少发行。可发行的有价证券名目依法确定,且不应在此之外放宽,这和有价证券的基本性质——其公众信誉有关,所以法律对有价证券种类作出了限制,也对有价证券的发行、交易和规格作出了特别要求。

发行有价证券的程序受《有价证券市场法》调整。

有价证券的发行步骤

《有价证券市场法》第 19 条第 1 款规定,发行有价证券的程序包括以下步骤:(1)作出关于招募公开发行有价证券的决议,或其他包含招募发行的有价证券的决议;(2)确认有关招募(增发)用以发行的有价证券的决议;(3)对招募(增发)用以发行的有价证券进行国家登记,或为用以发行的有价证券授以识别号;(4)招募用以发行的有价证券;(5)对发行(增发)的总数进行国家登记,或进行公示。

有价证券的发行由俄罗斯中央银行登记,每次发行都会被授予登记号,但国债、市政债券和俄罗斯中央银行的债券除外。当发行根据法律规定不需要进行国家登记的有价证券(如一些商业债券和预托证券)的时候甚至也可能会被授予识别号。登记号和识别号的第一位数字表明有价证券的种类。如数字“1”代表普通股,数字“2”代表优先股,数字“4”代表债券。第二位和第三位数字意味着该发行人是第几次发行该种有价证券。因此,股份公司发行的普通股的号码就会是“101……”,股份公司发行的优先股的号码则是“201……”,如果公司已经是第15次发行债券,则号码就将会是“415……”。

此外,在登记号中还会有用于识别发行人的字母。如果有价证券系由银行发行,则号码中会有字母“B”;如果是其他股份公司,则是字母“A”。

增发的有价证券,其登记号会比首次发行的股票多4位代码。

在股份公司设立时,股份招募至进行该次股票发行的国家登记时止。股票发行的盘点则和国家登记同时进行。根据国家杜马提出的修正案,计划将股份公司发行股票的国家登记延长至对该公司进行国家登记时止,《法人和个体工商户登记法》的修改计划也被提上日程。

有价证券招股说明书

有价证券的发行程序可能会随着**有价证券招股说明书的登记**。若有价证券的发行程序未与招股说明书的登记一并进行，招股说明书也可以在其后完成登记。根据《有价证券市场法》第 22 条的规定，通过认购的方式招募的公开发行的有价证券，对其进行国家登记的同时也应当对该有价证券的招股说明书进行国家登记。但有下列情形之一的，不在此限：(1)根据用以发行的有价证券的招募条款的规定，在除合格投资者之外的、对该有价证券具有优先权的人数不超过 500 人的情况下，该有价证券由合格投资者认购的；(2)根据股票及/或用以发行的可兑换有价证券的招募条款的规定，在合格投资者不超过 500 人的情况下，该有价证券由在特定日期是或曾是该股份公司(发行人)的股东的人认购的；(3)根据发行的有价证券的招募条款的规定，除合格投资者及在特定日期是或曾是该股份公司(发行人)的股东的人以外，且合格投资者不超过 500 人的情况下，由不超过 150 人认购的；(4)根据发行的有价证券的招募条款的规定，该有价证券通过私募认购的方式招募，且除合格投资者外不超过 500 人认购的；(5)发行人通过发行一期或多期(增发)有价证券的方式，在 1 年内吸收的资金不超过 2 亿卢布的；(6)发行人是信贷机构，且通过发行一期或多期(增发)有价证券的方式，在 1 年内吸收的资金不超过 40 亿卢布的；(7)根据发行的有价证券的招募条款的规定，每名准认购者(利用该有价证券的优先权认购者除外)认购的金额不低于 400 万卢布，且除合格投资者外利用优先权认购该有价证券的人不超过 500 人的；(8)若招股说明书同债券发行程序同时完成登记，对该债券发行计划中单独一期债券进行国家登记的。

有价证券招股说明书的内容包括对该说明书的简明介绍，以及有关发行人和用以发行的有价证券的整体介绍。在招募用以发行的有价证券时，其内容也会包含关于这一次招募的基本条件，有关发行人和其筹资经营活动的信息、发行人的会计(金融)报表以及其他金融信息,有关发行的有价证券的数量、期限,与招募程序和条件的相关信息。此外,其内容还包括为发行人所发债券提供担保的人的信息,以及担保条件。

有价证券招股说明书中所包含的信息,应反映可能对认购有价证券的决定产生重大影响的所有情况。招股说明书的登记可以依次进行,先对主要部分进行登记,之后再补充部分进行登记。

在本书编撰时,有关修改有价证券发行程序的法案被递交至国家杜马。该法案的解释性说明[1]指出,修正有关有价证券发行相关立法的主要目的是简化发行债务性有价证券的程序——简化和缩短时限、优化信息披露要求、消除不必要的行政障碍。特别是该法案规定取消发行人的授权机构关于证券发行的程序,以及去除对重复程序和文件的要求。该法案主张取消权利凭证,此外也计划去除发行招股说明书中重复发行和有关有价证券发行的决定。所有用于有价证券发行登记的文件均可以电子形式向俄罗斯银行递交。该法案同时计划取消对债券招募最长期限的限制,为将其赎回前经交易所发行的债券流通创造条件。

该法案拟赋予非公众股份公司权利,允许其直接通过该公司的登记人(主管公司登记的人)登记发行股票。

---

〔1〕 第319413－7号联邦法案《关于修改联邦法〈有价证券市场〉及俄罗斯联邦有关有价证券发行之法律调整的个别法律条文》(Проект федерального закона № 319413－7 «О внесении изменений в Федеральный закон «О рынке ценных бумаг» и отдельные законодательные акты Российской Феде-рации в части совершенствования правового регулирования осуществления эмис-сии ценных бумаг»)由俄罗斯联邦政府呈递,国家杜马已于2018年1月24日完成一读。

股票的招募

股票的招募可以通过公开认购和非公开认购的方式进行。

公开认购股份

公众股份公司和非公众股份公司一个最重要的区别就是，前者可以向不特定的人招募股票。

只有公众股份公司才可以通过公开认购的方式招募股票。

根据《股份公司法》第 39 条第 2 款的规定，非公众公司无权通过公开认购，及其他向不特定的人提供股票或可转为股票的有价证券的方式募集股份。对公开认购的股票的规定，亦适用于其他公开招募的可转为股票的有价证券。依《有价证券市场法》的规定，可转为股票的最基本的有价证券是：

> 发行人期权——一种发行的有价证券，赋予其持有人在约定的期限内，以及/或在特定情况下，以期权所约定的价格购买一定数量该期权发行人的股票的权利。

发行人期权同股票一样，仅可在核定股本数额的范围内发行(《有价证券市场法》第 27.1 条)。与招募股票不同的是，募集期权同注册资本的增加没有直接的关系。但未来注册资本如果增加，随之发行股票，期权便会转为股票。

法律对通过追发公开认购的股票以提高注册资本作出了限制。根据法律规定，普通股的招募，多于早前招募的普通股 25% 的，须得股东会 3/4 股东(在股东会具有表决权之股票的持有人)之法定多数同意并作出决议，方可进行，公司章程亦可就此作出更多票数要求的规定。这是因为这种增资的方式是不按比例的，可能导致股东的注册资本份额比例减少(但数量保持不变)。份额的减少可能会对股东所持有的股票市值产生消极的影响,损害股东的财产利益。除此之外,每名股东对公司管理的影响也可能会发生明显的改变,其中就包括董事会的构成可能发生变化,而这也可能会影响公司活动的基本方向。

公开认购股票的优先购买权

为在公开认购追发股份的情况下保障股东的财产利益,法律规定了新发行股票的优先购买权,优先购买的数量同股东现有的同类型(种类)股票成比例。使股东即便在追发股票的情况下,也有可能保持其注册资本份额。

优先权的实现程序依法确定。有此优先权的人,应当被告知其具有此项权利。

优先权有效期取决于股票价格的确定程序,以及有关优先购买权的信息的披露方式。根据一般的规定,该期限不会超过自发送或发布有关优先权的通知或公告起的45日,但在法律上就这条规则有一些例外情形:

(1)如果股票招募的价格或价格的确定程序不是由公开招募股票的决议所规定的,则优先权的有效期不得超过20日,如果通知中所包含的信息系依有关有价证券的法律所披露的,有效期则为披露信息之时起8个工作日内。信息的披露程序依照《发行有价证券信息披露规定》确定。该规定要求,信息披露应使用俄语通过新闻媒体公开发布,如果规定了在发行人的互联网网站上发布的要求,则应当在发行人网站、域名属于发行人的网站的主页放置指向招募信息的链接。该信息应当在优先权有效期内一直可获取。

(2)如果招募股票的价格或价格的确定程序是由向股份公司认缴所招募股票的决议所规定的,则优先权的有效期不超过自信息披露之日起的12个工作日。

有意行使优先权的人,应在规定的期限内向公司的登记人递交申请。申请应通过登记人的代理中间人直接交予登记人。如果申请由股东签署,且签名经有价证券相关法律规定得以确认(经登记人、代理中间人、签名保证人、公证人确认),则也可以其他方式递交。申请可通过电子文件的方式发送。未列入股东名册的人行使优先购买权的情况稍微复杂一些。通过名义持有人购买股票的时候可能会出现这种情况。在这种情况下,有意行使优先权的人应表达自己对购买名义持有人的股票行使优先权的意愿,并向登记人递交申请。

在优先权的行使期限终止后,剩余的股份将会提供给不特定的人认购。

追加股的发行价格可在股票招募决议中加以确定,也可以对股票发行价格的确定方式加以规定。无论在何种情况下,股票的发行价格都不得低于股票的面值(《股份公司法》第 36 条第 1 款)。当股票的面值低于同种类(类型)的股票市值时,依据《股份公司法》第 77 条第 1 款的规定,增发的股票的发行价应当由股票的市值确定。对行使优先权认购股票的人,价格可以较其他人低,但不得低于 10% (《股份公司法》第 36 条第 2 款)。同样也不得低于股票的面值。

也可以通过具有变量值的公式确定股票的发行价格,但这些变量值不得由发行人自行改变,且股票的定价程序应当允许在股票招募期间的任何一天确定价格[俄罗斯银行 2014 年 8 月 11 日第 428 – П 号《关于有价证券发行标准、发行(增发)有价证券登记程序、有价证券发行(增发)结果报告书的国家登记和有价证券招股说明书登记的规定》]。股票的价格确定可以通过竞价申请或非竞价申请的形式确定。有意认购股票的人,表明想要认购的数量和期望价格,也可以表明股票的数目,并对按加权平均价格认购股票表示同意。其后,股票按竞价申请中的固定价格出售,直至股票售罄;同时,需要计算满足按加权平均价格招募的非竞价申请所需要的股票数目。

以招募1000股面值为10卢布的股票为例。假设共收到以下申请:(1)每股200卢布,共100股;(2)每股150卢布,共200股;(3)每股100卢布,共400股;(4)每股80卢布,共500股;(5)按中间价,共300股;(6)每股8卢布,共200股。那么,申请(4)和申请(6)将无法满足。因为申请(6)的价格低于面值,所以即便股票数目足以满足所有申请,也无法按此申请的价格出售。用于满足申请(4)的股票数量不足。申请(1)、申请(2)、申请(3)是竞价申请,将得到满足。申请(5)是非竞价申请,将以128.57卢布/股的加权平均价得到满足。

非公开认购股份

无论是公众公司还是非公众公司,均可以发行非公开认购的股票。**通过非公开认购的方式招募股票,需要预先确定可以认购的人的范围。**最普遍的非公开认购参加人确认方法,包括:(1)列明参加主体的名称;(2)列明参加主体和股份公司的关系(如债权人);(3)列明这些主体的特定特点(如仅持有特定类型或种类股票的公司股东)。

通过非公开认购的方式招募股票,一直都是对无权认购股票的股东的财产利益的侵害,因为究其结果而言,随着注册资本的增加,在维持这些股东的股票数目的情况下,不可避免地减少了他们在注册资本中的份额。正因如此,根据《股份公司法》第39条第3款的规定,发行非公开认购股票,需股东会3/4多数通过作出决议。以非公开认购的方式发行具有表决权的优先股时,根据《股份公司法》第32条第6款的规定,则需要股份公司所有股东的一致同意作出决议(而不仅是参加股东会的股东)。

非公开认购股份的优先购买权

发行公开认购的股份时,公司的所有股东都有购买的优先权,但与之不同的是,发行非公开认购的股份时,只有对招募股票投反对票和未参加股东会的股东才具有优先权。

公司不得不通过非公开认购的方式提高注册资本的各种情形中,便包括《股份公司法》第 24 条第 2 款中的一种情形:用债权人持有的对公司的金钱债务请求权来抵销增发的股票。这种增加注册资本的方式会使公司解除债务困境,以避免破产。利用这种方法增资时,前债权人失去了他的请求权,但得到了股份,也意味着取得与公司有关的权利。公司对此债权人的债务依《俄罗斯联邦民法典》第 410 条通过抵销的方式得以消灭。能够消灭的只有金钱债务,且该债务请求权的行使期限应当在抵销之前已经生效,债务应当是有效且未逾除斥期间的。如果使用这种方式消灭非金钱债务,则首先应当将其转化为借贷债务。

增发股票的招募基于有关增发的决议进行。在决议中被列为有权认购股票的人,可以在招募决议规定的期限内,以指定的价格认购特定数量的增发股票,并缴清这些股份。基于缴清股份的证明,得以确认股份发行汇总表,并修改公司章程。

无论是公开认购的增发股,还是非公开认购的增发股,都始终应当被缴清。有关增发股未缴清的法律后果的问题是不会产生的。在股票发行汇总得以确认和公司章程变更时,所有增发股均应被缴清。未缴清的股份在增资时不会被计入。

被招募的股份可以用货币的形式或非货币的形式缴清,招募股份的决议中应当包括可以用于出资认缴股份的资产的信息。

股份招募期限届满时,应当编制和确认股票发行汇总表,其后对增加注册资本而修改公司章程进行登记,并将认购股份的股东加以登记。

（第九章终）

第十章

社团成员构成的登记与变更

术语表

股份(注册资本份额)买卖协议——以相应货币形式提供对价来转让股份(注册资本份额)绝对财产权的协议。

股权(注册资本份额)置换协议——以除货币外的物或其他财产的形式提供对价来转让股份(注册资本份额)绝对财产权的协议。

股份(注册资本份额)赠与协议——无偿转让股份(注册资本份额)的绝对财产权的协议。

股份(注册资本份额)抵押——债权人就被抵押担保债务,有相对于抵押人的其他债权人享有优先对抵押财产受偿权的法律关系。

法人参加人的权利抵押——股权和注册资本份额抵押合同的一种,根据该合同,债权人(抵押权人)的利益通过赋予其全部或部分社团成员权利得以确保。

股份(注册资本份额)的继受——对股份(注册资本份额)的绝对财产权进行概括继受的法律关系,在法律规定的情况及方式下同样适用于社团参加人的社团权利。

优先购买权——非公众公司的股东在该公司其他股东的股份或注册资本份额出售给第三人时,可以提供给该第三人相同的价格或在其他章程规定的条件下获得股份或份额的法定权利。

股份转让书——包含向登记人指示进行股权转让登记的文件。

股东名册——有关能够鉴别被登记人的主体、股票及其抵押权负担的记录系统;证明相应主体对这些股份的权利;对此类主体进行信息收发。

有限责任公司股东名单——包含公司每个股东的信息、其占股份额及支付状况,同时记录属于公司的份额大小、份额转移至公司的日期或公司取得份额日期等内容的文件。

第一节　社团的成员构成与其确定方式

股东构成及其登记的概念

数个主体能够参与社团法人中，是社团法人与单一制法人的关键区别之一，**某一社团中的众成员在任一时间节点形成社团成员构成**，社团成员的人员构成的意义因(社团)法律组织形式的差别而不同。因此，在作为数个主体联合的商合营中，参加人的人格对于事务的处理有着至关重要的意义：商业上的成就总体上取决于参加人的个人性格——正派与否、诚实度、信用度、行事作风等；在成员凭个人劳动参与活动的生产合作社中，每位参加人的技能和本领同样也是尤为重要的；实质为资合性质的商公司就是另外一回事了，股东的个性、业务素质、性格特征对于一家公众股份公司来说并不重要——有人能够认购股票于其便足矣；有限责任公司和商合伙则具有过渡性特征，在这类组织中因为出资的重要性而保留了股东人格的意义。

➡ 法律规定的股份(份额)向第三方转让的制度规范以及提供给公司发起人(参与者)通过编制章程条款来自行保护自身利益的可能性，在某种情况下取决于社团参加人人员构成之于社团的重要程度。

在社团存续期间，其社团成员构成可进行数次变更，因此，在其创立时进行合理的社团成员固定，并对所有产生的变化进行登记有着重要的意义。权利登记的真实性，确保了社团成员权利的合理实现。

社团成员权利登记系统的可靠性，通过国家对其实施的规制与监督得以保障。有限责任公司股东的权利登记由负责法人登记的国家机关(联邦税务局)代表国家直接进行;股份公司股东权利的登记,由具备俄罗斯联邦中央银行许可从事相应活动的有价证券市场职业参加人来进行。法律对于违反社团成员权利登记规则的情形,规定了相应责任。如《俄罗斯联邦行政处罚法典》第15.22条规定了如下一系列违规情形的责任:非法拒绝或回避在股东注册登记系统中进行记录,无根据地进行此类记录,以及其他一系列违反股东注册登记系统规定的情形。

社团成员权利登记系统的透明性,通过可从登记系统中获得关于自身份额或股份归属信息摘录的随时可能性得以保障。此外,社团成员构成的有关信息可由商公司根据法律规定或与登记人之间协议约定的情形与程序取得。如依照《股份公司法》第46条,登记结算人有义务应股东或有价证券登记结算人的要求,以从股东登记中开具摘录的形式确认其权利。《法人和个体工商户登记法》第6条确定了提供国家登记(册)中所含的信息及文件的程序。

为完成注册系统中的信息变更,其所需必要文件的清单具有穷尽列举式的特点。这一特征通过依法确定对请求(出具)非为法律所规定或非由规范性法律文件确认其依据的文件的禁止性规定来得到保障。此类文件的项目清单为列举式,即除此之外不得提出补充性要求。如根据《有限责任公司法》第21条,用于出售注册资本份额所必需的文件清单是确定的,不得对其他文件作出要求。

权利登记系统的非任意变更性,通过对不正当主体权利登记设置相应法律责任(《俄罗斯联邦行政处罚法典》第15.22条)得以保障。

损失赔偿是通过对主持权利登记系统的相关主体所采用的财产责任制度来保障的。如《有价证券市场法》第8条第3.10款便规定了对登记结算人的此类责任。《法人和个体工商户登记法》第24条确定了登记机关及负责人员任意拒绝进行国家登记的责任。特别是《俄罗斯联邦民法典》第1069条规定,国家机关的违法行为(不作为)造成对公民或法人的损害的,应由国库承担赔偿金额。

股东名册

股东权利记录于股东名册之中。股东名册的概念可以由《有价证券市场法》第8条得出:

> **股东名册是根据俄罗斯联邦立法于某个时间节点开设的主体登记系统,其向这些主体公开个人记名账户、关于这些记名账户的股份登记、股份抵押权利负担登记及其他记录等。**

对实施股东名册登记有关行为的要求,在俄罗斯银行2016年12月27日批准的第572-P号《关于实施有价证券登记结算人名册登记活动相关要求的条例》中进行了规定。根据此文件,名册登记规则由每位登记人考虑一般要求而独立确定,上述一般要求规定于《关于实施有价证券登记结算人名册登记活动相关要求的条例》中。例如,按照相关规定的要求,应于电子数据库中对个人记名账户和其他账户的所有记录进行强制存储(《关于实施有价证券登记结算人名册登记活动相关要求的条例》第4.1条)。同时,登记人必须保护此类数据免遭未经授权的访问,以及确保在使用信息通信系统(如"互联网")进行一般访问时采用防病毒保护和遵守安全措施,确保能够立即恢复因技术故障而丢失的记录,且每天都会对所有数据进行备份(《关于实施有价证券登记结算人名册登记活动相关要求的条例》第4.5条),并确保不间断地运行硬件和软件。登记结算人有义务制定名册登记规则并提供与其相关的信息,这些规则中应指出与名册相关文件的提供方法。针对登记结算人的活动,亦有详细规定作出。此外,有关用于事务处理的场所安排和文件使用等事宜,也被提出了相应要求。例如,必须于登记结算人处配备操作室、档案室和证书存储室(对于仅行使股东登记名册持有职能的登记结算人,不作配备证书存储室的要求)。此外,该规定对于所必须使用经认证的软件、对于登记结算人的文件办理提出了相应要求。

对于股东名册登记而言,只有1份文件是必须具备的——**登记簿**,《关于实施有价证券登记结算人名册登记活动相关要求的条例》第三章就登记事宜作出相应规定。登记结算人在登记簿中记录个人账户的开立和关闭,录入个人记名账户或其他账户的全部记录,同时登记被登记人的变更信息。登记簿中每条登记记录均由号码、完成操作日期、被登记主体、证券的数量及其他信息而得以识别(《关于实施有价证券登记结算人名册登记活动相关要求的条例》第3.2条、第3.3条)。

其他文件为非必要文件,但在实践中亦被采用。此类文件包括:

(1)**被登记人表单**——自其编制之日起,标志着登记结算人与相应被登记人之间的法律关系开始的文件。在该文件中包含被登记人身份识别信息、邮寄地址、收入支付形式及非现金形式情况下的银行详细信息以及签字样本(对于使用印章的法人,同理须提供印章样本)。如果股份属于按份共有,则应为每个被登记人制作表单。对于法人而言,除表单外,还须提供设立文件复印件、法人国家登记证明、统一法人国家登记簿摘录、证明选举或任命可不经同意而以法人名义从事活动的相关人员之文件复印件。

(2)**股份转让书**——包含对登记人作出进行股权转让登记说明之内容的文件。在股份转让书中指出被登记人的信息、发行人全称、股票的种类、类别(形式)及股票发行国家登记号、股票数量、股份转让根据、价格(如果股份按照买卖合同、互易合同、赠与合同进行转让)、存在抵押权负担及股份受让人等信息。股份转让书应以签字形式确认。此外还可以电子形式来编制股份转让书,其应以合规的电子签名进行签署。比如,过户代理人可通过电子凭证传递的方式向登记结算人发送其应收到的股份转让书。

(3)**(股份)抵押书**——以登记人对股份作出抵押登记或终止抵押登记说明为内容的文件。抵押书的内容与股份转让书相似,其中可额外指出获取收益的权利归属方、股份使用的权利和条件以及抵押的其他条件。

(4)**登记簿(名册)摘录**——以股东名册中被登记人及归属于其的股票信息为内容的文件。股东名册摘录不是有价证券,不属于民事权利的客体,不能被出卖、质押等。其为信息属性文件,用于证明某特定日期内的股权存续状况。在实现一些物质与程序性权利时可出具该文件,权利人只有在具备股东地位时方能享有这些权利。比如,向仲裁法院提起涉及认定股东会决议无效之诉时,便要求提供名册摘录。

(5)**接收文件登记簿**——该登记簿对所有到达登记人处与名册相关的文件(或询函)进行记载。

有限责任公司股东权利登记

有限责任公司股东的权利须于(a)国家法人统一登记簿和(b)有限责任公司的股东名单中进行登记。

根据《法人和个体工商户登记法》第5条第1款第5项,在国家统一法人登记簿中包含的信息有:涉及在公司注册资本中分别属于公司及其股东的股份数额及票面价值的信息;有关股份抵押及其他负担的信息;以及管理继承程序内移转股份的人员等信息。将发起人有关信息向国家统一法人登记簿中录入,是在法人国家登记申请提出的基础上进行的。在股东构成产生变更时,与此相关的信息也须录入国家统一法人登记簿中。在多数情况下，相关信息会经由证实股份转移行为的公证员来进行公证。但如果股东构成变更不经过公证程序，相应构成变更信息向国家法人统一登记簿的录入，则根据公司的独任执行机关或其他人员的申请进行（如仲裁法院作出的关于将股东自股东构成中排除的判决时，相关信息由独任执行机关向国家统一法人登记进行递交）。

有限责任公司股东名册的管理事宜由《有限责任公司法》第31.1条进行规定。

> 公司的股东名册为信息系统，其包含每个股东的信息、其份额大小、支付状况以及股东份额之上的绝对权的移转依据与时刻等内容。股东名册中亦可包含其他信息。

管理股东名册的责任由履行独任执行机关职能的人员承担，相应人员有保障股东名单中的信息与国家统一法人登记中记载的信息相符合的义务。

> 在股东名单与国家统一法人登记中所包含的信息不相符时，根据登记信息的公信力原则，国家统一法人登记中的信息具有优先性。

依照公司股东会的决议，公司股东清单的编制与保存可交由联邦公证员协会进行，该情况下股东应将所有公司变更的信息提供给公证员，用于录入公证员的统一信息系统。

第二节　社团成员构成变更依据的概念与分类

在不同法律组织形式的社团中，成员的个人品质有或多或少的意义。其中,社团成员个人品质在无限公司* 中起最重要的作用,而在公众股份公司中起最微小的作用。公众股份公司在十月革命前的文献中被称为“隐名公司”,正是因为社团成员的人格对于参与该类社团事务而言毫无意义。在一些社团中,并非所有社团成员的构成都具有意义,只有其中一些具备所谓意义(如康门达**)。

在一种法律组织形式中,成员的个人品格具备的意义越大,提供给该社团成员独立确定成员构成变更和变更程序的法律可能性越大。

社团参加权的产生方式可分为**原始方式及派生方式**。在使用原始方式的情况下,参与权与股份或注册资本份额同时初次产生;在使用衍生方式的情况下,相关主体对股份(或注册资本中的份额)产生权利时,股份(或注册资本中的份额)已然存在了。社团参与(权)的原始方式取得及衍生方式取得存在原则上的差别。**在社团参与(权)原始取得的情形下,参与(权)的获得者对注册资本中进行缴注,而在派生取得中,获得者不对注册资本进行任何出资。**在次级市场中获得股份和份额时,上述分类对于相应情形的确定有重要意义。如果权利继受人以原始方式取得股份(份额),则应证实其在取得股份(份额)时对注册资本进行了缴注;如权利继受人以衍生方式获取股份或份额,该情形***便不具备法律意义。

法律事实或成员的总和(实际构成)是成员构成变更的依据,而变更则会依法导致与此相关的法律后果——在保持注册资本数额的前提下,股份(份额)在注册资本中的分配会发生变化。

---

* 该形式不作为俄罗斯联邦立法确定的法律组织形式,此处原作者仅为举例。——译者注

** “两合公司”。——译者注

*** 指继受人是否对注册资本进行出资。——译者注

根据作为变更发生依据的法律事实的性质，可将所有成员构成的变更方式分为两类，即(a)依据事件产生的变更和(b)依据行为产生的变更。

与成员组成变更相关联的**事件**是指不取决于主体意志的情形。基于事件产生的成员构成变更可包括：如因成员死亡或作为社团成员的法人清算导致的参股终止。成员死亡属于绝对事件，法人清算则为相对事件。

与成员组成变更相关联的**行为**是指按照主体意志所施行的法律行为。此类行为大部分为包含股份买卖合同、股份赠与合同、股票互易合同在内的双方**民事法律行为，以及**单方法律行为（如退出公司申请）。但也存在其他行为，如**法庭判决**（将社团成员从社团中排除之诉）、**大会决议**（如生产合作社成员全体大会作出的对合作社成员除名的决议、公司股东会作出将属于公司的份额在成员间进行分配的决议）。在一些情况下成员组成的变更要求具备**实际（要素的）组成**——不同性质**行为的总和**（对于单方行为而言，如要求成员继承人作出关于将其加入成员构成的申请，股东会作出的同意继承人加入其成员构成的决议）。有时**不作为**要素也被包含在行为总和中（如在规定期限内未提出行使优先购买权的申请、未对同意继承人加入成员构成提出反对等）。

凭借完成法律行为所进行的成员构成变更，是达成社团法律关系主体特定目的时所采用的法律手段。通过终止对社团参股可以解决的主要问题有：

(1)**获得符合参股价值的财产**。

(2)**终止社团冲突**。当漫长持久的社团冲突不符合成员利益时，成员可通过出售份额（股份）或退出公司来终止冲突。对此可采用特殊的股东协议条款，比如在公司中签订股东协议时广为人知的条款——“僵局(deadlock)”条款。该条款将根据协议及其他文件条款获得公司份额(股票)的权利，授予各持有50%注册资本(或股票额份额)的两位股东中的任意一位。

(3)**终止与参加人目的和与活动方向相抵触的参加关系**(例如，对于非营利组织而言，如其自然人参加人被选任为不能与参加社团同时进行的职务，其主要的社团法人活动方向便不再符合自然人参加人活动的目的)。

(4)**履行国家机关的要求**[如法院根据联邦反垄断局要求作出的营利组织强制新设分立的判决(《保护竞争法》第38条)等]。

法律规定了终止下列人员参加人身份的可能性：①对社团固有参加的终止；②对其他人参加的终止。前者可利用退出和转让股份(份额)来实现，后者可以通过将其从公司中除名来实现。[1]

旨在转让股份和份额绝对权的合同——买卖合同

根据股票或份额买卖合同，一方(卖方)应向另一方(买方)转让对股票的绝对财产权，而买方应接受股票，并就其支付一定数目的货币金额(价款)。

根据《俄罗斯联邦民法典》第454条的规定，对于包含股票在内的有价证券，在不与有价证券买卖的专门规定相冲突的情况下，可以适用买卖合同的相关规定。对于注册资本份额出卖问题，可将《俄罗斯联邦民法典》第30章内容进行法律类推，对《有限责任公司法》第21条

---

〔1〕 从公司中将股东除名见本书第十三章“对社团法律关系参加人权利的防护与保护”。

未规定的内容作补充比照适用。

股份或份额的买卖合同为**诺成合同**,即自各方对所有实质性条款达成一致时,视为合同签订。该合同向来是**有偿合同**,而且因其产生的相对给付永远为货币资金(凭此特征,可以将此类合同与互易合同或以股票对另一商公司注册资本进行缴注的合同区分开来)。同时,有偿性并不意味着相对给付并非永远具有经济上等值性(一致性),双方的相对给付也并非在所有条件下都能实现经济等值——例如,当股份以明显高于或低于分摊到每股的净资产账面价值时。买卖合同是**对双方均有约束力**的,这意味着合同双方均将承担相应的责任(卖方须移交股份,买方应接受股份并对其完成按约支付)。合同双方的义务可以设计成**相对的**,此时一方的债务的履行以另一方债务的履行为前提(《俄罗斯联邦民法典》第328条第1款)。

股份及注册资本份额买卖合同的实质性与一般性条款

按照一般规则,实质性条款仅为与合同标的有关的条款。为就与标的有关的条款达成一致,合同中应准确指出**货物名称**,即股份(股票)及其数量。对于份额买卖合同而言,应指出公司名称、出售的注册资本中的份额及其数额。

明确**股票名称**的要求:(1)明确指出股票发行人(被购股份的股份公司的名称及其个性化特征);(2)指出可让渡股票的种类和类型;(3)指出股票发行的国家登记号。用于转让的股票数量应以“股”为单位确定。不得将待售出股份按其在注册资本中的占比形式指明,更不得同时以股数和注册资本占比两种度量同时标出。在这种情况下,关于股份数量的条款视作未达成协商一致,也就意味着合同因双方未就合同所有实质性条款达成一致,导致合同未能缔结成立。

相反,对于注册资本中的份额而言,完全可以用百分比或分数的形式指出其数额。

在一些情况下,其他条款按照法律规定也可以作为实质性条款。如对于在交易所进行交易的股票买卖合同而言,**价格条款**同样为实质性条款。价格条款也是回购协议的实质性条款(《证券市场法》第 51.3 条第 4 款)。

甚至在当有关价格的条款依法不属于实质条款的情况下,双方亦可将其认定为实质性条款。哪怕合同一方能够坚持主张对价格达成一致,便足以能够促使双方将价格条款认定为实质性条款。

应当理解的是,一宗*股票的合同约定价格取决于其大小(该宗股票所包含的股票数量),并且通常情况是,一宗股票的市场价值越高,该宗股票的规模越大。例如,占公司注册资本 10% 的一宗股票可价值 500,000 卢布,而占公司注册资本 25% 的另一宗股票可能价值 2,000,000 卢布。一宗股票的价值可能取决于股份于其他股东中的分配状况、最近一次股东会中登记的参股股东数量、上一年度的股利数额、公司净资产、已完成的民事法律行为、社团冲突的存在及其他情形。因此,作为任意性条款,《俄罗斯联邦民法典》第 424 条第 3 款的适用往往不能对双方均有利,根据该款**规定,商品应该按照其同类商品的一般价格来进行价款给付。对双方而言,确定合同价格或许是非常重要的,而不是适用"一般价格"这一规则。

---

* "宗"为译者对俄语语境中的股票计量单位"пакет"的引申性译法。"Пакетакций"(a block of shares),指某一特定自然人或法人对单个股份公司所持有的股票总和。言及股票的"宗",人们一直会同时指出该宗股票中有多少股,或该宗股票占相应股份公司有价证券总数的百分比。例如,俄罗斯联邦储蓄银行(Sberbank)至今共发行股票 21,586,948,000 股。其中最大的一宗股票为俄罗斯联邦中央银行所持有,共 11,289,973,804 股,或言占股份总量的 52.3%。这"宗"股票又可被称为"控股股份"。——译者注

** 该条款中的条件为"在有偿合同未规定价格或根据合同条款不能确定价格的前提下"。——译者注

股票的票面价值不作为合同价格的特性,并不需要在合同中对其进行标明。

除了价格条款外,双方还可以认定其他合同条款为实质性条款,如**股份或份额的移交期限、在股份或份额移交前所产生的社团权利的实现程序**等。在一些情况下,保障股份或份额在规定期限前移交,对于买方而言是不无意义的(一般而言这与下述两种日期相关,一为有权参加股东会的人员名单制定时登记册的结编日期;二为有权获得股利或实现其他社团权利的人员名单的制定日期)。如果买方有此种特殊利益需要,则可在合同中就此作出注明。在这种情况下,股份或份额超期移交,可能导致买方利益受损,也同时将使买方获得拒绝接受超期股份的权利。

股份或份额买卖合同的主体

买卖双方为合同的主体。在不同情形中可以充当卖方的有:(1)有限责任公司的股东;(2)受参加人委托的人员;(3)被依法授权出售他人股份(注册资本份额)的主体;(4)未获授权的主体。在法律为股份或份额买卖合同的签订与履行保驾护航的同时,还应注意对买方完成交易的权限问题进行安排。

在上述列举的几个选项中,就保障买方利益的层面而言,最佳的选择无疑是第一种——公司的股东作为卖方。股东的地位由国家统一法人登记摘录来证明,而对于股东而言,其地位由股东名册摘录来进行证明。此外,言及对股份(份额)转让权利的调整,股东成为卖方所依据的权利确定文件[公司发起人协议、继承权证明书、股份(份额)买卖合同等],同样值得研究。

如果股东因地域遥远或其他原因不能亲自参与买卖合同的签订,其有权利用居间人来为其服务。

如果股份在有组织的交易机构内发售,股东直接作为卖方的情况是极为罕见的。有组织的交易机构仅对在交易所鉴定合格的有价证券市场职业参加人予以准入,于是有意愿售出自己所持的在交易所中流通的股票的股东,不得不与在交易所接受信托的职业参加人签订委托或代售合同。在这种情况下期望在交易所购得或出售特定发行人股票的主体,可同对自己的客户进行登记、为其开立个人记名账户和与对股权进行核算的名义持票人签订合同。在法律规定的日期前此类股票在股东登记结算人处不显示(日期通常为每年准备例行股东会时的一日)。

根据法律规定居间合同可由合同居间人以本人名义(代售人)或以卖方名义(受托人)签订。

为签订合同,以股东名义从事活动的受托人应具备股东出具的经公证的委托书,或其权限应由其他文件授予。例如,持有经公证的委托合同。"必须提供经公证的委托书"或"必须提供含有被授权人可以有限责任公司股东名义行事的职权为内容的合同"的有关要求,出自《俄罗斯联邦民法典》第185.1条第1款的规定。根据本条规定,用以完成民事法律行为的须经公证的授权,必以公证的方式予以证明。根据《俄罗斯联邦民法典》第185条第4款的规定,对于合同中含有"相应主体可以被代表人名义行事"的权限条款的,适用有关委托的规则。有关股份处分的委托适用委托的一般规则,法律未规定必须对其进行公证。

此外,**受托管理人**、执行人(法警)及其他一些主体,可以出售他人财产以及包括股份及注册资本份额。尽管受托管理人依据合同行事,其对被交付管理的财产的处分权限,并非一概依据与所有权人签订的合同而产生(以与股份公司或有限责任公司的股东所签订的合同为例)。比如,被继承财产委托管理合同由公证员签订,失踪人员、无父母照管幼年的财产管理委托合同由监护机关签订。在此类情况下,股东可不对股份(份额)转让作出意思表示,但受托管理人可依法就被托付财产行使包含处分权在内的一切所有权人的权能。

被委托对股份或由其他财产组成的份额进行管理的受托管理人,有权作为卖方将上述股份或份额出售。而在合同中应做相应标注,以指出卖方为受托管理人充当。

由其他有权出卖他人财产的主体所进行的股票或份额出售,可在依法庭判决对股票或份额进行追索的情况下进行。

未经授权的主体对股份或份额进行转让是违法的。除《俄罗斯联邦民法典》外,《有限责任公司法》中一系列对主体因第三方违法行为导致社团控制权丧失的权利的保护条款,也对类似情况的违法行为作出了结论。在此类关系中,应当适用《俄罗斯联邦民法典》第30章有关保护财产不被追索(依商品移交前已产生的依据追索)的相关规定,有关社团控制权恢复的规定同样适用(《俄罗斯联邦民法典》第65.2条第3款、《有限责任公司法》第21条第17款)。

有获得有限责任公司注册资本份额民事权利能力的任何主体,都可以作为**股份(份额)的买方**。例如,根据《商合伙法》第2条第7款的规定,合伙组织不能充当其他法人的参加人,因此合伙组织无权作为股份或注册资本份额买卖合同的买方。商合伙或其民事权利能力中不包含获取股份或注册资本份额的其他主体,购得股份或份额的法律后果是,上述取得人应在一年之内实施以转让股份或份额为目的的民事法律行为。未按期进行转让的,国家机关或地方(政府)自治机关应向法院提出申请。法院作出判决后,须依照法院判决对这些股份或份额进行强制拍卖,并向先前的所有权人交付拍卖所得款项,或将其收归国家或自治地方所有,并向前所有权人按法院确定的数额补偿份额的价值(《俄罗斯联邦民法典》第238条)。

幼年人及无行为能力人可通过其法定代表人来购买股票及份额,而未成年人或限制民事行为能力人须经由其法定代理人的同意购买。

法律对于购买有限责任公司的注册资本份额进行了限制,购买仅能按照法律规定的依据进行(《有限责任公司法》第23条第1款)。**公司在法律未规定的情形下购买自己的份额的,导致已完成的法律行为无效**(俄罗斯联邦最高法院全体会议及俄罗斯联邦最高仲裁法院全体会议于1999年12月9日作出的第90/14号决定第13条)。

在有限责任公司或非公众股份公司的章程中,可以确定对购买人范围的限制。非公众公司的股份或份额的流转性特征,决定了将股份或份额转让给第三人时须获得股东们的同意。这样将股份或份额转让给相应主体时,如未按章程规定的程序取得相应同意,则该主体不能为股份或份额的买方。根据《俄罗斯联邦民法典》第173.1条,上述同意的缺失,可作为向买方进行的股份或份额处分为无效法律行为的依据。对股份或份额转让的限制,同时也能在股东协议中体现。如违反了不得将股票转售给此类买方的禁止或其他禁止,且购买人对股东协议中所作禁止知道或应知的,该股份或份额买卖合同的签订可导致其被认定为无效合同(《俄罗斯联邦民法典》第67.2条第6款)。

股份或份额购买人权利的保障

除有关价格的条款外,对于购买者而言,获取出售股票或注册资本份额的有限责任公司和股份公司的经济指标,也是尤为重要的。公司本身并不作为份额买卖合同的主体,所以其也不能据此合同承担某些义务,如是否特定法律行为、社团决议的作出等。此类义务不能以合同形式在未经公司同意的情况下施加在公司之上(《俄罗斯联邦民法典》

第308条第3款）。

与其他在购买时买方已获知其价值及属性的商品不同，在取得股份或注册资本份额时，购买人得到的将是某种确定的“生意”。与其说购买人感兴趣的是份额的属性，倒不如说是出售份额的有限责任公司的特征。

为保障份额购买人的利益，双方不得不采用新的法律手段。在将2015年3月8日第42号联邦法《关于对俄罗斯联邦民法典第一部分修改的列入》中的变更加入《俄罗斯联邦民法典》前，此类手段也曾在《俄罗斯联邦民法典》第1条、第421条合同自由的基础上被加以使用，如今主体对其的采用被《俄罗斯联邦民法典》合法化了。

一种手段（情势保证声明，《俄罗斯联邦民法典》第431.2条）是允许卖方在合同中告知买方其作出购买决定的依据——买方获得的有关这门待售“生意”的信息。如信息的真实状况与实际不符，便意味着买方将因提供不实信息的违法行为，而应承担损失赔偿责任。证明卖方提供的不实信息与买方损失之间的因果关系，可能是此规定的适用的直接难点。

另一种手段（情况）的适用场景是，卖方对于获得“生意”的预期未能达到，且并非由于卖方提供了不实信息，而是由于双方均不应负责的情势，如市场行情疲软、材料或设备价值变化、不良天气原因等。未获收益，甚至额外支出的负担，以及其他负面后果无论如何也不应归于卖方责任，因为上述情势的发生非由卖方行为导致。《俄罗斯联邦民法典》第406.1条允许合同双方在此种情况下充当某种“承保人”，并在发生此类情形时支付合同中规定数额的价款及标的物。需要支付的数额及支付依据应在合同中明确规定。同时，在此种情况下，由于不利影响的产生无论如何都与卖方的行为无关，所以对约定数额的支付也便不属于责任措施。这一点也在最高法院决定的法律意见中得到了确认。

我们提到的第二种手段是颇有前景的。因为由损失的潜在风险导致的不利影响,并不一定由未按时履行义务的债务人的行为造成,后续也便不必证明债务人行为与该损失的潜在风险之间的因果关系——这一点是其与直接损失的区别之处。

> **第二种制度如今被用于双方潜在风险的再分配,此制度允许对此类“赔偿”所依据的情形进行指明,包括与债务人(此处指份额出卖人)无直接关系的情形。**

在这种情况下,合同中应明确赔偿的数额,可以以固定钱款数额进行体现,或者以合同规定的对该数额的确定程序的形式来体现。与违约罚金(《俄罗斯联邦民法典》第 333 条)和使用他人钱款产生的利息(《俄罗斯联邦民法典》第 395 条)不同的是,据此合同产生的赔偿的数额,法庭不得以如数额不当等为由作出减少额度的裁判(《俄罗斯联邦民法典》第 406.1 条第 2 款)。

在大宗股票出售合同中加入有上述两种手段的条款,是颇具现实意义的。在上述两种“保证”性条款中,经常包含对财务、会计文件与现实状况相符合或无隐藏债务的声明。在购买大宗股票的准备阶段,一般会进行尽职调查(due diligence)的相关流程,其中便包括对待购买股票来源公司的财务状况进行检查。为获得组织信息的访问权限,往往需要签订保密协议、期权协议。根据这些协议,潜在购买人须保护潜在出售人在准备协议签订时所提供的各种机密信息,即使合同未能签订,潜在购买人也有保护信息机密性的义务。

保证(保证性声明)条款在合同中的加入,使购买人权利在对方提供不实信息时得到了相应保护措施的保障。在此种情况下,购买人主张可因受欺诈而作出的行为所达成的合同无效，也可要求对方就所造成的损失进行赔偿、支付合同对违反约定所规定的违约罚金。

股份或份额买卖合同之债的履行

同任何义务一样，转交股份或份额之债同样应以适当方式履行（《俄罗斯联邦民法典》第309条），即遵照买卖合同所规定的条款来履行。在履行债务时，双方应考虑彼此的权利与合法利益，共同协作达成债务之目的，提供债务履行所必要之信息，认真、合理行事（《俄罗斯联邦民法典》第307条）。卖方的通报义务，指提供关于股份或注册资本份额以及相应权利与义务的充分而准确的信息。

在公众股份公司中所有股东权利都规定于章程中，且章程在公众股份公司网站上公开展示。因此，公众股份公司无须专门作出任何特别行为，以对股东所拥有的股东权利进行通知。非公众股份公司中的情况便相对烦琐了，此类公司的股东权利可由章程规定，因此卖方有义务保证买方能够知悉章程内容。有限责任公司股东的权利与义务不只由法律确定，还可以由章程确定，故此，应被通知买方其欲购买的份额有哪些权利义务特征。根据《有限责任公司法》第8条、第9条的规定，章程可以规定附加权利与义务，股东会一致通过的决议由全体股东承担；由公司股东总数2/3以上多数表决通过的股东会决议可责成某一股东承担，但履行该决议的股东须参与了相应决议的表决投票或作出书面同意；或者根据股东全体大会的一致通过的决议，可以向某一股东提供额外权利。

章程中对所有股东规定的权利与义务，在购买人获得份额时亦对其产生。为特定股东（份额出售人）所设置的权利与义务，不对购买人发生移转。

若相应法定权利的事前期限未到期且其实现与公司股东地位有

关,卖方应向买方就已产生但未实现的此类法定权利进行通知。例如,卖方应就下列事项对买方告知:(1)对依获取通知而产生的非公众公司股份的优先购买权或股东转让给第三人份额时的优先购买权进行告知;(2)如果接受股东的继承人加入公司股东构成须经股东同意,则须对有拒绝其加入的可能性进行告知;(3)如果根据公司通过股东出资扩大注册资本的决议,股东有权向注册资本出资和增加自己份额的票面价值或可增加其数额(如并非所有股东使用相应权利),亦须就此进行告知等。

合同中所含信息可视为已提供的信息。在合同中可以确定应与份额或股份一同转交的清单列表。此种情况下,卖方须对相应文件进行转交(《俄罗斯联邦民法典》第456条第2款)。

如果在合同中未指出应提供哪类信息,须提供信息的范围应根据《俄罗斯联邦民法典》第307条第3款规定的信息必要性标准进行确定,据此,须了解相应信息对于股东权利实现是否充分。取决于卖方未通知买方的信息性质,未能履行通知义务的后果也会不尽相同。在任何情况下,未提供信息或未提供准确信息均是对合同义务的违反。而在一些情况下,提供不实信息会导致另一方行使合同违约金和损失补偿求偿权(《俄罗斯联邦民法典》第393条、第431.2条第2款),在其他一些情况下,这还可能成为主张因交易受欺诈或因误导签订的合同,而要求认定其无效的依据(《俄罗斯联邦民法典》第178条、第179条)。

卖方还应向买方通知其所知悉的所有第三人对股份或份额所拥有的权利。除合同另有约定外,股份或份额假定在不受第三人权利约束的情况下移转。违反此义务时,买方将获得对买进差价的请求权和主张解除合同的权利。

卖方应对股份或份额转交——此为其依买卖合同的主要义务。转交份额的义务与买方要求转让份额的权利相对应。在约定买方需完成支付等相对义务的诺成合同达成之后，卖方的转交义务据此产生，此时如果卖方逃避对份额转让行为进行公证，则买方可通过诉讼程序要求向其转交相应份额。在这种情况下，国家统一法人登记簿中相应的登记变更依法庭判决进行（《有限责任公司法》第 21 条第 11 款）。

股份的转让伴随规定格式的股份转让书的制定。股份转让书的概念见本章前文内容。为使登记结算人完成股份转让书的制定，其应由权利人签字。转让书中应指出发行人与被登记人的正确信息，股票数量应与个人记名账户中指明的数量相符。计划转让股份的受让人应开立个人记名账户，即应以适当形式填写被注册人表格和提供必要文件。如果股份买方逃避开立个人记名账户，则其也就放任了逾期的发生，因为在买方完成此类行为之前，卖方并不能履行股票移交的义务。针对这种情况，法律规定了将股份提存至公证员处履行债务的可能性（《俄罗斯联邦民法典》第 327 条）。为此，登记结算人可开立公证员提存账户，并在此账户中存入股票。根据法律规定，所有为债务履行而产生的开销，由债务人承担（公证费等）。

被转交股份的数量应符合合同条款的约定。如果卖方转交的股票少于双方约定数额，买方可要求转交不足部分或拒绝接受股票。这对于股票移交之债的履行是尤为重要的，因为社团权利的范围及股票的价格取决于股票的数量。如果买方计划取得一定数额的控股股份，则甚至是少于合同约定的区区几股数量，便可以导致购买人不能达到其购买意图——整宗股票将无法达到使用预期，因为在这种情况下，单纯购买一定数量的股票可能并不是购买人的兴趣所在。所以针对这种情形，拒绝接受少于预定数量的股票，也是保护买方权利的适当手段。

如果买方发现卖方违反合同有关股份数量的条款，并从卖方处收到数量不足的股票，可制作股份拒绝接受书，并向卖方就自己的决定进行通知。如在合理期限内未得到卖方的指示，买方在作出股份转让书后，可将股票返还给卖方。由此产生的有关股份返还的各种开销由有过错的卖方承担。如果卖方已转交了所有股票，其在登记结算人处的个人记名账户已关闭，且其逃避接受因违反合同约定被退还的股票，此时股票的退还可通过公证员提存来实现。

就被出卖的有限责任公司注册资本份额的数量特征而言，情况则更为复杂，根据买卖合同，待售的份额永远按份出售。同时，注册资本份额有其自身的数量特征——其数额。卖方须按照买卖合同中约定的数额进行份额的移交。份额的数量特征可因各种情势的变化而发生改变，其中有许多与卖方无直接关联的情况。比如，如果相应份额在有关扩大注册资本的决议通过之后进行出售，购买人原计划获得票面价值为10,000卢布、构成注册资本50%的份额，其可能会遇到这样的情况：因另一股东对公司注册资本缴注资金，致使该公司的注册资本份额扩大，购买人所得份额（在无法改变其票面价值的情况下）相应将变得更少。如果份额的数量特征在合同中仅以百分比（分数）形式确定，而未指明其票面价值，卖方对数额减少的份额进行转交的企图，将为买方对移转份额的拒收及对其拒付价款提供根据。如已对份额支付完成，买方可要求返还已经支付的钱款（《俄罗斯联邦民法典》第466条第1款）。如在合同签订和履行之间的时间段内，公司通过了有关减少注册资本的决议，则可发生已售出份额较之合同规定数额更大的情况。在这种情况下，买方依法有权接受自己的份额（《俄罗斯联邦民法典》

第466条第2款）。

据股份或注册资本份额买卖合同产生的买方义务主要有两项：接受份额并对其进行支付。股份或注册资本中份额的接受义务，是指买方为获取股票或份额而完成必要的行为。买方逃避接受股票或份额，可导致对买方采取商品的强制接受。

对份额进行的支付可在其转交前直接进行，或在嗣后以信贷或分期付款的方式逐步进行。对份额进行的支付，与对其他商品相比并无二致，应完全适用《俄罗斯联邦民法典》第486～489条的规定。在对份额进行分期付款的条件下，卖方对未支付的例行款项可行使拒绝履行合同的权利，并要求返还已售出的份额，付款数额已超过合同价格一半的情况除外。

在这种情况下，法院将认可因债务（合同）的实质性违约而产生的合同解除请求权。违反支付义务，是股份买卖合同违约最为常见的情形。此时法院保护买方权利，既会满足其依据《俄罗斯联邦民法典》第395条规定的手段，即对于购入价款及使用他人财产所产生的利息的求偿请求权，也会满足其对于合同解除及返还注册资本份额的请求权。

其他以转让股票为目的的合同

> 按照股权（注册资本份额）置换协议，合同一方应将股份（注册资本份额）的绝对财产权移转至另一方，用于置换其他商品之上的绝对财产权。

在股份或份额绝对财产权移交时，互易合同的使用要罕见于买卖合同。其目的是使此合同的签订对双方都具备签约的可能性，两方均须拥有一定的财产，且该财产处于待交换状态，而这种巧合却是不常见的。双方使用互易的设计,主要能够解决涉及双方由于这样或那样的原因而不愿签订买卖合同时所产生的问题。比如,在有限责任公司中,双方不愿满足对此类公司股东优先购买权的要求,便可使用互易合同。民事立法对于股份和份额的价格要求未作特别条款的规定。根据法律规定,对互易合同适用买卖合同的相应规则,有义务转交商品的一方被视为卖方,有义务接收并对商品付款的一方被视为买方。

互易合同的特点在于,双方的相对给付为财产,而非金钱。为将合同认定为互易合同,互换客体并不必须具备相同的法律属性。完全可以签订以股份换取不动产、注册资本份额和期票等的互易合同。其关键在于,双方约定非金钱的给付手段。例如,一方转交某有限责任公司的注册资本份额,而另一方转交某特定等级的煤炭,该合同可被认定为互易合同。

《俄罗斯联邦民法典》第 568 条第 1 款规定,对互易合同中应予交换的商品作等价推定。这意味着,如果合同未作其他约定,双方所提供的财产价格视为相同。我们应注意到,为使该推定不发生效力,合同中应包含对此的相应说明。不得以用于交换的财产市场价值、用于交换的股份及份额的票面价值等作定价、作比照等方式,来确定应予交换的商品价格不相当。

如果合同中指出双方所提供的给付为非等价的,则提供财产价值较低的一方应补付差价。

有关将施加在被易货物之上的权利向待易股份及份额的移转,《俄罗斯联邦民法典》第 570 条未作规定,因为这些客体之上的权利移转由特别法来专门规制。相应地,如果股份或份额按照互易合同移转,取得人对此类客体之上的权利也将随着下列登记的完成而产生:(a)股东名册登记或(b)国家统一法人登记簿登记。

对于互易合同而言，在因无权处分导致财产被收回“evictio”* 的情况下，使用特殊的保障双方财产利益的手段。根据《俄罗斯联邦民法典》第 571 条，在这种情况下，商品被收回的一方，有权要求返还其根据合同所移交的商品并赔偿损失。在这一层面上，互易合同双方相比于买卖合同双方，是更能受到保护的。

> 根据股份（注册资本份额）赠与协议，一方（赠与人）无偿转让或有义务转让给另一方（被赠与人）股份或注册资本份额之上的绝对财产权。

对于赠与合同而言，其无偿性是其最为关键的特征。无偿性是指由于赠与合同的履行，赠与人财产减少的同时，被赠与人财产增加。此时，赠与意愿应被明确表达，因为在对任何合同的无偿性存有怀疑时，规定于《俄罗斯联邦民法典》第 423 条第 3 款的民事法律合同有偿性推定将发挥其效用。而标明了将对股份或注册资本之上的绝对财产权进行转让却未指出价格的合同，将不被视为赠与合同，而将被视作应按照在可类比情况下、对类似股份或份额以一般价格作为对价进行支付的买卖合同（见上文有关股票及份额买卖部分）。如果不存在赠与意愿，且给付的进行是用于解决其他经营问题，或作为法律行为中的要素之一，则此合同不能被认定为赠与合同。对于商业运转而言，赠与合同的适用是受到限制的。《俄罗斯联邦民法典》第 575 条第 4 款规定，除价值不超过 3000 卢布的礼物外，在营利组织中禁止实施赠与行为。这意味着，如果赠与人及被赠与人为营利组织，则二者签订的注册资本份额或股票赠与合同，可依据《俄罗斯联邦民法典》第 168 条被认定为无效合同。

---

* 如第三人基于卖方对相关标的无权处分，而主张返还原物请求权。——译者注

根据法律的明确规定,赠与合同可被设定为实践合同(合同签订与股份或份额移转同时进行),或诺成合同(包含未来进行股份或份额赠与承诺的合同)。

赠与合同的唯一实质性条款为有关标的的条款。合同标的的确定,依据股份与份额出售的有关条款进行。

股份或份额的优先购买权

为保持股东对维持公司成员构成稳定的关注,股份及份额的优先购买权得以确定。在有限责任公司中,该权利在任何情形下均可存在,而在非公众股份公司中——该权利仅存在于章程规定的情形中。在公众股份公司中,不对优先购买权作任何规定。

> 优先购买权是一种非公众公司股东的主体权利,依照该权利,股东可以按照向第三人提出的报价或按章程其他规定,有限获得提供给第三人的股份或注册资本份额。

优先权的授予,是对公司股东就股份及注册资本份额的处分权施加某种限制。

在非公众股份公司中,优先权可被规定适用于任何有偿民事法律行为(买卖、互易、补偿等)。优先购买权不仅可按规定授予其他股东,同时也可以授予公司自身。正如我们所知,除法律直接规定的情形外,股份公司一般无权获得库存股。股份公司的股份优先购买权的实现,是公司法定获得库存股的情形之一。在没有任何股东希望行使优先购买权的情况下,股份公司才可以享受到该权利。对于以此方式获得的"库藏"股份,公司应在一年内进行处分;否则,此类股份应与公司注册资本的相应减少部分一同注销。

只有在股东企图将股份向与公司无关的主体进行转让时,方可实施优先购买权。如果股东计划将自己的股份出售给另一名股东，优先购买权便不会发挥效用了。优先购买权的效用仅在有偿民事法律行为中被广泛推行，而此类民事法律行为的范围须由章程予以确定。如果股东计划通过其他无偿民事法律行为来实现股份的赠与或转让，譬如就自身死亡的可能情形对股份作出遗赠，针对此类情形，甚至是章程也不能规定将优先购买权授予其他股东。

设置了优先购买权的股份，其**价格**可以按以下方式之一进行确定：(a)按提供给第三人的报价；(b)于公司章程中确定购买价格。

法律对**实现优先购买权的程序**进行了明确规定。意图行使章程规定的优先购买权的股东，应向公司通知其购买意愿，公司应在接到此通知后的2日内，就所收到的通知向股东通报。在通知中应包含：(1)被转让的股份数量；(2)股份的价格；(3)其他股份转让条件（如付款期限、违约金数额等）。如公司章程未规定更短期限，则自有意处分其股份的股东向公司发出通知之时起2个月内，其他股东均可享有优先购买权。在任何情况下，对于优先购买权的行使期限，章程均不得作出少于10日的规定。在具备下列情形时，优先购买权终止：(1)规定期限届满；(2)收到全体股东关于行使或拒绝行使优先购买权的书面申请。

《股份公司法》未对由股东作为要约向公司发出的通知进行定性。这意味着，如果股东未决定卖出股份，其便与该通知毫不相关，且可以拒绝签定（对相应股份）优先购买合同。

对于**有限责任公司**而言，优先购买权依法确立，且不能通过章程取消。该权利也是“份额”这一法律制度的重要因素。任何取得注册资本份额的主体，均可依照法律的明确规定获知优先购买权的存在。所以与股份公司不同的是，有限责任公司后续无须证明股份的购买人已知悉优先购买权的存在。

有限责任公司中优先购买权仅为份额出售而设置。无论是互易，还是对注册资本注资，或者是作为份额补偿金的移转，均不能适用优先购买的相关规则。

有限责任公司中的优先购买权，仅在将份额出卖给**与公司无关的主体**时有效。因此，如果份额是出售给公司的股东，则其他股东不能享有优先购买权。

在行使优先购买权时份额的购买价格，可与第三人的报价相同，或提前于公司章程中确定。以第二种定价方式（依章程确定）定价而产生的费用问题，在前文涉及股份公司的部分已作介绍，此处不再赘述。法律禁止同时以上述两种方式作出份额优先购买的报价。公司各股东在制定章程时，须仅选择一种实现份额优先购买权的定价方式。

份额的优先购买权**仅归公司股东所有**，且在权利行使时（对股东要约作出承诺之时）相应主体仍为公司股东。被除名股东、退出股东、对注册资本份额的支付期限已过的人员以及未被同意吸纳进公司的去世股东的继承人，不享有优先购买份额的权利。如果依章程未设置公司的优先购买权，则即使公司拥有按法律规定程序过渡到公司的注册资本份额，公司依旧不享有对被转让份额的优先购买权。

有限责任公司的股东对被转让份额的优先购买权，与其权利行使之时所拥有份额的占注册资本的比例相当。在行使优先购买权之后未被获得的剩余份额，可由股东让与第三人。

言及有限责任公司以章程对份额优先购买权实现程序的规制问题，法律为其提供了多种可能性。在章程中可以规定：(1)非全部而是部分地行使份额的获取权利；(2)在希望获取待转让份额的股东间，非按比例对份额进行分配；(3)如没有股东有意愿行使份额的优先购买权，可将其供给公司行使。

行使优先购买权的程序由强制性法律规范作出规定，且不得以公司章程的形式进行改变。有意出卖份额的股东，应作出要约并对其进行公证，要约中须指出：(1)待转让股份的数额；(2)份额的出售价格；(3)份额出售的其他条件，并将此要约转交给公司。按照法律规定，股东在其提交撤回要约的申请后，可在不晚于公司收到此要约之日撤回此要约。例如，如果股东以挂号信形式向公司发出了要约，而后以电报形式发出了取消要约的申请，则视公司未收到要约。股东的报价被视为要约，意味着股东将受到此类要约的限制。对要约作出承诺，意味着合同的签订。依法律规定，对要约作出承诺的期限为30日。法律规定，可在章程中作出对优先购买权行使期限延长规定的权利，且法律未对可延长的最大期限作出规定(《有限责任公司法》第21条第7款)。

在此期限内，每位股东均可：(1)通过提交带有经公证的股东签名的申请，拒绝行使优先权；(2)以默示(不作为)的方式来拒绝行使优先权；(3)按属于其注册资本份额的比例，行使份额的优先购买权；(4)按其拥有的注册资本份额中的一部分，行使优先购买权；(5)如果其他股东拒绝行使优先购买权，且公司章程对此未作出禁止，以超过属于其份额(的比例)，行使获取份额的权利。

优先购买权的实现是通过对经公证的要约作出经公证的承诺，或签订经公证的合同的方式来进行的。在该合同的基础上，公证员向国家统一法人登记簿提出申请，以进行对不涉及设立文件的变更登记。

有可能实现优先购买权的有限责任公司的股东，也便拥有了要求向其移转作为买方的权利与义务的可能性。

退出公司

退出作为终止社团参与的手段，除对股份公司之外，被规定用于其他所有组织。这主要与对份额和股份的流通自由的限制程度有关。而社团的退出机制,可以直接结束对社团的参与,而无须再寻找权利继受人。

> **就自身性质而言,退出是一种社团成员的单方民事法律行为,其旨在终止主体与社团之间的法律联系。与合同不同的是,除从社团中离开的主体以外,退出过程不要求其他主体作出任何意思表示。**

根据《俄罗斯联邦民法典》第94条,如果公司章程中作出了相关规定,无论其他股东或公司是否同意,有限责任公司股东均有权通过将其在注册资本中份额转让给公司的方式来退出该公司。《有限责任公司法》第26条作出了类似的条款设计。

赋予股东退出公司权利的目的是:当由于某种原因继续参与公司对于股东而言已变成了一种负担或变得不再有必要时,保障相应主体具有结束其对某一公司的参与的可能性。

法律规定,退出公司的权利,须以公司的章程规定为前提。换言之,目前,是否赋予公司股东此类权利,是股东自己的事。退出公司的可能性可在公司成立之时已存在于章程中,也可后续经股东会一致决定加入公司章程中。这样,退出权利的实现,从一方面讲,虽然符合了退出股东的利益;但就另一方面而言,对于公司自身、其债权人、员工和国家而言一向都是不利的,甚至会对他们产生消极的财产后果。有限责任公司对退出的限制,可以使其自身成为更为稳定和可信赖的合作伙伴和雇主。公司管理人员在此情况下可以周密地对公司活动作出规划与长期布局。因此,关于是否在章程中规定退出机制的问题,应由股东来解决。优先保障股东、债权人还是公司的利益,需要股东来作出选择。

《有限责任公司法》第26条第2款规定了对最后一位股东退出公司的禁止。因此即使章程规定了退出的权利，但在公司中仅剩一名股东时，其也不能退出公司。

依照法律规定，退出申请须经公证(《有限责任公司法》第26条第1款)。与份额出售不同的是，在股东自公司中退出时，涉及国家统一法人登记簿中退出公司的变更，公证员无法独立完成登记。经公证的退出申请须发送给有限责任公司(以邮寄、本人送达或其他方式)，在收到此申请后，独任执行机关应完成一系列行为。

退出有限责任公司，将依法导致公司向退出股东支付**其份额的实际价值**的法定义务，以及依据公司成员构成的变更而对已登记信息进行修改的义务。

份额的实际价值确定，应根据退出申请提出当日最近一次结算周期的会计报表来进行。份额实际价值以金钱支付，或在股东同意的情况下对其进行实物财产的给付。

法律规定，份额实际价值的支付期限为3个月(《有限责任公司法》第26条)。

对退出股东份额的实际价值的支付不被视为重大交易，因此，其不要求社团进行审议核准。

从有限责任公司中退出的潜在可能性，为公司股东提供了一种激励作用。例如，公司将以更为审慎的态度来作出涉及小股东的相关决策。因为小股东如果长期对公司管理不满，往往会选择换回份额实际价值并退出公司。因此，退股权为在有限责任公司中所形成的社会联系提供了积极作用。

股份或份额的继承

股份或注册资本份额属于财产，因此在社团成员死亡的情况下它们属于被继承财产。

股份和注册资本份额的继承可以按照不同的规则进行。

公众股份公司的股票可以自由流通,因此,在章程中完全不能规定对股票流通的限制。这意味着在股东死亡的情况下,允许以继承方式自由移转公众股份公司的股份。对于非公众公司而言,章程可以对股份流通的限制进行规定,但此类限制不涉及继承。根据《俄罗斯联邦民法典》第1176条第3款的规定,股票的继承人成为股份公司的股东。此为强制性规范,且该规则未就股票这一法律机制给出其他选项。

无论股东名册中的登记状况如何,自被继承人死亡时刻起,股份视作归去世股东的继承人所有。同时为实现社团权利及进行股东名册登记,应确定继承人人员的组成。法律规定接受继承期限为6个月。在期满后由公证员签发继承权利证明,在此证明的基础上,为继承人开立用于转入股份的被登记人个人记名账户,且继承所得的股份将被转入此账户中。根据各继承人之间的协议,股份可以在继承人间作出分配,或以签发《对(包含股份在内的)遗产所有权按份共同共有的公证书》的方式来分配。在后一种情况下,将由登记结算人为每一位按份共同共有的股东开立个人账户。

为保证财产的完整性,法律规定了采取一系列手段的可能性。其中,公证员对被继承财产进行保护为手段之一。根据《俄罗斯联邦民法典》第1172条和第1173条的规定,对包含在被继承财产内的有价证券,公证员可以采取下列措施:(1)查抄财产;(2)将有无须管理的有价证券交由银行进行保管;(3)将需要管理的有价证券交付信用托管。查抄将涉及所有被继承财产。是否进行股票管理,根据其种类(类型)确定。例如,未赋予投票权的优先股,无须进行管理,只对其进行妥善保管即可。赋予了投票权的普通股和优先股,则要求其持有人行使其管理职能。在这种情况下，公证员则应依照法律规定的根据与程序，签订股票信用托管合同。

对注册资本份额的继承则要略为复杂。根据2012年5月29日俄罗斯联邦最高法院全体会议第9号《关于继承案件的审判实践若干问题的决定》第66条，含注册资本份额在内的继承权的证明，“仅为与《俄罗斯联邦民法典》、其他法律和设立文件允许的继承人在相应……公司……中的参与有关问题的根据”。

根据《有限责任公司法》第21条第8款，注册资本份额的继承方法可规定如下：(1)份额继承可取得(其他)股东同意进行(并且取得此种同意的程序可能有所不同)；(2)继承可在未获(其他)股东同意的情况下进行；(3)在公司章程中可以包含向公司股东继承人移转份额的禁止。

我们不妨逐一对股东死亡法律后果的三种情形进行分析。

(1)若根据有限责任公司的章程，股东权利向其继承人的移转须经其他股东同意，且未明确获取该同意的期限，则《有限责任公司法》第21条第10款的任意性条款将发挥效力。根据此条款规定，在股东继承人提交将其加入股东构成的申请之后30日，同意以默示(不作为)的方式作出。因此，如果任何一位公司股东均未提出反对，视为继承人收到了获得股东权利的同意。在未达成遗产分割协议时，所有继承人对遗产按份共同所有。法律未给予股东在继承人中选择未来股东的可能性，因此在这种情况下，如果继承人之一提出了反对加入公司的异议，便意味着全体继承人的拒绝。

(2)如果公司章程规定，权利向继承人的移转无须通过(其他)股东的同意，则在这种情况下，继承人对股东构成的加入，将在继承人提出申请的基础上进行。公司方面无须作出额外的决定。

(3)如果公司章程作出了对股东权利向继承人移转的禁止,则在这种情况下是对继承人移转“份额之上”的权利,而非“由份额产生”的权利。根据法律规定,应向此类继承人支付份额的实际价值。此时,继承人不产生社团权利。

如果对上述规则规定,须将股东权利移转给继承人,则相应权利以被继承人的份额为限完成移转。在此情况下,独任执行机构须提交变更国家统一法人登记簿中有关该公司股东信息的申请。

已转至继承人的份额数额与被继承人曾持有的份额额度相同,而被继承人先前拥有的额外权利与义务也同时终止。如果在被继承人为公司股东时,公司作出了对公司财产进行增资的决定,则注资义务相应地依继承的发生转移至继承人,且无论其是否已成为公司股东。因为公司股东会作出了进行对财产增资的决定时,注资行为已成为主体的财产性义务,即注资义务属于被继承权利义务总和的一部分,且按概括继承程序移转至继承人。

如果因章程禁止或因某一股东拒绝继承人加入公司,导致继承人不能成为股东,则根据《有限责任公司法》第 23 条,去世股东的份额移转至公司,向继承人支付份额的实际价值。法律规定支付份额实际价值的期限为一年整。

需要管理的注册资本份额,可由公证员依照合同转交至信托管理,但仅在依章程规定继承人无须得到其他股东同意便可成为股东的情况下,信托管理人才能获得管理的参与权。否则,在去世股东权利能力消失的同时,其份额并不能自动提供相应的股东权利,且在股东会作决议时,也不被计算进“大多数”之中。

股份或份额的抵押

> 根据抵押，有债权担保作为保障的债权人（抵押权人）在债务人未履行或未妥善履行债务时，有权在抵押财产（抵押物）的价值中优先于其他抵押财产所有人（抵押人）的债权人得到满足（《俄罗斯联邦民法典》第 334 条第 1 款）。

法律不仅允许对本人的债务设置抵押担保，同时也允许对他人债务进行相应设置，因此，债务人和担保人可以为同一人，也可以为不同的人。

股份和注册资本份额的抵押在实践中得到了广泛应用，但专门调整股份和注册资本份额担保抵押的条款，在很长的一段时间都于《俄罗斯联邦民法典》中缺失未见。

《俄罗斯联邦民法典》中关于抵押的条款变更，使有价证券的抵押规则得以加入民法典中，有价证券抵押又可以延展为股票抵押（无凭证的有价证券）（《俄罗斯联邦民法典》第 358.16 条、第 358.17 条）。关于注册资本份额（联合资本股金）抵押和共同基金中的股金抵押的有关条款，虽在《俄罗斯联邦民法典》中无迹可寻，但第 358.15 条明确规定，可将法人参加人的权利移转用于抵押。

《俄罗斯联邦民法典》第 336 条第 1 款规定，抵押的对象可以为任何财产及财产性权利，不得行使追索请求的财产除外。

如今，我们可以说，股份与份额作为某种法人参加人和股份与份额抵押同存共生的财产与权利，其具有充分的用以抵押的可能性。应当指出，除商公司之外，对于其他所有依照法律直接规定进行资本按份划分的社团而言，仅允许将这些被划分的资本份额用于抵押，其他社团成员权利不得抵押。法律也只为商公司放开了两种可能性：单纯股份

(份额)的抵押和份额与股东权利同时抵押。

根据法律规定,股份公司股东权利的抵押是通过股份抵押来实现的,而有限责任公司的股东权利抵押则是通过注册资本份额抵押来实现的。并且,如果某法人参加人的权利未能交付抵押,不意味着法律禁止将份额或股份用以抵押。

严格地说,《有限责任公司法》第 22 条所调整的并非公司参加人的权利抵押关系,而只规制了份额抵押关系。因为公司股东的权利抵押与份额抵押相伴而生,所以,该规范应作为用以规制被立法者称为"可利用手段"的法律手段的程序,来对有限责任公司股东权利抵押进行适用。

将股份或份额交付抵押的做法是可行的,但是,"股份和注册资本抵押合同可作为公司股东权利的间接表现形式",这一点对于其他法律组织形式的法人却未作规定。

份额(股份、股金)的抵押,以《俄罗斯联邦民法典》中有关财产抵押及包含于各种法律组织形式相关的特别法中的特别规则所确定的程序进行。而参加人权利抵押如今仅被规定于民法典中,在任何一部特别法中均未作体现。

由此可见,我们可以归纳出两种情况:(1)股份(份额)可以作为财产被交付抵押,而不进行社团权利抵押,这种做法允许在所有注册(联合)资本或共同基金被分为权利主体所认可的份额的社团中进行;(2)社团权利也可以进行抵押,该抵押永远与股份或份额的抵押同存共生,且仅对于股份公司和有限责任公司适用。

我们来分析一下这些情况下抵押法律关系的产生与实现特征。

第一种情况为股份、注册资本和联合资本的份额,以及共同基金的股金作为财产交付抵押。在该情形下,抵押关系可依据合同或法律规定产生(《俄罗斯联邦民法典》第334.1条第1款)。其中包括根据《俄罗斯联邦民法典》第448条、第449条,在附信贷或分期付款支付条件的股份或份额买卖合同签订时,股份或份额(商品)被视为处于抵押给卖方的状态中。

根据《俄罗斯联邦民法典》第339.1条的规定,抵押(无论是法定抵押,还是合同抵押)须进行国家登记,且在依本条规定的条件下进行登记的时刻起生效。上述份额及股份作为财产(而非作为参加人权利)抵押的情形未在民法典中被直接命名,但这并不意味着股份及份额的抵押不能进行登记。根据《有限责任公司法》第22条第2款的规定,份额或部分份额的抵押需进行国家登记。根据《法人和个体工商户登记法》第5条第1款第4项的规定,国家统一法人登记簿中包含将注册资本份额交付抵押的有关内容。如此,有限责任公司注册资本份额抵押合同的国家登记,应由负责法人登记的机关(联邦税务局)来进行。《有限责任公司法》第22条规定了有关抵押的国家登记程序,并且如果按照合同约定,份额或部分份额的抵押未在合同签订时产生,而是在未来合同规定条件完成及合同规定期限到达时产生的,该程序的启动以由公证员或抵押权人向登记机关提出的份额抵押登记申请为前提。此情况下的抵押登记注销,须依抵押权人申请或依法院判决进行。

根据《俄罗斯联邦民法典》第149.2条第3款的规定,无凭证的有价证券(包含股票)的抵押,于主管权利登记的人员完成抵押登记之后产生。因此,股票的权利负担(股份抵押)应体现于股东名册中,其具体的方式为制定特别形式的抵押书。通过抵押书可以实现将抵押权负担于股东名册中记入或删除。

法律未对其他情形中的抵押登记作出特别规定,但联合资本份额、共同基金份额的抵押登记,可以通过将抵押于不动产抵押公告登记簿中登记(公告)的方式来进行(《俄罗斯联邦民法典》第 339.1 条第 4 款)。后续就现有的抵押及负担的存在事宜向第三人通知时,所需的证明程序可因此变得更为简化。

抵押合同应采用书面形式(《俄罗斯联邦民法典》第 339 条第 3 款),因此股份抵押合同可以按一般书面形式签订,但根据《有限责任公司法》第 22 条的规定,有限责任公司注册资本份额或部分份额抵押合同须进行公证。

不遵守公证的形式,将导致抵押合同无效(《俄罗斯联邦民法典》第 163 条第 3 款)。

对有限责任公司注册资本份额的抵押交付,仅可以在社团其他成员同意的条件下进行,并且该社团的设立文件应包含允许将份额交付抵押的相应内容。公众股份公司的章程不得对股份交付抵押进行任何限制,抵押也无须经其他股东同意。

根据《俄罗斯联邦民法典》第 346 条第 1 款的规定,抵押人有权获得因使用被抵押物所得的成果与收益。因此,所有在合同效力存续期间可获得的收益,应归公司股东所有,即股东可在此合同中行使所有份额(股份)的相应权利、履行所有份额(股份)的相应义务,不受抵押在任何形式上的限制。例如,在有限责任公司或非公众股份公司中,股东可行使由法律或章程赋予其的获取其他股东出售的份额(股份)的优先权。而股东也会因未适当履行对公司的义务而被除名。如果在抵押合同有效期间,公司通过了按规定程序对其财产进行增资的决议,则出资义务由股东(抵押人)承担,任何社团权利或义务均不会因抵押合同对抵押权人产生。

如果任何抵押中以份额(股份)作担保的主债务未得到履行或未得到妥善履行,且各方未作出以非诉形式进行清偿的约定,份额(股份）可按照规定程序被追索——依照法院判决进行。根据2017年2月17日俄罗斯联邦最高仲裁法院全体会议作出的第10号《关于抵押立法适用的若干问题的决定》，有关对抵押财产的非诉追缴清偿程序的相关条款，不得包含于有限责任公司股东与非为公司股东的抵押权人签订的份额抵押合同中。该结论基于对《有限责任公司法》第22条第1款的援引（此款就股东会对份额抵押的同意作出了规定）。我们需要注意到，俄罗斯联邦最高仲裁法院的结论并非直接从立法中得出，并且，如果（股东）已获得将有关份额交付抵押的同意，则不存在于任何合同中加入有关非诉追索条款的障碍，况且《有限责任公司法》第22条、第25条直接指明了这种可能性。

在依据有限责任公司股东所一致作出决议对公司股东的份额进行追索的情况下，可以以其他全体股东的份额按比例向债权人清偿股东份额的实际价值（《有限责任公司法》第25条第2款）。

被追索的股份，可在公开拍卖中售出；或如果合同中有规定的，追索可在非诉程序下进行。

第二种抵押方式为法人参加人权利的抵押。在《俄罗斯联邦民法典》提到的两种情形中，当法人参加人的权利可以交付抵押时，注册资本份额（股份）亦同时交付抵押。

伴随股份抵押而生的股份公司股东的权利抵押，与股份的一般抵押并无二致，因为所有社团权利实现特征均应依照《俄罗斯联邦民法典》第358.17条体现在股份抵押合同中。但无论如何，法律并未对股份抵押合同的任何特征作出规定。根据《俄罗斯联邦民法典》第358.15条第2款的规定，如抵押合同未作其他规定，在进行股份抵押时，股份所证明的权利由抵押人（股东）行使。由此可见，《俄罗斯联邦民法典》对此种抵押所作的任意性规范，与对一般财产抵押所制定的规则并无二致。

同时，注册资本份额抵押合同与有限责任公司股东权利抵押合同又有所不同。

根据《俄罗斯联邦民法典》第358.15条第2款第2项的规定，在抵押终止时刻前，有限责任公司股东的权利由抵押权人行使。如我们所见，为有限责任公司股东权利抵押所设置的任意性规则，在内容上与财产抵押规则相对立。在抵押合同中，双方可以其他方式确定社团权利的履行程序，或就权利实现的程序设置与抵押人协商一致的义务。

根据《俄罗斯联邦民法典》第334条第5款的规定，债权人或其他自身利益上被施加了财产处分禁止的权利人，在法院作出满足财产权益移转要求的判决生效时刻起，开始对财产享有抵押权人的权利和义务。当法院作出的禁止涉及对股份或份额的处分时，则产生了实践操作的问题，即在这种情况下应当采用哪些规范。

（第十章终）

第十一章

公司治理的法律保障

术语表

合议制管理机关——根据现行法律及(社团)章程选举或任命、就该类机关职权内问题共同作出决定的自然人群体,或在一些情况下的法人群体。

商公司机关(部门)的职权——商公司各机关有权作出决议的问题范围。

利益冲突——当某一主体同时具有两种互相冲突的利益关系,其中之一为受保护利益,而对另一种利益的侵扰会导致受保护利益受损的情形。

公司治理——对社团(公司)活动进行组织的控制方式与操作方式的总和。

公司控制权——凭借参加注册资本而产生的确定社团(公司)决议的能力。

全体大会——商公司的最高机关,由股东(参加人)组成,通过投票来采取决定。

法人机关——法人的组成部分,其在法律或设立文件所确定的权限范围内,可形成法人意思并对外表达,以实现法人的权利能力。

公司治理原则——体现公司治理过程的基本原理。

监察委员会——商公司内部监督机关,由股东(成员)会选出。

董事会(监事会)——管理商公司的合议制机关,由股东(成员)会选出,对公司活动进行全面管理。

公司治理的主体——社团的管理机关及主管人员,凭借其被赋予的职权,作为内部诸多管理关系的一方,对公司治理的客体(社团法人活动)施以有针对性的作用与影响。

管理组织——被授予其他商公司独任执行机构职权的任何法律组织形式的营利组织。

第一节　公司治理的概念与实质

"公司治理"的概念

"管理"[1] * 这一范畴在很长一段时间内都作为哲学、经济学、心理学和控制学的研究对象，且仅在某些领域作为法律科学的研究内容——主要在公法部门法领域（宪法、行政法等）中出现。在俄罗斯社团法人法出现之后，"管理"才成为民法领域专家们的关注对象。按照当代哲学学说，"管理是保证特定结构的完整、维持活动的机制、实现活动的规划与目标的多重属性的组织系统（生物、社会、工程）的要素与功能"。[2]

> 根据当前占据主流的系统性观点，在广义上"管理"应被理解为，对被称为"管理客体"的环境中的特定部分所施加的某种有目的的组织过程。其结果是，与这些客体相互作用且具有特定目标设定的主体需求得到满足。

---

[1] Управление 源自拉丁语 *administration*，指管理、领导。在《大俄罗斯语详解词典》（达里词典）中"управление"一词有着广泛的义项：管理，即在给出路程及方向的条件下，支配某事物、领导；做主、主持、成为主人、指挥者（参见 Даль В. И. Толковый словарь живого великорусского языка. В 4 т. Т. Ⅳ. М., 1994. С. 504）。

* 其区别于英语"management"（管理）一词所对应的俄语词"менеджмент"，相较而言，后者强调的是具象意义上的管理（见正文下文），被加注词则强调抽象意义上的"治理"，即"管理之管理"。本次可转译为对应英文"governance"一词的"治理"。并见下一译者注。——译者注

[2] Философский энциклопедический словарь. М., 1983. С. 704.

公司治理*（英文：“corporate governance”；俄文：“корпоративное управление”）——是一种作用方式的总和，或社团作为一种特殊法人的法律组织形式进行活动组织的过程。

需要着重强调的是，公司治理的客体不是社团的所有活动（如在劳动关系、行政关系及税务关系领域的活动），而是由社团相应法律组织形式起决定性作用的活动组成部分（职权、组织程序和管理机关活动等）。

《公司治理准则》对公司治理给出了如下定义：“‘公司治理’，是包含了股份公司执行机关、董事会、股东及其他利益相关方之间相互关系系统的概念。公司治理是用于确定公司目标及达成这些目标所用手段、同时为保障股东及其他利益相关方对公司活动进行有效监控的一整套工具。”

可见，《公司治理准则》通过公司治理主体的利益体系对“公司治理”进行了界定，且认为公司治理的概念要广于社团机关活动的范围。

如《公司治理准则》所确定的，**公司治理的主要目的**是建立一整套保障性的有效体系，其保障股东所提供的手段，高效地利用这些手段，降低投资人无法评估且不愿承担的风险，以及降低因投资者长期要求对风险进行管理而势必会导致公司投资吸引力下降和股值下跌的风险。

就“公司治理”一词的本义而言，对法人的治理，应与对生产和对生产组织所进行的管理区分开来，也应与直接的生产活动和商业活动区分开来。

---

* 此处为对专有名词本地化固定时产生的俄汉术语偏差，俄文原词为“корпоративное управление”，如直译，或可译作“**社团法人管理**”，此处实则对应的是在汉语语境中被固定下来的“**公司治理**”。因此该词实则是作者与前文“管理”一词的“近义词”逻辑递进式对比。——译者注

对社团生产经营活动的管理，获得了专门的名称——"менеджмент"(英文："management"；中文："管理")，其在商业实践中，根据管理主体的不同又可细分为多种类型，如财政管理、人事管理、投资管理及战略管理等。

对社团生产经营活动进行管理的意义是不可低估的，因为社团的商业成就、社团的获利与否以及对社团关系所有参加人的利益需求的满足，都取决于对社团生产经营活动的管理。

参与公司治理的主体

必须指出的是，"社团法律关系的主体"与"公司治理的主体"在范围上是不同的两个概念。

➡ 社团法律关系的主体，指权利主体，即具有权利能力的法人与自然人[社团本身、社团的发起人、股东(参加人)；自然人指管理机关的成员]。

公司治理的主体，是指参与结构治理中的参加者以及相应的权利主体。

例如，组织的管理机关为公司治理的主体，但不为社团法律关系的主体。

社团关系参加人各种利益的范围可以不互相吻合。例如，一般而言，多数股权股东会全力提高其股份的资本价值，增强其对公司的影响力(控制力)；而少数股权股东则对获取稳定的股利更感兴趣。对公司的员工而言，重要的是拥有高薪资、社会与劳动方面的保障及各种福利；而对于高层管理人员来说，他们更感兴趣的是自己的职业成长与其所效力社团的形象与声誉。这些利益的相互关系与它们之间的冲突通过一些具体的情况体现出来，其中包括股东(参加人)的数量、控制权的分配、是否有战略投资人或外国投资人、国有财产所占的份额、社团法人活动的规模与领域、高层管理人员的立场以及在劳动集体中形成的惯例等。

似乎，在公司治理参加人存在的各种各样的利益之间不存在不可调和的、阻碍社团向前发展的矛盾，所有公司治理的参加人都最终与社团的成功有着利益相关性。而社团经营的成功也是参加人的需求得以满足的基本条件。根据辩证法的矛盾对立统一规律，结构性矛盾的克服是任何组织发展的本质。

将所有参加社团法人活动或与活动相关的可能关联主体间的利益相结合的原则，应作为法律调整社团法人活动的基础。

公司治理的原则

▌ **公司治理的原则，即体现公司治理过程的基本原理。**

当前，公司治理的原则未在俄罗斯立法中得到直接确定。在其他国家的法律体系中，公司治理的原则直接体现在法律文件中的情况也不甚常见，其一般体现在作为建议性文件、由公司自愿选择履行的公司治理准则性文件之中。由经济合作发展组织所制定的《公司治理准则》，是在各国法律秩序中制定公司治理原则的基础。该文件的主旨是最大限度地保障股东权利，该文件明确：公司治理结构应保障公司的战略管理、董事会对行政活动的高效控制以及董事会对股东负责等层面。

经济合作发展组织提出的公司治理关键性原则为：公平原则、责任原则、透明原则、问责原则。

俄罗斯的公司治理原则包含在《公司治理准则》中。该准则为建议性文件，其条例可被整合至公司内部文件中，同样也可以被吸纳至科学理论之中。正如该准则所指出的，从长远来看，公司治理应以公司的稳定发展原则和提升投资对股份资本的回报率原则为基础。

第二节　商公司的机关：概念、性质及分类

法人机关的概念与特征

权职分明的管理机关系统是法人组织统一性的特征。

B. B. 切列巴辛这样写道，"所有法人的活动都由人来完成。没有以某种方式组织起来的人员构成，任何法人都无法存在与行事。无论法人属于哪种类型，其活动均表现为包含其机关在内的员工职务行为的总和。并且只有其机关可以进行法人对外的意思表示行为：民事法律行为、诉讼行为及其他正当的法律行为"。[1]

在当代立法中同样确定了这一原则：法人通过根据法律、其他法律文件及设立文件行事的法人机关来获得民事权利和承担民事责任（《俄罗斯联邦民法典》第53条第1款）。

法人管理机关的法律性质在很长一段时间内为学界所广泛讨论，[2]学者们对于法人机关本质的理解众说纷纭。其中最具代表性的观点有两种：(1)法人机关是法人的代表，它作为独立的法

〔1〕 Черепахин Б. Б. Органы и представители юридического лица // Труды по гражданскому праву. М., 2001. С. 468. Б. Б. Черепахин ссылается здесь на свою статью «Волеобразование и волеизъявление юридического лица»（Правоведение. 1958. № 2. С. 43 и сл.）.

〔2〕 关于此争论，参见 Учебный курс. В 2 т. Т. 2. М., 2017. С. 164 – 168（гл. 7, автор главы-И. С. Шиткина）。

律主体，以法人的名义、为法人利益行事（代表说），及（2）法人机关被看作法人的结构组成部分，不是独立的法律主体，而仅仅是法人的法律人格赖以实现的特殊构造（器质说）。

立法者及大多数当代俄罗斯学者及专家，均支持将法人视为对法人意思进行表达的结构组成部分的观点。该观点的支持者D. I. 梅耶尔这样写道："……法人机关的行为被视为法人的自身行为——在承认法人存在的同时，立法对法人的机关进行了确认，前者应通过后者来进行自身活动。"[1]

有关法人机关法律属性的学说，不仅有着理论层面的意义，也有着重大的实践意义：**对于由其机构以法人名义进行的民事法律行为，不适用代理关系的相关规范。**

法人的机关是其组成部分之一，在立法与设立文件所确定的职权范围内对外组织与表达法人意愿，以实现法人的权利能力。

S. D. 莫吉列夫斯基指出了以下法人机关的实质性特征：

（1）法人机关是法人的某种组织构成部分，由一个或数个自然人担任代表；

（2）法人机关遵照由法律或设立文件所确定的程序组建；

（3）法人机关拥有特定的职能，相应职能在自身的职权范围内实现；

（4）法人的意思形成与意思表示，通过由立法规定种类的法人机关采取专门文件的方式来进行。[2]

---

〔1〕 Мейер Д. И. Русское гражданское право. В 2 ч. Ч. 1. М. ,1997. С. 126.

〔2〕 参见 Могилевский С. Д. ,Самойлов И. А. Корпорации в России：правовой статус и основы деятельности：Учеб. пособие. М. ,2006. С. 55。

法人机关由自然人组成，而在一些情况下可由法人组成，但不可将其与前者混为一谈。管理机关的人员构成变更，不会导致此机关先前作出的决定无效。

法人机关的职权

职权被看作法人实现其权利能力的法律手段。法人的权利与义务依据职权转变为向其管理机关提供的权能。V. C. 亚库舍夫提出，职权是意思形成过程的基础。[1]

对于商公司机关的职权，我们应当理解为，由立法及公司章程规定的机关可行使其管理功能所必需的具体权能的范围，即商公司机关被授权解决问题的范围。

社团管理机关的决定，仅在其按照立法或组织设立文件所确定的问题范围内作出时，才具备法律效力。

商公司管理机关的职权应在法律或公司章程的基础上进行确定，此结论的依据为《俄罗斯联邦民法典》第 53 条第 1 款。根据此款规定，法人机关的组建程序和职权应由法律、其他法律文件和设立文件确定。同时，有关商公司的强制性法律规范的规定，确定公司管理机关的结构、职权以及决议通过程序的条款，应体现在其章程之中（《股份公司法》第 11 条第 3 款、《有限责任公司法》第 12 条第 2 款）。公司内部文件可以对公司机关会议的召开与进行作出规定，但不能规定机关的职权。这种处理方法同保护与公司产生关联的第三人的利益有关：如

〔1〕 Якушев В. С. Юридическая личность государственного производственного предприятия. Свердловск, 1973. С. 229.

果组织的设立文件可供查阅知悉，则内部文件亦可不向无关人员公开。

在有关商公司的立法中有所谓“**剩余职权**”原则，其实质是对每个管理机关的职权设置按照如下定则进行：不属于上级机关绝对权能范围内的问题，其解决权限将被包含在（下一级）机关的职权之中。

法人机关的职权借由合法文件来对外行使。

合法文件，指法人基于法律或其他法律文件的意思形成或意思表示，根据章程规定的程序、以法人机关专门文件的形式制定与签署，旨在确立本地合法规范，或促成符合法人设立目的的民事法律关系产生、变更和终止。[1]

商公司的股东会、董事会和合议制（或作“委员会制”）执行机关作出决议；独任执行机关颁布命令与指示；监察委员会作出结论。当前《俄罗斯联邦民法典》将股东会决议规定为在法律规定的情况下产生民事权利与民事义务的根据（第 8 条第 1 款）。

商公司机关的分类

商公司的管理机关为：股东会、董事会、独任执行机关及合议制执行机关。监察委员会（监察员）为公司的监察机关。法人机关可以根据不同标准进行分类。[2]

1. 根据组建程序

根据组建程序及职权取得方式，可分为选举产生、任命产生及其他方式产生的机关。

---

〔1〕 Могилевский С. Д. Общество с ограниченной ответственностью. С. 245.

〔2〕 关于商公司机关分类，参见 Могилевский С. Д.，Самойлов И. А. Корпорации в России. С. 62 – 81；Ломакин Д. В. Очерки теории акционерного права. С. 95 – 112；Долинская В. В. Акционерное право：основные положения и тенденции. С. 499。

根据《俄罗斯联邦民法典》第 53 条第 1 款的规定，法人机关的组建程序应由法律或设立文件确定。机关的形成可通过任命或选举来实现。**任命**，即某机关或主管人员对另一主体委以职位的可能性。在此种情况下是不存在选择性的，不存在参加选举的候选人。相反，在**选举**的情况下，应进行由有选举权之人从数个候选人中选出一位候选人的选举。立法直接规定，股份公司的董事会和监察委员会（《股份公司法》第 66 条第 1 款、第 85 条第 1 款）、有限责任公司的独任与合议制执行机关（《有限责任公司法》第 40 条第 1 款、第 41 条第 1 款）属于须经选举产生的机关。在其他情况下，在立法中使用"组建机关"的法律设计：针对股份公司的执行机关——适用《股份公司法》第 69 条第 3 款；针对有限责任公司的董事会——适用《有限责任公司法》第 32 条第 2 款。管理机关的组建程序（任命或选举）应于商公司的章程中进行规定。

按照组建方式对社团机关进行分类时，股东会的组成占据特殊的地位。该机关的人员构成非因选举和任命产生，而是由商公司的成员资格的事实来确定。因此，《俄罗斯联邦民法典》第 65.1 条第 1 款针对由社团性组织参加人组建股东会进行了一些条件性定义，因为"组建"* 一词在传统理解中，是某种导致某物形成（出现）的过程或活动，其在股东会的语境下并不适用。**

2. 根据组成形式

根据组成形式不同，社团机关习惯上被分为合议制及独任制两类。

---

* 原文所述"机关组建""组建程序"等均采用"образование"的表述，该词本义为"形成""构成""成立""养成"，为避免俄汉术语差异，译者将其处理为了"组建"。——译者注

** 此句中"组建"与"形成"在原作俄语表述中均使用了"образование"一词，参见上一条译注。——译者注

根据现行立法及章程确定的程序经选举或任命产生的、对属于其职权的问题共同作出决议的自然人、(可能情况下为)法人[1]所组成的团体,为合议制机关。

由此定义得出两种情况:(1)合议制机关的数量构成不得少于两人;(2)合议制机关的决议一般应在共同讨论[2]与投票的结果上作出。

合议制机关的决议作出程序(可通过多数或特定多数*投票通过的方式进行),通常可在立法任意性规范的基础上,由公司章程进行确定。

针对公众公司股东会的决议作出程序所进行的法律调整,为一种特殊情况:在就须以特定大多数通过的特定事项进行投票时,事项范围清单不得由公司章程扩充(《股份公司法》第49条第2款、第4款)。

在作出决议时,董事会、合议制执行机关和监察委员会成员通常各有一票。因此,针对股份公司董事会所制定的特别规范规定:在董事会采取决议时如出现成员平票的状况,则章程可规定在此种情况下董事长拥有决定权(《股份公司法》第68条第3款)。以此类推,此类情形也可以规定于有限责任公司的章程之中。

在2014年5月5日第99号联邦法对《俄罗斯联邦民法典》进行修

---

〔1〕 在法人履行独任执行机关职能时,其可成为合议制执行机关(董事会)的组成部分。即使理论上是可行的,这种管理模式也是非常少见的。

〔2〕 需要指出的是,立法并不要求在所有情况下对合议制机关的决定进行共同讨论。例如,在股东会或董事会缺席投票作出决议时,董事会考虑未出席但就议程问题书面表达了自己意见的股东所作出的决议,则不要求进行共同讨论(《股份有限公司法》第68条第1款)。

* “多数”即半数以上,“特定多数”指可根据不同情形限定2/3、3/4等不同比例为票选通过的前提。——译者注

改后，**独任执行机关可以为“非一元的”**。* 且独任执行机关的“非一元性”可依章程规定体现为两种形式：(1)独任执行机关的职能被赋予几个共同行事的主体，或者(2)成立了数个彼此独立行事的独任执行机构(《俄罗斯联邦民法典》第63.5条第3款)。第二种结构形式使独任执行机关与合议制管理机关变得颇为相似，但又并非完全一致。这是因为，数个并存的独任执行机关并不通过集体投票来作出决议，而是独立行使自身职能，这使“独任”与“合议”的机关分类得以充分保留。

3. 根据功能特征

根据所完成的功能特征，法人机关可被分为管理机关(领导机关与执行机关)与监督机关。

作为最高管理机关的股东会以及对社团法人活动进行全面领导的董事会，属于社团的管理机关。股东会的领导性质体现在，它是可对商公司中最为重要的组织与活动事项作出决议的最高管理机关。其中包括对章程进行确认和变更，就公司改组与清算问题作出决议，组建公司的其他机关[董事会、监察委员会及执行机关(如果对这些机关的组建与终止的相关职权未被规定属于董事会)]，以及批准规范公司机关活动的内部文件等。

《股份公司法》(第64条第1款)对董事会的领导职能进行了明确，其领导地位也体现于职权之中，包括对公司活动的优先方向及其他战略性问题的确定等。

执行机关指对公司日常活动进行组织的独任及合议制机关，其对董事会及股东会负责。

监察委员会(监察员)为合议制机关，其对公司的财务、经营活动

---

* 若对原文直译，则应作“多数性质”或“复数性质”，此处指独任执行机关由多主体共同行使发挥权能。——译者注

进行监督。

同时,在股份公司中可只设监察委员会,而在有限责任公司中既可设置监察委员会,亦可设立监察员。

4. 根据在法人意思形成过程中的作用

根据在法人意思形成过程中的作用,可将机关划分为意思形成机关及意思表示机关。

B. B. 切列巴辛写道:"在对法人的意思表示与意思形成的程序与过程进行研究时,必须将机关分成两类,即(1)在法人完成正当法律行为时对外代表法人职能的意思形成机关(如管理委员会、董事长),和(2)不对外代表法人的意思形成机关(如合作社或其他社会组织的全体大会)。在这一层意思上,可以称它们为代表机关和非代表机关。"〔1〕

根据这一分类标准的意涵,**意思形成机关**仅可形成法人的意思,而不对外作出表达。社团的意思形成机关应包括股东会、董事会及合议制执行机关。

意思表示机关将法人的意思对外进行表达,此类机关在其职权范围内行事时无须获得授权。

组织的独任执行机关属于意思表示机关。**在一些情况下独任执行机关既可以是意思形成机关,也可以是意思表示机关。**

接下来我们对上述理论问题进行举例分析:

假设某股份公司欲完成一重大交易,其对资产账面价值35%的财产进行出售。根据《股份公司法》第79条第2款的规定,对于该笔交易的意思形成应由董事会通过投票来进行。在董事会对此作出决议

---

〔1〕 Черепахин Б. Б. Труды по гражданскому праву. М. ,2001. С. 301.

后，独任执行机关方可以签订相应合同的方式合法地对外表达股份公司的意思。如股份公司完成一般交易时（无须获得股东会或董事会同意的交易），独任执行机关可就此交易自行形成公司意思并对外进行表示，此时，其便集意思形成与意思表示的功能于一身。

当然，意思形成机关及意思表示机关的分类在一定程度上是相对的。在一些条件下，股东会的决议可以是意思的形成，如大会就股利的支付所作出的决议。但为实现股利的计算与支付目的，最高机关的决议便已足够，此时该决议便既是意思形成，也是意思表示。

但归根结底，此分类对于厘清法人机关已完成行为的法律本质和对各机关职权进行限制有着重要意义。

5. 根据组建的必要性

根据组建的必要性可以将机关分为必设机关与选设机关。顾名思义，必设机关指在任何商公司中均应设置的管理机关；选设机关指可按照公司酌定是否组建的管理机关。

必设机关包括股东会、独任执行机关及公众股份公司中的董事会。此类机关依立法强制性规范设立，公司自身无权决定是否设立。

合议制执行机关对于任何商公司而言均是**选设机关**；对于非公众公司而言，其选设机关还包括董事会。

在2018年7月19日对第209号联邦法《股份公司法》进行修改后，监察委员会成为非公众公司和公众股份公司的选设机关（《股份公司法》第85条第1款、《有限责任公司法》第32条第6款）。

第三节　商公司的股东会

股东会在商公司机关体系中的地位

俄罗斯立法确定股东会为**商公司中的最高机关**(《俄罗斯联邦民法典》第65.3条第1款、《股份公司法》第47条第1款、《有限责任公司法》第32条第1款)。[1] 公司其他的所有机关直接或间接地(通过董事会)由股东会组建,并由股东会分别赋予职能。

基于商公司的构造,除在无限公司以外(《俄罗斯联邦民法典》第72条),公司参加人不享有**直接从事社团事务管理**的权利,而享有依其所有的股份(参加的份额大小)种类、形式及数量参加股东会的权利。

股东会的职权

> 股东会的职权应理解为法律允许的、(对于非上市公司而言其章程列出的)股东会有权作出决定的问题。

法律中也明确了"股东会专属职权"的概念,指不能交由商公司其他管理机关审议的最为重大的事项。例如,确认及变更社团的人员构成、对社团的改组和清算作出决议、对公司的盈亏进行分配及其他于《俄罗斯联邦民法典》第65.3条第2款、第67.1条第2款中列明的事项。

---

[1] 需要指出的是,在《股份公司法》中股东会被评定为"最高管理机关",在《俄罗斯联邦民法典》及《有限责任公司法》中使用了"最高机关"的称谓。

除《俄罗斯联邦民法典》或其他法律另有规定外，民法典和其他法律赋予公司最高机关的专属权限之内的问题，不得转于公司的其他机关解决。

商公司股东会的职权，在很大程度上由其法律组织形式的特点来确定；对于股份公司而言，则取决于其公众或非公众的公司地位。

例如，公众公司的股东会，无权审议及解决《股份公司法》未赋予其职权的问题。相反，当《股份公司法》（该法第48条第3款、第4款，《俄罗斯联邦民法典》第66.3条第3款第8项）未赋予股东会解决相应问题的职权时，非公众公司于设立时通过的或后经投票全票通过的章程，可以赋予股东会解决这些问题的权限。在非公众公司中通常并不设立董事会，因此股东会的职权范围中包含了所有领导职能。

每个商公司的股东会所具有的职权均依法依章程进行确定。

备择职权

备择性，是指参加人可就公司管理机关间权限的分配作出更被接受选项的可能性。

如果根据立法中的任意性规范，相关事项可依章程归为另一机关职权，则此类事项便属于股东会的备择职权。

属于股东会备择职权的事项有：关于通过增发股份对注册资本增资（除《股份公司法》第39条第3款和第4款规定的情形外）、关于由增发股票引起的公司章程变更与补充、关于公司执行机关的组建及其职权的提前终止、关于年度决算及关于公司会计（财务）报表的确认等事项（《股份公司法》第48条）。

非公众公司依据任意性规范，具备对职权再分配的最大可能性。

兼有职权

股东会和董事会均可对相应事项作出决策，则意味着二者对相关事项具备兼有职权。立法对此类决策的参与进行了规制。例如,对涉及股份公司资产账面价值25% ~50%的财产重大交易的核准确认,便可以作为兼有职权的例子。根据《股份公司法》第79条第2款的规定,此类决定应由董事会一致通过,但如未达全票一致,董事会可将该事项交由股东会来决议。股东会对此类重大交易以一般多数投票作出的决议,为最终决议。

➡ **因此,兼有职权的前提是,商公司的数个机关就同一问题分阶段地进行决策。**

需要考虑的是,职权的分配可以不按照法律或章程一锤定音的规定进行。为保障公司治理的有效进行、保护弱势参加人在某些特定社团程序实现方面的利益,立法允许在一系列情况下进行"职权转移"。例如,股份公司章程将有关公司独任机关的组建或有关对其职能提前终止等事项列入董事会职权之中,且董事会会议人数未达到章程规定人数的,上述问题可交由股东会决议(《股份公司法》第69条第5~7款)。又如,《股份公司法》第84.6条规定,公众公司在收到对超过公司30%股份所作出的自愿或强制性购买报价之后,可对股东会的职权进行临时强化。

股东会的种类

根据股东会的召开周期,可将其进行如下分类:

——在股份公司中,分为年度会议和临时会议;

——在有限责任公司中,分为例行会议及临时会议。

股份公司的年度股东会

股东会年会在公司章程规定的期限内召开,但不得早于该财政年度结束的前2个月,且不晚于结束后的6个月。在年度股东会上应解决有关选举组建公司董事会、监察委员会(如果公司章程规定必须组建监察委员会的)、确定审计人等事项。涉及财政决算、财务(会计)报表的确认等事项,如未被章程列为董事会职权范围的事项,亦应交由股东会决定。

年度决算为总结性文件,其包含公司财产及财务状况、发展前景、管理机关组成及公司其他财务与经营活动的信息(如当年公司完成的重大交易及关联交易情况)。组织的年度会计(财务)报告包括会计报表、利润报表及其附件(《会计核算法》第14条第1款)。年度报告和年度会计(财务)报告中所包含数据的准确性必须由监察委员会(监察员)确认,并在法律规定的情况下由公司的审计人核准。

年度股东会也可以就属于股东会职权的其他议题采取决议。

股东对于股东会议程中议题的准备发挥着积极作用。例如,合计持有公司2%以上表决权股的股东,有权向股东会年会提交议案,提名董事会、合议制执行机关、监察委员会、公司计票委员会的候选人及独任执行机关的候选人。此类提案应在财政年度结束后30日内送交公司,公司章程规定更晚期限的除外(《股份公司法》第53条)。

《股份公司法》第53条对将议题列入股东会议程的相关程序进行了规定,且2012年2月2日由俄罗斯联邦金融市场局批准的第12－6/пз-н《关于准备、召集及举行股东会的补充要求条例》对此作出了更为细致的规定。

公司董事会无权更改股东提议列入股东会议程中相应议题的提法,也无权更改有关此类议题的决议拟订方案。法律规定了董事会可拒绝将股东提案纳入议程的详尽依据清单。

为保障股东制定股东会议程的权利,《股份公司法》特作出第53条第6款之规定:如果董事会拒绝将提案议题列入股东会议程,或拒绝将候选人列入提交相应机关进行表决投票的候选人名单，抑或公司的董事会逃避对此事项作出决议，股东有权向法院提起诉讼，请求强制公司将拟议的议题纳入股东会议程，或将候选人列入用于公司相应机关投票表决的候选名单中。

股份公司的临时股东会

所有年度会议之外举行的股东会，均为临时股东会。临时股东会可以按董事会的决议召开，决议依据可为董事会的倡议、公司监察委员会及审计人的请求、在提出要求之日持10%以上表决权股的众股东(或单个股东)的请求。在关于召开临时股东会的请求中，应对拟列入会议议程的议题予以体现，还可包含提交至议程中的相应问题的决议拟订方案，以及股东会举办形式的提案。董事会无权擅自修改已作出的提案。

对临时股东会发起人权利的保障体现在：(1)对董事会发起临时股东会的相关活动进行了详细规制；(2)对拒绝召开大会可依据的情形以清单形式进行全面列举；(3)会议召开的发起人可向法院提起诉讼，要求强制公司召开临时股东会(《股份公司法》第55条第6～9款)。

有限责任公司的例行股东会

《有限责任公司法》未使用"股东会年会"的表述，而是按照会议举行的周期划分了"例行股东会"及"临时股东会"。**公司的例行股东会按照章程中规定的期限进行，但不得少于每年一次。**此类股东会由公司的执行机关进行召集，但如果公司章程对董事会的组建进行了规定，则此问题可被列入后者的职权范围内。因此，区别于股份公司的股东会年会，有限责任公司的例行股东会，可在一年中多次举行。例如，如果章程作出规定，可每季度举行一次。其中应有一次例行会议在不早于财政年度结束前2个月、不晚于其结束后4个月举行，用以审核批准有限责任公司的年度业绩。

有限责任公司的任何股东，均有权在不晚于会议召开前15日作出将补充议题纳入股东会议程的提案。召集会议的机关无权对拟被列入会议议程的补充议题的提法作出修改；该机关有义务审议其收到的提案，并在不迟于章程规定的期限内，针对是否将这些提案纳入股东会议程中，作出同意或拒绝的决定。

有限责任公司的临时股东会

《有限责任公司法》第35条规定了临时股东会的召集与举办程序：公司股东会临时会议于章程规定的情形下召开，也可在公司及其股东利益需要的其他任何情形下召开；公司股东会临时会议，根据公司执行机关的提议，按照公司董事会、监察委员会、审计人及占有公司股东表决权总数1/10以上的股东所提出的请求，由公司执行机关进行召集。

股东会的决议通过方式

会议决议可**借由现场表决或缺席表决**通过（《俄罗斯联邦民法典》第181.2条第1款）。正如俄罗斯联邦最高法院全体会议于2015年6月23日作出的第25号全体会议决议中所确定的，如果特别立法未对表决形式提出要求，民事法律团体的参加人亦未确定此类要求（特别是在章程中未确定会议举办程序的），则表决既可以现场形式进行，也可以缺席形式进行，或可以混合形式（现场表决与缺席表决相结合形式）进行。

现场表决是指股东会以公司股东共同出席的形式举行，以讨论议程内的议题，并以投票表决方式作出相应决议。

缺席表决并不要求股东共同到场，而是指收集股东对于议程议题的意见，并以收集表决传签的方式就这些议题作出决议。

立法规定了股东会不得以缺席表决形式进行的情形。例如，股东会议程中含有应由股东会年会采取决议之议题，其中包括选举公司董事会、监察委员会，确认公司审计人等议题，不得以缺席传签的方式进行表决（《股份公司法》第 50 条第 2 款）。

除以缺席表决形式进行的股东会外，传签表决还可在有表决权股东数量多于 50 人的公众股份公司或非公众股份公司，以及在其他章程中规定了在股东会进行前必须发出传签并对其进行收集的公司中进行（《股份公司法》第 60 条第 2 款第 2 项）。在此类公司中，被列入有权参与股东会人员名册中的主体，既可直接参加会议，也可将填写的传签提交给公司。在这种情况下，于股东大会召开前两日收到传签或电子形式传签的股东，视为股东会的参会人，电子格式的传签须在通知中指定的互联网网站上填写。

因此，《股份公司法》中所规定的以“共同出席”来举办股东会的形式，便有了缺席表决的特征，而实际上股东会的举办形式已发展成了混合式的。

《股份公司法》（经 2015 年 6 月 29 日第 210 号联邦法修改）规定，在股东会召开时，会议（为了商讨议程中的事项并采取决议，而采取共同出席形式的会议）可采取信息与通信技术，以保证股东不必亲自到达会议举办地便可远程参加会议（《股份公司法》第 49 条第 11 款）。股东会上的有效人数及表决结果，可根据在互联网网站上填写的电子形式传签等来确定（《股份公司法》第 60 条第 4 款）。此规定对于混合形式的推广具有促进作用。

➡ 以混合形式召开股东会（适当利用表决传签或使用信息与通信技术）与使用缺席表决形式召开股东会不同的是，在混合形式下股东将一直具备出席会议的可能性，而缺席表决形式下股东缺席并非一直具备这样的可能。

股东会的准备、召集及举行程序

现行的社团法人法立法中包含大量程序性规范，其规定了股东会的准备、召集及举行程序。就保障股东参与公司管理的权利而言，这些规范有着重要的意义。我们来共同研究一些立法规定。

一般而言，商公司股东会的准备与召集由董事会进行（《股份公司法》第65条第1款第2～4项、《有限责任公司法》第32条第2.1款第10项），且只有在未设董事会时，其涉及组织股东会的职能方能转移至执行机关。

股东会议事日程的组织程序特点为，除非公司章程另有规定，一些事项只有根据董事会的提议方可被纳入决策议程中。这些事项涉及股份公司运作最为重要的几个方面：公司改组、注册资本的增加或结构变化、重大交易及关联交易的审批核准、公司对已发行股份的购买、对公司活动的调整及其他问题的内部文件的确认。

股份公司关于召集股东会的通知

针对商公司的两部法律均规定，有关召开股东会的事宜，必须对股东进行事先通知。

有关召开股东会的通知应在不晚于召开前21日发出，而议事日程中含有公司改组议题的股东会，应在不晚于召开前30日发出通知。立法规定了股东会通知的更长期限，在股东会解决涉及董事会成员选举或公司以合并、存续分立、新设分立形式进行改组等问题时，通知应在会议召开的50日前发出（《股份公司法》第52条第1款）。

现行立法对股东会召开的通知中所必须含有的信息清单作出了规

定,同时规定了股东对股东会议事日程中的事项材料进行了解的可能性(《股份公司法》第52条)。上述规范具有强制性。

向每位股东发送挂号信,是就股东会召开一事向股东进行通知的传统手段。2015年6月29日的第210号联邦法扩大了《股份公司法》所规定的针对公司管理机关与股东互动时可使用信息与通信技术的可能性。特别是,立法者允许:通过向股东名册中载有的联系电话及电子邮件地址发送包含股东会召开信息告知程序的电子信息及文字信息,以及在公司章程规定的印刷出版物、章程确定的公司互联网网站上进行上述信息的发布(《股份有限公司法》第52条第1.2款)。

有限责任公司关于召集股东会的通知

根据《有限责任公司法》第36条第1款的规定,有限责任公司股东会召开的通知,应以挂号信或章程规定的其他方式,于不晚于会议召开前30日对股东进行通知。并且,该法规定,首先,章程可以确定通知股东的更短期限;其次,即使股东会违反了召集程序,如果公司所有股东都参加了全体会议,则该会议视为合法有效(《有限责任公司法》第36条第5款)。由于股东数量较少,且股东间的关系有着个人互信的特征,这种任意性调整方法在有限责任公司中是可行的。

股东会的参加权

作为所有民事法律团体会议之一,股东会的决议,会对有权参与此会议的所有人员引起法律后果(《俄罗斯联邦民法典》第181.1条第2款),所以,合理确定有权参与全体会议的人员范围,对于股东权利的实现是尤为重要的。

股份公司的普通股股东、在优先股成为表决权股时的优先股股东享有股东会的参加权,优先股成为表决权股的情形如下:

——如果章程对优先股(累积优先股除外)的股利数额作出了确定,无论出于何种依据,在上一年股东会上是否对此类股票的优先股利作出支付或不足额支付股利的决议;

——如果依公司章程,上一年度股东会应对相应累积特权股作出支付累积股利的决议,而公司未作出或者作出了不足额支付累积股利的决议;

——如果股东会议事日程中包含了公司改组或清算等事项;

——如果在股东会的议事日程中包含了对此类特权股占有人(股东)的权利进行限制的涉及公司章程变更及补充的事项;

——在作出对公众公司章程进行补充的决议的同时(相应补充内容中剔除了有关该公司为公众公司的规定),作出依据《股份公司法》第7.2条第3款规定的须与此决议同时作出的必要决议之时;

——在股票发行条件特定情形产生或终止之时(《股份公司法》第32条第6款);

——在对依《股份公司法》规定应由全体股东一致决议通过的事项进行决议时(《股份公司法》第32条第4款)。

有权参加股东会的人员名单在公司股东名册的数据基础上进行编制。有权参加股东会的人员名单的编制日期,不得早于有关举行股东会的决定作出之后10日,且不得晚于股东会召开日期的前25日。而在议事日程中含有选举董事会成员的事项时,编制日期须不晚于股东会召开之日前55日(《股份公司法》第51条第2款第2段)。

由于在清单"截编"(确定有权参加股东会的人员名单)过程中存在一定的时间间隔,股东可以对属于其的股份进行全部或部分转让。那么在这种情况下,谁将拥有参加股东会的权利——是名列清单之中但股东身份已不复存在的出让方,还是未被列入名单的新所有权人?

根据《股份公司法》第 57 条第 2 款的规定，在清单编制日期之后股东会召开之前进行股份转让时，包含于有权参加股东会的人员清单中的主体有权参加股东会。如果在股份转让合同中有约定的，那么上述主体有义务向股份获得者出具参加表决的授权书，或有义务按股份获得者的指示在股东会上进行表决。

可以说，在这种情况下，法律建立了一种独特的、实际上为“准代表”性质的设计，即已不具备主体地位但有权对自身所拥有的参加股东会的社团权利进行处置的主体，能够进行委托授权。也就是说，虽然该主体在以自己的名义进行委托，且在法律上为自身需求行事，但事实上并非为自身需求，而是为另一主体（股份获得者）能够行使社团权利。

在《股份有限公司法》中未对会议参加者名单的编制作特别要求。公司全体股东均有权出席股东会，参与议事日程中的问题的讨论，并在决议时进行投票。

有限责任公司的股东同股份公司股东一样，既可以亲自参加股东会，又可以通过依法出具的授权委托书来委托代理人出席股东会（《俄罗斯联邦民法典》第 185.1 条、《有限责任公司法》第 37 条第 2 款）。

股东会的有效人数

民事法律团体的会议有效人数为不少于相应组织参加人（成员）总数的一半，《俄罗斯联邦民法典》第 181.2 条第 1 款中的这一规范在一些特别法中也得到了体现。

例如，共持有公司已发行的半数以上表决权股的数个股东参加股东会时，**股东会便具有合法权能（具备法定有效人数）**。登记参加股东会的股东及早于股东会召开日期前两日收到传签的股东，视为参加股东会的股东。股东于截止接收传签日期前收到传签的，视为以缺席表决形式参加股东会。

《有限责任公司法》未对股东会有效人数的确定程序作出规定，因为**有限责任公司的决议与计票不取决于到场的股东，而是取决于股东的总投票数**。较股份公司而言，这一点体现了有限责任公司在股东会表决程序上有着实质性的差异。

➲ **因此，为使有限责任公司股东会作出决议，至少要有相应决议作出所要求的股东人数参加股东会。**

股东会的再行召开

在再行召开的股东会中，如果共持有不少于30%公司已发行的表决权股的股东参加时，则该再行召开的股东会具有合法权能（具有法定有效人数）。股东人数超过50万人的公司可以在章程中规定再行召开股东会所需的更少有效人数。

在未达到依法院判决须进行的股东会年会的有效人数时，在不晚于60日内应再行召开有相同议程的股东会。如不具备依法院判决须进行的临时股东会的有效人数，股东会不会再行召开（《股份公司法》第58条第5款）。上述法律规定旨在于少部分股东要求召开股东会之时，实现公司开销的最小化，且上述规定针对年会与临时会采取了不同处理方法。

《有限责任公司法》未对决议采取时有效人数的确定程序作出规定（因为计票以全体股东的总数为基数，而不取决于到场的股东），相应地，该法中未涉及“再行召开股东会”这一概念。如果在有限责任公司的股东会上，相应决议未能获得其被通过所必需的票数，则本次股东会视作未成功举行且不得再次召开。

股东会上的表决程序

股东会上的表决通常按照“每表决权股有一票表决权”的原则进行。

出现投票权与属于股东的商公司股票（注册资本份额）不成比例的可能情形如下：

——在股份公司选举合议制管理机关成员时使用累积投票制[1]（《股份公司法》第 66 条）；

——对有限责任公司董事会成员、合议制执行机关和/或监察委员会进行选举时采用累积投票制（《有限责任公司法》第 37 条第 9 款）；

——如果公司章程无特别规定，对选举股东会会议主席进行的表决，应按照“每位股东有一票表决权”的原则进行（《有限责任公司法》第 37 条第 5 款）；

——当非公众股份公司或有限责任公司股东在一致通过的公司章程或在股东协议中规定了对公司股东票数的其他确定程序时（《俄罗斯联邦民法典》第 66 条第 1 款第 2 段、第 67.2 条，《有限责任公司法》第 32 条第 1 款）。

上述情形为“股东的权利范围与属于其的股份数量成比例”这一基础原则的例外。

股东会的决议作出程序

在对决议作出程序进行分析后，应当指出，除法律规定的特殊情形外，股东会的决议通常由普通多数表决来通过。即如果在章程未对更

〔1〕 在采用累积投票制时，公司每个股东拥有的总票数为其实际票数乘以应被选入公司机关的人员数量，公司股东有权将以此种方式获得的票数全部投给一个候选人，或将其分散投给 2 个或 2 个以上候选人。得票数最多的候选人视为当选。

多票数作出要求，决议可由持有表决权股股东投票的3/4以上多数表决通过（《股份公司法》第49条第4款——关于对章程进行修改、公司改组、破产清算、核定股本、公司获得发行股票等；该法第39条第3款、第4款——关于以非公开认购方式增加注册资本，关于以两种方式进行的募股：①认购25%以上早期发行的普通股，或②认购可转化为25%以上早期发行普通股的有价证券）。

而且，需要通过特定多数投票来进行决议的事项范围，不得以公众股份公司的章程进行扩充。公众股份公司的章程中可对股东会决议通过所必需的表决权股股东投的票数量作出其他规定，但其数量不得少于《股份公司法》（第49条）的规定。

法律规定，有限责任公司可以扩充其章程中规定的能够以特定多数[1]股东投票作出决议的事项清单，甚至可以对须一致决议方能决议通过的事项范围进行扩充（《有限责任公司法》第37条第8款）。也就是说，非公众公司的股东在决议作出程序的确定问题上更为自由。例如，即使就股东会的众多单独议题已达成了一致表决，股东在实践中仍可为少数股权股东提供否决权，因为在决议采取之时，这些小股东的同意也是不可或缺的。

在对股东会的活动规则展开讨论时，不得不注意到，《俄罗斯联邦民法典》第9.1章“会议决议”的相关规定在含有投票数量确定、有效人数、表决与计票程序以及会议纪要制作等规则的同时，还将商公司的股东会视为民事法律团体会议的一种（《俄罗斯联邦民法典》第181.2条）。

同时需要强调的是，在非公众公司的章程中，按照股东（发起人）

---

〔1〕 特定多数：以公司股东表决权总数的2/3以上的多数表决通过，本法或公司章程针对此决议规定了须以更高票数通过的情况除外。

的要求可以规定会议召集、准备与举行的其他(简化或复杂化)程序,如变更股东(大)会的召集通知程序、变更计票程序等。

股东会决议的证明

必须对由公司的股东会所作出的决议和决议作出时出席股东的构成进行证明(《俄罗斯联邦民法典》第 67.1 条第 3 款),是 2014 年 5 月 5 日第 99 号联邦法对《俄罗斯联邦民法典》进行新增的部分之一。该规范旨在防止非法舞弊——在未召开会议时,非善意的股东完全可以制作不真实的会议纪要。

就公众股份公司而言,其决议与股东人员构成由进行公司股东名册登记及履行计票委员会功能的主体来证实。而非公众股份公司,决议则是通过公证[1]或进行公司股东名册登记及履行计票委员会功能的主体来证实。如果章程或股东会上全体股东一致通过的决议未规定其他方式(如全体或部分股东对纪要进行签字、使用能够证明决议作出之事实的技术手段等),有限责任公司的决议及股东人员构成须经公证证实。

从立法角度来分析,目前只有当面召开的会议决议须经证明。同时,通过缺席表决所作出的股东会决议是否需要证明,是被专家学者们广泛讨论的问题。

有关会议决议证明问题的司法实践已经相对成熟。未被以适当方式证明(证实)的当面会议决议无效。如果有限公司成立于 2014 年 9

---

〔1〕 关于对法人机关决议的公证,参见《俄罗斯联邦公证立法纲要》第 103.10 条、《联邦公证员协会 2014 年 9 月 1 日第 2405/03 – 16 – 3 号函》(ст. 103.10 Основ законодательства РФ о нотариате; письмо Федеральной нотариаль-ной палаты от 1 сентября 2014 г. № 2405/03 – 16 – 3)。

月 1 日前，在其章程中没有关于股东会决议证明方式的相关条款，或如果股东未就此证明方式的确定达成一致通过的决议，则自 2014 年 9 月 1 日起关于公证的一般规则[1]生效。

第四节　合议制管理机关

董事会的组建程序

《俄罗斯联邦民法典》第 65.3 条第 4 款规定，社团中的**合议制管理机关（监事会或其他理事会）**[2]可在民法典、其他法律或社团章程规定的情形下组建。民法典仅对公众股份公司必须组建董事会作出了要求（《俄罗斯联邦民法典》第 97 条第 3 款）。

应当注意的是，现行版本的《股份公司法》（第 64 条第 1 款）规定，表决权股股东为 50 人及以上的股份公司中必须设立董事会。

根据 2014 年 5 月 5 日第 99 号联邦法第 3 条第 4 款的规定，“在一些立法文件未与《俄罗斯联邦民法典》规定相符合之前，相应立法文件的适用应以其不与《俄罗斯联邦民法典》相冲突为原则”。所以，如果股份公司为非公众公司，则哪怕该公司的表决权股持有股东人数超过 50 人，也不必须组建董事会。

---

〔1〕 参见 2016 年 6 月 1 日北高加索联邦区仲裁法院就第 A32－28605/2015 号案件作出的第 Ф08－2602/16 号决定（Постановление Арбитражного суда Северо-Кавказского округа от 1 июня 2016 г. № Ф08－2602/16 по делу № А32－28605/2015）。

〔2〕 将合议制管理机关命名为董事会为实践中最为普遍的情况。

董事会的作用与职责

商公司的董事会是**对公司活动进行全面领导的管理机关**。

在俄罗斯的商公司中,董事会兼具战略性管理和股份控制(监督)的作用。

一般而言,**董事会的角色在不同的法律体系中被赋予不同的理解**。在美国,董事会在采取决策过程中被赋予领导性作用,而在形式上股东会甚至未被认为是股份公司的管理机关[1]。在欧洲国家,合议制管理机关被命名为"监事会"(наблюдательный совет),其被赋予相应的监督职责,以维护社团所有者与员工在内的其他社团关系参加人的利益。例如,在德国大中型社团中,工人代表会加入监事会的人员构成中去。

而在俄罗斯有关商公司的立法中,对于合议制管理机关的命名结合了英美法系及大陆法系的两种处理方法。董事会(同监事会)具有社团利用任意性调整的可能性赋予其的职责。董事会在具体公司中的实际意义,首先主要由公司的公众性或非公众性地位来决定的,其次是由其股权分配、少数股权股东的存在情况、公司选取的治理模式、独立董事的设置与否及其他一些因素决定的。应当同意 U. S. 波瓦洛夫的观点,其对俄罗斯股份公司董事会的职责作出如下评价:"现如今讨论董事会职责的二元性——管理与监督,是再恰当不过的……"[2]

董事会的主要职责是制定公司的发展战略,确保股东的权利与合法利益,对公司的执行机关进行持续监督,保证有关公司活动信息的完整性、真实性和客观性。

---

〔1〕 参见 Батлер У. Э. Основные черты российского открытого акционерного общества и американской корпорации // Государство и право. 1998. № 7. С. 79 – 80,85。

〔2〕 Поваров Ю. С. Акционерное право России: Учебник. М. ,2009. С. 534.

如《公司治理准则》中所定义的，董事会还为公司活动的长远布局确定主要方向，对公司活动的关键指标与主要业务目标作出评估与批准，对公司主要的经营战略与商业计划作出评估与核准。

在保障股东、经理人与其他公司治理主体之间的利益平衡的同时，董事会还须确保对公司执行机关的活动进行监督。例如，根据《股份公司法》第69条第1款的规定，领导公司的日常活动的公司执行机关，须向董事会报告工作。

董事会的职权

根据《股份公司法》的规定，股份公司董事会的职权范围，可通过章程扩大，具体做法是依章程将任何涉及公司经营的全面领导问题(本法列明的属于股东会职权范围内的事项除外)纳入其职权范围之内。

股份公司董事会最为重要的职权如下：

——确定公司活动的优先方向；

——召集股东会的年会和临时会；

——在核定股本的数额与种类限度之内以增发新股方式增加公司的注册资本(如果公司章程将此列为董事会职权)；

——组建公司执行机关并提前终止其职权(如果公司章程将此列为董事会职权)；

——组建董事会下设各委员会，确认其职能，确认人员数量组成，任命主席及委员会成员，以及终止其的职权；

——确定公司风险管理、内部控制及内部审计的原则与方法；

——对股利分配金额和支付程序提出建议方案；

——设立公司分支机构和开设代表处(如果公司章程未将此列为公司合议制执行机关的职权)。

董事会职权还包括《股份公司法》第65条第1款所列的其他事项。

除被列入董事会职权的上述事项外，根据《股份公司法》第65条第1款第18项的规定，公司章程还可以规定**补充职权**。

《公司治理准则》建议将下列问题列入董事会的补充职权事项中：

——确定财务与经营计划、预算及投资计划；

——批准与独任执行机关和履行执行机关（执行人）职能的管理机构（管理人）所签订合同的条款。

《有限责任公司法》开列了可纳入有限责任公司董事会职权的示范事项清单（第32条第2.1款）。同时该法规定，公司章程可以将其他不属于股东会或执行机关职权的事项纳入有限责任公司董事会的职权之中（《有限责任公司法》第32条第2.1款第11项）。

董事会的数量及人员构成

根据《俄罗斯联邦民法典》第97条第3款的规定，公众股份公司合议制管理机关的成员数量不得少于5人。《股份公司法》规定了"董事会成员的数量构成应取决于股东数量"的强制性要求。例如，对于持公司表决权股的股东数量超过1000人的公司，董事会成员的数量构成不得少于7名；而对于持公司表决权股的股东数量超过1万人的公司，董事会成员的数量构成不得少于9名。

董事会的成员只能为自然人。立法**对某些类别的公民成为董事会成员的可能性规定了若干限制**。例如，联邦委员会成员、国家杜马议员、法官、国家公职人员不得担任董事会成员。[1] 同时，不得为董事会

---

〔1〕 参见1994年5月8日第2号联邦法《俄罗斯联邦会议的联邦委员会成员与国家杜马议员地位法》第6条第2款第4项（СЗ РФ. 1994. № 2. Ст. 74）；1992年6月26日第2132-1号联邦法《关于俄罗斯联邦法官的地位法》（Ведомости СНД и ВС РФ. 1992. № 30. Ст. 1792）。

成员的还包括法院判决禁止从事此类活动的人员。[1]

此外,对于一些有特殊或专门权能的社团性组织,法律对可以进入此类组织董事会的人员规定了一系列要求与限制。例如,《有价证券市场法》便对作为有价证券市场职业参加者的相应组织中的管理机关(含董事会)成员规定了额外要求。法律还对一些社团的管理机关成员作出了特别规定,如对银行、投资、保险等领域及其他金融类的社团等。

在公司治理的实践中,习惯上将董事会成员分为执行董事(供职于公司的执行机关)、非执行董事和独立董事。

执行董事是公司执行机关、公司管理组织和(或)处于与公司(或与公司管理组织)存在劳务关系中的成员。

为保障董事会活动的独立性与有效性,立法规定了相应要求:行使社团独任制执行机关职权的主体与社团合议制执行机关的成员,不得超过社团管理机关人员构成的1/4,且不得为管理机关的主席(《俄罗斯联邦民法典》第65.3条第4款)。

非执行董事是指除在董事会中的工作之外,不兼任该公司任何其他执行职务的董事会成员。

独立董事的判定标准规定于建议性文件——优先适用于公众股份公司的《公司治理准则》之中。

根据《公司治理准则》第2.4.1条之规定,具备足够的专业性、足够的经验、足够的独立性来形成自己的意见,能够作出客观与诚实的判断,不受公司执行机关、该公司的任何股东群体及其他利益相关方影响的人,可被建议认定为**独立董事**。

---

〔1〕 参见ст. 47 УКРФ, ст. 3.11 КоАПРФ。

具体来说，下列候选人（已选出的董事会成员）不得成为独立董事：

——与公司有关联的人；

——与公司的重要股东有关联的人；

——与公司重要的合同对手方有关联的人；

——与公司的竞争对手方有关联的人；

——同国家有关联的人。

根据《公司治理准则》第2.4.2条第109款的规定，在一些例外情形下，即使候选人（已选出的董事会成员）与公司、重要股东、重要合同对手方或公司竞争伙伴有某种形式意义上的联系，如果这种联系不影响相应人员作出独立、客观和善意的判断，董事会在进行评定时，仍可将其认定为独立董事。

2010年，“独立董事”这一概念被引入俄罗斯立法，其主要适用于被国家参股的股份公司的董事会提名的独立董事问题。[1]

在董事会作出决策时，能够表达自己的专业独立判断、能保障不同股东群体利益的独立董事的积极参与，是公司治理最佳的实践状态。独立董事对董事会的参与会作为一项指标，被交易所纳入评估之中，用以确定公众公司股票在板块中的位置。

董事会的组建程序

股份公司董事会的组建程序由《股份公司法》确定。公司董事会

---

〔1〕 2010年12月31日第1214号俄罗斯联邦政府《关于完善联邦所有开放式股份公司及联邦国有单一制企业管理秩序》的决定［Постановление Правительства РФ от 31 декабря 2010 г. № 1214 «О совершенствовании порядка управления открытыми акционерными обществами, акции которых находятся в федеральной собственности, и федеральными государственными унитарными предприятиями»（СЗ РФ. 2011. № 3. Ст. 550）］。

成员由股东会以累积投票制选出，任期至下一次股东会年会。如果股东会年会未在规定期限内召开，公司董事会对股东会的准备、召集及举办职权之外的职权终止（《股份公司法》第 66 条第 1 款）。

对商公司董事会成员候选人提名程序的法律规制，体现在对股东会议事日程的细则制定方面。共持有不少于公司表决权股 2% 的（数个）股东，有权提名董事会成员的候选人，候选人数量不得超过董事会的人员构成数量。此类提名应在不晚于财政年度结束后 30 日向公司作出，章程规定了更晚期限的除外。

在不具备股东提名的用于组建董事会的候选人，或候选人数量不足的情形下，董事会有权自行酌定于候选人名单中添加候选人（《股份公司法》第 53 条第 7 款）。

董事会成员的选举以累积投票制进行，在股份公司中，此为一种强制性程序；在股份公司中，累积投票制的选举仅在章程规定的情况下进行。在采用累积投票制时，每位股东所拥有的票数总数为其实际票数乘以应被选为公司董事会的人员数量，且公司股东既有权将以此方式获得的票数全部投给一个候选人，也可将其分散投给两个及更多候选人。

采用累积投票流程有助于保障少数股权股东实现选举自己的代表进入董事会的权利。的确，在采用普通投票制时，如果在公司中存在持有超过 51% 的大宗表决权股份（份额）的股东，则该公司的董事会应该会由该股东提出的候选人组成。

董事会的决议作出程序

股份公司董事会会议召开的有效人数由其章程确定，但人数不得少于入选董事会成员人数的一半。

如果《股份公司法》、公司章程或公司内部文件未对董事会会议的召集与举行作出其他程序性规定，则董事会的决议以多数形式通过。同时，针对一系列情形，《股份公司法》为确定董事会作出若干决议所需票数规定了特殊的处理方法。例如，在作出关于以增发股票方式来增加公司注册资本的决议时，须由董事会全体成员一致通过，且董事会离任成员的票数不计入其中（《股份公司法》第 28 条第 2 款）。

在公司董事会会议对事项进行决议时，每位董事会成员均拥有一票。公司章程可规定，董事会主席在决议出现平票时拥有决定权。关于一部分董事会成员对另一部分成员拥有“特权”地位的其他情形，立法未作出规定。

董事会成员不得因其个人的法律责任问题将表决权转让给他人，亦不得转让给其他董事会成员。

董事会的决议于董事会会议上作出，而在一些章程或公司内部文件规定的情形下，亦可以考虑未到会董事会成员的书面意见或以缺席表决形式作出。对董事会成员针对董事会会议议题作出的书面意见进行考虑的可能性，极大地缓解了董事会有效人数难以得到保证的问题，同时也没有剥夺董事会成员亲自到会参与讨论的机会。

2018 年 8 月 2 日通过的第 315 号联邦法《关于对“俄罗斯联邦劳动法典”进行变更，以对工人代表参加相应组织的合议制管理机关会议进行保障》，对《俄罗斯联邦劳动法典》中涉及董事会会议的议事程序问题进行了修改，这一问题值得我们予以关注。根据该联邦法规定，工人代表有权以仅发言不表决的形式参加到所在组织的合议制管理机关会议中，该权利可由组织的设立文件、内部规章及其他内部文件、集体合同、协议等进行明确规定。

董事会成员的法律地位

社团的合议制管理机关成员享有权利如下：

——获取有关社团法人活动的信息，对其会计文件与其他文件进行了解；

——请求对社团的损失进行赔偿；

——按《俄罗斯联邦民法典》第174条或有关个别法律组织形式社团的特别法所规定的依据对社团实施的法律行为提出异议，要求认定后果无效，以及按照《俄罗斯联邦民法典》第65.2条第2款规定的程序要求认定社团所完成的非法行为无效。

为实现董事会的职权，董事会成员有权参与董事会的工作，对董事会职权范围内的事项进行表决，要求召开会议及获取有关公司活动的必要信息等。

基于对立法的分析可以得出，董事会的成员有义务参加董事会会议，善意、合理地为公司的利益行事，规避对公司造成损害，不披露其在履行自身职责时所获知的公司的商业秘密。

董事会的下设委员会

董事会下设的委员会可作为董事会的辅助性结构组成而设，其目的是预先对涉及董事会职权的相关事项进行研究。

委员会不是公司的机关。其决策具有建议性质，且能有助于提升董事会工作的效率、提高决议草案的制定质量和协调处理董事会成员间的不同主张。

在将修改的部分纳入2018年7月19日第209号联邦法《股份公

司法》之前,立法未对董事会下设委员会的设立作出规定,而《公司治理准则》将其设置视为最佳实践做法。《股份公司法》修正案通过后,委员会的设立在立法层面得到了确定:无论是公众股份公司还是非公众股份公司均有权设置委员会、并确定委员会的地位。而根据《股份公司法》第 64 条第 3 款的规定,公众股份公司的董事会中必须组建审计委员会。[1] 除审计委员会之外,在股份公司中还可以设置战略计划委员会、公司治理委员会、提名委员会和薪酬委员会等。委员会的清单由董事会根据其任务来确定。

人事与薪酬委员会可以确定董事会人员构成候选人的筛选标准,还有权制定对董事会成员、高管人员的活动评价与激励制度,该制度包含对股份公司审计人独立性和审计人无利益冲突的评估,也包括对公司会计(财务)报告校验质量的评估(《股份公司法》第 64 条第 5 款)。

审计委员会对涉及公司财务和经营活动的控制问题进行预先监督。[2]

战略委员会负责就公司发展战略等事项为董事会准备决策,其中包括批准投资计划和营销政策等。

《公司治理准则》建议为各委员会任命主席,且最好所有主席均由独立董事担任。审计委员会的人员构成受到了特别严格的要求,该委员会应由独立董事组成。

在确定董事会下设委员会的地位时,值得一提的是,委员会不是公司的机关,也不能作出决策、以董事会名义行事或行使董事会的职权。委员会主要实施能够提高董事会活动效率的辅助性职能,即审读材料、作出结论和提出决议草案等。

---

[1] 有关公众股份公司必须组建审计委员会的规范于 2020 年 7 月 1 日生效。

[2] 关于审计委员会的职能,参见本章第六节。

第五节　商公司的执行机关

关于执行机关的一般规定

合议制执行机关及独任执行机关为商公司的执行机关。

根据《俄罗斯联邦民法典》第65.3条第3款的规定，合议制执行机关（管理委员会、经理室）是选设的管理机关，可不设立，法律或章程对其设立作出规定的情形除外。

例如，《银行及银行活动法》规定了信贷机构合议制执行机关设立的有关问题（第11.1条）。

在两类执行机关之中，对于社团和任何法人而言，只有独任执行机关是强制设立的机关。独任执行机关是意思表达机关，可不经委托以公司名义代表公司行事，公司的法律人格以其为代表得以实现。

在公司中组建合议制执行机关时，行使独任执行机关职能的人员也同时将履行合议制执行机关主席的职责。

执行机关的作用是保障公司的盈利能力和竞争力，确保公司财务与经济的稳定性，保障股东权利与合法利益、员工的劳动权利与社会福利。

执行机关向公司董事会和股东会报告工作。

除被纳入公司股东会和董事会（如设有董事会）职权范围内的事项外，所有对公司当前活动的领导问题均属于执行机关的职权。

在公司中同时设有独任执行机关和合议制执行机关时,应在章程中明确合议制执行机关的职权(《股份公司法》第69条第1款),此规则正是根据“剩余职权”原则制定的。

合议制执行机关

无论是在股份公司中,还是在有限责任公司中,合议制执行机关均由股东会或董事会依章程规定组建(《股份公司法》第48条第1款第8项、第65条第1款第9项,《有限责任公司法》第41条第1款)。

合议制执行机关的成员可由非为商公司股东的自然人或法人(如该法人履行独任执行机关的职务)来担任。一般而言,合议制执行机关的成员在公司中履行某种工作职责,处于领导职位。

管理委员会成员的数量、履职期限、合议制执行机关的职权等均由公司章程确定;合议制执行机关会议的期限、召集与举行程序、此类执行机关决议的作出程序由章程及其他内部文件规定。

社团最高机关及合议制管理机关职权范围之外的事项,属于合议制执行机关的职权(《俄罗斯联邦民法典》第65.3条第3款)。例如,管理委员会的职权包括如下事项:批准公司业务上的财务与经营计划,批准这些计划的完成情况报表,制定业务流程实施方法的文件,制定公司的人事政策,批准属于合议制执行机关职权内的公司内部文件等。

合议制执行机关的职权不应与独任执行机关的职权相重复。根据《股份公司法》第69条第2款的规定,在公司中同时设有独任执行机关与合议制执行机关时,应对合议制执行机关的职权进行明确。

合议制执行机关可在本机关举行的会议上作出决策。合议制执行机关会议举行的有效人数由公司章程确定,但不应少于被选出的合议制执行机关成员的半数。每位合议制执行机关的成员均有一票表决权，且不得将表决权转让给包含该机关其他成员在内的其他人。本条规则规定了每位管理委员会成员对自身行为结果的独立责任（《股份公司法》第 71 条、《有限责任公司法》第 44 条）。

独任执行机关

立法者赋予了公司在独任执行机关的制度设计上对治理模式作出选择的权利，而这种选择无须以任何情势作为前提。

商公司的独任执行机关可以由与公司存在劳务关系的自然人担任（经理、总经理、主席），也可以由被授予独任执行机关权能的管理组织担任。

根据 2014 年 5 月 5 日通过的第 99 号联邦法对《俄罗斯联邦民法典》所进行的修改，设立文件中可以作出如下规定：对外代表法人的权能可赋予若干共同或彼此独立行事的主体。有关于此的信息须在国家统一法人登记簿中进行登记（《俄罗斯联邦民法典》第 53 条）。针对社团法人，《俄罗斯联邦民法典》第 65.3 条规定，社团的独任执行机关既可以为自然人，也可以为法人。

➡ **换句话说，商公司中可能有若干自然人或法人担任经理。**

独任执行机关的非一元设计借鉴了外国的法制经验，其在国外被称为“双钥”或“四目”原则，其旨在保护社团成员的权利免受董事一方的滥用。[1]

在国外立法中，公司的合议制（委员会制）机关通常由全部董事组

---

〔1〕 例如，在国外一些公司的章程中可以规定，最为重大的决策（交易）应由每一层级不少于一位经理签字，并且相应层级的董事由每一位股东进行选任。在单独履职时，每位经理必须拥有经章程确定的自己的职权。

成,根据不同的法律体系传统称为“董事会”(совет директоров)或“管理委员会”(правление)。根据俄罗斯立法,在由非为独任执行机关组成人员的其他人组建合议制管理机关(董事会)和合议制执行机关(管理委员会)的同时,理论上还可以组建有非一元的独任制执行机关。

根据《俄罗斯联邦民法典》第53条第1款的规定,如果在俄罗斯的公司中设置了数个经理时,则在章程中应确定他们的权力行使程序——明确其为共同行使还是单独行使。在此基础上,民法典还确定了经理人为公司利益开展活动时的法律责任:在数个经理人共同行使权力时,产生共同责任;而单独行使时,则产生独立的责任。

为保护财产流转中的参加人免受因非一元的独任机构导致的弊端,俄罗斯联邦最高法院作出了如下法律意见:如果国家统一法人登记簿中含有若干被授权代表法人行事的主体的相关信息,第三人有权认为每位成员的权能均具有无限性,而当登记簿中含有相关权能须由若干主体共同行使的信息时,则第三人可认为当所有主体共同行使权能时,其权能具备无限性(俄罗斯联邦最高法院于2015年6月23日作出的第25号全体会议决议第22条)。

商公司执行机关的职权可以根据合同移转给管理组织或管理人(以下简称管理组织)。这种独任执行机关的实践模式得到了两部商公司联邦法的规制,且最为控股组织(企业集团)所需要。在企业集团中,一些子公司的管理职能通常由母公司行使,或由受母公司控制之下的组织来行使。

➲ 按照我们所支持的“法人有机体”理论,管理组织不是商公司本身的一种机关,其仅仅是被赋予了独任执行机关的权能;上述权能由管理组织基于该组织的组建决定及与其签订的民事合同来行使。

管理组织与商公司间所签订的合同，常被认为是一种有偿服务提供合同。该合同的标的是：作为商公司的独任执行机关，来对其开展管理活动。

管理组织可以何种方式行使其被赋予的权能？

独任执行机关权能被移转由管理组织行使的公司，其通过管理组织来取得民事权利和承担民事义务（《有限责任公司法》第 42 条第 2 款、《股份公司法》第 69 条第 3 款）。也就是说，**管理组织的独任执行机关将可以不经授权委托，以被管理公司的名义行事**。

管理组织行使执行机关所固有的组织和管理职能：领导公司的当前活动、以公司的名义完成法律行为、对公司员工行使雇主职能、出具委托授权等。因此，管理组织一般为被管理的公司完成涉及战略规划、投资政策、资金流管控、编制预算、人事政策、内部控制与审计、法律保障、资产管理、会计与税务处理、营销政策等在内的一整套服务。

独任制执行机关的组建及对其职权的提前终止，是股东会和董事会的备择职权（《股份公司法》第 48 条第 1 款第 8 项）。在设有董事会的有限责任公司中，执行机关的组建同样属于股东会和董事会的备择职权范围之内（《有限责任公司法》第 40 条第 1 款）。但与股份公司所不同的是，在有限责任公司中，决定是否将独任执行机关权能转由管理组织行使的问题，同样属于股东会和董事会的备择职权范围（《有限责任公司法》第 33 条第 2 款第 4 项）。在股份公司中，关于将职权交由管理组织的问题，只能由股东会作出决定。

独任执行机关是以固定期限组建还是不对相应期限予以明确，可由公司自行酌定。应当指出的是，劳动法仅允许与相应组织的负责人签订有固定期限的雇佣合同——根据《俄罗斯联邦劳动法典》第 275 条的规定，经理的雇佣合同期限由章程或合同双方协议确定。

从具备相应权限的机关(股东会或董事会)作出决议的时刻起,视独任执行机关组建完成。法律未将独任执行机关权能的产生或终止同此类信息的国家登记联系起来,但登记公信原则对第三人有效:善意信赖国家统一法人登记簿数据的人,有权认为这些数据符合实际情况(《俄罗斯联邦民法典》第 51 条第 2 款)。因此,应推定,信赖国家统一法人登记簿数据的主体对相应数据的不准确事实不知晓或不应知晓。因未及时将相关信息进行国家登记而产生的相关风险,由公司自行承担,除非合同对手方非善意行事。

独任执行机关的权能,既可依具有相应职权的管理机关所作决定中规定的权能期限届满而终止,也可以提前终止。

独任执行机关的职权为剩余职权,也就是说,除由法律和章程纳入公司股东会、董事会和管理委员会的职权外,该机关可行使商公司当前活动范围内的其他所有职权。

针对属于独任执行机关管辖的各类事项,商公司的章程一般会包含一份广泛而非列举式的清单。商公司的独任执行机关以公司的名义完成法律行为,批准公司的组织结构和员工编制,雇佣和解雇公司员工,对员工实施奖惩措施,批准公司的本地规范性文件等。

第六节　公司财务活动与经营活动的监督系统

在当代营利社团中设有对公司财务活动与经营活动的监督系统,其目的是对股东权利与公司的潜在利益进行保障。这一系统中既包含了监察委员会和开展外部审计等形式的传统监督机制,同时也包含了董事会下设审计委员会和作为公司独立内设机关的内部审计部门。

根据2018年7月19日第209号联邦法对社团领域立法进行的修改，现行社团立法将“确定组织公司风险管理、内部监督和内部审计的原则与方法”列为董事会的职权。

商公司中的内部监督

对经济生活中已完成的事实进行内部监督，是每个经济主体的责任(《会计核算法》第19条)。

根据《公司治理准则》，风险管理与内部监督系统的目的是，保障对实现社会所赋予的标的具备合理信心。而社会标的所提出的任务是:保障财务活动、经营活动的效率，确保资源的节约利用;发现风险与管理风险;确保公司资产的完整性;确保会计(财务)报告、统计报告、管理报告和其他报告的完整性与可靠性;监督对法律和公司内部政策、规章与程序的遵守情况。

风险管理与内部监督系统使公司能够及时对风险的出现作出反应，是公司为达到其价值增长、盈利能力增长与风险增长之间的平衡，并且为了保障公司财务稳定、有效进行经营活动、确保公司资产的完整性、遵守法律、章程和公司内部文件、及时编制可靠的财务报表，而采取的组织上的措施、方法、程序和各类社团法人的文化规范与行为规范的总和。

对风险管理与内部监督系统的组织，要求在公司内部文件中对董事会、各执行机关、监察委员会、各内部监督部门及其他公司部门的作用、任务以及各部门相互间协作的流程进行确定。

为使该系统得以更好地运行，《公司治理准则》建议在公司中设立一个单独进行风险管理与内部监督的内设机构。

监察委员会

监察委员会(监察员)在内部监督中发挥着重要作用。

正如我们提到过的,在股份公司中仅可设立监察委员会;而在有限责任公司中既可以组建监察委员会,也可以只设立监察员。

在公众股份公司中,如果章程中进行了规定,则应设立监察委员会(《股份公司法》第85条第1款)。除非章程规定不设监察委员会,否则非公众股份公司中须设监察委员会。不设监察委员会的决定,可于公司成立之初,由非公众公司的章程进行规定,亦可嗣后借由全体股东一致通过的股东会决议对章程进行变更而作出。在有限责任公司中,如公司章程对此进行了规定,或当股东人数超过15人时,则应设监察委员会(监察员)(《有限责任公司法》第32条第6款)。

监察委员会的选举及其权能的提前终止,属于股东会的职权(《股份公司法》第48条第1款第9项、《有限责任公司法》第33条第2款)。并且,属于公司董事会成员或于股份公司其他管理机关中任职的人员,在选举监察委员会成员时,不能参与表决(《股份公司法》第85条第6款第2段)。上述立法规定是为防止可能出现的利益冲突。

监察委员会的职能由公司章程确定(对于股份公司而言,章程可确定的只能为《股份公司法》未作规定的事项)。监察委员会的活动程序,在股份公司中受公司内部文件调整,而在有限责任公司中由章程和内部文件确定(《股份公司法》第85条第2款、《有限责任公司法》第47条第4款)。

根据《股份公司法》规定,对公司经营活动的审查(检查),可按年度根据公司的活动结果进行,也可根据监察委员会的提议、公司股东会和董事会的决议或合计持有公司10%以上表决权股股东的要求随时进行(《股份公司法》第85条第3款)。

如根据股份公司章程之规定必须设立监察委员会,则在对公司的财务活动和经营活动结果进行审查时,监察委员会应出具包含下列内容的结论:

——确认报表与公司其他财务文件之中所包含数据的可靠性;

——在进行财务活动与经营活动时违反会计报表管理程序、违反会计(财务)报告的提交程序以及违反俄罗斯联邦的各法律文件的有关信息(《股份公司法》第87条)。[1]

根据《有限责任公司法》的规定,公司的监察委员会在公司股东会对各种年度报告及会计报表进行批准之前,对其进行审查。在缺少监察委员会的结论时,股东会无权对公司的各种年度报表及会计报表进行批准(《有限责任公司法》第47条第3款)。

董事会审计委员会

正如上文我们已经提到的,非公众股份公司的董事会可以组建审计委员会,而公众股份公司的董事会则必须组建该委员会。同其他董事会的下设委员会一样,审计委员会不是公司的独立机关,主要履行辅助性职能——准备信息、草案、结论及其他材料,并将它们交由董事会审读。

立法为审计委员会确定的职能是,预先对涉及公众公司财务活动与经营活动的事项进行研究,其中包括对审计人的独立性进行评估、对审计人不存在利益冲突性的评估和对公司会计(财务)报告审计质量的评估。

---

[1] 根据该法本条规定,此结论亦可由公司的审计人作出,这反映了立法者对于股份公司监督机关组建的灵活态度。

《公司治理准则》对审计委员会的设立、职权、人员构成与活动程序进行了建议。发现并及时预防公司各个活动领域的风险，也是审计委员会的重要职能之一。

内部审计

公司内部审计的目的是，对风险管理系统、内部监督系统和公司治理实践操作的可靠性与有效性进行系统性的独立评估。

《公司治理准则》建议，内部审计可通过建立独立的内设机关（内部审计部门）或通过引入独立外部组织来进行。

2020 年 7 月 1 日之后，为了对公众公司的风险管理与内部监督的有效性与可靠性进行评估，须对公众公司进行内部审计。公众股份公司的董事会负责对决定组织与开展内部审计的公司政策文件进行批准。为保障内部审计部门的独立性，负责组织与开展内部审计的人员，由董事会决定其职务的任免。同这些负责人员间的合同条款，同样由董事会批准。

如果公众公司的内部文件中规定内部审计可以由其他法人进行，则对此类法人的确定、与其之间的合同条款和向其给付的酬劳数额等事项，同样由董事会来批准。

2018 年 7 月 19 日第 209 号联邦法对《股份公司法》的修改，同样可以证明公司内部审计的意义得到了增强，依据相应的变更条款，负责组织开展进行内部审计的人，属于可以召集股份公司董事会会议的人之列（《股份公司法》第 68 条第 1 款）。

在进行内部审计时，建议开展对内部监督系统和风险管理系统有效性的评估、对公司治理的评估，同时采取内部审计领域所普遍接受的工作标准（《公司治理准则》第 5.2.2 条）。

外部审计

如果立法作出了相应规定,则对公司财务活动和经营活动的外部审计工作,由审计机构或独立审计人进行。

《审计活动法》第1条规定,审计是一种对被审计单位的会计(财务)报表进行独立核实的经营活动,该活动的目的是就此类报表的可靠性表达意见。

相应的财务(会计)报表可令使用者能够对被审计者的经营活动结果、财务与财产状况作出正确的结论,并根据这些结论作出理据充分的决策。因此,此处的"可靠性"可以理解为财务(会计)报表中数据的准确程度。

审计机构与被审计商公司及其管理机关成员间不存在任何财产上、组织上、职务上以及其他任何形式的关联,这可以为审计机构的独立性提供保障。

根据俄罗斯立法,须进行强制性审计的组织有:

——股份公司;

——其有价证券获准进入有组织的交易机构进行交易的组织;

——信贷机构、保险机构、相互保险公司、投资基金及其他立法中所列的金融机构;

——任何在上一财政年度产品销售(完成工作、提供服务)总进账超过4亿卢布的商公司(农业合作社及农业合作社的联合组织除外),或任何年末资产负债表中资产总额超过6000万卢布的商公司;

——提交和/或披露年度汇总(合并)会计(财务)报表的组织。

上述进行强制审计的依据列明于《审计活动法》第5条之中。

股份公司中的审计人由股东会确定(《股份公司法》第86条第2

款),对审计人员服务支付的薪酬数额同样由董事会确定。

有限责任公司的审计检查,可以由依公司提议或股东要求而选出的职业审计人进行,职业审计人须符合与公司、公司管理机关的成员均无相关性的要求。在按照股东的要求进行审计检查的情况下,付给审计人的服务费用由要求审计检查的股东支付。公司股东向审计人支付的服务费,可以根据公司股东会议决议由公司予以补偿(《有限责任公司法》第48条)。

根据对财务活动与经营活动的审计检查结果,审计人应当作出包含下列内容的结论:

——公司报告和其他财务文件中所含数据的可信度证明;

——关于违反俄罗斯联邦法律文件所规定的会计报表处理与财务报告提交程序的有关信息,以及关于在实施财务活动与经营活动中违反俄罗斯联邦法律文件等有关信息。

(第十一章终)

第十二章

非常规交易法律制度

术语表

超出一般经营活动范围的交易——公司或其他组织所作出的、会导致公司活动终止或公司形式及规模发生改变的任何交易。不论公司早前是否完成过此类交易。

商公司的非常规交易*——由于某些原因而超出公司一般商业活动的范围的交易，法律或公司的章程为与这些交易有关的参加人及他们的法定利益提供了额外的保障。

重大交易——一种超出一般经营活动范围的交易。是指根据最后一次结算日的会计(财务)报表的数据，交易标的的价格或账面价值占据了公司资产账面价值25%及以上的情况下，与下列情形有关的交易：(1)涉及公司直接或间接取得、转让财产或产生转让财产的可能；(2)涉及将财产交予临时占有及/或临时使用；(3)赋予第三人使用智力成果或依许可条件使用识别方法的权利。法律就这些交易规定了特别的完成程序。

商公司的资产账面价值——公司的资产负债合计，即根据资产负债表的数据所得出的、公司的流动和非流动资产的总和。

关联交易——与有利害关系人进行的交易。是指与公司董事会成员、独任执行机关、合议制执行机关成员、公司控制人或有权向公司作出必须履行之指令的人推定产生利益冲突的交易，以及根据法律规定，上述人员或其配偶、父母、子女、同父同母的兄弟姐妹、非同父或非同母的兄弟姐妹、收养人与被收养人，及/或受控人(或组织)有以下情形之一的交易：(1)作为交易中的当事人、受益人、居间人、代表人的；(2)对

---

* 本词条原文为 экстраординарная сделка，即英文的 extraordinary transaction。——译者注

作为交易的当事人、受益人、居间人、代表人的法人存在控制的;(3)参与该法人或其管理组织的管理机关而有可能影响该交易的完成的。

利益冲突——法律推定的因某主体参与数个法律关系所造成的不同利益间的矛盾。该矛盾可能会对该主体的意思形成产生影响,使其作出令社团及其成员的权利和法定利益受损的意思表达。

利害关系人——"关联人"。可能影响公司某些交易(对其实质性条款进行确定)的人,这些交易可能在该利害关系人与公司本身或其股东之间产生利益冲突,为避免这种利益冲突而需要采用与其存在利害关系的特殊的交易法律制度。

控制人——有权直接或间接(通过受其控制的人)支配受控公司最高管理机构50%以上的表决权或任命(选举)独任执行机关,以及/或超过50%的受控组织的合议制管理机关人员构成的权利主体。该权利主体可依据财产委托管理合同、普通合伙合同、委托合同、股东协议以及其他以行使受控公司的股份(份额)权利为标的的协议,通过参与到受控的公司中拥有上述的(主体)权利。

受控人(受控组织)——直接或间接受控于控制人的法人。

第一节 非常规交易的概念和类型

建立非常规交易特殊法律制度的目的

“交易为旨在权利和义务的确认、变更或消灭的行为”，这一法律概念见于《俄罗斯联邦民法典》第153条。换言之，为使某些现象可以被认定为交易，需要具备导致权利和义务产生的相应意志及适当目的。

对任何一种法律组成形式的法人（尤其是主体形式繁多的社团）而言，其意志的形成和表达，总是需要被法律加以严格规定。根据《俄罗斯联邦民法典》第53条第1款的规定，法人通过其各个机关行使权利和履行义务。因此，在社团意志的形成过程中，会有很多主体参与其中，每一个主体都有各自的利益，并会通过在社团中的参与，或通过其他与社团的相互作用，来追求实现这些利益。

从社团法律关系来看，可以将这些利益分为社团的利益、大股东的利益、小股东的利益、管理机关的利益，在法律规定的一些情形下还可以包括第三人的利益（比如“准股东”协议的缔约人）。如果违反了社团意志的形成程序，便可能会导致各主体利益受到损害。同样地，也可能会使已完成的交易产生瑕疵。

➲ 针对非常规交易建立特别的法律制度，目的在于为各种相互关系下的股东建立额外的保障，以保障他们的权利和法定利益。

由于财产流转的日益发展，立法者已经无法禁止诸如会产生利益冲突的交易、涉及大额资产的交易这类对股东来说“危险”的交易。正因如此，需要建立额外的机制来保护弱势的股东，从而确保利益的平衡。

非常规交易的概念和类型

一般来说，在非特殊的情况下，交易均是由法人的意思表示机关（独任执行机关）以法人的名义作出的。

然而正如A.V.加博夫所指出的，就股份公司而言："立法规定，股份公司的交易中对公司受益人（首先为股东）有潜在的重大风险（危机）的交易，需要遵循特别的程序。这种程序的特别之处在于，执行机关的职权已不足以形成股份公司的意志，还需要股份公司其他机关及/或第三人的批准（核准、同意）。"[1]

所以，社团非常规交易法律制度的特点在于，必须要得到有职权的管理机关对交易条款的批准（核准），或者通过特殊程序来对有关此类交易的信息加以公告、披露。

"非常规交易"的概念在俄罗斯的立法当中并未出现过，但是俄罗斯的法学理论和商业实践当中，常常从外国的法律制度[2]中借用这一概念。

非常规交易可以被定义为一种在某些方面超出了一般商业活动范围的交易，且在法律上或公司章程中对这类交易进行了特殊规制，为交易各方建立额外的保障，以保证其法定利益。

---

[1] Габов А. В. Проблемы и перспективы правового регулирования сделок акционерного общества, требующих особого порядка их совершения // Цивилист. 2007. № 1.

[2] extraordinary transactions，意为"非常规的交易"，在外国的立法当中用以称呼涉及大额资产和存在利益冲突的交易。

对非常规交易作出特殊规制的目的，并非由因交易而产生的法律关系特性所决定的，而是由其他的一些原因所决定，这些原因同建立保护社团和其参加人的法定利益的机制有关。

非常规交易可以包括旨在获得各种法律结果的任何交易：财产和财产权、知识产权成果的取得与处分，以及劳动生产、提供服务，等等。

重大交易和关联交易是商公司最常见的非常规交易。在商公司章程中规定了特殊交易程序的交易，亦应被认定为非常规交易。

一般商业活动的概念

要了解非常规交易的法律性质并保证其顺利完成，就必须要了解什么是一般商业活动，而超出一般商业活动范围的交易就是非常规交易。

需要强调的是，一般商业活动这一标准的意义，对于重大交易和关联交易而言有所不同。

如果某个交易涉及了大额的资产，在形式上满足了重大交易的标准，但却是在公司普通经营活动的过程中完成的，则不会被认为是重大交易（《股份公司法》第 78 条第 1 款、《有限责任公司法》第 46 条第 1 款对重大交易有直接的法律定义）；而公司普通经营活动中的关联交易，仅在法律规定的条件下才适用关联交易的规定（《股份公司法》第 81 条第 1 款、《有限责任公司法》第 45 条第 7 款）。

自 2017 年 1 月 1 日起，未超出一般经营活动范围的交易得到了法律层面上的规制。

➲ 未超出一般经营活动范围的交易，是指在公司或其他从事类似活动的组织所达成的、不会导致公司活动终止或公司活动类型发生变更、公司规模发生重大变化的交易，不论公司此前是否达成过此类交易。

就具体的某家公司而言，公司经营活动的“一般性”是通过与公司先前或当前的类似活动进行比较来确定的，这对于诸如在公司新成立或公司缺少对内比较的基础等情况而言，是尤为重要的。

将某个交易列入一般经营活动范畴的标准是，该交易不会导致公司活动的终止、公司活动类型的变更或公司规模的显著改变。

但与此同时，法律并没有为公司规模的“重大变化”提供一个可以量化的标准，也没有界定什么是“公司活动类型的变更”。所以，如何评估和界定这一标准，需交予法院决定。

第二节　重大交易法律制度

重大交易的概念和类型

对重大交易建立特别的法律制度，目的在于保障商公司的大量资产免于被以过低的价格售出，或防止以过高的价格购入某些资产，从而保障社团的财产利益，以及间接地保障其参加人的利益。

➲ 重大交易是超出普通经营活动范围的交易，这类交易可能会导致公司财产被直接或间接地取得、转让或产生转让的可能，或将公司财产交予临时取得并/或使用；以及以专利许可的条件向第三人提供智力成果、个性化识别手段的使用权；且交易价格或标的的账面价值达到公司上一结算日的会计(财务)报表中账面价值的25%及以上。法律对重大交易规定了特别的实施程序。

由此可见,需要同时满足**两个特征**,方可判定某一交易为重大交易(《股份公司法》第78条第1款、《有限责任公司法》第46条第1款):

(1)数额(价值)特征:交易标的为财产,其价格或账面价值达到公司上一结算日会计(财务)报表中公司资产账面价值的25%及以上;

(2)性质特征:交易超出普通经营活动的范围,意即交易可能导致公司活动的终止、类型的改变,或导致公司规模发生重大变化(《股份公司法》第78条第4款、《有限责任公司法》第46条第8款)。

在法律适用实践当中,对作为重大交易的标的的财产有着相当广泛的解释,除物或诸如有价证券、财产权之类的其他财产之外,还包括劳动成果、提供服务等。

财产的转让和取得,是与所有权转移有关的财产转让,所以各种类型的交易都可以被认为是重大交易,而不仅仅是买卖、互易和赠与。有关商公司的立法中并未给出一个列举式的清单来巨细靡遗地列明哪些交易属于重大交易,而是逐一写明了各种交易的类型:租赁、借贷、抵押、担保等。在法律适用的实践当中,(以适当价格转让或取得财产的)重大交易还会包括:请求权让渡、债权转让、债务豁免、使用股份或份额向其他商公司注资等。

就重大交易的特征而言,法律并非仅仅规定了转让,而是还包括了转让财产的预期可能。直接或间接导致公司财产产生转让的可能,应当被认定为重大交易,包括担保、具有清偿选择权的借贷、财产抵押、提供独立担保等。如果未履行这些保证义务,则可能会导致出质人、抵押人或保证人的财产丧失,进而使这些财产按规定的程序被转让。由此可见,转让财产的预期可能,本身就具有法律意义。由于后续财产的兑现可能会违背所有权人的意志,因而在进行这些交易的时候,应当得到所有权人的批准。

立法将财产租赁合同也纳入了重大交易的范畴之中:根据公司上一结算日会计(财务)报表中的数据,对达到公司资产账面价值的25%及以上的财产交予临时取得并/或使用的交易,可以被认定为重大交易。立法者将租赁合同加入重大交易的法定清单之中,表明其无意从交易的形式角度来界定重大交易。的确,将大量资产交予长期进行临时使用,无疑意味着丧失了对财产使用的可能,因而立法者将这种对使用的长期丧失等同于财产已被转让。

如果存在其他某些条件的话,预约合同(《俄罗斯联邦民法典》第429条)亦为可能导致财产转让的重大交易,因为预约合同确定了在某些条件下签订主合同的义务。

若根据预约合同的条款所签订的主合同属于重大交易,那么主合同的交易是否必须获得批准呢?这个问题在现行的法律中已经有了明确答案:如果先于主合同签订的预约合同已获批准,那么主合同就不必再另获批准(《股份公司法》第78条第3款、《有限责任公司法》第46条第7款)。

相互联系的交易

从图12－1可见,确定相互联系的交易,是重大交易获准程序的第一步。

确定相互联系的交易

↓

认定交易为重大交易

↓

确定交易价格（用以作出达成交易的决议）

↓

确定不适用重大交易制度的情形

↓

公司职权机关就同意完成交易或追认交易作出决定

↓

以必需的票数通过同意完成交易或追认交易的决议

图 12－1　重大交易的认定与获准程序

重大交易可能并不仅限于某一个交易，还可能是若干个交易，其中的每一个交易从数额上来看并不足以被认定为重大交易，但把它们放在一起来看，即组成了相互联系的交易。尽管为界定交易间的相互联系性的特征，法律文献和司法实践曾作了很多尝试，但立法并未对其加以明确。

尽管俄罗斯联邦最高法院没有对交易间相互联系性的特征加以胪列，但其指出，基于同一商业目的所达成的交易可以被视为有相互联系性，其中包括：向同一商业对象出售财产（或交予临时占有或使用）、将各交易中转让的财产交予同一人所有，以及在短期内完成若干交易（2018 年 6 月 26 日俄罗斯联邦最高法院第 14 次全体会议第 27 号决议）。

无论何种情况下，相互联系性的特征都是具有相对性的，只有在审理具体案件的时候才能加以确定。[1] A. A. 马可夫斯卡娅也认同这一结论:“法院所举出的任何特征都不具有绝对的意义,只有在考虑案件其他因素的情况下方可认定各个合同相互间的联系性。因为这些特征具有外在性,而相互联系性则是一种有因有果的联系,其具有内在性的。”[2]

对建立这种相互联系性而言,完成若干交易的各方有明确目标是尤为重要的,就本质而言,这些交易须是为达成同一个目的、具有一致性的商业行为。

认定相互联系的交易会产生哪些法律后果呢? 首先,在通常情况下如果想要认定一个交易是重大交易的话,需要将全部有相互联系的交易的总价或财产账面价值都计入其中。其次,某个普通交易如果被确定与重大交易之间存在相互联系性,则意味着对该交易也必须采用重大交易的制度。最后,确定了这种联系,就可以在违反重大交易程序的情况下,判定某个普通交易是无效的交易。

用以认定重大交易的交易标的财产的价值

作为交易标的物的财产之价值,于最近的结算日确定。根据《会计核算法》第 15 条第 1 款的规定,会计(财务)结算以日历年度为周期,即以每年 1 月 1 日至 12 月 31 日(含)为周期,但在法人成立、改组和清算的情况下除外。如果法律或组织章程中规定了中期会计结算的义务的话(比如月度结算),公司的资产状况则按照中期会计结算的数

---

〔1〕 Постатейный комментарий к Федеральному закону « Об акционерных обществах» / Отв. ред. Г. С. Шапкина. М. , 2000. С. 218.

〔2〕 参见 Маковская А. А. Взаимосвязанные сделки // эж – Юрист. 2004. № 36。

据确定(2018 年 6 月 26 日俄罗斯联邦最高法院第 14 次全体会议第 27 号决议第 12 条)。

2016 年7 月3 日第343 号联邦法对有关商公司的各部法律进行了重要且具体的修改:在转让财产或产生转让可能性的情况下,应在被转让财产的账面价值和转让价格这二者中选择数额较高的一个,用以同公司资产的账面价值加以比较。* 这个规定可以在更大程度上保证股东的利益,因为资产的账面价值常常会被低估。

而在取得财产的情况下,应当将所获财产的价格和公司资产账面价值加以比较。在将公司财产交予临时取得并/或使用的情况下,应当将所交予财产的账面价值同公司资产账面价值加以比较(《股份公司法》第 78 条第 1.1 款、《有限责任公司法》第 46 条第 2 款)。

认定主债和从债之间具有联系性是一个颇为有趣的问题。在实务中,债权人与债务人在签订借款合同和贷款合同的同时,通常还会签订财产的抵押合同,以确保可以收回欠款。这些交易是否应当被视作相互联系的交易呢？在认定重大交易的时候应当将交易全部金额计入其中(借款、贷款金额加上抵押财产的金额),抑或只选择主债或从债计入其中呢？尽管主从二者存在相互关联性,但在认定重大交易的时候,只可取二者中较高的一个计入其中:或者是借款、贷款合同的价值,或者是用于保障借款的从合同的价值。毕竟,公司只有在借款、贷款合同未能被履行的情况下,才可以执行抵押物,而不可能既产生借贷合同的债务,同时又产生抵押合同的债务。

重大交易标的财产市值的确定程序

股份公司的重大交易中,作为交易标的的财产价值由董事会确定。

* 用以确定前者在后者之中的占比,以便确定交易为重大交易。——译者注

有限责任公司中,如果重大交易的交易额占公司账面资产的25%～50%,且实行该交易的议题未交予董事会批准,则财产价值由股东会确定。

➡ **作为重大交易标的的财产,其价格(货币估价)按市值确定。**

关于是否引入独立评估人参与评估,立法未作强制要求,可由公司自行酌定,但法律规定独立评估人必须参与的情况除外。

例如,如果作为重大交易标的的财产的账面价值,超过了股份公司资产的账面价值的50%,则必须引入评估人参加对该公司重大交易的股份的评估。因为在这种情况下,股东有权请求公司回购其股份,并应当根据法律规定确定这些股份的市值(《股份公司法》第79条第3款)。

在国家(市政)的股份占有2%及以上股份的情况下,重大交易的财产市值确定必须在国家主管机关的参与下进行(《股份公司法》第77条第3款)。

未妥当评估财产、缺少国家主管机关的参与,均为对交易程序的违反。在存在其他必要条件的情况下,可能会导致交易被认定为无效交易。

法律规定的不适用重大交易规定的情形

立法中规定了一些不适用重大交易规定的情形。例如,股份公司在以下情况下,不适用对重大交易进行批准的有关规定:

(1)公司的所有表决权股都归属一人所有,且该人同时是公司唯一一个行使独任执行机关职权的人;

(2)涉及招募股票、招募用以发行的可转换有价证券、为公开招募提供服务、组织公开招募股票和用以发行的可转换有价证券的交易;

(3)涉及公司改组的过程中产生的财产权转移的关系(包括依新设合并协议、吸收合并协议进行改组时所产生的关系);

(4)根据联邦法和/或其他俄罗斯联邦的法律文件的规定,公司所必须完成的交易(其价格依俄罗斯联邦政府规定的程序来确定,或者由联邦行政主管机关所规定的价格或费率确定),以及与公司已签订的其他公开合同的条件相同的公开合同;

(5)涉及强制获得公众公司的股份或其已发行的可转换有价证券的交易;

(6)对于签订同预约合同条件相同,预约合同中已包含了重大交易的全部信息,并且依法律规定的程序完成并获得批准的交易。

通过对以上免于适用重大交易获准的各规定的分析,我们可以看出,立法者对上述情况不适用复杂的获准程序的观点是具有合理性的。这些情况或者不具有损害社团参加人利益的可能(如第 1、2、6 点),或者已经在立法中对批准的获得有其他的程序性要求(如第 3 点),抑或是依法律要求就完成该交易已经有更早的规定(如第 4、5 点)。

批准重大交易的决议作出程序

➡ 社团立法中规定,商公司的重大交易需要得到对执行机关进行监督的管理机关(董事会、股东会)的事先批准或事后追认。

通常,**股份公司完成重大交易**时应当依《股份公司法》第 79 条得到董事会或股东会的批准。各管理机关批准重大交易的权限是由法律规定的,公司章程并不能对其作出改变。重大交易财产价格如果达到股份公司资产账面价值 25%但不足 50%的,必须得到公司董事会一致同意,方可获准,停权的董事会成员就此问题无表决权。根据俄罗斯联邦最高法院全体会议的解释,停权的董事会成员,是指已经死亡的董事会成员，或根据法院判决被宣告为限制行为能力、无行为能力或丧失资格的董事会成员，以及在董事会会议前以书面形式告知公司放弃职权的董事会成员（2018 年 6 月 26 日俄罗斯联邦最高法院第 14 次全体会议第 27 号决议第 15 条）。

如果董事会成员没有就批准或追认重大交易的问题达成一致，则可以依董事会的决定将该问题交由股东会决定。在这种情况下需要取得股东会中持有表决权股的股东的多数同意（《股份公司法》第 79 条第 2 款）。

如果交易的价格超过了公司账面资产的 50%，则当且仅当股东会批准才可以缔结该交易。如果重大交易达到该数额，对其批准的权限便只限于股东会，且公司章程不能将这一权限交给公司的其他机关（《股份公司法》第 79 条第 4 款）。这种情况下，决议需要取得参加股东会中 3/4 持有表决权股的股东同意方可作出。因公司的资产被大量地转让，或因为公司取得了大量资产，股东有权要求公司回购其所持股份（见图 12－2）。

董事会应当订立重大交易意见书，交予股东会。其中包含有关完成此重大交易可能对公司活动产生的后果，以及完成此重大交易的合理性。重大交易意见书中包括在股东会准备审议批准或追认重大交易时，所提供给股东的信息（材料）。若公司中未设董事会，则由公司的独任执行机关订立此意见书。

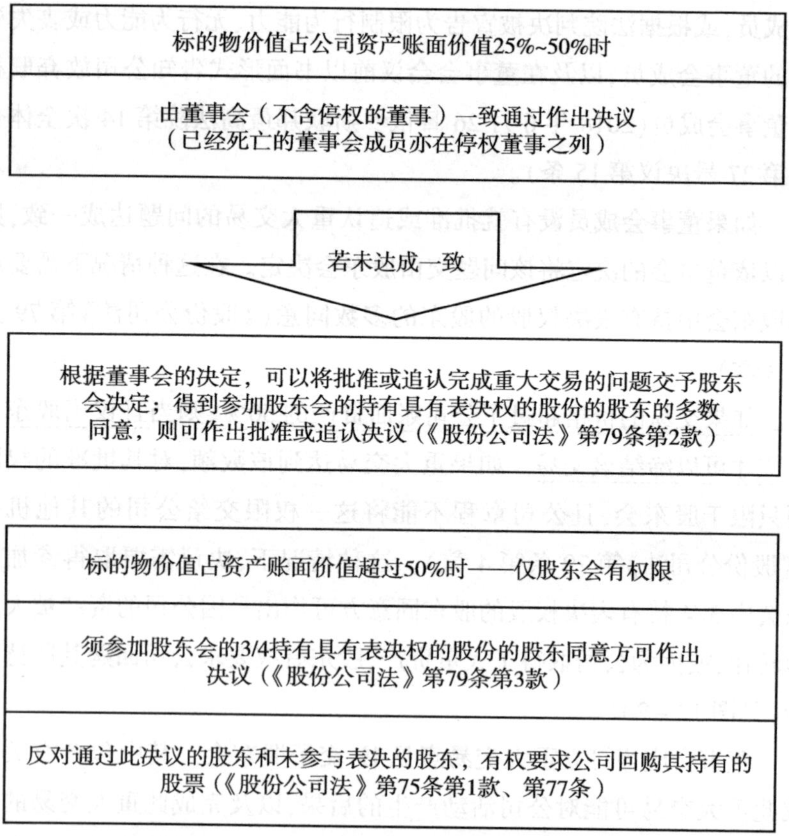

图 12－2　股份公司重大交易的获准或追认程序

在有限责任公司中，完成重大交易的决议通常是由股东会作出的。如果公司设有董事会的话，公司可以在章程中规定，直接或间接地转让、取得或可能转让占公司资产账面价值 25% ~50% 的重大交易，应交由公司董事会批准。也就是说，即便公司有董事会，也可以不授予董事会批准重大交易的权限。有限责任公司各管理机关的职权依公司章程划定。

重大兼关联交易的获准特别程序

股份公司的交易中，既是重大交易，同时又是关联交易，且财产价值超过账面价值50%的交易，在立法上有特别的获准程序规定；而有限责任公司的交易中，所有既是重大交易又是关联交易的，均采用特别的获准程序。这一特别的获准程序下，需要单独统计有权表决此交易的全部股东（不论他们是否有利益冲突）的票数，并单独统计对完成此交易没有利害关系的股东的票数。只有除在取得法律和公司章程所需要的多数票之外，还同时取得没有利害关系的股东的多数票的情况下，交易才被认为是妥为获准。股份公司中，财产价值占公司资产账面价值的25%～50%，且同时为关联交易的交易，只适用关联交易的有关规定。

重大交易批准决议的内容

在立法和司法实践中，重大交易的批准决议内容均受到了极大的重视。毋庸置疑，**批准决议的内容应对被批准的交易进行明确**。一般还规定，在批准或追认重大交易的决议中还应当指明交易的另一方（各方）及受益人、交易价格、交易标的及其他实质性条款，或对这些条款的批准程序。

同意完成重大交易的批准决议还可以载明交易条件的上下限要求（财产购买价格的上限或出售价格的下限），或者此上下限要求的确定程序、此前类似交易的批准情况、交易条件的备选方案、对同时进行若干交易的情况下的重大交易批准（《股份公司法》第79条第4款第5项、《有限责任公司法》第46条第3款第6～9项）。

有关商公司的各部法律中规定，在重大交易的批准决议中可以规定决议的有效期限。如果未规定有效期限,应认定此决议在作出之日起1年内有效,但此前对此重大交易的事实、条件或债务已经另有许可的情况除外(《股份公司法》第79条第4款第6项、《有限责任公司法》第46条第3款第10项)。这一立法层面的解决方案可以避免早前已获批准的交易产生完成期限上的不确定性,以及避免对这种不确定性的滥用。因为,自同意(批准)决议作出之时至交易完成之时,可能会经过很长的一段时间,而这期间资产的数额、公司的规模和公司活动的类型可能会产生很多事实上的变更。

重大交易可以依据有关商公司的各部法律规定的程序,在延期条件下完成(《股份公司法》第79条第4款第7项、《有限责任公司法》第46条第3款第11项)。

➲ 已获批准的交易如有后续的条款变更,则被视为独立的另一交易,并需要重新获得批准。

股东的股份(份额)回购权

股东对其持有的股份(份额)产生回购请求权,是商公司完成重大交易的后果之一(《股份公司法》第75条第1款、《有限责任公司法》第23条第2款第2项)。

➲ 之所以赋予股东对自身持有的全部或部分股份(份额)的回购请求权,是因为股东会所批准的重大交易决议可能会对其财产权造成侵害,因为完成该交易可能会导致公司的财产状况和股东的期望发生重大改变。

如果根据公司上一年度会计(财务)报告的数据,重大交易的标的价值超过了公司资产账面价值50%(包括重大兼关联的交易),有表决权且对批准或追认此重大交易决议投出反对票的股东,或有表决权但未参加表决的股东,均有权请求公司回购自己的全部或部分股份(《股份公司法》第75条第1款第2项)。

公司在通知股东召开股东会,以讨论批准重大交易这一议题的同时,有义务告知上述股东有权要求公司回购其所持有的股份,并告知回购的价格和程序。

法律对回购股份的数量设定了限制。公司为回购所分配的资金总额,不得超过使股东产生回购请求权的决议作出之日公司净资产价值的10%。如果提出回购请求的股份总量,超出上述限制中公司可回购的股份数量,则应依照回购请求按比例完成对股东所持股份的回购。

而对有限责任公司有如下限制:在公司股东会作出完成重大交易的决议的情况下,公司有义务根据就此决议投出反对票和未参与表决的股东的请求,回购这些股东所持有的注册资本份额。公司须在此义务产生之日起3个月内,向股东支付其注册资本份额的实际价值,但公司章程对期限另有规定的除外。实际价值按股东向公司提出请求前一日的最近一次会计报表的数据确定。在股东同意的情况下,公司亦可使用等价的实物财产给付。

第三节 关联交易*法律制度

关联交易的定义

关联交易，是指与公司董事会成员、独任执行机关、合议制执行机关成员、公司控制人或有权向公司作出必须履行之指令的人员发生利益冲突[1]的交易，以及根据法律规定，上述人员或其配偶、父母、子女、同父同母的兄弟姐妹、非同父或非同母的兄弟姐妹、收养人与被收养人，及/或受控制的人(或组织)有以下情形之一的交易:(1)作为交易中的当事人、受益人、居间人、代表人的;(2)存在对作为交易的当事人、受益人、居间人、代表人的法人实体的控制的;(3)参与该法人实体或其管理机关或管理组织而有可能影响该交易的完成的。

关联交易应当依照联邦各法[2]的要求，按特别的程序完成。

根据立法中的上述定义，被推定存在利益冲突的人如果参与了商公司完成任何一民事法律交易的意志形成，该交易均可被认定为关联交易。

通过确定完成交易的主体，以及确定他们在交易中有利害关系的

---

* 俄语原文为“сделки，в совершении которых имеется заинтересованность”，亦称“利害关系人交易”。——译者注

〔1〕 利益冲突可以被视为法律推定的利益矛盾，是某主体参与到数个法律关系中所造成的结果。该矛盾可能会影响到该主体，使其作出使社团及其成员的权利和受法律保护的利益受损的意思表示。

〔2〕 《股份公司法》第83条、《有限责任公司法》第45条。

依据,可以看出关联交易的特征(见图12-3)。

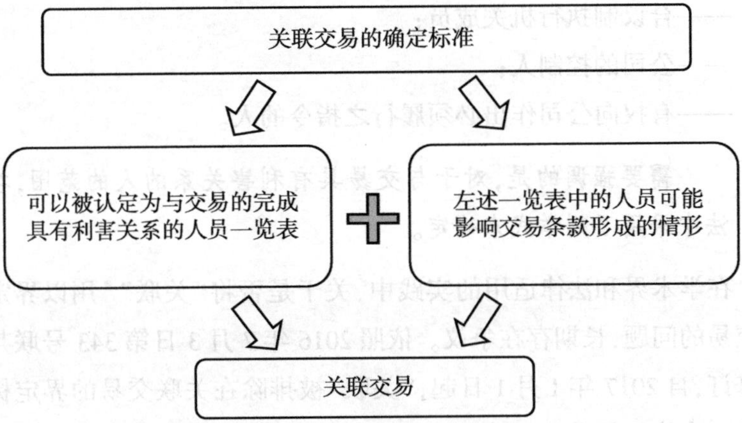

图12-3　关联交易的特征

交易中的利害关系人

可能对公司或交易另一方,以及居间人、担保人、受益人作出完成交易的决议产生潜在影响的人,视为与交易具有利害关系。

在俄罗斯的立法概念中,交易的利害关系是一种客观现象,不由人对交易产生影响能力的主观态度决定,而是由具有法律规定的利害关系的事实状况决定。

于是,能对决议作出施加影响,意味着为具备影响能力的人的利益而完成交易的**潜在的可能性**,以及列入导致公司产生损失及其他的弊端的对公司不利的交易条款的可能性。

有关商公司的各部法律(《股份公司法》第81条第1款、《有限责任公司法》第45条第1款)**确定了与交易有利害关系的主体范围,并规定须对关联交易适用特别的程序**。相应主体包括:

——董事会成员;

——独任执行机关；

——合议制执行机关成员；

——公司的控制人；

——有权向公司作出必须履行之指令的人。

需要强调的是，对于与交易具有利害关系的人的范围，在立法中采用了列举式来确定。

在学术界和法律适用的实践中，关于是否将“关联”* 用以界定关联交易的问题，长期存在争议。依照 2016 年 7 月 3 日第 343 号联邦法的修订，自 2017 年 1 月 1 日起，“关联”被排除在关联交易的界定标准之外。为将一部分人确定为交易利害关系人，立法引入了“控制人”（контролирующее лицо）的概念。** 新引入的这一概念显著缩小了利害关系人的范围，因为以“联系性”为意涵的“关联”一词，比“控制”的范围要广泛得多。如果“关联”是意味着“影响”，那么“控制”则是意味着某人可以使另一人作出决策的能力。

用以界定关联交易的所谓控制人，是指有权直接或间接（通过受其控制的主体）支配受控公司最高管理机关 50% 以上的表决权，或有权任命（选择）独任执行机关，以及/或有权任命超过 50% 的受控组织的合议制管理机关成员的权利主体。该控制人可依据财产委托管理合同、普通合伙合同、委托合同、股东协议以及其他以行使受控组织的股份（份额）之上的权利为标的的协议，通过参与到受控的组织中，拥有上述（主体）权利。

* 俄语原文为“аффилированность”（affiliation），词义本身强调隶属关系层面的联系。与该词相对应的形容词亦多见于“关联方”（аффилированное лицо）、“关联公司”（аффилированная компания）等词组搭配之中。——译者注

** 参见《股份公司法》第 81 条第 1 款。——译者注

出于界定关联交易的目的，立法者将“控制”认定为（对受控人的）以下直接或间接的权利：

——支配股东会50%以上的票数；

——任命（选举）受控公司的独任执行机关或（及）合议制执行机关的一半以上成员的；

从控制人的法律定义上，我们能够看出，可以将“控制”的界定依据进行如下划分：

（1）是否和注册资本的出资有关；

（2）事先确定了经济从属关系的合同类别列表非为列举式的。

需要指出的是，立法者对于“控制”的界定，采取了形式化的认定标准，而不是根据事实上的控制来认定。在法律适用的实践中，在认定“控制”时会遇到一些问题，因为在认定某人控制着另一人时，生活中所能遇到的情况要比法律所规定的形式化标准中的情况更为多样。

在关联交易的认定中，受控人（受控公司）指直接或间接地受控制人控制的法人。

因此，在法律的定义中，受控人只能是法人。

出于对关联交易进行法律调控的目的，俄罗斯联邦、各联邦主体、市政机构不得被认定为受控人（《股份公司法》第81条第1款、《有限责任公司法》第45条第1款）。

将公法机构从对涉及关联交易的批准（核准）事项的表决中予以专门排除，也便因类似的立法规制而丧失了其必要性。

这种处理方式是合理的。尽管在事实上俄罗斯联邦、各联邦主体，以及市政机构在民事法律关系当中，同其他民事法律关系的参加人（公民、法人——《俄罗斯联邦民法典》第124条第1款）处于平等地位，但国家在参与社团法律关系的过程中仍具有特别的目的与特点。国家的目的不仅仅是实现作为股东的财产权，最重要的还是要履行因其国家职能所产生的公法义务。在针对商公司制定关联交易的有关条件时，如果将公法机构施加影响的可能性予以专门排除，或许是有失妥当的。

如果公法机构作为商公司的股东，却丧失了对公司活动施以影响的可能，那么这将违背国家控制社会重要部门和履行所寄予它的其他公法义务的目的和任务。因此，公法机构在批准关联交易中，不应被认定为受控人。

法律所规定的在交易完成过程中各主体间的利害关系（利益冲突），可于下列情形中产生：法律规定的人员及其配偶、父母、子女、同父同母的兄弟姐妹、非同父或非同母的兄弟姐妹、收养人与被收养人，及/或受控制的人（或组织），**同时又为其他法律关系的参加人**——交易的当事人、受益人、居间人、代表人，或在交易的当事人、受益人、居间人、代表人的管理机关供职的人，以及在该法人的下属公司管理机关供职的人。

法律未规定何时应当确定这些主体的交易利害关系。司法实践填补了这一法律空白，"**这些主体的利害关系应当在交易完成时确定**"[1]得到了联邦最高法院的支持。

如果上述主体的利害关系是在公司完成交易之前或之后存在的，则不应认定交易为关联交易。

下面举几个关联交易的例子。

如果有以下情形，应被认定为关联交易：(1)交易双方独任执行机关的职能由同一人行使的；(2)某个股东持有公司50%以上表决权股，且同时是买方公司的董事或控股人的；(3)交易在公司和其控股股东

〔1〕 2018年6月26日俄罗斯联邦最高法院第14次全体会议第27号决议第22条（Пункт 22 Постановления Пленума Верховного Суда РФ от 26 июня 2018 г. № 27）。

间完成的。此外,在担保合同中,如果股东持有担保人或借款人 50% 以上股份的,应被认为是关联交易。如果在交易中,履行公司独任执行机关职能的人,同时是交易另一方履行独任执行机关职能之人的配偶,或交易双方是公司和有权任命公司半数以上董事会成员的主体,则该交易亦应当被认定为关联交易。

完成关联交易,须遵守图 12－4 所示的程序。

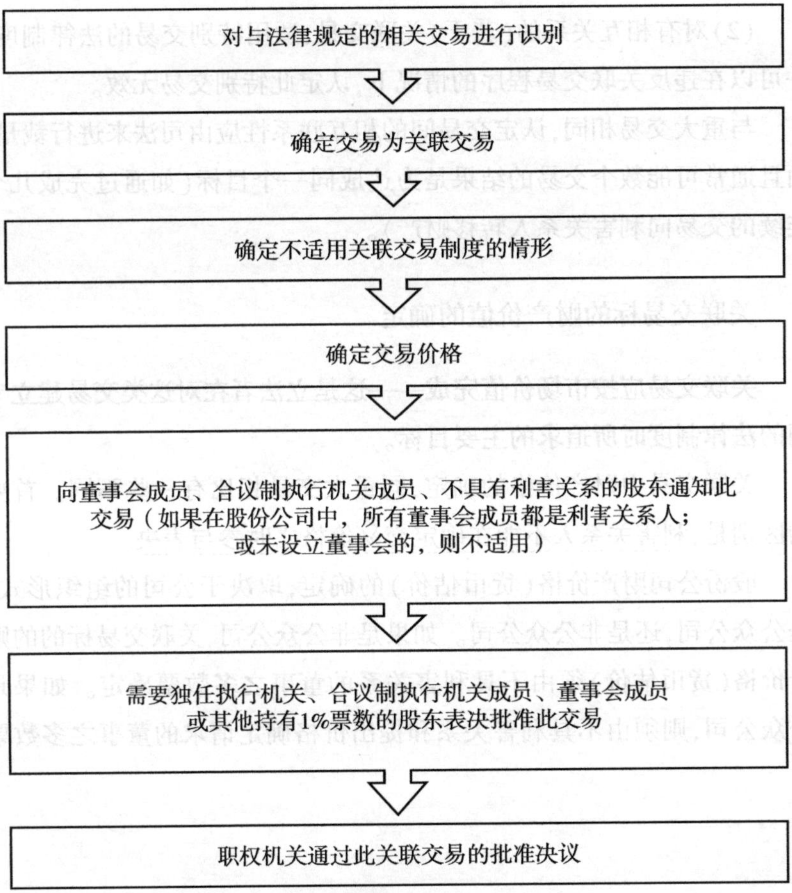

图 12－4　关联交易的确定和达成程序

相互联系的交易

对于关联交易的界定而言，确定某交易与事先已完成的关联交易之间的联系，同样具有重要的意义。

交易间的相互联系性，对以下方面具有意义：

（1）确定交易价格，以及相应地选择批准交易的职权机关；

（2）对有相互关系的（若干）关联交易，适用特别交易的法律制度，并可以在违反关联交易程序的情况下，认定此特别交易无效。

与重大交易相同，认定交易间的相互联系性应由司法来进行裁量。而且通常可能数个交易的结果是为达成同一个目标（如通过完成几个连续的交易向利害关系人转移财产）。

关联交易标的财产价值的确定

关联交易应按市场价值完成——这是立法者在对这类交易建立专门的法律制度时所追求的主要目标。

关联交易中财产价格的确定，同重大交易相比有一些不同。首要的区别是，利害关系人不能在确定交易价格之时参与表决。

股份公司财产价格（货币估价）的确定，取决于公司的组织形式：是公众公司，还是非公众公司。如果是非公众公司，关联交易标的的财产价格（货币估价）须由不具利害关系的董事之多数票确定。如果是公众公司，则须由不具利害关系和提出价格确定请求的董事之多数票确定(《股份公司法》第83条第3款)。[1]

同时,在公司章程中还可以事先规定上述董事所需的最低票数(《股份公司法》第77条第1款第4项)。如果《股份公司法》第83条第3款规定的不具利害关系的董事,或公众公司中不具利害关系但提出价格确定请求的董事的数量,低于公司章程中所规定的召开公司董事会会议的最低人数,且公司章程未规定关联交易的财产价格(货币估价)由股东会决议确定,则财产价格(货币估价)由公司董事会成员全体通过方得确定,但停权的董事除外(《股份公司法》第77条第1款第5项、第83条第4款)。

在股份公司中,确定相关交易的标的财产价值,须经不具利害关系的股东之多数同意方可进行,而在有限责任公司中,同样须经不具利害关系的股东之多数同意方可进行。

关联交易批准程序的特点

自2017年1月1日起,完成关联交易不必须进行预先批准,这个规定十分重要。

关联交易的实施程序具有一些特殊性,其中之一是,可能被认为有利害关系的主体,有义务向公司告知:

(1)利害关系人及其配偶、父母、子女、同父同母兄弟姐妹、非同父

[1] 《股份公司法》第83条第3款规定,就批准关联交易及确定关联交易标的财产价格(货币估价)事项表决的董事会成员,不得为或不得在决议作出前1年内为以下人员:(1)履行公司独任执行机关职能的人,包括公司的管理人、合议制执行机关成员,以及在公司治理组织的管理机关中担任职务的人员;(2)公司管理人或父母、子女、同父同母的兄弟姐妹,非同父或非同母的兄弟姐妹、收养人与被收养人是在公司管理机关、公司治理组织的管理机关担任职务的人;(3)控制公司或被赋予公司独任执行机关职能的管理组织,或有权向公司作出必须履行的指令的人。

或非同母的兄弟姐妹、收养人与被收养人，及/或受控制公司为控制人或有权向公司作出必须履行的指示的法人的有关信息；

（2）利害关系人及其配偶、父母、子女、同父同母的兄弟姐妹、非同父或非同母的兄弟姐妹、收养人与被收养人，及/或受控制公司曾在管理机关供职的法人的有关信息；

（3）上述人员已完成或拟定完成的、可能被认定为利害关系人的已知交易的有关信息（《股份公司法》第82条、《有限责任公司法》第45条第2款）。

关联交易中公司的告知与说明义务

对关联交易的批准不是强制进行的，因此作为“弥补”，公司必须就这些交易进行告知。股份公司必须告知董事会成员、合议制执行机关成员；如果全部董事均为利害关系人，或者依照法律或公司章程未设立董事会的，则应按照召开股东会之时的规定通知程序告知各股东，但法律或公司章程另有规定程序的除外。公司章程亦可规定义务，以在告知董事会成员的同时告知股东。

关联交易告知的完成，不得晚于交易完成之日前15日，但公司章程另有规定期限的除外（《股份公司法》第81条第1.1款）。

在有限责任公司中，应当告知不具利害关系的各股东；如果公司设有董事会的，则还须告知不具利害关系的董事会成员。告知的期限与股份公司相同，如果公司章程未对期限另行规定的，则为交易完成之日前15日。

告知的内容应当包括交易的全部实质性条款以及这些条款的确定程序，其中包括应当指明当事人、受益人、价格、交易标的和其他实质性条款及其确认程序，以及在交易中每一利害关系人被认定具有利害关系的依据。

股份公司有义务向有权参与股东会表决的相关人员提供公司在结算年度所完成关联交易的报告。报告应由公司的独任执行机关签署，并由公司董事会确认。如果是公众公司，且公司组建了监察委员会的，其所包含的数据的真实性应由监察委员会确认。

有限责任公司同样被规定了类似义务。公司有义务向有权参与股东会表决人员提供公司在结算年度所完成关联交易的报告。报告应由行使公司独任执行机关权利的人事先确认（如果独任执行机关职权由若干人共同行使，则需该若干人全体事先确认）。如果依据公司章程设立董事会和监察委员会的，则还须由公司董事会和监察委员会确认（《有限责任公司法》第45条第3款第3项）。

关联交易的批准请求

根据法律规定，关联交易在完成前，[1]**可由公司董事会或股东会批准。**独任执行机关、合议制执行机关成员、董事会成员以及持有不少于公司1%具有表决权股份的股东（《股份公司法》第83条第1款第2项）可以提出要求批准交易的请求，有限责任公司则相应地可由具有不少于1%注册资本份额的股东提出请求（《有限责任公司法》第45条第4款第2项）。

立法者希望通过设定一个注册资本份额1%的门槛，使公司可以免于被仅持有十分少量表决权的人提出不合理的请求权，因为这会导致投票结果受到不当的影响，还因为他们往往会滥用自身权利。

召开对批准关联交易作出决议的股东会和董事会会议，其请求及审查程序，应按照临时股东会的召开程序进行。董事会有权依照《股

---

〔1〕 根据俄罗斯联邦最高法院全体会议的解释，召开决定批准关联交易的公司股东会或董事会会议的请求，可在任何时间提出，其中包括有关完成该交易的告知送达之前（《股份公司法》第83条第1款、《有限责任公司法》第45条第4款）（2018年6月26日俄罗斯联邦最高法院第14次全体会议第27号决议第24条）（п. 24 Постановления Пленума Верховного Суда РФ от 26 июня 2018 г. № 2）。

份公司法》第55条所规定的临时股东会的召开规定，拒绝召开股东会或董事会会议的请求；如果在对请求进行审查之时，批准或拒绝完成所涉及交易的决议已经存在，则也可以拒绝召开。3个月内不得重复提出申请，但公司章程规定了更短的期限的除外（《股份公司法》第83条第1款第3项）。

关联交易批准决议的作出程序

关联交易批准决议的作出程序，会因公众公司和非公众公司而有所不同，同时也会因商公司的法律组织形式而有所差异。对关联交易的批准，可由董事会或股东会作出。

但无论何种情况，均适用以下强制性规则：

（1）利害关系人应回避参与作出交易批准决议（《股份公司法》第83条第2~4项、《有限责任公司法》第45条第4款）。

根据俄罗斯联邦最高法院对《股份公司法》第81条第1款和第83条第4款、《有限责任公司法》第45条第1款和第4款含义的解释，如果某一股东为法人，即使其不是利害关系人，**但受利害关系人控制（受控组织）**，则亦不可参与表决批准关联交易的决议（2018年6月26日俄罗斯联邦最高法院第14次全体会议第27号决议第23条）。

（2）在确定批准关联交易的票数时，需要将利害关系人的票数排除在外。[1]

股份公司关联交易的批准

非公众公司关联交易的批准决议应获董事会中不具利害关系的董

〔1〕《股份公司法》第83条第4.1款中列举了例外的情形。

事之多数通过,但公司章程规定要求更多票数的除外。如果不具利害关系的股东数量低于公司章程规定的召开董事会会议的人数要求,则应依照《股份公司法》第 83 条第 4 款规定的程序,将批准事宜交予股东会决定(《股份公司法》第 83 条第 2 款)。

公众公司关联交易的批准决议由公司董事会中不具利害关系且符合法律要求的董事之多数通过(但公司章程规定要求更多票数的除外)(《股份公司法》第 83 条第 3 款)。

如果不具利害关系且符合上述要求(《股份公司法》第 83 条第 3 款)的董事人数不足两人,且在公众公司章程中没有就该问题对召开董事会会议作出更多的人数要求的,则要依照《股份公司法》第 83 条第 4 款规定的程序,交由股东会批准此交易(《股份公司法》第 83 条第 3.1 款)。

股份公司可以在章程中事先就所有或部分需要董事会批准的关联交易,对董事会成员作出"适格要求",从而要求批准交易决议应当由不具利害关系的董事作出,董事不仅要符合《股份公司法》第 83 条第 3 款的要求,还需要符合公司章程额外规定的标准。在这种情况下,公司章程还应规定就该问题召开董事会会议的最低人数,且不得低于两人。

如果符合要求的董事人数低于公司章程中所规定的就此问题召开董事会会议的最低人数,则关联交易的批准决议应按照《股份公司法》第 83 条第 4 款规定的程序,由股东会作出(《股份公司法》第 83 条第 3.2 款)。

《股份公司法》第 83 条第 4 款规定了若干应由股东会作出关联交易批准决议的情形:

(1)交易或若干有相互联系的交易的价格,交易所涉及财产的转让、取得或可能转让之价格或账面价值,据上一结算日会计(财务)报表的数据，占公司资产账面价值10%及以上。

（2）交易或若干有相互联系的交易标的为普通股，且该普通股数量超过公司早前募集的普通股的2%（该普通股可以是早前发行的可转换为股票的有价证券），但公司章程规定了更低的数量要求的除外。

（3）如果交易或有相互联系的交易标的为优先股，且该优先股数量超过公司早前募集的普通股的2%（该优先股可以是早前发行的可转换为股票的有价证券），但公司章程规定了更低的数量要求的除外。

2018年7月19日第209号联邦法对股东会就关联交易作出批准决议的最低人数要求，作出了重要的修订。股东会作出决议的权能，不再取决于参加股东会且持有表决权股的不具利害关系股东的人数。也就是说，只要是不具利害关系的股东，都足以适格使股东会的决议作出的权能得到发挥。同时，公司股东会对关联交易的批准决议，由参加股东会的所有不具利害关系的股东之多数通过作出（《股份公司法》第83条第4款）。

上述规则本质上是对股东会决议作出程序的例外规定，可以保障关联交易批准机制的实现。

➲ 需要注意的是，对非公众公司采用任意性调整：公司章程可以制定与《股份公司法》中的关联交易批准程序不同的程序，也可以在章程中规定不适用该法中的相关规范。

非公众公司可以在设立时，或在股东会得到全部股东一致通过而修改公司章程时，在章程中作出上述规定。在股东会得到全部股东一致通过而修改公司章程时，可以作出对上述规则的例外规定。

上述规定体现了关联交易制度的自由性：非公众公司的股东在得到一致通过的情况下，可以自行决定排除关联交易批准的必要性。显而易见，这个规定可能对家族企业有利，或者对由同一主体控制下的有经济从属关联的各公司有利。

有限责任公司关联交易的批准

如果有限责任公司设立董事会,关联交易的批准决议可以根据公司章程,由董事会作出。但交易价格或关联交易标的的财产价值超过公司资产的账面价值10%(根据最后一个结算期的会计报表的数据)的除外(《有限责任公司法》第45条第8款)。对决议的批准,应由有限责任公司的董事会中不具利害关系的董事之多数同意作出(公司章程中要求更多票数的除外)(《有限责任公司法》第45条第4款第3项),或者由股东会中对此交易不具利害关系的股东之多数同意作出(公司章程中要求更多票数的除外)。

需要强调的是,对有限责任公司关联交易的调整,具有任意性:**与非公众股份公司相同,有限责任公司的章程中也可以制定与《有限责任公司法》确定的关联交易批准程序不同的规则;并可以在章程中规定不适用该法中关联交易的相关条款。**公司可以在设立时,或在股东会得到全部股东一致通过而修改公司章程时,在章程中作出此类规定(《有限责任公司法》第45条第9款)。

关联交易批准决议的内容

关联交易批准决议的内容和有效期,同法律对重大交易的规定类似。在批准关联交易的决议中应当指明交易的利害关系人,以及其被认定为利害关系人的依据(《股份公司法》第83条第6款、《有限责任公司法》第45条第5款)。

关联交易可以在《股份公司法》或《有限责任公司法》规定的程序下,在延期获准的条件下完成。

不适用关联交易制度的情形

关联交易的法律制度，不适用于以下情形：

（1）按照公司普通经营活动的程序完成的，且公司在较长时间内多次完成过交易条款类似但不具利害关系的交易，包括《银行及银行活动法》第5条规定的信用机构完成的交易（《股份公司法》第81条第2款第2项、《有限责任公司法》第45条第7款第2项）。

（2）公司全部表决权股份（份额）由一人持有，且该人同时行使公司独任执行机关职权的（《股份公司法》第81条第2款第2项、《有限责任公司法》第45条第7款第3项）。

（3）股份公司中，所有持具表决权股份的股东都是利害关系人，且其他人不具利害关系的。但非公众公司的章程中规定股东有权在交易完成前主张该交易需要获准的除外（《股份公司法》第81条第2款第3项）。

（4）有限责任公司中，全部持具表决权股份的股东都是利害关系人，且其他人不具利害关系的。但非公众公司的章程中规定股东有权在交易完成前主张该交易需要获准的除外（《有限责任公司法》第45条第7款第4项）。

（5）与公司招募（包括通过认购）股票、可转换有价证券有关的交易（《股份公司法》第81条第2款第4项）。

（6）公司通过公开认购的形式招募债券，或公司收购其此前招募的债券的交易（《股份公司法》第81条第2款第5项、《有限责任公司法》第45条第7款第6项）。

（7）公司取得或回购此前发行的股票的交易（《股份公司法》第81条第2款第6项）。

（8）公司根据联邦法及/或其他俄罗斯联邦的法律文件所必须完

成的交易，其价格依俄罗斯联邦政府规定的程序来确定，或者由联邦行政主管机关所规定的价格或费率确定(《股份公司法》第81条第2款第8项、《有限责任公司法》第45条第7款第8项)。

(9)与公司所签订的其他公开合同的条件相同的公开合同(《股份公司法》第81条第2款第8项、《有限责任公司法》第45条第7款第8项)。

(10)根据2003年3月26日第35号联邦法《电力法》第8条第6~8款完成的交易(《股份公司法》第81条第2款第9项)。

(11)对于签订与预约合同条件相同，且预约合同中包含了关联交易的所有必要信息且依法律规定的程序签订并获得同意的交易(《股份公司法》第81条第2款第10项、《有限责任公司法》第45条第7项第9款)。

(12)在公开招标中达成的或根据招标结果达成的交易，且参加招标或招标的条款已得到股份公司董事会或有限责任公司股东会确认的(《股份公司法》第81条第2款第11项、《有限责任公司法》第45条第7款第10项)。

(13)交易所涉及的取得、转让或可能转让财产的价格或账面价值，低于公司资产账面价值0.1%［根据上一结算日会计(财务)报表中的数据］，且交易的数额不超过俄罗斯银行所规定的限制值[1](《股份公司法》第81条第2款第12项、《有限责任公司法》第45条第7款第11项)。

---

[1] 参见俄罗斯银行2017年3月31日第4335号令《关于确定股份公司和有限责任公司可确定关联交易的限制值的令》(依俄罗斯司法部2017年4月24日第46460号文件登记)［Указание Банка России от 31 марта 2017 г. № 4335 – У «Об установлении предельных значений размера сделок акционерных обществ и обществ с ограничен-ной ответственностью, при превышении которых такие сделки могут признаваться сделками, в совершении которых имеется заинтересованность»(зарегистрировано в Минюсте России 24 апреля 2017 г. № 46460)］，参见Вестник Банка России. 2017. № 43。

上述情形中，最后一条有着尤为重要的意义。因为如果没有类似规定，董事会便不得不去批准很多小额的商业行为。

对关联交易制度作出的上述重要的修订，旨在对金额或其他参数很低的关联交易加以简化。并在非公众公司和有限责任公司的股东可以得到一致通过的情况下，在确定交易的批准程序，甚至是对适用关联交易批准加以排除的问题上，给予他们极大的自由。

这些修订对于权利实现而言是有利的。因为修订后的规定，允许商公司的管理机关可以在进行普通经营活动和小额交易的过程中免于履行批准交易的职能。

第四节 公司章程中规定特别实施程序的交易之法律制度

在讨论非常规交易类型的确定时，我们曾经提到过，除“法定非常规性”的交易（法律规定交易获准的特殊程序）之外，还可以规定“章定特殊性”的交易，即在公司章程中事先规定的特殊获准程序。

公司章程中规定特别实施程序的交易并非重大交易，因此不适用重大交易的批准制度。

在这种情况下，完成交易需要采用公司章程所规定的批准流程。

比如，在股份公司中可以规定此类交易由董事会成员之多数批准，但重大交易应当由除停权董事之外的所有董事会成员一致通过，方可批准。

在非公众公司中,类似交易不仅可以由董事会批准,还可以由股东会批准。

公司章程中规定特别实施程序的交易,其类型由公司章程确定。需要注意的是,章程中规定需要特别实施程序的交易对公司而言尤为重要,通常会根据以下因素对这些交易加以区分:

(1)根据交易标的(如不动产、固定资产、公司注册资本的股份或份额的转让等);

(2)根据公司资产价值所确定的交易标的的财产价格,或财产的固定价格。

第五节　完成非常规交易所导致的侵权的救济方式

非常规交易的撤销

➡ **重大交易、关联交易,以及公司章程中规定了特别程序的交易,均是可撤销的交易。**

只有在司法程序下,由公司、董事会成员、持有不少于公司1%具表决权股份的股东,或获得不少于公司1%全体股东票数的股东向法院提起诉讼,才可认定非常规交易无效。

在交易完成之时原告不是公司股东,并不足以构成拒绝满足原告诉求的理由(2018年6月26日俄罗斯联邦最高法院第14次全体会议第27号决议第7条第2款)。最高法院全体会议的这一解释,可以有效地保障股份(份额)持有人的权益。此外,依照份额(股份)权利转移的基本规定,转移给股东的为全部份额(股份)权利,其中就包括救济权。

就重大交易、关联交易，以及公司章程中规定了特别程序的交易提出诉求的**诉讼时效**，为原告得知或应当得知其对上述交易要求获批的请求权被侵犯之时起一年(《俄罗斯联邦民法典》第181条第1款)。

2018年6月26日俄罗斯联邦最高法院第14次全体会议第27号决议对诉讼时效的计算程序，作出了详细解释。

商公司的相关立法中规定，请求认定重大交易或关联交易无效的诉讼请求，如果超出了诉讼时效，则无法恢复。

重大交易的撤销

违反获准程序的重大交易，可以依据《俄罗斯联邦民法典》第173.1条认定为无效。

有下列情形之一的，对认定重大交易因未经适当批准完成而无效的诉讼请求，法院可以拒绝支持：

(1)在案件审理前，向法院提交的证据足以证明，该交易已经得到追认；

(2)在案件审理时，无法证明该交易的另一方已知或明显应当知道该交易系重大交易，且/或已知或明显应当知道该交易未经适当批准(《股份公司法》第79条第6款、《有限责任公司法》第46条第5款)。

立法者通过推定交易方的善意，以保障财产流转的稳定性。

对交易另一方善意的证明，在《俄罗斯联邦民法典》第158.1条第2款中有所规定。其中规定，如果根据法律规定，交易需要法人的机关作出批准，则法人的机关应在收到批准请求后的合理期限内，就批准或拒绝该交易的信息告知请求作出批准的主体或其他主体。可见，交易另一方向法人的机关就交易是否获准提出询问，足以证明其善意。还有一种保护债权人利益的方式，是取得对交易的情势保证声明，其中包括保证交易已经得到另一方的职权机关的批准，或不需要获准(《俄罗斯联邦民法典》第431.2条)。

《俄罗斯联邦民法典》第173.1条规定了认定重大交易无效的程序性要件，其中并不包括要求必须证明完成该交易对公司造成了损失。

关联交易的撤销

关联交易可依《俄罗斯联邦民法典》第174条第2款的规定被认定为无效。

根据《俄罗斯联邦民法典》第174条第2款的规定，对于以法人名义完成但未得到法人的机关授权，并损害了法人利益的交易，法人可以向法院提出告诉，主张该交易无效。在法律规定的情况下，如果交易另一方知道或应当知道对法人或代表人造成了显著损害，或有情况可以表明法人的机关与交易另一方串通，或其他共同行为对法人的利益造成了损害，则可以由其他主体或其他机关为自身利益而提起诉讼。

我们可以总结出认定关联交易无效的两个理由：双方明知交易会导致显著损害，或交易双方相互勾结。

有关商公司各法的条文就认定关联交易无效有专门的规定，相较于《俄罗斯联邦民法典》而言，其具有优先适用性。

《股份公司法》第84条第1款、《有限责任公司法》第45条第6款规定，如果交易的完成会损害公司利益，并足以证明交易的另一方知道或应当知道交易为关联交易，且/或该交易未获批准的话，交易可以被认定为无效。但交易未获批准本身并不是认定交易无效的理由。

如果关联交易未获批准，董事会成员或持有不少于1%具表决权股份的股东(有限责任公司为不少于公司全体股东总票数的1%)有权请求公司提供与交易有关的信息,包括可以确认交易没有损害公司利益的文件或其他信息(如证明交易条款与市场条件无显著差别的文件或信息)。这些信息应当在收到请求之日起20日内提供。

立法者推定,在以下条件下,因关联交易的完成,会对公司利益造成损害:

(1)交易未获批准,或未被追认的;

(2)向法院提请认定交易无效的主体,索取与交易有关的信息,包括可以确认交易没有损害公司利益的文件或其他信息(如证明交易条款与市场条件无显著差别的文件或信息),但未被提供的。

需要注意的是,对损害公司利益的推定,并不意味着无须证明这些损害的存在。不过该推定可以免于证明造成损害和未获批准或未提供信息之间存在因果关系,从而促进相关法律关系的参加者可以正确地履行他们的义务。

《俄罗斯联邦民法典》第 174 条第 2 款规定了认定关联交易无效的实质性要件,其要求必须证明对公司造成了损害。

需要强调一点,根据其他的法律规定(如《俄罗斯联邦民法典》第 174 条第 2 款),虽无法将交易确定为关联交易,但并不妨碍法院认定该交易无效。

于公司章程中规定特别程序之交易的撤销

根据《股份公司法》第 69 条第 2 款、《有限责任公司法》第 40 条第 3.1 款的规定,公司章程可以在法律规定的情形之外,额外规定需要得到公司董事会或股东会批准才能完成的交易("章定特殊性")。

如果公司章程中规定了特别程序的交易未经批准或追认,则该交易依照《俄罗斯联邦民法典》第 174 条第 1 款的规定,可被视为可撤销

的交易。

就认定某个交易违反了公司章程规定的限制一事,证明交易另一方知晓这些限制,属于可证明的对象之列。

2015 年6 月23 日俄罗斯联邦最高法院全体会议第22 号决议中解释道:“通常,法律并未规定法人机关成员以外,且非法人发起人或股东的人有审核法人设立文件的义务,(他们没有义务)去查明法人独任执行机关职权的限制,或若干个独任执行机关相互独立或共同行使的职权的限制和职权划分……设立文件对有权以法人名义行使职权的人(包括共同行使独立的职权的人)所作出的规定,并不能影响第三人的权利。违反这些规定并不足以成为认定交易无效的依据。但如果可以证明,交易的另一方在交易完成之时,知晓或显然应当知晓设立文件中对完成该交易所设定的限制的除外(《俄罗斯联邦民法典》第174 条第1 款)。”

特别交易中权利和法定利益的其他救济方式

在完成特别交易的过程中,除了认定交易无效,还有其他对被侵犯的权利和法定利益的救济机制。法院如果驳回了股东或者公司提出的认定重大交易或关联交易无效的诉讼请求,并不妨碍他们**向法院提出诉求,要求公司管理机关成员赔偿对公司造成的损失**。而且也不妨碍法院满足将直接达成该交易的股东(包括作为独任执行机关的股东)或者股东会中支持批准该交易的股东予以除名的诉讼请求(2018 年6 月26 日俄罗斯联邦最高法院第14 次全体会议第27 号决议第8 条)。

《俄罗斯联邦民法典》第67.3 条第3 款规定,**子公司的股东有权要求母公司(商合营)赔偿因其行为或不作为而对子公司造成的损失**

（《俄罗斯联邦民法典》第1064条）。

股东可以为子公司利益为由，提出上述请求。

> “依公司章程中的程序以公司名义向法院提起诉讼，要求赔偿公司所造成的损失（《俄罗斯联邦民法典》第53.1条），以及对公司达成某一交易提出异议的股东，依法可以作为公司代表人（包括判决的执行阶段），案中的原告则为公司（《俄罗斯联邦民法典》第53条第2款、第65.2条第1款）”（俄罗斯联邦最高法院于2015年6月23日作出的第25号全体会议决议第32条）。

从特别交易中权利和法定利益的其他救济方式的角度来看，对股份公司而言，还可以规定**利害关系人的责任**，规定利害关系人对公司所造成的损失应承担的损失数额。不论该交易是否已经被认定为无效交易。

在关联交易达成之日，如果利害关系人违反了告知义务，没有告知公司其可能被认定为利害关系人，则可推定该人对此交易使公司产生的损失具有过错（《股份公司法》第84条第3款）。

（第十二章终）

第十三章

对社团法律关系参加人权利的防护与保护

术语表

社团权利的防护[*]——旨在为禁止侵犯社团法律关系主体权利而创设条件的一整套预防性的组织措施。

社团权利的保护——为恢复被侵犯的社团权利或旨在减少因侵犯社团权利所引起的负面后果而采取的一整套措施。

社团权利保护的恢复性手段——在发生侵犯社团主体权利时所采用的，旨在消除侵权行为或恢复被侵犯权利的法定措施。

社团权利保护的补偿性手段——在发生侵害社团主体权利时所采用的，旨在减少因侵权造成的财产损失的法定财产性措施。

以管辖形式对社团权利进行保护——依照法定程序，通过诉诸法院或其他国家机关的方式保护社团权利。

以非管辖形式对社团权利的保护——不通过诉诸法院或其他国家机关来对社团权利加以保护。

社团控制权的恢复——通过恢复成员损失的份额，来保障其拥有社团一定数额的份额之上的绝对权利的法律恢复手段。

认定管理机关的决定无效——保护成员管理参与权的法律恢复手段，即废除管理机关所做决定的法律效力。

损失赔偿——保护社团法律关系参加人权利时的通用补偿手段，即赔偿与主体所损失财产（实际损害和利润损失）数目等价的款项。

---

[*] 本章所指“防护”，对应俄语“охрана”，原意为“保护、保卫”，作者在本章将其解释为“一套预防性的组织措施，旨在为禁止侵犯社团法律关系主体权利而创设条件”，即有区别于事中及事后“保护”的“预先保护”之意。为明确其含义并避免与“保护”混淆，在此处将其处理为“防护”。若不顾及原文语言的准确性转化，亦可对应理解成我国法律用语中的“保护”与“救济”。为便于读者理解，特此注明。——译者注

第一节 社团法律关系主体权利保护的一般规定

一、社团法律关系中权利防护与保护的概念

主体为满足自身需求,即在私法关系领域获得某种好处,或为自己谋求其他利益而参与法律关系。如果某人的主体权利由于义务人的不当行为而受到侵犯,其将受到法律所规定的法律手段的保护。在理想情况下,主体权利根本不应受到侵犯。若侵犯发生,已产生的法律关系应停止适当履行,如果在某一法律关系中相继产生了几种主体权利,则每一种权利都必须停止适当履行。为确保此种理想情况,应当建立一个特殊的主体权利维护制度,借助于涵盖**主体权利防护措施**的保护措施体系加以保证。上述措施不仅具有法律性质,还具有诸如组织、政治和其他性质。

可以将社团权利的保障措施分为以下几个设置与实施层面上的不同等级:

一级防护措施,是由国家制定的旨在确保法律秩序的措施。可细分为一般措施和社会措施。其中,一般措施,是指保障财产权、人身权不受侵犯的相关规范性法律文件;社会措施,是保障社团领域内特殊权利的措施。上述两种措施具体包括:

——规定违反社团法相关立法应当承担的刑事和行政责任(如《俄罗斯联邦刑法典》规定,伪造经济公司股东会决议的,应当承担刑事责任——第 185.5 条;违反有价证券权利登记程序的,应当承担刑事责任——第 185.2 条;恶意逃避披露,或逃避提供有价证券法规所规定的信息的,应当承担刑事责任——第 185.1 条等);

——确定对个别法律行为(设立法人、变更有限责任公司股东的人员组成)进行国家登记的理由和程序,从而为主体权利创造更深刻的法律确定性,即降低了权利遭到侵犯的可能;

——建立和维持有效的社团权利保护机制:组建法院体系、规定仲裁法院对社团纠纷的特别管辖、严格监督审理期限的遵守情况、组织司法文书的正确执行;

——实行保障小股东权利的制度措施;

——对进行社团法律关系主体权利登记的人员的资质加以要求;

——对完成股份和份额交易的程序制定较高的要求;

——依照法定程序制定、批准有限责任公司和其他公司所使用的示范章程。

在上述所有措施中,最具意义的无疑是**设立并适当鼓励社团法律关系主体的权利登记**。正确地进行权利登记,是妥为行使社团权利的保障。其赖以建立的基础是,及时且准确地反映社团权利对特定人群的归属,反映社团权利从何人向何人转移。近年来,所进行的大多数对社团法相关立法的修订,或多或少都与该登记制度有关,这并非巧合。回顾《俄罗斯联邦民法典》《股份公司法》《有限责任公司法》《法人和个体工商户登记法》中的修订内容,可以发现,被修订条款中对股东名册的管理规定趋于严格(《俄罗斯联邦民法典》第 149 条第 2 款)。相应条款扩大了负责对提交文件的信息真实性进行核验的登记机关的权限(《法人和个体工商户登记法》第 9 条第 4.2 款),增加了在变更国家统一法人登记簿中信息时需要对合同进行公证的情形(《有限责任公司法》第 21 条第 11 款),此外还明确了经依法登记(载入国家统一法人登记簿中)的注册资本份额的移转时间(《有限责任公司法》第 21 条第 12 款)。

二级防护措施,是企业经营者协会为促进企业经营者合理经营而制定的措施。包括:

——通过对与承担积极商业责任有关的民事倡议予以支持,形成公众对企业和社团的正面态度,为违反社团法的主体制造负面社会舆论;

——将《公司治理准则》中的规定实际应用于能够防止侵犯股东权利的营利社团法人活动中;

——通过行业自律组织的相关文件,促使社团及其管理机关成员对股东诚实守信;

——在法律和公司治理的基础上对社团法人活动主体开展教育;

——企业经营者协会组织开展有关社团关系调整、规范性法律文件草案及其他领域的研究讨论。

三级防护措施是社团自行制定的措施,旨在调整组织活动,保障法纪的遵守。这些措施包括:

——制定章程,章程中的规定应尽可能地明确界定股东权利、社团机关的职权范围及其决策程序;

——制定、通过并坚决遵守社团内部文件(制定有关管理机关、管理机关之间的相互协作、社团冲突解决的程序等方面的条款);

——适当且持续关注出现的社团冲突并及时处理;

——设立专门处理社团冲突的部门,并组织其与现有仲裁庭相互协作。

四级防护措施是指合同防护措施,其中包括:

——在股份或份额转让协议中增加能够保障适当履行合同义务的条款。在这一层面上,保证和担保尤为重要(《俄罗斯联邦民法典》第431.2条)。根据保证和担保的相关规定,股份或份额的出卖人提供一定担保，为防止违反该担保，合同中规定赔偿责任或确定损失赔偿的数额，即使是与侵权行为无关的损失（《俄罗斯联邦刑法典》第406.1条）。

——在订立股份或份额转让合同时，采用提供期权协议的机制，使买受人能够更彻底地考察其购得的客体（《俄罗斯联邦民法典》第429.2条）。

——订立股东协议，通过规定合同违约条款确定违约罚金，侵犯社团关系主体的权利会产生不利后果。

遗憾的是，如今社团权利防护措施实施的可能性仍然被低估。建议法学界对社团权利防护多加重视，如此可以避免社团冲突，节省时间和金钱，并维护营利组织的声誉。

防护措施与保护措施间的差异可总结为：

(1)防护措施适用于权利侵犯发生之前，旨在预防侵权行为；而保护措施在侵权行为发生后实施，目的是减少侵权的负面影响或恢复被侵犯的权利。

(2)防护措施针对不特定人群，因为事先无法确定究竟哪些人将会实施侵权行为；而保护措施的适用总是有针对性的——因为彼时侵权行为已经发生。

(3)主体权利的防护手段可以基于对特定环境中系统性作用的需求的理解自行设计，此时法律调整的任意性实际上是无限的；而社团权利的保护只能以法律中列举的手段进行。

(4)防护措施主要表现在组织性和非财产性上；而社团法中所使用的保护手段总是以这样或那样的方式与主体所受的财产影响联系在一起。

社团法律关系主体权利保护的概念、手段和形式

如果上述社团权利防护措施无效，则社团权利被侵犯时应采用社

团权利保护措施。保护是指在侵权行为已经存在的情形下，受侵害的股东应从国家提供的一系列措施中选择的有效措施。通过研究民事立法中的相关规定，我们可以得出这样的结论：可以利用与保护任意一种民事主体权利相同的手段，来实现对社团权利的保护。例如，可以利用《俄罗斯联邦民法典》第12条中提及的手段实现对社团权利的保护，如凭借确认权利、恢复原状、认定国家机关的文件无效、强制履行义务、赔偿损失、追索违约金、认定法律行为无效、适用无效交易的后果、终止法律关系以及其他手段予以实现。上述对社团权利的保护手段被称为**通用手段**。然而，在商业实践中，采取任意一种通用手段保护社团权利时，往往都需要理解并考虑实际情况的特殊性。例如，恢复侵权前存在的状态手段，对于保护股份（份额）的绝对权而言，相应地会转化为社团控制权的恢复；而作为保护社团法律关系中主体权利的另一手段，“终止法律关系”在实际情形中则以将股东从社团中除名的形式体现。如此种种，不一而足。

正确界定法律中所规定的各类保护社团权利手段的本质，能够确保使用保护手段时的法律纯粹性、保证实践统一性以及主体关系中的法律确定性，从而有助于利用国家所建立的相应法律制度来形成适宜的社团权利保护制度。

> **在采取社团权利保护手段时，应充分理解其为基于法律直接规定的强制性措施，即旨在恢复被侵害的社团权利或减少侵权导致的不利财产后果的一系列措施。**

对社团权利的保护手段可分为恢复性手段和补偿性手段。社团权利保护的**恢复性手段**应理解为，权利受到侵害的权利人使用此类手段可在本质上实现自身权利的强制性执法措施。社团权利保护的**补偿性手段**应理解为，能够减少社团主体权利受到侵害所导致的不利财产后果的强制性执法措施。

社团法律关系中的权利保护可以通过不同手段来实现。**当成员以社团名义提出请求时,为保护社团权利,法定代表的设计得到了广泛运用。**俄罗斯联邦最高法院于2015年6月23日作出的第25号全体会议决议给出了相应法律意见——须将此类案件中产生的关系认定为代表关系。

如果社团成员共同拥有的表决权股份(注册资本份额)达到了法律规定的数额,则其具有单独或共同实现若干权利的可能性。

例如,持有公司表决权股份总数10%的股份公司股东有权要求召开临时股东会。相应地,当该权利受到侵犯时,上述集体——共同实现该权利社团参加人(股东)所组成的无[民法]主体地位的民事法律联合也有权对这一权利进行保护。

社团权利保护的管辖和非管辖形式

社团权利保护的形式,应当理解为一整套就社团主体权利保护问题经内部商定的组织措施。

包括社团权利在内的任何一种民事权利的保护形式均可分为两种——管辖形式和非管辖形式,这取决于主体是否需要通过诉诸国家机关来申请保护其主体权利,或者是否依靠自身的积极行动来独立保护自己的权利。社团权利保护的管辖形式,是指由具有相应执法职能的国家机关保护社团法律关系中主体的权利。而非管辖形式,是指主体采取事实程序来实现自我保护的措施。

谈及社团主体权利,必须正视有关自我保护措施适用性的问题,即对获授权人实施的法律许可的旨在保护其人身或财产权利及利益的事实程序行为予以关注。

管辖形式的民事权利保护以诉诸任一执法机关为手段,尽管大多数权利保护手段是由法院行使,但的确存在以行政手段保护权利的特定可能性。譬如,相关人可以向俄罗斯银行及其地方分支机构提出申诉。例如,如果股份公司侵犯了股东的知情权,且未遵守信息披露规则,甚至登记人不遵守法律,相关人均可以对此提出申诉。如税务机关作出侵权行为,包括更改国家统一法人登记簿中的信息,则相关人对其提起的申诉可提交至上级机关。在使用行政手段保护权利时,对侵权人所产生的影响将是间接的。在上述情形下,被侵犯的权利不会恢复,被侵权人也不会获得金钱赔偿。但是,侵权者可能会因恐惧承担行政责任,而依据收到的命令或警告自行消除侵权行为,具体形式如在互联网上发布相关消息或向股东提供他们索取的信息、取消其拒绝进行国家登记的指令等。

社团权利保护的主要形式仍然是司法形式。**大部分社团争议被法律归由仲裁法院管辖**。

根据 2015 年 12 月 29 日第 383 号联邦法《俄罗斯联邦仲裁法(仲裁审理法)》之规定,**将社团争议转移至仲裁庭审理的可能性**得以明确。社团争议仲裁的概念得以确立,其相应的附加条款可被列入法人章程之中[《俄罗斯联邦仲裁法(仲裁审理法)》第 7 条第 7 款]。此条款须得到股东会全体成员的一致通过方可写进章程。章程中包含的仲裁条款,适用于解决法人与法人股东之间的争议。对其他主体而言,章程中包含的仲裁附加条款,仅在主体直接作出条款对其具有必须履行性的意思表示时方才具有效力。例如,登记人、管理公司、债权人、质权人,如果上述主体需要行使与参与社团或参与社团管理有关的权利,则应当直接作出意思表示(如在单务民事法律行为中),表达将章程中包含的仲裁条款效力施用于相应关系中的意愿。《俄罗斯联邦仲裁法(仲裁审理法)》第45条规定,**只有在由常设仲裁机构所管理仲裁的框架下才能审理社团争议。**

第二节 社团股东个别权利的保护

2.1 股份或注册资本份额权利的保护

社团中参加份额的恢复

根据《俄罗斯联邦民法典》第65.2条第3款之规定,营利社团的参加人,有权通过提出有关返还转让给他人的参加份额并支付合理的赔偿金的要求,来恢复其由于其他参加人或第三人的不当行为(侵权行为)而非自愿丧失的参加权。

上述法规只适用于恢复营利社团参加人的权利。参加份额的返还应当具备以下条件:

(1)原告可以由担任社团参加人的人员充当,即在法定基础上(在公司成立时、在增加注册资本的过程中、根据民事法律行为)取得过注册资本份额的主体,合理拥有能使其具有参加人身份的股份(份额)权利,并登记于国家统一法人登记簿或股东名册中。如果某人实施了旨在获得参加份额的行为,但法定要件并不完整,则该主体并不能成为公司股东,也不能使用上述权利保护手段。

(2)在提起诉讼时,原告并无注册资本份额,或者根据社团成员所登记的权利信息,其注册资本份额数额减少。如果已实施的社团行为导致份额增加或保持不变,则恢复社团控制权的要求便无法得到满足。例如,如果社团成员的份额或部分份额被非法取消,则注册资本份额会根据法定程序相应减少,因此社团成员所持份额的数额会保持不变,但其面值会降低,在这种情形下,有关恢复社团控制权的诉讼申请应当驳回。

(3)申请恢复社团控制权的原告所在的公司,于诉讼提起之前已存在,具有相应权利能力,且法人的法律组织形式规定了按份额划分的注册资本。如果营利社团在提起诉讼之前或者在争议审理过程中被清算,则关于恢复社团控制权的诉讼申请应当被驳回。

(4)社团成员非自愿丧失了份额,即社团成员未实施任何旨在转让或减少其参加份额的行为。因此,如果确定成员已申请退出公司,或其参加了关于决定以第三人出资增加公司注册资本份额的股东会,并投票赞成会议决定,则无法恢复该成员的社团控制权。

(5)其他社团成员或第三人(如公司或登记人)的侵权行为导致份额损失。在此种情形下的侵权行为应理解为违反法律规定或合同规范的行为。导致社团成员份额取消的侵权行为并非总是构成犯罪,因为此类行为可能属于民事侵权行为。例如,登记人违反对公司的合同义务。如果法院的生效判决确定了行为的侵权性,则与所实施的行为以及实施人员过错有关的情形不受补充证据的制约。在提起关于恢复社团控制权的诉讼之前,如果已生效的司法文书尚未确定社团成员或其他人员的行为具有侵权性质,则应在审理该争议时予以确定。

除恢复参加份额外,法律还允许要求返还股票。《俄罗斯联邦民法典》第149.3条规定了此种权利保护手段。丧失股票的股东有权要求有价证券入账人员返还相同数量的股票。

该规定仅适用于**从股东账户中非法注销的股份公司股票**的情形。

根据法律规定，股票不以特定物形式返还（不须返还相同股票），所丧失与返还的股票的类型、种类和数额相一致即可。该诉讼应当满足的法定条件如下：(1)原告应当证明其在股票被非法注销之前确实持有争议股票。上述事实可以由股东名册摘录或其他证据证明。(2)从股东账户中注销股票的行为违法，即行为不具备合法事由。因此，如果股票注销是基于合同或法院判决（如依照股票追索程序）进行的，则诉讼请求将不会予以满足。(3)案件中的被告应当是将争议股票计入自己账户的主体，无论其在法院审理争议之前是否仍持有这些股票。依照法律规定，根据被告无偿获取或有偿购买股票的情形不同，诉讼请求的满足会存在不同可能性。如果股票是无偿取得的，则诉讼请求在任何情形下都应得到满足（《俄罗斯联邦民法典》第 149.3 条第 1 款第 3 项）。通过有组织的交易所购买的有价证券不予返还。在其他情形下，法院判决取决于案件的法定情形。

股东名册摘录的恢复（恢复丢失的名册信息）

《俄罗斯联邦民法典》第 149.5 条中还规定了另一种恢复股份绝对权的手段。根据其规定，当无凭证的有价证券的权利证明登记信息丢失时，负责登记该权利的相关人员有义务在大众传媒上公布有关该权利的信息，并向法院申请依照法定程序恢复权利登记信息。根据法律的直接规定，丢失的信息应由**义务人**（丢失信息的主体）恢复。但该规定并未排除丢失信息所涉及的股东提出恢复信息请求的可能性。

以恢复丢失的注册信息作为权利保护手段需满足以下条件：

(1)登记人根据所签订的登记管理合同行事。在登记信息丢失时合同有效且登记管理职能未因公司决定而终止。

(2)在诉诸法院前，丢失的相关信息已依照法定程序于大众传媒上公布。

(3)如果关于恢复丢失信息的诉求并非由登记人提出，而是由另一利害关系人提出，则该利害关系人应当证明其在信息恢复问题上拥有合法利益。例如，如果申请人是股东，那其必须提供一切足以证明其股份所有权的证据，如股东名册摘录、其收到的包含股东会举办时间和地点等信息的信件以及其他证明信息等。

在司法实践中，使用该手段来保护相应权利的争议相当少见。这并非偶然。当前，股东名册管理属于一种专业的企业经营活动，该活动由具有许可证(执照)的主体实施。而许可证的发放条件是，持有人应当具备保障股东名册中的相关信息和文件完整性的条件。所以，具备了相应条件的登记人如何能丢失股东名册，是难以想象的。

未按规定登记社团成员权利而导致的损失赔偿

未履行按规定登记社团成员权利的义务，并不一定导致股份或份额的损失(如延迟录入股东名册信息)，即使出现了股份或份额损失的情况，受侵害人也并非在所有情况下都希望恢复社团控制权以及股东名册或国家统一法人登记簿中的信息，即其可能倾向于以实物来"恢复"被侵犯的权利。发现丧失股份或注册资本份额绝对权利的主体为保护其权利，不仅可以选择权利恢复手段，也可以选择权利补偿手段，其中最普遍的手段是要求赔偿损失。根据《俄罗斯联邦民法典》第 12 条、第 15 条、第 393 条之规定，赔偿损失是保护民事权利的一种手段。此处所指损失，应当理解为，主体因权利受到侵犯而遭受或未来必然会遭受的风险损失。

股东可以自行选择向作为发起人的股份公司、登记人提出关于赔偿损失的要求，或同时向二者提出。因为根据法律规定，发起人和登记人都对股东负连带责任。如果未按规定登记参加人的份额权利，有限责任公司依一般规则对股东负责。但是，如果因国家机关或公职人员的非法行为而导致错误信息被录入国家统一法人登记簿中，则造成的损失应当依照《俄罗斯联邦民法典》第1069条规定的程序予以赔偿。

根据2015年3月8日第42号联邦法对《俄罗斯联邦民法典》的修订内容，法院不能仅仅因为无法确定所造成损害的确切数额而驳回关于赔偿损失的诉讼请求。**损失金额须经过合理的证明**。法院可以根据案件的全部情况，基于"公平原则"和"义务违反应当与责任承担相对称原则"，确定损失赔偿金额(《俄罗斯联邦民法典》第393条第5款)。因未能正确登记权利信息而给股东或社团成员造成损失的，应当适用《俄罗斯联邦民法典》第307.1条的规定对损失进行赔偿。该条扩展了关于义务的一般规定，并适用于因损害而产生的债务赔偿请求。

➲ 由于登记人未按规定登记信息或因其他违反名册管理规则的行为而给股东造成损失的，该行为可认定为侵权行为，即契约之外损害。

在这种情形下，登记人是否需要承担侵权责任是一个颇具争议的问题。有时该问题会在审理具体案件的争议时成为被讨论的对象，该问题显然有待深入研究。

法院审理大量类似争议，而在审理争议的过程中无法预见哪种趋势占上风——因为被满足诉讼请求以及被拒绝满足诉讼请求的判决数量基本相同。法院的判决结果取决于违反登记程序的行为是否会得到证明，并且证明违反登记程序的举证责任由原告承担，在这种情形下不适用侵权推定。如果原告不能证明其损失的股份(其账户中被注销的股票)是由登记人的侵权行为导致的，则法院将驳回诉讼请求，但并不排除使用补偿性手段对权利加以保护和请求损失赔偿的可能性。应当指出,驳回要求公司或登记人赔偿损失的诉讼请求,并非排除了向作出侵权行为而造成损失的相应主体进行追偿的可能性。

2.2 对因股份(注册资本份额)而产生权利的保护

对参与管理权利的保护

参与管理的权利包含一系列权能,其中包括:要求召开临时股东会*的权利;要求将提案列入议程的权利;提名董事会候选人的权利;参加股东会的权利;议程中相关问题的投票权和其他权限。参与管理的权利能否正常行使取决于社团工作的组织是否正确合理。股东协议在对权利实现的程序规范上起到了相当大的作用,虽然它不能被列为社团法的渊源,但其仍然可以限制股东(参加人)部分权利的实现。鉴于此,**很难过高估计合同(在为当事人制定公平、可接受的股东协议条款方面)对参与管理的权利进行防护所具有的意义**。正确地对合同进行管理,对于防护社团权利和与管理组织的登记人相关合同条款的制定而言,有着十分重要的意义。例如,如果股份公司和登记人之间的组织协作出现了纰漏,可能会在编制有权参加股东会的人员名单时产生侵权行为,进而为侵害股东权利创造条件;如果对股东诉求的统计工作组织不力,可能会导致不能在法定期限内回应股东所提出的召开临时股东会的要求,从而迫使股东向法院申请对其受侵犯的权利进行保护。

---

* 鉴于俄语中对股份公司和有限责任公司中最高决策机关的表述并未作区分,即未如我国采用"股东大会"和"股东会"的差异化命名,而是采用了"общее собрание"一以贯之,以类似于商公司"股东"的不同术语作修饰限定,加之本章不像本书前文章节对两类公司的最高决策机关作清晰对比论述。为提供文字可读性,译者特作以下处理:仅在股份公司股东大会的段落中,体现"大"字。为使文字更通顺易懂,在概括包含两类商公司最高决策机关的段落中,以"股东会"概之。——译者注

如果对股东权利的防护措施被证明无效，且股东管理权已受到侵犯，则相应股东不得不利用现有的法律手段来保护自身权利。

对参与管理的权利进行保护的最常见手段是：

——强制召开股东会；

——强制将待议事项列入议程或将候选人列入提名名单；

——认定股东会所作决议无效。

强制召开股东会

股东会的强制召开，是对股东可请求召开临时股东会之权利进行保护的方式之一。此种保护方式主要适用于，在依法享有请求召开临时股东会之权利的主体申请会议召开时，遭到拒绝或未收到答复的情形。在这种情况下，该主体可以向法院提起诉讼，要求强制召开股东会。上述手段仅适用于召开临时股东会的情形，故公司逃避召开股东会年会之时，不适用该手段。

此类争议归股份公司所在地的仲裁法院管辖审理。为使用该保护手段，向法院提出申请的主体必须证明下列全部情况：

(1)**原告应当具有请求召开临时股东会的权利**——例如，原告拥有足够数量的表决权股。在向董事会提出申请、向法院提出上诉，以及在法院作出判决时，原告应当享有要求召开临时股东会的相应请求权。如果在争议审理过程中，因原告出售部分股份或者因公司注册资本份额增加，原告所持有的股票额度低于规定数额的，则该强制要求召开临时股东会的诉讼请求应当予以驳回。如果相应权利由共同持必要股票数额的股东群体行使，则允许若干共同原告同时提出该诉讼请求。

(2)**原告应已事先向董事会申请过召开临时股东会**，并提交书面申请。该申请的有关证据可以是相应申请的邮局回执单、申请书副本上证明其已被收悉的标记、由该组织的获授权人员依照法定程序所作的文件传递、能够证明董事会已研究过该申请并据此作出相关决定(或未作出决定)的董事会会议记录以及其他证据。

(3)**公司董事会拒绝召开临时股东会或未在法定期限内作出召开的决定**,或作出了召开决定,但实际上未着手组织召开股东会。这种情况的证据可以是以董事会名义发送给股东的写明拒绝召开股东会理由的信函、董事会会议记录等。如果不存在该情况,即董事会未就原告请求作出决定,则无须举证。因为在此种情形下可以充分证实股东会并未召开,相应决定也并未作出。被告(公司)如果对诉求的满足提出异议,可以证明其召开股东会的决定已经作出,且股东会已经举行(或在争议审理过程中正处于股东会召开的筹备阶段)。

(4)**列入临时股东会议程的问题属于股东会职权范围之内,且可以由该主体提出**。应当强调的是,根据法律规定,某些问题只能由董事会向股东会提起(如与股利公告有关的问题)。在这种情形下,不得以此类内容的议程强制要求公司召开股东会。如果对诉讼有异议,公司可以根据法院的判决或裁定(并附发起人所提交的议程)来证明确实存在禁止召开股东会的情形,也可以证明相应问题依据法律或章程规定不在股东会的职权范围之内。

法院可以在审理过程中指定负责召开股东会的机关或个人。此外,根据《股份公司法》第 55 条的规定,董事会不能成为被指定的主体。

强制将待议事项列入股东会议程或将候选人列入公司各机关成员构成的提名名单之中

强制将待议事项列入股东会议程或将候选人列入公司各机关成员构成的提名名单之中,是《股份公司法》第 53 条第 6 款所规定的保护社团成员权利的专门(特殊)手段。该手段是《俄罗斯联邦民法典》第

12 条所规定的民事权利保护通用方法——强制以实物完成义务履行的延伸。其属于以**管辖形式来**对管理参与权进行保护，因为该手段只能由法院予以采用。

此情形下的原告可以是拥有足够数量的表决权股，且有权将提议列入议程或将候选人列入提名名单之中的股东。依照法律规定，该权利应由拥有 2% 表决权股的股东行使。在有限责任公司中，提议将问题列入议程的权利并不取决于份额在注册资本之中的占比。股东（参加人）所提出的问题必须在股东会的权限范围内，且根据法律规定，应由股东一方提出。股东提名的（一位或若干）候选人应当符合法律或章程中规定的要求。例如，个别营利组织作出了对特定人员成为董事会成员的限制性规定，如有犯罪记录（前科）的人员（2011 年 11 月 21 日第 325 号联邦法律《有组织的交易所法》），或者设立特殊的资质要求（拥有经济学专业的高等教育学历、具备相应的工作经验等）。原告应当提供其已向董事会提交申请的证据，而且必须证明其遵守了提交此类申请的法定期限。若未依照法定规则向董事会申请将相关议题列入股东会议程的，诉讼请求不予满足。

认定股东会所作决议无效

认定股东会所作的决议无效，或许是保护管理参与权最为普遍的手段。可将其视为由《俄罗斯联邦民法典》第 12 条所规定的一般权利保护手段发展而来的特殊保护手段——认定股东会所作决议无效。

股东会依法作出的“无效”决议可以分为自始无效的决议和可撤销的决议。自始无效的决议，无论法院是否认定其无效，自其作出时刻起即确定无效；而可撤销的决议具有效力，且效力一直存在，除非法院认定其无效。上述两种决议的“无效”依据有所不同，因此应当根据不同情形以适当的证据加以证明。

法律规定，股东会所作的无效决定可作可撤销性推定。这意味着，如果有理由认为股东会所作的决定无效，则应当适用关于可撤销的决议的规则。股东会作出决议自始无效的情形应当由法律直接规定，且不得对此类依据进行扩张解释。

认定股东会所作决议自始无效应当符合以下条件：(1)所讨论的问题不属于股东会职权范围；(2)法定人数不足；(3)所讨论的问题未被列入股东会议程(除非所有股东出席)；(4)所作决议违反法律秩序和道德规范。俄罗斯联邦最高法院给出的一项法律意见(俄罗斯联邦最高法院于2015年6月23日作出的第25号全体会议决议第107项)中明确：如果法律要求以公证形式对会议决议进行证明的，而列有会议决议的股东会纪要未经公证的，则认定大会所作决议自始无效，而不具有可撤销性。同时法院援引了《俄罗斯联邦民法典》第163条第3款的规定。在这种情形下，法院将有关民事法律行为的相关规定对股东会作类推适用。

为适用股东会所作决议的无效性后果，或者依照司法程序认定该决议无效，如果由于某些原因需要证明自始无效决议的无效性，则**任何利益相关人都可向法院提起诉讼**，而无须证明份额或股份的所有权以及所作决议对原告造成的损害。即无论原告对案件具有何种法定利害关系，均可以向法院提起相关诉讼。原告应当证明相应决议已经作出，并指明违反法律规定的依据。为适用股东会所作决议的无效性后果，**诉讼时效按一般规则(3年)来计算**。因为法律中并未对自始无效的决议作特殊诉讼时效的规定，这与可撤销的决议的诉讼时效规定有所不同。

依据俄罗斯联邦最高法院就认定自始无效的决议的无效性的诉讼时效起算时刻的相关规定，时效计算应当适用《俄罗斯联邦民法典》第

181.4 条第 5 款中针对可撤销的决议所规定的诉讼时效起算时刻。即相应时效自主体对所作决定知道或应当知道的时刻起开始计算，但不得晚于该决定的相关信息公布两年之后。显然，除非法律规定了特殊期限；否则，一般诉讼时效本身是由法律针对所有法律关系而直接确定的。

按照法律类推而得出特殊诉讼时效相关规定的做法不具备可能性。从这个意义上说，有必要深入理解俄罗斯联邦最高法院全体会议于 2015 年 6 月 23 日作出的第 25 号决议第 112 项，其中提到了股东会所作自始无效决议的诉讼时效计算的法律类推问题。

同时，俄罗斯联邦最高法院曾作出解释，无论认定相应决议自始无效的诉讼时效期间是否届满，法院均应依案情对决议的无效性进行评估（俄罗斯联邦最高法院于 2015 年 6 月 23 日作出的第 25 号全体会议决议第 106 项）。

《俄罗斯联邦民法典》和各特别法就认定股东会所作决议的可撤销性分别作出了不同规定。《俄罗斯联邦民法典》第 9.1 章所体现的立法特点导致，在认定商公司股东会所作决议的无效性问题上，特别法以更强的适用性取代了《俄罗斯联邦民法典》的相关规定。因为民法典中的相关规定仅为次要补充性质条款，且特别法对民法典未涉及的内容作出了规制。上述解释由俄罗斯联邦最高法院于 2015 年 6 月 23 日作出的第 25 号全体会议决议第 104 项作出。

《俄罗斯联邦民法典》第 181.4 条规定了认定股东会所作决定可撤销的理由，同时立法者制定了相应的评定标准：(1)严重违反会议召开程序和会议记录管理规则的行为；(2)各股东是否平等，是否在会议召开期间提出了相对个别股东身份情况的要求；(3)主体不具有相应权能。不同于任何人都能提起的认定大会所作决议自始无效的诉讼，主张认定股东会所作决议效力待定,须受法律限制。**原告只能是参会股东,即具有股东会参加权和议题投票权的人员**。在实际情况中,我们更多的是谈论拥有股份公司表决权股的股东和有限责任公司的股东。如果公司股东无权参加股东会,那么其也无权认为股东会所作的决议可撤销。《俄罗斯联邦民法典》第149.4条第2款明确规定了例外情形:已恢复公司控制权的股东,在其未能参加的股东会作出决议后,可以认为其所作的决定可撤销。此类原告对会议决定提出异议的权利行使程序由法律明确规定,这能够确保已恢复社团控制权的股东、其他股东和财产流转稳定性之间的利益平衡。

根据《俄罗斯联邦民法典》第181.4条第3款之规定,**股东可以通过投反对票或不参加股东会的方式,来表示其对于股东会所作决定存有异议。**

投赞成票和弃权票的股东,只有在投票违反其本人意愿时(传签统计出错,受暴力、威胁进行投票以及其他情形)才能对大会所作决议提出异议。

➡ 对于股东会所作的可撤销的决议,可通过后续决议来证明所作决议不违法,此亦为排除争议的一种手段。

用以证明前一项决议的新决议中只需证明此前所作决议具有违法性即可,而不必重复赘述决议内容(俄罗斯联邦最高法院于2015年6月23日作出的第25号全体会议决议第108项)。

在审理有关认定股东会所作决议无效性的诉讼中,原告应当证明其投票会影响表决结果,以及已经作出的可撤销的决议会对其产生不利后果。如果原告未提供此类证据,则根据《俄罗斯联邦民法典》第181.4条第4款之规定,该决议不能被认定为无效。

为确定参会股东(参加人)的决定是否影响表决结果,应考虑:

(1)股东的股份数量(注册资本份额的数额);(2)大会出席人数(仅针对股份公司);(3)作决议时的选票分配。例如,如果股东持有的股份数量为注册资本的20%,而参加股东会的股东持80%(除对决议存有争议股东的其他全部股东持股),同时所有出席大会的人员都投了赞成票,那么,可以说该股东的投票并不能影响表决结果;但如果在相同的情况下,参加会议的股东所持表决权股仅为52%,而51%的会议股东投票赞成,则该股东的投票对表决结果产生影响的可能性便发生了改变。此外,在某些情况下,个别多数股东(大股东)在就某些问题作出决议时无投票权,则其他股东的投票"价值"便增加了。如此一来,其他股东通过诉讼来认定股东会所作决议无效的机会便会相应增加。例如,当有限责任公司股东同意对其份额抵押权负担时,份额已转换为抵押物的股东便不参加表决。

决议对股东造成的不利后果可能包括财产的潜在风险损失、名誉损害、收益权被剥夺(如股息),以及股东今后作出管理决议或监督社团法人活动的权利受限制或被剥夺(俄罗斯联邦最高法院于2015年6月23日作出的第25号全体会议决议第109项)。对股东造成的不利后果与法律的违反不可等量齐观。在产生不利后果时,原告需要提供更多"有形"的证据对此类后果加以证明。

立法对可撤销的决议规定了**特别诉讼时效**:《俄罗斯联邦民法典》和特别法分别对该时效期间作出了不同的规定。民法典规定此类特殊诉讼时效期间为2个月,而《股份公司法》规定为3个月。根据俄罗斯联邦最高法院于2015年6月23日作出的第25号全体会议决议第104项、第111项,就此问题应当适用《股份公司法》和《有限责任公司法》中规定的诉讼时效。在任何情况下,这一期限都不得超过决议公布后2年(如于互联网上公布)。

诉讼时效起算时间为股东得知或应当得知决议作出的时间。

收益权的保护

股东的主要财产权利之一是收益权(获得股利的权利)。可视为对收益权的侵犯的情形需满足的条件如下:(1)股东满足获得股利的前提条件——具备特殊的社团权利能力(自有收益权的人员名单编制之日起成为公司股东);(2)支付股利的决议依照法定程序作出;(3)不具备法律中所规定的能够排除作出支付股利的决议以及排除实施该决议可能性的情况。如果满足上述条件,股东就有权要求支付股利。履行股利支付义务受相关义务履行规则的约束。因此,如果未适当履行这一义务(《俄罗斯联邦民法典》第309条),股东有权要求追偿欠款数额,为逾期履行的金钱之债支付利息(《俄罗斯联邦民法典》第395条)并赔偿损失(《俄罗斯联邦民法典》第393条)。

未作出向普通股支付股利的相关决议,并不属于侵权行为,无须采取股东权利保护手段。即便多次试图向股份公司追偿普通股的未申报股息,也不会成功。

法律规定了收益权的特殊保护期间。根据《股份公司法》第42条第9款之规定,如果章程中未规定更长期间,且章程不能规定多于5年期间的,由于债权人逾期未告知准确信息(地址、银行详细信息等)而未收到公告股利的主体,有权自支付股利的决议作出之日起3年内要求支付股利。在这种情形下显然不可能对股利追偿已逾期限进行恢复。就本质而言,3年诉讼期间可被视为具有特别计算程序的特殊诉讼时效期间。因为只有债权人(股东)逾期导致其未被支付股利的情形才适用此专门规制;在其他情况下,当股东知道或应知其权利被侵犯之时起,适用诉讼时效的一般计算规则。

对社团法人活动信息获取权的保护

根据《股份公司法》第 90 条、第 91 条之规定，公司有义务依照法律程序向股东披露有关公司及其活动的信息。对获取信息权利的保护，是通过安排旨在使参加人能够妥善履行社团义务的社团内部工作来实现的。制定并在具体活动中实施规定了股东信息获取权利制度的内部文件（规章），是为对这一权利予以防护所采用的主要法律手段。制定此类规章时，应当遵循法律规定及俄罗斯银行作出的相关解释与文件。股东对信息的获取权限取决于以下 3 个条件：(1)信息性质；(2)股东持有的股票数量；(3)规定的信息提供程序。

2011 年 1 月 18 日俄罗斯联邦最高仲裁法院第 144 号《关于仲裁法院审理有关向商公司参加人提供信息的纠纷的若干实务问题》信息函针对信息获取权的保护程序作出了解释。

在仲裁法院的审判实践中，保护信息获取权的主要方式是**由商公司股东提起的要求信息披露的诉讼**。这一诉求与《俄罗斯联邦民法典》第 12 条规定的保护民事权利的通用手段之一——强制以实物完成义务履行相一致。该保护手段属于权利恢复手段，因为当诉讼请求被满足时，股东或参加人将获得其所要求披露的信息，其权利也相应地得到了恢复。

在这种情形下，除要求披露信息之外，股东也可通过提起诉讼，主张赔偿损失的方式对其权利进行保护。这也是一种对补偿性权利的通用保护手段，因为使用此种手段并不能恢复被侵犯的权利，但是股东或参股人由于信息获取权被侵犯而产生的财产损失会因此被抵销或大幅降低。

信息获取的权利常常也通过行政手段得到保护，如对逃避信息披露的股份公司向俄罗斯银行提起申诉。

另外,如果参股人被披露了不实信息,则其权利也可受到保护。在这种情况下可适用的各类财产责任措施中,包括请求损失赔偿。

第三节　社团权利的保护

社团权利保护的一般规定

在相对社团法律关系中,社团不仅是义务人,而且是权利人,因此社团可以在权利受到侵犯或威胁时对自己的权利进行防护与保护。

《俄罗斯联邦民法典》第 53 条第 3 款、第 65.2 条第 4 款以及第 67 条第 2 款规定了社团法律关系参加人的义务,通过对上述条款进行分析,可以总结出以下几种社团主体权利:(1)形成注册资本的权利;(2)有关社团法人活动的信息保密权利;(3)及时作出社团赖以开展活动的决议的权利;(4)要求参加人忠诚负责的权利(适用于参加人对社团造成损害,以及未实施相关行为或不作为导致社团难以达成或不可能达成既定目标的情形);(5)获取对社团财产所缴注的出资的权利;(6)为社团利益善意管理各项事务的权利。

社团权利可能会遭到参加人或社团管理机关成员的侵犯。参加人**侵犯社团权利的最常见情况**可分为以下几种:(1)披露机密信息;(2)未向注册资本或社团财产注资;(3)阻碍社团法人活动;(4)造成社团损失。**社团管理机关成员侵犯社团权利的最常见情况**可分为以下几种:(1)以社团名义实施违反法律或社团成立文件要求的法律行为;(2)因未妥善管理社团事务而使社团遭受了损失。在上述情形中,可通过以下手段保护社团权利:(1)成员除名;(2)追索未缴注的资本;(3)赔偿损失;

(4)追索违约金;(5)认定法律行为无效。

对机密信息保护权的保护

法律规定了不得披露公司与活动有关信息的义务,该义务由公司股东负责履行。(《俄罗斯联邦民法典》第65.2条第2款、《有限责任公司法》第9条第1款)为保护社团的机密信息保护权,应当遵守以下条件:

第一,**机密信息的提供应当依照参加人的信息获取权利的实现程序进行**:根据成员的要求提供,或者对法律或设立文件中规定的应当提供给社团参加人的信息予以提供。根据《股份公司法》第91条和《有限责任公司法》第50条之规定,当向参加人(股东)提供机密信息时,需要与其签订相应的合同。如果参加人自其他公共来源处(如在互联网上)独立获得信息,则其对相应信息的披露行为不能被视为侵犯了该社团的机密信息保护权。第二,**机密信息应标记为机密**。根据2011年1月18日俄罗斯联邦最高仲裁法院第144号《关于仲裁法院审理有关向商公司参加人提供信息的纠纷的若干实务问题》信息函第15条的规定,如提供给股东的文件包含机密信息,在股东收到关于信息机密性及应当履行保密义务的警告之后,公司可以要求股东提交可证明其已收到相应警告的回执。第三,**通过赔偿已造成的损失来保护机密信息保护权,因此为适用相应保护措施,应当证明社团存在损失,且股东传播该机密信息与社团的损失之间存在因果关系**。

与向股东提供相应信息和股东对信息的滥用有关的争议,属于社团争议之列。因此,对此类争议进行审理的基础,是由法律规定的社团争议审判管辖权规则。

在司法实践中,与传播机密信息和赔偿社团因此产生的损失有关的争议并不多。先前此类案件的数量有限，与证明损失数额的复杂程度有着密切关系。然而现阶段，对此种社团权利保护手段应适用《俄罗斯联邦民法典》第393条。依据该条规定，应予赔偿的损失数额根据合理程度的确实性来确定。若无法对其确定，则法院将考虑案件的全部情况，基于"公平原则"和"义务违反应当与责任承担相对称原则"，依法独立确定应赔偿的损失数额。

通过对司法实践的分析，可以总结出一系列用以保护社团机密信息保护权的措施，其中包括：(1)制定与信息提供程序有关的社团章程条款；(2)制定并实施关于信息提供的社团内部文件；(3)在确定股东(参加人)要求提供相应信息的申请是以损害社团利益为目的时，拒绝向其披露相关信息。

保护良善管理和忠诚态度的权利

社团决议由社团管理机关作出，而管理机关必须被及时组建，所作出的决议应当在内容和形式上符合法律规定。良善管理的权利可能遭受侵犯，如社团决议未能及时作出或决议被错误作出。这种侵犯行为既可能由社团参加实施(例如，在审议需要由法定多数参加人讨论的问题时，持有40%注册资本份额的某一股东被要求回避参加股东会)，也可由管理机关成员作出(例如，不作为，即不依照规定程序及期限召开股东会)。违反法律和章程中规定的要求与程序而实施民事法律行为，也可能侵犯良善管理的权利。

法院或其他国家机关无法对未作出的社团决议实施救济，是保护良善管理权利的主要特点。股东会未选出股份公司董事会时，法院不能任命董事会，不可延长上一届董事会的任期，也不可作出其他类似行为。此时法院的作用有限。**保护这项权利的可行手段有**：(1)将有以作为或不作为方式阻碍非公众社团法人活动的股东从公司中除名；(2)强制召开股东会；(3)赔偿对社团所造成的损失。上述权利保护手段具有不同的运行机制。在第一种情况下，影响社团法人活动的障碍得到消除；在第二种情况下，为强制召开股东会创设了相应条件；在第三种情况下，对因侵犯社团权利而造成的财产损失进行赔偿。因此，前两种手段属于权利恢复手段，而第三种手段属于权利补偿手段。

将股东从非公众社团中除名

根据《俄罗斯联邦民法典》第 67 条第 1 款之规定，如果商合营或商公司某一股东的行为(不作为)对该合营或公司造成了实际损害，或者以其他方式阻碍了合营或公司的活动与既定目标的实现(包括严重违反法律或设立文件中规定的义务)，则其他股东有权依照司法程序，请求将实施侵害的股东从合营或公司(公众股份公司除外)之中除名，并支付后者所持份额的实际价值。对此权利的放弃或对其所施加的限制，均为自始无效的法律行为。

被商公司除名的股东，与该公司不再有法律联系，即其丧失了未来获得与参加社团相关的公民主体权利的能力(管理参与权、收益权、被清算财产的取得权——获得与债权人结算后剩余的股份面值成比例的部分财产等)。但是被除名的股东可以实现其在除名时所产生的主体权利，如获得已宣告的股利；在有权参加股东会的人员名单编制日期之后，在股东会上进行表决等。

➡ 将股东除名的目的，是通过消除某一股东对社团造成的影响，来终止社团冲突，保障社团稳定。

下列三方主体会以某种方式参与到将股东自公司中除名这一过程中：(1)除名倡议人(公司的某一股东或多名股东)；(2)被除名的股

东;(3)商公司本身。

根据《俄罗斯联邦民法典》第67条之规定,要求将股东从公司中除名的权利,为商合营或商公司的股东所拥有。这意味着,就要求将某一股东自公司中除名而提起的诉讼而言,公司的股东才是适格的原告。根据《有限责任公司法》第10条之规定,要求将股东自有限责任公司中除名的权利,并不能授予全部股东,而只能授予持有不少于10%的有限责任公司注册资本份额的股东。根据对法律的文义解释,原告应是注册资本总持有额不少于10%的公司股东群体。然而,对该规范的官方解释的作出依据是,拥有上述数量份额的某位股东所提起的此类诉讼的可受理性(俄罗斯联邦最高法院全体会议及俄罗斯联邦最高仲裁法院全体会议于1999年12月9日作出的第90/14号决定)。

对于在股份公司之中的原告未作特别规定。这意味着,根据《俄罗斯联邦民法典》第67条之规定,任何股东均拥有要求将某一股东从股份公司中除名的权利,无论其持有股份多寡。这会导致小股东要求将大股东除名的风险。俄罗斯联邦最高仲裁法院对将股东从有限责任公司中排除的可能性给出了消极评价。根据俄罗斯联邦最高仲裁法院主席团于2012年5月24日作出的第151号《仲裁法院审理有关将股东从有限责任公司中除名之争议的实践评述》信息函第11条,持有公司注册资本份额多于50%的有限责任公司股东,只有在公司股东依章程无权自由退出公司的情形下,才能从公司中除名。

要求除名的股份公司或有限责任公司的股东,在向法院提起诉讼以及诉讼被满足之时应当具有相应的地位。如果原告的社团参加人地位因诸如退出公司、出售股份(份额)、死亡等事实而终止,会使诉讼无法得到满足。因为原告已不再具有利益相关性,且只有社团参加人才具有的主体权利已然缺失。

被除名的股东应当在除名判决生效时维持其原有状态。因为如果在法院就案件作出判决之前,股份或注册资本份额便已被出卖、赠与或被以其他方式对外处分,则会导致将股东从公司中除名的诉求无法得到满足(尤其是当上述后果发生于因未按期对注册资本进行出资,而导致股份被转让给公司之时)。在这种情况下,股东地位将基于其他依据终止。如果法院认定股东在法院作出判决前尚未缴注出资或已出售股份,则关于将股东除名的诉求应当驳回。应当注意的是,针对将股东从有限责任公司中除名的问题,俄罗斯联邦最高仲裁法院也作出了相同的法律意见(2012 年 5 月 24 日俄罗斯联邦最高仲裁法院第 151 号信息函第 10 条)。

在将参加人从社团中除名而产生的法律关系中,不可能发生权利继受,因为权利继受与被除名的参加人的人格身份相关,因此公民的死亡或法人参加人的改组都不能成为继受的事由,但其会导致诉讼的终止(《俄罗斯联邦仲裁程序法典》第 150 条)。

被除名的可以是自然人,如参加人,也可以是法人或公法机构,尽管将俄罗斯联邦从由国家参与的商公司中除名的情况听起来像是天方夜谭。显然,将公法机构予以除名应当遵循特殊规则,而这些规则固然应依司法实践制定。

商公司本身并不是将股东从公司之中除名的争议当事人,尽管正是因为未能遵守公司的义务或者阻碍了公司活动,股东才被除名。

但是,将股东除名这一行为,会对商公司造成某些法律后果,其包括支付股东所持股份(份额)的实际价值,因此应当引入公司作为第三人参加诉讼。

参加人可被除公众股份公司外的所有其他社团中除名。

《俄罗斯联邦民法典》第 67 条规定了将参加人除名的主要法定事由。其中包括参加人因自己的行为(不作为)对公司造成实际损害,或者以其他方式(如严重违反义务)导致公司活动与既定目标的实现受到阻碍的情形。

从对上述法条的文义解释中可以发现,法律把将股东除名作为:

(1)对股东不当行为的制裁;

(2)股东合法行为的后果,股东的行为侵犯了股份公司的利益,并阻碍了其活动。

尽管《俄罗斯联邦民法典》第 67 条第 1 款的规定并未对“将股东从商公司中除名是一种制裁手段,还是仅仅作为利益保护手段”这一问题进行明确,但确有必要对上述两种情形进行界定,因为这具有相当重要的实践意义。为保障社团法律关系的主体在关于将股东从公司中除名的争议中得到法律支持(包括确定证明对象以及形成案件立场),有必要对两种情形加以区分,即将股东除名视作对侵权行为的制裁措施,还是商公司权利的保护措施。这一界定将决定明确股东过错、确定股东义务是否具有适当依据以及其他相关问题的解决方式。如果认为将股东从公司中除名是一种制裁手段,则必须确定:(1)股东的行为违法(违反法律或章程);(2)股东的行为对公司造成的负面影响(实质阻碍了公司的活动或其目标的实现);(3)股东的行为与后果之间的因果联系;(4)股东的过错。如果认为将股东从公司中除名是一种公司权利的保护手段,则只需确定:(1)股东的相应行为;(2)对公司造成的负面影响(实质阻碍了公司活动);(3)股东行为与阻碍公司活动之间具有因果联系。

将股东除名作为一种制裁手段,可在下列情形中适用:

——对公司造成实质性损害;

——实质性阻碍了公司目标的实现；

——严重违反法律或公司章程中规定的义务。

在其他任何情形下，将股东从商公司中除名只能被定义为一种公司的利益保护手段。

在股东行为没有侵权迹象，但其行为的确实质性阻碍了公司活动的情形下，便没有必要谈论制裁。但是在这种情形下，公司和其他股东的权利应该得到保护。此处的将股东从公司中除名，即《俄罗斯联邦民法典》第 12 条中所规定的民事权利保护手段中的一种——终止法律关系。

下面我们对将股东除名的单独依据作逐一分析。

对公司**造成实质性损害**是指股东的行为对股份公司造成了实质性财产损失。已有的司法实践并未仅仅将造成的损害与有股东身份的主体行为联系在一起。

例如，在履行独任机关与公司法定代表人职能时对有限责任公司造成损害的主体，股东们可以将其除名（俄罗斯联邦最高仲裁法院于 2012 年 5 月 24 日作出的第 151 号信息函第 1～3 条）。

股东如果在股份公司中同时参加了不同的法律关系，如股东与员工、股东与合同代表人、股东与承租人等关系，也会对公司造成损害。在这类情况下，股东可能会因处于另一种法律关系而对公司造成损害。根据立法者的观点，此时股东对公司造成的损害，显然能够证明其对公司的态度不端，缺乏应有的忠诚和关心。正因如此，由于对公司的损害已造成，便可以在一种法律关系中终止另一种法律关系，即通过将股东从股份公司中除名来终止其社团法律关系。

法律对基于该理由将股东除名的评判标准进行了规定——**股东对公司造成的损害必须是实质性的**。损害的实质性取决于公司的财产状况,并由法院在审理关于除名的争议时对其进行确定。

《俄罗斯联邦民法典》第 67 条第 1 款规定,有必要在股东的作为或不作为与所造成的损害(股东的个人行为对公司造成了损害)之间确立因果关系——如果不存在这种因果关系,那么股东就不会被从公司中除名。换言之,公司所受损害是由与股东行为无关的其他状况导致的。例如,价格变化、对手方的过错、财产的特殊属性、市场行情等,这些都不能作为将股东除名的依据。如果被告能够在法庭上证明公司所受的损害与其行为之间没有直接的因果关系,则关于将股东除名的诉讼请求应当被驳回。

根据《俄罗斯联邦民法典》第 67 条第 1 款之规定,仅在法律和设立文件中规定的情形下严重的义务违反,才能作为将股东从公司中除名的依据。商公司的唯一设立文件即公司章程。这意味着股东违反公司设立协议和股东协议中的合同义务,或者规章和其他公司内部文件中规定的义务,均不能作为将其从公司中除名的依据。将股东除名是一种对权利加以限制的特殊措施,因此对作为实施依据的相关规定不得进行扩张解释:公司章程、股东协议以及其他文件不能规定法律中未规定的将股东从公司中除名的程序和依据。

依据《俄罗斯联邦民法典》第 65.2 条第 4 款之规定,社团参加人有义务:

——参与社团出资;

——不得披露有关公司活动的机密信息;

——参与作出社团赖以继续开展活动的决议;

——不实施损害社团的行为;

——不实施能够实质性阻碍或使社团所设立的目标难以实现的行为(不作为)。

违反上述义务可能会被作为将参加人除名的依据,但法律规定了其他法律后果的除外。例如,未对注册资本出资的股东不能被除名,因为针对此种情况规定了其他的法律后果——向公司转让其未缴注的股份(份额)。

对于由于阻碍股份公司实现目标而将股东除名的情形,法律中的相关规定引起了一些疑问。例如,《俄罗斯联邦民法典》第52条第4款规定,营利组织的活动对象和目标不应在公司章程中体现(这与非营利组织的章程内容有所不同)。根据法律规定,规定对象和目标仅是章程的非必要条件,若对此无规定,章程也完全可以成立。这就解释了为什么作为营利组织的商公司将获取利润作为其主要目标。该目标普遍适用于所有的商公司,其预先决定了相应的法律组织形式,因此可以作出推定。既然章程中没有直接规定活动目标,便不能以股东的行为(不作为)实质阻碍了发起人所设立的公司目标为由将其从公司中除名。只有在将股东从依照章程从事特定经营活动的公司(信贷组织、交易所、保险组织等)中除名的情形下才能适用该理由。在其他情形下一律不得适用该理由。

将股东从公司中除名只能依照司法程序进行。以司法程序实施除名的依据在于:(1)财产所有权不可侵犯原则,即任何人不得在无法律依据的情况下剥夺他人财产,而是否具有相应的法律依据应当由法院确定。注册资本份额或股份属于财产,因此将股东从公司中除名会导致其对股份或份额的所有权被强制终止,即财产被剥夺。显然,国家需要对财产剥夺依据的正确性进行监督。(2)需要减少社团冲突所带来的负面影响,处于冲突中心的各个股东们显然不能自己做到这一点。(3)需要确定将股东除名的事由确实存在,因为部分除名理由具有评价性质(严重违反、使活动难以实现、实质性阻碍)。

此争议为社团争议,相应地,应依照与社团争议有关的程序规定予以审理。法院应在审理争议时确定:(1)原告有权提起诉讼(具有股东地位),被告也具有股东地位,因此诉讼申请书应当附上股东名册摘录(对有限责任公司股东而言,应当附上国家统一法人登记簿中的摘录);(2)股东实施了行为(不作为);(3)行为对股份公司造成了不良后果[造成了损害,使公司活动及既定目标无法实施(实现)或实施(实现)困难];(4)股东行为与不良后果之间存在因果联系。只有在将除名作为一种对侵权行为的制裁措施时才需要认定股东过错。法院还应当确定所造成损害的实质性,及由于被除名股东的行为而使公司遭受困难的实质性。

自法院对关于将股东从商公司中除名的争议所作判决生效时起,被除名的股东和商公司将会承担一系列的法律后果。相应后果形式可划分如下:

第一种是对股东造成的财产后果,即从法院对争议所作的判决生效时起,股东所持的股份或注册资本份额将转让至公司,且应对原股东的股份或份额的价值予以支付。被除名的股东所持股份(份额)转让给公司后,公司应当在1年内对其进行处置。此类股份(份额)不具有表决权,也不能产生股利(《股份公司法》第76条第6款对此类股份规定了类似的法律制度)。

第二种是组织性后果。在法院判决生效后,公司的总经理应当向登记结算人申请股份转让书,相应信息根据股份转让书才能被录入名册;或者向登记机关提交关于变更国家统一法人登记簿中相关信息的申请。

将股东从公司中除名并不需要变更此前与其签订的股东协议。自股东被除名时刻起,其以任何方式进行表决的义务及其所拥有的社团权利终止，因为这些权利和义务已无法履行和实现。这一情形被直接规定于《俄罗斯联邦民法典》第67.2条第8款中。

（第十三章终）

第十四章

社团法律关系中的民事法律责任

术语表

过错(民事法律责任的要件之一)——个人未能客观地采取措施消除或防止其行为的消极后果。

非合同责任——一种制裁手段,适用于与受害者无合同关系的侵权人。

侵权责任——基于侵权行为的非合同责任的一种。

合同责任—— 法律及/或合同所规定的,因违反合同义务所应受的制裁。

子公司——商合营或商公司(母公司)可凭借其在另一公司注册资本份额中的支配地位、依据两者间签订的合同或者以其他方式具有为后者公司作出决议的可能性,则后者被称为子公司。

按份责任——民事责任的一种,其中每个责任主体以其出资额为限承担责任,各主体视为平等主体,除非另有规定。此责任具有一般规则的性质,即除非法律或合同中规定了连带责任或次要责任;否则,适用于所有情况。

控制人(破产时承担补充责任)——可对债务人作出强制执行指令或以其他方式(包括实施民事法律行为及确定其条款)来确定债务人行为的法人或自然人。

社团法律关系中的责任——适用于这些法律关系参与者,即社团、社团参加人(社团成员),以及社团管理机关成员的民事(财产性)责任。

追索责任——在因责任人的债务履行或基于其他主体的过错时,将产生的损害归于责任人的情况下而产生的一种民事责任。

连带责任——民事法律责任的一种,债权人(受害人)有权对所有债务人或单独对某一债务人提出全部或部分请求。该责任适用于法律及其他规范性法律文件或当事人协议中规定的情形。

民事侵权的构成要件——为追究侵犯民事权利和违反民事义务人员责任所必须具备的一般典型条件的总和。

补充责任——民事法律责任的一种，次债务人对主债务人的责任承担额外责任，适用于立法或合同中所规定的情形。

“影子董事”(shadow directors)——不作为法人独任机关或法人合议制管理机关、不直接拥有法人的股份(份额)，但对于相应法人的行为具备实际支配能力的法人与自然人。

实际控制——经济控制的一种，其特点是缺乏特定的法律(形式上的)依据来确立法人或自然人对另一个法人(受控制人)的压倒性影响。

法律责任——对违反法律规范的人所施加的国家强制作用的形式之一，即对侵权人适用法定制裁——针对侵权人所造成的额外不利后果所采取的责任措施。

第一节 民事法律责任的概念、特点和类型

积极的社会责任

“责任”一词有两种含义:积极的社会责任和法律责任。

积极的社会责任,是指主体应对他人以及社会履行的职责与义务意识。

在这种情况下,我们可以看到主体会主动履行其义务,其中包括法律规定的义务以及基于道德原则而产生的义务。就法人而言,**社团的社会责任作为商誉的重要组成部分**,属于上述“积极的社会责任”之列。

法律责任

法律责任由法律规范予以规定。

法律责任的形成以主体逃避适当履行法定义务和侵犯他人权利为条件,是权利受到侵犯之人的消极应对措施,也是国家对侵权行为的应对措施。

法律责任是一种消极责任。其设置的目的是确保主体权利得以实现并受到保护,并对侵权人本人、其财产,甚至是个人生活方面施加不利影响。

法律责任溯及过往,因为该责任是对侵权行为(已实施的过错行为和不作为)的嗣后消极应对措施。

В. П. 格里巴诺夫给出了责任的经典定义："法律责任是施予侵权人的一种国家强制性影响，其核心是对侵权人实施法律制裁——对其施加会产生不利后果的责任措施。"〔1〕

根据法律关系的范围和所采取措施的性质，责任可分为民事法律责任（财产责任）、物质与纪律责任（在劳动法律关系范围内）、行政与刑事责任。

民事法律责任的特点

民事法律责任具有财产性质，其与侵权人在财产领域承担的消极后果有关。

侵权行为是民事法律责任产生的基础。

根据 В. П. 格里巴诺夫的观点，**民事侵权的构成要件**应理解为几个一般典型性条件的总和，对于追究侵犯民事权利和义务的主体的责任来说，具备这些条件相当必要，而且这些条件会在任何民事侵权中以不同组合形式出现。〔2〕

民事法律责任的条件（民事侵权的构成要件）传统上包括：被施予义务的主体行为（作为或不作为）具有侵权性质；存在消极后果（损害）；行为（不作为）与所产生的损害之间有因果关系；过错。

---

〔1〕 Грибанов В. П. Ответственность за нарушение гражданских прав и обязанностей. М. , 1973. С. 38 – 39.

〔2〕 参见 Грибанов В. П. Осуществление и защита гражданских прав. М. , 2001. С. 318。

正如俄罗斯联邦最高法院于2015年6月23日作出的第25号全体会议决议《关于法院适用〈俄罗斯联邦民法典〉第一编第一部分的若干规定》第12条第1款所述，在损失赔偿的有关案件中，原告应当证明其损失是由于被告的行为(不作为)而导致的，还应证明违反债务履行或造成损害的相应事实，以及确定存在相应的损失(《俄罗斯联邦民法典》第15条第2款)。

1. **行为的违法性**。侵权行为始终是不合法的，即违反法律或法律约束文件中的禁止规定，或者未能履行规范性法律文件或据其所签订的合同中规定的义务，就社团关系而言，也指违反了章程、管理机关(股东会、董事会)和社团内部文件中所规定的义务。

2. **存在消极后果**。消极后果(包括财产损失)的存在，是承担财产责任的条件。

根据《俄罗斯联邦民法典》第15条第2款第1项之规定，损失包括：(1)实际损害：被侵权人为恢复其遭到侵犯的权利而花费的或应当花费的支出，以及其财产的灭失或损坏；(2)预期收益损失：如相应主体权利未受侵犯，以主体按民事流转惯常条件下应获而未获收益为表现形式的预期利润损失。

3. **侵权行为与损害(损失)之间的因果关系**。侵权行为与损害(损失)之间的因果关系，是“原因与结果之间的相互联系——是一种客观存在的现象之间的相互联系。其特点是，在特定情况下，两个相互联系的现象中的一个(原因)，总是先于并产生另一个(结果)，而另一个总是前者作用的结果”。[1]

---

[1] Гражданское право: Учебник. В 4 т. / Отв. ред. Е. А. Суханов. Т. 1. М., 2008 (автор главы-Е. А. Суханов).

根据2016年3月24日俄罗斯联邦最高法院全体会议第7号决议《关于法院适用〈俄罗斯联邦民法典〉中关于违反义务应承担责任的若干条款》第5条第2款和第3款，在确定违反义务与造成损失之间存在因果关系时，尤其需要考虑，在民事流转的通常条件下类似侵权行为会导致哪些后果。如果债权人请求赔偿的损失是因债务人违反债务履行而导致的一般后果，则认为义务违反与已证明的债权人损失之间存在因果关系。

债权人提出债务人行为与损失之间存在因果关系的论据，债务人对其进行反驳的，该债务人并不会丧失其对造成该损失的其他原因进行举证的可能性。

4. 侵权行为中的过错。作为认定民事法律责任的条件之一，过错并非指主体对已发生的事件所产生的心理态度（针对行政和刑事领域），而是指“未能采取客观的可能措施，来消除或避免由特定情形所决定的其行为的负面结果”。[1]

这一解释源于《俄罗斯联邦民法典》第401条第1款，根据该款规定，如果主体以债的特点及交易条件所要求的注意与谨慎程度为前提，为债的适当履行采取了一切措施，则视其无过错。

应当将法律责任和民事主体权利保护措施区分开来。与旨在恢复受害人被侵犯权利的主体权利保护措施不同，法律责任措施是在向主体施加各种新的义务。

由于法律责任是侵权行为的后果，这便要求向侵权人施加相应的

---

〔1〕 参见 Российское гражданское право: Учебник. В 2 т. / Отв. ред. Е. А. Суханов. Т. 1. М., 2014. С. 463（автор главы-Е. А. Суханов）。

负担:惩罚、罚款、其他制裁以及额外义务。[1]

就社团法律关系而言,应当得出如下结论:在这一领域,保护措施和责任措施之间有着非常细微的界限。即便责任于立法文件中被定义为“某种影响措施”,但细究不难发现,其可作为众多主体权利保护手段的一种。例如,在我们看来,发起人在商公司成立之前对公司的债务负有的责任、公司对发起人债务所负有的责任、未完全缴纳股份(份额)的股东所负有的责任,完全可以被归为保护措施。例如,发起人(股东)的行为可能不具有过错,即责任的主观条件,未缴纳注册资本与由此产生的损失之间缺少因果联系,同时这种情况并不会免除未缴纳股份(份额)的发起人(股东)的责任。

民事法律责任的类型

民事法律责任可根据不同标准被分为不同类别。

例如,**根据责任产生的依据**,可分为合同责任和非合同责任。**合同责任**是因违反合同之债而产生的制裁。对与受害方无合同关系的侵权方采取相应制裁时,则会产生**非合同责任**。因造成损害而产生的**侵权责任**(delictual responsibility)是非合同责任的一种。

根据债务人一方的主体数量,责任也可分为不同类别。如果债务人一方为多人,则其中每人的责任额取决于其责任是按份责任还是连带责任,抑或补充责任。

按份责任是指每个责任主体以其出资额为限承担责任。如果债务人未履行义务或未妥善履行义务,则其对债权人仅就该部分义务承担责任。除非法律或合同中另外规定了连带责任或补充责任;否则,按份

---

〔1〕 参见 Алексеев С. С. Общая теория социалистического права. Вып. 2. Свердловск, 1964. С. 184 – 189。

责任将适用于所有情形，即该责任具有一般规则的性质。此外，一般规则的性质还体现在，除非另有规定，每一个债务人的份额均具有平等地位。

连带责任适用于法律、其他法律性文件或当事人协议规定的情况。在连带债务中，债权人既有权要求所有的债务人共同履行债务，也可以要求其中的任何一个债务人单独履行债务；既可以要求债务人全部履行，也可要求其部分履行。当债权人从一个连带债务人处未得到全部清偿时，有权要求其他连带债务人清偿不足部分（《俄罗斯联邦民法典》第 323 条）。

正如 N. V. 科兹洛娃和 S. Y. 菲莉波娃所指出的，“多位管理者依法承担连带责任的条件是共同造成了损害”。“共同”应理解为主体以共同意图和统一目的为前提，经过协调，实施了对法人造成统一财产后果的行为。似乎“共同造成”只有在若干主体共同参与法人管理时方能发生。

如果不同的主体在不同时间，未经统一共同行为，彼此独立行事，则连带责任便不会产生。在这种情况下，必须确定这些人中每一个人的行为（不作为）所造成的不利影响、主体行为与行为后果之间的因果联系，以及该主体的过错。这些主体中的每一人都仅对自己的行为（不作为）负责。[1]

补充责任与连带责任相同，也适用于法律或合同规定的情形。在承担补充责任时，次债务人对主债务人所承担的责任承担次要（补充）责任。

---

〔1〕 Гражданский кодекс Российской Федерации: Постатейный комментарий к главам 1 – 5 / Отв. ред. Л. В. Санникова. М. ,2015. С. 234（авторы комментария-Н. В. Козлова, С. Ю. Филиппова）.

当此前其他主体依法或依合同对受害人所遭受的损失进行了赔偿，履行赔偿的主体后续就过错人所造成的损害向其施加赔偿的责任，此时所产生的责任被称为**追索责任**。

返还责任的目的是将损失转移给致其产生的责任人，以及恢复因代替被求偿人完成债务或因被求偿人过错而遭受损失的求偿人的财产状态。

上述民事法律（财产）责任的类型也存在于社团关系领域。

第二节 社团法律关系中法律责任的一般特点

社团法律关系中民事法律责任的概念和宗旨

首先，应当对我们所理解的社团关系中或因参加、管理社团组织而产生的各类关系中的民事法律责任进行厘清。《俄罗斯联邦民法典》第2条第1款作出了以下规定：

> 社团关系中的民事法律责任是一种适用于这些法律关系参加者，即社团、社团参加人（成员）以及其管理机关成员的财产责任。[1]

社团关系主体的民事法律责任并非与经营活动相关的责任，尽管许多社团都参与企业经营活动（营利社团组织）或获取收入的活动（非营利社团组织）。但是，应区分内部社团关系和外部财产流转中与社团法人活动相关的关系。俄罗斯联邦宪法法院对股份公司的看法是众

---

〔1〕 我们不将具有法律主体资格的管理机关看作社团关系参加人。

所周知的，根据其观点，股东的活动不是经营活动，而是属于一种法律不予禁止的经济活动。[1]

在社团法律关系中，责任的主要功能是**恢复或补偿功能**，[2]因为其目的不是惩罚有过错的行为人，而是对权利被侵害之前的财产状态进行恢复。就社团管理机关的成员而言，责任的**预防和激励功能**也尤为重要——可以预防董事因过错和/或权利滥用而产生的消极后果，同时可以激励其合理善意地履行职责。

社团法律关系中法律责任的特点和种类

社团法律关系中的责任是否具有足够将其视为独立责任的特征？在文献中可以窥见不同的观点。

例如，O. V. 古特尼科夫认为，社团责任是为其违反社团义务而承担的责任，不同于因违反合同义务（合同责任）而承担的责任，也不同于因侵权行为而承担的责任，社团责任是一种特殊的

---

[1] 参见2004年2月24日俄罗斯联邦宪法法院作出的第3号裁定《关于由于公民、"KadetIsteblishment"公司的申诉以及奔萨市十月地区法院的要求，审查联邦法〈股份公司法〉第74条和第77条中调整股份公司发行股票的合并程序以及零星股的赎回程序部分规定是否合宪的案件》第3项（п. 3 постановления Конституционного Суда РФ от 24 февраля 2004 г. № 3 – П «По делу о проверке конституционности отдельных положений статей 74 и 77 Федерального закона «Об акционерных обществах», регулирующих порядок консолидации размещенных акций акционерного общества и выкупа дробных акций, в связи с жалобами граждан, компании «Кадет Истеблишмент» и запросом Октябрьского районного суда города Пензы»）（参见 СЗ РФ. 2004. № 9. Ст. 830）。

[2] 2013年7月30日由俄罗斯联邦最高仲裁法院全体会议作出的第62号裁定《关于法人机构成员赔偿损失的若干问题》（Постановлении Пленума ВАС РФ от 30 июля 2013 г. № 62 «О некоторых вопросах возмещения убытков лицами, входящими в состав органов юридического лица»）确定了董事的民事法律责任的补偿本质。其中，如果对法人造成的损失已经通过其他保护措施得到补偿，包括从直接加害人处追偿损失（如员工和交易方），则要求对董事赔偿损失的请求予以驳回（第8项）。

民事法律责任。[1]

A. E. 莫洛特尼科夫论证了“股东责任”的概念。他认为，股东责任是一种适用于股东法律关系参加人的，由民法、刑法、行政法和劳动法规范确定了相应制裁手段的法律责任。[2]

上述学说将适用于社团或社团关系其他参加人的不同类型的责任合并了起来，并据此划分出某种横跨多部门的“社团责任”或者“股东责任”。这种做法似乎并不合理，因为被合并起来的各类责任，除与社团有关联之外，在合并时并未被划定出任何共性特征。正因如此，我们没有使用“社团责任”这一表述，而以“社团法律关系中的民事法律责任”来展开讨论。

关于社团领域内民事法律责任的本质，学者们各持观点，其中就包括作者基于对社团关系本身进行定性而形成的观点。

应当指出，根据《俄罗斯联邦民法典》第 307.1 条第 3 款之规定，鉴于民法典、其他法律中未另作规定，或者无法从相应关系的本质中作出推论，因此对于债的一般规定（第三编第一分编）适用于社团关系中产生的诉求（《俄罗斯联邦民法典》第四章）。上述条款实质上规定，因社团法律关系（包括责任问题）而产生的请求权，以有关债权请求权的相关规则对其进行补充适用。

可见，对社团关系中所产生请求权补充适用有关债的规则，不会将社团领域内的民事法律责任变成一种因债务关系而产生的责任。

---

〔1〕 参见 Гутников О. В. Юридическая ответственность в корпоративных отношения х // Юридические лица в российском гражданском праве：Монография / Отв. ред. А. В. Габов，О. В. Гутников，С. А. Синицын. Т. 1：Общие положения о юридиче-ских лицах. М.，2016. С. 280，286. Гутников О. В。

〔2〕 参见 Молотников А. Е. Ответственность в акционерных обществах. М.，2006. С. 18 – 23。

社团关系中责任的特点可归为以下几种：

1. 其为社团领域内以实现恢复、补偿、预防性激励等功能（而非惩罚性功能）为目的的责任制度。

2. 针对社团关系主体所实施的责任措施的确立来源，不仅有法律，还有合同、章程及社团内部文件。

例如，公司设立协议可规定，发起人对与公司设立的相关行为承担责任。根据《股份公司法》第32.1条之规定，未履行股东协议的，将导致对责任人适用因未履行或未妥善履行义务的民事责任措施，包括要求赔偿损失、追索违约金（罚金、滞纳金）、支付赔偿金（支付固定货币金额或依照股东协议中规定的程序支付相应金额）。

股东协议的相关规范还对社团法律关系中可能存在一系列责任形式进行了举例说明（《俄罗斯联邦民法典》第67.3条），其中最为常见的无非损失赔偿。这表明，责任的补偿功能在社团关系中具有突出的重要性。正如O.N.萨季科夫所言："损失赔偿制度的目的在于，在市场流转的参加者的参加人能够妥善履行其被赋予的义务时，通过恢复流转参加者的财产地位来保护其权利。"[1]

3. 社团关系参加人确保对具有人格信赖属性的义务善意合理地履行，对于社团的责任而言具有重要意义。

4. 社团关系中责任的特点由相应责任产生依据和条件决定，而责任的依据和条件又由相应法律关系主体的特征和社团关系主体的法律地位来确定。

例如，有关管理机关成员对社团债务的责任规则，显然不适用于社团参加人；而有关参加人对债务的责任规则，也同样不适用于社团。

---

〔1〕 Садиков О. Н. Убытки в гражданском праве Российской Федерации. М.,2009. С.9.

在社团关系领域中存在各种不同类型责任的情况下，则不能说社团法律关系中存在某种普适的责任。因为，社团关系中不同主体的责任特征，由相应社团法律关系中的责任产生依据与条件的特点来确定。

社团法律关系中的责任可根据主体人员构成，进行如下传统划分：

——社团发起人（参加人）的责任；

——社团的责任；

——社团管理机关成员的责任。

下面将对社团法律关系中根据主体人员构成而划分出的几种责任进行分析。

第三节 商公司参加人（股东）的责任

社团关系中的有限责任原则

俄罗斯社团法人法的基本原则是，将法人的责任和（包括其成员在内的）其他人的责任区分对待。参加人（股东）不对商公司的债务负责，而商公司也不对其参加人（股东）的债务负责，法律另有规定的除外。

这一基本原则的含义是，法人被法律赋予拥有独立财产的权利，并以其所拥有的财产对其债务负责（《俄罗斯联邦民法典》第48条第1款）。

《俄罗斯联邦民法典》第56条第2款的一般规则规定，不能就法人参加人的债务追究法人责任，但就法人债务追究参加人责任的情形具体适用《俄罗斯联邦民法典》第67.3条第2款第1项有关营利社团组织的规定。该条款明确规定子公司不对其所属的商合营[1]或商公司的债务负责,并确定了母公司可能就主要债务承担责任的若干例外情况。《股份公司法》(第3条第2款)和《有限责任公司法》(第3条第2款)也规定了商公司的有限责任原则,根据该原则,公司并不对其参加人的债务负责。

自法人设立信息被录入国家统一法人登记簿时起,该法人即获得相应的权利与义务,能够以自己的名义参加民事流转,并就合同义务以及非合同义务承担责任。

如此一来,俄罗斯社团法人法中法人责任的主要法律调整方法所依据的是"独立法人格说"(entitytheory,又称实体说)。

上述观点得到了广泛认可。正如I. T. 塔拉索夫在19世纪末指出的,"仅就一份股资承担财产责任,是该资本与公司本身完全分离的自然结果;这也使有限责任原则得以体现,有限责任几乎被所有研究者及立法视为以股份形式建立往来联系的主要特点"。[2]

"揭开公司(社团)的面纱"

对于"参加人不对法人的债务负责,而法人不对其参加人的债务负责"的规则(《俄罗斯联邦民法典》第56条第2款),法律(不包括次级法律文件和司法解释)所规定的例外情况数量相当有限。根据之前已有的俄罗斯法对外国判例与理论的借鉴,这种无视法人"法律外壳"的情况被喻为"揭开公司面纱"或"刺破公司面纱"(liftingtheveil,

[1] 为行文方便,本章将在文本中省略"合营"一词,目的是在就子公司的义务而追究商公司及商合营的母公司责任时,能够保证规则相同(此为原文作者注)。

[2] Тарасов И. Т. Учение об акционерных компаниях. М. ,2000. С. 73.

piercingtheveilofincorporation)。*

D. V. 洛马金指出："揭开公司面纱不是一种法律规范，而是与法人独立性与不受约束性[包括不受其参加人(成员)约束]有关一般规则的例外。"他认为："在少数情况下，即当控制人利用受控制的法律组织结构作为其实现自身利益的工具，而不考虑其附属主体的利益时，'揭开公司面纱'等做法便能够成立。"〔1〕

在关注"揭开公司面纱"学说本身所具备的条件性的同时，我们认为，在俄罗斯法中可将该学说应用于商公司等若干情形：

——就子公司在母公司的指示或同意下所实施的民事法律行为，追究母公司的责任；〔2〕

——在受控法人破产时，追究母公司及其他控制人的责任；

——追究因过错造成损失且实际上决定法人行为的人的责任。

母公司对子公司所实施之民事法律行为的连带责任

母公司就子公司根据其指示或经其同意而实施的民事法律行为，与子公司承担连带责任(《俄罗斯联邦民法典》第67.3条第2款)。

值得注意的是，立法中并未给出"指示"一词的概念。

> 学术界普遍认为，"指示"是指母公司的意思表示机关(总经理、董事)有权向子公司的意思表示机关(总经理、董事)下达以特定条件实施民事法律行为的命令。〔3〕

---

* 又称"法人格否认""公司法人资格否认""股东直索责任"等。——译者注

〔1〕 Ломакин Д. В. Концепция снятия корпоративного покрова: реализация ее основных положений в действующем законодательстве и проекте изменений Гражданского кодекса РФ // Вестник ВАС РФ. 2012. № 9. С. 32.

〔2〕 母公司和子公司的概念，参见本书第四章第二节。

〔3〕 参见 Шиткина И. С. О проблеме обязательных указаний // Хозяйство и право. 2006. № 7。

母公司的同意同样是"揭开公司面纱"的依据。"母公司的同意"这一依据具有相当的不确定性,可能会导致对这一依据扩大解释[1],因此各方专家对此广持批评意见。2015 年 6 月 29 日第 210 号联邦法对《俄罗斯联邦民法典》第 67.3 条第 2 款进行了修订。根据上述条款,商公司及商合营的母公司对于子公司参加人全体会议就批准实施民事法律行为作出的投票,以及母公司管理机关作出的批准,不视为母公司的同意,母公司及/或子公司章程中规定了作出此类批准之必要性的除外。**因此,此种依"同意"而就子公司所实施的法律行为向母公司追责之依据的做法,实际上已被禁止使用。**

应当注意的是,其他的做法可能会使法人这一作为独立的"拟人化"财产的设计受到"侵蚀"。而受侵蚀后的设计构造,可能会降低经营者以商公司形式来开展经营的兴趣。

《俄罗斯联邦民法典》第 401 条第 3 款援引了该法第 67.3 条第 2 款的规定:除非法律或合同另有规定,在开展经营活动时,如果未履行或未妥善履行义务,且不能证明义务的未妥善履行是由于不可抗力导致的,即在当时条件下出现了紧急且不可避免的情况,则将承担相应责任。

就子公司所实施的民事法律行为向母公司追责的相关条款规定,若子公司实施相应民事法律行为的意思系由母公司形成的,则导致对子公司债权人的保护,因此,子公司的债权人可以基于该理由充当原告人。

分析母公司就子公司所实施行为承担责任的同时,应当指出这种

[1] 参见 Шиткина И.С. Имущественная ответственность в корпоративных правоотношениях(на примере хозяйственных обществ)// Предпринимательское пра-во(приложение).2015. № 2。

责任的特殊性。其特殊之处表现为，在根据法律追究母公司责任时，无须将过错证明作为认定法律责任的条件之一。因此，可以在本质上将这种法律手段看作保护手段，这也凸显了社团关系领域内各种责任形式与保护措施之间的细微边界。

截至本书编写之时，于2014年9月1日起生效的《俄罗斯联邦民法典》第67.3条第2款第2项中包含的法律规范，尚未形成广泛的适用实践。通过对此前已经生效的《俄罗斯联邦民法典》第105条及商公司相关各法规定的适用情况进行分析，可以得出这样的结论：在就子公司所实施的民事法律行为追究母公司责任时，"社团的面纱"很少被俄罗斯法院揭开。[1]

学界有这样一种观点："揭开公司面纱"这一理论应仅限于法人终止时，其财产不足以满足债权人的情形。同时责任应当具有补充性，且仅在控制人的过错行为（不作为）导致了财产不足的情形下才能适用。当法人运作正常时，不应根据一般规则就法人的债务向任何人追究责任，因此，在作者看来，就这一方向对该学说

---

〔1〕 关于适用2014年9月1日前生效的关于就子公司所实施法律行为追究母公司责任的规定，参见 Шиткина И. С. «Снятие корпо-ративной вуали» в российском праве: правовое регулирование и практика применения // Хозяйство и право. 2013. № 2。根据我们对实践的分析，法院很少适用"揭开公司面纱"这一规则，这扩大了当前《股份公司法》（第6条第3款）中所规定的《关于必须证明母公司有权依照子公司的章程规定或根据母、子公司间所签订的合同向子公司下达命令》的要求。在子公司章程或母、子公司之间所签合同中无关于母公司可以向子公司下达命令的相关规定的情况下，法院曾多次拒绝满足追究责任的诉求。判例中还存在大量因未对强制性指示的存在事实予以证明而拒绝满足诉讼请求的例子。参见2011年7月11日第8023/11号俄罗斯联邦最高仲裁法院裁定；2010年1月11日莫斯科州联邦仲裁法院就第40－33293/08－15－2/3号仲裁案件作出的第40/13661－09号决议（Определение ВАС РФ от 11 июля 2011 г. № ВАС － 8023/11; Постановление ФАС Московского округа от 11 января 2010 г. № КГ-А40/13661 －09 по делу № А40 －33293/08 －15 －2/3）。

作深入研究是徒劳无益的。[1]

总而言之,对于必须将母公司因子公司依其指示而实施之行为而承担责任的机制自法律中排除的最终结论,我们并不赞同。需进一步强调的是:

在当前的经营活动中,如果母公司滥用"法人外壳",专门设立子公司,用以转移责任并逃避应由其承担的责任,就子公司债务向母公司追究连带责任应当具有特殊性。

正如某一司法文书中所指出的:"民事流转参加人的行为,若旨在通过将部分财产注册为完全受其控制的法人,以制造合法获取财产的假象,则这种行为属于滥用法人权利达成目的,即与现行的法人设计相悖。此类主体的利益不应保护。"[2]

母公司在子公司破产时的连带责任

俄罗斯法律中规定了"揭开公司面纱"这一学说的另一种适用情形,即在子公司破产时,母公司就子公司债务承担连带责任。《俄罗斯联邦民法典》第 67.3 条第 2 款第 3 项规定,**如果子公司因母公司过错而破产,则后者对其债务承担连带责任。**母公司在子公司破产时所承担的责任也得到了商公司相关各法的规制(《股份公司法》第 3 条第 3 款、《有限责任公司法》第 3 条第 3 款)。

---

〔1〕 Гутников А. В. Юридическая ответственность в корпоративных отношениях // Вестник гражданского права. 2014. № 6. Т. 14. С. 10 – 11.

〔2〕 2013 年 11 月 26 日乌拉尔地区联邦仲裁法院就第 60 – 1901/201 号仲裁案件作出的第 09 – 12104/13 号裁定(Постановление ФАС Уральского округа от 26 ноября 2013 г. № Ф09 – 12104/13 по делу № А60 – 1901/2013)。

俄罗斯联邦最高仲裁法院在其一项裁定中对相关案件(母公司在子公司破产时就其债务承担连带责任)中需要举证的对象进行了规定,要求法院分析并适用下列全部情形:母公司是否有权对子公司作出强制性指示或者是否能够以其他方式确定子公司的行为;母公司实施了能够证明行使该权利及/或可能使用该权利的行为;母公司对子公司行使该权利及/或可能行使该权利与导致子公司破产的行为之间存在因果联系;子公司资产不足以与债权人进行结算;母公司存在过错。[1]

在缺少上述情况之一的情形下,法院便可驳回关于追究责任的诉讼请求。

社团立法中关于在子公司破产时追究母公司责任的相关规定,可在子公司破产时对其债权人起到保护的效果。子公司的债权人可以在该公司破产前追究母公司的责任,对其提起诉讼。

依据破产制度的相关特别立法规定,母公司作为控制债务人,可在子公司破产时就被控制人(子公司)的债务被追究相应责任。[2]

发起人、股东(参加人)对形成商公司财产基础的连带责任

规定发起人和股东(参加人)对社团法人活动的财产基础的形成负有出资责任,目的是在商公司所申报的资本未形成或未完全形成的情况下,为债权人提供一定的保障,从而保护其利益。如上所述,此类

---

〔1〕 2010年11月26日俄罗斯联邦最高仲裁法院针对第A 48-400/2010号案件作出的第15940/10号裁定,以及2010年7月1日第十九仲裁上诉法院就第48-400/2010号案件所作的裁定(Определение ВАС РФ от 26 ноября 2010 г. № ВАС - 15940/10 по делу № А48 - 400/2010 в совокупности с Постановлением Девятнадцатого арбитражного апелляционного суда от 1 июля 2010 г. по делу № А48 -400/201)。

〔2〕 参见本章第六节。

法律机制与其说是责任措施，毋宁说是一种保护措施。因为立法者并不将上述措施的实施与发起人(参加人)的行为过错联系在一起，也不将其与债权人所受损失和未出资(未完全出资)之间的因果关系联系在一起。

商公司的发起人对发生于公司登记之前的与公司设立有关的债务承担连带责任(《俄罗斯联邦民法典》第 89 条第 2 款第 1 项、第 98 条第 2 款第 1 项)。只有事后发起人的行为得到股东会的批准时，公司才能就发起人的债务承担责任(《俄罗斯联邦民法典》第 89 条第 2 款第 2 项、第 98 条第 2 款第 2 项)。

根据《股份公司法》第 2 条第 1 款第 3 项之规定，**未全额缴注股份的股东以其未缴注的股份价值为限，就公司债务承担连带责任。**《有限责任公司法》第 2 条第 1 款第 2 项也对未全部缴纳注册资本份额的股东所应承担的责任作出了类似规定。

令人遗憾的是，涉及商公司的两部法律的相应条款与《俄罗斯联邦民法典》第 66.2 条第 4 款第 2 项相抵触。根据该条规定，如果相关法律允许商公司未提前缴注 3/4 的注册资本份额便可以进行国家登记，则公司股东应就认缴全部资本份额之前产生的债务承担连带责任。根据一般规则，应当适用《俄罗斯联邦民法典》中的规定。

一般而言，上述措施旨在督促公司股东及时缴纳注册资本，并确保既能保护公司债权人的利益，又能保证应有的公平；否则，与那些妥善履行自己义务的股东相比，未缴纳注册资本份额的股东的情况会更有利。

如果股份(份额)不是以金钱认缴，而是以其他财产形式认缴，则股东可能会过分夸大财产价值。为使债权人的利益不受注册资本的“欺诈损害”，法律规定：在公司财产价值不足的情况下，商公司的股东和独立的估价人以高估的财产价值为限，在公司进行国家登记或公司章程作出相应修改后5年内，就公司债务承担连带责任。现已对股份公司和有限责任公司就此类责任进行了统一规定(《俄罗斯联邦民法典》第66.2条第3款)。

第四节 商公司的责任

商公司就其发起人债务所承担的责任

俄罗斯法律对商公司可就其发起人的债务承担责任这一情形作出了相关规定。

《股份公司法》第10条第3款第2项和《有限责任公司法》第11条第6款规定，只有在发起人的行为嗣后得到股东会同意的情况下，公司才就发起人因公司设立而产生的债务承担责任。而对于有限责任公司而言，公司的责任大小在任何情况下都不能超过已缴纳注册资本份额的1/5。

上述规定的目的显而易见——向与发起人产生关系的主体提供一定的保证，并向发起人提供对与公司设立有关的合理支出进行补偿的机会。

有关以属于受自然人实际控制的法人财产对该自然人个人债务进行清偿的法院判决，亦散见于俄罗斯一般管辖法院的司法实践之中。[1]

---

〔1〕 2012年1月31日莫斯科市梅先斯基区法院判决，莫斯科市法院2012年8月2日对第11-16173号案的上诉请求裁定维持原有效力。

在这种情况下,有必要对“反向揭开公司面纱”(reverse veil piercing; umgekehrter Haftungsdurchgriff)理论的应用尝试进行讨论。该理论的适用,可以使公司股东的债权人以受该股东控制的社团财产对个人债务进行清偿。

E. A. 苏哈诺夫在适用“反向揭开面纱”理论时指出:“该方法并非基于俄罗斯现行法律规范。《俄罗斯联邦民法典》第 24 条规定‘公民以其全部财产对债务负责’,而并非以其他人(包括该公民设立的法人或其主要参加的法人)的财产来对债务进行清偿……显然,法人发起人(参加人)的债权人的追索对象只能是前者拥有的债权和社团权利,而不是社团本身的财产。”他还指出:“若适用这一理论,将法人发起人(参加人)对某一债务的财产责任施加到由其组建的法人财产之上,便导致将自然人(债务人)的债权人的利益相较于受自然人控制的法人的债权人利益处于优先地位。这必然会使后者的财产利益受到侵犯,此种情形不符合民事流转参加人地位平等的基本法律原则。”[1]

股份公司管理股东名册的责任

股票发行公司的责任此前由《股份公司法》第 44 条第 4 款规定,后来随着 2015 年 6 月 29 日第 210 号联邦法通过,股票发行公司的责任问题便由《有价证券市场法》进行规制。根据《有价证券市场法》第 8 条第 3.10 款之规定,对因违反权利登记程序和账户交易程序(名册管理程序)、登记信息丢失以及未全部提供或提供不实信息而造成的

---

〔1〕 Суханов Е. А. Сравнительное корпоративное право. М. ,2014. С. 197 – 198.

损失,发行人和登记结算人承担连带责任,能够证明上述结果是由不可抗力导致的除外。

《有价证券市场法》中还规定,在以下两个条件下,可请求返还(追索)所损失金额的一半:第一,该权利的实现条件(包括返还请求的数额)可以由公司与登记人之间的协议确定;第二,如果只有一个连带债务人有过错,则有过错的债务人对无过错的债务人不享有返还请求权(追索权),而无过错的债务人有权向有过错的债务人请求返还(追索)损失的全部数额。如果两个连带债务人都有过错,则请求返还(追索)的数额由每位连带债务人的过错程度决定;如果不能确定每位连带债务人的过错程度,则请求返还(追索)的数额为损失金额的一半。

第五节　商公司管理机关成员的财产责任

责任主体

社团法律关系的法律责任制度中的另一重要内容,是合议制管理机关(监事会或称董事会)、独任执行机关和合议制执行机关成员就其自身过错行为(不作为)给公司造成的损失,而应承担的财产责任。

随着俄罗斯社团形式企业的发展,董事责任的相关规定也得到了愈加积极的适用。所有权和管理权的分离大大提高了对职业管理人员的要求;企业经营的复杂性为可能滋生的滥用行为提供了土壤。因此,关于商公司管理机关成员责任承担问题的争议数量也随之大大增加。

目前,商公司董事责任的相关问题由《俄罗斯联邦民法典》第53.1条、《有限责任公司法》第44条以及《股份公司法》第71条进行规范,这些条款规定了追究商公司董事会成员、独任执行机关以及管委会成员财产责任的一般条件。

言及董事的财产责任,应当考虑劳动立法规范中的相关规定,根据《俄罗斯联邦劳动法典》第277条第1款的规定,管理人员可以对组织所造成的直接实际损害承担全部物质责任。根据《俄罗斯联邦劳动法典》第238条第2款的规定,"直接实际损害"应当理解为雇主的现金财产实际减少或上述财产状况的恶化,以及雇主为取得、恢复财产或就员工对第三人造成的损害进行赔偿所产生的开销与非必要的费用。根据2015年6月2日俄罗斯联邦最高法院全体会议第21号决议第6号《关于法院在适用调整组织的管理人员以及合议制执行机关成员的劳动关系的立法规范时产生的若干问题》第6条,依照《俄罗斯联邦劳动法典》第277条第2款之规定,组织的管理人员(包括前任管理人员)仅在联邦法规定的情形下,赔偿由其过错行为造成的损失。上述对组织所造成的损失承担相应责任的情形,由《俄罗斯联邦民法典》第53.1条和针对商公司的两部法律的相关条文予以规定。

因此,社团法人法中关于董事进行损失赔偿相关责任的规范,优先于劳动法中有关管理人员对直接实际损失进行赔偿的规定。

必须指出,对于实际行使由公司机关所赋予职权的人员而言,如果在其行为(不作为)实施期间,其董事的职权已经终止,或选举其作为董事的决议已被认定无效。在此种情形下,若存在其他追究商公司董事财产责任的必要理由和条件,则也可追究该实际行使职权的人员的财产责任。

俄罗斯联邦最高法院在2016年2月8日第309-ES15-18851号裁定中指出,非法行使公司总经理职权的被告,不会被免除法律所规定的公司管理机关成员应当履行的义务与责任,其中包括必须善意、合理地为公司利益行事。

管理机关成员承担责任的依据和条件

➲ 侵权行为的实施是董事的民事法律责任的依据或产生条件。

根据《俄罗斯联邦民法典》第53条第3款之规定，依照法律、其他法律文件或法人的设立文件以法人名义行事的主体[1]，应当善意合理地为其所代表的法人的利益行事。该主体有义务根据法人或其发起人（参加人）的要求，赔偿其对法人造成的损失。如果该主体在以法人名义行使权利、履行义务时[2]，他人证明其并未善意合理行事，包括其行为（不作为）不符合民事流转的一般条件，或超出了普通企业风险，则该人员应当就此赔偿损失（《俄罗斯联邦民法典》第53.1条第1款）。

➲ 因此，社团法律关系中的侵权行为是指董事违反其为公司利益善意合理行事的义务。

法人利益究竟为何？在何种情况下，管理机关成员应当被认定为违反了善意合理行事的义务？

俄罗斯联邦最高仲裁法院全体会议2013年7月30日作出的第62号决议第2项规定，在确定法人利益时，应特别考虑营利组织活动的主要目的是营利（《俄罗斯联邦民法典》第50条第1款）；还必须注意法人设立文件和其机关所作决定中的相关规定（例如，确定经营活动的

〔1〕 对于能够以法人名义行事的人员，法律也将其列为合议制管理机关的成员。上述责任主体在本书中被称为“董事”（директор）。

〔2〕 需要指出，公司管理人员的行事原则在盎格鲁－撒克逊法系中得到了最充分的发展，尤其是在美国法律制度中。因为根据美国的法律学说，董事是股东和社团的受托人，他们履行着“受信义务”（fiduciaryduties），这一义务传统上分为两类：“忠实义务”（duty of loyalty）和“注意义务”（duty of care）。

优先方向、批准战略方案和商业计划等)。

例如,原告以董事未以公司利益行事为由,要求董事赔偿损失。董事所签订的关于提供物流路线开发服务的合同以及无偿提供法律咨询服务的合同,并不符合对于公司的经济合理原则。法院驳回了该诉求,原因是上述合同的签订与公司的法定活动相一致,且并未侵犯公司的利益。[1]

应当注意的是,商公司的相关立法仅规定了管理机关成员善意合理行事的一般义务,并未对具体的要求和禁止予以列明。

管理机关成员违反善意合理行事的义务,本身足以认定该成员行为侵权,因此无须再对违反法律或其他规范性法律文件中的具体条款作补充说明。

G. F. 舍尔舍涅维奇在19 世纪时就曾指出:"作为被授权人,管委会成员应当为其作出的一切违反法律、章程和股东会决议的行为负责。然而他们不能仅就逃避命令指示承担责任。他们作为商事企业的管理人员,以最大权限经营企业,因此他们还需就因对于企业事务疏忽大意而对其造成的损害承担责任。"[2]

事实上,很难讨论组织领导人员所违反义务的具体性:由于董事活动的多样性,俄罗斯有关商公司的立法没能也不可能对各类具体义务进行一一列举,而只能规定董事应当为公司利益善意合理行事的义务。

---

〔1〕 2014 年12 月4 日莫斯科州仲裁法院针对第40 -4177/14 -22 -32 号案件作出的裁定(Постановление Арбитражного суда Московского округа от 4 декабря 2014 г. по делу № А40 -4177/14 -22 -32)。

〔2〕 Шершеневич Г. Ф. Курс торгового права. Т. 1: Введение. Торговые деятели. М., 2003. С. 425.

董事行为的合理和善意是一种评价标准，法院会在审理每一个具体案件时均对其进行认定。

2013 年7 月30 日第62 号俄罗斯联邦最高仲裁法院全体会议决议对“非善意”和“不合理”的概念作出了解释。根据该决议第2 条和第3条的规定，**董事的下列行为(不作为)被认定为非善意：**

——在存在利益冲突的情况下行事；

——向法人参加人隐瞒其实施民事法律行为或者向前者提供与行为相关的不实信息；

——未经过相应法人机关依照法律或章程规定批准，实施民事法律行为；

——职权终止后，拒绝或逃避将可能造成法人不利后果的相关情况的文件转交给法人；

——知道或应知其行为(不作为)在作出时不符合法人利益，仍然与明知对法人不利或明知不利于履行债务的主体(与皮包公司等)实施民事法律行为(投票赞成签订合同)。

如果董事能证明其实施的民事法律行为虽然本身不能获益，却与公司整体目的相关联，法人可能会从中受益，则董事的责任可予以免除。如果董事能证明其实施的法律行为可以预防公司利益受到进一步损害，则其责任也可免除。

董事的下列行为(不作为)被认定为不合理：

——在作出决定时没有考虑当前情况下所获知的信息；

——在作出决定之前，没有预先采取行动获取类似情况下商业实践通常所需的必要且充分的信息；

——在未遵守通常要求的或法人内部针对类似民事法律行为所规定程序的情况下，实施民事法律行为。

应当强调的是，俄罗斯各法院不仅对董事的行为适用善意合理标准，对其不作为也同样适用该标准。

为使管理机关成员承担责任而将其行为定性为非善意或不合理，是否有意义？

答案是肯定的，此举具有法律意义，因为：

法律允许将针对不合理行为对非公众公司董事（合议制管理机关成员）的责任予以排除或限制的相关条件列入与其签订的协议中（《俄罗斯联邦民法典》第53.1条第5款）。

在追究管理机关成员的责任时，最重要的是**证明其行为或不作为造成了损失，或者其行为造成了其他不利后果**。

如上所述，损失（包括亏损和可期待利益损失）由《俄罗斯联邦民法典》第15条第2款规定的规则确定。

在司法实践中，损失被认为是在不具有劳动成果的情况下所支付的钱款；[1]董事在明知其行为超越权限并且存在利益冲突的情形下，从公司资产中转移给自己的额外补贴；[2]在未提供可证明相应法律关系的文件的情况下，所转移的钱款；[3]以明显的低

---

〔1〕 2014年6月24日俄罗斯联邦最高仲裁法院主席团针对第A05－15514/2012号案件所作的第3159/14号裁定（Постановление Президиума ВАС РФ от 24 июня 2014 г. № 3159/14 по делу № А05－15514/2012）。

〔2〕 2015年4月7日西北联邦区仲裁法院针对第A56－16114/2014号案件所作的第F07－931/2015号裁定；2015年1月28日莫斯科州仲裁法院针对第A41－35729/14号案件所作的第F05－15456/2014号裁定（Постановления Арбитражного суда Северо-Западного округа от 7 апреля 2015 г. № Ф07－931/2015 по делу № А56－16114/2014；Арбитражного суда Московского округа от 28 января 2015 г. № Ф05－15456/2014 по делу № А41－35729/14）。

〔3〕 2015年2月27日莫斯科州仲裁法院针对第A40－47517/13号案件所作的第F0516896/2013号裁定（Постановление Арбитражного суда Московского округа от 27 февраля 2015 г. № Ф05－16896/2013 по делу № А40－47517/13）。

价将财产交付租赁而导致的净利润受损金额。[1]

为对董事责任深入研究，须关注**作为责任主观条件的过错**。

应当将作为责任（侵权）依据的非善意性和非合理性加以区分，并将其与过错区分开来，使过错成为追究管理机关成员责任的独立条件。

如果说非善意性与非合理性是构成董事侵权事实本身的客观情况，那么过错便是认定其责任的主观依据。

在董事行为不合理的情形下，对于过错认定的理解便显得尤为重要。例如，董事行为缺少前瞻性，或者未获得决议作出所需的全部必要文件，如果该董事行为无过错，则其无须承担责任。而不合理的行为通常是过错行为。

从客观意义上讲，社团关系中的过错，是指行事谨慎合理的人员未能采取一切可能消除其行为（不作为）所造成损失的措施。

对经营风险的考虑

在对管理机关成员的责任依据与责任程度进行确定时，法律规定，必须考虑“企业事务流转的一般条件与其他对事务具有意义的情形”，即需要在经营实践中考虑一般经营风险。这项规定旨在为董事作出有风险但具有经济效益的商业决策时提供相应的保证。

如果董事的行为在合理的经营风险范围内，则不能认定其具有对公司造成损害的过错。

---

[1] 2014年10月13日伏尔加—维亚特卡区仲裁法院针对第A31－5147/2013号案件作出的裁定（Постановление Арбитражного суда Волго-Вятского округа от 13 октября 2014 г. по делу № А31－5147/2013）。

2013年7月30日最高仲裁法院全体会议第62号决议第1条指出,法院应当考虑董事加入法人机关时对法人造成的消极后果。此类消极后果本身并不能证明董事的行为(不作为)为非善意且/或不合理的,因为其可能产生于风险性的经营活动。

的确,经营活动是一种与风险常伴的活动。董事在决策时并非总能推测出如何才能避免产生偏差。此外,在对此前所做的决策进行评估时,不仅作出决策的情况已发生了变化,评估立场也固然不同。法院不应干预对经营活动效率所进行的评估。

由俄罗斯联邦宪法法院于2004年2月24日作出的第3号决议特别规定"司法监督应当确保保护股东的权利和自由,而不是对在商业决策中具有自主权和广泛自由酌定权的董事会和股东大会所作决议的经济可行性进行审查"。[1]

为进一步落实上述规定,俄罗斯联邦宪法法院在2008年12月16日作出的第1072号裁定中指出:"司法监督并非旨在核查在商业领域内具有自主权和广泛自由酌定权的经营活动主体所作决议的经济可行性。鉴于此类经营活动具有风险性,在法院对商业

[1] 2004年2月24日由俄罗斯联邦宪法法院作出的第3号《关于由于公民、"学员建立"公司的申诉以及奔萨市十月地区法院的要求,审查联邦法〈股份公司法〉第74条和第77条中,调整股份公司发行股票的合并程序以及零星股的赎回程序的部分规定是否合宪的案件》裁定(Постановление Конституционного Суда РФ от 24 февраля 2004 г. № 3 – П «По делу о проверке конституционности отдельных положений статей 74 и 77 Федерального закона «Об акционерных обществах», регулирующих порядок консолидации размещенных акций акционерного общества и выкупа дробных акций, в связи с жалобами граждан, компании «Кадет Истеблишмент» и запросом Октябрьского районного суда города Пензы»)。

误判予以明确的问题上，存在客观上的界限”。[1]

董事所作决议的经济可行性不受司法监督，这一事实表明，俄罗斯社团法人法实际上类推适用了经营判断规则(business judgment rule)。[2]

质言之，若社团董事基于已有的信息进行商业决策，善意合理地行事，则认为其所实施的商业行为是为了公司利益最大化。如此，仅就由于所作的商业决策未获成功而导致的消极后果追究董事责任便不具可能性。因此，经营判断规则有利于提高董事在一般商业风险范围内的积极性。

董事对法人公法义务的履行所承担的责任

俄罗斯联邦最高仲裁法院全体会议于2013年7月30日作出的第62号决议规定，董事善意合理履行其被赋予的义务，是指妥善履行现行立法施加给法人的应当公法义务。

鉴于此，若因某董事行为非善意且/或不合理，法人未能履行相应义务而被追究公法责任(税务责任、行政责任等)，法人由此所遭受的损失，

---

〔1〕 2008年12月16日俄罗斯联邦宪法法院作出的第1072号《关于拒绝审理公众股份公司“中央燃料公司”提起的〈俄罗斯联邦税法典〉第252条第1款规定违反了宪法权利和自由的上诉案件》裁定(Определение Конституционного Суда РФ от 16 декабря 2008 г. № 1072 – О-О «Об отказе в принятии к рассмотрению жалобы открытого акционерного общества «Центральная топливная компания» на нарушение конституционных прав и свобод положениями пункта 1 статьи 252 Налогового кодекса Российской Федерации»)。

〔2〕 A. G. 卡拉佩托夫在揭示这一概念时指出：“针对一些就公司管理不合理而起诉董事并要求其承担责任而产生的错误理解，一些国家的社团法人法中适用了所谓的经营判断规则。根据该规则，如果证明相应决议是基于对有关信息的评估作出的，而董事未在存在冲突的条件下行事，则禁止法院对董事所作决定的经济合理性进行追溯性评估。”参见Карапетов А. Г. Экономический анализ права. М. ,2016；СПС «Гарант»。

可向该董事追偿。近年来,类似的司法实践数量逐渐增多,[1]其中包括向董事会成员追究责任。[2]

临时履行独任执行机关职责人员的责任

在董事暂时缺勤期间(休假、丧失劳动能力等),需任命一名临时履行独任执行机关职责的人员,所任命的人员在此期间代为实现法人的权利能力。

根据商业惯例,临时履行独任执行机关职责的人员根据有关临时任命的调度凭证(董事的命令、授权管理机关的决定)和独任执行机关向其签发的委托书行事。

根据已有的司法实践,如果在临时履行独任执行机关职责的人员行为中发现侵权行为,则认定其为财产责任的承担主体。同时在某些情形下,签发临时任职委托书的董事也不能免除责任。

例如,俄罗斯联邦最高仲裁法院主席团于2014年1月21日第9324/13号决议,针对董事委托书的签发和委托书中所移交的职权实际上与董事权限一致的情形给出了如下法律意见:"在没

[1] 可参见2013年6月10日乌拉尔仲裁区联邦仲裁法院就第47-10035/2012号案件作出的裁定;2012年3月13日西西伯利亚仲裁区联邦仲裁法院就第46-4499/2011号案件,即就由于公司未向股东提供信息导致缴纳行政罚款而向股东追究责任的案件所作的裁定(Постановления ФАС Уральского округа от 10 июня 2013 г. по делу № А47-10035/2012; ФАС Западно-Сибирского округа от 13 марта 2012 г. по делу № А46-4499/2011 о возложении имущественной ответственности на директора в связи с административным штрафом, оплаченным обществом за непредоставление информации акционеру)。

[2] 可参见2015年2月4日西西伯利亚仲裁区仲裁法院就第45-6881/2014号案件所作的裁定(Постановление Арбитражного суда Западно-Сибирского округа от 4 февраля 2015 г. по делу № А45-6881/2014)。法院认为,确存在追究董事会成员责任的依据。相关依据可证明:董事会成员批准发行人发行包含不实信息的有价证券,这使公司为此缴纳了75万卢布的罚款,因此给公司造成了损失。

有任何依据的情况下，若不考虑公司商业活动的特点和规模，独任执行机关的类似行为不能被认定为合理行为，亦即，不符合商业惯例。此时，在客观情况尚未表明授权具有合理性的情况下，董事应当证明其将职权移交给另一个人的行为是善意且合理的，而不受'其享有无条件将其权能转让给他人的权利'这一形式化引证的限制。"

因此，不能无条件地免除签发委托书的董事对被委托人所实施行为的责任。如果证明董事行为非善意且/或不合理，且其未考虑客观情况便移交了自身大部分职权，则该董事和受委托履行领导职责的主体应承担连带责任。

上述结论依据的是联邦最高法院的法律意见。根据该意见，在未合理且/或善意履行选择代表人、民事法律合同的对手交易方和法人员工的职责的情况下，以及在法人管理体系下履行对上述主体行为（不作为）的组织与监督职责时，董事应当就其为法人所造成的损失承担责任（俄罗斯联邦最高仲裁法院全体会议于 2013 年 7 月 30 日作出的第 62 号决议第 5 项）。

合议制管理机关成员的责任特点

在商公司中，除董事外，管理职能也由合议制机关——董事会和管委会履行。在追究合议制管理机关成员的责任时，有以下几点需要特别注意之处：

——其侵权行为通常表现在对议程事项进行表决等一系列活动上；

——责任具有连带性；

——对造成公司损害的决议投反对票或出于善意[1]未参与表决的管理机关成员不承担责任。

合议制机关成员的责任也可能缘于成员的不作为。例如，若有权召开董事会而并未行使该权利的董事会成员或拒绝召开股东会的董事会主席的不作为使公司蒙受了损失，则可以向他们追究相应责任。从某种意义上讲，在权利人的相应职权转换为义务但并未履行该法定义务时，可能会导致其承担相应责任。

下述判决可以论证这一观点：董事会成员善意合理地履行其职责，但未采取措施禁止召开由不合法人员组成的股东会，则该成员被追究了财产责任。[2]

关于追究作出决议的董事与参与决议作出的合议制执行机关成员的责任这一问题也十分有趣。

俄罗斯联邦最高仲裁法院全体会议于2013年7月30日作出的第62号决议第7项给出了如下法律意见：下列两项事实——(1)由董事所实施的对法人造成消极后果的行为(包括实施民事法律行为)经过了法人的合议制机关(或法人发起人/参加人)的批准；(2)董事是为履行上述人员的命令而行事——并不能成为拒绝满足向董事提出的损失赔偿请求的理由，因为董事负有为法人利益善意且合理行事的独立义务。此外，合议制机关的成员与该董事就民事法律行为所造成的损失承担连带责任。

---

[1]　是指以正当理由不参加董事会的决议，而不仅仅是在没有任何充分理由的情况下忽视表决。

[2]　参见第十仲裁上诉法院于2013年8月13日作出的第41－49646/12号裁定(Постановление Десятого арбитражного апелляционного суда от 13 августа 2013 г. № А41－49646/12)。

管理机关成员责任的程序性问题

根据相关立法，无论董事所持公司注册资本份额多寡，公司、股东（参加人）均可以对董事提起诉讼（《俄罗斯联邦民法典》第 53 条第 1 款），[1] 也可向商公司的董事会成员提起诉讼（《俄罗斯联邦民法典》第 65.3 条）。[2]

应当指出，**在绝大多数情况下，管理机关成员对商公司承担责任，而非对公司的债权人与股东承担责任。** G. F. 舍尔舍涅维奇曾写道："作为公司的代表人，管理机关成员以其所代表的公司的名义实施民事法律行为，并且在其权限范围内仅对公司本身负责……管理机关成员对公司负责，而非对第三方负责。"[3] 此处列举两种认定对公司承担责任的一般规则的例外情形：债务人的控制人在债务人破产时[4] 承担补充责任；若招股书签署人对因招股书中包含经证实的虚假、不完整以及/或误导投资者的信息（《有价证券市场法》第 22.1 条第 3 款）对投资发起人或有价证券持有人所造成的损失，就其过错承担连带责任。在上述两种情形下，董事对第三方承担补充责任。

---

〔1〕 需要指出，《股份公司法》（第 71 条第 5 款）规定了此类诉讼应当由持有公司不少于1%普通发行股的股东提出，但是自 2014 年 9 月 1 日起（2014 年 5 月 5 日通过的第 99 号联邦法生效）应当适用《俄罗斯联邦民法典》中的相应规定。

〔2〕 俄罗斯联邦最高法院于 2015 年 6 月 23 日作出的第 25 号全体会议决议第 32 项（п. 32 Постановления Пленума от 23 июня 2015 г. № 25）指出，依照法定程序，以自己的名义就赔偿社团损失向法院提起上诉的社团参加人依法成为公司代表，包括在法院执行判决阶段，而案件的原告是公司（《俄罗斯联邦民法典》第 53 条第 2 款、第 65.2 条第 1 款）。

〔3〕 Шершеневич Г. Ф. Курс торгового права. Т. 1：Введение. Торговые деятели. М.，2003. С. 420.

〔4〕 参见本章第六节。

在特殊情况下可能对第三方承担责任,是社团法律关系中的责任特点之一。

从(诉讼)程序的角度来看,举证责任的分配对于认定管理机关成员的财产责任而言具有重要意义。

确定举证责任,是指对应当证明具备向董事进行追责的相应条件的主体予以明确。因为根据《俄罗斯联邦民法典》第10条第5款的规定,如果推定民事法律关系参加人的行为合理且善意,则由原告履行证明由董事所实施的致损行为不合理且不善意的举证义务。根据《俄罗斯联邦仲裁程序法典》第65条之规定,案件的每一个参加人应当对其诉求和异议所依据的情形进行举证。

综上,一般规则为:原告必须对存在可证明由董事所实施的、对法人造成不利后果的行为(不作为)具有非善意性和/或不合理性的相应情形进行举证。

此外,举证责任也可由法院酌情分配。其中包括,当原告证实董事的行为的确具有非善意且/或不合理的特征,并且提交了能够证明董事所实施的行为(不作为)给法人造成了损害的相应证据,而董事拒绝对此作出解释;或者在证据明显不完整的情况下,举证责任转由被告承担(2013年7月30日第62号俄罗斯联邦最高仲裁法院全体会议决议第1项)。

E. A. 弗莱史茨也曾指出:“根据一般规则,由被告对能排除其过错的事实进行举证,的确相当困难且复杂。原告并非总能了解其因被告的行为而受到损害的全部情形。除少数例外情形外,被告并不能证明其对他人造成损害的情形。而在被告不能证明其没有过错的情形下,

有充分理由相信其行为有过错,并因此对其行为所造成的损害追究责任。”〔1〕

因此,在原告主张董事的行为非善意或不合理,而由被告承担举证责任的情况下:如果原告提交充分证据来反驳董事行为善意且合理的推定,则举证责任转由被告承担。如果被告(董事)在此种情形下未能提交证明其行为善意且合理的证据,则可能就其对公司造成的损害追究其责任。

第六节　控制人的责任

6.1　社团关系中控制人的责任

实际控制的本质与特征

通常法律关系的各个主体之间存在一定的法律联系,即由法律规范调整或根据法律规范及其他规范手段而规定的相互间的权利与义务。一般来说,法律关系是形式化的,即它是由法律规定的手段所确定的。例如,债权法律关系通常由合同调整,而调整物权法律关系则需要实施一项特别的法律行为——对权利进行国家登记。

同时,法律关系主体并不总是寻求法律关系的确定形式,在某些情况下,他们倾向于利用不同机制(包括如名义持有人制度在内的完全合法的各种机制),以避免披露自己法律关系参加人的身份。

---

〔1〕 Флейшиц Е. А. Обязательства из причинения вреда и неосновательного обогащения. М. ,1951. С. 88.

此外,为保护公共利益和对私法关系中较少受保护的主体加以保护,国家往往会对法律关系的实际主体规定相应责任和赋予相应义务。因此,对形式上的"正面"主体予以忽视的相应的立法调整,在其实施过程中实质关注的是其"背面"所隐藏的实际形成法人意志的权利与义务的真正主体。

因此,对相关人员的实际控制人的认定,是揭示主体间法律关系的工具。

随着2014年5月5日第99号联邦法的通过,社团关系中控制人责任的相关立法规范也得到了修订:根据《俄罗斯联邦民法典》第53.1条第3款之规定,具有决定法人行为的实际能力的主体(实际能力包括向管理机关成员下达指令的能力),有义务合理、善意地为法人的利益行事,并对由于其过错而给法人造成的损失承担责任。

实际控制的本质是,一个法人或自然人对另一个法人(受控人)的非形式化(非基于形式上的法律依据)的"统治";控制人事实上排除或压制被控制人的意愿;可以决定被控制人决定作出的能力。

在社团领域对实际控制进行定性时,尤其需要对影子董事(shadowdirectors)、[1]受益权人以及实际受益人等进行讨论。例如,如果母公司能够遵照《俄罗斯联邦民法典》第67.3条第1款"决策作出的其他形式"[2]决定子公司的决策作出,则母公司对子公司实现实际控制。

---

〔1〕 影子董事,是指具有决定法人行为的实际能力的法人和自然人,尽管他们不是独任执行机关或合议制管理机关的成员,不直接拥有股份(份额)。

〔2〕 相关内容参见本书第五章第二节。

在大多数情况下，占据控制地位的股东（参加人）或者所谓的受益权人并不直接对子公司进行领导，而是通过“中间公司”或者当选子公司管理机关（董事会、合议制执行机关和独任执行机关）成员的人员对其进行领导。在这种情况下，占据控制地位的股东（参加人）或者受益权人在形式上已经不再对被控制公司的行为承担责任，因为在这种情况下，公司损失的责任人变成了“中间公司”，即子公司的参加人或其管理机关的成员。

为抑制这种由于责任主体认定的形式化而产生的不公正现象，立法者对控制人责任认定有针对性地制定了相应规范。

实际控制这一概念的要旨在于：力求对能够形成法人意志且能在其实施控制时对侵权行为承担责任的实际权力控制者予以揭露。

有司法文书曾明确指出，“决定某主体所作决策的可能性”（《俄罗斯联邦民法典》第53.1条第3款）意为被控制人缺失意思自治。[1]

下列情形也可以证明实际控制的存在：

——控制人实际参与对法人的管理，即作出关键性决策。例如，批准领导职位的候选人，就实施重大交易作出决策，监督财务操作，参加社团法人活动与事件，参加与合同对方、投资人、债权人、权力机关代表、工作人员以及其他人员进行的谈判；

——当法人参加人和/或管理机关成员不能按自身意愿或为自身利益行事，或其自身意愿在很大程度上受控制人主导时，管理机关的运作流于形式；

---

〔1〕 2016年11月7日第九上诉仲裁法院针对第40－199627/2015号案件所作的裁定（Постановление Девятого арбитражного апелляционного суда от 7 ноября 2016 г. по делу № А40－199627/2015）。

——控制人对管理机关成员施加影响，向后者下达指示、命令，批准其所作出的管理决策，而管理机关对控制人负责；

——为隐藏实际上的控制人，利用名义上的人员在法律上控制法人，名义上的主体可以是近亲属（父母、子女、兄弟、姐妹、配偶、其他亲属）和其他控制人所信任的人员（前下属、法人员工、合作伙伴、资产管理人）；

——参加人（股东）和/或管理机关成员不参与法人的活动（或从事务中除名），而将其权限内的事项最大限度地交由实际控制人处置。

如果考虑各种实际情况，则在某些具体的情形中仍可能存在能够证明相关人员实施实际控制的其他特征。通常，控制人组织实施或参与对法人没有经济意义的一系列民事法律行为。这一情形于法院而言是一种能够证明存在实际控制的独特“指向标”。[1]

实际控制的责任依据

实际控制的责任所具有的特殊性质也同样值得重视。显然，作为对社团法人活动承担财产责任的依据，实际控制是对“在追究人员民事法律责任时，应当具有‘以社团名义行事’的形式上的法律依据”这一一般规则的偏离。

对实际控制追究民事责任，还必须证明存在法律责任的全部构成要件。**尤其是对于实际控制人而言，应当证明其具有包括作出强制性指示的能力在内的决定法人行为的实际能力。**

---

〔1〕 法院多次关注缺少经济意义这一重点。可参见马克西莫夫案（2012年5月12日乌拉尔地区联邦仲裁法院针对第60－1260/2009号案件作出的第09－727/10号决议/Постановление ФАС Уральского округа от 12 мая 2012 г. № Ф09－727/10 по делу № А60－1260/2009－дело Максимова）。

立法对于“决定法人行为或作出指示的能力”并未予以规定，而相应的司法实践应对其予以确定。

法院应依据对实际控制人对法人意志形成所造成的实际影响的评估，追究实际控制人责任。

正如本书第四章所述，在母公司向子公司董事会成员下达指令后，其成员对母公司所下达的进行表决的指示作出赞成投票，如果因此给商公司带来了损失，则可以适用《俄罗斯联邦民法典》第53.1条第3款之规定，追究母公司的连带责任。关键在于，“作出表决指示”并未得到现行法律的明确规定（有国家参与的商公司除外），因此其仅作为实际控制的表现形式。

对于就实际控制而向母公司主管人员追究责任的情况，即主管人员依据其义务，对子公司董事作出指令，而使后者因此对子公司造成损害的，在司法实践中曾出现过对《俄罗斯联邦民法典》第53.1条第3款作扩大解释的判例。[1]

根据《俄罗斯联邦民法典》第53.1条第1款的规定，法人或其发起人（参加人）有权向实际决定法人行为的主体提出损失赔偿请求，而根据《俄罗斯联邦民法典》第65.3条第4款的规定，代表法人利益行事的合议制管理机关成员也有权提起相关诉讼。

国家作为控制人时应当承担的责任

国家作为控股股东可能承担财产责任的问题，同样是非常有趣的。

---

〔1〕 适用《俄罗斯联邦民法典》第53.1条第3款之规定追究实际控制人责任的案例，参见2018年2月8日莫斯科州仲裁法院针对第40－13997/17号案件（俄罗斯石油航空公司案）所作的决议[Постановление Арбитражного суда Московского округа от 8 февраля 2018 г. по делу № А40－13997/17(дело ООО «РН-Аэро»)]。

与法律中所列举的其他主体相同,国家可被直接认定为控制人,且在法律规定了相应依据的情况下,需就被控制人的义务承担责任。

俄罗斯联邦现行立法允许采用体现部分股份公司特点的法律规定。具体而言,《俄罗斯联邦民法典》第 96 条第 3 款规定,由国有和市政企业私有化而成立的股份公司所具备的法律地位特点,应由涉及类企业私有化的各部法律和其他法律文件确定。根据《私有化法》的规定,俄罗斯联邦政府有权决定有国家参股的公司的股份(份额)管理制度。由俄罗斯联邦政府于 2004 年 12 月 3 日作出的第 738 号《关于股份公司中联邦所持有的股份和俄罗斯联邦行使参与股份公司管理的特殊权利("黄金股")的决定》规定,股东会议程问题中所涉及的股东的地位,即俄罗斯联邦的地位,体现在俄罗斯联邦国有资产管理局(对于部分公司而言,则为俄罗斯联邦国防部或俄罗斯联邦总统事务管理局)所下达的书面指示之中。为保障国家对股份公司的高效参与,2004 年 12 月 3 日第 738 号政府决议对一系列问题进行了规定。根据该决议的规定,国家代表(国家公务员以及与俄罗斯联邦签订了特别协议的专业代理人)仅可根据对其下达的指示进行投票。

此外,上述主体仍可成为应为公司利益善意合理行事的董事会成员,并为其所作的决定承担个人财产责任风险。如果由于其过错行为(不作为)而对公司造成了损失,则上述主体以及董事会其他成员可能会对损失承担赔偿责任。结合考虑上述管理机制和责任制度,能否认为有国家参股的股份公司董事会成员在以俄罗斯联邦代表人的身份依授权机关所下达的指示行事时,可独立表达其立场并应当就此承担财产责任?一方面,他们有义务根据指令对议程中的一系列问题进行表决,因为这是保护国家作为股东的利益的方式;另一方面,此类主体就表决结果承担个人纪律责任(就国家公务员而言)和个人财产责任。

正如俄罗斯联邦最高仲裁法院全体会议于2013年7月30日作出的第62号决议第7项中所指出的:董事所实施的对法人造成消极后果的行为,包括实施民事法律行为,若已经过法人合议制机关或发起人(参加人)的批准,或者董事是为执行上述主体的指令而行事,则上述事实本身并不能成为拒绝满足请求该董事赔偿损失之诉求的理由,因为董事负有为法人利益善意合理行事的独立义务(《俄罗斯联邦民法典》第53条第3款)。该决议第2项也指出,如果董事为法人的某一位或某些参加人的利益行事,但是其所实施的行为对法人有害,则不能认定董事是为法人的利益行事。

因此,表决指令的下达并不影响董事会成员为公司利益善意合理行事的法定义务,也不应成为免除其财产责任的依据。

同时,在国家作为股东且拥有董事会成员的地位后,如果侵权要件构成完整,则可以以控制人的身份与依《俄罗斯联邦民法典》第53.1条第3款和第4款按指令进行投票的董事会成员共同承担连带责任。

在国家占支配性参股的社团破产时,法律同样不禁止向作为控制人的国家追究财产责任。但是在存在法律上的可能性的情况下,在向国家追究财产责任时会出现因公私利益冲突而造成的实际困难,但在执法实践中此种情况极其少见。[1]

---

〔1〕 参见2015年8月12日第九仲裁上诉法院针对第A40－32716/10－101－135号案件所作的第09АП－23055/2015－АК号裁定(Постановление Девятого арбитражного апелляционного суда от 12 августа 2015 г. № 09АП－23055/2015－АК по делу № А40－32716/10－101－135)。该裁定后被2015年11月2日莫斯科州仲裁法院针对第A40－32716/10号案件所作的判决取消并重新审理。另可参见2016年10月4日莫斯科州仲裁法院针对第A40－32716/10号案件所作的判决(Постановление Арбитражного суда Московского округа от 4 октября 2016 г. по делу № А40－32716/10)。

国家财产责任的一个显著特点是，在提出赔偿损失的诉讼请求时，俄罗斯联邦、联邦主体（以财政机关或其他授权机关为主体的代表）被认定为被告，而损失赔偿由国库承担（《俄罗斯联邦民法典》第1069条、第1071条）。[1]

6.2　债务人的控制人于破产时的责任

因为公司的股东、管理机关的成员以及实际控制社团的主体均可属于控制人之列，所以债务人的控制人于破产时的责任是本章研究的问题之一，也是社团法人法相关教材中的必要内容。

债务人的控制人的概念

将"控制人"的概念引入破产法的目的是扩大能够对债务人的债务承担财产责任的主体范围。对债务人实施非形式上的（实际）控制的主体也可被认定为控制人。

就《破产法》的适用而言，能向债务人发出强制性指示或有能力以其他方式决定债务人行为，包括决定实施民事法律行为和行为条件的人，可认定为控制人。

《破产法》具体规定了能够决定债务人行为的相应情形（第61.10条第2款）。相应主体在以下情形下被认定为控制人：

（1）由于与债务人（债务人管理机关的领导或成员）有血缘、姻亲或职务主管关系。

---

〔1〕　有关国家作为控股股东承担财产责任的特点的详细内容，参见 Шиткина И. С. Имущественная ответственность государства в корпоративных правоотношениях // Закон. 2017. № 5。

(2)拥有由依委托书、规范性法律文件或其他特殊权能而产生的以债务人名义实施民事法律行为的权能。

(3)基于职务上的地位[例如,可以替换债权人的总会计师、财务经理;可替换其他拥有债权人50%及以上表决权股的处分权、拥有一半以上注册资本份额或拥有法人股东会半数以上表决票数的组织中的总会计师、财务经理;该主体曾有权任命(选举)债务人领导或其他可决定债务人行为的职务]。

(4)以其他方式,包括强迫债务人的领导人员或管理机关的成员,或者以其他方式对上述人员的行为施加影响。

通过对控制相应依据清单的列举式确定,立法者将如下处理方法以条款的形式固定了下来:在司法程序中,相应主体可依据并非由本法所列的情形被认定为控制人(《破产法》第61.10条第5款)。

法律为“控制”确定了可驳回的推定。

根据《破产法》第61.10条第4款的规定,除非另有证明,否则推定存在以下情形的相应主体为债务人的控制人:

(1)该主体曾为债务人或债务人管理组织的领导人员、债务人执行机关的成员、债务人的清算人或清算委员会的成员;

(2)该主体曾有权独立或与利害关系人共同处分股份公司50%及以上的表决权股、有限责任公司半数以上的注册资本份额或者法人股东会上超过半数的表决票数,或者曾有权任命(选举)债务人领导人员;

(3)该主体曾自依法律、其他法律文件或法人设立文件处获授权,以法人名义作出不合法或非善意行为的主体(包括法人合议制机关成员,即监事会或其他委员会、管委会)处获利。

对自法人独任执行机关和合议制管理机关的不合法或非善意行为

中获益主体所作的控制人推定，为俄罗斯法律的新增部分。

实际控制人的责任承担

作为立法的新增部分，对债务人的实际控制人追究财产责任这一可能性，被俄罗斯法院在适用《破产法》（在2017年7月29日第266号联邦法修订之前）第10条时广为实践。[1]

在存在实际控制的情况下，往往需要对所谓的受益权人（实际受益人、"最终所有者"）进行讨论。考虑各类具体情况，可在不同情形中采用能证明主体实施实际控制的不同标准。例如，实际控制可通过建立间接参与控制的复杂法律结构，利用交叉持有股份（份额）、信托以及其他方式予以实施。

谢纳托罗夫案可作为参考案例。法院在满足诉讼请求后，对判决作了如下解释："谢纳托罗夫通过案件中作为被告人的全部法人实现其财产收益，即谢纳托罗夫为原告请求赔偿的财产的实际所有者。"[2]

另一个就实际控制追究责任的案件是普加乔夫案。

---

〔1〕参见卡尔梅克共和国仲裁法院于2017年8月4日就第A22－941/2006号案件（布劳德尔诉"远方草原"有限公司债务案）所作的判决；乌拉尔地区联邦仲裁法院于2012年5月12日针对第A60－1260/2009F号案件（马克西姆案）所作的第09－727/10号判决［Определение Арбитражного суда Республики Калмыкия от 4 августа 2017 г. № А22－941/2006（известное как дело Браудера по обязательствам ООО «Дальняя степь»）；Постановление ФАС Уральского округа от 12 мая 2012 г. № Ф09－727/10 по делу № А60－1260/2009（известное как «дело Максимова）］。

〔2〕莫斯科市法院于2012年8月2日针对第11－16173号案件所作的判决（Определение Московского городского суда от 2 августа 2012 г. по делу № 11－16173）。

在该案中，法院指出："根据所有权制度和银行管理制度，需考虑两点相关因素。第一，S. V. 普加乔夫利用离岸公司，通过银行的多层次持有结构在银行作出决策，行使了控制权；第二，根据银行的领导人员与管理机关可与 S. V. 普加乔夫个人协商一致从而作出主要决策这一事实，法院认为，S. V. 普加乔夫是银行的控制人，并且对银行而言拥有作出强制性指示的能力，且可能会以其他方式影响银行的行为。"[1]

根据俄罗斯联邦最高法院所给出的法律意见，"根据一般规则，认定主体为债务人的控制人的必要条件，是其具有向债务人下达强制性执行指令或者以其他方式决定其行为的实际能力(《俄罗斯联邦民法典》第 53.1 条第 3 款、《破产法》第 61.10 条第 1 款)"。

无论是否存在(缺少)形式上关联的法律特征(与债务人机关成员存在血缘或姻亲关系，直接或间接对注册资本出资或参与管理等)，都不影响对债务人的实际控制的实现。法院对承担补充责任的主体在参与债务人管理过程中的参与程度予以确定，并查证其对债务人活动作出的重大商业决定的影响程度。[2]

法律对相应主体可被认定为控制人的期限作出了规定。认定自然人或法人为控制人的期限规定为：在出现破产特征的三年内，以及在破产特征出现之后仲裁法院作出关于认定债务人破产的声明之前，主体

[1] 莫斯科州仲裁法院于 2015 年 10 月 1 日针对第 40 – 119763/2010 号案件所作的决定(Постановление Арбитражного суда Московского округа от 1 октября 2015 г. по делу № А40 – 119763/2010)。

[2] 俄罗斯联邦最高法院全体会议于 2017 年 12 月 21 日所作的第 53 号决议第 3 项(Пункт 3 Постановления Пленума Верховного Суда РФ от 21 декабря 2017 г. № 53)。

拥有或曾经拥有向债务人作出强制性执行指令或能够以其他方式决定债务人行为的权利,其中包括决定实施民事法律行为和确定其实施的条件。此外,债务人和/或债务人的控制人以及/或其他利益相关人,对与其相关的无支付能力和/或财产不足的特征进行隐瞒,不影响为了对控制人予以确定而进行的破产特征产生日期的确定。

债务人的控制人于破产时的责任类型

对债务人的控制人的财产责任的追究,是保护破产关系参加人权利的方式之一。

控制人责任制度的设立目的,主要是通过实施一系列于《破产法》第3.2章[1]中规定的一系列法律机制来保护债权人的利益。

经2017年7月29日第266号联邦法修订的《破产法》对破产案件中领导人员和其他控制人的责任类型作出了如下分类:

(1)由于债务人的控制人的行为和/或不作为,无法一次性清偿债权人债务,因此而承担的补充责任(《破产法》第61.11条);

(2)因债务人未向仲裁法院提交(未及时提交)申请而承担的补充责任(《破产法》第61.12条);

(3)因违反破产的相关立法而承担的财产责任,主要形式为赔偿由债务人领导人员或债务人发起人(参加人)、作为单一制企业的债务人财产所有者、债务人管理机关成员、清算委员会成员(清算人)或其他债务人的控制人所造成的损失(《破产法》第61.13条);

(4)就社团性事由对损失进行赔偿的财产责任(《破产法》第61.20条)。

---

[1] 该章标题为"破产案件中债务人领导人员及其他人员的责任"。

必须指出，债务人的控制人承担补充责任是**恢复债权人被侵犯的权利的一种特殊机制**。

正如俄罗斯联邦最高法院的规定，“在适用以上分类时，法院必须既要考虑法人结构的本质［该主体应当拥有独立财产（《俄罗斯联邦民法典》第48条第1款）］、其独立责任（《俄罗斯联邦民法典》第56条）、具备社团参加人、单一制组织发起人、法人机关成员构成中的其他人员、批准（同意）商业决策时广泛的酌定自由，还应当考虑禁止通过非善意使用法人制度损害无从属关系参加人的利益（《俄罗斯联邦民法典》第10条）”。[1]

债务人的控制人对于未能足额清偿债权人债务而承担的补充责任

《破产法》规定：控制人对于不能一次性清偿债权人债务而承担的责任为补充责任。该法规定，债务人的控制人应承担的连带责任等同于债权人请求清单中包含的债权人请求、清单截编后债权人所申报的债务，以及债权人就因债务人财产不足而尚未清偿的付款所提出的请求。

如果债务人的控制人能够证明其由于过错而对债权人财产权造成的损害数额远远低于被要求清偿的债务额度，则其补充责任亦应相应降低（《破产法》第61.11条第11款）。数个控制人的补充责任由债务人连带承担（《破产法》第61.11条第8款和第11款）。

对补充责任如此规定的要义在于，若债务人的控制人由于其过错行为和/或不作为不能足额清偿债权人债务，便产生相应的财产责任。

---

〔1〕 俄罗斯联邦最高法院全体会议于2017年12月21日作出的第53号决议第1项（Пункт 1 Постановления Пленума Верховного Суда РФ от 21 декабря 2017 г. № 53）。

从本质上说，该债于侵权行为中产生，因此追究债务人的控制人的补充责任，应当考虑过错行为（不作为）、其行为（不作为）造成的损失以及因果关系等侵权要件。

这一观点也反映在司法实践中：“补充责任是一种制裁性手段，其适用的情形为——债务人的控制人行事非善意不合理导致法人破产，从而使法人不能清偿债权人债务。”法院规定，可以适用俄罗斯联邦最高仲裁法院全体会议于2013年7月30日作出的第62号决议《关于由法人机关成员进行赔偿损失的若干问题》中的相关规定，因为**就法律本质而言，控制人承担连带责任而产生的法律关系与损害赔偿关系具有相似性。**[1]

法律规定了**控制人的过错推定**：在另有证据之前，推定债务人对债权人的债务无法清偿的结果由控制人的行为和/或不作为导致。如果证明控制人对无法足额清偿债权人债务并无过错，则不追究其补充责任。

如果控制人根据民事流转的一般条件，为债务人利益而善意合理地行事，其发起人（参加人）也未侵犯债权人的财产权，且可以证明控制人的行为是为防止债权人利益受到进一步损害而实施，则控制人不应承担补充责任。

应当指出，破产的相关立法中并未规定对控制人行为的善意性及合理性的认定标准。为明确其标准，应当首先关注对独任执行机关和实际决定法人行为的合议制机关成员进行财产责任认定的一般依据。

管理机关成员和法人实际控制人所实施行为的合理性和善意性是

[1] 卡尔梅克共和国仲裁法院于2017年8月4日所作的第A22－941/2006号判决（Определение Арбитражного суда Республики Калмыкия от 4 августа 2017 г. № А22－941/2006）。

一种评估标准,法院在每次审理具体案件时均须对其进行确定。标准确定的参照规范为俄罗斯联邦最高仲裁法院全体会议于2013年7月30日作出的第62号决议[1]中对“非善意”和“不合理”两则概念给出的解释。

控制人的责任应与其行为(不作为)存在因果关系,即控制人的责任应当由其行为决定。

根据俄罗斯联邦最高法院的指示,参加人承担补充责任的必要条件有二:对被控制的商主体行使权力和/或行使权力的可能性;与由受控组织所实施的、在法律上具有实际意义的、导致破产的行为总和之间存在因果关系。

参加人的补充责任不仅产生于其所实施的行为已对债务人造成财产损害之时,还产生于债务人成为破产人之时——因受控制人影响导致个人资产减少,而不能满足债权人的请求,也无法履行公共义务。

事实上,除故意行为之外,破产通常都是一系列情况——市场疲软、需求下降、宏观经济条件变化等导致的综合结果,不应只将债务人破产归咎于控制人的行为。

结合2017年7月29日第266号联邦法的修订条款,《破产法》规定了**控制人行为与无力足额清偿债权人债务之间的因果关系推定**。在另有证据之前,在至少存在该法所列一种情形的条件下,推定债权人请求的无法足额受偿是由控制人的行为和/或不作为导致的。

《破产法》赋予了控制人**证明其无实际控制权**的权利:根据该法第61.11条第9款的规定,如果被追究补充责任的主体能够证明其在行使法人管理机关或发起人(参加人)的职能时,实际上对法人活动未造

[1] 相关内容参见本章第五节。

成特定影响(名义上行使了管理机关的职能),则仲裁法院有权减轻或免除其补充责任。[1] 此外,该法还规定名义管理人可披露实际受益人的相关信息。例如,如果被追究责任的主体所提供的信息使得实际控制债务人的主体得以确定,以及/或披露了由控制人隐藏的债务人和/或债务人的控制人的财产,则该主体可免于承担责任。此种规定的设计类似于刑法中的悔过行为。

在对要求债务人的控制人承担补充责任的诉讼申请进行审理后,法院根据审理结果作出追究其补充责任的裁定。裁定中应当指明补充责任的承担人应予清偿的金额,同时应当考虑债权人依据《破产法》第61.17条所选择的债权处分方式。法院也作出拒绝追究其补充责任的裁定。

应当指出,由于无法足额清偿债权人的债务,**责任的认定理由具有可选择性**:当讨论应当适用何种法律规范——是关于损失赔偿的一般规定(包括《俄罗斯联邦民法典》第53.1条)还是关于补充责任的特殊规则(《破产法》第61.11条)时,法院会在每一个具体案件中评估控制人(或者共同或分别行事的几个控制人)对债务人活动所造成的负面影响程度如何,确定此种影响对债务人的财政状况的改变程度,以及在此次影响之后债务人的经济指标所呈现的趋势。

无论申请人在庭审时向法院提出何种类型的责任,不论其倾向于

---

〔1〕 正如俄罗斯联邦最高法院的规定,正式成为法人机关成员,但并不进行实际管理(名义管理)的领导人员,如根据委托书将管理权完全移交给了另一个人,或者根据指示或经不具备相应正式职权的第三人(实际领导人)明示同意,作出了关键决策,并不会丧失其控制人地位,因为此类行为并不意味着其行为对债务人不会产生影响,也并不会剥夺名义领导人行使选举代表和控制其行为(不作为)的职权和确保法人管理体系正常运作的职权(《俄罗斯联邦民法典》第53条第3款)——俄罗斯联邦最高法院全体会议于2017年12月21日作出的第53号决议第6项(п. 6 Постановления Пленума Верховного Суда РФ от 21 декабря 2017 г. № 53)。

适用何种法律规范,法院都会根据《俄罗斯联邦仲裁程序法典》第133条和第168条,对所提出的诉讼请求进行独立评定。如果对追究补充责任的依据无法举证,但能够证明控制人的行为侵犯了相应权利且导致了其他责任的产生,其中包括《俄罗斯联邦民法典》第53.1条中所规定的责任,则法院作出控制人赔偿相关损失的判决。[1]

控制人因未履行向仲裁法院提交申请的义务而承担的补充责任

未履行向法院提交申请的义务,等同于未履行债务人就向仲裁法院提交申请的问题召开会议的义务,或未在《破产法》第9条规定的情形下和期限内就该问题作出决策的义务。

根据《破产法》第61.12条之规定,未提交(未及时提交)债务人申请的**责任主体**是指,债务人的领导人员、清算委员会以及该法赋予其就债务人向仲裁法院提交申请的问题召开会议的义务,和/或就该问题作出决策的义务,以及/或将该申请提交至仲裁法院的义务的相关主体。此类主体包括:

——作为单一制企业的债务人的财产所有者;

——有权发起召开债务人临时股东会的主体或其他债务人的控制人(《破产法》第9条第3.1款)。

如果是数个主体违反了提交债务人破产申请的义务,则其应当承担连带责任。责任大小与申请提交期限届满后、破产诉讼提起(获授权机关所提交的破产认定申请被驳回)之前产生的债务人义务大小(包括强制性支付)相对等。

---

〔1〕 俄罗斯联邦最高法院全体会议于2017年12月21日作出的第53号决议第20项(Пункт 20 Постановления Пленума Верховного Суда РФ от 21 декабря 2017 г. № 53)。

《破产法》第 61.12 条所规定的补充责任的本质在于,《破产法》赋予了相应主体就债务人向仲裁法院提交申请这一问题作出决策以及对该申请进行提交这两项义务,在《破产法》第 9 条所规定的破产申请提交期限届满之后,该主体应当根据债权人产生的诉求,向其履行债务。

《破产法》第 61.12 条规定的责任认定条件为:(1)应当履行相应义务的主体所实施的侵权行为,表现为在《破产法》第 9 条第 1 款所规定的条件之一产生之日起 1 个月内,未履行向法院提交债务人破产申请的义务;(2)《破产法》第 9 条第 2 款规定的 1 个月期限届满后产生的债务,对债权人财产权造成了损害;(3)不履行提交申请的义务的侵权行为和对"新"债权人财产权造成的损害之间的因果关系;(4)主体对未履行向仲裁法院提交申请的义务具有的过错。

义务人由于逾期提起破产案件而承担的补充责任,是基于民法中的主要原则——民事法律关系参加人的善意原则(《俄罗斯联邦民法典》第 1 条和第 10 条)来予以认定的。商公司领导人员不仅有义务对受其领导的法人善意行事,对其债权人也应当善意行事。领导人员应考虑债权人的合法利益,包括协助他们获得必要的信息,特别是在组织出现破产特征时帮助其获取相应信息,以保护债权人利益。

《破产法》第 9 条第 1 款规定了相应权利人有义务提交破产申请的依据清单。

因违反破产相关立法而承担的财产责任

除组织的领导人员之外,《破产法》第 61.13 条还对违反破产相关立法的其他责任主体进行了规定,如债务人的发起人(参加人)、作为单一制企业的债务人的财产所有人、债务人管理机关的成员、清算委员会成员(清算人)以及其他控制人。因违反破产相关立法而需承担损失赔偿责任的控制人的名单为列举式的。

财产责任认定的依据之一是因**虚假破产**而产生的责任。根据《俄罗斯联邦民法典》第61.13条第2款之规定，如果在其有可能足额清偿债权人债务的条件下，或者在债务人未采取措施对破产申请中所提的不合理诉求或债权人对破产案件中所提的要求质疑的情况下，债务人向仲裁法院提交了破产申请，则债务人、债务人领导人员以及其他债务人的控制人对债权人承担责任，因为债权人因破产案件的提起或其请求被认定为不合理（无争议）而蒙受了损失。

就社团损失进行赔偿的财产责任

法律规定，如果对债务人适用破产案件中所应采取的程序，则仲裁法院对于债务人提出的损失赔偿要求，应当根据《破产法》第3.2章（《破产法》第61.20条）规定的规则，在债务人的破产案件框架下审理。

这意味着，若在对股份公司的独任执行机关追究责任时对其适用了某一种破产程序，法院将优先适用作为《俄罗斯联邦民法典》第53.1条和《股份公司法》第71条特别规定的《破产法》第61.20条。对于追究该主体财产责任的诉讼请求，则根据《破产法》第3.1章中规定的规则，于破产案件中进行审理。

此处需强调损失赔偿请求的补充性质。根据《破产法》第61.20条第6款之规定，依照该法第61.11～61.13条所规定的依据向相应主体追究责任，并不会阻碍在补充责任大小之外向该主体提出赔偿债务人所造成损失的请求。

因此，如果同时以《破产法》中所规定的数个依据进行责任追究，则最终的责任大小是通过较大责任“吸收”较小责任来确定的。最终责任总额应以《破产法》所规定的最高金额为限。如果追偿损失赔偿和追究补充责任的依据是同一行为，则赔偿额度可被抵销，即可以在补充责任额之外清偿损失。

（第十四章终）

参考文献

规范性法律文件

1. Конституция РФ // СЗ РФ. 2014. № 31. Ст. 4398.

2. Арбитражный процессуальный кодекс РФ // СЗ РФ. 2002. № 30. Ст. 3012.

3. Бюджетный кодекс РФ // СЗ РФ. 1998. № 31. Ст. 3823.

4. Гражданский процессуальный кодекс РФ // СЗ РФ. 2002. № 46. Ст. 4532.

5. Гражданский кодекс РФ（части первая，вторая，третья，четвертая）// СЗ РФ. 1994. № 2. Ст. 3301；1996. № 5. Ст. 410；2001. № 49. Ст. 4552；2006. № 52（ч. 1）. Ст. 5496.

6. Жилищный кодекс РФ // СЗ РФ. 2005. № 1（ч. 1）. Ст. 14. Земельный кодекс РФ // СЗ РФ. 2001. № 44. Ст. 4147.

7. Кодекс РФ об административных правонарушениях // СЗ РФ. 2002. № 1（ч. 1）. Ст. 1.

8. Налоговый кодекс РФ（части первая，вторая）// СЗ РФ. 1998. № 31. Ст. 3824；2000. № 32. Ст. 3340.

9. Трудовой кодекс РФ // СЗ РФ. 2002. № 1（ч. 1）. Ст. 3.

10. Уголовный кодекс РФ // СЗ РФ. 1996. № 25. Ст. 2954. Федеральный закон от 2 декабря 1990 г. № 395 – I «О банках и банковской деятельности» //Ведомости СНД РСФСР. 1990. № 27. Ст. 357.

11. Федеральный закон ота а 26 декабря 1995 г. № 208 – ФЗ «Об акционерных обществах» // СЗ РФ. 1996. № 1.

12. Федеральный закон от 19 мая 1995 г. № 82 – ФЗ «Об общественных объединения х» // СЗ РФ. 1995. № 21. Ст. 1930.

13. Федеральный закон от 11 августа 1995 г. № 135 – ФЗ «О благотворительной деятельности и добровольчестве(волонтерстве)» // СЗ РФ. 1995. № 33. Ст. 3340.

14. Федеральный закон от 8 декабря 1995 г. № 193 – ФЗ «О сельскохозяйственной кооперации» // СЗ РФ. 1995. № 50. Ст. 4870.

15. Федеральный закон от 12 января 1996 г. № 7 – ФЗ «О некоммерческих организациях» // СЗ РФ. 1996. № 3. Ст. 145.

16. Федеральный закон от 12 января 1996 г. № 10 – ФЗ «О профессиональных союзах, их правах и гарантиях деятельности» // СЗ РФ. 1996. № 3. Ст. 148.

17. Федеральный закон от 22 апреля 1996 г. № 39 – ФЗ «О рынке ценных бумаг» // СЗ РФ. 1996. № 17. Ст. 1918.

18. Федеральный закон от 8 мая 1996 г. № 41 – ФЗ «О производственных кооперативах» // СЗ РФ. 1996. № 20. Ст. 2321.

19. Федеральный закон от 23 августа 1996 г. № 127 – ФЗ «О науке и государственной научно-технической политике» // СЗ РФ. 1996. № 35. Ст. 4137.

20. Федеральный закон от 26 сентября 1997 г. № 125 – ФЗ «О свободе совести и о религиозных объединениях» // СЗ РФ. 1997. № 39. Ст. 4465.

21. Федеральный закон от 7 мая 1998 г. № 75 – ФЗ «О негосударственных пенсионных фондах» // СЗ РФ. 1998. № 19. Ст. 2071.

22. Федеральный закон от 8 февраля 1998 г. № 14 – ФЗ «Об обществах с ограниченной ответственностью»(с изм. и доп.)// СЗ РФ. 1998. № 7. Федеральный закон от 15 апреля 1998 г. № 66 – ФЗ «О садоводческих, огороднических и дачных некоммерческих объединениях граждан» // СЗ РФ. 1998. № 16. Ст. 1801.

23. Федеральный закон от 19 июля 1998 г. № 115 – ФЗ «Об особенностях правового положения акционерных обществ работников(народных предприятий)» // СЗ РФ. 1998. № 30. Ст. 3611.

24. Федеральный закон от 29 июля 1998 г. № 135 – ФЗ «Об оценочной деятельности в Российской Федерации» // СЗ РФ. 1998. № 31. Ст. 3813.

25. Федеральный закон от 9 июля 1999 г. № 160 – ФЗ «Об иностранных инвестициях в Российской Федерации» // СЗ РФ. 1999. № 28. Ст. 3493. Федеральный закон от 30 апреля 1999 г. № 82 – ФЗ «О гарантиях прав коренных малочисленных народов Российской Федерации» // СЗ РФ. 1999. № 18. Ст. 2208.

26. Федеральный закон от 17 декабря 1999 г. № 211 – ФЗ «Об общих принципах организации и деятельности ассоциаций экономического взаимодействия субъектов Российской Федерации» // СЗ РФ. 1999. № 51. Ст. 6286.

27. Федеральный закон от 20 июня 2000 г. № 104 – ФЗ «Об общих принципах организации общин коренных малочисленных народов Севера, Сибири и Дальнего Востока

Российской Федерации» // СЗ РФ. 2000. № 30. Ст. 3122.

28. Федеральный закон от 11 июля 2001 г. № 95 – ФЗ «О политических партиях» // СЗ РФ. 2001. № 29. Ст. 2950.

29. Федеральный закон от 7 августа 2001 г. № 115 – ФЗ «О противодействии легализации (отмыванию) денежных средств, полученных преступным путем, и финансированию терроризма» // СЗ РФ. 2001. № 33(ч. 1). Ст. 3418.

30. Федеральный закон от 8 августа 2001 г. № 129 – ФЗ «О государственной регистрации юридических лиц и индивидуальных предпринимателей» // СЗ РФ. 2001. № 33 (ч. 1). Ст. 3431.

31. Федеральный закон от 29 ноября 2001 г. № 156 – ФЗ «Об инвестиционных фондах» // СЗ РФ. 2001. № 49. Ст. 4562.

32. Федеральный закон от 21 декабря 2001 г. № 178 – ФЗ «О приватизации государственного и муниципального имущества» // СЗ РФ. 2002. № 4. Ст. 251.

33. Федеральный закон от 31 мая 2002 г. № 63 – ФЗ «Об адвокатской деятельности и адвокатуре в Российской Федерации» // СЗ РФ. 2002. № 23. Ст. 2102.

34. Федеральный закон от 10 июля 2002 г. № 86 – ФЗ «О Центральном банке Российской Федерации (Банке России)» // СЗ РФ. 2002. № 28. Ст. 2790.

35. Федеральный закон от 25 июля 2002 г. № 114 – ФЗ «О противодействии экстремистской деятельности» // СЗ РФ. 2002. № 30. Ст. 3031.

36. Федеральный закон от 26 октября 2002 г. № 127 – ФЗ «О несостоятельности (банкротстве)» // СЗ РФ. 2002. № 43. Ст. 4190.

37. Федеральный закон от 14 ноября 2002 г. № 161 – ФЗ «О государственных и муниципальных унитарных предприятиях» // СЗ РФ. 2002. № 48. Ст. 4746.

38. Федеральный закон от 27 ноября 2002 г. № 156 – ФЗ «Об объединениях работодателей» // СЗ РФ. 2002. № 48. Ст. 4741.

39. Федеральный закон от 6 октября 2003 г. № 131 – ФЗ «Об общих принципах организации местного самоуправления в Российской Федерации» // СЗ РФ. 2003. № 40. Ст. 3822.

40. Федеральный закон от 23 декабря 2003 г. № 177 – ФЗ «О страховании вкладов физических лиц в банках Российской Федерации» // СЗ РФ. 2003. № 52(ч. 1). Ст. 5029.

41. Федеральный закон от 29 июля 2004 г. № 98 – ФЗ «О коммерческой тайне» // СЗ РФ. 2004. № 32. Ст. 3283.

42. Федеральный закон от 30 декабря 2004 г. № 215 – ФЗ «О жилищных накопительных кооперативах» // СЗ РФ. 2005. № 1(ч. 1). Ст. 41.

43. Федеральный закон от 5 декабря 2005 г. № 154 – ФЗ «О государственной службе российского казачества».

44. Федеральный закон от 27 июля 2006 г. № 149 – ФЗ «Об информации, информационных технологиях и о защите информации» // СЗ РФ. 2006. № 31 (ч. 1). Ст. 3448.

45. Федеральный закон от 26 июля 2006 г. № 135 – ФЗ «О защите конкуренции» // СЗ РФ. 2006. № 31 (ч. 1). Ст. 3434.

46. Федеральный закон от 3 ноября 2006 г. № 174 – ФЗ «Об автономных учреждения х» // СЗ РФ. 2006. № 45. Ст. 4626.

47. Федеральный закон от 25 декабря 2008 г. № 273 – ФЗ «О противодействии коррупции» // СЗ РФ. 2008. № 52 (ч. 1). Ст. 6228.

48. Федеральный закон от 17 мая 2007 г. № 82 – ФЗ «О банке развития» // СЗ РФ. 2007. № 22. Ст. 2562.

49. Федеральный закон от 21 июля 2007 г. № 185 – ФЗ «О Фонде содействия реформированию жилищно-коммунального хозяйства» // СЗ РФ. 2007. № 30. Ст. 3799.

50. Федеральный закон от 23 ноября 2007 г. № 270 – ФЗ «О Государственной корпорации по содействию разработке, производству и экспорту высокотехнологичной промышленной продукции «Ростех»» // СЗ РФ. 2007. № 48 (ч. 2). Ст. 5814.

51. Федеральный закон от 29 ноября 2007 г. № 286 – ФЗ «О взаимном страховании» // СЗ РФ. 2007. № 49. Ст. 6047.

52. Федеральный закон от 1 декабря 2007 г. № 315 – ФЗ «О саморегулируемых организациях» // СЗ РФ. 2007. № 49. Ст. 6076.

53. Федеральный закон от 1 декабря 2007 г. № 317 – ФЗ «О Государственной корпорации по атомной энергии «Росатом»» // СЗ РФ. 2007. № 49. Ст. 6078.

54. Федеральный закон от 29 апреля 2008 г. № 57 – ФЗ «О порядке осуществления иностранных инвестиций в хозяйственные общества, имеющие стратегическое значение для обеспечения обороны страны и безопасности государства» // СЗ РФ. 2008. № 18. Ст. 1940.

55. Федеральный закон от 17 июля 2009 г. № 145 – ФЗ «О государственной компании «Российские автомобильные дороги» и о внесении изменений в отдельные законодательные акты Российской Федерации» // СЗ РФ. 2009. № 29. Ст. 3582.

56. Федеральный закон от 18 июля 2009 г. № 190 – ФЗ «О кредитной кооперации» // СЗ РФ. 2009. № 29. Ст. 3627.

57. Федеральный закон от 27 июля 2010 г. № 211 – ФЗ «О реорганизации Российской корпорации нанотехнологий» // СЗ РФ. 2010. № 31. Ст. 4180.

58. Федеральный закон от 4 мая 2011 г. № 99 – ФЗ «О лицензировании отдельных видов деятельности» // 2011. № 19. Ст. 2716.

59. Федеральный закон от 21 ноября 2011 г. № 325 – ФЗ «Об организованных торга х» // СЗ РФ. 2011. № 48. Ст. 6726.

60. Федеральный закон от 28 ноября 2011 г. № 335 – ФЗ «Об инвестиционном товариществе» // СЗ РФ. 2011. № 49(ч. 1). Ст. 7013.

61. Федеральный закон от 3 декабря 2011 г. № 380 – ФЗ «О хозяйственных партнерствах» // СЗ РФ. 2011. № 49. Ст. 7058.

62. Федеральный закон от 6 декабря 2011 г. № 402 – ФЗ «О бухгалтерском учете» // СЗ РФ. 2011. № 50. Ст. 7344.

63. Федеральный закон от 29 декабря 2012 г. № 273 – ФЗ «Об образовании в Российской Федерации» // СЗ РФ. 2012. № 53(ч. 1). Ст. 7598.

64. Федеральный закон от 27 сентября 2013 г. № 253 – ФЗ «О Российской академии наук, реорганизации государственных академий наук и внесении изменений в отдельные законодательные акты Российской Федерации» // СЗ РФ. 2013. № 39. Ст. 4883.

65. Федеральный закон от 5 мая 2014 г. № 99 – ФЗ «О внесении изменений в главу 4 части первой Гражданского кодекса Российской Федерации и о признании утратившими силу отдельных положений законодательных актов Российской Федерации» // СЗ РФ. 2014. № 19. Ст. 2304.

66. Федеральный закон от 21 июля 2014 г. № 210 – ФЗ «О ликвидации Государственной корпорации по строительству олимпийских объектов и развитию города Сочи как горноклиматического курорта, внесении изменений в Кодекс Российской Федерации об административных правонарушениях и признании утратившими силу отдельных законодательных актов(положений законодательных актов) Российской Федерации» // СЗ РФ. 2014. № 30(ч. 1). Ст. 4211.

67. Федеральный закон от 29 июня 2015 г. № 210 – ФЗ «О внесении изменений в отдельные законодательные акты Российской Федерации и признании утратившими силу отдельных положений законодательных актов Российской Федерации» // СЗ РФ. 2015. № 27. Ст. 4001.

68. Федеральный закон от 13 июля 2015 г. № 223 – ФЗ «О саморегулируемых организациях в сфере финансового рынка» // СЗ РФ. 2015. № 29(ч. 1). Ст. 4349.

69. Федеральный закон от 3 июля 2016 г. № 343 – ФЗ «О внесении изменений в Федеральный закон «Об акционерных обществах» и Федеральный закон «Об обществах с ограниченной ответственностью» в части регулирования крупных сделок и сделок, в совершении которых имеется заинтересованность» // СЗ РФ. 2016. № 27(ч. 2). Ст. 4276.

70. Федеральный закон от 3 июля 2016 г. № 236 – ФЗ «О публично-правовых компаниях в Российской Федерации и о внесении изменений в отдельные законодательные акты Российской Федерации» // СЗ РФ. 2016. № 27(ч. 1). Ст. 4169.

71. Федеральный закон от 29 июля 2017 г. № 217 – ФЗ «О ведении гражданами садоводства и огородничества для собственных нужд и о внесении изменений в отдельные

законодательные акты Российской Федерации» // СЗ РФ. 2017. № 31. Ч. I. Ст. 4766.

72. Федеральный закон от 19 июля 2018 г. № 209 – ФЗ «О внесении изменений в Федеральный закон «Об акционерных обществах»»// Российская газета. 2018. 25 июля.

73. Федеральный закон от 3 августа 2018 г. № 315 – ФЗ «О внесении изменений в Трудовой кодекс Российской Федерации в целях обеспечения участия представителей работников в заседаниях коллегиального органа управления организации» //СЗ РФ. 2018. № 32(ч. 1). Ст.5108.

74. Закон СССР от 26 мая 1988 г. № 8998 – XI «О кооперации в СССР» // Ведомости Верховного Совета СССР. 1988. № 22. Ст. 355.

75. Закон РСФСР от 22 марта 1991 г. № 948 – I «О конкуренции и ограничении монополистической деятельности на товарных рынках» // Ведомости СНД и ВС РСФСР. 1991. № 16. Ст. 499 (частично утратил силу в связи с принятием Закона о защите конкуренции).

76. Закон РФ от 19 июня 1992 г. № 3085 – I «О потребительской кооперации (потребительских обществах, их союзах) в Российской Федерации» // Ведомости СНД и ВС РФ. 1992. № 30. Ст. 1788.

77. Закон РФ от 27 ноября 1992 г. № 4015 – I «Об организации страхового дела в Российской Федерации» // Ведомости СНД и ВС РФ. 1993. № 2. Ст. 56.

78. Закон РФ от 7 июля 1993 г. № 5340 – I «О торгово-промышленных палатах в Российской Федерации» // Ведомости СНД и ВС РФ. 1993. № 33. Ст. 1309.

79. Закон РФ от 20 августа 1993 г. № 5663 – I «О космической деятельности» // Российская газета. 1993. 6 октября.

80. Основы законодательства РФ о нотариате, утв. Верховным Советом РФ 11 февраля 1993 г. № 4462 – I.

81. Постановление Верховного Совета РФ от 14 июля 1992 г. № 3301 – I «О регулировании гражданских правоотношений в период проведения экономической реформы» // Ведомости СНД и ВС РФ. 1992. № 30. Ст. 1800.

82. Указ Президента РФ от 15 июня 1992 г. № 632 «О мерах по реализации Закона Российской Федерации «О реабилитации репрессированных народов» в отношении казачества» // Ведомости СНД и ВС РФ. 1992. № 25. Ст. 1429.

83. Указ Президента РФ от 16 ноября 1992 г. № 1392 «О мерах по реализации промышленной политики при приватизации государственных предприятий» (вместе с Временным положением о холдинговых компаниях, создаваемых при преобразовании государственных предприятий в акционерные общества)// САПП РФ. 1992. № 21. Ст. 1731.

84. Указ Президента РФ от 21 сентября 2003 г. № 1096 «О федеральном органе

исполнительной власти, уполномоченном вести государственный реестр казачьих обществ в Российской Федерации» // СЗ РФ. 2003. № 39. Ст. 3739.

85. Указ Президента РФ от 13 октября 2004 г. № 1313 «Вопросы Министерства юстиции Российской Федерации» (с Положением «О Министерстве юстиции Российской Федерации»)// СЗ РФ. 2004. № 42. Ст. 4108.

86. Указ Президента РФ от 7 октября 2009 г. № 1124 «Об утверждении Положения о порядке принятия гражданами Российской Федерации, являющимися членами казачьих обществ, обязательств по несению государственной или иной службы» // СЗ РФ. 2009. № 41. Ст. 4734.

87. Постановление Правительства РФ от 24 марта 2000 г. № 255 «О Едином перечне коренных малочисленных народов Российской Федерации» // СЗ РФ. 2000. № 14. Ст. 1493.

88. Постановление Правительства РФ от 17 мая 2002 г. № 319 «Об уполномоченном федеральном органе исполнительной власти, осуществляющем государственную регистрацию юридических лиц, крестьянских (фермерских) хозяйств, физических лиц в качестве индивидуальных предпринимателей» // СЗ РФ. 2002. № 20. Ст. 1872.

89. Постановление Правительства РФ от 6 февраля 2004 г. № 56 «Об Общих правилах подготовки, организации и проведения арбитражным управляющим собраний кредиторов и заседаний комитетов кредиторов» // СЗ РФ. 2004. № 7. Ст. 526.

90. Постановление Правительства РФ от 30 сентября 2004 г. № 506 «Об утверждении положения о Федеральной налоговой службе» // СЗ РФ. 2004. № 40. Ст. 3961.

91. Постановление Правительства РФ от 3 декабря 2004 г. № 738 «Об управлении находящимися в федеральной собственности акциями акционерных обществ и использовании специального права на участие Российской Федерации в управлении акционерными обществами(«Золотой акции»)» // СЗ РФ. 2004. № 50. Ст. 5073.

92. Постановление Правительства РФ от 3 февраля 2005 г. № 52 «О регулирующем органе, осуществляющем контроль за деятельностью саморегулируемых организаций арбитражных управляющих» // СЗ РФ. 2005. № 6. Ст. 464.

93. Постановление Правительства РФ от 22 мая 2006 г. № 301 «О реализации мер по предупреждению банкротства стратегических предприятий и организаций, а также организаций оборонно-промышленного комплекса» (вместе с Положением о Правительственной комиссии по обеспечению реализации мер по предупреждению банкротства стратегических предприятий и организаций, а также организаций оборонно-промышленного комплекса)// СЗ РФ. 2006. № 22. Ст. 2333.

94. Постановление Правительства РФ от 22 мая 2006 г. № 302 «О создании и деятельности на территории закрытого административно-территориального образования организаций с иностранными инвестициями» // СЗ РФ. 2006. № 22. Ст. 2234.

95. Постановление Правительства РФ от 5 июня 2008 г. № 432 «О Федеральном агентстве по управлению государственным имуществом» // СЗ РФ. 2008. № 23. Ст. 2721.

96. Постановление Правительства РФ от 3 февраля 2010 г. № 52 «Об утверждении Правил включения в фирменное наименование юридического лица официального наименования «Российская Федерация» или «Россия», а также слов, производных от этого наименования» // СЗ РФ. 2010. № 6. Ст. 660.

97. Постановление Правительства РФ от 26 февраля 2010 г. № 93 «О видах государственной или иной службы, к которой привлекаются члены хуторских, станичных, городских, районных (юртовых), окружных (отдельских) и войсковых казачьих общест в» // СЗ РФ. 2010. № 10. Ст. 1081.

98. Постановление Правительства РФ от 26 июля 2010 г. № 538 «О порядке отнесения имущества автономного или бюджетного учреждения к категории особо ценного движимого имущества» // СЗ РФ. 2010. № 31. Ст. 4237.

99. Постановление Правительства РФ от 17 мая 2016 г. № 430 «Об утверждении Регламента Государственной корпорации по космической деятельности «Роскосмос»» // СЗ РФ. 2016. № 22. Ст. 3209.

100. Распоряжение Правительства РФ от 17 апреля 2006 г. № 536 – р «Об утверждении перечня коренных малочисленных народов Севера, Сибири и Дальнего Востока Российской Федерации» // СЗ РФ. 2006. № 17 (ч. 2). Ст. 1905.

101. Распоряжение Правительства РФ от 4 февраля 2009 г. № 132 – р «О Концепции устойчивого развития коренных малочисленных народов Севера, Сибири и Дальнего Востока Российской Федерации» // СЗ РФ. 2009. № 7. Ст. 876.

102. Распоряжение Правительства РФ от 8 мая 2009 г. № 631 – р «Об утверждении перечня мест традиционного проживания и традиционной хозяйственной деятельности коренных малочисленных народов Российской Федерации и перечня видов традиционной хозяйственной деятельности коренных малочисленных народов Российской Федерации» // СЗ РФ. 2009. № 20. Ст. 2493.

103. Распоряжение Правительства РФ от 25 июня 2016 г. № 1315 – р «Об утверждении плана мероприятий («дорожной карты») «Совершенствование корпоративного управления»» // СЗ РФ. 2016. № 28. Ст. 4756.

104. Соглашение между Правительством РФ и Правительством Республики Кипр от 5 декабря 1998 г. «Об избежании двойного налогообложения в отношении налогов на доходы и капитал» // СЗ РФ. 1999. № 37. Ст. 4447.

105. Приказ Минфина России от 28 августа 2014 г. № 84н «Об утверждении Порядка определения стоимости чистых активов» // Российская газета. 2014. 24 окт.

106. Приказ Минэкономразвития России от 5 апреля 2013 г. № 178 «Об утверждении

Порядка формирования и ведения Единого федерального реестра сведений о фактах деятельности юридических лиц и Единого федерального реестра сведений о банкротстве и Перечня сведений, подлежащих включению в Единый федеральный реестр сведений о банкротстве» // Российская газета. 2013. 7 авг.

107. Приказ Минюста России от 18 февраля 2009 г. № 53 «О государственной религиоведческой экспертизе» // Российская газета. 2009. 18 фев.

108. Приказ Минюста России от 30 декабря 2011 г. № 455 «Об утверждении Административного регламента предоставления Министерством юстиции РФ государственной услуги по принятию решения о государственной регистрации некоммерческих организаций» // Российская газета. 2012. 16 марта.

109. Приказ Минюста России от 30 декабря 2011 г. № 456 «Об утверждении Административного регламента исполнения Министерством юстиции Российской Федерации государственной функции по осуществлению контроля за соответствием деятельности некоммерческих организаций уставным целям и задачам, филиалов и представительств международных организаций, иностранных некоммерческих неправительственных организаций заявленным целям и задачам, а также за соблюдением ими законодательства Российской Федерации» // Российская газета. 2012. 16 марта.

110. Приказ Минюста России от 24 августа 2012 г. № 166 «О численности членов казачьих обществ, в установленном порядке принявших на себя обязательства по несению государственной или иной службы, необходимой для внесения казачьего общества в государственный реестр казачьих обществ в Российской Федерации» // Российская газета. 2012. 7 сент.

111. Приказ ФНС России от 25 января 2012 г. № ММВ – 7 – 6/25@ «Об утверждении форм и требований к оформлению документов, представляемых в регистрирующий орган при государственной регистрации юридических лиц, индивидуальных предпринимателей и крестьянских (фермерских) хозяйств» // Бюллетень нормативных актов федеральных органов исполнительной власти. 2012. № 44.

112. Приказ ФНС России от 11 февраля 2016 г. № ММВ – 7 – 14/72 @ «Об утверждении оснований, условий и способов проведения указанных в пункте 4.2 статьи 9 Федерального закона «О государственной регистрации юридических лиц и индивидуальных предпринимателей» мероприятий, порядка использования результатов этих мероприятий, формы письменного возражения относительно предстоящей государственной регистрации изменений устава юридического лица или предстоящего внесения сведений в Единый государственный реестр юридических лиц, формы заявления физического лица о недостоверности сведений о нем в Едином государственном реестре юридических лиц» // Официальный интернет-портал правовой информации http://www.pravo.gov.ru.

113. Письмо ФНС РФ от 16 августа 2017 г. № СА – 4 – 18/16148@ «О применении налоговыми органами положений главы Ⅲ. 2 Федерального закона от 26. 10. 2002 № 127 – ФЗ».

114. Приказ Федеральной таможенной службы России от 4 сентября 2014 г. № 1700 «Об утверждении Общего положения о региональном таможенном управлении и Общего положения о таможне» // Российская газета. 2015. 14 янв.

115. Приказ ФСФР России от 2 февраля 2012 г. № 12 – 6/пз-н «Об утверждении Положения о дополнительных требованиях к порядку подготовки, созыва и проведения общего собрания акционеров» // Бюллетень нормативных актов федеральных органов исполнительной власти. 2012. № 35.

116. Постановление ФКЦБ России от 2 октября 1997 г. № 27 «Об утверждении Положения о ведении реестра владельцев именных ценных бумаг» // Вестник ФКЦБ России. 1997. № 7.

117. Указание Банка России от 31 марта 2017 г. № 4335 – У «Об установлении предельных значений размера сделок акционерных обществ и обществ с ограниченной ответственностью, при превышении которых такие сделки могут признаваться сделками, в совершении которых имеется заинтересованность» // Вестник Банка России. 2017. № 43.

118. Положение Банка России от 11 августа 2014 г. № 428 – П «О стандартах эмиссии ценных бумаг, порядке государственной регистрации выпуска (дополнительного выпуска) эмиссионных ценных бумаг, государственной регистрации отчетов об итогах выпуска (дополнительного выпуска) эмиссионных ценных бумаг и регистрации проспектов ценных бумаг» // Вестник Банка России. 2014. № 89 – 90.

119. Положение Банка России от 30 декабря 2014 г. № 454 – П «О раскрытии информации эмитентами эмиссионных ценных бумаг» // Вестник Банка России. 2015. № 18 – 19.

120. Положение о раскрытии информации эмитентами эмиссионных ценных бумаг, утв. Банком России 30 декабря 2014 г. № 454 – П // Вестник Банка России. 2015. № 18 – 19.

121. Инструкция Банка России от 2 апреля 2010 г. № 135 – И «О порядке принятия Банком России решения о государственной регистрации кредитных организаций и выдаче лицензий на осуществление банковских операций» // Вестник Банка России. 2010. № 23.

122. Положение о требованиях к осуществлению деятельности по ведению реестра владельцев ценных бумаг, утв. Банком России 27 декабря 2016 г. № 572 – П // http://www.cbr.ru.

123. Правила листинга ЗАО «ФБ ММВБ», утв. советом директоров ЗАО «ФБ ММВБ» 5 августа 2016 г. (протокол № 47)// http://fs.moex.com. Концепция развития гражданского законодательства Российской.

124. Федерации // Вестник ВАС РФ. 2009. № 11.

125. Письмо Банка России от 10 апреля 2014 г. № 06 – 52/2463 «О Кодексе корпоративного управления» // Вестник Банка России. 2014. № 40.

126. Письмо ФССП России № 12/01 – 88 – АП, ФНС России № ММВ – 208/6@ от 10 января 2013 г. «О порядке отложения уполномоченным органом подачи в арбитражный суд заявления о признании должника банкротом в случае обращения Федеральной службы судебных приставов» // Бюллетень Федеральной службы судебных приставов. 2013. № 3.

127. Информационное письмо ФКЦБ России от 16 октября 2001 г. № ИК – 07/7003 «О балансовой стоимости активов хозяйственного общества» // Вестник ФКЦБ России. 2001. № 10.

128. Методические рекомендации по исполнению исполнительных документов при введении в отношении должника процедур банкротства, утв. ФССП России 30 июня 2010 г. № 02 – 1 // Бюллетень Федеральной службы судебных приставов. 2010. № 9.

129. Кодекс профессиональной этики нотариусов в Российской Федерации. Принят решением Собрания представителей нотариальных палат субъектов Российской Федерации (протокол от 16 ноября 2015 г. № 33); утв. Минюстом России 19 января 2016 г.

130. Кодекс профессиональной этики адвоката. Принят Первым Всероссийским съездом адвокатов 31 января 2003 г.

131. Устав Торгово-промышленной палаты Российской Федерации, утв. Учредительным съездом ТПП РСФСР 19 октября 1991 г.

132. Федеральный закон от 30 октября 2007 г. № 238 – ФЗ «О Государственной корпорации по строительству олимпийских объектов и развитию города Сочи как горноклиматического курорта» // СЗ РФ. 2007. № 45. Ст. 5415 (утратил силу).

133. Приказ Минфина России от 23 ноября 2011 г. № 158н «Об утверждении Порядка ведения Единого государственного реестра юридических лиц и предоставления содержащихся в нем сведений и документов» // Российская газета. 2012. 28 апреля (утратил силу).

134. Основы гражданского законодательства Союза ССР и республик, утв. Верховным Советом СССР 31 мая 1991 г. № 2211 – I//Ведомости СНД и ВС СССР. 1991. № 26. Ст. 733 (утратили силу).

司法文件

1. Постановление Конституционного Суда РФ от 24 октября 1996 г. № 17 – П «По делу

о проверке конституционности части первой статьи 2 Федерального закона от 7 марта 1996 года О внесении изменений в Закон Российской Федерации «Об акцизах»» // Вестник Конституционного Суда РФ. 1996. № 5.

2. Постановление Конституционного Суда РФ от 19 мая 1998 г. № 15 – П «По делу о проверке конституционности отдельных положений статей 2, 12, 17, 24 и 34 Основ законодательства Российской Федерации о нотариате» // СЗ РФ. 1998. № 22. Ст. 2491.

3. Постановление Конституционного Суда РФ от 12 марта 2001 г. № 4 – П «По делу о проверке конституционности ряда положений Федерального закона «О несостоятельности (банкротстве)», касающихся возможности обжалования определений, выносимых арбитражным судом по делам о банкротстве, иных его положений, ст. 49 Федерального закона «О несостоятельности (банкротстве) кредитных организаций», а также ст. ст. 106, 160, 179 и 191 АПК РФ в связи с запросом Арбитражного суда Челябинской области, жалобами граждан и юридических лиц» // СЗ РФ. 2001. № 12. Ст. 1138.

4. Постановление Конституционного Суда РФ от 10 апреля 2003 г. № 5 – П «По делу о проверке конституционности пункта 1 статьи 84 Федерального закона «Об акционерных обществах» в связи с жалобой открытого акционерного общества «Приаргунское»» // СЗ РФ. 2003. № 17. Ст. 1656.

5. Постановление Конституционного Суда РФ от 18 июля 2003 г. № 14 – П «По делу о проверке конституционности положений статьи 35 Федерального закона «Об акционерных обществах», статей 61 и 99 Гражданского кодекса Российской Федерации, статьи 31 Налогового кодекса Российской Федерации и статьи 14 Арбитражного процессуального кодекса Российской Федерации в связи с жалобами гражданина А. Б. Борисова, ЗАО «Медиа-Мост» и ЗАО «Московская Независимая Вещательная Корпорация»» // СЗ РФ. 2003. № 30. Ст. 3102.

6. Постановление Конституционного Суда РФ от 24 февраля 2004 г. № 3 – П «По делу о проверке конституционности отдельных положений статей 74 и 77 Федерального закона «Об акционерных обществах», регулирующих порядок консолидации размещенных акций акционерного общества и выкупа дробных акций, в связи с жалобами граждан, компании «Кадет истеблишмент» и запросом Октябрьского районного суда города Пензы» // СЗ РФ. 2004. № 9. Ст. 830.

7. Постановление Конституционного Суда РФ от 15 марта 2005 г. № 3 – П «По делу о проверке конституционности положений пункта 2 статьи 278 и статьи 279 Трудового кодекса Российской Федерации и абзаца второго пункта 4 статьи 69 Федерального закона «Об акционерных обществах» в связи с запросами Волховского городского суда Ленинградской области, Октябрьского районного суда города Ставрополя и жалобами ряда граждан» // СЗ РФ. 2005. № 13. Ст. 1209.

8. Постановление Конституционного Суда РФ от 31 мая 2005 г. № 6 – П «По делу о проверке конституционности Федерального закона «Об обязательном страховании гражданской ответственности владельцев транспортных средств» в связи с запросами Государственного Собрания-Эл Курултай Республики Алтай, Волгоградской областной Думы, группы депутатов Государственной Думы и жалобой гражданина С. Н. Шевцова» // СЗ РФ. 2005. № 23. Ст. 2311.

9. Постановление Конституционного Суда РФ от 19 декабря 2005 г. № 12 – П «По делу о проверке конституционности абзаца восьмого пункта 1 статьи 20 Федерального закона «О несостоятельности (банкротстве)» в связи с жалобой гражданина А. Г. Меженцева» // СЗ РФ. 2006. № 3. Ст. 335.

10. Постановление Конституционного Суда РФ от 24 октября 1996 г. № 17 – П «По делу о проверке конституционности части первой статьи 2 Федерального закона от 7 марта 1996 года О внесении изменений в Закон Российской Федерации «Об акцизах»» // Вестник Конституционного Суда РФ. 1996. № 5.

11. Постановление Конституционного Суда РФ от 28 января 2010 г. № 2 – П «По делу о проверке конституционности положений абзаца второго пункта 3 и пункта 4 статьи 44 Федерального закона «Об акционерных обществах» в связи с жалобами открытых акционерных обществ «Газпром», «Газпром нефть», «Оренбургнефть» и Акционерного коммерческого Сберегательного банка Российской Федерации (ОАО)» // СЗ РФ. 2010. № 6. Ст. 700.

12. Постановление Конституционного Суда РФ от 21 февраля 2014 г. № 3 – П «По делу о проверке конституционности пункта 1 статьи 19 Федерального закона «Об обществах с ограниченной ответственностью» в связи с жалобой общества с ограниченной ответственностью «Фирма Рейтинг»» // Вестник Конституционного Суда РФ. 2014. № 3.

13. Постановление Конституционного Суда РФ от 18 мая 2015 г. № 10 – П // СЗ РФ. 2015. № 22. Ст. 3304.

14. Определение Конституционного Суда РФ от 18 июня 2004 г. № 263 – О «Об отказе в принятии к рассмотрению жалобы гражданина Симакова Сергея Ивановича на нарушение его конституционных прав абзацем первым пункта 1 статьи 91 Федерального закона «Об акционерных обществах»» // СПС «КонсультантПлюс».

15. Определение Конституционного Суда РФ от 3 июля 2007 г. № 681 – О-П «По жалобам граждан Ю. Ю. Колодкина и Ю. Н. Шадеева на нарушение их конституционных прав положениями статьи 84. 8 Федерального закона «Об акционерных обществах» во взаимосвязи с частью 5 статьи 7 Федерального закона «О внесении изменений в Федеральный закон «Об акционерных обществах» и некоторые другие законодательные акты Российской Федерации»» // Вестник Конституционного Суда РФ. 2007. № 6.

16. Определение Конституционного Суда РФ от 16 октября 2007 г. № 677 – О-О «Об отказе в принятии к рассмотрению жалобы гражданки Монцевой Валентины Серафимовны на нарушение ее конституционных прав пунктом 1 статьи 42 Федерального закона «Об акционерных обществах»» // СПС «КонсультантПлюс».

17. Определение Конституционного Суда РФ от 19 октября 2010 г. № 1406 – О-О «Об отказе в принятии к рассмотрению жалобы общества с ограниченной ответственностью «Гражданстрой» на нарушение конституционных прав и свобод пунктом 5 статьи 21 Федерального закона «О свободе совести и о религиозных объединениях»» // СПС «КонсультантПлюс».

18. Определение Конституционного Суда РФ от 18 января 2011 г. № 8 – О-П «По жалобе открытого акционерного общества Нефтяная компания «Роснефть» на нарушение конституционных прав и свобод положением абзаца первого пункта 1 статьи 91 Федерального закона «Об акционерных обществах»» // Вестник Конституционного Суда РФ. 2011. № 6.

19. Определение Конституционного Суда РФ от 2 ноября 2011 г. № 1486 – О-О «По жалобе гражданина Саттарова Шавката на нарушение его конституционных прав положениями пункта 1 статьи 81 и пункта 1 статьи 84 Федерального закона «Об акционерных обществах»» // СПС «КонсультантПлюс».

20. Определение Конституционного Суда РФ от 21 декабря 2011 г. № 1754 – О-О «Об отказе в принятии к рассмотрению жалобы граждан Вашуриной Елены Михайловны, Николаевой Любови Кузьминичны и других на нарушение их конституционных прав пунктом 1 статьи 42, пунктом 2 статьи 49 и статьей 59 Федерального закона «Об акционерных обществах»» // СПС «КонсультантПлюс».

21. Определение Конституционного Суда РФ от 10 ноября 2016 г. № 2371 – О «Об отказе в принятии к рассмотрению жалобы граждан Ерашовой Татьяны Анатольевны, Маркеловой Елены Вадимовны и Орехова Валерия Ивановича на нарушение их конституционных прав пунктом 5 статьи 61 Гражданского кодекса Российской Федерации» // Вестник Конституционного Суда РФ. 2017. № 3.

22. Определение Конституционного Суда РФ от 17 января 2017 г. № 1 – О «Об отказе в принятии к рассмотрению жалобы акционерного общества «Управляющая компания «Арсагера»» на нарушение конституционных прав и свобод статьями 32 и 42 Федерального закона «Об акционерных обществах»» // Вестник Конституционного Суда РФ. 2017. № 4.

23. Постановление Пленума Верховного Суда РФ от 28 января 2014 г. № 1 «О применении законодательства, регулирующего труд женщин, лиц с семейными обязанностями и несовершеннолетних» // БВС РФ. 2014. № 4.

24. Постановление Пленума Верховного Суда РФ от 2 июня 2015 г. № 21 «О некоторых

вопросах, возникших у судов при применении законодательства, регулирующего труд руководителя организации и членов коллегиального исполнительного органа организации» // БВС РФ. 2015. № 7.

25. Постановление Пленума Верховного Суда РФ от 23 июня 2015 г. № 25 «О применении судами некоторых положений раздела I части первой Гражданского кодекса Российской Федерации» // БВС РФ. 2015. № 8.

26. Постановление Пленума Верховного Суда РФ от 17 ноября 2015 г. № 50 «О применении судами законодательства при рассмотрении некоторых вопросов, возникающих в ходе исполнительного производства» // БВС РФ. 2016. № 1.

27. Постановление Пленума Верховного Суда РФ от 24 марта 2016 г. № 7 «О применении судами некоторых положений Гражданского кодекса Российской Федерации об ответственности за нарушение обязательств» // БВС РФ. 2016. № 5.

28. Постановление Пленума Верховного Суда РФ от 27 декабря 2016 г. № 64 «О некоторых вопросах, возникающих при рассмотрении судами дел, связанных с приостановлением деятельности или ликвидацией некоммерческих организаций, а также запретом деятельности общественных или религиозных объединений, не являющихся юридическими лицами» // БВС РФ. 2017. № 2.

29. Постановление Пленума Верховного Суда РФ от 21 декабря 2017 г. № 53 «О некоторых вопросах, связанных с привлечением контролирующих должника лиц к ответственности при банкротстве» // БВС РФ. 2018. № 3.

30. Постановление Пленума Верховного Суда РФ от 26 июня 2018 г. № 27 «Об оспаривании крупных сделок и сделок, в совершении которых имеется заинтересованность» // Российская газета. 2018. 5 июня.

31. Постановление Пленума Верховного Суда РФ и Пленума ВАС РФ от 1 июля 1996 г. № 6/8 «О некоторых вопросах, связанных с применением части первой ГК РФ» // БВС РФ. 1996. № 9; 1997. № 5.

32. Постановление Пленума Верховного Суда РФ и Пленума ВАС РФ от 9 декабря 1999 г. № 90/14 «О некоторых вопросах применения Федерального закона «Об обществах с ограниченной ответственностью»» // БВС РФ. 2000. № 3.

33. Определение Верховного Суда РФ от 31 марта 2016 г. № 304 – ЭС1516673 по делу № А27 – 16398/2014 // БВС РФ. 2017. № 1.

34. Определение Верховного Суда РФ от 20 сентября 2016 г. № 309ЭС16 – 11164 по делу № А60 – 38543/2015 // СПС «КонсультантПлюс».

35. Постановление Пленума ВАС РФ от 9 июля 2003 г. № 11 «О практике рассмотрения арбитражными судами заявлений о принятии обеспечительных мер, связанных с запретом проводить общие собрания акционеров» // Вестник ВАС РФ. 2003. № 9.

36. Постановление Пленума ВАС РФ от 18 ноября 2003 г. № 19 «О некоторых вопросах применения Федерального закона «Об акционерных обществах»» // Вестник ВАС РФ. 2004. № 1.

37. Постановление Пленума ВАС РФ от 20 декабря 2006 г. № 67 «О некоторых вопросах практики применения положений законодательства о банкротстве отсутствующих должников и прекращении недействующих юридических лиц» // Вестник ВАС РФ. 2007. № 2.

38. Постановление Пленума ВАС РФ от 23 июля 2009 г. № 58 «О некоторых вопросах, связанных с удовлетворением требований залогодержателя при банкротстве залогодателя» // Вестник ВАС РФ. 2009. № 9.

39. Постановление Пленума ВАС РФ от 23 июля 2009 г. № 59 «О некоторых вопросах практики применения Федерального закона «Об исполнительном производстве» в случае возбуждения дела о банкротстве» // Вестник ВАС РФ. 2009. № 9.

40. Постановление Пленума ВАС РФ от 23 декабря 2010 г. № 63 «О некоторых вопросах, связанных с применением главы Ⅲ. 1 Федерального закона «О несостоятельности (банкротстве)»» // Вестник ВАС РФ. 2011. № 3.

41. Постановление Пленума ВАС РФ от 30 июля 2013 г. № 61 «О некоторых вопросах практики рассмотрения споров, связанных с достоверностью адреса юридического лица» // Вестник ВАС РФ. 2013. № 9.

42. Постановление Пленума ВАС РФ от 30 июля 2013 г. № 62 «О некоторых вопросах возмещения убытков лицами, входящими в состав органов юридического лица» // Вестник ВАС РФ. 2013. № 10.

43. Постановление Пленума ВАС РФ от 16 мая 2014 г. № 28 «О некоторых вопросах, связанных с оспариванием крупных сделок и сделок с заинтересованностью» // Вестник ВАС РФ. 2014. № 6.

44. Информационное письмо Президиума ВАС РФ от 5 декабря 1997 г. № 23 «О применении пунктов 2 и 4 статьи 61 Гражданского кодекса Российской Федерации» // Вестник ВАС РФ. 1998. № 2.

45. Информационное письмо Президиума ВАС РФ от 13 января 2000 г. № 50 «Обзор практики разрешения споров, связанных с ликвидацией юридических лиц (коммерческих организаций)» // Вестник ВАС РФ. 2000. № 3.

46. Информационное письмо Президиума ВАС РФ от 13 августа 2004 г. № 84 «О некоторых вопросах применения арбитражными судами статьи 61 Гражданского кодекса Российской Федерации» // Вестник ВАС РФ. 2004. № 10.

47. Информационное письмо Президиума ВАС РФ от 17 января 2006 г. № 100 «О некоторых особенностях, связанных с применением статьи 21. 1 Федерального закона «О

государственной регистрации юридических лиц и индивидуальных предпринимателей»» // Вестник ВАС РФ. 2006. № 4.

48. Информационное письмо Президиума ВАС РФ от 25 июня 2009 г. № 131 «Обзор практики рассмотрения арбитражными судами споров о преимущественном праве приобретения акций закрытых акционерных обществ» // Вестник ВАС РФ. 2009. № 9.

49. Информационное письмо Президиума ВАС РФ от 18 января 2011 г. № 144 «О некоторых вопросах практики рассмотрения арбитражными судами споров о предоставлении информации участникам хозяйственных обществ» // Вестник ВАС РФ. 2011. № 3.

50. Информационное письмо ВАС РФ от 24 мая 2012 г. № 151 «Обзор практики рассмотрения арбитражными судами споров, связанных с исключением из общества с ограниченной ответственностью» // Вестник ВАС РФ. 2012. № 8.

学术成果

1. Абова Т. Е. Производственные кооперативы в России. Правовые проблемы теории и практики // Государство и право. 1998. № 8.

2. Авилов Г. Е., Суханов Е. А. Юридические лица в современном российском гражданском праве // Вестник гражданского права. 2006. № 1.

3. Андреев В. К. Развитие понятия юридического лица // Гражданское право. 2014. № 4.

4. Архипов С. И. Субъект права: теоретическое исследование. СПб., 2004.

5. Банкротство хозяйствующих субъектов: Учебник для бакалавров / Отв. ред. И. В. Ершова, Е. Е. Еньков. М., 2016.

6. Белых В. С. Правовое регулирование предпринимательской деятельности в России: Монография. М., 2009.

7. Белых В. С., Дубинчин А. А., Скуратовский М. Л. Правовые основы несостоятельности (банкротства). М., 2001.

8. Беляев К. П. О делении юридических лиц на коммерческие и некоммерческие в гражданском законодательстве // Актуальные проблемы гражданского права / Под ред. С. С. Алексеева. М., 2000.

9. Беляева З. С. Правовое обеспечение сельскохозяйственной кооперации // Правовое обеспечение развития сельского хозяйства в России. М., 2005.

10. Бирюков Д. О. Квазикорпоративные договоры: новелла российского законодательства // Хозяйство и право. 2015. № 5.

11. Братусь С. Н. Юридические лица в советском гражданском праве(понятие, виды, государственные юридические лица). М. ,1947.

12. Братусь С. Н. Субъекты гражданского права. М. ,1950.

13. Быстров Г. Е. Актуальные проблемы развития законодательства о кооперации в России и зарубежных странах // Аграрное и земельное право. 2010. № 6(66).

14. Витрянский В. В. Реформа российского гражданского законодательства: промежуточные итоги. М. ,2016.

15. Габов А. В. Сделки с заинтересованностью в практике акционерных обществ: проблемы правового регулирования. М. ,2005.

16. Габов А. В. Отдельные вопросы совершения и оспаривания сделок, на которые уставом акционерного общества распространяется порядок одобрения крупных сделок // Цивилист. 2007. № 1.

17. Габов А. В. Некоммерческие организации: теоретические и практические проблемы // Законы России: опыт, анализ, практика. 2008. № 10. Габов А. В. Общества с ограниченной и дополнительной ответственностью в российском законодательстве. М. ,2010.

18. Габов А. В. Ликвидация юридических лиц. История развития института в российском праве, современные проблемы и перспективы. М. ,2011.

19. Габов А. В. Об ответственности членов органов управления юридических лиц // Вестник ВАС РФ. 2013. № 7.

20. Габов А. В. Реорганизация и ликвидация юридических лиц: Научнопрактический комментарий к статьям 57 – 65 Гражданского кодекса Российской Федерации. М. ,2014.

21. Габов А. В. Теория и практика реорганизации(правовой аспект). М. ,2014.

22. Габов А. В. Создание коммерческой организации путем учреждения // Вайпан В. А. ,Габов А. В. ,Егорова М. А. ,Кинев А. Ю. ,Петров Д. А. Экономическая концентрация: опыт экономико-правового исследования рыночных юридических конструкций. М. ,2016.

23. Габов А. В. Порядок осуществления прав кредиторов при реорганизации // Журнал российского права. 2016. № 5.

24. Габов А. В. Солидарная ответственность как последствие реорганизации // Гражданское право. 2016. № 5.

25. Габов А. В. О правах кредиторов при реорганизации // Сб. научных статей Ш Международной научно-практической конференции «Актуальные проблемы предпринимательского и корпоративного права в России и за рубежом»(25 апреля 2016 года, г. Москва)/ Под общ. ред. С. Д. Могилевского, М. А. Егоровой // Российская академия народного хозяйства и государственной службы при Президенте РФ. М. ,2016.

26. Галазова З. В. Реорганизация юридического лица：теоретико-правовое обоснование. М.，2017.

27. Грибанов В. П. Ответственность за нарушение гражданских прав и обязанностей. М.，1973.

28. Гришаев С. П. Производственные кооперативы как юридические лица // СПС «КонсультантПлюс»，2014.

29. Гутников О. В. Юридическая ответственность в корпоративных отношениях // Юридические лица в российском гражданском праве：Монография / Отв. ред. А. В. Габов，О. В. Гутников，С. А. Синицын. Т. 1：Общие положения о юридических лицах. М.，2016.

30. Дедов Д. И. Конфликт интересов. М.，2004.

31. Егоров К. О. Оспоримость реорганизации юридических лиц // Акционерное общество：вопросы корпоративного управления. 2015. № 2（129）. Емельянцев В. П. Универсальное правопреемство в гражданском праве. М.，2010.

32. Иоффе О. С. Правоотношение по советскому гражданскому праву // Избранные труды по гражданскому праву：Из истории цивилистической мысли. Гражданское правоотношение. Критика теории «хозяйственного права». М.，2000.

33. Иоффе О. С. Спорные вопросы учения о правоотношении // Избранные труды по гражданскому праву：Из истории цивилистической мысли. Гражданское правоотношение. Критика теории «хозяйственного права». М.，2000.

34. Иоффе О. С. Ответственность по советскому гражданскому праву // Избранные труды. В 3 т. Т. 1. СПб.，2004.

35. Каминка А. И. Очерки торгового права. СПб.，1912.

36. Капура М. М. Производственные и потребительские кооперативы：общие и отличительные признаки // Юрист. 2005. № 3.

37. Карелина С. А. Правовое регулирование несостоятельности（банкротства）：Учеб.-практ. пособие. М.，2007.

38. Карелина С. А. Механизм правового регулирования отношений несостоятельности（банкротства）. М.，2008.

39. Козлова Н. В. Понятие и сущность юридического лица：Очерк истории и теории. М.，2003.

40. Козлова Н. В. Правосубъектность юридического лица. М.，2005.

41. Козлова Н. В. Сущность юридического лица и современный правопорядок // Проблемы развития частного права：Сб. статей к юбилею В. С. Ема / Отв. ред. Е. А. Суханов，Н. В. Козлова. М.，2011.

42. Козлова Н. В. Проблемы статуса частного образовательного учреждения в свете реформирования законодательства о вещных правах // Журнал российского права. 2016.

43. Козлова Н. В. Некоторые проблемы гражданско-правового статуса некоммерческих организаций в Российской Федерации // Хозяйство и право. 2017. № 9.

44. Козлова Н. В. Проблема ограничения и расширения гражданской правоспособности юридического лица по законодательству Российской Федерации // Право и бизнес. 2018. № 2(приложение).

45. Козлова Н. В. Абстрактное и конкретное понимание субъекта, правоспособности и гражданского правоотношения // Гражданское право: современные проблемы науки, законодательства, практики: Сб. статей к юбилею доктора юридических наук, профессора Евгения Алексеевича Суханова. М., 2018.

46. Козлова Н. В., Биленко А. И. К вопросу о природе права хозяйственного ведения и права оперативного управления // Законодательство. 2016. № 2.

47. Козлова Н. В., Филиппова С. Ю. Полные товарищества: новая жизнь старой формы(комментарий статей 69 – 81 ГК РФ)// Законодательство. 2015. № 2.

48. Козлова Н. В., Филиппова С. Ю. Понятие, признаки и виды акционерных обществ в свете реформирования ГК РФ // Вестник Моск. унта. Сер. 11. Право. 2014. № 6.

49. Козлова Н. В., Филиппова С. Ю. К вопросу о природе устава юридического лица. // Вестник Моск. ун-та. Сер. 11. Право. 2017. № 1.

50. Козлова Н. В., Филиппова С. Ю. Устав как форма существования юридического лица // Представительная власть. 2017. № 4.

51. Комментарий к Федеральному закону от 28 ноября 2011 г. № 335 – ФЗ «Об инвестиционном товариществе»(постатейный)/ Е. Я. Гулиева, А. А. Кирилловых, А. Е. Молотников и др.; Отв. ред. А. Е. Молотников. М., 2012.

52. Корпоративное право: актуальные проблемы / Под ред. Д. В. Ломакина. М., 2015.

53. Корпоративное право: Учебный курс. В 2 т. / Отв. ред. И. С. Шиткина. Т. 1. М., 2017.

54. Корпорации и учреждения: Сб. статей / Отв. ред. М. А. Рожкова. М., 2007.

55. Кузнецов А. А. Оспаривание крупных сделок и сделок с заинтересованностью: общие замечания // СПС «КонсультантПлюс».

56. Кулагин М. И. Государственно-монополистический капитализм и юридическое лицо // Избранные труды. М., 1999.

57. Кулагин М. И. Государственно-монополистический капитализм и юридическое лицо // Избранные труды по акционерному и торговому праву. 2 – е изд., испр. М., 2004.

58. Лаптев В. А. Источники предпринимательского права Российской Федерации: Монография. М., 2017.

59. Лаптев В. А. Корпоративный договор в системе источников регулирования корпоративных отношений // Предпринимательское право. 2016. № 1.

60. Лаутс Е. Б. Юридическое лицо публичного права и публичноправовая компания // Банковское право. 2011. № 6.

61. Ломакин Д. В. Корпоративные правоотношения: общая теория и практика ее применения в хозяйственных обществах. М. ,2008.

62. Ломакин Д. В. Концепция снятия корпоративного покрова: реализация ее основных положений в действующем законодательстве и проекте изменений Гражданского кодекса РФ // Вестник ВАС РФ. 2012. № 9.

63. Ломакин Д. В. Корпоративный интерес и осуществление права на участие в управлении хозяйственным обществом // Хозяйство и право. 2014. № 4.

64. Ломакин Д. В., Гентовт О. В. Ответственность контролирующих лиц: правовая природа и механизм привлечения к ней // Хозяйство и право. 2016. № 1.

65. Майорова К. И. Отношения участия (членства) в некоммерческих организациях // Современное право. 2016. № 1.

66. Маковская А. А. Основание и размер ответственности руководителей акционерного общества за причиненные обществу убытки // Убытки и практика их возмещения: Сб. статей / Отв. ред. М. А. Рожкова. М. ,2006.

67. Маковская А. А. Новые правила Закона об акционерных обществах о крупных сделках и сделках с заинтересованностью // Хозяйство и право. 2016. № 10.

68. Микрюков В. А. Формирование высшего органа управления корпорации // Законодательство и экономика. 2015. № 4.

69. Могилевский С. Д. Общество с ограниченной ответственностью: законодательство и практика его применения. М. ,2010.

70. Могилевский С. Д., Самойлов И. А. Корпорации в России: правовой статус и основы деятельности: Учеб. пособие. М. ,2006.

71. Мотылев В. Е. Финансовый капитал и его организационные формы. М. ,1959.

72. Настольная книга руководителя организации: правовые основы. 2-е изд., перераб. и доп. М. ,2016.

73. Научно-практический комментарий к Федеральному закону от 25 декабря 2008 г. № 273-ФЗ «О противодействии коррупции» (постатейный) / Отв. ред. Т. Я. Хабриева. М. ,2018.

74. Нуждин Т. А. Комбинированная реорганизация коммерческих организаций. М. ,2018.

75. Пахаруков А. А., Тюкавкин-Плотников А. А. Удовлетворение требований кредиторов ликвидируемого юридического лица: унификация или дифференциация правового регулирования? // Закон. 2016. № 6.

76. Попондопуло В. Ф. Банкротство. Правое регулирование: Научно-практическое

пособие. М. ,2013.

77. Попондопуло В. Ф. Формы осуществления предпринимательской деятельности на территории России // Предпринимательское право. 2005. № 4.

78. Правосубъектность: общетеоретический, отраслевой и международно-правовой анализ: Сборник материалов к XII Ежегодным научным чтениям памяти профессора С. Н. Братуся / В. Ф. Яковлев, Т. Я. Хабриева, В. К. Андреев и др. М. ,2017.

79. Предпринимательское право / Под ред. Е. П. Губина, П. Г. Лахно. М. ,2016.

80. Рузакова Е. В. Предпринимательские многосубъектные образования: правовая модель и действительность // Правовое положение субъектов предпринимательской деятельности: Сб. науч. тр. / Под ред. В. С. Белых. Екатеринбург, 2002.

81. Савельев А. Б. Договор простого товарищества в российском гражданском праве // Актуальные проблемы гражданского права. М. , 1998. Семенихин В. В. Все о некоммерческих юридических лицах. М. , 2014. Серова О. А. Новеллы российского законодательства о некоммерческих организациях // Власть закона. 2014. № 3.

82. Соотношение императивных и диспозитивных начал в корпоративном праве: Сб. статей / Под ред. И. С. Шиткиной. М. ,2017.

83. Степанов Д. И. Феномен корпоративного контроля // Вестник гражданского права. 2009. № 3.

84. Степанов Д. И. Новые положения Гражданского кодекса о юридических лицах // Закон. 2014. № 7.

85. Степанов Д. И. Проблемные вопросы корпоративного законодательства о группах компаний и холдингах // Закон. 2016. № 5. Степанюк А. В. Проблема членства несовершеннолетних в возрасте от шестнадцати до восемнадцати лет в кооперативах (на примере членства в кредитных потребительских кооперативах) // Семейное и жилищное право. 2011. № 1.

86. Суханов Е. А. Гражданское право России-частное право / Отв. ред. В. С. Ем. М. ,2008.

87. Суханов Е. А. Проблемы реформирования Гражданского кодекса России: Избранные труды 2008 – 2012 гг. М. ,2013.

88. Суханов Е. А. Сравнительное корпоративное право. М. , 2014. Суханов Е. А. Предпринимательские корпорации в новой редакции Гражданского кодекса РФ // Журнал российского права. 2015. № 1. Суханов Е. А. Вещное право: Научно-познавательный очерк. М. , 2017. Суханов Е. А. Проблемы кодификации корпоративного и вещного права: Избранные труды 2013 – 2017 гг. М. ,2018.

89. Тарасов И. Т. Учение об акционерных компаниях. М. , 2000. Телюкина М. В. Основы конкурсного права. М. ,2004.

90. Трофимова Е. В. Государственная регистрация юридических лиц в свете реформы гражданского законодательства // Законы России. 2015. № 6.

91. Федчук В. Д. De facto зависимость de jure независимых юридических лиц. Проникновение под корпоративный занавес в праве ведущих зарубежных стран. М. ,2008.

92. Филиппова С. Ю. Корпоративный конфликт：возможности правового воздействия. М. ,2009.

93. Филиппова С. Ю. Инструментальный подход в науке частного права. М. ,2013.

94. Филиппова С. Ю. Фирменное право России. М. ,2016.

95. Филиппова С. Ю. ,Харитонова Ю. С. Имидж коммерсанта：правовое регулирование и способы охраны. М. ,2018.

96. Филиппова С. Ю. Права учредителя на имущество юридического лица // Хозяйство и право. 2018. № 7.

97. Филиппова С. Ю. Право на информацию о деятельности акционерного общества и его защита // Хозяйство и право. 2017. № 5.

98. Филиппова С. Ю. Сделки，направленные на управление правом голоса участника корпорации：природа применения новеллы правового регулирования. // Хозяйство и права. 2017. № 12.

99. Филиппова С. Ю.，Шиткина И. С. Особенности недействительности сделок，совершаемых с участием корпораций // Хозяйство и право. 2014. № 11.

100. Филиппова С. Ю.，Шиткина И. С. Реализация принципа свободы договора при формировании условий договора купли-продажи акций // Законы России：опыт，анализ，практика. 2018. № 4.

101. Фролов И. В. Управление процедурами банкротства：теория и юридическая практика：Учебное пособие. Новосибирск，2013.

102. Халфина Р. О. Общее учение о правоотношении. М. ,1974.

103. Чаркин С. А. Правовой статус сельскохозяйственных кооперативов // Современное право. 2008. № 5.

104. Челидзе С. З. Работодатель как субъект трудовых отношений в агропромышленном комплексе：понятие и виды // Трудовое право. 2007. № 6.

105. Черепахин Б. Б. Правопреемство по советскому гражданскому праву. М. ,1962.

106. Черепахин Б. Б. Органы и представители юридического лица // Труды по гражданскому праву. М. ,2001.

107. Шершеневич Г. Ф. Учение о несостоятельности：Исследование. Казань，1890.

108. Шиткина И. С. Предпринимательские объединения. М. ,2001.

109. Шиткина И. С. Правовое регулирование коммерческих организаций внутренними (локальными) документами：Монография. М.，2003. Шиткина И. С. Соотношение

корпоративного и трудового законодательства при регулировании правового положения единоличного и членов коллегиального исполнительных органов // Хозяйство и право. 2007. № 12.

110. Шиткина И. С. Холдинги: правовое регулирование экономической зависимости. Управление в группе компаний. М.,2008.

111. Шиткина И. С. Соглашения акционеров (договоры об осуществлении прав участников)// Хозяйство и право. 2011. № 2.

112. Шиткина И. С. Отдельные проблемы правового регулирования образования и деятельности единоличного исполнительного органа // Хозяйство и право. 2011. № 4.

113. Шиткина И. С. «Снятие корпоративной вуали» в российском праве: правовое регулирование и практика применения // Хозяйство и право. 2013. № 2.

114. Шиткина И. С. Гражданско-правовая ответственность членов органов управления хозяйственных обществ: классическая доктрина и современные тенденции правоприменения // Хозяйство и право. 2013. № 3.

115. Шиткина И. С. О признании судебной практики источником российского права // Хозяйство и право. 2013. № 4.

116. Шиткина И. С. Изменения в положениях Гражданского кодекса РФ о юридических лицах: анализ новелл и практические советы // Хозяйство и право. 2014. № 7.

117. Шиткина И. С. Корпоративные формы предпринимательской деятельности // Хозяйство и право. 2015. № 11(приложение).

118. Шиткина И. С. И снова о врио // ЭЖ-Юрист. 2016. № 10.

119. Шиткина И. С. Имущественная ответственность государства в корпоративных правоотношениях // Закон. 2017. № 5.

120. Шиткина И. С. Правовое регулирование экономической зависимости // Хозяйство и право. 2017. № 6(приложение).

121. Шиткина И. С. Правовой режим экстраординарных сделок, совершаемых хозяйственными обществами. М.,2017.

122. Шиткина И. С. Ответственность фактически контролирующих лиц в корпоративном праве // Закон. 2018. № 6.

123. Шиткина И. С., Филиппова С. Ю. Продажа или приобретение бизнеса: правовое сопровождение сделки // Хозяйство и право. 2016. № 4.

124. Шиткина И. С. Вклады в имущество хозяйственного общества: вопросы квалификации и практического применения // Хозяйство и право. 2017. № 10.

125. Шиткина И. С. Имущественная ответственность контролирующих лиц при банкротстве: очередные законодательные новеллы// Хозяйство и право. 2017. № 11.

126. Шиткина И. С., Филиппова С. Ю. Реализация принципа свободы договора при

формировании условий договора купли-продажи акций // Законы России：опыт，анализ，практика. 2018. № 4.

127. Шиткина И. С. Особенности развития современного корпоративного законодательства и тенденции правоприменительной практики // Вестник экономического правосудия. 2018. № 9.

128. Юридические лица в гражданском праве：Юридические лица в российском гражданском праве（коммерческие и некоммерческие организации）/ Отв. ред. В. Н. Литовкин，О. В. Гутников. М. ，2011.

129. Юридические лица в российском гражданском праве. В 3 т. ：Монография / Отв. ред. А. В. Габов，О. В. Гутников，С. А. Синицын. Т. 1 – 3. М. ，2015.

130. Юридические лица в гражданском праве зарубежных стран：Монография / Отв. ред. Н. Г. Семилютина. М. ，2015.

131. Юридические лица в российском гражданском праве：в 3 т. ：Монография / Отв. ред. А. В. Габов. Т. 2：Виды юридических лиц в российском законодательстве. М. ，2016.

132. Юридические лица в российском гражданском праве：в 3 т. ：Монография / Отв. ред. А. В. Габов. Т. 3：Создание，реорганизация и ликвидация юридических лиц. М. ，2016.

图书在版编目(CIP)数据

俄罗斯社团法人法：公司法 / (俄罗斯) I. S. 施特金娜主编；张建文等译. -- 北京：法律出版社，2025
(民商法经典文库 / 赵万一总主编)
ISBN 978-7-5197-5240-8

Ⅰ. ①俄… Ⅱ. ①I… ②张… Ⅲ. ①社会团体－法人制度－研究－俄罗斯②公司法－研究－俄罗斯 Ⅳ. ①D951.221②D951.222.9

中国版本图书馆 CIP 数据核字（2020）第 249228 号

РОССИЙСКОЕ КОРПОРАТИВНОЕ ПРАВО

俄罗斯社团法人法(公司法)
ELUOSI SHETUAN FARENFA (GONGSIFA)

［俄罗斯］I. S. 施特金娜（Шиткина Ирина Сергеевна） 主编
张建文　杨天放　等译

策划编辑 沈小英
责任编辑 沈小英 任娜
装帧设计 李瞻

出版发行 法律出版社
编辑统筹 法治与经济出版分社
责任校对 王晓萍
责任印制 吕亚莉
经　　销 新华书店

开本 A5
印张 24.375　**字数** 583 千
版本 2025 年 2 月第 1 版
印次 2025 年 2 月第 1 次印刷
印刷 北京建宏印刷有限公司

地址：北京市丰台区莲花池西里 7 号(100073)
网址：www.lawpress.com.cn
投稿邮箱：info@lawpress.com.cn
举报盗版邮箱：jbwq@lawpress.com.cn

销售电话：010－83938349
客服电话：010－83938350
咨询电话：010－63939796

书号：ISBN 978-7-5197-5240-8　**定价**：226.00 元

撰稿人简介

刘立杰

北京市京都律师事务所刑事业务二部主任、高级合伙人，中国政法大学及刑事司法学院实践导师、中国社会科学院大学法学院实务导师、中国政法大学刑事辩护创新发展研究中心研究员、北京市债法学研究会副会长，刑法学博士。曾任教育部全国青少年普法网专家库成员、《法治日报》律师专家库成员。在《人民法院报》《人民司法》《中国法律评论》《刑事审判参考》《中国法院年度案例》《中国审判案例要览》，以及香港特别行政区《文汇报》《大公报》等发表专业文章60余万字，出版专业著作多部。2007年进入北京市某中级人民法院工作，具有基层人民法院、中级人民法院、高级人民法院和最高人民法院（四级两审及死刑复核）工作经历，先后参与办理各类案件超1000件。部分案例被写入《最高人民法院工作报告》，部分案件被列为最高人民法院、最高人民检察院典型案例。

印　波

中国政法大学刑事司法学院教授、博士生导师，犯罪学研究所副所长、刑事辩护创新发展研究中心副主任，北京恒都律师事务所刑事专业委员会名誉主任、刑辩学院名誉院长、高级专家顾问律师，英国阿伯丁大学法学博士。兼任国际刑法协会中国分会常务理事、中国犯罪学学会理事、中国刑事诉讼法学研究会理事、中国银行法学研究会理事、中国行为法学会理事、中国伦理学会理事、中国科学家精神宣讲团专家等。在《中国法学》《国际法与比较法季刊

(英国)》《中国季刊（英国)》等国内外知名刊物发表文章百余篇，出版著作近10部。在刑事、金融、数据、涉外、企业风险防控等领域具有丰富的研究成果，而且积累大量的实务工作经验，承办一系列重大疑难案件。

王馨仝

北京市京都律师事务所高级合伙人。最高人民检察院“控告申诉检察专家咨询库”特聘专家律师、听证员，北京市律师协会涉外法律服务委员会副主任，北京市律师协会公益法律服务与法律援助专业委员会副主任。曾在国际刑事法庭，伦敦国际刑事、商事大律师事务所工作。代理多起政策性银行和商业银行的刑事诉讼及风险防范案件。

刘　畅

北京市京都律师事务所专职律师，中国人民公安大学法学学士。办理多个商业银行不良资产处置专项项目、多起通过刑民交叉手段为银行追赃挽损案件。

钱　浩

北京市京都律师事务所专职律师，中国人民大学诉讼法学硕士。参与多个股份制银行、商业银行刑事风险系统性防范及化解项目，多起银行工作人员涉嫌犯罪案件、通过刑民交叉手段为银行追赃挽损案件。

对刑法问题的研究，可以从规范角度研究立法问题，也可以从罪、责、刑等角度研究法律适用问题，还可以从犯罪构成等角度研究刑法理论问题。但这些研究大多是以刑法内容为研究对象，主要是给“刑法人”看的，难以引起“行业人”的关注，不利于刑事风险的警示和预防，也会导致理论与实务脱节等问题的出现。本书从银行负债业务、资产业务、中间业务和创新业务等“行业人”的视角去研究和分析问题，体现了一种新的研究范式，相信本书既会得到“银行人”的青睐，也会给刑法研究者带来惊喜。

三是通过跨学科、跨领域交叉研究，尝试用“新方法”解决“老问题”。银行作为国民经济的“心脏泵”，在支付结算、资金融通、信用创造、金融服务等方面发挥极为重要的作用。涉及这些领域的刑法罪名如骗取贷款、票据承兑、金融票证罪，违规出具金融票证罪，信用卡诈骗罪，洗钱罪等。研究不但横跨金融、法律、信息技术等学科，即便同在法律学科体系内，也会涉及刑民、刑行、民行甚至刑民行等交叉法律问题。例如，本书第四章“银行业刑民交叉法律问题”，对实践中争议较大的“骗取贷款罪中‘重大损失’的认定”“不良资产转让中的刑民交叉问题”“追赃挽损与资金混同、善意取得的关系”等提出一系列新的解决思路和方案，充分体现了领域法学研究的整合性、交叉性、应用性和开放性。

刘立杰律师是中国政法大学的优秀校友，多年来积极支持母校的发展建设，被聘为中国政法大学实践导师，并在中国政法大学刑事辩护创新发展研究中心担任研究员，属于具有优秀研究素养的律师。印波教授是中国政法大学博士生导师，具有深厚的法律理论素养，也是刑事司法学院的骨干力量之一，属于具有丰富实务经验的学者。此次强强联合，在繁忙的工作之余，笔耕不辍，耗时一年有

高鹏娟

北京市京都律师事务所专职律师，法律硕士。在不良资产处置服务方面具有丰富经验，为银行业等金融机构客户就“债转股”、债务重组、资产处置、刑民交叉、法律追偿等提供专业意见，并善于利用刑事控告、民事诉讼及非诉谈判相结合的手段为客户追赃挽损。

李　波

先后担任北京市京都律师事务所律师、高级合伙人、管理委员会委员，现任中国国民党革命委员会中央人口资源环境委员会委员、《法治日报》律师专家库成员。

李京晏

北京市京都律师事务所专职律师，中国人民大学法律硕士。曾为中国人民银行总行、中融信托、光大银行理财子公司等多家大型金融机构提供法律服务，参与办理多家金融机构刑事风控与合规审查、不良资产处置、刑民风险化解、追赃挽损等案件。

刘颖琪

北京师范大学法学院博士研究生。

李　爽

北京师范大学法学院硕士研究生。

序　言

金融是国民经济的血脉，是国家核心竞争力的重要组成部2023年中央金融工作会议提出，要加快建设金融强国，全面加融监管，完善金融体制，优化金融服务，防范化解风险，坚定走中国特色金融发展之路，推动我国金融高质量发展，为以中现代化全面推进强国建设、民族复兴伟业提供有力支撑。银行金融体系的核心组成部分，在金融活动和现代经济体系中扮演角色，加强对银行风险防控制度特别是法律制度的研究，是构融安全“防火墙”、筑牢金融稳定保障体系、推动金融高质量发重要内容。

当前，银行业面临的各种法律风险相互交织，单纯从某一法的角度进行分析研究，已无法适应错综复杂的银行业发展和防控需求。如何依靠法治化手段，防范和化解金融风险，守住生系统性金融风险的底线，是时代赋予“法律共同体”的一项课题。刘立杰律师、印波教授等撰写的《银行业刑事风险防控对》一书，在这方面作出了积极探索，丰富的实践和理论研究使本书呈现鲜明的原创特征：

一是从刑事一体化角度谋篇布局，更关注系统性的解决本书从银行及其工作人员犯罪与被侵害风险、刑民交叉问题、风险防控与应对等多维度对银行业涉及的刑事风险进行归纳、和分析，结合银行业庞杂的法律规范和近年来发生的典型案别从理念、制度、实操层面提出了颇有建设性和前瞻性的建议

二是以行业的视角研究和分析问题，具有非常强的实践

余完成本书，非常值得肯定和鼓励。期待他们再接再厉，在各自的领域不断深耕，为中国的法学研究和司法实务提供更多研究成果。

是为序。

*

---

* 中国政法大学党委常委、副校长，教授、博士生导师，享受国务院政府特殊津贴专家。

目 录

第一章

银行业刑事风险概述

第一节　金融强监管下的银行业刑事风险

一、强监管背景下的金融改革

伴随着1992年中国证券监督管理委员会（以下简称中国证监会），1998年中国保险监督管理委员会（以下简称中国保监会），2003年中国银行业监督管理委员会（以下简称中国银监会）的成立，我国形成了“一行三会”、分业监管的金融监管格局。2017年，我国设立国务院金融稳定发展委员会，调整金融监管机构，进一步健全金融监管体系。2018年，中国银行保险监督管理委员会（以下简称中国银保监会）组建完成，形成了“一委一行两会”格局，以“分业经营、分业监管”为普遍模式。[①] 综观中国金融监管体制的变化，每一次改革，均以“依法将各类金融活动全部纳入监管”作为金融监管体系改革的主线，党的二十大报告也强调，要“依法将各类金融活动全部纳入监管，守住不发生系统性风险底线”。[②]

（一）金融强监管背景与困境

近年来，特定领域内的金融机构为适应市场变化，设立多种形式的理财、金融租赁公司等子公司或者重新组合不同类型的基础金融工具和衍生金融工具；跨市场交叉性的金融产品越来越普遍，金

---

① 参见陆敏、郭子源：《金融监管体制改革迈出重要步伐》，载《经济日报》2023年3月23日，第7版。

② 习近平：《高举中国特色社会主义伟大旗帜　为全面建设社会主义现代化国家而团结奋斗——在中国共产党第二十次全国代表大会上的报告》，载《中国共产党第二十次全国代表大会文件汇编》，人民出版社2022年版，第25页。

融机构及其业务之间的联系越发紧密，出现了银行、证券与保险的混业经营趋势。市场竞争越发激烈，分业监管难以适应金融发展的步伐，金融市场融合发展、创新发展成为普遍趋势，增加了金融监管的难度。

首先，金融监管资源有限，交叉监管存在监管重叠，产生资源浪费；其次，混业经营模式下跨领域、跨市场、跨业态金融业务缺乏整体性，监管方式过度依赖行政审批和现场监管，监管标准不一、监管力度不足；最后，金融监管法律不够完善，滞后于金融行业的发展，出现监管空白、监管套利、监管滞后等问题，衍生风险频发，牵一发而动全身。为解决以上问题，提升监管效力，促进金融体系健康、稳定、可持续发展，新一轮金融体制改革必须全力推进，金融监管机构职能应更明确和集中。

（二）新一轮国务院机构改革

2023 年 3 月 7 日，十四届全国人大一次会议举行第二次全体会议，审议国务院机构改革方案，提出对金融监管等重点领域的机构职责进行优化和调整，涉及金融领域的相关改革有 6 大项：组建国家金融监督管理总局；深化地方金融监管体制改革；中国证监会调整为国务院直属机构；统筹推进中国人民银行分支机构改革；完善国有金融资本管理体制；加强金融管理部门工作人员统一规范管理。①

（三）国家金融监督管理总局成立

2023 年 5 月 18 日，国家金融监督管理总局在京正式挂牌。已运

① 参见吴雨、李延霞：《国家金融监督管理总局正式挂牌　金融监管机构改革迈出重要一步》，载中华人民共和国中央人民政府网，https：//www. gov. cn/govweb/lianbo/bumen/202305/content_6874797. htm。

行5年多的中国银保监会正式告别历史舞台，一个新的金融监管时代由此拉开帷幕。国家金融监督管理总局作为国务院直属机构，统一负责除证券业之外的金融业监管，并吸纳了央行对金融控股公司等金融集团的日常监管职责、有关金融消费者保护职责，以及证监会的投资者保护职责。国家金融监督管理总局强化机构监管、行为监管、功能监管、穿透式监管、持续监管，统筹负责金融消费者权益保护，加强风险管理和防范处置，依法查处违法违规行为。①

二、银行业刑事风险界定

（一）银行业刑事风险定义

银行业刑事风险，是指在银行业务活动中，银行遭受犯罪侵害以及银行或其从业人员面临刑事指控的可能性。具体而言，包括银行从业人员犯罪风险、单位犯罪风险和遭受犯罪侵害风险等方面。

1. 银行从业人员犯罪风险

银行从业人员，也可称为"银行工作人员"，这类风险指的是银行工作人员以及其他从业人员在从事业务活动时，拥有一般群众无法掌握的便利与业务权限，知晓银行内部信息，具有利用职务之便、从事各种违法犯罪行为的可能性。这些犯罪行为可能涉及内部欺诈、盗窃、贪污受贿、洗钱等，严重时会给银行业务和客户带来严重的损失，并对金融市场稳定性产生不利影响。

---

① 参见李延霞：《国家金融监督管理总局正式挂牌》，载新华网，http：//www.news. cn/fortune/2023－05/18/c_1129624648. htm。

2. **单位犯罪风险**

单位犯罪风险，是指银行机构自身作为法人或其他组织，违反法律法规从事非法活动或者为实现非法目的而实施的犯罪行为。这类风险可能涉及单位内部腐败、违规操作、虚假宣传等，严重时会影响整个银行机构的声誉和形象，并对其经营和发展带来严重影响。

3. **遭受犯罪侵害风险**

这类风险是指银行在经营活动中，可能遭受外部恶意攻击或犯罪行为导致的风险。例如，银行可能会成为抢劫、诈骗、网络黑客攻击的目标，此类犯罪行为会造成银行资金损失和客户信息泄露，对银行业务和客户信任造成严重影响。

（二）银行业刑事风险分类

银行业刑事风险可以按照不同维度进行划分，如业务类型、犯罪主体、犯罪客体、主观罪过等。以涉案业务类型为标准，银行业刑事风险包括负债业务、资产业务、中间业务和创新业务活动中的刑事风险；以犯罪主体为标准，可分为银行等金融机构工作人员作为特殊主体和无特殊要求的主体所面临的刑事风险等；以犯罪客体为标准，主要包括妨害公司、企业管理秩序，破坏金融管理秩序，职务犯罪和渎职等，这些犯罪行为可能针对公司、企业的管理秩序，也可能对金融管理秩序造成破坏，还有可能涉及银行工作人员利用职务之便的犯罪风险；以主观罪过为标准，包括故意犯罪和过失犯罪。

1. **银行不同业务类型中的刑事风险**

银行业刑事风险与银行各个业务环节息息相关。因此，本书采用银行业务类型为分类标准进行布局，对不同业务可能涉及的罪名展开深入剖析。在负债业务中，银行可能会面临被伪造、变造金融票证，金融凭证诈骗等刑事犯罪侵害的风险，同时可能会因吸收客户资金不入账罪面临指控；在资产业务经营活动中，银行可能会面临被贷款诈骗，骗取贷款、票据承兑、金融票证、高利转贷等犯罪行为侵害的风险，也可能作为被告人因违法发放贷款罪而被刑事指控；在中间业务中，银行可能会作为被害人面临被票据诈骗、信用证诈骗、妨害信用卡管理等犯罪行为侵害的风险，也可能因其工作人员购买假币、以假币换取货币等行为面临指控；随着金融业务的创新，银行涉足了更多复杂的金融产品和服务，这些创新业务也带来了新的刑事风险，如欺诈、信息泄露等问题。[①]

2. 银行工作人员为特殊主体的犯罪风险

与此同时，根据涉案主体的不同，基于银行工作人员作为犯罪主体的职务特殊性，本书对银行工作人员特殊主体犯罪风险进行了实证分析。由于银行工作人员在银行业务中具有特殊地位和权限，其犯罪行为直接威胁银行的稳健经营和客户资产安全，严重时可能对金融市场秩序和稳定性产生不利影响。如背信运用受托财产罪，违法发放贷款罪，吸收客户资金不入账罪，违规出具金融票证罪，对违法票据承兑、付款、保证罪均在《刑法》条文中对犯罪主体“商业银行”或“银行或者其他金融机构的工作人员”加以特殊规定。

---

① 参见白建军：《商业银行刑事风险研究》，载《金融法苑》2019 年第 6 期。

三、银行业防控与应对刑事风险必要性

（一）金融强监管背景下的大势所趋

2023年5月19日，中国人民银行发布了《中国金融稳定报告（2022）》，对2021年以来我国金融体系的稳健性状况进行全面评估；2023年5月20日，2023清华五道口全球金融论坛召开，发布了《中国金融政策报告2023》，对2022年以来金融部门的政策实践经验进行总结与展望。观察两份金融行业的重要报告可知，随着金融业务的复杂性和金融犯罪手段的不断升级，国家对金融监管的力度不断加强，现代金融监管体系进一步加强和完善。① 在金融严打和强监管的背景下，银行作为金融体系的核心组成部分，承担资金中介、支付结算和风险传导等重要职责。金融犯罪行为的发生可能导致金融体系动荡不安，甚至引发系统性风险。对此，银行业必须保持警惕、积极应对，并加强刑事风险防范与内控管理，确保金融业务合规、稳健发展。

（二）银行工作人员履职的必然选择

中国司法大数据研究院、21世纪经济报道和南方财经法律研究院于2023年3月共同发布了《中国金融机构从业人员犯罪问题研究白皮书（2022）》，报告数据显示，在涉案金融机构从业人员犯罪案

① 参见马梅若：《央行发布〈中国金融稳定报告（2022）〉》，载金融时报网2023年5月20日，https：//baijiahao. baidu. com/s？ id = 1766384400743908169&wfr = spider& for = pc。

件中，银行类金融机构涉诉案件量最高，占比58.07%。① 银行工作人员犯罪之所以呈现新态势，除监管不力等因素外，部分金融机构合规建设不够完善、新技术新业态的出现使犯罪更具隐蔽性也是重要原因。银行工作人员作为金融业务的从业者，直接参与金融交易和客户服务，承担防范金融犯罪的重要责任。他们的履职行为直接影响银行的风险水平和客户的资产安全。在金融强监管背景下，银行工作人员必须严格遵守法律法规，增强风险意识，主动配合监管机构，积极参与刑事风险防控。

（三）降低风险挽回损失的最佳途径

《中国金融机构从业人员犯罪问题研究白皮书（2018—2020）》显示，金融机构从业人员犯罪案件平均涉案金额为717.48万元，平均损失金额为473.98万元，平均追回金额为254.45万元；②《中国金融机构从业人员犯罪问题研究白皮书（2022）》显示，在金融机构从业人员犯罪案件中，涉案金额在1亿元以上的案件占比6.73%。③ 以上报告均表明金融机构从业人员犯罪案件涉案金额之高、损失之大，但追赃挽损情况不容乐观。现代金融监管的核心是风险，一旦

---

① 参见中国司法大数据研究院、21世纪经济报道和南方财经法律研究院：《中国金融机构从业人员犯罪问题研究白皮书（2022）》，载中国司法大数据服务网，https：//data. court. gov. cn/pages/index. html，最后访问日期：2024年10月10日。

② 参见中国司法大数据研究院、21世纪经济报道和京师金融犯罪研究中心：《中国金融机构从业人员犯罪问题研究白皮书（2018—2020）》，载中国司法大数据服务网，https：//data. court. gov. cn/pages/index. html，最后访问日期：2024年10月10日。

③ 参见中国司法大数据研究院、21世纪经济报道和南方财经法律研究院：《中国金融机构从业人员犯罪问题研究白皮书（2022）》，载中国司法大数据服务网，https：//data. court. gov. cn/pages/index. html，最后访问日期：2024年10月10日。

放松了管制，在利益等因素的诱惑下，金融机构就会出现更大的风险缺口，这缺口是所得利益难以弥补的，将造成难以挽回的损失，金融监管如此，金融监管之下的银行本身亦如是。[①] 银行业刑事风险的应对与防控，是降低风险和减少损失的最佳途径之一。通过建立健全的内部风控体系、加强对风险点的识别和防范，以及积极配合执法机关和监管部门，银行可以更有效地应对潜在的刑事风险，及时降低风险和挽回损失，维护金融市场的稳定和健康发展。

---

① 参见康雯静：《浅析我国金融监管中存在的问题》，载《理财：学术版》2017 年第5 期。

第二节 银行特殊主体犯罪大数据分析

统计口径说明：

本书的数据源于北大法宝，时间跨度自2018年6月1日至2023年6月1日。数据类型限定为判决书，案件类型为刑事案件。筛选的案由包括以银行或银行工作人员为特殊主体的罪名：背信运用受托财产罪；违法发放贷款罪；吸收客户资金不入账罪；违规出具金融票证罪；对违法票据承兑、付款、保证罪。我们通过全文关键词“银行”检索数据，初步检索各类案件数量结果为背信运用受托财产罪（2件）；违法发放贷款罪（510件）；吸收客户资金不入账罪（134件）；违规出具金融票证罪（27件）；对违法票据承兑、付款、保证罪（0件）；共673件案例。

为确保数据的准确性和相关性，我们对以上673件案例进一步进行筛选，排除出现案由错误、银行类型错误（如信用社、信用联社、农村资金互助社、小额贷款公司、证券、保险机构、信用担保公司等）、主体错误（非银行或银行工作人员犯罪案件）以及出现网站数据重复等情形的案件，最终筛选出272件有效案例，涉案人数共389人，最终被定罪人数388人。其中，背信运用受托财产罪无有效案例，对违法票据承兑、付款、保证罪无有效案例，违法发放贷款罪有245件有效案例，吸收客户资金不入账罪有9件有效案例，违规出具金融票证罪有18件有效案例。

为确保数据质量，我们进一步进行数据清洗，包括去除重复数据、修正错误数据和填补缺失数据。最终的统计结果将以表格或图表形式呈现，包括银行刑事案件总数、案由分布、涉案人员情况以及判决结果等相关指标。

《刑法》中银行或银行工作人员作为特殊主体的相关罪名：

第一百八十五条之一 【背信运用受托财产罪】商业银行、证券交易所、期货交易所、证券公司、期货经纪公司、保险公司或者其他金融机构，违背受托义务，擅自运用客户资金或者其他委托、信托的财产，情节严重的，对单位判处罚金，并对其直接负责的主管人员和其他直接责任人员，处三年以下有期徒刑或者拘役，并处三万元以上三十万元以下罚金；情节特别严重的，处三年以上十年以下有期徒刑，并处五万元以上五十万元以下罚金。

第一百八十六条 【违法发放贷款罪】银行或者其他金融机构的工作人员违反国家规定发放贷款，数额巨大或者造成重大损失的，处五年以下有期徒刑或者拘役，并处一万元以上十万元以下罚金；数额特别巨大或者造成特别重大损失的，处五年以上有期徒刑，并处二万元以上二十万元以下罚金。

银行或者其他金融机构的工作人员违反国家规定，向关系人发放贷款的，依照前款的规定从重处罚。

单位犯前两款罪的，对单位判处罚金，并对其直接负责的主管人员和其他直接责任人员，依照前两款的规定处罚。

关系人的范围，依照《中华人民共和国商业银行法》和有关金融法规确定。

第一百八十七条 【吸收客户资金不入账罪】银行或者其他金融机构的工作人员吸收客户资金不入帐，数额巨大或者造成重大损失的，处五年以下有期徒刑或者拘役，并处二万元以上二十万元以下罚金；数额特别巨大或者造成特别重大损失的，处五年以上有期徒刑，并处五万元以上五十万元以下罚金。

单位犯前款罪的，对单位判处罚金，并对其直接负责的主管人员和其他直接责任人员，依照前款的规定处罚。

第一百八十八条 【违规出具金融票证罪】银行或者其他金融机构的工作人员违反规定，为他人出具信用证或者其他保函、票据、存单、资信证明，情节严重的，处五年以下有期徒刑或者拘役；情节特别严重的，处五年以上有期徒刑。

单位犯前款罪的，对单位判处罚金，并对其直接负责的主管人员和其他直接责任人员，依照前款的规定处罚。

第一百八十九条 【对违法票据承兑、付款、保证罪】银行或者其他金融机构的工作人员在票据业务中，对违反票据法规定的票据予以承兑、付款或者保证，造成重大损失的，处五年以下有期徒刑或者拘役；造成特别重大损失的，处五年以上有期徒刑。

单位犯前款罪的，对单位判处罚金，并对其直接负责的主管人员和其他直接责任人员，依照前款的规定处罚。

一、案件总体分布

（一）案件数量分布

1. 总体数量分布

如表1－1所示，经对北大法宝2018年6月1日至2023年6月1日相关案件进行检索，案由为“背信运用受托财产罪”的案件数量为0件；案由为“违法发放贷款罪”的案件数量为245件，占总案件数量的90.07%；案由为“吸收客户资金不入账罪”的案件数量为9件，占总案件数量的3.31%；案由为“违规出具金融票证罪”的案件数量为18件，占总案件数量的6.62%；案由为“对违法票据承兑、付款、保证罪”的案件数量为0件。

表1－1　2018～2023年商业银行特殊主体犯罪案件总体数量分布

单位：件

项目	背信运用受托财产罪	违法发放贷款罪	吸收客户资金不入账罪	违规出具金融票证罪	对违法票据承兑、付款、保证罪	总计
数量	0	245	9	18	0	272

结论：违法发放贷款罪在2018～2023年商业银行特殊主体犯罪案件中数量最多，违规出具金融票证罪案件数量次之，吸收客户资金不入账罪再次之，未检索到背信运用受托财产罪及对违法票据承兑、付款、保证罪的有效案件。

2. 逐年数量分布

如图1－1和表1－2所示，经对北大法宝2018年6月1日至2023年6月1日相关案件进行检索，违法发放贷款罪案件在2019年数量最多，有116件，在2019～2022年呈下降趋势，从116件减少到7件；吸收客户资金不入账罪的案件数量在2020年最多，有4件；违规出具金融票证罪的案件集中出现在2019年和2020年，分别有8件。在所列年份中，未检索到对违法票据承兑、付款、保证罪和背信运用受托财产罪的有效案件。

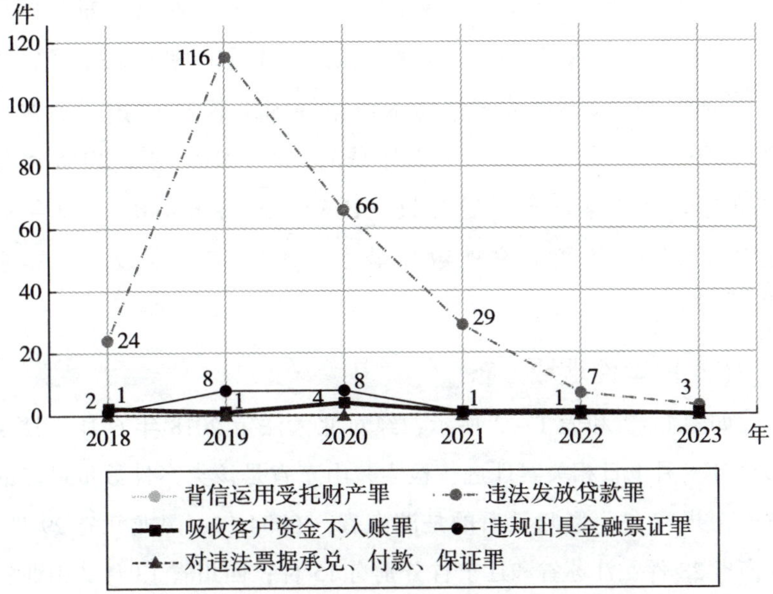

图 1－1　2018～2023 年商业银行工作人员犯罪案件数量的年份分布

表 1－2　2018～2023 年商业银行特殊主体犯罪案件数量的年份分布

单位：件

序号	案由	2018年	2019年	2020年	2021年	2022年	2023年	总计
1	背信运用受托财产罪	0	0	0	0	0	0	0
2	违法发放贷款罪	24	116	66	29	7	3	245
3	吸收客户资金不入账罪	2	1	4	1	1	0	9
4	违规出具金融票证罪	1	8	8	1	0	0	18
5	对违法票据承兑、付款、保证罪	0	0	0	0	0	0	0
总计		27	125	78	31	8	3	272

注：统计的案例为 2018 年 6 月 1 日至 2023 年 6 月 1 日审结的案件。

结论：2018～2023年商业银行特殊主体犯罪案件数量整体呈下降趋势，这一现象可能与近年来裁判文书上网率逐渐下降以及在金融严打背景下相关案件尚未审结等因素有关。由于检索来源为2018年6月至2023年6月审结的案件，因此对于2018年和2023年审结的案件不予进行数量比较，最终可得出2019年商业银行特殊主体犯罪案件数量最多、2023年数量最少的初步结论。

（二）案件地域分布

如图1－2和表1－3所示，经对北大法宝2018年6月1日至2023年6月1日相关案件进行检索，山东省是该类案件数量最多的省份，共38件；紧随其后的是湖南省，有34件；黑龙江省29件；河南省28件；江苏省和辽宁省分别有15件；四川省13件；山西省11件；浙江省、内蒙古自治区、湖北省分别有10件；安徽省和河北省分别有7件；陕西省6件；福建省、甘肃省和天津市分别有5件；贵州省4件；云南省、新疆维吾尔自治区、吉林省、江西省和广西壮族自治区分别有3件；重庆市、广东省分别有2件；宁夏回族自治区有1件；其余省份如上海市、北京市、西藏自治区、青海省、海南省均无该类案件。

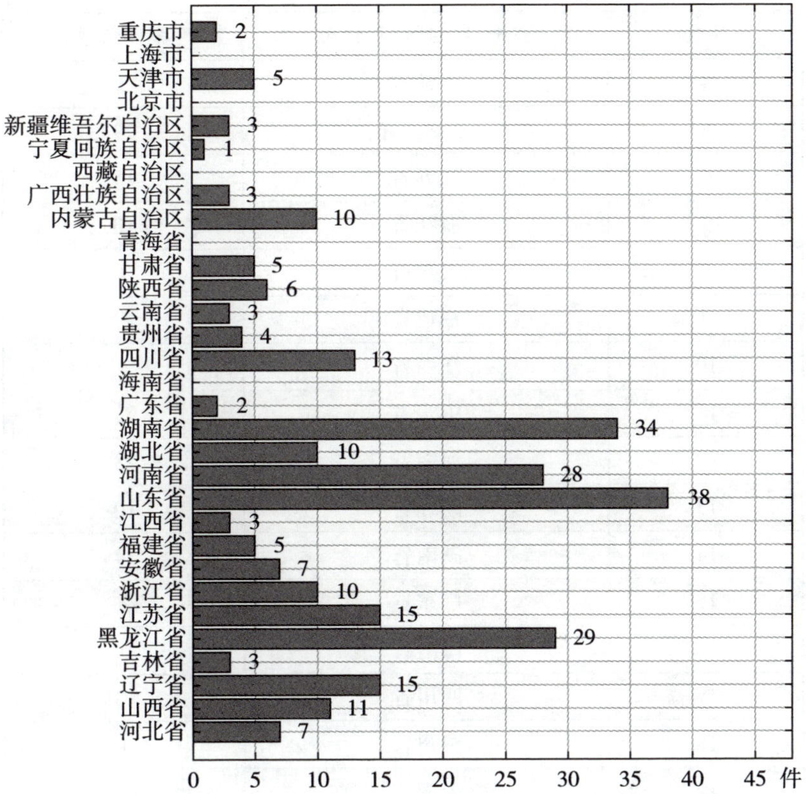

图1－2 各省份/自治区/直辖市商业银行工作人员特殊主体犯罪案件数量统计

表1－3 2018～2023年商业银行特殊主体犯罪案件地域分布

单位：件

序号	省份/自治区/直辖市	案件数量
1	河北省	7
2	山西省	11
3	辽宁省	15

续表

序号	省份/自治区/直辖市	案件数量
4	吉林省	3
5	黑龙江省	29
6	江苏省	15
7	浙江省	10
8	安徽省	7
9	福建省	5
10	江西省	3
11	山东省	38
12	河南省	28
13	湖北省	10
14	湖南省	34
15	广东省	2
16	海南省	0
17	四川省	13
18	贵州省	4
19	云南省	3
20	陕西省	6
21	甘肃省	5
22	青海省	0
23	内蒙古自治区	10
24	广西壮族自治区	3
25	西藏自治区	0
26	宁夏回族自治区	1
27	新疆维吾尔自治区	3

续表

序号	省份/自治区/直辖市	案件数量
28	北京市	0
29	天津市	5
30	上海市	0
31	重庆市	2

结论：2018~2023年商业银行特殊主体犯罪案件中，山东省案件数量最多，湖南省次之，上海市、北京市、西藏自治区、青海省、海南省无相关案件。

二、案件审判情况

（一）案件审判程序

如表1-4所示，经对北大法宝2018年6月1日至2023年6月1日相关案件进行检索，大部分案件只一审即可结束，占总案件数量的93.67%，仅有18件案件进入二审程序，1件案件进入审判监督程序。在一审中，涉及违法发放贷款罪的案件数量最多，共有227件；其次是违规出具金融票证罪，共有18件；最后是吸收客户资金不入账罪，共有8件。在二审中，涉及违法发放贷款罪的案件数量最多，共有17件；其次是吸收客户资金不入账罪，共有1件。在再审中，仅发现1件案由为违法发放贷款罪的案件。

表1-4　2018~2023年商业银行特殊主体犯罪案件审级与案由分布

单位：件

案由	背信运用受托财产罪	违法发放贷款罪	吸收客户资金不入账罪	违规出具金融票证罪	对违法票据承兑、付款、保证罪	总计
一审	0	227	8	18	0	253
二审	0	17	1	0	0	18
再审	0	1	0	0	0	1
总计	0	245	9	18	0	272

注：审级“一审”包括适用普通程序、简易程序和速裁程序的案件。

结论：绝大部分案件只需进行一审审结即可结束，仅有18件案件进入二审程序，1件案件进入再审程序。

（二）案件审判结果

1. 商业银行工作人员犯罪后自由刑适用情况

如图1-3和表1-5、表1-6所示，经对北大法宝2018年6月1日至2023年6月1日相关案件进行检索，在被定罪的388位被告人中，有31人被免予刑事处罚，占总人数的7.99%；有10人被判处拘役，占总人数的2.58%；有347人被判处有期徒刑，占总人数的89.43%。在被判处有期徒刑的347人中，有285人被判处5年以下有期徒刑，60人被判处5年以上10年以下有期徒刑，2人被判处10年及以上有期徒刑。并未出现被判处管制和无期徒刑的情况。

具体到不同案由的商业银行工作人员特殊主体犯罪案免予刑事处罚与主刑适用分布中，只有犯违法发放贷款罪、吸收客户资金不入账罪和违规出具金融票证罪的被告人被免予刑事处罚或被适用拘役、管制、有期徒刑、无期徒刑等主刑。

犯违法发放贷款罪的共有 31 人被免予刑事处罚，10 人被拘役，313 人被判处有期徒刑。在被判处有期徒刑的 331 人中，有 268 人被判处 5 年以下有期徒刑，有 43 人被判处 5 年以上 10 年以下有期徒刑，有 2 人被判处 10 年以上有期徒刑。

犯吸收客户资金不入账罪的共有 9 人，均被判处有期徒刑，4 人被判处 5 年以下有期徒刑，5 人被判处 5 年以上 10 年以下有期徒刑。

犯违法出具金融票证罪的共 25 人，13 人被判处 5 年以下有期徒刑，12 人被判处 5 年以上 10 年以下有期徒刑。

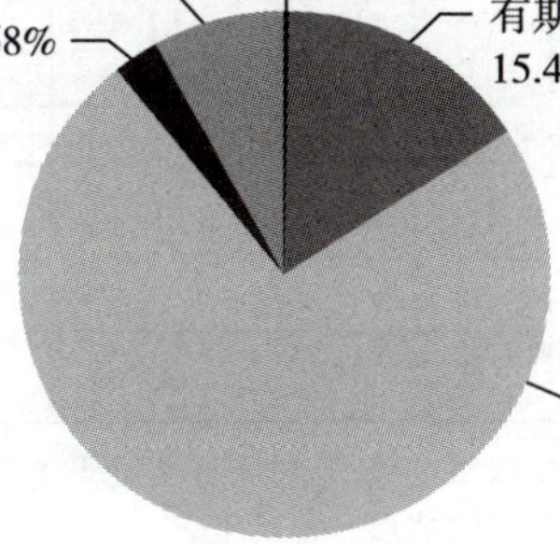

图 1-3 商业银行工作人员免予刑事处罚和主刑适用总体分布情况

表 1-5 商业银行工作人员自由刑适用总体分布情况

单位：人次

项目	免予刑事处罚	管制	拘役	无期徒刑	有期徒刑		
					5 年以下	5 年以上 10 年以下	10 年以上
数量	31	0	10	0	285	60	2

注：有期徒刑“5 年以上 10 年以下”包括判处有期徒刑 5 年的情形，有期徒刑“10 年以上”包括判处有期徒刑 10 年的情形。

表1－6　商业银行工作人员自由刑适用情况与案由分布

单位：人次

案由	免予刑事处罚	管制	拘役	有期徒刑				无期徒刑
				5年以下	5年以上10年以下	10年以上	总计	
背信运用受托财产罪	0	0	0	0	0	0	0	0
违法发放贷款罪	31	0	10	268	43	2	313	0
吸收客户资金不入账罪	0	0	0	4	5	0	9	0
违规出具金融票证罪	0	0	0	13	12	0	25	0
对违法票据承兑、付款、保证罪	0	0	0	0	0	0	0	0
总计	31	0	10	285	60	2	347	0

注：有期徒刑“5年以上10年以下”包括判处有期徒刑5年的情形，有期徒刑“10年以上”包括判处有期徒刑10年的情形。

结论：从总体来看，商业银行工作人员特殊主体犯罪案件中有31人被免予刑事处罚，10人被判处拘役，以上均为违法发放贷款案件，并无判处管制和无期徒刑的情形出现；在对被告人适用主刑时，判处有期徒刑的情况最为普遍，共347人，占比最高。

具体到不同案由的案件中，犯违法发放贷款罪、吸收客户资金不入账罪以及违规出具金融票证罪而被判处有期徒刑的人数占比最多。但具体到有期徒刑的法定刑等级时，犯违法发放贷款罪被判处5年以下有期徒刑的人数最多，犯吸收客户资金不入账罪被判处5年以上10年以下有期徒刑的人数最多，犯违法出具金融票证罪被判处5年以下有期徒刑的人数最多。

2. 商业银行工作人员犯罪后罚金刑适用情况

如图1-4和表1-7所示，经对北大法宝2018年6月1日至2023年6月1日相关案件进行检索，被判处罚金刑的共330人，其中判处1万元以下罚金的有40人，判处1万元到5万元罚金的有132人，判处5万元到10万元罚金的有95人，判处10万元及以上罚金的有63人，其中判处1万元到5万元罚金的人数最多，占总人数的40%。

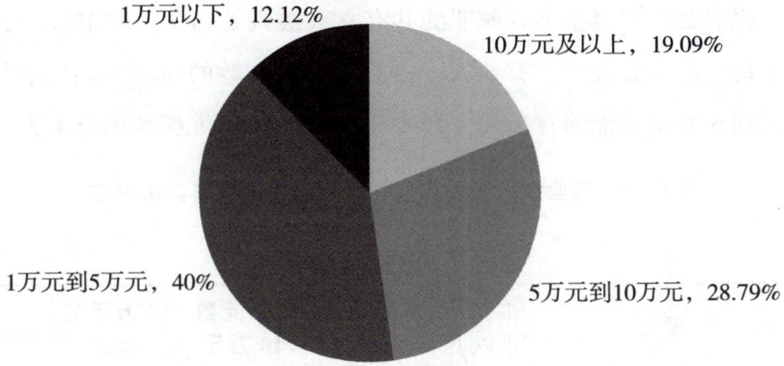

图1-4 商业银行工作人员罚金刑适用总体分布情况

表1-7 商业银行工作人员罚金刑适用总体分布情况

单位：人次

项目	1万元以下	1万元到5万元	5万元到10万元	10万元及以上	总计
数量分布	40	132	95	63	330

注：判处罚金"1万元到5万元"包括判处罚金1万元的情形，判处罚金"5万元到10万元"包括判处罚金5万元的情形，判处罚金"10万元及以上"包括判处罚金10万元的情形。

如表1－8所示，具体到不同案由的商业银行工作人员特殊主体犯罪案件罚金刑适用中，只有涉案罪名为违法发放贷款罪和吸收客户资金不入账罪的被告人被判处罚金刑。

犯违法发放贷款罪的共有321人被判处罚金，其中，判处1万元到5万元罚金的人数最多，有130人，占犯该罪总人数的40.50%；其次为判处5万元到10万元罚金的情形，有94人，占犯该罪总人数的29.28%；判处10万元及以上罚金的人数有57人，占犯该罪总人数的17.76%；判处1万元以下罚金的有40人，占犯该罪总人数的12.46%。

犯吸收客户资金不入账罪的共有9人被判处罚金，判10万元及以上罚金的人数最多，有6人，占犯该罪总人数的66.67%；判处1万元到5万元罚金的有2人，判处5万元到10万元罚金的有1人。

表1－8 商业银行工作人员罚金刑适用情况与案由分布

单位：人次

案由	1万元以下	1万元到5万元	5万元到10万元	10万元及以上	总计
违法发放贷款罪	40	130	94	57	321
吸收客户资金不入账罪	0	2	1	6	9
背信运用受托财产罪	0	0	0	0	0
违规出具金融票证罪	0	0	0	0	0
对违法票据承兑、付款、保证罪	0	0	0	0	0
总计	40	132	95	63	330

注：判处罚金“1万元到5万元”包括判处罚金1万元的情形，判处罚金“5万元到10万元”包括判处罚金5万元的情形，判处罚金“10万元及以上”包括判处罚金10万元的情形。

结论：总体来看，商业银行工作人员特殊主体犯罪案件中有330人被判处罚金刑，其中判处1万元到5万元罚金的人数最多。具体到不同案由的案件中，犯违法发放贷款罪的共321人被判处罚金，其中被判处1万元到5万元罚金的人数最多；犯吸收客户资金不入账罪的共9人被判处罚金，其中被判处10万元及以上罚金的人数最多。

三、涉案主体特征

（一）涉案银行类型

1. 涉案银行总体情况

如图1-5和表1-9所示，经对北大法宝2018年6月1日至2023年6月1日相关案件进行检索，商业银行工作人员特殊主体犯罪案件，涉及国有大型商业银行、股份制商业银行、城市商业银行、农村商业银行、村镇银行、民营银行、外资银行等多种类型商业银行主体。[①] 除22位被告人所属涉案银行名称在判决书中并未明确显示外，在367个被告人所属案件中，涉案人员最多的是农村商业银行，共计160人次，占比43.61%；其次是国有大型商业银行，涉案80人次，占比21.79%；城市商业银行涉案57人次，占比15.54%；股份制商业银行涉案36人次，占比9.81%；村镇银行涉案32人次，

① 参见《银行业金融机构法人名单（截至2023年6月末）》，载国家金融监督管理总局网2023年8月30日，https://www.cbirc.gov.cn/cn/view/pages/governmentDetail.html?docId=1125015&itemId=863&generaltype=1。

占比8.72%；外资银行涉案仅为2人次，占比0.54%；民营银行涉案人次为0。

如表1－10所示，具体从不同案由的商业银行工作人员特殊主体犯罪案件中涉案银行类型分布来看，与涉案银行类型总体分布有所不同，违法发放贷款罪中农村商业银行涉案人数最多，占总涉案人数的46.11%；吸收客户资金不入账罪，中国有大型商业银行涉案人数最多，占总涉案人数的55.56%；违规出具金融票证罪中股份制商业银行涉案人数最多，占总涉案人数的45.83%。

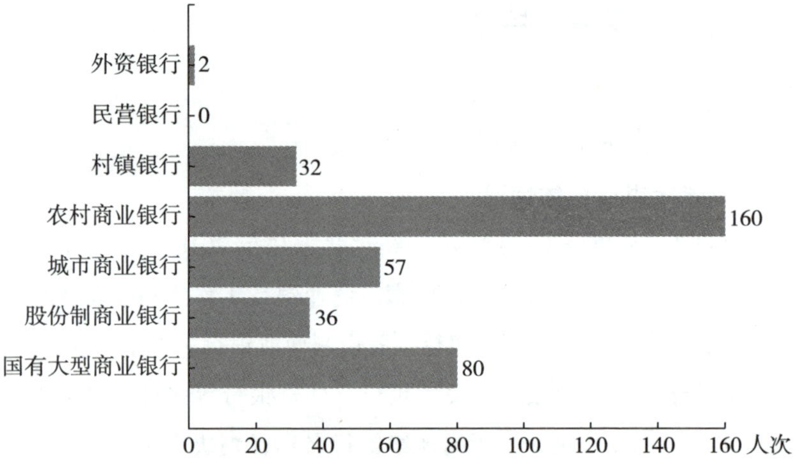

图1－5　商业银行工作人员犯罪案件涉案银行类型分布

表1－9　商业银行工作人员犯罪案件涉案银行类型分布

单位：人次

项目	国有大型商业银行	股份制商业银行	城市商业银行	农村商业银行	村镇银行	民营银行	外资银行	总计
数量分布	80	36	57	160	32	0	2	367

表1-10 商业银行工作人员犯罪案件涉案银行类型与案由分布

单位：人次

案由	国有大型商业银行	股份制商业银行	城市商业银行	农村商业银行	村镇银行	民营银行	外资银行	总计
背信运用受托财产罪	0	0	0	0	0	0	0	0
违法发放贷款罪	70	24	54	154	31	0	1	334
吸收客户资金不入账罪	5	1	0	2	0	0	1	9
违规出具金融票证罪	5	11	3	4	1	0	0	24
对违法票据承兑、付款、保证罪	0	0	0	0	0	0	0	0
总计	80	36	57	160	32	0	2	367

结论：商业银行工作人员特殊主体犯罪案件，涉及国有大型商业银行、股份制商业银行、城市商业银行、农村商业银行、村镇银行、民营银行、外资银行等多种类型商业银行主体。从总体来看，农村商业银行涉案人数最多，国有大型商业银行次之。具体到不同案由的案件涉案人员情况中，违法发放贷款罪中农村商业银行涉案人数最多，吸收客户资金不入账罪中国有大型商业银行涉案人数最多，违规出具金融票证罪中股份制商业银行涉案人数最多。

2. 国有大型商业银行

如图1-6和表1-11所示，经对北大法宝2018年6月1日至

2023年6月1日相关案件进行检索，国有大型商业银行工作人员特殊主体犯罪案件涉案人数80人，中国邮政储蓄银行涉案人数最多，占总涉案人数的35%；中国农业银行次之，占总涉案人数的28.75%；中国银行涉案人数最少，仅占国有大型商业银行工作人员总涉案人数的2.5%。具体到不同案由的案件中，犯违法发放贷款罪人数最多的为中国邮政储蓄银行，有25人，占犯该罪总人数的35.71%；其次为中国农业银行，有21人，占犯该罪总人数的30%；中国银行人数最少，仅1人。中国邮政储蓄银行和中国农业银行吸收客户资金不入账罪的涉案人数并列最多，均为2人；交通银行、中国建设银行和中国工商银行并无工作人员犯此罪。犯违规出具金融票证罪人数最多的为交通银行，其次为中国邮政储蓄银行，其他国有大型商业银行并无工作人员犯此罪。

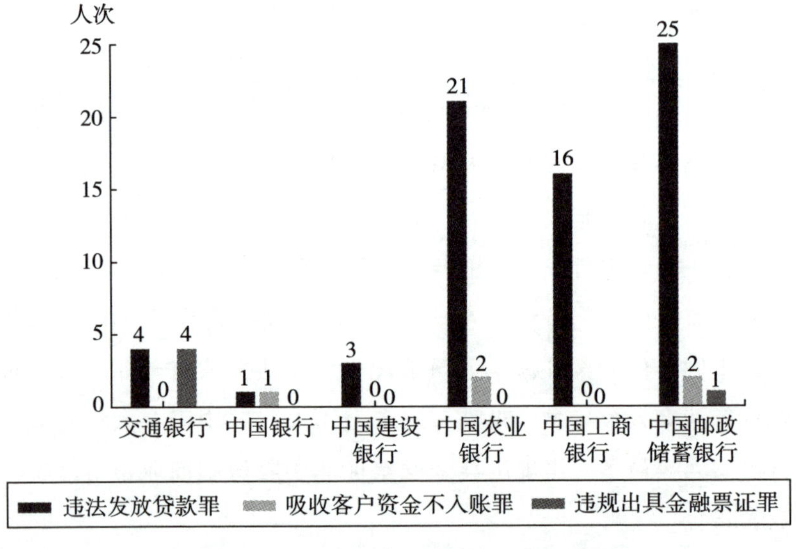

图1-6　国有大型商业银行涉案人员数量与案由分布

表 1－11 国有大型商业银行涉案人员数量与案由分布

单位：人次

序号	银行名称	违法发放贷款罪	吸收客户资金不入账罪	违规出具金融票证罪	总计
1	交通银行	4	0	4	8
2	中国银行	1	1	0	2
3	中国建设银行	3	0	0	3
4	中国农业银行	21	2	0	23
5	中国工商银行	16	0	0	16
6	中国邮政储蓄银行	25	2	1	28
总计		70	5	5	80

结论：从总体来看，在国有大型商业银行工作人员特殊主体犯罪案件中，中国邮政储蓄银行涉案人数最多，中国农业银行次之，中国银行涉案人数最少。具体到不同案由的案件中，犯违法发放贷款罪人数最多的为中国邮政储蓄银行，中国农业银行次之；犯吸收客户资金不入账罪人数最多的是中国邮政储蓄银行和中国农业银行；犯违规出具金融票证罪人数最多的为交通银行，中国邮政储蓄银行次之。

3. 股份制商业银行

如图 1－7 和表 1－12 所示，经对北大法宝 2018 年 6 月 1 日至 2023 年 6 月 1 日相关案件进行检索，股份制商业银行工作人员特殊主体犯罪案件涉案人数 36 人，中国民生银行、兴业银行、包商银行（已破产）涉案人数最多，均为 5 人、占总涉案人数的 13.89%；中信银行、平安银行、恒丰银行次之，均为 4 人、占总涉案人数的 11.11%；浙商银行、华夏银行、渤海银行涉案人次为 0。具体到不同案由的案件时，犯违法发放贷款罪人数最多的是包商银行，为 5

人，平安银行次之，为4人；犯吸收客户资金不入账罪的仅中信银行一家股份制商业银行；犯违规出具金融票证罪人数最多的是中国民生银行和兴业银行，均为3人，恒丰银行和广发银行次之，均为2人。

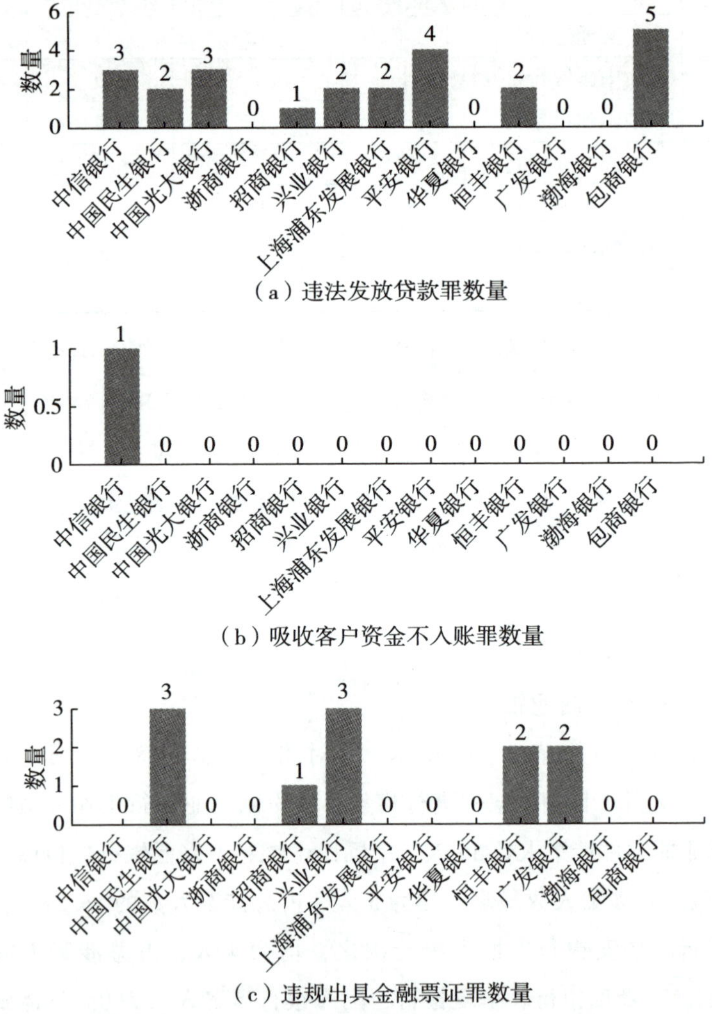

图1-7　股份制商业银行涉案人员数量与案由分布

表 1-12 股份制商业银行涉案人员数量与案由分布

单位：人次

序号	银行名称	违法发放贷款罪	吸收客户资金不入账罪	违规出具金融票证罪	总计
1	中信银行	3	1	0	4
2	中国民生银行	2	0	3	5
3	中国光大银行	3	0	0	3
4	浙商银行	0	0	0	0
5	招商银行	1	0	1	2
6	兴业银行	2	0	3	5
7	上海浦东发展银行	2	0	0	2
8	平安银行	4	0	0	4
9	华夏银行	0	0	0	0
10	恒丰银行	2	0	2	4
11	广发银行	0	0	2	2
12	渤海银行	0	0	0	0
13	包商银行	5	0	0	5
总计		24	1	11	36

结论：从总体来看，在股份制商业银行工作人员特殊主体犯罪案件中，中国民生银行、兴业银行和包商银行（已破产）涉案人数并列最多。具体到不同案由的案件中，犯违法发放贷款罪人数最多的是包商银行，平安银行次之；犯吸收客户资金不入账罪的仅中信银行一家股份制商业银行，犯违规出具金融票证罪人数最多的是中国民生银行和兴业银行，恒丰银行和广发银行次之。

（二）商业银行涉案工作人员职务

如图1－8和表1－13所示，经对北大法宝2018年6月1日至2023年6月1日相关案件进行检索，在商业银行工作人员特殊主体犯罪案件中，总涉案人数为389人，其中有3人职务不明。在剩余386名涉案人员中，一般员工有224人，占总涉案人数的58.03%；高层领导干部次之，占总涉案人数的27.72%；中层管理人员最少，占总涉案人数的14.24%。

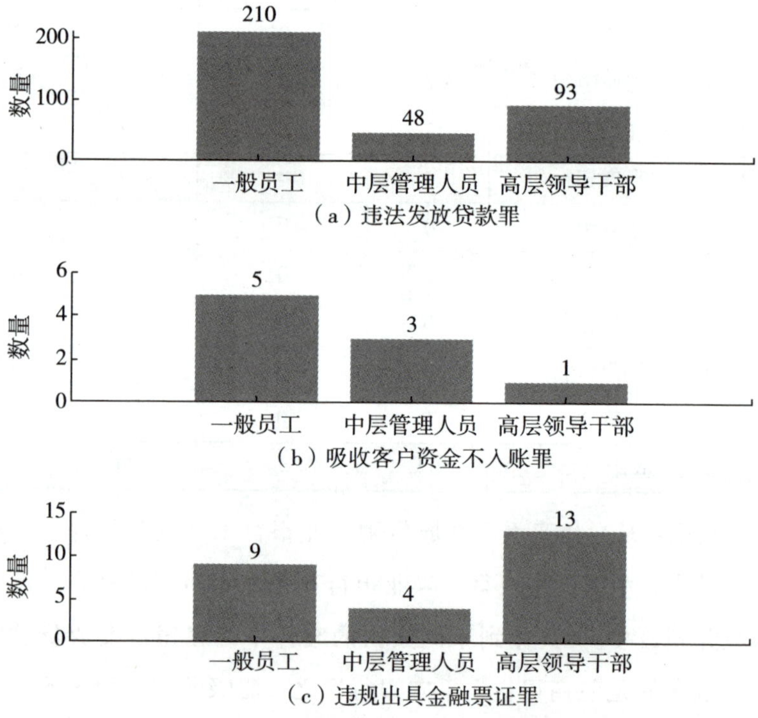

图1－8　商业银行涉案工作人员职务与案由分布

表 1－13 涉案人员职务分类口径

职务类型	具体职位关键词
一般员工	业务员、员工、职工、柜员、会计、出纳、信贷员、科员、客户经理、客户经理助理、区域销售经理、主管、合规督导员、资产保全科长、基建办公室基建主管、组长、组员、贷后管理员、大厅经理、产品经理、退休、内退、病退、工作人员、工作员、办事员、业务员、专员、代办员、农贷员、农金员、协理员、保管员、放款员、联络员、信息员、销售员、营销员、营业员、审查员、清收员、稽查员、记账员、核查员等
中层管理人员	除一般员工、领导干部以外的人员
高层领导干部	董事长、监事长、行长、副行长、理事长、总经理、法定代表人、实际控制人、实际负责人、处级、厅级、局级、省级、部级、国家级等 其中支行行长纳入领导干部统计范围

注：职位关键词以《中国金融机构从业人员犯罪问题研究白皮书（2022）》为依据，结合本书实际检索数据归纳列出。

但如表 1－14 所示，在不同案由的案件中，涉案人员职务分布与总体分布有所不同。在违法发放贷款罪中，一般员工在总涉案人数中占比最多，为 59.83%；在吸收客户资金不入账罪中，一般员工在总涉案人数中占比最多，为 55.56%；在违规出具金融票证罪中，高层领导干部在总涉案人数中占比最多，为 50%。

表 1－14 商业银行涉案工作人员职务、案由与数量分布

单位：人次

罪名	一般员工	中层管理人员	高层领导干部
背信运用受托财产罪	0	0	0
违法发放贷款罪	210	48	93
吸收客户资金不入账罪	5	3	1
违规出具金融票证罪	9	4	13

续表

罪名	一般员工	中层管理人员	高层领导干部
对违法票据承兑、付款、保证罪	0	0	0
总计	224	55	107

结论：从总体而言，在商业银行工作人员特殊主体犯罪案件中，涉案人员以一般员工为主，高层领导干部次之，中层管理人员最少。具体到不同案由的案件中，在违法发放贷款案件中，一般员工涉案人数最多；在吸收客户资金不入账案件中，一般员工涉案人数最多；而在违规出具金融票证案件中，高层领导干部涉案人数最多。

四、案涉业务领域

如表1－15所示，经对北大法宝2018年6月1日至2023年6月1日相关案件进行检索，根据判决书内容进行统计：犯违法发放贷款罪案件共245件，所涉业务均为资产业务；犯吸收客户资金不入账罪案件共9件，所涉业务均为负债业务；犯违规出具金融票证罪案件共18件，所涉业务均为中间业务；犯背信运用受托财产罪和对违法票据承兑、付款、保证罪暂无数据来源。

表1－15　商业银行工作人员犯罪案件涉及业务领域与数量分布

案涉业务领域	主要对应罪名	案件数量/件
资产业务	违法发放贷款罪	245
负债业务	吸收客户资金不入账罪	9
中间业务	违规出具金融票证罪	18
创新业务	背信运用受托财产罪；对违法票据承兑、付款、保证罪；违规出具金融票证罪	0

五、共同犯罪情况

(一) 共犯类型

1. 总体情况

如图1－9和表1－16所示，经对北大法宝2018年6月1日至2023年6月1日相关案件进行检索，商业银行工作人员特殊主体犯罪案件涉案人数共389人（其中包括1个被告人被撤销原判后改判无罪），其中个人犯罪共221人次，占比56.81%；共同犯罪共168人次，占比43.19%。具体到不同案由的案件中，违法发放贷款罪个人犯罪为201人次，共同犯罪为153人次，共同犯罪人数占比为43.22%；吸收客户资金不入账罪均为个人犯罪；违法出具金融票证罪个人犯罪为11人次，共同犯罪为15人次，共同犯罪人数占比57.69%。

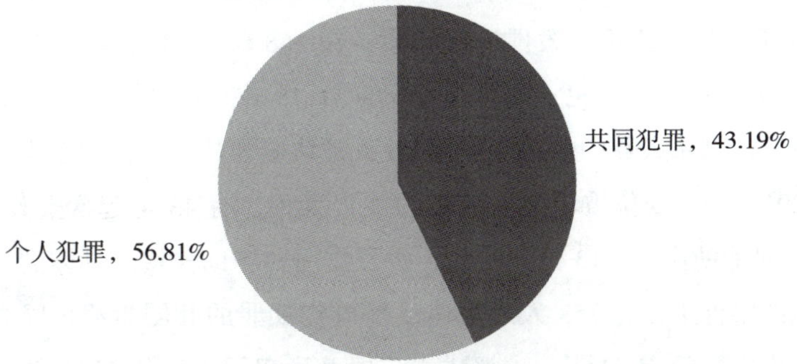

图1－9　商业银行工作人员共同犯罪情况

表 1－16　商业银行工作人员共同犯罪情况

单位：人次

罪名	个人犯罪	共同犯罪
背信运用受托财产罪	0	0
违法发放贷款罪	201	153
吸收客户资金不入账罪	9	0
违规出具金融票证罪	11	15
对违法票据承兑、付款、保证罪	0	0
总计	221	168

结论：商业银行工作人员特殊主体犯罪案件中，个人犯罪人数占比 56.81%，共同犯罪人数占比 43.19%，共同犯罪占据相当大部分比例。具体到不同案由的案件中，违法出具金融票证罪共同犯罪人数占比过半，为 57.69%；违法发放贷款罪共同犯罪占比 43.22%。

2. 共犯地位

如图 1－10 和表 1－17 所示，经对北大法宝 2018 年 6 月 1 日至 2023 年 6 月 1 日相关案件进行检索，在 168 位共同犯罪被告人中，有 86 人被认定为主犯，占据总人数的 51.19%；有 16 人被认定为胁从犯，占据总人数的 9.52%；有 66 人被认定为从犯，占据总人数的 39.29%。在 66 位被认定为从犯的被告人中，有 43 位起次要作用，10 位起辅助作用，13 位同时起到次要作用和辅助作用。具体到不同案由的案件中，有 153 人成立违法发放贷款罪的共同犯罪，同时被认定为主犯的有 79 人，占据成立该罪共同犯罪人数的 51.63%；有 15 人成立违规出具金融票证罪的共同犯罪，同时被认定为从犯的有 8 人，占据成立该罪共同犯罪人数的 53.33%，超过主犯人数。

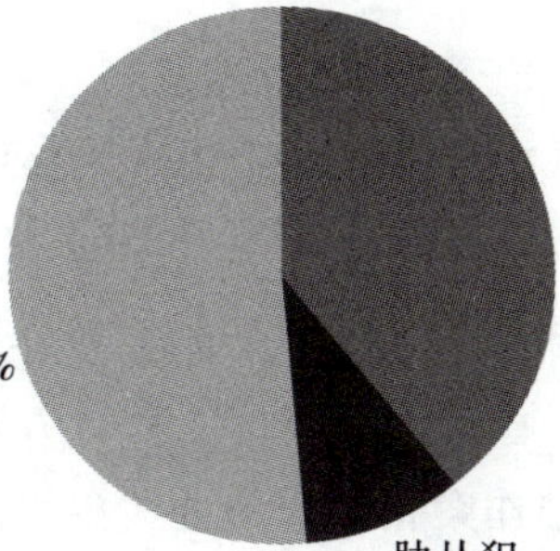

图1－10　商业银行工作人员共同犯罪案件中共犯地位情况

表1－17　商业银行工作人员共同犯罪案件中共犯地位情况

单位：人次

罪名	主犯	胁从犯	从犯		
			起次要作用	起辅助作用	次要作用＋辅助作用
违法发放贷款罪	79	16	39	6	13
吸收客户资金不入账罪	0	0	0	0	0
违规出具金融票证罪	7	0	4	4	0
总计	86	16	66		

注：关于共同犯罪类型的分类标准源自张明楷《刑法学（上）》第449～450页——主犯、从犯、胁从犯（刑法对教唆犯作了专门规定，但教唆犯并不是与主犯、从犯、胁从犯并列的共犯人）。

结论：从总体来看，在商业银行工作人员特殊主体共同犯罪案件中，被认定为主犯的人数占比最大，为51.19%；胁从犯占比9.52%；从犯占比39.29%。具体到不同案由的案件中，被认定为违法发放贷款共同犯罪主犯的比例最大，为51.63%；被认定为违规出具金融票证共同犯罪从犯的比例最大，为53.33%。

（二）作案方式

如图1－11和表1－18所示，经对北大法宝2018年6月1日至2023年6月1日相关案件进行检索，在168位共同犯罪被告人中，有146人进行内部共同作案，占共同犯罪总人数的86.90%；有13人进行内外勾结作案，占共同犯罪总人数的7.74%；有9人通过内部共同作案与内外勾结作案相结合的方式犯罪，占共同犯罪总人数的5.36%。具体到不同案由的案件中，在违法发放贷款罪共同犯罪中，有139人为内部共同作案，占犯该罪共同犯罪总人数的90.85%，有9人采取内部共同作案与内外勾结作案相结合的方式，占犯该罪共同犯罪总人数的5.88%，有5人采取内外勾结作案的方式，占犯该罪共同犯罪总人数的3.27%；在违规出具金融票证罪共同犯罪中，有8人采取内外勾结作案方式，占犯该罪共同犯罪总人数的53.33%，有7人采取内部共同作案方式，占犯该罪共同犯罪总人数的46.67%。

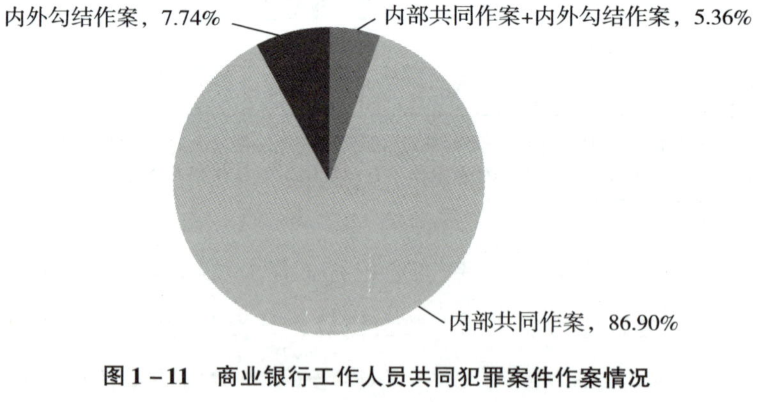

图1－11　商业银行工作人员共同犯罪案件作案情况

表 1－18 商业银行工作人员共同犯罪案件作案情况

单位：人次

罪名	内部共同作案	内外勾结作案	内部共同作案＋内外勾结作案
违法发放贷款罪	139	5	9
吸收客户资金不入账罪	0	0	0
违规出具金融票证罪	7	8	0
总计	146	13	9

结论：从总体来看，在商业银行工作人员特殊主体共同犯罪案件中，采取内部共同作案方式人数最多，占比 86.90%；采取内部共同作案与内外勾结作案相结合方式犯罪的人数最少，占比 5.36%。具体到不同案由的案件中，违法发放贷款罪中采取内部共同作案方式的人数最多，违规出具金融票证罪中采取内外勾结作案方式的人数最多。

六、单位犯罪情况

（一）单位犯罪总体情况

如表 1－19 所示，经对北大法宝 2018 年 6 月 1 日至 2023 年 6 月 1 日相关案件进行检索，在商业银行特殊主体犯罪案件中，有 8 个案件、18 个被告人因单位犯罪被定罪，其余均为自然人犯罪。在违规出具金融票证罪中，有 1 个案件、2 个被告人成立单位犯罪，涉案单位为民生银行（股份制商业银行）；在违法发放贷款罪中，有 7 个案件、16个被告人成立单位犯罪，涉案单位分别为本溪市商业银行（城市商业银行）、达州市商业银行（城市商业银行）、辽宁桓仁农村商业银行（农村商业银行）、伊春农村商业银行乌伊岭支行（农村商业银行）、富民村镇银行（村镇银行）。

表1-19　商业银行特殊主体单位犯罪总体情况

单位：人次

罪名	自然人犯罪	单位犯罪
背信运用受托财产罪	0	0
违法发放贷款罪	338	16
吸收客户资金不入账罪	9	0
违规出具金融票证罪	24	2
对违法票据承兑、付款、保证罪	0	0
总计	371	18

（二）单位犯罪认定情况

根据现行《刑法》第30条的规定，公司、企业、事业单位、机关、团体实施的危害社会的行为，法律规定为单位犯罪的，是单位犯罪。商业银行单位犯罪有以下基本特征：

首先，商业银行单位犯罪是单位本身的犯罪，而不是单位各个成员的犯罪集合。单位成员之间按照单位统一要求和一定秩序，相互联系，相互作用，协调一致。商业银行单位犯罪必须是以单位名义实施的犯罪，犯罪由单位的决策机构按照单位的决策程序决定，由直接责任人员实施。以徐某东、贾某艳违规出具金融票证一案为例，法院认为，被告人徐某东作为民生银行罗某支行行长，在工作中为完成存款任务，通过各种会议的形式提倡开票拉存款，并亲自参与向贷款关系单位筹借或让贾某艳提供用于出具银行承兑汇票的全额保证金，要求本单位相关人员具体办理，并经贷款关系单位的配合共同完成了审批材料的伪造行为，达到开具条件，其本人作为单位负责人予以审批。本应是有真实贸易背景的付款人作为出票人向银行申请出具，而在本案中该票据的出具全权由徐某东及相关人员通过职务配合形成单位意志，并在该意志的支配下，为本单位谋取非法利益而实施，所以，对本案的犯罪，徐某东作为直接负责的主管人员依法应当承担刑事责任。①

其次，商业银行单位犯罪是为本单位谋取非法利益或者以单位名义为本单位全体成员谋取非法利益。为本单位谋取非法利益，包括为单位本身谋取非法利益，违法所得由单位本身所有，也包括以各种理由将非法所得分配给单位全体成员享有。以陈某城违法发放贷款罪一案为反例，法院认为，“关于辩护人提出的违法发放贷款部分系单位犯罪的辩护意见，经查，根据相关规定，以单位名义实施犯罪，违法所得归单位所有的，是单位犯罪。本案违法发放贷款犯罪虽是以厦门口行名义实施，但其并未获得违法所得，反而损失巨额贷款，故不应认定为单位犯罪”。②

另外，需要注意的是，我国《刑法》对于商业银行犯罪大部分罪名均对单位作为犯罪主体有所规定，在这种情况下，单位作为一个完整的主体，与自然人一起形成共同金融犯罪就成为可能。单位与自然人形成的共同犯罪，一般是指一个或数个单位与该单位以外

---

① 徐某东、贾某艳违规出具金融票证案，山东省临沂市罗庄区人民法院（2018）鲁1311刑初366号刑事判决书。

② 陈某城违法发放贷款案，福建省厦门市湖里区人民法院（2019）闽0206刑初229号刑事判决书。

的一个或数个自然人相勾结而实行的共同犯罪。但统计结果显示，单位与其内部成员之间共同实施犯罪的情况更普遍，对于单位以及单位内部工作人员的处理方式，在一般情况下，单位内部成员尤其是对单位犯罪负直接责任的主管人员不会与本单位构成共犯，一般单位成员为单位利益所实施的犯罪行为应被理解为单位整体犯罪行为的组成部分。以汪某军违法发放贷款一案为例，法院认为，“在单位犯罪时，直接负责的主管人员及其他直接责任人员，与该单位本身不成立共同犯罪，只认定为一个单位犯罪；但是，直接负责的主管人员与其他直接责任人员仍然成立共同犯罪”。① 但需注意的是，单位内部成员的行为既有从属于单位整体意志和行为的一面，也有作为社会生活中的个体作出独立行为的一面。

七、关联犯罪风险

（一）违法发放贷款罪关联犯罪

如图1-12和表1-20所示，违法发放贷款罪的关联犯罪案件类型众多，具体包括：骗取贷款罪，受贿罪，非国家工作人员受贿罪，挪用资金罪，违规出具金融票证罪，职务侵占罪，诈骗罪，挪用公款罪，伪造公司、企业、事业单位、人民团体印章罪，贪污罪，非法吸收公共存款罪，高利转贷罪，信用卡诈骗罪，强迫交易罪，敲诈勒索罪，虚假诉讼罪。其中，与违法发放贷款案件关联程度最强

---

① 汪某军违法发放贷款案，黑龙江省汤旺县人民法院（2020）黑0723刑初2号刑事判决书。

的犯罪为骗取贷款罪，共32件，其次为受贿罪，共10件。

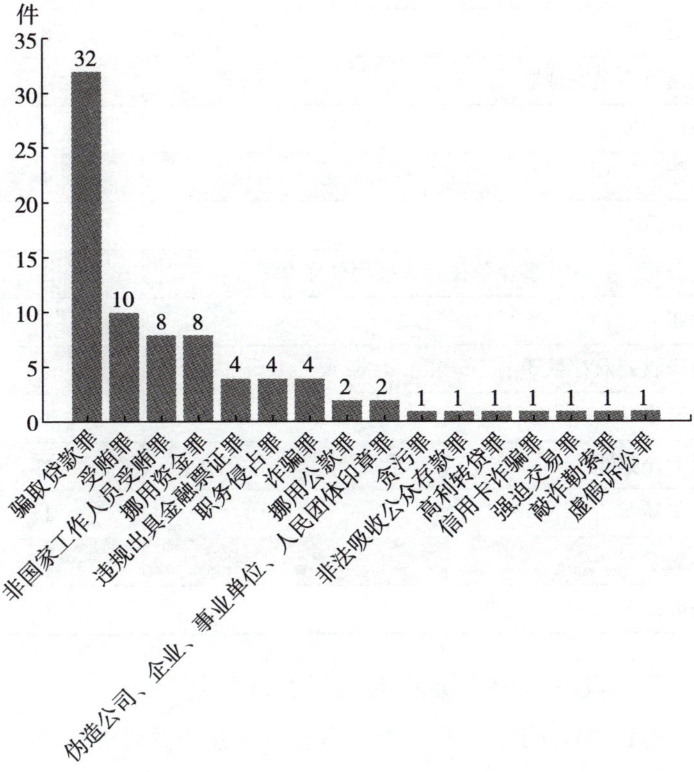

图1-12　商业银行工作人员违法发放贷款案件关联犯罪情况

表1-20　商业银行工作人员违法发放贷款案件关联犯罪情况

单位：件

关联罪名	数量
骗取贷款罪	32
受贿罪	10
非国家工作人员受贿罪	8

续表

关联罪名	数量
挪用资金罪	8
违规出具金融票证罪	4
职务侵占罪	4
诈骗罪	4
挪用公款罪	2
伪造公司、企业、事业单位、人民团体印章罪	2
贪污罪	1
非法吸收公众存款罪	1
高利转贷罪	1
信用卡诈骗罪	1
强迫交易罪	1
敲诈勒索罪	1
虚假诉讼罪	1

（二）吸收客户资金不入账罪关联犯罪

如表 1－21 所示，与吸收客户资金不入账罪关联的犯罪类型相对单一，仅挪用资金罪 2 件。

表 1－21　商业银行工作人员吸收客户资金不入账案件关联犯罪情况

单位：件

关联罪名	数量
挪用资金罪	2

（三）违法出具金融票证罪关联犯罪

如表 1－22 所示，与吸收客户资金不入账罪相关联的犯罪类型主要有：非国家工作人员受贿罪，违法发放贷款罪，职务侵占罪，骗取票据承兑罪，挪用资金罪，伪造公司、企业、事业单位、人民团体印章罪。其中，非国家工作人员受贿罪、违法发放贷款罪和职务侵占罪与违法发放贷款罪关联程度最高，均为2件。

表1－22　商业银行工作人员违法出具金融票证案件关联犯罪情况

单位：件

关联罪名	数量
非国家工作人员受贿罪	2
违法发放贷款罪	2
职务侵占罪	2
骗取票据承兑罪	1
挪用资金罪	1
伪造公司、企业、事业单位、人民团体印章罪	1

八、涉案金额与追赃挽损

数额在衡量银行业犯罪轻重时具有至关重要的作用，一般情况下，犯罪数额大小与商业银行工作人员犯罪行为的社会危害程度成正比。《刑法》将犯罪数额作为区分罪与非罪的重要依据，也作为划分罪行轻重的重要标志，在确定适用刑罚档次和选择刑罚种类时具有重要作用。

（一）涉案金额统计

如图1－13和表1－23所示，经对北大法宝2018年6月1日至

2023年6月1日相关案件进行检索，提取判决书内容并统计，可知在商业银行工作人员特殊主体犯罪案件中共387人次有确切涉案金额，均不低于1万元；涉案金额在1万~1000万元的人数最多，共204人，占总人数的52.71%；涉案金额在1000万~5000万元有97人，占总人数的25.06%；涉案金额在5000万~1亿元有29人，占总人数的7.49%；涉案金额在1亿~10亿元有46人，占总人数的11.89%；涉案金额在10亿元以上的有11人，占总人数的2.84%。

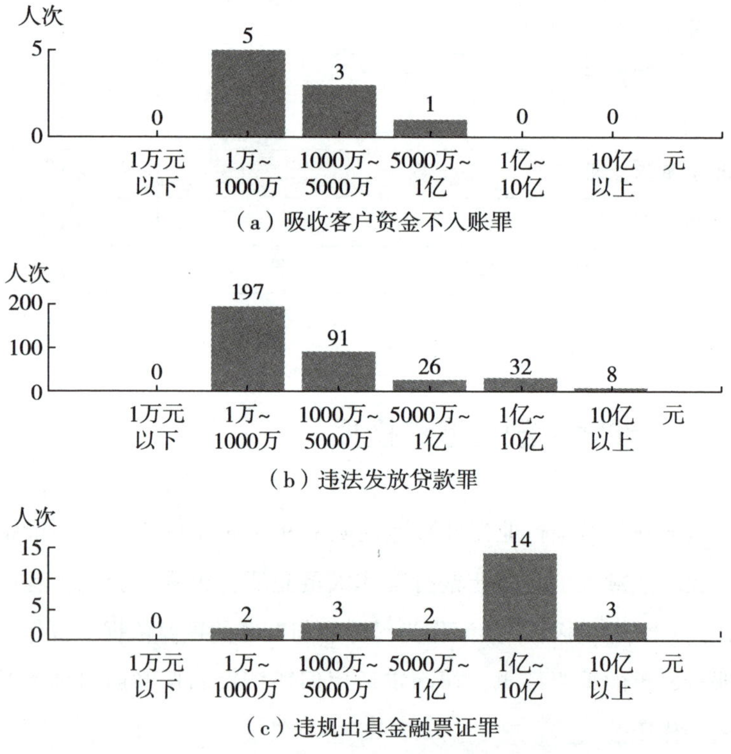

图1-13　商业银行工作人员犯罪案件涉案金额总体分布

表 1－23　商业银行工作人员犯罪案件涉案金额总体分布

单位：人次

罪名	1 万元以下	1 万～1000 万元	1000 万～5000 万元	5000 万～1 亿元	1 亿～10 亿元	10 亿元以上
吸收客户资金不入账罪	0	5	3	1	0	0
违法发放贷款罪	0	197	91	26	32	8
违规出具金融票证罪	0	2	3	2	14	3
总计	0	204	97	29	46	11

注：“1 万～1000 万元”金额包括 1 万元，“1000 万～5000 万元”包括 1000 万元；“5000 万～1 亿元”包括 5000 万元；“1 亿～10 亿元”包括 1 亿元；“10 亿元以上”包括 10 亿元。

如表 1－24 所示，具体到不同案由的案件中，违法发放贷款罪的平均涉案金额为 116,790,537 元，最高涉案金额 6,480,000,000 元，最低涉案金额 250,000 元；吸收客户资金不入账罪平均涉案金额为 15,655,037 元，最高涉案金额 62,307,955 元，最低涉案金额 650,000 元；违规出具金融票证罪平均涉案金额为 1,003,703,000 元，最高涉案金额 5,670,000,000 元，最低涉案金额 3,500,000 元。吸收客户资金不入账罪涉案金额集中在 1 万～1000 万元，违法发放贷款罪被告人涉案金额在 1 万～1000 万元的人数最多，违规出具金融票证罪涉案金额集中分布在 1 亿元以上，占犯该罪总人数的 70.83%。

表1－24　商业银行工作人员犯罪案件涉案金额案由分布

单位：元

罪名	平均涉案金额	最高涉案金额	最低涉案金额	金额类型
违法发放贷款罪	116, 790, 537	6, 480, 000, 000	250, 000	发放贷款金额
吸收客户资金不入账罪	15, 655, 037	62, 307, 955	650, 000	吸收客户资金
违规出具金融票证罪	1, 003, 703, 000	5, 670, 000, 000	3, 500, 000	保函/凭证面值

结论：从总体来看，商业银行工作人员特殊主体犯罪案件涉案金额极高，均不低于1万元，涉案金额在1万～1000万元的人数最多，占总人数的52.71%，涉案金额在1亿～10亿元的人数占总人数的11.89%；涉案金额在10亿元以上的占总人数的2.84%，涉案金额在1亿元以上的占总人数的14.73%。

具体来看，违法发放贷款罪的平均涉案金额为116, 790, 537元，吸收客户资金不入账罪的平均涉案金额为15, 655, 037元，违规出具金融票证罪的平均涉案金额为1, 003, 703, 000元；吸收客户资金不入账罪和违法发放贷款罪涉案金额集中在1万～1000万元，违规出具金融票证罪涉案金额集中分布在1亿元以上区间内，占犯该罪总人数的70.83%。

（二）追赃挽损情况

1. 损失情况

在判决明确表示商业银行工作人员犯罪造成重大损失或特别重大损失的条件下，如表1－25所示，商业银行工作人员特殊主体犯罪案件造成损失金额分布在“100万～1000万元”的人数最多，占总人数的59.18%，可见此类案件损失金额之巨大。另外，造成损失金额分布在更高区间内如“1000万～1亿元”、“1亿～10亿元”以及“10亿元以上”的人数也不容小觑，共占总人数的21.77%。

表1－25 商业银行工作人员犯罪案件损失情况

单位：人次

损失情况	吸收客户资金不入账罪	违法发放贷款罪	总计
1万元以下	0	0	0
1万～10万元	0	0	0
10万～100万元	1	27	28
100万～1000万元	5	82	87
1000万～1亿元	3	20	23
1亿～10亿元	0	8	8
10亿元以上	0	1	1

注：

①表1－25为“造成重大损失；造成特别重大损失；数额巨大且造成重大损失；数额巨大并造成特别重大损失；数额特别巨大且造成特别重大损失”情况下损失金额的统计结果；

②表1－25分类中“1万～10万元”金额包括1万元，“10万～100万元”金额包括10万元，“100万～1000万元”金额包括100万元，“1000万～1亿元”金额包括1000万元，“1亿～10亿元”金额包括1亿元；“10亿元以上”包括10亿元。

2. 挽损情况

如表1－26所示，商业银行工作人员特殊主体犯罪案件挽损情况不容乐观，造成损失相关案件的平均追回率仅15.61%，以“全部未追回”的情形为主。具体到不同案由的案件中，违法发放贷款案件平均追回率为15.85%，吸收客户资金不入账案件平均追回率仅12.35%（其他相关数据见表1－27）。

表 1-26　商业银行工作人员犯罪案件挽损情况

挽损情况	违法发放贷款罪/人次	吸收客户资金不入账罪/人次	总计
全部未追回	77	7	84
1 万元以下	0	0	0
1 万～10 万元	3	0	3
10 万～100 万元	32	2	34
100 万～1000 万元	8	0	8
1000 万～1 亿元	2	0	2
平均追回率/%	15.85	12.35	15.61

注：

①表 1-26 为"造成重大损失；造成特别重大损失；数额巨大且造成重大损失；数额巨大并造成特别重大损失；数额特别巨大且造成特别重大损失"情况下追回金额的统计结果；

②表 1-26 分类中"1 万～10 万元"金额包括 1 万元，"10 万～100 万元"金额包括 10 万元，"100 万～1000 万元"金额包括 100 万元，"1000 万～1 亿元"金额包括 1000 万元，"1 亿～10 亿元"金额包括 1 亿元；

③追回率＝（追回金额/损失金额）×100%；损失金额由判决书直接说明或推知，是商业银行在穷尽相应合法救济手段后于立案侦查时仍无法收回的贷款；追回金额，是指在立案后、判决前已被成功追回的金额（或价值），包括犯罪嫌疑人或其家属退赔或通过其他方式追缴的金额；

④平均追回率＝（所有案件的追回率之和/案件总数）×100%。

表 1-27　商业银行工作人员犯罪案件追赃挽损情况分布

单位：元

罪名	追损情况	平均值	最高值
违法发放贷款罪	损失金额	26,583,461	1,017,121,700
	追回金额	933,721	45,672,800
吸收客户资金不入账罪	损失金额	15,655,036.71	3,645,385.47
	追回金额	313,333	650,004

九、犯罪方式和技术手段

(一) 违规出具金融票证罪

如表1－28所示，商业银行工作人员在进行违规出具金融票证犯罪中主要采取“出具保函”“承兑汇票”“出具虚假资信证明”“出具空白储蓄存单”等方式。其中，以“出具保函”方式进行犯罪的人数最多，共16人次，占违规出具金融票证案件总人数的59.26%；以“承兑汇票”方式进行犯罪的人数共8人次，占违规出具金融票证总人数的29.63%。

表1－28　违规出具金融票证案件犯罪方式

单位：人次

采取犯罪方式	涉案人次
出具保函	16
承兑汇票	8
虚假资信证明	1
出具空白储蓄存单	1
其他方式	1

(二) 吸收客户资金不入账罪

如表1－29所示，商业银行工作人员在进行吸收客户资金不入账犯罪中主要采取“直接私自截留或转存”“高利引诱（以利息或好处费）”“虚构项目（如理财产品）”“不当途径获取密码操作撤单”等方式。其中，以“直接私自截留或转存”方式进行犯罪的人数最多，共5人次，占吸收客户资金不入账犯罪案件总人数的55.56%；以“虚构项目（如理财产品）”方式进行犯罪的人数共2人次，占违规出具金融票证总人数的22.22%。

表1－29　吸收客户资金不入账案件犯罪方式

单位：人次

犯罪方式	数量
高利引诱（以利息或好处费）	1
虚构项目（如理财产品等）	2
不当途径获取密码操作撤单	1
直接私自截留或转存	5

（三）违法发放贷款罪

如表1－30所示，商业银行工作人员在进行违法发放贷款犯罪中主要采取“审查不严”“明知违规但仍然办理”“冒用身份”“伪造材料”“虚构合同”“虚构贷款用途”“高利转贷”“虚构还款能力”等方式。其中，因“审查不严”构成犯罪的人数最多，共156人次，因“明知违规但仍然办理”构成犯罪的共149人次，因“冒用身份”构成犯罪的共30人次，因“伪造材料”构成犯罪的共29人次，因“虚构合同”构成犯罪的共10人次，因“虚构贷款用途”构成犯罪的共6人次，因“高利转贷”构成犯罪的共2人次，因“虚构还款能力”构成犯罪的共1人次。其中，有28人采取两种或两种以上方式违法发放贷款。

表 1 – 30 违法发放贷款案件犯罪方式

单位：人次

犯罪方式	数量
审查不严	156
明知违规仍办理	149
冒用身份	30
伪造材料	29
虚构合同	10
虚构贷款用途	6
高利转贷	2
虚构还款能力	1

十、案件调查和发现途径

如表 1 – 31 所示，在商业银行工作人员特殊主体犯罪案件中，涉案人员归案的方式主要有“自首”“公安机关抓获”“留置”“传唤归案”等，其中，自首归案的比例近半，自首人数共 189 人，占总人数的 48.59%，自首的认定比例较高；传唤归案人数共 64 人，占总人数的 16.45%；由公安机关抓获人数共 61 人，占总人数的 15.68%；留置人数 10 人，占总人数的 2.57%。其他途径如被中国银监会等相关监管机构移送、由监狱解回到案、与监委会工作人员谈话发现、到案情况不明等也占较大比例。

表1－31　商业银行工作人员特殊主体犯罪案件被告到案方式

单位：人次

罪名	自首	公安机关抓获	留置	传唤归案	其他
违法发放贷款罪	171	53	10	61	59
吸收客户资金不入账罪	5	3	0	1	0
违规出具金融票证罪	13	5	0	2	6
总计	189	61	10	64	65

第三节　银行业刑事风险特点与趋势研判

一、罪名集中，数量不稳

虽然2018~2023年的数据显示，商业银行特殊主体犯罪案件数量整体呈下降趋势，但因为数据来源不稳定等因素，并不能直接得出数量下降的结论。同时，本研究依据源于2018年6月至2023年6月审结的案件数据，即便通过对这段时间内的案件数量进行比较，我们仍然可以得出一些重要结论。

具体来说，2019年的商业银行特殊主体犯罪案件数量最多，而2022年的案件数量最少。然而，不可忽略近年来裁判文书上网率逐渐下降以及金融严打背景下相关案件尚未审结等因素对案件统计造成的影响。据报道，在2020年裁判文书上网量到达峰值2338.9万份之后，便经历了长时间的持续下滑。《中国经济周刊》记者在2023年12月4日的统计结果显示，2021年裁判文书上网量下降29%，2022年继续下降46%，2023年再降64%。[①] 此外，在金融严打背景之下，自2023年6月以来，相关媒体发布的中国银行、光大银行、国家开发银行、中国工商银行等高管犯罪案件因尚未审结等因素均未纳入本书统计，如最高人民检察院于2024年4月12日发布消息，中国光大集团股份公司原党委书记、董事长唐某某涉嫌贪污、受贿一案，由国家监察委员会调查终结，经最高人民检察院依法指定，

---

① 参见《“应公开尽公开”中国裁判文书网十年不易》，载人民网，http：//paper.people.com.cn/zgjjzk/html/2024-01/30/nw.zgjjzk_20240130_2-02.htm。

由河北省唐山市人民检察院审查起诉。①

另外，科技的不断进步和银行业务类型的多样化程度提高，银行业犯罪手段也变得更隐蔽，犯罪方式更多样化以适应金融市场的变化，这一定程度上增加了犯罪行为被发现和被处理的难度；与此同时，银行业刑事犯罪案件案发周期性较长、大案要案比例逐渐增多，我国银行业仍面临着较高的刑事风险。

此外，在商业银行特殊主体犯罪案件中，违法发放贷款罪数量最多，占总案件数量的90.07%。违规出具金融票证罪案件数量紧随其后，而吸收客户资金不入账罪则排在第三位。值得注意的是，未检索到背信运用受托财产罪以及对违法票据承兑、付款、保证罪的有效案件。这种案件罪名的"集中性"特点表明，以违法发放贷款罪为代表的职务关联型犯罪已成为银行业刑事犯罪的重要风险点。

这一统计结果显示，银行业在内部风险管理和法律执法方面需要继续改进。尤其是在防范违法发放贷款罪等职务关联型犯罪方面，银行机构应采取更有效的措施来降低风险，加强内部审查和监管，加强员工培训，以确保银行业能够更稳健和更可靠地运营，维护金融系统的健康和社会的信任。

---

① 参见《河北检察机关依法对唐某某涉嫌贪污、受贿案提起公诉》，载微信公众号"最高人民检察院"2024年4月12日，https://mp.weixin.qq.com/s/VLAqZSH-GrihAcXKmAuMz7g。

二、基层多发，主体多样

在提到银行业犯罪时，由于媒体报道的倾向性，人们常常会想到被曝光的高层领导人员，但实际上，一般工作人员的犯罪案件更常见，而且基层银行所面临的刑事风险也不可低估。本研究结果可以印证，商业银行工作人员特殊主体犯罪案件，涉及国有大型商业银行、股份制商业银行、城市商业银行、农村商业银行、村镇银行、民营银行、外资银行等多种类型商业银行主体。总体来看，农村商业银行涉案人数最多，国有大型商业银行次之，基层发案率更高。

（一）“一把手”犯罪问题严重

此外，研究还发现，在银行业工作人员职务犯罪中，高级职务犯罪问题仍然相当严重，从总行行长到分行、支行行长，涉案人员的权力逐级升高而制衡机制不足。研究结果显示，涉案人员的职务等级越高，其涉案金额也相应增加。以下是研究的关键过程：

本研究假设“涉案人员职务等级越高，涉案金额越大”，并采用简单线性回归分析的方法进行检验。线性回归模型的自变量为涉案人员职务等级，因变量为涉案金额大小。本模型将涉案人员职务等级设置为连续变量，按照一般员工、中层管理人员、高层领导干部的分类逐级升高，并分别赋值为1、2、3，涉案金额也为连续变量，具体结果见图1-14。

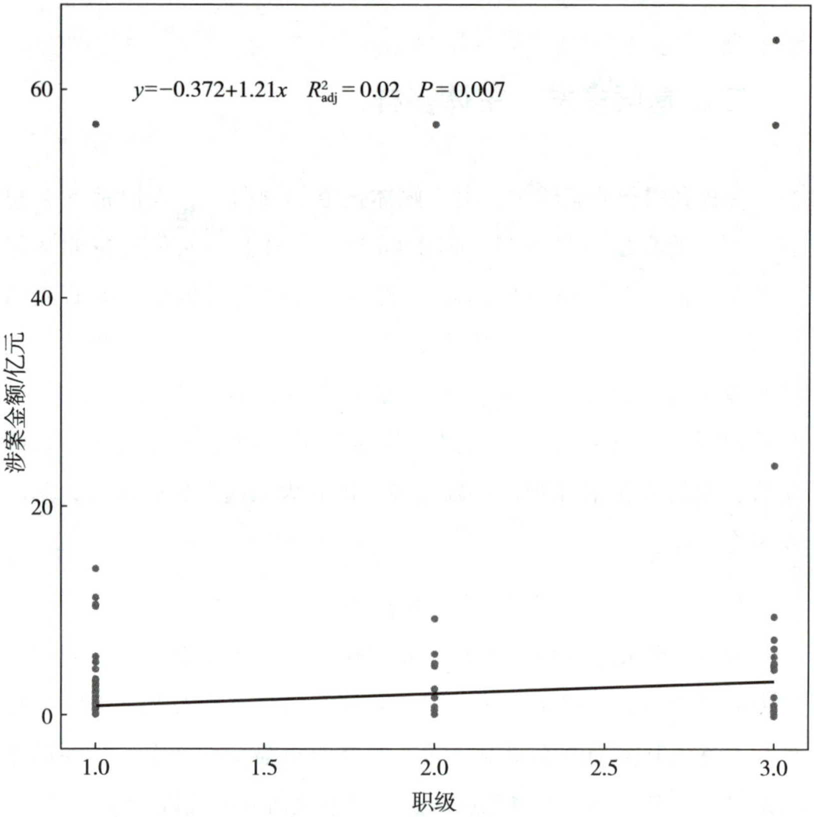

图1－14　涉案人员职务等级与涉案金额的线性回归模型

散点图图1－14表示了职务等级和涉案金额（亿元）之间的关系，二者的线性模型可以表示为：y＝－0.372＋1.21x，其中“y”代表涉案金额（亿元），“x”代表涉案人员的职级。回归的结果（p＝0.007）显示涉案人员职务级别与涉案金额大小之间存在正相关关系，每提高一个职级，涉案金额就会增加约1.21亿元。R方值为0.02，涉案人员的涉案金额变化中有2%可以通过涉案银行损失的数额大小来解释。这意味着还有98%的涉案金额变化的原因尚未被发掘，可能与涉案业务类型、涉案银行规模等多种因素相关。

(二) 非恶意犯罪风险不容忽视

同样需要重视的是，如果银行负责人素质欠缺、法律意识淡薄，一般工作人员同样面临极高的刑事风险。本研究结果可以印证，在商业银行工作人员特殊主体犯罪案件中，涉案人员以一般员工为主，高层领导干部次之，中层管理人员最少。

以案件数量较多的违法发放贷款罪为例，商业银行工作人员在进行违法发放贷款犯罪中主要采取“审查不严”“明知违规但仍然办理”“冒用身份”“伪造材料”“虚构合同”“虚构贷款用途”“高利转贷”“虚构还款能力”等方式。其中，因“审查不严”构成犯罪的人数最多，共156人次，因“明知违规但仍然办理”构成犯罪的共149人次，因“冒用身份”构成犯罪的共30人次，因“伪造材料”构成犯罪的共29人次，因“虚构合同”构成犯罪的共10人次，因“虚构贷款用途”构成犯罪的共6人次，因“高利转贷”构成犯罪的共2人次，因“虚构还款能力”构成犯罪的共1人次。

违法发放贷款罪的罪过形式历来争议较大，违法发放贷款的形式多表现为滥用职权或玩忽职守。理论上一般认为，徇私滥用职权的罪过形式应为故意，玩忽职守的罪过形式通常表现为过失，违法发放贷款罪的罪过形式既可能是故意也可能是过失。本研究采取“恶意犯罪”与“非恶意犯罪”的分类，“审查不严”犯罪通常是由于商业银行工作人员在工作中疏于履行审查职责，或是受到高层领导的指示而放松警惕，在这种情况下，银行工作人员在主观上既没有恶意占有目的，客观上也没有积极追求造成损害的结果，也不是明知违法而为之，因此被归类为“非恶意犯罪”。而“审查不严”

之外的其他犯罪方式，要么明知损害结果会发生并积极地推进，要么在客观上采取了实际行动以促成贷款的顺利发放，因此被视为“恶意犯罪”。

研究结果显示，Mean［刑期（月），当审查不严］= 30.15，Mean［刑期（月），当非审查不严］=37.70，两样本 t 检验的结果显示，当犯罪方式为审查不严时的平均刑期为 30.15 个月，要明显少于当犯罪方式为非审查不严（“明知违规但仍然办理”“冒用身份”“伪造材料”“虚构合同”“虚构贷款用途”“高利转贷”“虚构还款能力”）时的平均刑期即 37.70 个月。将“审查不严”犯罪方式视为非恶意犯罪，“非审查不严”犯罪方式视为恶意犯罪，“p = 0.00774”意味着恶意犯罪的案均刑期明显大于非恶意犯罪的案均刑期（见表 1－32）。

表 1－32　违法发放贷款罪犯罪方式是否恶意与涉案人员刑期的统计分析结果

犯罪方式	自由度（Df）	总平方和（Sum Sq）	均方（Mean Sq）	F 值（F value）	Pr（>F）
审查不严	1	3436	3436	7.205	0.00774
残差	258	123039	477		

研究结果不仅强调了恶意犯罪方式的危害性，同时也敲响了关注“审查不严”等非恶意犯罪方式的警钟。事实上，在非恶意的情形下，犯罪者很可能是由于工作失误或接受上级指示而为犯罪行为，并没有明知违法或积极寻求造成损害的结果。从刑罚特殊预防的角度来看，该类犯罪行为往往不具备与恶意犯罪相同的罪责程度。然而，尽管如此，研究结果中 30.15 个月的平均刑期，以及以艾某、李某某等违法发放贷款罪一案为例，法院认为，“被告人李某某身为

金融机构工作人员，未依照国家法律法规及银行的相关规定进行贷前调查，默许他人编造虚假信息材料，多次违法发放贷款，给金融机构造成特别重大的损失，其行为已构成违法发放贷款罪，依法应予惩处"，① 均表明非恶意犯罪的处罚仍然相当严厉。

以上研究结果揭示了银行内部风险防范制度存在的漏洞，银行在进行内部风险防范时，不仅应强调防范银行工作人员恶意犯罪，也不可忽视一般工作人员的潜在错误和疏忽。银行机构应重视对一般工作人员的培训和监管，以减少非恶意犯罪行为的发生，如设置更严密的审查程序、强化内部监管体系、强调职业道德和合规意识等措施，以确保员工遵守相关法规和政策，减少工作失误和疏忽，以及杜绝被动接受违法指示的情况。

三、内外勾结，关联罪名

银行业务具有特殊性，银行从业人员在日常工作中频繁接触货币和金融交易，这使他们成为外部犯罪分子的潜在目标。为了实现贷款诈骗、票据诈骗、挪用资金等犯罪目的，一些犯罪分子与银行内部工作人员共同策划犯罪，里应外合，充分利用内部工作人员职务便捷性来实现犯罪目标。内外勾结犯罪活动对银行和金融机构造成了双重威胁。首先，这种犯罪合谋会导致银行遭受重大的经济损失，因为外部犯罪分子通常会以贿赂或其他手段腐蚀内部工作人员，从而实施犯罪行为。其次，由于银行从业人员熟悉业务流程，了解

① 艾某、李某某等违法发放贷款案，陕西省米脂县人民法院（2021）陕0827刑初16号刑事判决书。

如何规避银行的规章制度，这使犯罪行为更隐蔽，提高了案件被发现和侦破的难度。

统计结果显示，在商业银行工作人员特殊主体犯罪案件中，个人犯罪人数占比56.81%，共同犯罪人数占比43.19%，共同犯罪占据相当大部分比例。在商业银行工作人员特殊主体共同犯罪案件中，被认定为主犯的人数占比最大，为51.19%，胁从犯占比9.52%，从犯占比39.39%。以违规出具金融票证罪为例，统计结果显示，违法出具金融票证罪共同犯罪人数占比过半，为57.69%；在共同犯罪案件中，被认定为违规出具金融票证共同犯罪从犯的比例为53.33%。

以违法发放贷款罪为例，银行工作人员在违法发放贷款罪等犯罪中，采取伪造相关凭证、虚构贷款用途等方式，为外部犯罪分子提供了作案便利，这种行为具有极高的社会危害性，不仅会直接导致银行经济损失，还会间接影响金融体系的稳定和社会发展。

四、金额巨大，损失严重

（一）涉案金额分布情况

银行工作人员犯罪案件的涉案金额通常极高，统计结果显示，商业银行工作人员特殊主体犯罪案件涉案金额均不低于1万元，涉案金额在1万~1000万元的人数最多，占总人数的52.71%，涉案金额在1亿~10亿元的人数占总人数的11.89%，涉案金额在10亿元以上的占总人数的2.84%，涉案金额1亿元以上的占总人数的14.73%。

(二) 银行损失与挽损情况

研究结果表明，商业银行工作人员特殊主体犯罪案件造成银行损失主要分布在“100 万元以上”，损失金额较大且挽损情况不容乐观：平均追回率仅 15.61%，并且以“全部未追回”的情形为主。银行业工作人员利用职权犯罪，实质上是权力的物化和商品化在行为方式上的具体体现，这不仅给银行自身造成了严重损失，还严重威胁了金融体系的稳定和社会的信任度，甚至给国家经济安全带来了严重危害。

五、处罚严厉，代价巨大

(一) 涉案人员自由刑处罚情况

在以自由刑为主的刑罚体系中，有期徒刑是我国自由刑的主体部分，也是适用最广泛的刑罚方法。我国银行业犯罪的法定刑设置也以有期徒刑为主，大多将有期徒刑作为法定最高刑。研究结果显示，商业银行工作人员特殊主体犯罪案件中有 31 人被免予刑事处罚，10 人被判处拘役，以上处罚结果均来自违法发放贷款案由的案件，并未检索到判处管制和无期徒刑的情形。在对被告人适用主刑时，判处有期徒刑的情况最为普遍，共 347 人，占比最高，为总人数的 89.43%。在被判处有期徒刑的 347 人中，有 285 人被判处 5 年以下有期徒刑，60 人被判处 5 年以上 10 年以下有期徒刑，2 人被判处 10 年及以上有期徒刑。

分析我国银行业犯罪案件有期徒刑的设置可发现，大多数银行业相关犯罪的自由刑最高为10年或15年有期徒刑。从总体上来看，我国现行《刑法》有关银行业犯罪法定刑中自由刑的设置较重，虽然与严重侵犯人身权利、财产权利以及危害国家安全、公共安全的犯罪相比较低，但是有关银行业犯罪法定刑中自由刑的设置明显更严厉。① 以违法发放贷款罪为例，表1－33展示了域外违法发放贷款犯罪刑罚结构设置。

表1－33　域外违法发放贷款罪刑罚结构设置

国家	处罚方式	法条摘录	出处
美国	监禁、罚金、禁业令	任何人如果明知故犯地作出虚假陈述或报告，或提交包含任何虚假陈述的文件，旨在影响以下机构的行为：受联邦存款保险的银行、联邦住房管理局、农业部、农村发展局、任何信用合作社、联邦储蓄贷款保险公司、联邦土地银行、生产信贷协会、农场信贷银行或其他联邦保险机构的决定、行动或影响其处理事项的行为，应被判处罚款不超过1,000,000美元，或监禁不超过30年，或两者兼施。	《美国联邦法典》

① 参见刘宪权：《金融犯罪刑法学专论》，北京大学出版社2010年版，第151页。

续表

国家	处罚方式	法条摘录	出处
德国	罚金、监禁	§ 265b 信用欺诈 (1) 凡在以下情况下，为企业或经营机构（包括虚假企业或虚假经营机构）申请贷款、保持现有贷款或变更贷款条件时： ①关于经济状况 a) 提交不真实或不完整的文件，特别是资产负债表、损益表、财务概况或评估报告； b) 提交书面形式的不真实或不完整的信息； 这些行为使借款人受益，并对贷款申请的决定具有重大影响。 ②未告知在提交文件或信息时所述经济状况已出现的重大恶化，而这些信息对贷款申请的决定具有重大影响的，将被判处最高三年的自由刑或罚金。 (2) 根据第（1）款，若行为人自愿阻止贷款人因上述行为而发放贷款，不予处罚。若贷款未因行为人作用而发放，但行为人自愿并认真努力阻止贷款的发放，也可免于处罚。 (3) 在第（1）款意义下： ①经营机构或企业：无论其业务性质为何，只要因其规模和性质需要按照商业管理方式进行设置的； ②贷款：包括任何形式的货币贷款、承兑贷款、有偿购买或延期支付的债务、票据与支票贴现，以及担保、保证和其他形式的责任承担。	《德国刑法典》

续表

国家	处罚方式	法条摘录	出处
澳大利亚	罚款、社区更正命令、监禁	如果某人因违反《澳大利亚证券与投资委员会法案》被定罪，法院可以在判处罚金或其他刑罚的同时，命令该人向因该违法行为遭受损失或损害的其他人支付赔偿。 信贷提供者不得在未合理调查消费者财务状况并评估信贷合同是否不适合的情况下，与消费者订立信贷合同。 民事处罚：罚款金额根据“罚款单位”计算，严重情况下可能超过100万澳大利亚元。 刑事处罚：严重违规行为可判处最高5年的监禁。	《澳大利亚证券与投资委员会法2001》《2009年国家消费者信用保护法》
法国	罚金、监禁、职业禁止	任何人如未获得必要的许可而以违反相关规定的方式从事信贷业务活动，处以五年监禁及375,000欧元罚款。	《法国刑法典》
新加坡	罚款、监禁	任何人： (a)未能合理地遵守第（1）（b）款的规定； (b)在试图遵守第（1）（b）款的规定时，故意或轻率地提供虚假或具有误导性的关键信息或文件，均构成犯罪，且一经定罪，可被处以最高不超过125,000新加坡元的罚款，或不超过3年的监禁，或两者并罚；若为持续犯罪，还可对每一日或部分持续违法行为处以不超过12,500新加坡元的进一步罚款。	《银行法》

续表

国家	处罚方式	法条摘录	出处
印度	罚款、监禁	任何人在根据本法的任何条款要求或提供的任何报表、资产负债表或其他文件中，故意作出虚假的重要陈述，且明知其为虚假，或故意遗漏重要陈述的，应当受到以下处罚：监禁，最长可达3年；罚款，金额最高可达一千万印度卢比，或两者并罚。	《银行监管法案》
巴西	罚款、监禁、公共服务	通过欺诈手段在金融机构中获取融资，或将所获得融资的用途转移以谋取自身或他人利益，构成对国家金融体系的犯罪。处罚：2年至6年监禁，并处罚金。	《国家金融体系犯罪法》

就量刑情节而言，在中国，诸如“数额较大”“情节严重”等量刑情节的法律用语存在高度的概括性，这虽然有其立法技术上的必要性，但同时也带来了法律的不确定性。法律的稳定性和确定性并不能完全为我们提供一个有效且富有生命力的法律制度。法官在适用法律时需要在多种相互矛盾的力量之间寻求和谐，如运动与静止、保守与创新、僵化与变化等。在《刑法》中，尤其是金融犯罪的相关法条中，量刑往往单一依赖数额大小这一标准。金融犯罪的社会危害性并不总是仅由数额大小决定的，而且不同的犯罪情节可能导致不同程度的社会危害。依法加重处罚的可能性在实践中可能因此而受到限制。①

为此，我们将对商业银行工作人员特殊主体犯罪案件中涉案人员刑期部分影响因素进行研究，研究结果初步表明：涉案金额与涉

① 参见卢勤忠：《中国金融刑法改革研究》，华东政法学院2004年博士学位论文，第199页。

案人员刑期之间不具有相关性；涉案银行损失与涉案人员刑期之间具有相关性。

此外，值得注意的是，“涉案金额”和“涉案银行损失”对刑期的影响程度之间存在明显差异，显然二者之间还涉及“挽损”因素对量刑的影响。此研究结果在一定程度上凸显了积极挽损对于银行业刑事风险管理以及犯罪应对至关重要。

1. 假设一： 涉案金额越大， 涉案人员刑期越长

本研究假设“涉案金额越大，涉案人员刑期越长”，并采用简单线性回归分析的方法进行检验。线性回归模型的自变量为涉案金额，因变量为刑期。本模型将涉案金额设置为连续变量，刑期也为连续变量，检验结果见图 1 – 15。

散点图图 1 – 15 表示了涉案金额（亿元）和有期徒刑（月）之间的关系，二者的线性模型可以表示为：$y = 34.1 + 0.152x$，其中“y”代表有期徒刑（月），“x”代表涉案金额（亿元）。回归的结果（$p = 0.335 > 0.05$）显示涉案金额（亿元）和有期徒刑（月）之间不相关。[①] 这一情况可能是行为人更多实施了非恶意的道德冒险型犯罪导致的，尽管行为可能导致更大的资金风险，但也可能给行为人带来更大的犯罪所得。

---

① 一般来说，当 p 值小于设定的显著性水平（通常设定为 0.05）时，我们认为变量之间的关系是显著的，否则则认为关系不显著，即两个变量之间关系不显著。

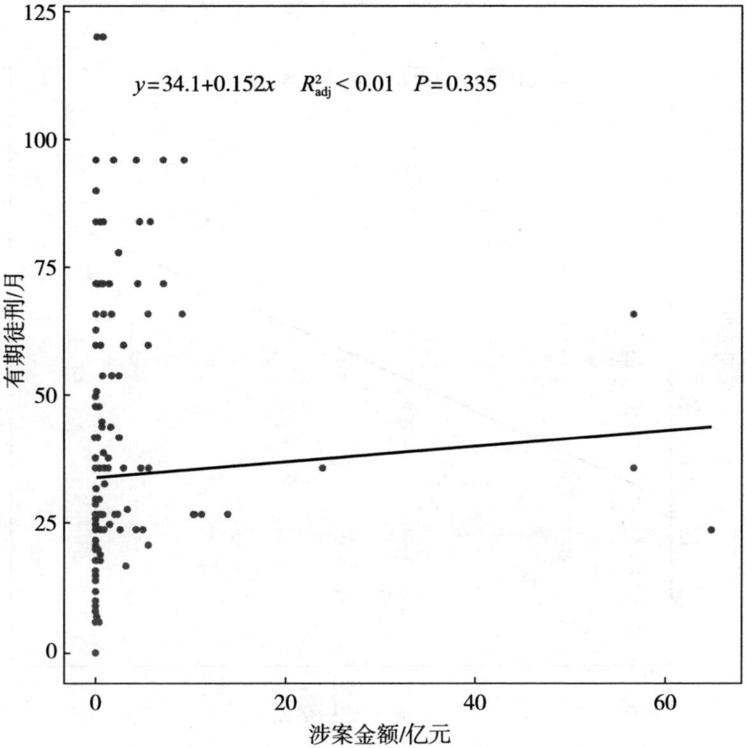

图 1－15 涉案金额与涉案人员有期徒刑的线性回归模型

2. 假设二：涉案银行损失越大，涉案人员刑期越长

本研究假设“涉案银行损失越大，涉案人员刑期越长”，并采用简单线性回归分析的方法进行检验。线性回归模型的自变量为涉案银行损失金额大小，因变量为涉案人员刑期。本模型中，涉案银行损失金额与涉案人员刑期均为连续变量。具体检验结果见图 1－16。

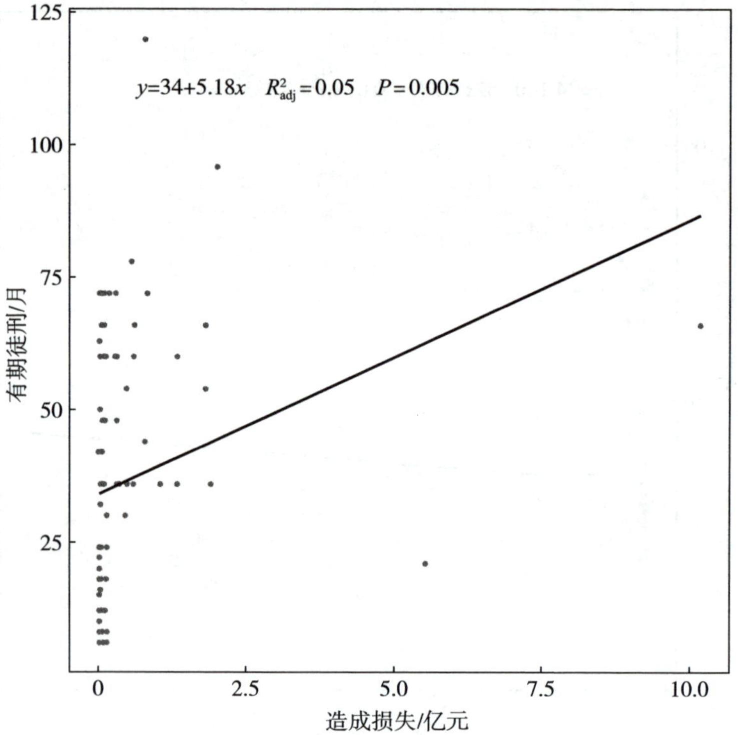

图 1-16　涉案银行损失与涉案人员有期徒刑的线性回归模型

散点图图 1-16 表示了涉案银行损失（亿元）和有期徒刑（月）之间的关系，二者的线性模型可以表示为：y = 34 + 5.18x，其中“y”代表有期徒刑（月），“x”代表涉案银行损失（亿元）。回归的结果（$p = 0.005 < 0.05$）显示涉案银行损失与涉案人员有期徒刑之间存在正相关关系，每增加 1 亿元的损失，涉案人员被判处有期徒刑的刑期会增加 5.18 个月。R 方值为 0.05，涉案人员的刑期变化中有 5% 可以通过涉案银行损失的数额大小来解释。这意味着还有 95% 的涉案人员刑期变化的原因尚未被发掘，可能还存在自首、坦

白、积极退赃退赔、认罪认罚等其他量刑因素。

（二）涉案人员罚金刑处罚情况

我国现行《刑法》对银行业犯罪设置了广泛的罚金刑，几乎所有罪名都设置了罚金，其作为附加刑被广泛适用。但存在比较特殊的情况，如“违法出具金融票证罪”“对违法票据承兑、付款、保证罪”中的自然人犯罪不能适用罚金刑，但该罪有成立单位犯罪的空间，单位在构成该罪后可适用罚金刑。本书研究结果显示，商业银行工作人员特殊主体犯罪案件中有 330 人被判处罚金刑，其中被判处 1 万元到 5 万元罚金的人数最多。

以下是对商业银行工作人员特殊主体犯罪案件中涉案人员罚金刑部分影响因素的研究，研究结果表明：涉案金额与涉案人员罚金大小之间不具有相关性；涉案银行损失与涉案人员罚金大小之间不具有相关性。尽管罚金刑在银行业犯罪案件中适用率极高，与银行业犯罪贪利性特点相匹配，但是罚金刑在刑罚体系中的地位仍然较低，我国《刑法》关于银行业刑事犯罪法定刑中自由刑的设置仍然较重，涉案金额、涉案银行损失等关键因素对于罚金高低的影响并不显著。

1. 假设一：涉案金额越大，涉案人员罚金越高

本研究假设“涉案金额越大，涉案人员罚金越高”，并采用简单线性回归分析的方法进行检验。线性回归模型的自变量为涉案金额，因变量为涉案人员罚金。本模型中，涉案金额与涉案人员罚金均为连续变量。具体检验结果见图 1－17。

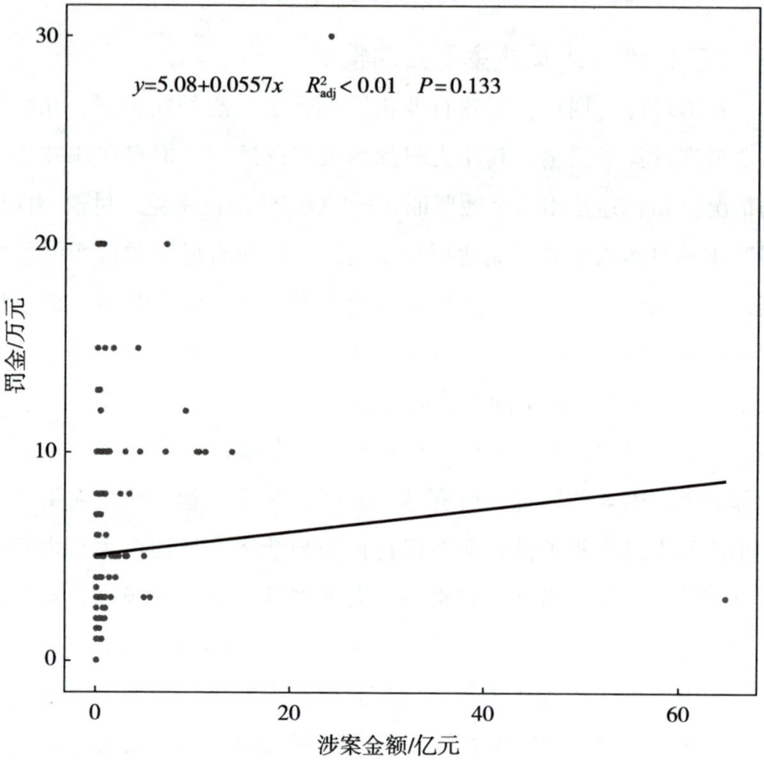

图1－17　涉案金额与涉案人员罚金的线性回归模型

散点图图1－17表示了涉案金额（亿元）和罚金（万元）之间的关系，二者的线性模型可以表示为：y = 5.08 + 0.0557x，其中"y"代表罚金（万元），"x"代表涉案金额（亿元）。回归的结果（p = 0.133 > 0.05）显示涉案金额（亿元）与罚金（万元）之间不相关。

2. 假设二：涉案银行损失越大，涉案人员罚金越高

本研究假设"涉案银行损失越大，涉案人员罚金越高"，并采用简单线性回归分析的方法进行检验。线性回归模型的自变量为涉案银行损失，因变量为涉案人员罚金。本模型中，涉案银行损失和涉案人员罚金均为连续变量。具体检验结果见图 1－18。

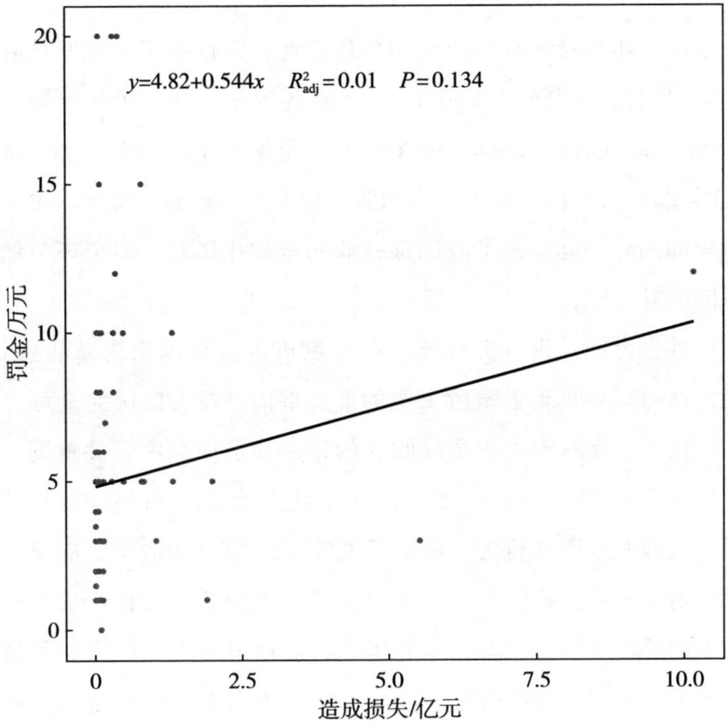

图 1－18 涉案银行损失与涉案人员罚金的线性回归模型

图 1－18 表示了涉案银行损失（亿元）和涉案人员罚金（万元）之间的关系，二者的线性模型可以表示为：$y=4.82+0.544x$，其中“y”代表涉案人员罚金（万元），“x”代表涉案银行损失（亿元）。回归的结果（$p=0.134>0.05$）显示涉案银行损失和涉案人员罚金之间不相关。

六、环节众多，面临国际化考验

金融运作本身具有专业性和多环节性，银行业相关犯罪具有职业化、组织化的倾向，自2001年12月我国正式加入世界经贸组织（World Trade Organization，WTO）后，金融业全面走向世界，接受WTO争端解决机构（DSB）强制管辖以及国际监督、检验，参与全球竞争的同时，也加剧了我国银行业的全球化风险，多个环节的刑事风险上升。

以外汇为例，我国实行统一结汇制度，这是国家为防止逃汇、骗汇、保障国际收支平衡所采取的重要举措。在人民币完全可兑换之前，这一制度对于维护国际收支的稳定和法律秩序至关重要。然而，一些涉及结汇的银行工作人员可能滥用他们的审核和分割结汇权限，从而实施犯罪行为。他们可能购买已知是伪造、变造或多次使用的购汇凭证，或者与其他人合谋提供虚假购汇文件，从而参与欺诈性的外汇交易。此外，一些工作人员也可能因工作失职而被利用，成为外汇欺诈活动的媒介。以2008年6月被银保监会叫停的外汇保证金交易为例，这种交易也被称为“合约现金外汇交易”、“按金交易”或“虚盘交易”。这种交易形式包括投资者与银行或专业外汇交易公司签署委托买卖外汇的合同，其中涉及缴付一定比例的外汇。这种合同形式的外汇交易承诺在未来特定时间内进行买卖结算，以赚取外汇价格变化所带来的差价利润。然而，这种交易可能涉及虚假合同和未经授权的外汇操作，不仅具有极高的财务风险，还可能涉及刑事犯罪风险。

此外，我国银行业在涉外担保、信用证结算等多个环节都面临较高的刑事风险。尽管中国人民银行、国家外汇管理局先后颁布《境内机构对外担保管理办法》《关于加强境内金融机构外汇担保项下人民币贷款业务管理的通知》（已失效）等文件，对金融机构担保的范围、条件、方式等作出规定。但是，由于《中外合资经营企业法》对于合资企业外方合资者投资比例具有限制性规定，企业在寻找融资担保时常常需要银行的“帮助”，银行工作人员可能会提供保函、本票、汇票、不动产抵押、动产质押等方面的便利，为企业贷款提供担保，造成银行资金流失。另外，信用证作为现代国际贸易中被各国银行和商家普遍采用的国际结算支付方式，具有跨国家、跨地区结算的特点，成为国际犯罪集团的重要侵犯目标，驻外中资银行工作人员由于管理监督方面的不便以及携款潜逃天然便利性的存在，可能会成为职务犯罪高发人群。

最后，随着金融市场全球化趋势的加强，我国银行业不仅面临全球化机遇，同时也伴随全球化带来的风险。银行业刑事犯罪的危害不仅表现为巨大的财务损失，还可能引发政治危机，危及社会稳定。因此，金融机构和监管机构需要不断改进监管、风险管理和合规措施，以确保银行业的可持续稳定发展，同时防范和打击刑事犯罪行为。

第二章

银行及其从业人员犯罪风险

第一节 银行负债业务常见犯罪风险

一、负债业务及规范要求

（一）负债业务概述

银行负债业务，是指银行以债务人身份在金融市场上筹措资金、形成资金来源的各项业务。① 这些资金用于支持银行的贷款和投资业务，维持银行的日常运营，并满足客户和市场的资金需求。银行负债业务也是银行运行的基础。负债业务为银行不断输入资金，银行只有拥有一定的资金规模才可以进一步从事金融活动。因此，负债业务是银行最核心的业务之一。良好的负债质量是商业银行服务实体经济的支撑。负债业务的开展对银行产生以下重要作用：

1. 为银行的资产和负债保持流通性

关于商业银行的流动性，国际货币基金组织在《货币与金融统计手册》中给出了以下的界定：流通性就是金融资产于短期内在市价周边出售出去的程度。这里的流通性实际上是指银行在负债业务和资产业务中可否达到一定的供需动态平衡。例如，如果银行的存款业务与经营性支出之间存在较大差额，那么就会影响银行的流动性。一旦缺乏流动性，银行的经营就有可能受到极大的干扰。随着金融市场逐渐成熟，全球对银行流动性的监管也越发成熟和一致。我国也在此背景下构建了我国监管商业银行流动性的相关指标体系。

---

① 参见顾金宏：《商业银行业务与管理》，人民邮电出版社 2014 年版，第 51 页。

对流动性覆盖率、贷存比、流动性比例这3种指标展开严格细致的监管，以保护银行的正常运行。

2. 为银行搭建广泛的社会联系网

通过吸纳社会各界的存款，银行也可以与各行各业的个人和实体保持紧密的联系。虽然仅仅是吸纳了对方的资金，但银行也会从中了解交易对象的资金状况、行业资金流动情况等。这些庞大的信息将会在银行扩展其他业务时发挥作用。可见，负债业务所吸纳的存款既能促进银行各项业务活动的开展，又能加强银行与社会各界的联系，方便金融服务。

3. 为社会经济发展提供强大推动力

社会经济的有序运行离不开资本的运作，而银行的负债业务可以收集社会上暂时闲置的资金，从而将其用于满足其他经济部门的资金需求，进行资金余缺的调剂。换言之，银行负债业务的功能就是把社会闲散资金聚集起来，再通过资产业务贷给那些需要资金的部门，这样就可以在社会资金总量不变的情况下，扩大社会生产资金的总量，促进社会经济的健康快速发展，并为经济发展提供强大的推动力。

（二）负债业务的种类

在通常情况下，银行负债业务主要分为存款业务和非存款业务两大类，具体如下：

1. 存款业务

存款业务是商业银行的一项最重要的负债业务，构成了银行最主要的资金来源。银行通过各种存款账户（如活期存款、定期存款等）吸收公众和企业的资金。吸收的资金形式包括现金、票据等。银行在吸收资金的同时有义务按照双方约定的利率向对方支付利息。

在存款业务进行的过程中，银行获得了资金并使用这些资金进行资本运转。客户有权利按照双方的约定随时使用其账户数额的资金。银行依靠其广泛的信用度获得资金的使用权。

我国银行存款的种类目前有：(1) 活期存款；(2) 定期存款；(3) 大额存单；(4) 结构性存款；(5) 协定存款；(6) 通知存款。前两种存款类型在个人客户中比较常见。大额存单主要是指由银行业存款类金融机构面向个人、非金融业、机关团体等发行的一种大额存款凭证，其中大额存款一般分为 1 个月、6 个月、18 个月、2 年、3 年和 5 年等多种品种，起存金额为 20 万元。结构性存款，是指投资者将其手中的货币存放在银行，在基础存款上叠加金融衍生产品，通过利率、汇率等的波动取得比单纯存款更高收益的一种存款方式。协定存款一般是银行与大额存款的客户达成协议的存款方式。在协定存款中，一般双方会约定保留一定金额的存款用于日常结算，这一部分保留存款和前述活期存款等同，而其他部分的存款将按照双方协定的具体内容计算利息。通知存款，是指存款人在存入款项时不约定存款时长，只需要在支取存款前提前通知金融机构，约定支取存款期和金额才能支取的存款。目前，银行会根据存款主体和提前通知的天数将通知存款分为单位通知存款与个人通知存款两类；在这种分类项下一般还可分为 1 天通知存款或 7 天通知存款。通知存款是一种提供一定流动性保障的存款产品。在某些用户既希望自己的资金可以具有一定的流动性，既能够随时提取存款，又希望获得较高利率的情况下，通知存款就是他们很好的选择。同样地，这种存款方式也可能吸引那些希望将存款用于中短期投资的客户，因为通知存款的存款期限相对较短，可以更快地获得收益。

2. 非存款负债业务

银行非存款负债业务，是指商业银行的主动型负债，主要包括同业拆借、向中央银行借款、回购协议、发行金融债券等。

同业拆借就是金融机构之间根据供需相互调配资金的业务。以往的拆借一般在银行与银行间进行，但当前，在银行和其他非银行金融机构之间拆借的业务也逐步发展起来。在我国，进行同业拆借业务需要经过中央银行的批准。拆借双方需在中央银行存有准备金，且一般由拆借双方协定拆借的利率。

回购协议，是指商业银行为获得短期可用资金而暂时出售高品质的、容易变现的有价证券，如政府债券等，将来再按照双方事先约定的日期和价格进行回购。回购协议可以是短期的，也可以是长期的。

中央银行是资本市场的终端供应商，是所谓银行的银行。当商业银行出现资金困难又难以通过其他渠道缓解资金压力时，可以向中央银行申请借款，做最后的资金融通。向中央银行借款主要有两种方式：一种是再贴现，另一种是直接借款。

发行金融债券也是商业银行募集资金的重要方式，大型商业银行一般凭借良好的信用等级在资本市场发行金融债券募集资金，一来可以补足资本金，二来也可以用以满足特种贷款的需求。

（三）负债业务的规范要求

银行负债业务的规范要求主要涉及监管机构对银行资金来源、资金运作和风险管理方面的规定。这些规范要求的目的是确保银行负债的稳健和可持续性，维护金融系统的稳定性和保护客户利益。以下是一些常见的银行负债业务的规范要求：

1. 存款准备金要求

我国规定金融机构必须将自己吸收的存款按照一定比率交存到央行，这个比率就是存款准备金率。当金融机构在央行存款超过存款准备金，超出的部分则被称为超额准备金。金融机构缴存的存款准备金，一般情况下是不可以使用的。

2. **资本充足率要求**

银行需要维持一定比例的资本充足率，以确保其在面对亏损时有足够的资本缓冲，保障业务的可持续性和具有抵御风险的能力。根据银保监会2022年《关于印发〈金融资产投资公司资本管理办法（试行）〉的通知》第14条的规定，金融资产投资公司核心一级资本充足率不得低于5%；一级资本充足率不得低于6%；资本充足率不得低于8%。

3. **存款保险**

监管机构通常会要求银行加入存款保险计划，以保护客户的存款免受损失，这有助于增强公众对银行系统的信心。我国在2015年发布了《存款保险条例》，其中第5条规定了存款保险实行限额偿付，最高偿付限额为50万元。中国人民银行会同国务院有关部门可以根据经济发展情况、存款结构变化、金融风险状况等因素调整最高偿付限额，报国务院批准后公布执行。该条例要求存款保险基金管理机构履行下列职责：（1）制定并发布与其履行职责有关的规则；（2）制定和调整存款保险费率标准，报国务院批准；（3）确定各投保机构的适用费率；（4）归集保费；（5）管理和运用存款保险基金；（6）依照本条例的规定采取早期纠正措施和风险处置措施；（7）在本条例规定的限额内及时偿付存款人的被保险存款；（8）国务院批准的其他职责。

4. **资金流动性要求**

监管机构要求银行的资金具备足够的流动性，以确保能够应对突发的资金需求和市场风险。一般来说资金流动性出现了问题，银行便很容易直接破产。我国在《商业银行流动性风险管理办法》中规定了检测流动性的相关标准，其中包括流动性缺口率、负债比率以及流动性覆盖率等指标。

流动性覆盖率的计算公式为流动性覆盖率=合格优质流动性资产÷未来30日现金净流出量×100%。其中未来30日现金净流出量是指未来30日的预期现金流出与预计现金流入的差额。合格优质流动性资产，是指那些在金融市场上非常容易变现的资产。无论市场情况多么紧张，它们都可以迅速地通过卖掉或者抵押转换成现金，而且损失很小甚至没有损失。它们的风险较低，且不会和高风险资产有太大的关联。这些东西的价格也相对稳定。最重要的是，它们在市场上非常受欢迎，相关交易频繁，而且市场规模很大，不容易出现大的波动。市场的基础设施也很健全，有很多不同的买家和卖家，市场不会集中在几个人手里。

根据我国《商业银行流动性风险管理办法》的规定，资产规模不小于2000亿元的商业银行应当持续达到流动性覆盖率、净稳定资金比例、流动性比例和流动性匹配率的最低监管标准。资产规模小于2000亿元的商业银行应当持续达到优质流动性资产充足率、流动性比例和流动性匹配率的最低监管标准。流动性覆盖率的最低监管标准为不低于100%；流动性比例的最低监管标准为不低于25%；流动性匹配率的最低监管标准为不低于100%；优质流动性资产充足率的最低监管标准为不低于100%。

5. 负债结构要求

监管机构对银行负债结构设置一定的限制，以确保银行获得稳定的资金来源，降低短期融资带来的风险。银行的负债结构应该是稳健和多样化的，以降低风险并支持其业务的可持续性。一个较理想的银行负债结构应当包含：（1）存款：存款是银行最重要的负债来源。稳定的零售和企业存款有助于提供可靠的资金来源，同时降低对高成本和不稳定的资金依赖。吸引大量稳定的存款有助于降低利息支出，并增加存款者对银行的忠诚度。通常，存款比例应占总负债的60%以上，这样可以确保银行有足够的稳定资金来支持日常运营和贷款业务。（2）债券：发行长期和中期债券可以为银行提供较为稳定的长期融资。这些债券通常具有明确的还款期限和利息支付安排，有助于平衡短期和长期风险。长期债券的比例应适度，以提供长期资金支持。通常，长期债券比例应占总负债的20%~30%。（3）股本：股本是银行的资本基础，它由普通股和优先股构成。优先股通常可以提供较高的收益率，但它们在股本结构中应被合理控制，以免对普通股东的权益造成压力。普通股和优先股的比例应根据银行的资本充足率和风险承受能力来确定，但一般而言，普通股比例应高于优先股。（4）同业存款：同业存款是银行之间的短期存款，用于短期融资和资金调剂，但应谨慎使用。同业存款比例应控制在总负债的10%以下，以避免过度依赖同业存款导致流动性风险。（5）短期负债：银行也应该谨慎使用短期负债，如短期借款和票据。虽然这些可以提供快速的资金来源，但过度依赖短期负债可能导致流动性风险和利率风险。短期负债比例应限制在总负债的10%以内。

但在现实操作中，银行会根据自己的经营情况合理分配各部分的比例，最终达到一个三性平衡（收益性、流动性、安全性）的状态。

6. 资金来源透明度

银行需要向监管机构和客户披露其资金来源和负债情况，确保透明度和信息披露。

7. 风险管理要求

银行需要建立健全的风险管理体系，包括信用风险、市场风险、操作风险等，以降低风险对银行经营的影响。

二、负债业务犯罪风险

（一）客户审查刑事风险

银行客户审查（Bank Customer Due Diligence，CDD）是指金融机构在建立业务关系或进行交易时对客户进行全面的尽职调查和风险评估的过程。这是一项重要的反洗钱（Anti-money Laundering，AML）和反恐怖融资（Combating the Financing of Terrorism，CFT）的合规措施。国际、国内相关的反洗钱和反违法融资的法规明确规定，金融机构在与客户建立关系之前要对客户和资金进行全面审查，并持续监控客户活动，以识别不寻常的或可疑的交易行为。《中华人民共和国反洗钱法》要求金融机构确立3项关键制度，即客户身份识别制度、[①] 大

---

① 客户识别（Customer Identification）要求金融机构首先需要准确识别其客户的身份。这包括获取客户的姓名、地址、国籍、出生日期、身份证件号码等基本信息。对于企业客户，金融机构还需要获取公司注册信息、业务类型等。金融机构还需要确定企业客户的实际受益人，即真正控制或拥有该企业的自然人。中国人民银行《关于加强反洗钱客户身份识别有关工作的通知》和《关于进一步做好受益所有人身份识别工作有关问题的通知》指出，金融机构须对自然人客户开展有效的身份识别，提高受益所有人身份信息的透明度，加强对客户的风险评估及分类管理，防范复杂所有权或控制权结构导致的洗钱风险。

额和可疑交易报告制度,① 以及客户身份信息及交易记录的保存管理制度。② 违背上述义务的，可能造成行政违法或涉及刑事风险。

1. 涉及主要罪名

银行负债业务中客户审查工作的重点是反洗钱。2022 年 1 月，中国人民银行、公安部、国家监察委员会等 11 个部门联合印发了《打击治理洗钱违法犯罪三年行动计划（2022—2024 年）》，决定于 2022 年 1 月至 2024 年 12 月在全国范围内开展打击治理洗钱违法犯罪 3 年行动。计划的第一年内即迎来了史上反洗钱行政罚单总额新高，以及刑事犯罪追诉案件数量的翻倍增长。从负债业务客户审查工作的内容来看，该部分的刑事风险主要集中在银行工作人员未尽到反洗钱义务，明知或推定明知钱款系违法犯罪所得而实施掩饰、隐匿等帮助行为，从而涉嫌洗钱和掩饰、隐瞒犯罪所得收益罪。当然，如果具有国家工作人员身份的银行工作人员利用职务便利为他

① 大额和可疑交易报告制度也是反洗钱制度的核心内容之一。金融机构需要对涉及大额资金交易和可疑交易行为进行及时监测和报告，并对客户进行交易监控（Transaction Monitoring）。金融机构需要持续监控客户的交易活动，及时发现可疑交易并采取必要的调查和报告措施。这是为了及早发现潜在的洗钱和违法融资活动。这项制度的设立旨在捕捉可能涉及洗钱或其他非法活动的交易行为，进而提供给相关监管部门有关情报，以协助其进行更深入的调查和处理。通过这一制度，金融机构与监管机构共同构建了一张紧密的信息网，确保异常交易行为不会逃脱监控的视线。

② 客户身份信息及交易记录的保存管理制度是整个反洗钱体系的重要组成部分。根据《客户身份资料及交易记录保存管理办法》［中国人民银行、中国银行业监督管理委员会、中国证券监督管理委员会和中国保险监督管理委员会（现金融监管局）制定，于 2007 年 6 月 21 日发布，自 2007 年 8 月 1 日起施行，2022 年版尚未施行］的规定，金融机构有责任按照准确、完整和保密的原则，妥善保管客户身份资料。金融机构需妥善保管客户的身份信息和交易记录，确保其安全可靠。这不仅有助于监管部门对涉案资金流向进行溯源，还能在事后调查中提供有力证据。通过规范的信息保存和管理，金融机构为反洗钱措施提供了可靠的后盾。

人谋取利益，并收受好处费，也可能涉及行、受贿问题，但基于本书侧重银行业务刑事风险的写作定位，此处不作重点论述。下面将结合银行负债业务客户审查工作的具体内容分析可能涉及的刑事风险。

2. 具体涉刑场景

（1）银行工作人员里应外合操作多银行账户涉嫌洗钱

近年来，电信诈骗越发猖獗，电信诈骗因资金量巨大，必然会利用银行转账，这就涉及银行负债业务的风险控制问题。如果在处理此类业务时，银行系统能有效识别交易风险，银行工作人员能积极履行金融机构反洗钱义务，则能有效避免损失的发生。与此同时，银行工作人员也成为诈骗分子拉拢腐蚀的首要目标，其意图拉拢银行工作人员入伙甚至成为军师出谋划策，以提供洗钱的便利和方法。

某银行原信贷员黄某是涉嫌集资诈骗的上游犯罪人员朱某成的亲属。2017 年 8 月至 2020 年 1 月，朱某成以合买“体育彩票”为名，向不特定社会公众集资诈骗共计 3 亿余元。2018 年 12 月至 2019 年 1 月，银行工作人员黄某为掩饰、隐瞒朱某成非法集资犯罪所得，帮助朱某成联系境外洗钱人员黄某杰，将朱某成账户内的 2306.7 万元资金分散存入黄某杰提供的 60 余个“傀儡账户”中。随后，黄某杰所在团伙将上述账户内的资金又分散转至其他二级、三级账户，并以帮助换汇为由，通过境内将人民币转入“换汇客户”的银行账户、境外支付等值外币“对敲”方式，将资金转移至境外。此后，朱某成为在境内使用资金，又让黄某杰以上述“对敲”方式转移资金至境内黄某控制的他人银行账户。黄某指使他人从银行提取现金后交给朱某成及朱某成母亲，从中获取好处费 60 余万元。黄某的上述行为被认定为洗钱罪，被判处有期徒刑5年6个月，并处罚金300万元；同时黄某触犯偷越国境罪被判处有期徒刑6个月，并处罚金5万元，数罪并罚决定执行有期徒刑5年9个月，并处罚金305万元。①

该案中，银行职员不仅违背了客户审查义务，与违法犯罪分子里应外合，而且未能有效识别并上报可疑交易和傀儡账户，甚至利用操作多银行账户转移资金逃避监管，成为犯罪分子的帮凶。这一方面，体现了被告人贪图钱财、利欲熏心的主观恶性；另一方面，也暴露出银行内部监管体系的漏洞，一人违法即可造成严重后果，体系性合规审查监督机制有待进一步完善。

（2）银行工作人员违反大额和可疑交易报告义务为客户转移资金提供帮助涉刑

商业银行是营利机构，银行工作人员通常有严格的业绩考核压力。基于业绩压力，银行工作人员需要想办法维护客户进而提升个人业务，但维护客户和违反工作原则涉嫌违法犯罪之间应当进行明确区分。

虞某、黄某甲（均已判）是某赌博网站的两大代理商，负责组织人员进行“乐豆”的销售和回收，并将犯罪所得予以转移。被告人沈某萱原为中国农业银行股份有限公司瑞安市支行（以下简称农行瑞安支行）城区分理处的工作人员，担任低柜岗位，兼任贵宾维护工作。沈某萱通过贵宾维护工作认识了黄某甲与虞某。此后，黄某甲、虞某成为农行瑞安支行城区分理处的贵宾客户，由被告人沈某萱负责接待。在办理业务时，沈某萱不但没有履行发现大额和可

① 参见《检察机关惩治洗钱犯罪典型案例：黄某洗钱案》，载最高人民检察院官网，https：//www. spp. gov. cn//xwfbh/dxal/202211/t20221103_591657. shtml。

疑交易应当立即报告的职责，反而在虞某要求提现转存时提醒虞某当心反洗钱预警，主动借用他人银行卡，帮助虞某对大额转账进行拆分并提取现金转存；借用林某（财通证券驻农行瑞安支行城区分理处员工）的银行卡帮助虞某转账并提取现金70万元；虞某汇入林某账户500多万元。并借用梁某、吴某、方某、朱某、黄某丙（均为被告人沈某萱熟悉的客户）、黄某乙（其丈夫）的银行卡转账，进行每笔100万元以下拆分，后帮助提现591.929万元，存入虞某指定的银行账户；借用其丈夫黄某乙的银行卡，将虞某汇到其丈夫黄某乙银行卡里的资金，转账799,980元至虞某使用的银行卡；借用徐某（农行城区分理处实习生）的银行账户转账并提现200万元，后存入黄某甲指定的账户。上述帮助转移金额累计达3200余万元。由于沈某萱本身没有直接获利，且相关资金仍在银行账户中，因此最终以掩饰、隐瞒犯罪所得收益罪，判处其有期徒刑3年，缓刑4年，并处罚金40,000元。①

尽管在该案查明的事实中，沈某萱并没有协助洗钱的积极心态，但司法机关基于其违反了交易审查义务，并放任可疑转账行为，而推定其具有涉案钱款为违法犯罪所得的主观明知要素，进而定罪。这一点应当引起高度关注，在类似案例所涉情况下，银行工作人员常认为自己并没有帮助犯罪分子洗钱的主观故意，且不知道对方钱款系违法所得，所以无须承担刑事责任，这属于违法性认识错误，并不影响案件的定性。洗钱罪或掩饰隐瞒犯罪所得及收益罪也并不要求银行工作人员明知上游犯罪的具体行为及性质，只要其违反了相应客户及交易审查义务，客观上实施了掩饰、隐瞒犯罪所得的行

① 参见沈某萱掩饰、隐瞒犯罪所得、犯罪所得收益案，浙江省瑞安市人民法院（2014）温瑞刑初字第504号刑事判决书。

为，就可以推定其具有主观明知，进而面临刑事追责。

3. 负债业务涉刑关注要点

违背客户审查义务，为违法犯罪活动所获得的赃款提供掩饰、隐瞒等帮助的，可能涉及洗钱罪与掩饰、隐瞒犯罪所得收益罪。其中的掩饰、隐瞒行为包括但不限于窝藏、转移、收购、代为销售或者其他方法。洗钱罪是一种特殊的掩饰、隐瞒犯罪所得收益罪，在上游犯罪为毒品犯罪、黑社会性质组织犯罪、恐怖活动犯罪、走私犯罪、贪污贿赂犯罪、破坏金融管理秩序犯罪、金融诈骗犯罪时，才有可能构成洗钱罪。洗钱罪与掩饰、隐瞒犯罪所得收益罪的具体规定如下：

《刑法》第191条【洗钱罪】　为掩饰、隐瞒毒品犯罪、黑社会性质的组织犯罪、恐怖活动犯罪、走私犯罪、贪污贿赂犯罪、破坏金融管理秩序犯罪、金融诈骗犯罪的所得及其产生的收益的来源和性质，有下列行为之一的，没收实施以上犯罪的所得及其产生的收益，处五年以下有期徒刑或者拘役，并处或者单处罚金；情节严重的，处五年以上十年以下有期徒刑，并处罚金：

（一）提供资金账户的；

（二）将财产转换为现金、金融票据、有价证券的；

（三）通过转账或者其他支付结算方式转移资金的；

（四）跨境转移资产的；

（五）以其他方法掩饰、隐瞒犯罪所得及其收益的来源和性质的。

单位犯前款罪的，对单位判处罚金，并对其直接负责的主管人员和其他直接责任人员，依照前款的规定处罚。

《刑法》第312条【掩饰、隐瞒犯罪所得、犯罪所得收益罪】 明知是犯罪所得及其产生的收益而予以窝藏、转移、收购、代为销售或者以其他方法掩饰、隐瞒的，处三年以下有期徒刑、拘役或者管制，并处或者单处罚金；情节严重的，处三年以上七年以下有期徒刑，并处罚金。

单位犯前款罪的，对单位判处罚金，并对其直接负责的主管人员和其他直接责任人员，依照前款的规定处罚。

对于这两个罪名，司法实务通常主要关注以下几点。

(1) 违背反洗钱义务时的行政责任与刑事责任的边界

自2022年3年治理洗钱违法犯罪计划公布以来，针对洗钱违规违法行为的行政和刑事追责工作有序开展。在行政追责方面，监管机构对金融机构反洗钱违规行为不断加强监管力度，根据中央银行官网消息，2022年全年的反洗钱行政处罚金额已破5亿元。①

在惩治刑事犯罪活动方面，司法机关依法从严惩处洗钱犯罪。《刑法修正案（十一）》新增“自洗钱”行为构成洗钱罪的规定，即上游犯罪分子实施犯罪后，掩饰、隐瞒犯罪所得来源和性质的，不再作为后续处理赃款的行为被上游犯罪吸收，而是单独构成洗钱罪，这进一步加大了对从洗钱犯罪中获益最大的上游犯罪本犯的处罚力度。2022年最高人民检察院第四检察厅负责人答记者问时说，检察机关不断加大对洗钱犯罪的惩治力度，2020年以来起诉洗钱犯罪案件数量始终保持快速上升态势。2022年1～9月，全国检察机关以洗

① 参见徐倩宜、胡珊：《2022涉反洗钱违规罚单分析出炉　罚金总额超5亿！业内人士：涉银行反洗钱监管力度继续强化　检查范围仍将扩大》，载搜狐网2023年1月13日，https：//www. sohu. com/a/629391950_121255906。

钱罪提起公诉共计 1462 人，同比上升 142.5%。[①]

针对洗钱违规违法行为，行政与刑事追责之间的区别大致表现在以下几个方面：一是执法机构不同，对金融机构进行反洗钱监管的行政机构以前主要是中国人民银行和原中国银保监会，在 2023 年国务院机构改革之后，该部分职责由国家金融监督管理总局承担，而承担打击洗钱犯罪的部门是中国公安机关、人民检察院和人民法院；二是追责对象侧重点不同，行政处罚主要针对金融机构（公司及分支机构），少数案件也会对应承担责任的个人追责，而刑事案件主要追究个人责任，但单位也有可能构罪；三是责任形式不同，行政处罚以罚款为主，辅以责令整改等行政处罚措施，而刑事责任则涉及自由刑及罚金刑。

从反洗钱行政罚单来看处罚原因，主要集中在“客户身份识别”“客户身份资料和交易记录保存”“可疑交易报告报送”“与身份不明的客户进行交易”四个方面，即违反《反洗钱法》《金融机构反洗钱规定》等法律或部门规章所规定的金融机构应履行的反洗钱义务。只有金融机构工作人员明知其所处理的资产系违法犯罪所得及收益，且实施具有掩饰、隐瞒资产来源及性质的行为时才可能触发刑事追责。

（2）上游犯罪是否查证属实如何认定

洗钱罪和掩饰、隐瞒犯罪所得收益罪均以上游犯罪所得为犯罪对象，对上游犯罪具有天然的依附性。只有上游犯罪事实成立，才构成洗钱罪或掩饰、隐瞒犯罪所得收益罪。在司法实践中，上游犯

---

① 参见《最高人民检察院第四检察厅、中国人民银行反洗钱局负责人就联合发布惩治洗钱犯罪典型案例答记者问》，载中国人民银行网 2021 年 3 月 19 日，https://www.gov.cn/xinwen/2021-03/19/content_5594024.htm。

罪被告人尚未到案或洗钱罪和掩饰、隐瞒犯罪所得收益罪被告人先行到案的情况亦较为常见，这为认定洗钱罪和掩饰、隐瞒犯罪所得收益罪的犯罪事实带来了挑战。

最高人民法院《关于审理掩饰、隐瞒犯罪所得、犯罪所得收益刑事案件适用法律若干问题的解释》第8条规定："认定掩饰、隐瞒犯罪所得、犯罪所得收益罪，以上游犯罪事实成立为前提。上游犯罪尚未依法裁判，但查证属实的，不影响掩饰、隐瞒犯罪所得、犯罪所得收益罪的认定。"最高人民法院《关于审理掩饰、隐瞒犯罪所得、犯罪所得收益刑事案件适用法律若干问题的解释》的理解与适用认为："掩饰、隐瞒犯罪所得罪，应当以上游犯罪事实成立为前提。这是一个基本原则，这一原则包含两层内容：第一层内容是，上游犯罪事实必须成立，即要求上游犯罪的犯罪事实有充分证据证明，又要求上游犯罪事实达到了犯罪的程度。第二层内容是，对掩饰、隐瞒犯罪所得罪事实的认定，原则上应当在对上游犯罪依法裁判确定后进行。本条解释规定的'上游犯罪尚未依法裁判，但查证属实的，不影响掩饰、隐瞒犯罪所得罪的认定'只能作为一种例外；也就是在极少数情况下，由于上游犯罪还有其他犯罪事实一时难以查清或者因为其他原因尚未依法裁判，为依法及时审判掩饰、隐瞒犯罪所得犯罪案件，才在上游犯罪查证属实的情况下先行认定掩饰、隐瞒犯罪所得、犯罪所得收益罪。"①

上述规定明确了掩饰、隐瞒犯罪所得收益罪与上游犯罪的基本关系，还进一步明确了上游犯罪不必先经裁判确认，只需经查证上游犯罪行为确实存在即可。在司法实务中，这可能表现为具有证实

---

① 中华人民共和国最高人民法院刑事审判一、二、三、四、五庭主办：《刑事审判参考》（总第104集），法律出版社2016年版，第163～165页。

上游犯罪行为确实存在的相关证据。虽然上述司法解释是针对掩饰、隐瞒犯罪所得收益罪的，但因其与洗钱罪是一般罪名和特殊罪名的关系，所以上述规定应当也对洗钱罪案件适用。

应当特别说明的是，即使到了司法刑事追责的阶段，都可能出现上游犯罪并未定罪的情况，那么银行工作人员在处理负债业务时，对“明知是犯罪所得及其产生的收益”的理解切不可僵化。正如在上述沈某萱案件分析中所述，主观明知要素可能结合案件具体情况进行推定。为了有效防范刑事风险，银行工作人员在处理业务时应当完全按照业务操作规范行事，切莫为了获得好处或者讨好客户而放水。

（二）存款结算类刑事风险

存款结算业务在商业银行相关业务中扮演不可或缺的角色，其主要是指商业银行从存款和借款等渠道吸引外部资金的过程。商业银行为满足日常经营需求而通过外部债务融资，这一业务承担支撑商业银行资产管理和中介服务的基础职能。正因存款结算业务具有基础性，银行每天都会产生大规模的存款结算交易数量，而违法犯罪的可能性也随之增加。

1. 涉及主要罪名

自 2022 年 3 月 1 日起施行的《金融机构客户尽职调查和客户身份资料及交易记录保存管理办法》①要求，金融机构应当保存的客户身份资料包括记载客户身份信息以及反映金融机构开展客户尽职调

---

① 参见《中国人民银行 中国银行保险监督管理委员会 中国证券监督管理委员会令〔2022〕第 1 号》，载中国人民银行官网 2022 年 1 月 19 日，www. pbc. gov. cn/tiaofasi/144941/144957/4460304/index. html。

查工作情况的各种记录和资料。应当保存的交易记录包括关于每笔交易的数据信息、业务凭证、账簿以及有关规定要求的反映交易真实情况的合同、业务凭证、单据、业务函件和其他资料。金融机构客户身份资料及交易记录的保存方式和管理机制，应当确保足以重现和追溯每笔交易。这一系列的严格监管正是为了规避其背后的刑事风险。这些刑事风险主要集中在银行工作人员违反业务要求，为谋取个人利益占有资金，或者协助他人非法占有资金方面。其中可能涉及的罪名包含：吸收客户资金不入账罪、非法吸收公众存款罪、职务侵占罪和挪用资金罪等。

2. 具体涉刑场景

（1）银行工作人员假借理财名义套用客户资金放贷

银行工作人员在办理业务的过程中，需要与客户直接接触，在接触过程中容易因其专业身份而获取客户的信任。这使存在非法占有目的的员工有机会通过欺骗手段获取客户的存款信息甚至是账户密码。在这种情况下，客户的资金安全就存在一定风险。

某股份制银行温州某支行的原工作人员高某，利用自己零售银行部经理的身份，向贵宾客户黄女士推销该银行的某宝理财产品，年收益率7%。为取得黄女士信任，高某使用银行印制的某宝理财合同文本，并加盖自己私刻的零售银行部印章，并将资金私自转移。与此同时，高某说服黄女士将银行卡和网银交给他以便于投资操作，在一年半里，高某受黄女士委托共投资某宝理财产品3400万元，但事实上，高某将上述资金用于民间高利放贷，资金链断裂后案发。高某被判处吸收客户资金不入账罪，判处有期徒刑7年。

金融监管法规规定，银行吸收的客户资金必须入账登记。《中华人民共和国商业银行法》（以下简称《商业银行法》）第55条规定：

"商业银行应当按照国家有关规定，真实记录并全面反映其业务活动和财务状况，编制年度财务会计报告，及时向国务院银行业监督管理机构、中国人民银行和国务院财政部门报送。商业银行不得在法定的会计账册外另立会计账册。"而吸收客户资金不入账的行为一旦造成数额较大的经济损失，则可能触犯《刑法》。

（2）银行人员利用职务便利制作虚假存单套取客户存款

司法实践中，还出现过银行工作人员利用银行管理的漏洞来套取客户资金的情况。与上述取得客户信任、获取客户信息的手段不同，银行工作人员在存款结算业务中还有可能利用职务便利，依据自己对本单位管理漏洞的了解，在业务中利用监管漏洞实施违法犯罪行为以达到自己非法占有存款的目的。

赵某，系某银行支行员工。2014～2017 年，被告人赵某利用职务上的便利，通过使用该银行办理小额定期存款不打印整存整取存单，从而获得空白存单的方式，共获得空白存单 16 张。而后，其在为客户办理定期存款业务的过程中，利用脱机编辑文字的方式将打印在空白存单上的虚假定期存款明细交给客户，以此套取客户存款。赵某用此手段，先后套取了 7 位客户的 15 笔存款，共计 247 万余元。除日常花销外，赵某将该笔款项全部用来买彩票。① 最终法院判决：被告人赵某犯职务侵占罪，判处有期徒刑 5 年 8 个月。

该案中，赵某之所以能通过这种隐蔽的手段侵占存款，就是因为赵某抓住了在该行当时办理小额定期存款不打印整存整取单的"漏洞"。首先，当客户前来存款时，她会以资金进行定期存款，不打印整存整取单从而生成一张空白的定期存单。其次，在办理

---

① 参见赵某某职务侵占案，吉林省安图县人民法院（2018）吉 2426 刑初 71 号刑事判决书。

客户业务时，通过在离线电脑状态下进行文字编辑，将客户存款金额打印在空白存单上，并将这份伪造的定期存款明细交付给客户。这样，客户手持这份对银行无效的存单，错误地认为自己已存入定期款项，然而实际上资金仍由赵某掌控，银行并未接触此笔资金。

通过该案可以发现，银行本身对于存款结算业务管理的疏忽足以带来经营中的重大资金安全风险，会被别有用心的犯罪分子加以利用。人性经不起考验，此类疏忽应当引起高度重视。

（3）银行工作人员推销第三方理财产品可能构成犯罪

银行工作人员在银行宣传第三方投资项目势必会违反银行的业务规定。但在日常生活中这种情况却仍屡见不鲜。第三方人员常以高收益等高额回报诱惑银行工作人员。一般而言此行为不会“东窗事发”，银行工作人员的秘密操作也并不一定会被相关监管方发现，因此很多从业人员都不断地在违法边缘试探。但实际上，这样的行为不仅会产生内部监管风险，还会引发刑事追责。因此，无论是工作人员本身还是银行管理部门都应予以特别关注。

张某，原某银行支行员工，2009年从该行离职后，自己成立咨询公司。后来，公司开始运作所谓“私募基金”项目。该公司声称，与某房地产公司合作开发某省商业地产项目，根据投资额不同，可以获得20%～36%不等的年化投资收益。项目开始运作后，因为投资人不多，张某便找到了原来在银行的下属李某和徐某。在吃饭的过程中，张某向2人介绍了自己的项目，并提出如果2人能够帮忙找一些合格投资人，他可以支付给2人投资额5%的渠道提成。李某、徐某对老同事很信任，对投资项目也很感兴趣。于是在日常工作中，李某、徐某便向来银行办理储蓄、理财业务的客户推荐张某的投资项目，李某、徐某自己也各向张某的公司投资100万元。

后来，张某公司所谓的私募基金项目因为资金链断裂案发。经公安机关查明，所谓商业地产项目实际上纯属张某虚构。张某以此为名向社会公众募集资金2亿余元，除部分资金用于公司日常运作费用外，大部分资金被张某用于偿还个人债务、消费，以及以拆东墙补西墙的方式归还部分投资人的投资本息。截至案发，李某帮助张某介绍10名投资人，投资金额1000余万元，实际获得提成30万元。徐某帮助张某介绍投资人15人，投资金额1200余万元，实际获得提成45万元。最终法院认定张某构成集资诈骗罪，李某、徐某构成非法吸收公众存款罪。

对于该案的判决，有人认为，银行工作人员并不知道所谓的"投资项目"是虚假的项目，因此银行工作人员也是被骗的受害者，误以为他们就不用承担刑事责任。但实际上，即使对筹集资金用途违法不知情，只要借助银行工作便利收取了资金就已经可以构成帮助犯，从而基于共犯的身份承担相应的刑事责任。

3. 存款业务涉刑关注要点

总体而言，为达到非法占有财物的目的，银行工作人员在存款结算类业务中可能涉及两大类犯罪问题：第一类，职务型犯罪，即银行工作人员利用其职务便利，将本单位财物非法占为己有，从而构成侵占或者挪用本应属于本单位的资金；第二类，业务型犯罪，即利用业务产生的机会，通过欺骗或者窃取信息的手段侵占或转移客户的财产。在不考虑国家工作人员犯罪所涉及的特殊认定问题情况下，此类业务涉刑所涉及的罪名主要有以下5种：

《刑法》第271条【职务侵占罪】 公司、企业或者其他单位的工作人员，利用职务上的便利，将本单位财物非法占为己有，数额较大的，处三年以下有期徒刑或者拘役，并处罚金；数额巨大的，处三年以上十年以下有期徒刑，并处罚金；数额特别巨大的，处十年以上有期徒刑或者无期徒刑，并处罚金。

《刑法》第272条【挪用资金罪】　公司、企业或者其他单位的工作人员，利用职务上的便利，挪用本单位资金归个人使用或者借贷给他人，数额较大、超过三个月未还的，或者虽未超过三个月，但数额较大、进行营利活动的，或者进行非法活动的，处三年以下有期徒刑或者拘役；挪用本单位资金数额巨大的，处三年以上七年以下有期徒刑；数额特别巨大的，处七年以上有期徒刑。

《刑法》第187条【吸收客户资金不入账罪】　银行或者其他金融机构的工作人员吸收客户资金不入账，数额巨大或者造成重大损失的，处五年以下有期徒刑或者拘役，并处二万元以上二十万元以下罚金；数额特别巨大或者造成特别重大损失的，处五年以上有期徒刑，并处五万元以上五十万元以下罚金。单位犯前款罪的，对单位判处罚金，并对其直接负责的主管人员和其他直接责任人员，依照前款的规定处罚。

《刑法》第176条【非法吸收公众存款罪】　非法吸收公众存款或者变相吸收公众存款，扰乱金融秩序的，处三年以下有期徒刑或者拘役，并处或者单处罚金；数额巨大或者有其他严重情节的，处三年以上十年以下有期徒刑，并处罚金；数额特别巨大或者有其他特别严重情节的，处十年以上有期徒刑，并处罚金。单位犯前款罪的，对单位判处罚金，并对其直接负责的主管人员和其他直接责任人员，依照前款的规定处罚。

《刑法》第192条【集资诈骗罪】 以非法占有为目的，使用诈骗方法非法集资，数额较大的，处三年以上七年以下有期徒刑，并处罚金；数额巨大或者有其他严重情节的，处七年以上有期徒刑或者无期徒刑，并处罚金或者没收财产。单位犯前款罪的，对单位判处罚金，并对其直接负责的主管人员和其他直接责任人员，依照前款的规定处罚。

对于上述罪名，司法实务可能主要关注以下几点：

(1) 吸收客户资金不入账罪中“客户资金”与“不入账”的认定问题

吸收客户资金不入账罪的罪名认定中涉及对“客户资金”与“不入账”的司法认定难点。所谓“客户资金”，是指货币资金的所有人或持有人存入银行或者其他金融机构的货币。吸收客户资金的具体方式不影响本罪的构成，既可以是以合法的方式吸收公众存款，也可以是以违反规定提高利率或其他不正当的方式吸收存款，可能包括一切金融机构经营业务所涉资金。另外，《最高人民检察院法律政策研究室对〈关于征求吸收客户资金不入账犯罪法律适用问题的函〉的回复意见》（高检研函字〔2010〕74号）表明，保险费属于《刑法》第187条规定的客户资金，保险公司及其工作人员收到保险费不入账，数额巨大或者造成重大损失的，也应按吸收客户资金不入账罪追究刑事责任。

“不入账”，是指不入法定账。吸收客户资金是银行或其他金融机构吸纳资金的行为，按照规定，吸收的客户资金必须入账登记。不入账本身就违反了金融法规。《商业银行法》第55条规定："商业银行应当按照国家有关规定，真实记录并全面反映其业务活动和财务状况，编制年度财务会计报告，及时向国务院银行业监督管理机构、中国人民银行和国务院财政部门报送。商业银行不得在法定的会计账册外另立会计账册。"不入账，是指将客户资金不计入金融机构的法定存款账目的行为。不入账的情形既包括将客户资金全部不入账，也包括将客户资金部分不入账；既包括将客户资金计入个人的小账，也包括将客户资金记入单位的小金库账；既指将客户资金未记入金融机构的正式账目（大账），即不纳入上报中国人民银行和国家财政的银行会计核算，也指将客户资金形式上计入大账但记入的内容没有如实反映吸收客户资金的情况。①

最高人民法院发布的《全国法院审理金融犯罪案件工作座谈会纪要》也指出，吸收客户资金不入账，是指不记入金融机构的法定存款账目，以逃避国家金融监管，至于是否计入法定账目以外设立的账目，不影响该罪成立。金融机构的工作人员明知客户资金未进入法定账户，其在应当采取措施且有能力采取措施的情况下，没有采取措施避免或降低客户资金脱离银行有效监管的风险，反而采取放任的态度，影响银行法定账目的记载，若最终造成客户资金的重大损失，也可能构成该罪。

（2）非法吸收公众存款罪中"非法性"如何认定

根据《中国金融机构从业人员犯罪问题研究白皮书（2022）》的统计，金融机构从业人员犯罪中非法吸收公众存款罪数量高居首

① 参见刘宪权：《金融犯罪刑法学原理》，上海人民出版社2017年版，第239页。

位，是银行工作人员犯罪中的数量最多的罪名之一。根据《刑法》的规定，非法吸收公众存款行为需具备“非法性”的条件。其中“非法性”的类型主要有“未经有关部门依法批准吸收资金”和“借用合法经营的形式吸收资金”两种模式，《刑法》中并没有对此作出详细的规定。但是根据现有司法解释的规定，人民法院、人民检察院、公安机关认定非法集资的“非法性”，应当以国家金融管理法律法规作为依据。① 对于国家金融管理法律法规仅作原则性规定的，可以按照法律规定的精神并参考中国人民银行、原中国银保监会、中国证监会等行政主管部门、国家金融管理法律法规制定的部门制定的有关金融管理的规定、办法。其中，非法吸收公众存款罪中的“非法性”认定主要依据国家金融管理法律和金融管理法律、法规的原则性规定。根据上述案例，其实也可以看出，在实践中，即使是具有合法资质的银行机构，其从业人员也可以因为其行为的“非法性”而构成非法吸收公众存款罪。

（3）职务侵占罪与挪用资金罪的定性区别问题

职务侵占罪与挪用资金罪，是两个在司法认定过程中存在关联性的罪名，指向行为人利用职务便利将本单位资金占有或挪用的行为。两个罪名的认定区别主要体现在以下三个方面。首先，侵犯的对象不同。挪用资金罪侵犯的是公司、企业或者其他单位对资金的使用权，在实践中要判断该挪用行为是否使单位对资金暂时失去了控制；职务侵占罪侵犯的是公司、企业或者其他单位对包含资金在内的全部财物的所有权。其次，犯罪行为不同。挪用资金罪表现为公司、企业或者其他单位的工作人员，利用职务上的便利，挪用本

---

① 最高人民法院、最高人民检察院、公安部 2019 年 1 月 30 日发布《关于办理非法集资刑事案件若干问题的意见》。

单位资金归个人使用或者借贷给他人，数额较大、超过3个月未还的，或者虽未超过3个月，但数额较大、进行营利活动的，或者进行非法活动的行为；职务侵占罪表现为公司、企业或者其他单位的人员，利用职务上的便利，将本单位财物非法占为已有，数额较大的行为。虽然都是利用职务之便，但挪用资金罪的行为方式是挪用，即未经合法批准或许可而擅自挪归自己使用或者借贷给他人；职务侵占罪的行为方式是侵占，即行为人利用职务上的便利，侵吞、窃取、骗取或者以其他手段非法占有本单位财物。且职务侵占罪必须要求侵占本单位财物数额较大的，才能构成犯罪。最后，二者最关键的区别在于主观目的不同。挪用资金罪行为人的目的在于非法取得本单位资金的使用权，但并不企图永久占有，而是准备用后归还；职务侵占罪的行为人的目的在于非法取得本单位财物的所有权，而非暂时使用。

三、处理负债业务风险误区

(一) 客户审查仅是形式审查

银行在为客户提供服务时，要对账户的实际持有人进行审查，以确认账户持有人或者实际收益人是否存在洗钱、恐怖主义融资等风险存在。从全球现行监管规定来看，客户审查法则(Know Your Customer，KYC) 要求金融机构实行账户实名制，了解账户的实际控制人和交易的实际收益人，同时要求对客户的身份、常住地址或企业所从事的业务进行充分的了解，并采取相应的措施[①]，包括（1）建立和维持客户身份认证和核实系统；（2）了解客户活动特征（主要目的是满足客户资金来源的合法性）；（3）为监察客户的活动而评估客户涉及洗钱和恐怖融资活动的风险。

然而在实务中，银行工作人员很难完全按照现有规定落实客户审查要求。一是由于我国尚未有完整的自然人完税证明或个人财产申报制度，故在实践中难以要求客户全面地、有体系地提供完整证明其财富规模的相关材料，这就对金融机构准确判断客户的实际财产状况或创收能力等带来了很大的挑战。二是因为种种原因，在中国社会中，特别是高净值客户群体中，普遍存在资产代持现象，这造成当事人财产的形式外观与实质之间存在差异。三是金融机构无权直接调取客户相关个人信息，也难以借助公权力去核实客户的资产来源、税务合规问题，因而在客观上，金融机构难以对自然人进

① 中国的银行须遵循的反洗钱和反恐怖融资的法律和监管规定包括：《反洗钱法》、《反恐怖主义法》、中国人民银行《关于进一步加强反洗钱和反恐怖融资工作的通知》（银办发〔2018〕130号），以及中国银保监会令（2019年第1号）《银行业金融机构反洗钱和反恐怖融资管理办法》等。这些法律和监管要求均要求金融机构在开展各项业务前必须做到KYC。以中国人民银行《关于进一步加强反洗钱和反恐怖融资工作的通知》为例，其明确要求金融机构要从：（1）客户身份核实要求；（2）依托第三方机构开展客户身份识别的要求两方面加强客户身份识别管理。以及要从：（1）高风险领域的客户身份识别和交易监测要求；（2）高风险国家或地区的管控要求两方面加强洗钱或恐怖融资高风险领域的管理。再以原中国银保监会的《银行业金融机构反洗钱和反恐怖融资管理办法》为例，其第12条规定："银行业金融机构应当按照规定建立健全和执行客户身份识别制度，遵循'了解你的客户'的原则，针对不同客户、业务关系或者交易，采取有效措施，识别和核实客户身份，了解客户及其建立、维持业务关系的目的和性质，了解非自然人客户受益所有人。在与客户的业务关系存续期间，银行业金融机构应当采取持续的客户身份识别措施。"第13条规定："银行业金融机构应当按照规定建立健全和执行客户身份资料和交易记录保存制度，妥善保存客户身份资料和交易记录，确保能重现该项交易，以提供监测分析交易情况、调查可疑交易活动和查处洗钱案件所需的信息。"

行彻底的、穷尽性质的实质性核查。这种客观困境也在一定程度上使银行工作人员放松了对客户审查原则的重视程度，认为例行公事式的简单询问就算完成任务，未能有效识别可疑客户与可疑交易，存在为洗钱等犯罪行为提供帮助的风险。

（二）拉大客户给好处是行业惯例，不违法

现代市场竞争激烈，银行业也是如此。根据中国银保监会2020年3月24日发布的《银行业金融机构法人名单》的统计，全国共有4607家金融机构，其中银行业机构为4073家。对于需要吸收资金的负债端业务来说，数千家银行间是充满激烈竞争的。为了吸引客户，尤其是优质的大企业客户，各家银行纷纷推出办卡送礼品，大客户礼遇等福利以增强自身吸引力。很多银行工作人员也认为这是一种人情往来，行业惯例，不会涉及违法犯罪。然而，在一起天津和平区人民法院判处的案件中，法院认定，渤海银行股份有限公司天津分行多伦道支行原行长杨某，为天津市医药集团有限公司存贷款及发行中期票据等业务中谋取竞争优势，获取个人业绩奖励，先后多次给予原天津市医药集团副总经理、总会计师马某现金35万元、面值人民币1万元的天津海信广场购物卡10张、周生生牌50克金条一块，并支付人民币1.06万元为马某竞拍机动车牌照一副。最终，杨某被认定构成行贿罪。[①] 由此可见，行业惯例不是出罪理由，应全方位防范刑事风险。

① 参见杨某行贿案，天津和平区人民法院（2018）津0101刑初267号刑事判决书。

（三）员工犯罪与领导无关

很多单位领导干部认为，员工个人犯罪与单位无关，领导更无须承担责任，而实际上并非如此。安徽省某市不动产登记中心的原工作人员张某杰个人贪污公款数千万元被判刑，负有监管责任的主要领导也被刑事追责。张某杰的本职工作是在政务服务中心大厅窗口接待市民，收取买房托管资金、填写托管协议、开具银行存款凭证和资金托管凭证等。然而，他在 2016～2019 年采取收款不入账、伪造收款事实等方式，陆续侵吞公款 6900 多万元，最终被判处无期徒刑。

张某杰因个人贪念涉及个人犯罪，领导并未参与或知晓其犯罪行为，但该案件暴露出其单位的监督管理层层失守，存在多方面的问题。最终，对单位资金安全负有监督管理责任的安徽省某市不动产登记中心交易管理科科长、副科长也因构成玩忽职守罪，被判处有期徒刑。

那么在什么情况下，领导应对员工的个人犯罪承担责任？司法实务一般会着重审查以下方面：

第一，领导是否以不懂业务为由，不按规章制度办事，严重不负责任，造成严重后果。

第二，是否在履行领导、管理、监督职责方面工作不到位，内部管理失控，致使本单位发生违法犯罪案件或其他重大责任事故。

第三，是否在发现内外部犯罪或重大风险事件、案件隐患后，隐瞒不报，或不主动及时向司法机关和上级主管机关报案，致使损害后果扩大。

第四，是否在经办有关业务时，不履行或者不认真履行岗位职责，致使银行资金、财产遭受严重损失。

四、河南村镇银行案——银行存款业务犯罪风险分析

（一）基本事实

2022年4月18日起，河南省境内的4家村镇银行，分别为河南禹州新民生村镇银行、上蔡惠民村镇银行、柘城黄淮村镇银行和开封新东方村镇银行，发布公告称，为了能够提供更优质的服务，其将于2022年4月18日8：30对系统进行维护升级，该行网上银行、手机银行将暂停服务。河南4家村镇银行关闭线上取款和转账渠道的情况引发了相关银行储户的大规模惶恐事件。2022年4月19日，深圳一家银行便接到了有关部门的紧急通告，通告表示有4家河南村镇银行发生了大规模的客户投诉以及严重的挤兑。同时，公安机关也开始介入调查。2022年5月18日，河南银保监局有关部门负责人回应称，这4家村镇银行的股东——河南新财富集团，通过内外勾结、利用第三方平台以及资金掮客等吸收公众资金，涉嫌违法犯罪，公安机关已立案调查。

许昌市公安局分别于2022年6月18日、7月10日和8月29日发布3次警情通告，从这3次警情通告中还原的案件情况为：2011年以来，以犯罪嫌疑人吕某为首的犯罪团伙通过河南新财富集团等公司，以关联持股、交叉持股、增资扩股、操控银行高管等手段，实际控制禹州新民生等几家村镇银行，利用第三方互联网金融平台和该犯罪团伙设立的君正智达科技有限公司开发的自营平台及一批资金掮客进行揽储和推销金融产品，以虚构贷款等方式非法转移资金，专门设立宸钰信息技术有限公司删改数据、屏蔽瞒报。该

犯罪团伙在正常存款之外，用非法获取的部分资金，以年化收益率13%～18%“贴息”标准为诱饵吸揽资金，该“贴息”经资金掮客层层盘剥后，被部分大额资金客户获取。

根据警方截至目前已公布的信息可知，河南新财富集团投资控股有限公司已于2022年2月10日注销，其实际控制人吕某早已拿到塞浦路斯国籍，并因中国银监会副主席蔡某生受贿一案协助调查后潜逃至美国。此外，据媒体调查统计，该案的涉案金额高达400亿元，约有40万储户被影响。这4家河南村镇银行于2022年7月4日均发公告表示，其按照《中华人民共和国公司法》和银行章程的规定，按照法定程序，选举产生了新的董事长、监事长，通过了高级管理人员名单。2022年7月5日，多位河南村镇银行的储户向某媒体反映其通过某借款平台购买的河南村镇银行的存款产品变成了理财产品。从2022年7月11日至2022年8月29日，河南银保监局、河南省地方监管局分别发布7次公告，按照存款金额分批次对受害客户进行资金垫付工作。

（二）法律分析

从此次河南村镇银行“爆雷”后公安机关披露的案件警情通报可知，公安机关将此次事件定性为涉嫌刑事犯罪。结合河南银保监局有关负责人向媒体透露的消息可知，在该案中，河南新财富集团操纵河南、安徽等村镇银行，勾结、利用第三方平台以及自行设立开发的自营平台、资金掮客等方式，非法吸收并以虚构贷款等方式非法转移资金，并专门设立信息技术公司删改数据、屏蔽瞒报、掩盖非法行为。基于上述情形，从银行吸存角度对该事件的具体法律分析如下：

1. 关于储户购买的产品的定性

根据许昌市公安局在2022年8月29日的第3次警情通报中所称的“该犯罪团伙在正常存款利息之外，用非法获取的部分资金，以年化收益率13%～18%‘贴息’标准为诱饵吸揽资金”，结合在2022年7月多名储户向某媒体反映其在度小满上面购买的存款产品变为了理财产品的情况，对河南村镇银行事件进行法律分析的首要前提是要确定储户购买的是存款产品还是理财产品，即储户与银行之间是否建立了存款合同关系。

对当前检索到的部分储户对其在第三方平台上购买相关村镇银行产品界面的截图进行审查后发现，在“产品详情”处显示为“本产品是由禹州新民生村镇银行提供的存款产品”，在“资金保障”处显示为“依据中华人民共和国《存款保险条例》，商业银行为存款人提供本息保险服务，50万元内100%赔付”。根据2022～2024年官方和媒体披露的信息可知，储户在4家涉案的村镇银行存款的流程大致为：储户通过第三方互联网平台等方式了解、购买了存款产品并进行了转账存款，银行在储户购买产品时的相关产品详情介绍展示页对储户购买的产品定性为存款产品并告知其受到存款保险的保护，银行为购买产品的储户开设了电子账户并收取了储户的存款，银行还向储户支付了相应的存款利息。

《最高人民法院公报》2015年第7期公报案例［案号为（2013）民提字第95号］对如何认定储蓄存款合同成立进行了说明：原《中华人民共和国合同法》第13条规定：“当事人订立合同，采取要约、承诺方式。”第25条规定：“承诺生效时合同成立。”依照上述法律规定，储蓄人主张与银行成立储蓄存款合同，应当证明其与银行分别作出要约和承诺，符合合同成立要件。在对储户在相关村镇银行存款流程分析后可知，储户与这4家村镇银行间已成立存款合同关系。河南银保监局也基于此对受害储户开展了先行垫付工作。

2. 关于河南村镇银行案中所涉罪名的分析

根据已公开的河南村镇银行案的最新进展，河南省某县人民检察院以非法吸收存款罪、帮助毁灭证据罪、窝藏罪提起公诉，除吕某、李某1等主犯在逃外，该案对李某2、赵某等20名主犯已开庭审理，且判决已生效。① 该案仅将涉案个人的行为认定为非法吸收公众存款罪，而对于涉案村镇银行，一审法院将其认定为吕某犯罪集团非法集资的工具，并未实际占有吸揽的资金，不应被认定为非法吸收存款罪的犯罪主体。此处便引出一个关于银行负债业务涉刑的关键问题，即银行究竟能否成为非法吸收公众存款罪的主体？

由最高人民法院《关于审理非法集资刑事案件具体应用法律若干问题的解释》（以下简称《非法集资司法解释》）的第1条②可知，在司法实践中，认定是否构成非法吸收公众存款罪的几个要素分别是："非法性""公开性""利诱性""不特定性"。在这4个要素中，由于银行的行为必然满足"公开性""利诱性""不特定性"，而前

① 参见希声财经：《河南村镇银行诈骗案最新：吕某、李某在逃，20名主犯已审判!》，载微信公众号"财富预警"2024年1月23日，https：//mp. weixin. qq. com/s/KpUWzSt_egIPAwjDkQ0LPw。

② 最高人民法院《关于审理非法集资刑事案件具体应用法律若干问题的解释》第1条规定："违反国家金融管理法律规定，向社会公众（包括单位和个人）吸收资金的行为，同时具备下列四个条件的，除刑法另有规定的以外，应当认定为刑法第一百七十六条规定的'非法吸收公众存款或者变相吸收公众存款'：（一）未经有关部门依法许可或者借用合法经营的形式吸收资金；（二）通过网络、媒体、推介会、传单、手机信息等途径向社会公开宣传；（三）承诺在一定期限内以货币、实物、股权等方式还本付息或者给付回报；（四）向社会公众即社会不特定对象吸收资金。未向社会公开宣传，在亲友或者单位内部针对特定对象吸收资金的，不属于非法吸收或者变相吸收公众存款。"

文已进行了基本上“非法性”便是非法吸收公众存款罪中的核心的认定。通过对《非法集资司法解释》中第1条进行详细分析可知，“非法性”的判断标准为“未经有关部门依法许可或者借用合法经营的形式吸收资金”。“借用合法经营的形式吸收资金”在司法实务中通常是指变相吸收公众存款的情形。《非法集资司法解释》第2条①规定了11种变相吸收公众存款的情形，以及1个兜底性条款，其中第9款的规定与该案情形较接近，“以委托理财、融资租赁等方式非法吸收资金的”。但由于对储户购买产品的定性进行实质性分析后得出其应属存款产品，以及案涉村镇银行并未假借其他名义，故对4家村镇银行本身来说，其并不是非法吸收公众存款罪的主体。

在该案中，虽然村镇银行本身未被认定为非法吸收公众存款罪的主体，但值得注意的是，其他涉案人员大多都以非法吸收公众存款罪被定罪量刑。由于非法吸收公众存款罪包括自然人犯罪，而单

---

① 最高人民法院《关于审理非法集资刑事案件具体应用法律若干问题的解释》第2条规定：“实施下列行为之一，符合本解释第一条第一款规定的条件的，应当依照刑法第一百七十六条的规定，以非法吸收公众存款罪定罪处罚：（一）不具有房产销售的真实内容或者不以房产销售为主要目的，以返本销售、售后包租、约定回购、销售房产份额等方式非法吸收资金的；（二）以转让林权并代为管护等方式非法吸收资金的；（三）以代种植（养殖）、租种植（养殖）、联合种植（养殖）等方式非法吸收资金的；（四）不具有销售商品、提供服务的真实内容或者不以销售商品、提供服务为主要目的，以商品回购、寄存代售等方式非法吸收资金的；（五）不具有发行股票、债券的真实内容，以虚假转让股权、发售虚构债券等方式非法吸收资金的；（六）不具有募集基金的真实内容，以假借境外基金、发售虚构基金等方式非法吸收资金的；（七）不具有销售保险的真实内容，以假冒保险公司、伪造保险单据等方式非法吸收资金的；（八）以网络借贷、投资入股、虚拟币交易等方式非法吸收资金的；（九）以委托理财、融资租赁等方式非法吸收资金的；（十）以提供‘养老服务’、投资‘养老项目’、销售‘老年产品’等方式非法吸收资金的；（十一）利用民间‘会’‘社’等组织非法吸收资金的；（十二）其他非法吸收资金的行为。”

位负责人、实际控制人和业务负责人，他们的行为直接关系到非法吸收公众存款能否实现，因此毋庸置疑其是要承担责任的，故对银行工作人员来说，也要警惕在日常工作中可能存在的法律风险。在工作中，切勿因一时贪念，误以为自己身为银行工作人员，就可以向社会公众吸收公共存款。在实践中，公安司法机关仍然会实质性地审查行为人是否经国家金融主管机关批准、是否具备吸收公众存款的资质以及是否具有“非法性”“公开性”“利诱性”“不特定性”。除刑事法律风险外，银行工作人员也会涉及行政法律风险，原中国银保监会山西监管局曾连续发布8份行政处罚决定书送达公告，涉及8名农业银行员工存在的非法吸收公众存款的违法违规行为，其中7名银行工作人员被禁业2年，1名银行工作人员被警告。①

3. 其他与该案类似行为可能涉嫌罪名的分析

（1）涉嫌吸收客户资金不入账罪

将客户资金入账是银行或者其他金融机构工作人员基于《商业银行法》等法律的前置法义务。《商业银行法》第52条规定，“商业银行的工作人员应当遵守法律、行政法规和其他各项业务管理的规定，不得有下列行为：（二）利用职务上的便利，贪污、挪用、侵占本行或者客户的资金”。因此，在银行或者其他金融机构的工作人员具有前置法规定的作为义务的前提下，不入账行为系不作为行为。由于在河南村镇银行案中大约400亿元的涉案金额中的绝大部分是通过线上渠道进行交易的，在吕某设立的第三方科技公司对有关数据删改、屏蔽瞒报的情况下，这些线上交易的资金并没有进入中国

① 参见《中国银保监会山西监管局行政处罚决定书送达公告》，载国家金融监督管理总局山西监管局网2023年6月13日，https：//www.cbirc.gov.cn/branch/shanxi/view/pages/index/jiansuo.html？keyWords=中国银保监会山西监管局#2。

网联监督系统。根据河南银保监局、河南省地方金融监管局的公告，其将储户们定性为“银行账外业务客户”。基于目前披露的情况来看，即使这4家村镇银行是在河南新财富集团的实际控制下，但其也是依靠村镇银行的身份利用第三方互联网平台进行揽储的，故其工作人员的行为也系违反不得贪污、挪用、侵占本行或者客户的资金的作为义务的行为，相关责任主体可能构成吸收客户资金不入账罪。河南省高级人民法院曾经有过类似的案例，案号为（2018）豫民再1231号，法院经再审认为，该案系储蓄存款合同纠纷。王某到某市城市信用社办事处以张某亚的名义存款，在其收到该市城市信用社办事处出具给张某亚的存单时，张某亚与该市城市信用社办事处的储蓄存款合同即合法成立，至于该市城市信用社办事处工作人员是否涉嫌违法、犯罪，张某亚存款的去向，均不影响该金融机构应当向张某亚承担的兑付存款的义务。

此外，单位也可能构成吸收客户资金不入账罪。《刑法》第187条对吸收客户资金不入账罪进行了明确规定：“银行或者其他金融机构的工作人员吸收客户资金不入账，数额巨大或者造成重大损失的，处五年以下有期徒刑或者拘役，并处二万元以上二十万元以下罚金；数额特别巨大或者造成特别重大损失的，处五年以上有期徒刑，并处五万元以上五十万元以下罚金。单位犯前款罪的，对单位判处罚金，并对其直接负责的主管人员和其他直接责任人员，依照前款的规定处罚。”《全国法院审理金融犯罪案件工作座谈会纪要》指出，吸收客户资金不入账，是指不记入金融机构的法定存款账目，以逃避国家金融监管，至于是否记入法定账目以外设立的账目，不影响该罪成立。根据上述法条的规定，吸收客户资金不入账罪的犯罪主体为特殊主体，即银行或者其他金融机构的工作人员，并且单位也可以成为该罪的主体。在认定单位犯罪时，须重点审查吸收存款不入账是否是单位决策，体现单位意志。

综上，即使储户们的资金在存入银行后，被股东挪用，在不确定村镇银行工作人员是否涉嫌个人犯罪的情况下，这4家村镇银行仍负有向储户们兑付存款的义务。

(2) 因银行违规，上游金融公司或构成集资诈骗罪

在确认储户与这4家村镇银行之间具有存款合同关系后，就要考虑这4家村镇银行利用第三方互联网平台揽储的行为是否为法律所禁止。根据《关于规范商业银行通过互联网开展个人存款业务有关事项的通知》第4条的规定，商业银行不得通过非自营网络平台开展定期存款和定活两便存款业务，包括但不限于由非自营网络平台提供营销宣传、产品展示、信息传输、购买入口、利息补贴等服务。结合当前所公布的这4家村镇银行情况，其利用第三方平台、向不特定公众揽储的行为系中国银保监会、中国人民银行所明令禁止的行为。但是，对《关于规范商业银行通过互联网开展个人存款业务有关事项的通知》进行进一步分析可知，其只是对商业银行开展业务地点的规定，而不是对商业银行是否有开展相关业务资格的规定。

而资金实际使用人新财富集团则可能构成集资诈骗罪。平时大家熟称的非法集资实际上对应了两个罪名，即非法吸收公众存款罪和集资诈骗罪。两罪名之间的主要区别，在于主观上行为人/单位是否具有非法占有目的，以及客观上行为人/单位是否虚构了主要事实情节。最高人民法院《全国法院审理金融犯罪案件工作座谈会纪要》中有关于如何认定行为人是否具有非法占有目的的规定，即在金融诈骗案件中行为人通过诈骗手段非法获取资金，造成数额较大资金

不能归还的，具有以下情形可以认定为具有非法占有目的：(1) 明知没有归还能力而大量骗取资金；(2) 非法获取资金后逃跑的；(3) 肆意挥霍骗取资金；(4) 使用骗取的资金进行非法犯罪活动；(5) 抽逃、转移资金、隐匿财产，以逃避返还资金的。基于河南新财富集团公司以虚构贷款等方式非法转移资金，且实际控制人吕某已潜逃至国外的种种意图非法占有资金的情况，新财富集团的相关责任主体或构成集资诈骗罪。

(三) 风险提示

基于上述对该案涉罪行为的法律分析，现对银行吸存业务可能涉及的刑事法律风险进行提示：

1. 贴息存款可能涉及的法律风险

贴息存款，是指在储户将钱存入银行后，除了获得原有的银行利息外，银行会根据存款金额另外给储户额外补贴一部分利息，这是行业监管的灰色地带。在实践中，存在银行工作人员为了完成银行关于存款业绩的指标，通过向储户多支付利息的方式购买存款，以及银行为了使“存贷比”达标，通过贴息的方式购买存款的情况。此时，购买贴息存款的行为涉及储户、银行、掮客和用款方 4 个角色。

需予以明确的是，这种特殊的吸储方式必然违反行业规范。国家对于银行存款利率的规定非常严格，银行必须在国家规定的存款利率范围内进行揽储。一旦因挤兑等事件造成兑付困难，必将启动追责程序。银行是老百姓最信任、在日常生活中接触最多的金融机构，考虑到其一旦涉及刑事风险，就会出现信任危机，造成老百姓的惶恐、对银行的不信任，银行的公信力也会随之下降，从而有造成更大的社会危机的概率。鉴于此，在此次事实中，河南银保监局、河南地方金融监管局在第一时间对在此次河南村镇银行事件中受害的储户进行垫付，这体现了有关监管部门对国家金融安全的重视程度。

此外，在实践中还存在用款方通过资金掮客招揽客户，然后通过串通银行或其工作人员，利用其伪造的贷款资料骗取贷款等情况，这可能涉嫌骗取贷款、诈骗，甚至是职务侵占等罪名，在具备共谋的前提下，银行工作人员可能与其他主要行为人构成共同犯罪。如果银行工作人员仅明知用款方虚构、伪造贷款材料仍然为其提供帮助，也可能构成违法发放贷款罪。

2. 异地揽储可能涉及的法律风险

异地揽储因违规而触发行业监管。中国银保监会办公厅、中国人民银行办公厅在《关于规范商业银行通过互联网开展个人存款业务有关事项的通知》中表示："地方性法人商业银行要坚守发展定位，确保通过互联网开展的存款业务，立足于服务已设立机构所在区域的客户。无实体营业网点，业务主要在线上开展，且符合银保监会规定条件的除外。"基于上述规定，地方性法人商业银行被禁止利用第三方网络平台或自己设立的网络进行跨区域揽存的行为。另外，中国人民银行于2021年第一季度起将地方法人银行吸收异地存款情况纳入MPA,[①] 禁止其通过各种渠道开办异地存款，已发生的存量存款自然到期结清。实践中，也屡次出现地方性银行因异地揽储收到罚单的情况。

异地揽储是否会存在刑事风险？目前尚未见到金融机构因违规

---

① 宏观审慎评估（Macro Prudential Assessment，MPA）是中国人民银行从2016年起将对银行业的监管体系由差别准备金动态调整和合意贷款管理机制。

异地揽储而被刑事定罪的案件。从河南村镇银行案的情况来看，异地揽储是村镇银行扩充资金量的方式，银行本身因具备金融牌照，从而具有吸收公众存款的合法性，储户的利益也应依法获得保护。所以异地揽储的风险目前主要还是体现在行业监管方面。

3. 银行与互联网平台合作过程中可能涉及的法律风险

银行等传统金融机构与互联网企业利用互联网技术和信息通信技术实现资金融通、支付、投资和信息中介服务的新型金融业务模式也俗称为互联网金融。互联网与金融的融合，促进了金融创新，提高了金融配置效率，但也存在一些问题和风险隐患，应予以重视。

首先，应防范信息网络安全风险。自互联网技术诞生以来，信息网络安全就是互联网行业关注的重要问题。不法主体对计算机信息系统的非法侵入及对系统数据的非法获取及使用，严重损害互联网安全，扰乱社会公共秩序。当互联网与金融发生深度融合后，上述因信息网络安全事件所引发的刑事法律风险也势必会蔓延至金融领域。此类事件的发生不仅严重破坏金融管理秩序，也会对从业机构及其客户的财产权利、个人隐私、商业秘密造成严重的侵犯和破坏，相关责任主体可能会涉嫌非法侵入计算机信息系统罪、侵犯公民个人信息罪等罪名。

其次，应防范流动性风险。流动性风险，是指商业银行无法以合理成本及时获得充足资金，用于偿付到期债务、履行其他支付义务和满足正常业务开展的其他资金需求的风险。① 从刑事风险的角度主要需要防范互联网技术提供方利用职务之便，挪用、侵占金融机

---

① 参见《商业银行流动性风险管理办法（试行）》第三条规定，载国家金融监督管理总局官网 2014 年 1 月 17 日，https：//www. cbirc. gov. cn/cn/view/pages/governmentDetail. html？docId = 274999&itemId = 861&generaltype = 1。

构资金，从而导致资金流失或无法及时入账，引发金融机构资金链紧张甚至资金链断裂。相关责任人员可能涉嫌职务侵占罪、挪用资金罪、贪污罪、挪用公款罪、背信运用受托财产罪等犯罪。此外，还应注意互联网中介平台是否会形成资金池，并将池内资金限期错配，从而将相应资金拆分组合用于对外借贷或投资。相关行为主体可能构成集资诈骗或传销犯罪。

4.“穿透式”监管下银行负债业务所面临的刑事法律风险

“穿透式监管认定”是近年来金融监管领域的一个高频热词。与持牌的金融机构不构成非法吸收公众存款罪和集资诈骗罪的传统司法观点①不同，穿透式监管意味着监管要遵循实质重于形式、内容大于表象的原则，通过金融业务行为的表面形态看清其本质内涵，揭开层层嵌套的虚假民商事关系，刺破傀儡式交易主体身份，从金融业务的本源入手，将资金来源、中间交易环节以及资金最终投向链接起来，甄别业务的真实性质，根据业务的真实功能及相应的法律明确监管规则。② 在近年来的司法实践中，基于金融犯罪时适用“穿透式”的监管理念，部分司法裁判突破了前述传统观点。在明天控股肖某华案中，上海市第一中级人民法院的判决认定明天控股、肖某华构成非法吸收公众存款罪。虽然非法吸收公众资金的主体是持牌的金融机构，其本身也具备销售信托产品、保险产品的资质，

① 参见最高人民法院研究室《关于认定非法吸收公众存款罪主体问题的复函》（法研〔2001〕71号，现行有效）：“……经研究，提出以下意见供参考：金融机构及其工作人员不能构成非法吸收公众存款罪的犯罪主体。对于银行或者其他金融机构及其工作人员以牟利为目的，采用吸收客户资金不入账并将资金用于非法拆借、发放贷款，构成犯罪的，依照刑法有关规定定罪处罚。”

② 参见曹坚：《以“穿透式刑事认定”方法揭示金融犯罪》，载《检察日报》2019年3月18日，第3版。

但在“穿透式”审查后发现，明天控股通过设立多家载体公司，隐瞒股权实控关系，绝对控股涉案金融机构，整个涉案行为体现的均是明天控股的犯罪意志，所以虽有持牌金融机构，也不能免于定罪处罚。

根据前述案例类推，银行的负债业务也要注意“穿透式”监管下的刑事法律风险。以银行负债业务中最普遍的吸存业务为例，吸存业务常涉法律风险为非法吸收公众存款行为。商业银行，尤其是村镇银行，不能寄希望于将持牌作为“免死金牌”，在日常经营管理过程中须合法合规，避免沦为不法分子实施犯罪的工具。

此外，“穿透式”监管势必会导致惩治范围的扩大，进而导致部分金融机构的工作人员承担相应个人责任。最高人民检察院《关于办理涉互联网金融犯罪案件有关问题座谈会纪要》强调，“在证明犯罪嫌疑人的主观故意时，可以收集运用犯罪嫌疑人的任职情况、职业经历、专业背景、培训经历、此前任职单位或者本人因从事同类行为受到处罚情况等证据”，这在某种程度上也属于对金融机构工作人员的“穿透式”审查。

(四) 总结

河南村镇银行“爆雷”事件引发了社会各界的高度关注。不仅使作为储户的普通老百姓开始意识到在银行储蓄也会存在风险，同时也使金融机构及金融监管机构将刑事风险防范提到新的高度。在当前金融交易模式日趋复杂、多变的环境下，随着国家对于金融控股公司的监管愈发健全与严格，金融领域犯罪逐渐成为公安司法机关严厉打击的重点。银行作为金融机构，尤其是备受公众信任的金融机构，务必要树立风险意识。结合前述法律分析可知，银行在日常经营管理过程中要注意内部的合规监管，在外部也要建立和完善信息披露制度，必要时引入社会监督、第三方监督，牢牢守住法律红线。

第二节 银行资产业务常见犯罪风险

一、资产业务及规范要求

（一）资产业务概述

资产业务，又称银行资金运用业务。开展资产业务的主要目的是把银行自身及借入的货币资金运用出去，以挣得利润。因此，资产业务可以被理解为银行主动出去赚钱的业务。银行在负债业务中吸收了大量资金，获得了资金的使用权，但同时也需要交予利息，而资产业务就是在为银行创造负担这些利息的资本。目前，我国银行的资产业务主要包括银行现金资产、信贷业务和证券投资业务三大类。

资产业务与负债业务一样，都是银行运转收益的基础。且资产业务的规模也是衡量银行实力的重要标志。资产业务越广泛丰富的银行也越容易扩大其营业规模，这是因为资产业务的多少也可以表现出银行信用的高低。

（二）资产业务种类

1. 现金资产

现金资产是商业银行为了维持其流动性需要而必须持有的库存现金以及与现金等同的可随时用于支付的银行资产。[①] 从大范围来讲，现金资产包括库存现金、在中央银行的存款、存放同业款项。

---

① 参见顾金宏：《商业银行业务与管理》，人民邮电出版社2014年版，第72页。

库存现金是商业银行保存在业务库中的现金，用以应对客户提取现金需求和自身的日常开支。库存现金的管理应遵循适度原则。商业银行在中央银行的存款，是指商业银行按照中央银行的要求在准备金账户上的存放的款项，包括法定存款准备金和超额存款准备金。存放同业款项是指商业银行存放在其他商业银行或金融机构的存款，以便满足同业之间代理业务中资金收付的需要。存放同业款项可以随时用于支付，所以被视为商业银行的现金资产。

2. 信贷业务

银行的信贷资产由信贷业务形成，这部分业务即银行业务收入的主要来源，也是风险最大的业务。信贷业务实际上就是贷款，银行将资金按一定的利率出借，最后收回本金加利息。具体按照风险程度可以划分出多种贷款业务，例如，信用贷款、担保贷款、贴现贷款等。

信用贷款，是指依借款人的过往信用记录来核准的贷款，借款人不需要提供担保。其主要特点就是债务人无须提供抵押品或第三方担保，仅凭自己的信用就能取得贷款，并以借款人信用程度作为还款保证。信用贷款是银行长期以来的主要放款方式，发放信用贷款因没有实物作为担保而具有一定程度的风险。通常而言，银行要对借款人的主要资金来源、职业属性、名下债权债务偿还状况等情况进行详细考察，确定风险后再予以放款。

担保贷款是以担保换取贷款的贷款方式。客户向银行出具担保，银行即放款，具体可以抵押、质押或者以保证的方式进行担保。其中以保证方式获得贷款的，结合自身因素后，保证人担保的实力越强，可贷款金额越多。如果以金融机构作保证则会取得更可观的贷款数目。

贴现贷款作为一种金融交易，在信贷业务中扮演重要角色，它是银行与持票人之间的一种合作方式。持票人持有尚未到期的票据，需要及时获得相应资金，而银行则能够通过这样的贴现业务获取一定的收益。对于持票人来说，贴现意味着他们可以将尚未到期的票据提前兑现，以获取所需的资金，这对于维持他们的经营和交易活动至关重要。持票人愿意出让票据的权益，以换取流动资金的快速回笼，这种灵活的资金运用对于经营稳健的公司尤为有利。此外，贴现业务对于优化企业的现金流量、提高资金周转率以及降低融资成本也都具有积极的影响。而对银行来说，贴现贷款是一种低风险的投资方式。银行购买持票人的未到期票据，这样的票据通常是由信誉较好的企业开出，其偿付能力较强。因此，银行可以通过贴现业务获取固定的利息收入，并在票据到期时获得票面金额。贴现业务也有助于银行优化资产结构，增加银行的经营收益，并且为银行提供更多的资金来源，以支持其他贷款和融资业务。

3. **金融投资业务**

银行的金融投资业务，是指银行以自有资金或客户委托资金为基础，通过投资各种金融产品和工具，以谋求利润的业务活动。这些业务可以帮助银行实现资产增值，并提供更多的金融服务，同时也使银行承担了一定的风险。以下是金融投资业务的一些主要类型：

（1）证券投资：银行可以购买和持有股票、债券、国债、投资基金等证券类产品。这些投资可以为银行带来股息、利息和资本增值收益。

（2）货币市场投资：银行可以通过购买短期债券、存款证明、商业票据等短期金融工具，将闲置资金短期投资，以获得较稳定的回报。

(3) 外汇交易：银行可以参与外汇市场，通过买卖不同货币，以获得汇率波动带来的利润。

(4) 衍生品交易：银行可以进行衍生品交易，如期货合约、期权等，通过对冲风险或者赚取差价来获取收益。

(5) 投资基金：银行也可以提供各类投资基金，如股票基金、债券基金、混合基金等，吸引客户投资并从中收取管理费和销售费用。

(6) 不动产投资：部分银行会投资房地产项目或购买商业不动产，以期望通过租金、增值和出售带来回报。

(7) 私募股权投资：一些银行可能参与私募股权投资，投资初创企业或非上市公司，寻求高额回报。

金融投资业务存在风险，银行需要在投资决策和风险控制上进行谨慎的评估和管理。监管机构通常会对银行的投资业务设置一定的限制和要求，以确保金融体系的稳健性和健康发展。

(三) 资产业务规范要求

银行作为金融机构，扮演资金中介和信用中介的重要角色。为了确保金融体系的稳健运行，各国的监管机构会对银行资产业务制定一系列规范要求。这些规范要求旨在保护存款人、投资者和金融系统的安全，促进银行的合规经营和风险管理。银行资产业务规范要求的主要有：

1. 贷款业务规范要求

贷款业务是银行内部风险最大的业务之一，因此对该业务的规范要求也是较严格的。首先，要求银行严守信贷政策和审慎性原则。银行应制定明确的信贷政策和审慎性原则，确保贷款业务风险可控。这里要求的风险可控具体要求银行设定贷款投放的限额和比例，规定贷款用途和对象，并需要严格审核借款人的信用状况和还款能力。其次，应严格执行贷款审批程序。银行应建立健全的贷款审批程序，确保贷款审批过程规范化。一套合格的审批程序应包括风险评估、核实贷款用途、了解信用情况或资金情况等环节。再次，设立贷款拨备和损失准备金。银行应根据风险分类和风险暴露程度，设立足够的贷款拨备和损失准备金。这些准备金用于覆盖可能的信贷损失，确保贷款资产的质量和健康。最后，银行要建立不良资产处置规则。银行应制定有效的不良资产处置政策和程序，及时处理不良贷款，防止坏账继续扩大。合理的处置方式包括催收、重组、转让和处置等。

2. 投资业务规范要求

首先，要求银行明确投资政策和风险控制。银行应制定投资政策和风险控制措施，详细设定投资目标、限额和比例，确保投资资产的流动性和安全性。其次，银行可以让投资组合多样化。银行可以将资金投资于不同类型的资产和市场，实现投资组合的多样化。不同领域进行投资可有助于分散风险，降低整体投资组合的波动性。再次，银行可以设立规范的投资审批和决策程序。通过审批与决策来确保投资决策符合法规和内部政策，并且审查投资是否存在无法承担的风险。最后，银行应当建立投资标准和限制。规定投资产品的信用评级要求、流动性要求、买卖限制等，以保障投资业务的合规性和风险可控性。

3. 信息披露和透明度

银行应向监管机构和投资者定期披露贷款、投资和资产负债情况，包括资产质量、资本充足率、利润状况等，以保持透明度。另外，银行还应在向监管机构披露的报告中详细说明他们面临的各种风险，比如，借贷违约的风险、市场价格波动带来的风险、资金不足的风险，以及自己操作出错的风险等。

4. 合规要求

银行应严格遵守相关法律法规和监管规定，确保所有业务和操作符合法律要求。银行应设立合规管理部门，负责跟踪法律法规和监管要求的变化，确保银行业务的合规性。合规管理部门还应组织员工进行培训，提高员工的合规意识。并应建立健全内部控制体系，包括风险管理、内部审计、合规管理等，确保业务运营的合规性和风险可控性。

二、资产业务犯罪风险

资产业务当中风险最大的就是贷款业务。违法发放贷款也是银行工作人员中所最常见的刑事风险。《刑法》第186条所规定的违法发放贷款罪，是指银行或者其他金融机构的工作人员违反国家规定发放贷款，数额巨大或者造成重大损失的。银行或者其他金融机构的工作人员违反国家规定，向关系人发放贷款的，依照前款的规定从重处罚。从法律规范的角度来看，该罪单位犯罪的主体是指银行或其他金融机构，具体而言，包括商业银行、政策性银行、农商银行、村镇银行、贷款公司等，前述金融机构的共同之处在于均具备开展贷款业务的资质。该罪的自然人主体包括在前述金融机构就职的信贷工作人员、银行行长、金融机构董事长、管理层工作人员、负责贷款评估及贷款审查的工作人员等。

从违法发放贷款案件的司法裁判中，可以提炼出该罪的几大类犯罪行为方式：

（1）未对借款人的主体身份进行严格审查，明知借款人和实际用款人不一致，发放冒名贷款。

（2）明知借款人提供的贷款申请材料不真实，没有按照岗位职责、银行操作细则的规定对借款人的借款用途、还款能力等情况进行严格审查，违反贷款发放流程而发放贷款。

（3）盲目听从单位领导安排，不做贷前调查，违规审批发放贷款，对贷款用途也不作贷后检查，致使贷款逾期不能收回。

（4）明知借款人没有偿还能力、申请材料造假，却不认真核实借款人、担保人提交的贷款材料，违规发放贷款。

（5）明知贷款申请人不符合贷款条件，仍然不对借款人的经营情况、清偿能力、贷款用途等重要事项进行实地调查，给金融机构造成巨大经济损失。

（6）在审核贷款申请过程中，未实地调查即出具相关调查报告，不认真审查贷款用途和还款能力，未能发现借款单位提供的虚假材料，该作风险提示的而不作风险提示，致使贷款到期后不能按时收回。

本部分将从贷款审查、发放、回收的 3 个环节，结合具体案例进行法律解读，并细致剖析其中的刑事风险。

（一）贷款审批业务刑事风险

1. 违背贷款审批义务可能触发刑事风险

贷款审批业务涉及对客户的信用风险进行评估，决定是否向客户发放贷款。然而，由于贷款涉及大量资金和客户信用，贷款审批业务也面临着一系列潜在的刑事风险，可能触犯违法发放贷款罪。

2. 具体涉刑场景

(1) 虚假交易和欺诈行为

贷款申请人可能与他人串通，从事虚假交易或其他欺诈行为，以骗取银行贷款，例如，客户可能提供虚假抵押物、收入证明或虚构合同，以提高贷款获批的概率。银行工作人员若明知存在虚假交易或欺诈行为，仍同意并发放贷款，可能构成违法发放贷款罪。

天津农商银行某支行营业部原副经理李某彬，为偿还个人借款，指使其朋友刘某某虚构购销合同，以向杜某某购买干果为由，向该银行申请贷款。李某彬违法审批通过该笔贷款。杜某某收到90万元贷款后，又在李某彬的指使下，将其转入张某某的账户，以偿还李某彬的个人债务。人民法院认为，李某彬的行为构成违法发放贷款罪，判处有期徒刑6年6个月，并处罚金10万元。[①] 该案中，银行职员李某彬为偿还个人债务，指使多方虚构购销合同。银行内拥有贷款审批权的职员容易与其他市场主体产生利益勾结，以权谋私的现象难以避免，需要从行业监管和主体自律两方面入手解决此类问题。

本溪市某信用社主任高某，在明知赵某提供的抵押物不符合要求，且冒用他人的名义向该信用社申请抵押贷款100万元的情况下，审批通过并发放贷款。此后，高某又利用冒名、虚构抵押物和评估报告的方式借新还旧，前后贷款金额总计570万元，给银行造成特别重大损失。人民法院认为，高某的行为构成违法发放贷款罪，判处有期徒刑5年，并处罚金人民币8万元。[②]

---

① 参见李某彬违法发放贷款、受贿案，天津市静海县（现静海区）人民法院（2022）津0118刑初568号刑事判决书。

② 参见代某、高某违法发放贷款案，辽宁省本溪市中级人民法院（2023）辽05刑终16号刑事判决书。

银行一般工作人员了解内部审查标准和流程，一旦其与贷款申请人串通，主观上放纵或者积极制造虚假贷款材料更不易被识破，此行为侵害了贷款管理制度或秩序，具有较强的社会危害性和主观恶性，可能涉嫌违法发放贷款罪被追究刑事责任。然而，如果银行一般工作人员对银行信贷决策者明知贷款人提供虚假贷款材料不明知，在该情形下，无论是银行信贷决策者与贷款人存在事前串通还是为了私情私利，其行为本质系银行信贷决策者与贷款人两方共同骗取银行贷款。故而，前述情形系银行信贷决策者利用其在银行中具有贷款审批决定权的特殊身份，通过违法发放贷款的手段，最终实现帮助贷款人骗取贷款的目的，其行为同时成立违法发放贷款罪和骗取贷款罪，属于刑法上的想象竞合犯，从一重罪判处，即构成违法发放贷款罪。此外，如果是银行一般工作人员与贷款人串通，明知贷款人提供虚假贷款材料，而银行信贷决策者对此不明知，则银行一般工作人员仍构成违法发放贷款罪，而贷款人则构成骗取贷款罪。①

(2) 违规放宽审批条件

银行可能因各种原因放宽审批条件，以完成贷款发放量工作任务、扩大放贷规模或吸引更多客户。然而，放宽贷款审批条件不得违反相关法律法规或违背风险管理原则，否则可能需要承担相应的刑事责任。

梨树县农村信用合作联社原工作人员杜某某，为化解吉林省某某集团向该信用社贷款集中度过高问题，与其他工作人员商议，以某某公司担保的方式，使用 121 名自然人的名义顶名贷款，提供虚

---

① 参见周甲准、黄勇：《贷款人与银行信贷决策者串通骗取贷款行为的认定》，载《人民检察》2022 年第 8 期。

假证明材料和虚假抵押物，来偿还某某集团39,530万元贷款。杜某某在明知违法发放贷款的情况下，同意违法发放贷款。人民法院认为，杜某某的行为构成违法发放贷款罪，有自首情节，可从轻处罚，判处有期徒刑5年，并处罚金人民币10万元。①

该案中，杜某某等人为推进信用社改制，无视多笔贷款使用虚假证明材料带来的严重后果，而且导致信用社对同等条件的申请人审批标准不同，以不合理目的放宽审批条件，违背了贷款审批的法律规定，从而触犯《刑法》。

（3）虚报业务数据和财务状况

为了提高业绩和银行声誉，有时银行职员可能在明知存在虚假业务数据和财务状况的情况下，同意贷款申请，这种行为可能违反监管要求，构成违法发放贷款罪。

兴业银行义乌分行某部原客户经理何某某，在主办某公司申请贷款授信尽职调查过程中，明知该公司提供的《资产负债表》和《利润表》等财务报表中的固定资产、总资产、主营业务收入、营业利润等多项数据未能达到信用评级标准，授意该公司财务人员调整修改，以达到授信评级标准，并为其审批发放贷款，截至判决之前贷款已全部归还。人民法院认为，何某的行为构成违法发放贷款罪，判处有期徒刑3年，缓刑5年，并处罚金人民币10万元。②

何某某作为尽职调查的负责人，不仅未尽到职责，反而授意财务人员虚报数据的行为，导致银行对贷款申请公司的经营状况、财

① 参见杜某某等人违法发放贷款案，吉林省四平市中级人民法院（2020）吉03刑终46号刑事判决书。该案涉及除上文提到的杜某某外的5名被告人和1家被告单位，上文只对杜某某的涉案行为进行说法释理。

② 何某某、陈某违法发放贷款案，浙江省金华市婺城区人民法院（2018）浙0702刑初841号刑事判决书。

产状况和信用产生错误评估，扰乱了金融监管秩序。

（4）违规向利害关系人发放贷款

银行工作人员违反国家规定向利害关系人发放贷款的，构成违法发放贷款罪的，应从重处罚。根据《商业银行法》第 40 条的规定，商业银行不得向董事、监事、管理人员、信贷业务人员及其近亲属，以及他们投资或者担任高级管理职务的公司、企业和其他经济组织发放信用贷款；同时，向上述自然人或法人发放担保贷款的条件不得优于其他借款人同类贷款的条件。银行职员若违反上述规定，即使未造成损失，也可能构成违法发放贷款罪。

本溪市商业银行某支行原副行长张某，在与相关工作人员沟通协调后，借用他人名义申请贷款并获得批准，该笔贷款实际上被用于张某妻子丁某为法定代表人的私人企业的实际经营。人民法院认为，张某违法发放贷款的数额特别巨大，构成违法发放贷款罪，判处有期徒刑 7 年 6 个月，并处罚金 13 万元。①

某村镇银行原信贷员谢某为其岳父王某伪造、提供虚假申请贷款资料，致使违规贷款顺利通过审核、发放，数额巨大。人民法院认为，谢某的行为构成违法发放贷款罪，判处有期徒刑 1 年，并处罚金 1 万元。②

一般而言，公众可能认为只要银行贷款按期归还，没有造成不良就不会构成犯罪。但正如上述两个案件所反映的，如果银行工作人员违背法律规定向利害关系人发放贷款，数额巨大的，即使没有

① 金某某、张某等违法发放贷款案，辽宁省本溪市中级人民法院（2021）辽 05 刑再 6 号刑事判决书。

② 谢某违法发放贷款案，湖南省邵阳市中级人民法院（2020）湘 05 刑终 192 号刑事裁定书。

给银行造成损失，也有可能构成违法发放贷款罪。

3. 资产业务涉刑关注要点

（1）“违反国家规定”的含义

违法发放贷款罪的一个认定争议难点是如何界定“国家规定”，只有违反了国家规定发放贷款的行为，才能构成违法发放贷款罪。

依据《刑法》第96条的规定，违反国家规定是指违反全国人民代表大会及其常务委员会制定的法律和决定，国务院制定的行政法规、规定的行政措施、发布的决定和命令。按照上述解释，违法发放贷款罪所涉及的“国家规定”主要包含《商业银行法》、《中华人民共和国中国人民银行法》（以下简称《银行法》）、《中华人民共和国银行业监督管理法》（以下简称《银行业监督管理法》）、《金融违法行为处罚办法》等法律法规。

然而在实践中，由于《银行法》等法律法规对贷款管理规定得过于笼统，仅是从原则上对发放贷款作出了规定，因此无法满足实践及司法裁判的要求。与此同时，我国又存在大量的维持发放贷款秩序、维护金融环境的部门规章或银行内部工作指南，这些规定相较前述法律对确认贷款准入条件、贷款资格审查、申报流程、审批流程、放款流程、放款步骤、贷后监督回访等都更具可操作性，也更能满足实践及司法裁判的要求。所以大多数判决书援引《贷款通则》等部门规章以及地方政府规章以证明违法。① 这一实践现象引发的矛盾在于：援引规章与《刑法》第96条规定的“国家规定”相抵牾，不援引规章又导致司法机关没有办案依据。

---

① 参见黄小飞：《违法发放贷款罪的构成要件行为新诠》，载《甘肃政法大学学报》2021年第3期。

以《商业银行法》为例，《商业银行法》仅从宏观层面规定了贷款管理的原则制度，没有细化的可操作性的规定，更多的细节性规定则存在于《贷款通则》等部门规章中（参照表2-1），而复杂的金融秩序管理又对法律规定的细化提出了更高的要求；同时，在司法实践中，由于金融领域的专业性，并非所有的司法人员都具备专业知识，若仅参照原则性规定，则可能导致司法裁判中对违法发放贷款罪的判断存在阻碍，规定的模糊也会使司法裁判人员拥有更广泛的裁量空间，最终不利于依法裁判。因此，在《商业银行法》等法律无法满足实践、司法裁判需求的情况下，基于对金融活动监管和控制金融风险的需要，实践中对违法发放贷款罪构成要件中的“违反国家规定”作出扩大解释。

表2-1 《商业银行法》与《贷款通则》对比

《商业银行法》	《贷款通则》
第35条 商业银行贷款，应当对借款人的借款用途、偿还能力、还款方式等情况进行严格审查。 商业银行贷款，应当实行审贷分离、分级审批的制度。	第24条 对贷款人的限制： …… 二、借款人有下列情形之一者，不得对其发放贷款： （一）不具备本通则第四章第十七条所规定的资格和条件的； （二）生产、经营或投资国家明文禁止的产品、项目的； （三）违反国家外汇管理规定的； （四）建设项目按国家规定应当报有关部门批准而未取得批准文件的； （五）生产经营或投资项目未取得环境保护部门许可的； （六）在实行承包、租赁、联营、合并（兼并）、合作、分立、产权有偿转让、股份制改造等体制变更过程中，未清偿原有贷款债务、落实原有贷款债务或提供相应担保的； （七）有其他严重违法经营行为的。

截至2023年8月28日，在威科先行法律信息库以“违法发放贷款罪”“刑事”“一审”“判决书”“破坏金融管理秩序罪”作为关键词搜索，2018～2023年共有214份公开判决书。其中35份判决书中公诉机关指控“违反国家规定”援引了《贷款通则》，辩护方以《贷款通则》不属于国家规定的辩护均未被法院采纳。然而，法院虽在判决书中的说理论证中，尤其是对于证据部分的论述中提到《贷款通则》，以此来表明对检察机关关于涉案行为违反《贷款通则》指控的采纳，但法院常见的做法为，最终不会在判决部分直接援引《贷款通则》，仍旧会遵循《刑法》第96条的规定，以违反其上位法《商业银行法》作为判决依据或概述其“违反国家规定”。例如，在杨某铮犯违法发放贷款罪一案中，①检察机关指控“刑事被告人杨某铮于2015年9月14日、2016年10月11日、2017年10月31日违反《贷款通则》《个人贷款管理暂行办法》等有关规定，未履行尽职尽责和贷后检查工作，未严格审查保证人冯某的担保资格、担保能力等”，而最终法院判决认为，被告人杨某铮在担任某信用社客户经理期间违反《商业银行法》第35条关于商业银行贷款的规定。如前文所述，《商业银行法》第35条属于对贷款审核的原则性规定，具体规定体现在《贷款通则》等部门规章中，因此，参考该案，法院虽最终援引的是法律，但本质上仍是根据部门规章中的具体规定进行裁判。

2011年4月8日，最高人民法院《关于准确理解和适用刑法中“国家规定”的有关问题的通知》（法发〔2011〕155号）作了进一步解释：根据《刑法》第96条的规定，刑法中的“国家规定”，是

---

① 参见杨某铮违法发放贷款案，陕西省三原县人民法院（2020）陕0422刑初52号刑事判决书。

指全国人民代表大会及其常务委员会制定的法律和决定，国务院制定的行政法规、规定的行政措施、发布的决定和命令。其中，“国务院规定的行政措施”应当由国务院决定，通常以行政法规或者国务院制发文件的形式加以规定。以国务院办公厅名义制发的文件，符合以下条件的，亦应视为刑法中的“国家规定”：①有明确的法律依据或者同相关行政法规不相抵触；②经国务院常务会议讨论通过或者经国务院批准；③在国务院公报上公开发布。

最高人民检察院侦查监督厅《关于对郭某某涉嫌违法发放贷款犯罪性质认定的回复意见》（〔2010〕高检侦监函32号）规定：银监会制定的《流动资金贷款管理暂行办法》（已失效）和《个人贷款管理暂行办法》（已失效）是对《商业银行法》有关规定的细化，可以作为认定案件性质的依据。

吴某岗原系SJ银行股份有限公司法库支行常务副行长，于2010年被任命为富民村镇银行行长。2015年6月30日，闫某（副行长，另案处理）、张某1（营业部经理，另案处理）在吴某岗授意下伪造贷款合同、担保合同等材料制作贷款手续，向富民村镇银行申请贷款300万元并发放，导致本金未能收回。同时，该行营销部经理张某和从事信贷工作的李某通在办理施某伪造贷款手续申请的466万元贷款申请时，未进行贷前、贷后审查，未办理相关抵押登记就发放贷款，造成369万余元的贷款本金未能收回。上述行为人均构成违法发放贷款罪，吴某岗被判处5年5个月并处罚金7万元；张某被判处5年2个月并处罚金6万元；李某通被判处5年并处罚金5万元。[①] 该案中，辩护人明确指出银行内部的规章制度不应作为认定吴

---

① 参见吴某岗、张某违法发放贷款案，辽宁省沈阳市中级人民法院（2018）辽01刑终613号刑事判决书。

某岗构成违法发放贷款罪的法律依据，即不应当认定相关规章制度为“国家规定”，系法律适用错误。法院认同该观点，但是同时指出，相关规章制度可以作为认定银行工作人员发放贷款是否符合《商业银行法》等法律法规的重要参考，即银行内部的规章制度不能视为国家规定，但是可以作为判断是否违反国家规定的参考。具体理由如下：违法发放贷款罪要求违反的“国家规定”，是指“违反全国人民代表大会及其常务委员会制定的法律和决定，国务院制定的行政法规、规定的行政措施、发布的决定和命令”，据此，《商业银行法》《银行业监督管理法》属于刑法意义上的“国家规定”，诸如中国人民银行制定的《贷款通则》、中国银监会《商业银行授信工作尽职指引》、《流动资金贷款管理暂行办法》以及包括SJ银行在内的各商业银行制定的贷款规程，因属于部门规章及商业银行内部文件，均不属于“国家规定”。鉴于《商业银行法》第52条规定，将法律、行政法规之外的“业务管理规定”作为信贷工作的法定行为准则，并要求银行工作人员同等遵守。据此，中国人民银行、原中国银监会等金融监管部门依据法律授权而制定的信贷风险管理规则以及商业银行制定的内部管理规程，系对法律条文原则性规定的进一步明确、细化及补充，故上述文件虽不属于国家规定，不可作为认定违法发放贷款犯罪的法律依据，但信贷工作人员对于上述规范性文件的遵守情况，可以作为司法机关结合案件中行为人违法的严重程度认定发放贷款行为是否符合《商业银行法》等“国家规定”的重要参考。

某县农村信用合作联社为了改制成为农商行，需化解吉林省某某集团贷款集中度过高问题，杜某伟组织召开党委会，提议以个贷形式并由担保公司担保化解某某集团贷款集中度过高问题，田某、李某鹏、孙某在党委会上同意违法发放贷款，并在《保证担保借款申请审批表》上签字，万某红、王某敏具体组织实施违法发放贷款。借款人使用虚假工程承包合同和虚假借款申请书等，部分反抵押物虚假或重复抵押，向该信用社申请贷款。最终，农联社在明知借款人不具备贷款条件和贷款档案为虚假的情况下，分 6 个批次共计发放贷款 58, 500 万元，其中 54, 230 万元逾期至今未收回。上述单位和个人的行为均被认定为违法发放贷款罪，杜某伟被判处有期徒刑 5 年并处罚金 10 万元；田某被判处 2 年并处罚金 8 万元；李某鹏被判处 1 年 6 个月并处罚金 6 万元；孙某被判处 1 年 6 个月并处罚金 6 万元；万某红被判处 1 年并处罚金 3 万元；王某敏被判处 1 年并处罚金 3 万元。①

该案中，辩护人提出除《商业银行法》外，违反其他规范性文件均不能认定为“违反国家规定”，法院则认为，应当视为“违反国家规定”，具体理由是：《商业银行法》第 35 条、②第 36 条、③ 第 52 条④对贷款审查仅作了原则上的规定。认定行为人是否违反法律法

① 杜某伟、李某鹏、孙某、万某红、王某敏涉嫌非法发放贷款案，吉林省四平市中级人民法院（2020）吉 03 刑终 46 号刑事判决书。

② 《商业银行法》第 35 条规定：“商业银行贷款，应当对借款人的借款用途、偿还能力、还款方式等情况进行严格审查。商业银行贷款，应当实行审贷分离、分级审批的制度。”

③ 《商业银行法》第 36 条规定：“商业银行贷款，借款人应当提供担保。商业银行应当对保证人的偿还能力，抵押物、质物的权属和价值以及实现抵押权、质权的可行性进行严格审查。经商业银行审查、评估，确认借款人资信良好，确能偿还贷款的，可以不提供担保。”

④ 《商业银行法》第 52 条规定：“商业银行的工作人员应当遵守法律、行政法规和其他各项业务管理的规定，不得有下列行为：（一）利用职务上的便利，索取、收受贿赂或者违反国家规定收受各种名义的回扣、手续费；（二）利用职务上的便利，贪污、挪用、侵占本行或者客户的资金；（三）违反规定徇私向亲属、朋友发放贷款或者提供担保；（四）在其他经济组织兼职；（五）违反法律、行政法规和业务管理规定的其他行为。”

规以及严格审查的标准，需要结合对上述原则性规定具体化的规章（如《贷款通则》）及各银行等金融机构的业务规则加以确定。规章和业务规则尽管在位阶上低于《刑法》第96条的“国家规定”，但作为上位法的具体操作规范，在上位法具有明确规定的情况下，只要其规定与上位法不存在规定内容上的冲突，即视为上位法的规定具体化，《贷款通则》、吉林省农村信用合作联社《关于规范全省农村信用社与担保公司业务合作的指导意见》、《吉林省农村信用社个人贷款管理办法》、吉林省农村信用联合社《关于进一步加强信贷资产质量管理的指导意见》、《梨树县农村信用合作联社非农个人贷款业务实施细则》等业务规定应当视为国家规定。

规章、银行内部相关规定严格讲并不是“国家规定”，虽然笔者对上述判决的观点持保留态度，但在实践中其可以作为司法机关结合案件中行为人违法的严重程度认定发放贷款行为是否符合《商业银行法》等“国家规定”的重要参考，规章、银行内部相关规定对行为的性质判断依旧会产生影响，即银行或其工作人员违反规章、银行内部规定依旧有涉刑风险。

（2）“贷款”的认定

贷款，是指贷款人对借款人提供的并按约定的利率和期限还本付息的货币资金，币种包括人民币和外币。① 其分类按贷款债权可分为自营贷款、委托贷款、特定贷款；按贷款的期限可分为短期贷款、中期贷款、长期贷款；按贷款保障形式可分为信用贷款、担保贷款、

---

① 《贷款通则》第2条规定：“本通则所称贷款人，系指在中国境内依法设立的经营贷款业务的中资金融机构。本通则所称借款人，系指从经营贷款业务的中资金融机构取得贷款的法人、其他经济组织、个体工商户和自然人。本通则中所称贷款系指贷款人对借款人提供的并按约定的利率和期限还本付息的货币资金。本通则中的贷款币种包括人民币和外币。”

票据贴现；按贷款风险程度可分为正常贷款、关注贷款、次级贷款、可疑贷款和损失贷款。在违法发放贷款罪中，如果行为人发放的不是贷款，则不构成该罪。在《商业银行法》《贷款通则》等贷款管理规定的语境中，“发放贷款”，是指贷款人即金融机构将贷款资金根据一定的程序和条件转移给借款人，并建立起债权债务关系的过程。着眼金融机构失去贷款资金、借款人取得贷款资金这一点，《刑法》中的“发放贷款”也可以理解为行为人转移贷款资金给借款人或者行为人处分贷款资金给借款人。再结合“违反国家规定”的含义，“违反国家规定发放贷款”就是违反放贷制度的规定，将贷款资金转移或者处分给借款人。因此，对于是否属于贷款的判定需要从发放贷款的整个流程出发，对发放贷款的主体、发放贷款的方式、款项本身性质等进行综合界定。

此处需注意的是，并非所有的金融机构都有发放贷款的资质，且融资租赁款并非贷款。根据《民法典》第735条的规定，“融资租赁合同是出租人根据承租人对出卖人、租赁物的选择，向出卖人购买租赁物，提供给承租人使用，承租人支付租金的合同”，由此可知，融资租赁交易具有融资和融物的双重属性。根据人民法院案例库收录的参考性案例——中国某租赁有限公司诉北京某控股股份有限公司、北京某房地产开发有限公司借款合同纠纷案①的裁判要旨，融资租赁合同关系的成立需要将标的物的所有权转移至出租人。然而，贷款则不需要将担保或抵押物的所有权转移，且贷款合同的标的为资金，与融资租赁有本质区别。只有在《融资租赁合同》双方

① 参见中国金融租赁有限公司与北京华业资本控股股份有限公司、北京高盛华房地产开发有限公司借款合同纠纷案，天津市高级人民法院（2018）津民初150号民事判决书。

约定的租赁物所有权未转移至出租人，进而导致双方之间不具备融资租赁法律关系应具备的融资和融物双重属性的情况下，才会依照最高人民法院《关于审理融资租赁合同纠纷案件适用法律问题的解释》的相关规定，认定为“名为融资，实为借贷”的法律关系。

（3）银行及其他金融机构的界定

根据《刑法》第186条的规定，违法发放贷款犯罪的主体是特殊主体，分为两大类：一类为特定的单位，另一类为特定的自然人。单位包括银行或者其他金融机构。根据中国人民银行颁布的《金融机构管理规定》，金融机构，是指下列在境内依法定程序设立、经营金融业务的机构：

①政策性银行、商业银行及其分支机构、合作银行、城市或农村信用合作社、城市或农村信用合作社联合社及邮政储蓄网点；

②保险公司及其分支机构、保险经纪人公司、保险代理人公司；

③证券公司及其分支机构、证券交易中心、投资基金管理公司、证券登记公司；

④信托投资公司、财务公司和金融租赁公司及其分支机构，融资公司、融资中心、金融期货公司、信用担保公司、典当行、信用卡公司；

⑤中国人民银行认定的其他从事金融业务的机构。

因此，违法发放贷款犯罪中规定的“银行”是广义的，包括各商业银行以及其他在我国境内设立的合资、外资银行。“其他金融机构”，是指除银行以外的其他具备发放贷款资质的经营保险、信托投资、证券、外汇、期货、融资租赁等金融业务的机构。

（4）贷款损失的认定

中国银行业监督管理委员会《关于印发〈农村合作金融机构信

贷资产风险分类指引〉的通知》(银监发〔2006〕23号)规定，借款人无力偿还贷款，即使处置抵（质）押物或向担保人追偿也只能收回很少的部分，预计贷款损失率超过90%，一般应被划入损失类。在违法发放贷款罪中，是否造成了重大损失，宜从经济的观点来判断，即不是从法律上考察金融机构是否丧失了财产，而是从经济上、事实上考察金融机构是否受到了损害。贷款到期不能被收回的，就是造成了损失。①

(5) 构成违法发放贷款罪时贷款利息是否为非法所得

银行从业人员构成违法发放贷款罪时，发放贷款的金融机构从中收取的法定范围内的贷款利息不是非法所得，是合法收入。

根据岳阳市某区农村信用合作社联合社等违法发放贷款案的裁判要旨可知，行为人违法发放贷款构成犯罪，发放贷款的金融机构从中收取的法定范围内的贷款利息不是非法所得。② 该案的案例评析认为，虽不能证明被告人毛某、廖某是为了某信用联社的利益而实施放贷行为，但事实上某信用联社占有了其收益。某信用联社所有的存款被被告人毛某、廖某滥用职权贷予他人，收取法定利息归某信用联社所有，对某信用联社来说是正常的金融业务，其利息应是合法的收入，不能以被告人毛某、廖某滥用职权构成违法发放贷款罪而否定某信用联社收取利息的合法性。

无论是个人犯罪还是单位犯罪，贷款利息收益最终都会被单位所占有，因此确定该利息的性质，将直接决定该利息是否会被追缴。

---

① 参见谢某诚违法发放贷款案，浙江省宁波市中级人民法院（2020）浙02刑终294号刑事裁定书。

② 参见李清刚：《单位违法发放贷款罪的构成及涉案贷款利息的定性》，载《人民司法（案例）》2007年第10期。

有一点可以明确的是，涉案被发放的存款系银行所有，收取法定利息亦归银行所有，这对银行来说是正常的金融业务，其利息应是合法的收入，不能以银行从业人员构成违法发放贷款罪而否定银行收取利息的合法性。更何况，在银行从业人员构成违法发放贷款罪时，银行等金融机构是受害者，违法发放的贷款不能被收回的巨大损失是由银行承受，因此该贷款的利息是合法收入，不是非法所得。

综上，银行等金融机构从事金融服务的重要收入来源就是放贷收利，发放贷款而收取法定利息是合法的，其利息收入是合法收入。如果银行等金融机构高出国家法律允许的贷款利率放贷，其超出部分才是非法所得，应予追缴。①

（二）贷款发放业务刑事风险

1. 贷款发放环节可能涉及的风险

贷款发放环节涉及资金的转移，也是一个重风险区域，一方面，银行工作人员可能因为未尽到合理注意义务而被追究过失犯罪的刑事责任；另一方面，个别银行员工也可能利用职务便利、伪造提款凭证等其他违法手段，从而牟取私利。这些内部员工的违法行为不仅损害了银行的声誉，还可能被刑事追责。

2. 主要涉刑场景

（1）责任人未尽到提款审查监管义务，因失职而被定罪

银行业务主管人员，在履行贷款合同过程中，应当严格执行银行管理规定，按照规定履行职责，在发放贷款的全过程中应尽到审慎审查义务，对材料的真实性进行审查，防范贷款提取过程中资金

---

① 参见李清刚：《单位违法发放贷款罪的构成及涉案贷款利息的定性》，载《人民司法（案例）》2007 年第10 期。

被别有用心的第三方截流的风险。

2009年6月至2010年5月，一家企业负责人王某，为了获取银行贷款，伙同他人私刻了“某石油天津销售分公司”的公章，并找人冒充该公司总经理在仓单上签字，从而骗取了某银行4000万元的贷款。某银行支行原副行长作为业务的主管人员，在履行该贷款合同的过程中，对调查资料的真实性和合法性没有尽到应有的审查义务，未审查出仓单上企业负责人私刻的假章，最终被认定构成签订、履行合同失职被骗罪，判处有期徒刑3年，缓刑3年。

该案中，对银行来说，其之所以产生资金损失，系由于负责审查提款手续的直接责任人员没有严格执行银行管理规定，未尽到注意义务，未能有效识别出“假公章”。而上述副行长被刑事追责，被追究领导责任，是由于其未尽到应尽的监管义务，从而构成过失犯罪。

(2) 银行员工冒用客户名义挪用贷款，虽还款，仍够罪

银行工作人员利用职务便利，私自占用客户申请到的由本单位提供的贷款，用于个人使用，构成挪用资金罪。

被告人林某某原系某国际银行市场二部零售客户经理。2018年1月，客户林某1向某国际银行申请抵押贷款140万元，后根据被告人林某某要求，提交了相关贷款申请材料，并在空白的《个人经营性贷款受托支付汇款申请书》上签署姓名。被告人林某某收到材料后于2018年2月8日，擅自在上述空白申请书收款方信息栏中填入其本人实际控制的银行账户，某国际银行于2018年2月9日将140万元贷款转账至上述银行账户。2018年2月9~10日，被告人林某某将上述140万元用于还债及到澳门特别行政区赌博，27日，被告人林某某向林某1承认其挪用贷款一事，并签写事实经过及还款计

划。2018年2月28日、3月18日，被告人林某某分两次转账给林某1共计20万元。另外，被告人林某某分别于2018年2月21日、3月18日先后转账5000元、8000元用于支付上述贷款利息，3月20日被告人林某某主动到派出所投案，并如实供述了上述犯罪事实，其家属代其赔偿林某1共138.82万元，目前林某1已向厦门国际银行清偿上述140万元贷款。

《刑法》第185条规定："商业银行、证券交易所、期货交易所、证券公司、期货经纪公司、保险公司或者金融机构的工作人员利用职务上的便利，挪用本单位或者客户资金的，依照本法第二百七十二条的规定定罪处罚。"林某某作为银行的工作人员，利用职务上的便利，挪用本单位资金归个人使用，数额较大，其行为已构成挪用资金罪。

从该案可以看出，虽然这笔贷款并未形成任何不良后果，未给银行资产造成损失，但是银行工作人员在贷款提取环节动手脚，违背客户意愿私自挪用贷款资金，虽然及时清偿贷款，但仍然构成刑事犯罪。

3. 违法发放贷款罪与签订、履行合同失职被骗罪的区别

从上述案例就可以看出，同样是违背了审查义务尽职义务，为什么有的构成故意犯罪却违法发放贷款罪，有的构成过失犯罪却签订、履行合同失职罪？两个罪名之间的区别又是什么？

首先，在司法实践中，区别两罪的关键就在于犯罪主体的不同，前罪的主体只能是银行或者其他金融机构及其工作人员，后罪的主体只能是国有公司、企业、事业单位直接负责的主管人员，这里的国有应理解为全资国有。换言之，不是全资国有的金融机构，即使是国资参股甚至控股的单位主管人员也不能构成签订、履行合同失职被骗罪。但是国资参股的金融机构中具有国家工作人员身份的主管人员如果因严重不负责任造成国家利益重大损失的，可能构成渎职罪或滥用职权罪。

其次，合理区分两罪还应结合行为是发生在办理贷款业务的过程中，还是贷款合同的履行过程中。如上述案例所示，如果犯罪行为发生在贷款审批之后，贷款合同的履行过程中，则可能涉及违法发放贷款以外的刑事风险。

4. 违法发放贷款罪与挪用资金罪的区别

在实践中，涉及银行或其他金融机构从业人员违规发放贷款并不必然构成违法发放贷款罪，通常也会与挪用资金罪相混淆。如在《刑事审判参考》第825号指导案例中，被告人刘某任某证券董事长期间，因动用某证券巨额资金炒股被套牢而亟须资金用于解套，遂召集被告人颜某、陈某、马某一起商定并实行，由颜某以其公司名义向某信托申请质押贷款，质押物为颜某妻子张某在某证券开设账户内所拥有的股票和资金。刘某、陈某以某证券的名义，为上述账户出具了虚假足额抵押证明。马某向某信托贷审会隐瞒了贷款实际用途以及质押物严重不足的情况，使贷款得以审核通过。通过前述方式获取的贷款资金被用于炒股，由三方共同牟利。上海市人民检察院某分院在一审中，便以挪用资金罪提起公诉。然而，一审法院以违法发放贷款罪将4位被告人定罪，且在被告人刘某、马某提出上诉后，二审法院裁定驳回上诉，维持原判。①

最高人民法院认同前述案例中上海两审法院的判决，理由为：

---

① 参见《刑事审判参考》(总第90集)，第825号指导案例“刘某等违法发放贷款案——在发放贷款案件中挪用资金罪和违法发放贷款罪的区分”。

根据《刑法》第272条①的规定，以及最高人民法院《关于如何理解刑法第二百七十二条规定的“挪用本单位资金归个人使用或者接待给他人”问题的批复》②的规定，如果行为人挪用的单位资金没有归自然人使用，或者行为人没有以个人名义将资金挪用给其他单位使用，就不构成挪用资金罪。由于该案中：（1）认定被告人马某以个人名义将某信托资金借贷给其他单位证据不足，该案的资金发放都是以某信托的单位名义，并非以其个人名义；（2）认定4名被告人共同挪用资金给个人使用的证据不足。故而，前述案例中4名被告人的行为恰好属于这一情形。

根据前述指导案例的案例要旨，结合相关法律规定，在发放贷款案件中，违法发放贷款罪与挪用资金罪的界限如下：

（1）挪用资金罪所挪用的单位资金应当用于个人使用，或者以个人名义借给他人使用。挪用资金行为是擅自超越职权的个人行为，即不经合法批准擅自动用单位资金或者客户资金归个人使用。如果行为人挪用的单位资金没有归自然人使用，或者行为人没有以个人

---

① 《刑法》第272条规定：“公司、企业或者其他单位的工作人员，利用职务上的便利，挪用本单位资金归个人使用或者借贷给他人，数额较大、超过三个月未还的，或者虽未超过三个月，但数额较大、进行营利活动的，或者进行非法活动的，处三年以下有期徒刑或者拘役；挪用本单位资金数额巨大的，处三年以上七年以下有期徒刑；数额特别巨大的，处七年以上有期徒刑。国有公司、企业或者其他国有单位中从事公务的人员和国有公司、企业或者其他国有单位委派到非国有公司、企业以及其他单位从事公务的人员有前款行为的，依照本法第三百八十四条的规定定罪处罚。有第一款行为，在提起公诉前将挪用的资金退还的，可以从轻或者减轻处罚。其中，犯罪较轻的，可以减轻或者免除处罚。”

② 最高人民法院《关于如何理解刑法第二百七十二条规定的“挪用本单位资金归个人使用或者借贷给他人”问题的批复》规定：“公司、企业或者其他单位的非国家工作人员，利用职务上的便利，挪用本单位资金归本人或者其他自然人使用，或者挪用人以个人名义将所挪用的资金借给其他自然人和单位，构成犯罪的，应当依照刑法第二百七十二条第一款的规定定罪处罚。”

名义将资金挪用给其他单位使用，那么不构成挪用资金罪。

（2）金融机构工作人员以单位名义将资金发放给其他单位使用，不构成挪用资金罪；其通过贷款的形式违法发放资金给其他单位的，构成违法发放贷款罪。

（3）挪用资金行为通常没有合法的资金审批手续，而且行为人在犯罪时往往试图逃避审查程序和单位财务监管。而在违法发放贷款罪中，其违法发放贷款行为的本质仍是贷款行为，并有按照贷款调查、贷款审批、签订贷款合同等法定办理程序，其中银行工作人员违反有关规定通常是指明知借款人没有实际借款理由，未履行全部贷款程序，造成重大损失的行为。

（4）违法发放贷款行为因其属于银行工作人员的职务行为，往往是公开进行的。而挪用公款的行为往往是秘密进行且有掩饰手段的。

（三）贷款回收业务刑事风险

1. 贷款回收业务刑事风险概述

贷款回收，是指借款人按借款合同约定的还款计划和还款方式及时、足额地偿还贷款本息。实践中基于贷款申请人有长期资金需求，或贷款人有还款困难时，银行可能采取借新还旧的方式来规避不良贷款的产生。借新还旧虽然有利于银行完成收贷任务，克服诉讼时效的法律限制，弱化即期贷款风险，但与此同时会在一定程度上掩盖信贷资产质量的真实状况，推迟信贷风险的暴露时间，沉淀并积累信贷风险。如果新贷款的审批发放明确约定了贷款用途，贷款审批人员在明知该款项系用于借新还旧之违背贷款用途的目的，也可能会涉及个人责任问题。此外，贷款回收也可能涉及违法核销贷款、挪用客户还款资金等情况，都可能会触发刑事风险。

2. **主要涉刑场景**

（1）借新还旧，构成违法发放贷款罪

金融机构工作人员与贷款申请人串通，违背实质审查义务，多次审查批准借新还旧贷款业务，虽未造成损失，仍被刑事追责。

韦某是某信用社原信贷员，其曾为韦某杰办理多笔新旧贷款。自2009年4月21日韦某杰以其开发的50套房屋作抵押，在信用社贷款300万元以来，韦某杰多次以“借新还旧”转据贷款，其间将抵押的房产出售并对贷款机构隐瞒真相，实际取得并使用该笔贷款，其骗取贷款的犯罪行为已经完成。

法院认为，韦某明知韦某杰虚构贷款用途，不认真核实有关抵押物的相关材料，未履行应尽职责，积极帮助韦某杰办理贷款，甚至在信用社主任于会议上表示不能对此笔贷款给予审核通过的情况下，私下找到信贷小组成员分别签字，致使不符合国家规定贷款条件的贷款予以发放，且该贷款数额巨大，已构成违法发放贷款罪。韦某杰在立案后归还贷款，使司法机关挽回犯罪行为造成损失的措施和实际结果，不影响该犯罪的构成。

法院判定，被告人韦某犯违法发放贷款罪，判处拘役6个月，缓刑1年，并处罚金5万元。

（2）银行副行长违规核销贷款牟利涉嫌贪污罪

银行对贷款的清收有严苛的考核要求，对不良贷款的核销也有严格规范的流程与标准，坏账或不良贷款发生会对相关的银行贷款审批人员带来不良影响，因而对贷款进行违规核销也符合银行工作人员的利益。同时，此举会给贷款人带来巨大利益，因而贷款申请人可能会对银行工作人员进行利益输送。

朱某于2007年2月至2012年6月任某市商业银行党组成员、纪检组长，2012年7月至2017年6月任某银行党组成员（党委委员）、纪检组长，2017年6月至2019年3月任某银行党委委员、副行长。2012年11月，朱某筹措200万元出借给某集团负责人孙某，双方约定月息3%，年利率则高达36%。此后，孙某按约定正常缴纳利息至2014年4月。2014年5月，朱某发觉孙某的公司经营困难，担心其无力偿还借款本息，多次向其索要200万元本金及6万元当月利息，但孙某无力偿还。因担心个人利益受到损失，朱某在明知孙某公司不具备贷款资格且无偿还能力的情况下，利用职务便利，安排枣庄银行解放路支行行长吴某向孙某实际控制的某有限公司发放贷款220万元，以收回个人借款本息。2015年12月，朱某再次安排吴某、颜某等人上报此笔贷款，后将该贷款予以核销，由此侵吞公款220万元。

该案中，朱某身为国家工作人员，利用职务上的便利，通过违规发放贷款以收回个人借款本息的方式侵吞公款220万元，同时其非法收受他人财物4,797,604.2元，并为他人谋取利益，受贿数额特别巨大，其行为构成贪污罪、受贿罪。一审判决，被告人朱某犯受贿罪、贪污罪，决定执行有期徒刑13年，并处罚金110万元。

（3）小贷公司员工将贷款客户归还资金汇入个人账户涉嫌挪用资金罪

小贷公司工作人员利用职务之便，在贷款回收过程中采取截留向小额贷款公司贷款的借款人归还的本金和利息的手段，挪用1829.7101万元资金归个人使用，进行营利活动，涉嫌挪用资金罪。

2013年11月6日，邵某、杜某、尹某到盈江县某小额贷款有限公司贷款180万元（公司会计账记载以方某1名义贷款100万元，以方某 2 名义贷款 80 万元)，被告人刘某某于 2013 年 11 月 27 日将借款人杜某经手归还盈江县某小额贷款有限公司的 180 万元本金和 3.6 万元利息截留进个人银行账户，其中 180 万元归个人使用，3.6 万元用于公司其他开支。其间，被告人刘某某个人代付以方某 1 名义贷款 100 万元的利息至 2016 年 12 月 31 日，截至 2018 年 3 月 24 日司法会计鉴定时该笔本金 100 万元共被占用 15 个月；代付以方某 2 名义贷款 80 万元的利息至 2015 年 12 月 31 日，截至 2018 年 3 月 24 日司法会计鉴定时该笔本金 80 万元共被占用 27 个月。①

对于银行资金或小额贷款公司的资金，其使用权均属于银行和公司，任何人无权私自挪用。该案中，贷款客户在归还盈江县某小额贷款有限公司贷款本息的时候，刘某某均要求贷款客户将相关款项转入其个人账户内。在该案所涉贷款客户将相关款项按被告人刘某某的要求转入其个人账户后，被告人刘某某并未将所有款项转入公司账户并告知公司客户归还贷款的事实，而是利用其担任公司总经理的职务之便，将案涉的款项截留后又借给他人使用或归个人使用，并且超过 3 个月未归还，在公司未知情的情况下，形成了公司资金在公司体外循环的新的贷款业务，其实际掌握了在公司账户体外循环的公司的大额资金，并将该部分资金实际挪用超过 3 个月未归还且数额巨大（1829.7101 万元)，其行为已构成挪用资金罪。

3. 贷款回收业务涉刑的主要关注要点

（1）贷款无法正常收回时，是否一定构成违法发放贷款罪

行为人非法发放贷款的行为，必须达到数额巨大或者造成重大

① 参见刘某某挪用资金案，云南省德宏傣族景颇族自治州中级人民法院（2019）云 31 刑终 117 号刑事裁定书。

损失的，才构成犯罪。所谓“重大损失”，是指银行或者其他金融机构由于行为人非法发放贷款的行为，贷款全部或者部分不能收回的情况。那么是否贷款形成不良就一定会导致违法发放贷款的刑事罪责呢？

首先应当明确的是，不良贷款并不等同造成重大损失。依据《贷款风险分类指引》（银监发〔2007〕54 号）第 5 条之规定，“商业银行应按照本指引，至少将贷款划分为正常、关注、次级、可疑和损失五类，后三类合称为不良贷款。正常：借款人能够履行合同，没有足够理由怀疑贷款本息不能按时足额偿还。关注：尽管借款人目前有能力偿还贷款本息，但存在一些可能对偿还产生不利影响的因素。次级：借款人的还款能力出现明显问题，完全依靠其正常营业收入无法足额偿还贷款本息，即使执行担保，也可能会造成一定损失。可疑：借款人无法足额偿还贷款本息，即使执行担保，也肯定要造成较大损失。损失：在采取所有可能的措施或一切必要的法律程序之后，本息仍然无法收回，或只能收回极少部分”。

根据贷款风险划分，次级、可疑和损失 3 类合称为不良贷款。借款人在无法正常还款时，尚不能将此类贷款直接认定为损失，应首先考虑是否已穷尽救济手段，债权是否确已无法实现。即使债权确已无法实现，仍要考察行为人对贷款本息的损失有无主观故意，行为人符合法律法规的规定发放贷款，对借款人不能按期偿还贷款本息造成贷款人损失无故意时，不能认定为违法发放贷款罪。

（2）不良贷款在核销前未采取必要措施减少损失或构成玩忽职守罪

列为损失类的不良贷款，在核销之前，银行有关人员必须深入项目现场实地开展调查，详细了解和掌握借款人实际生产经营、资产情况及其他有关借款人的相关信息，同时要实施必要程序和采取必要措施追讨债权，尽最大可能减少贷款损失。但在实务中，许多银行没有尽到这些职责。一是有的银行在没有到现场开展尽职调查的情况下，就急于将不良资产进行批量打包转让，许多质量相对较好的信贷资产被迫进行转让，造成不应有的核销损失，不符合财政部、中国银监会关于印发《金融企业不良资产批量转让管理办法》的有关规定。二是虽然开展了核销前的尽职调查，但许多调查只是走马观花式的，不够深入细致，有的经办行只是简单发送催收通知书，有的没有对借款人财产采取追偿和财产保全措施，有的没有尽力处置房屋等抵押物和尽力追讨借款担保人，有的借款人或担保人恶意逃债仍然逍遥法外。三是向法院提交诉讼的不良资产贷款项目，未向法院主张权利，未提出强制执行申请，最终无法取得债权人应有的受偿份额即批准不良资产核销。以上行为均不符合《金融企业呆账核销管理办法》的规定。

《金融企业呆账核销管理办法》明确规定，金融企业应建立呆账责任认定和追究制度，每核销一笔呆账，应查明呆账形成的原因，对确系主观原因形成损失的，应在呆账核销后完成责任认定和对责任人的追究工作。《银行抵债资产管理办法》第 30 条规定，银行应当对抵债资产收取、保管和处置情况进行检查，发现问题及时纠正。在收取、保管、处置抵债资产过程中，有下列情况之一者，应视情节轻重进行处理；涉嫌违法犯罪的，应当移交司法机关，依法追究法律责任：……（五）玩忽职守，怠于行使职权而造成抵债资产毁损、灭失的。根据上述规定，如果银行工作人员保管、处置抵债资产过程中因玩忽职守，怠于行使职权，造成不应有的核销损失，或构成玩忽职守罪。

三、处理资产业务风险误区

（一）风险处置型放贷是补救行为而非违法行为

不良贷款出现后，很多银行会继续给问题客户发放贷款，用于延缓风险爆发，这是一种银行风险处置的惯例做法。因此，有观点认为，这类行为作为风险处置行为，不会增加原有不良贷款总体数量，不会造成新的损失，没有刑事风险，不宜作为犯罪处理。然而，从刑事角度来看，这类行为其实蕴藏巨大的刑事风险。首先，风险处置型贷款是一个独立的放贷行为，有其独立的完整的审批流程。对于审批环节中的每一个银行工作人员来说，其都承担法定的实质审查义务。其次，这种放贷过程中往往会出现贷款实际用途与合同约定不符、抵押物估值与实际不符、贷款资料造假、尽调失职等违规等行为。因此这种风险处置行为，符合违法放贷的行为特征。最后，违法发放贷款罪是不以造成实际损失为必要条件的。上述多个案例表明，即使没有造成重大损失，仅发放贷款数额巨大也可能构成本罪。而且，这种行为表面上看延缓了风险爆发，实际上如果不对企业经营情况进行充分调查，只是为了维持表面的业绩或收受贿赂后故意为之，往往会扩大损失风险。所以，在司法实务中，风险处置型放贷在满足违法发放贷款罪犯罪构成的情况下，也具有对其刑事处罚的必要性和可能性。

（二）只审批授信不审批贷款免责

在一般情况下，领导干部并不会负责具体发放贷款，而只负责审批授信额度，并通过帮企业办理授信，收受贿赂或者积攒人脉。但能否以单独“授信”行为，认定行为人构成违法发放贷款罪呢？答案是可以的。

《流动资金贷款管理暂行办法》规定，贷款发放行为本身就包括了授信和用信两个环节。授信行为是发放贷款的前提条件，没有授信行为就无法发放贷款，授信的额度直接影响后期发放贷款的规模，授意批复和后续贷款具有紧密的关联性，也是银行信用的一种表现，授信行为应当属于“发放行为”。而且，行为人违规授信，其主观自然知道行为的后果对客户取得贷款产生实质推动作用。主客观一致，违规授信行为应当作为违法发放贷款罪处理。此外，从法理上来讲，不处理这种行为，必然会纵容犯罪行为，不利于预防和整治信贷领域的腐败问题和系统性风险。

（三）没有签批的领导不用承担责任

贷款审批流程中没有领导的任何签字，出事后领导断然否认自己对违法发放贷款一事知情，是否就不用承担个人刑事责任了？

贷款发放有其完整的审批流程，大体可概括为：借款人申请→银行受理→调查岗调查员进行贷前调查→审查岗进行审查→银行行长审批同意（或报上级行）→上级行信贷部调查岗进行调查→审查岗进行审查→信贷部经理审批→审贷会上讨论研究→最终审批发放→贷后管理。身处在贷款流程之中，负有岗位职责的人基本都会在审批手续上签字，都可以成为违法发放贷款罪的主体。而“凌驾”于审批流程之上或未在流程手续中有签字的领导，也未必就能独善其身。

是否要对一个行为人进行刑事追责，主要看行为人的职责内容和其具体行为对犯罪结果的实质推动作用。刑事案件轻形式重实质。

因此，虽然有些时候签批行为是行为人所授权的下属具体完成的，或只经过具有形式意义的集体讨论程序，但只要有证据证实行为人对放贷行为具有决策领导权，对受其领导的下属有具体指示行为，就可以认定行为人对犯罪的推动行为是犯罪实行行为，可以认定其构成违法发放贷款罪。

四、“明天系”包商银行案——银行信贷业务犯罪风险分析

（一）基本事实

包商银行①案件的风险成因的关键在于，“明天系”② 控股并占用包商银行资金。从 1998 年开始，“明天系”陆续通过增资扩股和受让股权等方式不断提高其在包商银行的股权占比，截至 2019 年 5 月末，已有 35 户“明天系”企业共持有 42.23 亿股，占全部股份的 89.27%。在控股包商银行期间，“明天系”通过虚构业务，以应收款项投资、对公贷款、理财产品等多种交易形式，共占用包商银行资金逾 1500 亿元，占包商银行资产总规模近 30%。“明天系”长期

① 参见中国人民银行 2021 年 9 月发布的《中国金融稳定报告》（2021 年）中的专题十三可以了解到包商银行的基本情况为：包商银行前身为包头市商业银行，成立于 1998 年 12 月，2007 年 9 月更名为包商银行，在内蒙古自治区及北京、成都、深圳、宁波等地共设立 18 家一级分行，拥有员工 10,711 人。自 2011 年北京分行成立后，包商银行总行高管、核心部门陆续迁至北京，并在北京聘用大量员工，北京成为包商银行实际总部所在地。

② “明天系”是对明天控股有限公司等若干“空壳公司”及其控制的数十家上市公司、金融机构的统称。

占用资金，无法归还，严重侵蚀包商银行的利润和资产质量。

“明天系”股东多次尝试重组包商银行，但均以失败而告终。2017年开始，包商银行的问题逐步暴露，经营难以为继。“明天系”大股东尝试邀请多家民营企业、地方国企，参与战略重组包商银行，但有的战略投资者明显不具备商业银行股东资格，有的战略投资者在了解包商银行资产状况后望而却步，重组工作难以取得实质进展。包商银行受到“明天系”污名影响，外部融资条件不断恶化，只能通过高息揽储等方式，勉强维持流动性。

周学东在《中国金融》上刊登的题为《中小银行金融风险主要源于公司治理失灵——从接管包商银行看中小银行公司治理的关键》的文章中提到：清产核资结果显示，2005～2019年，“明天系”通过注册209家“空壳公司”，以347笔借款的方式套取信贷资金，形成的占款高达1560亿元，且全部成了不良贷款。

根据包商银行某分行金融事业部原部门经理刘某鹏、牛某非国家工作人员受贿、违法发放贷款一案的相关判决［（2018）冀11刑终494号］可知，原包商银行工作人员在发放贷款过程中，存在未对用款企业的信用等级及提交的虚假资料认真审核，未以现场与非现场相结合的形式履行尽职调查，在流动资金借款合同面签过程中未对用款企业代理人的身份及权限进行核实等违规操作行为。由点及面，不难得出在前述1560亿元不良贷款中，存在大量类似的银行工作人员违规发放贷款的情形。

2020年11月23日，北京市第一中级人民法院裁定受理包商银行破产清算，并指定包商银行清算组担任包商银行管理人。2021年2月7日，北京市第一中级人民法院裁定宣告包商银行破产，包商银行风险处置工作基本完成。

（二）法律分析

银行作为金融机构，其所遇风险背后往往存在公司治理缺陷、经营管理混乱、贪污腐败问题，甚至是违法犯罪行为。包商银行所经历的金融风险也是如此，并最终给国家造成了巨额损失。其中，包商银行违规发放贷款是导致其利润和资产质量受严重侵蚀，并最终走向破产的重要原因。包商银行不仅向其绝对控股股东“明天系”违规放贷高达1560亿元，而且还向其他非“明天系”公司违法发放贷款，这都使包商银行的大量资金被占用，最终成为不良资产。

1. 1560亿元不良贷款的成因

“明天系”在14年间能够利用其注册成立的209家“空壳公司”，从包商银行累计借款347笔、借款金额高达1560亿元的主要原因之一为“明天系”在包商银行占股比例超过89%，是包商银行第一大股东，而包商银行的董事长李某西也是“明天系”培养的“自己人”。包商银行的最高领导“听命”于包商银行的最大股东，故而，即使在包商银行作为独立法人的情况下，其正常的经营管理也不免被其最大股东所操控。

包商银行对其股东“明天系”利用“空壳公司”进行贷款的要求一味满足，对股东提出贷款的资质未尽到严格审查的义务，明知借款人是“空壳公司”缺乏实际经营业务和资产，存在较大贷款违约的风险，但仍然默许发放了贷款。根据《商业银行风险监督核心指标》的规定，“单一集团客户授信集中度为最大一家集团客户授信总额与资本净额之比，不应高于15%。该项指标为一级指标，包括单一客户贷款集中度一个二级指标；单一客户贷款集中度为最大一家客户贷款总额与资本净额之比，不应高于10%”。然而，“明天系”占有包商银行的资产已达到包商银行资产总规模的近30%，这是明显违规且会给包商银行带来极大风险的，但包商银行却依旧放纵这样的行为发生。

此外，截至2019年5月，在包商银行同业负债规模超3000亿元、因违法放贷造成资产质量大幅恶化的前提下，有关监管机关未从包商银行资产大幅恶化之初就发现苗头，这背后所涉及的拉拢腐蚀问题也是值得关注的。根据目前检索到的相关信息，在2019年年底，内蒙古银保监局多人涉嫌严重违纪违法被查、被免，其违纪违法相关线索的交集大多指向包商银行。呼和浩特市赛罕区法院出具的刘某受贿罪一审刑事判决书①中，法院依法查明包商银行部分工作人员甚至重要领导人员向刘某受贿的相关情况：包商银行原董事长李某西（另案处理）送给被告人刘某200万元，送给被告人刘某北京市房屋一套、车位两个并支付装修费总计999.9552万元；包商银行原党委副书记、常务副行长魏某元送给刘某位于包头的房屋一套、车位一个、储藏间一个并支付装修费，合计145.4711万元。另外，魏某元前后分多次送给刘某共计345.4711万元。由此可见，“明天系”能够从包商银行套取巨额贷款也离不开其对上级监管部门的拉拢腐蚀。

综上，包商银行内部经营管理混乱、内外勾结、从上到下缺乏风险管理意识都是造成1560亿元不良贷款的部分原因。

2. 包商银行对其他非“明天系”公司非法放贷的情况②

包商银行除违法违规给“明天系”放贷以外，还存在对其他非“明天系”公司违法违规放贷的情况。

---

① 参见刘某受贿案，呼和浩特市赛罕区人民法院（2020）内0105刑初234号刑事判决书。

② 此处系基于下文提到的判决中并未将涉案公司认定为“明天系”体系内的公司。

由包商银行股份有限公司北京分行等与中国银行股份有限公司嘉峪关分行侵权责任纠纷一审民事判决书①中的内容可知：之前已生效的刑事判决裁定已认定，作为贷款业务主办客户经理的包行北京分行工作人员潘某以及包行北京分行工作人员张某慧均构成违法发放贷款罪。法院查明的事实是：张某慧作为包行北京分行产品部负责人，安排下属刘某辉协助潘某撰写审查报告，在刘某辉明确提出中行嘉峪关分行无权出具商业承兑汇票保兑保函的情况下，张某慧仍然同意将存在问题的贴现业务提交审贷会。2014 年 9 月 10 日，包商银行同意给某公司授信 3 亿元，专项用于商业承兑汇票贴现额度，期限 6 个月。9 月 24 日，张某慧、潘某在某公司未按规定全额提供证明具有真实交易凭证（增值税专用发票）的情况下，签字允许贴现款发放，致使舒某进、王某友等人从包行北京分行骗得贴现贷款 2. 913075 亿元。

由上述案例，并结合上文提到的刘某鹏、牛某非国家工作人员受贿、违法发放贷款案的判决可知，包商银行在对“明天系”以外公司发放贷款时，其有关工作人员也存在不认真进行尽职调查、不核实保证人资质、不审核用以贷款商业汇票的真实交易关系等未尽到审查义务的违法行为。

3. 包商银行违规放贷涉及的刑事法律风险

信贷业务是当前对银行业和金融业监管处罚的“重灾区”，包商银行在发放贷款方面存在较多的违法违规行为，势必会触发刑事法律风险。

---

① 参见包商银行股份有限公司北京分行等与中国银行股份有限公司嘉峪关分行侵权责任纠纷案，北京市高级人民法院（2015）高民（商）初字第3527 号判决书。

（1）违法发放贷款罪

构成违法发放贷款罪的前提是“违反国家规定发放贷款”，在实践中，此处的国家规定通常援引的是《商业银行法》第35条，即“商业银行贷款，应当对借款人的借款用途、偿还能力、还款方式等情况进行严格审查”。此外，包商银行向“明天系”发放贷款还违反了《商业银行法》第40条的规定，即“商业银行不得向关系人发放信用贷款；向关系人发放担保贷款的条件不得优于其他借款人同类贷款的条件”。

鉴于“明天系”为包商银行的绝对控股股东，并且李某西也为“明天系”安插在包商银行的“自己人”，包商银行向“明天系”贷款就已经违反了前述《商业银行法》第40条的规定，即使未造成重大损失，向利害关系人违法发放贷款数额巨大的也应当从重处罚。

包商银行的贷款审批工作人员及部分责任领导，指使下属违法发放贷款，或未对用款企业提供的资产信息认真审核、前期未对用款企业进行尽调、未核实对接人是否具有相关资质的，都应当承担违法发放贷款罪的个人刑事责任。

（2）非国家工作人员受贿罪

不具有国家工作人员身份的银行从业人员可以作为非国家工作人员受贿罪的特殊主体，在其利用职务便利，收受他人财物，为他人谋取利益的情况下，便可构成《刑法》第184条①规定的非国家工作人员受贿罪。类案中，上文提及的刘某鹏、牛某非国家工作人

---

① 《刑法》第184条规定：“银行或者其他金融机构的工作人员在金融业务活动中索取他人财物或者非法收受他人财物，为他人谋取利益的，或者违反国家规定，收受各种名义的回扣、手续费，归个人所有的，依照本法第一百六十三条的规定定罪处罚。”

员受贿、违法发放贷款案也据此进行认定，刘某鹏、牛某利用担任包商银行某分行客户经理、部门经理的职务便利，以咨询费的名义索取他人财物，为他人谋取利益，数额较大，其行为均已构成非国家工作人员受贿罪。

（3）行贿罪

此次包商银行事件，除银行管理制度、公司治理架构和机制基本失灵外，外部金融监管“失守”、甘心被“围猎”也是“导火索”之一。因包商银行事件落马的地方金融监管官员为数众多，其中包括已被追究刑事责任的包头银监分局原局长刘某，内蒙古银保监局原党委委员贾某，原包头银监分局党委委员、副局长柴某，内蒙古银监局原局长薛某及原副局长宋某、陈某等。根据中央纪委国家监察委官网上公布的原内蒙古银监局系列监管腐败案相关情况，① 专案组人员提到“原内蒙古银监局领导班子被包商银行等深度腐蚀‘围猎’，背离监管初衷，弃守监管职责，监管全方位失守失责”。其中，贾某一人从2005年至案发，接受请托，插手被监管机构和内蒙古银监局人事工作共计74人次，在人员招录、岗位调整、职务晋升、薪酬待遇等方面为他人谋取利益，收受其中53人次所送财物共计700余万元。因此，在前述地方监管官员被“围猎”的案件中，必然涉及包商银行有关领导、工作人员向监管官员行贿的行为。根据《刑法》第389条的规定，“为谋取不正当利益，给予国家工作人员以财物的，是行贿罪。在经济往来中，违反国家规定，给予国家工作人员以财物，数额较大的，或者违反国家规定，给予国家工作人员以

① 参见《严查原内蒙古银监局系列监管腐败案：铲除监管内鬼 守护金融安全》，载中央纪委国家监委官网，https：//www. ccdi. gov. cn/toutiaon/202105/t20210525_146392. html。

各种名义的回扣、手续费的，以行贿论处。因被勒索给予国家工作人员以财物，没有获得不正当利益的，不是行贿”。在自由刑方面，行贿罪最高可判处10年以上有期徒刑或无期徒刑，根据《刑法》第390条的规定，在财政金融领域行贿，从事违法犯罪活动的，系从重处罚情节。

（三）风险提示

《关于预防银行业保险业从业人员金融违法犯罪的指导意见》对于信贷业务领域违法犯罪行为的预防进行了提示，“银行业金融机构要强化信贷纪律约束，聚焦受理与调查、抵质押物评估与核保、风险评价与审批、合同签订与贷款发放、支付与贷后管理等各个环节，在科学制定和严格执行尽职免责制度基础上，建立健全贷款各操作环节的考核问责机制。防范高级管理人员强令、指使、暗示、授意下属越权、违规违章办理业务等行为。防范从业人员与外部人员共谋利用空壳主体和虚假资料等骗取银行贷款”。从前述指导意见中，可以看出监管机构对于银行信贷业务风险预防的重视。另外，从前述指导意见中也能看出监管机构对于信贷业务的各个环节都予以重视，并对不同职位人员的风险进行了提示。

1. 对于银行的高级管理人员的风险提示

对于银行的高级管理人员而言，其应注意切勿因自己身处银行管理层，就利用自己的权限，在明知借款人不符合贷款条件或者明知借款人提供虚假材料的情况下，审批同意发放贷款或者强令、指使、暗示、授意下属越权、违规违章办理业务。此外，作为银行的管理人员，无论是在面对有贷款需求的客户还是在面对上级监管人员时，都要时刻保持自身的清正廉洁，避免做出使银行和自身都面临刑事风险的行为。

2. 对于银行的非管理层人员的风险提示

银行的基层信贷业务工作人员要不断提高自己在业务方面的专业能力，努力掌握更迭较快的信贷管理制度或规定，培养面对风险的敏感性，避免被外界拉拢腐蚀。具体而言，在日常工作中要注重对借款人的资质进行审核，准确判断借款人是否符合相应的贷款条件，其中包括借款人借款的直接用途、资产状况、近期经营状况、发展前景、负债能力等，还要对其是否具有偿还能力进行准确评估。在借款人提供了保证人、抵押物的情况下，银行基层信贷人员要注意严格审查保证人的偿还能力、抵押物的权属和价值，在面签时做好核实工作。

3. 从贷前到贷后全流程合法合规的提示

首先，在贷前准备阶段，银行应当对前期的尽调工作设置严格的工作标准，对于尽调开展的主体、开展的方式都进行明确的规定，明确贷前尽调的目的是充分具体地了解借款人的征信情况、借款企业的实际经营情况、资产情况、负债情况等以确保所贷资金能够按时守约归还。

其次，建立并完善内部审批制度。银行内部应当建立分工明确、层级分明、权限清楚、有效相互制衡的信贷审批制度。这是对于审贷会权限的进一步细化和扩充。该制度可以有效避免一人权限过大而造成的信贷风险过大进而对银行造成损失的情形，如在包商银行股份有限公司北京分行等与中国银行股份有限公司嘉峪关分行侵权责任纠纷中查明的“在刘某辉明确提出中行嘉峪关分行无权出具商业承兑汇票保兑保函的情况下，张某慧仍然同意将存在问题的贴现业务提交审贷会”的情况。因此，有效相互制衡的其他人员同时对同一笔贷款进行审查相当于为该笔贷款合法合规贷出和归还上了双保险。

最后，制定贷后监管制度。在资金被贷出后，银行及其工作人员应当注意借款人对贷款的实际用途的监管和追踪。对贷款用途进行限制是为了避免借款人将贷款用于非法领域，如国家禁止生产、经营的领域等，以确保借款人能够按时依约还款。

（四）总结

信贷业务作为银行最重要的资产业务，通常是银行最重要的营利手段，而个人或企业的生存和发展往往也离不开银行的信贷业务，故将银行信贷业务的风险降到最低不仅关系银行的健康经营与发展，更关系个人生活和贷款企业的顺利发展。在对“明天系”包商银行案件进行法律分析后，结合相关法律法规，可以对银行发放贷款可能遇到的风险点进行如下总结：（1）银行依法应对借款人的借款条件、征信情况进行审查，对借款的合法性、安全性进行审查评估；对企业客户，还需对贷款企业经营的合法性、独立性、盈利情况、资金使用的合理性进行调查；（2）银行及其工作人员应杜绝明知借款人不符合借款条件但仍向其发放借款的情况发生，避免因为人情、贿赂、完成业绩考核等擅自利用自己的职权，瞒报、谎报借款人真实情况，甚至伪造贷款材料协助借款人完成贷款；（3）银行及其工作人员还应杜绝接受或者实施拉拢腐蚀的行为，保持自身清正廉洁；（4）银行及其工作人员在与借款人商议、签订贷款合同时，应杜绝违反中国人民银行贷款利率上下线的情况发生，严禁擅自提高贷款利率等行为。

第三节 银行中间业务常见犯罪风险

一、中间业务及规范要求

（一）银行中间业务的基本内涵与主要类别

1. 银行中间业务的基本内涵

根据中国银行业协会发布的《银行中间业务产品分类与代码》［T/CBA 203－2019（R［1］2022）］，银行中间业务是指不构成银行表内资产、表内负债，形成银行非利息收入的业务。

随着金融监管的不断强化、银行息差持续收窄，商业银行以信贷资产扩张为主的传统模式在资本约束与盈利方面都面临较大压力。基于满足实体经济多元化金融的需求，商业银行不断重视和提升轻资产质效，中间业务便是轻资产业务转型的一个重要着力点。

自1995年《商业银行法》规定，商业银行办理业务，提供服务，按照相关规定收取手续费开始，我国商业银行中间业务经历了起步阶段、快速增长阶段与稳健发展阶段。从整体来看，我国商业银行中间业务产品不断丰富、收入持续增长、增速逐步趋缓，银行业整体服务能力进一步提升，行际间差异进一步扩大。①

2. 银行中间业务的主要类别

我国商业银行中间业务产品种类繁多，中国银行业协会出于完

① 参见中国银行业协会中间业务专业委员会：《2022中国银行业中间业务发展报告暨创新案例选编》，载微信公众号“中国银协”2023年1月12日，https：//mp.weixin.qq.com/s/ZRuYhRV4D-SfTSZ_Wsr-Lw。

善银行业中间业务产品分类体系，完整呈现国内银行业中间业务产品发展现状，促进银行间产品创新和业务管理模式的相关交流的目的，制定了相关标准，本书中间业务的类别也以该标准为准。

（1）支付结算类

支付结算类中间业务，是指商业银行为客户办理因债权债务关系引起的与货币支付、资金划拨有关的收费业务。主要包括：①基础类支付结算，如支票、银行汇票、商业汇票、通存通兑、委托收款等；②衍生类支付结算，如商业汇票赎回式贴现、票据池、单位结算卡等；③现金管理类，如现金管理收付款、流动性管理等。

（2）银行卡类

银行卡类中间业务，是指经授权的商业银行向社会发行具有消费信用、转账结算、存取现金等全部或部分功能的信用支付工具的收费业务。主要包括：①借记卡，包括账户及卡片管理、收单及回佣等；②贷计卡，包括分期、还期违约金等；③准贷计卡，包括账户及卡片管理，收单及回佣等。

（3）代理类

代理类中间业务，是指商业银行接受客户委托、代为办理客户指定的经济事务、提供金融服务并收取一定费用的业务。主要包括：①代理第三方产品销售，如代理保险销售、代理债券销售、代理基金销售等；②代理收付款，如代理社保、代发工资、代收代付等；③代理结算清算，如代理金融机构支付结算、代理资金清算等；④其他，如一般委托代理、住房公积金委托贷款等。

（4）担保及承诺类

担保及承诺类中间业务，是指商业银行为客户债务清偿能力提供担保，承担客户违约风险或在未来某一日期根据事前约定的条件向客户提供约定信用的收费业务。主要包括：①担保，如承兑汇票、保函；②承诺，如贷款承诺、信贷证明、商票保证等。

（5）金融市场类

金融市场类中间业务，是指商业银行为满足客户保值或自身风险管理等方面的需要，利用各种金融工具进行资金交易活动等的收费业务。主要包括：①代客贵金属交易，包括品牌实物贵金属、贵金属积存、账户贵金属等；②代客利率交易，包括利率互换、远期利率协议、利率期权、互换期权等；③代客汇率交易，包括汇率期权、外汇掉期、即远期结售汇等；④代客商品交易；⑤代客债券交易，包括柜台债券、债券做市交易等；⑥代客组合交易。

（6）托管及养老金类

托管及养老金类中间业务，是指具有托管资格的商业银行接受委托，安全保管所托管的全部资产，为所托管的资产办理会计核算、监督管理人投资运作等业务及接受委托管理养老金的收费业务。主要包括：①托管类，如证券投资基金托管、信托财产保管、银行理财托管、互联网平台资金监督/存管等；②养老金业务类，主要包括养老金受托管理、养老金账户管理。

（7）投资银行及咨询顾问类

投资银行及咨询顾问类中间业务，是指商业银行为客户提供的资本市场类收费业务或依托自身在信息、人才、信誉等方面的优势，收集和整理有关信息，并通过对这些信息以及银行和客户资金运动的记录与分析，形成系统资料和方案并提供给客户的收费业务。主要包括：①债券承销；②银团贷款；③财务顾问；④财富规划顾问；⑤信息咨询；⑥信息中介；⑦证券化资产管理服务；⑧转让资产管理服务；⑨证明，包括资金证明、资产证明、资信证明等；⑩业务协办。

（8）理财类

理财类中间业务，是指商业银行利用自身所处的经济枢纽地位、所具有的先进的科技设备和营销理念，为社会公众提供咨询、委托、保管组合最佳投资方案，存款结构方案和设计远期目标方案，帮助客户实现最佳投资回报率的综合性业务。主要包括：①固定收益类；②权益类；③商品及金融衍生品类；④混合类。

（9）贸易金融类

贸易金融类中间业务，是指商业银行在贸易双方债权债务关系的基础上，为国内或跨国的商品和服务贸易提供的贯穿贸易活动整个价值链的全面金融服务。主要包括：①国际贸易金融类，如出口托收、出口信用证、同业代付、国际保理、国际福费廷等；②国内贸易金融类，如国内保理、国内信用证、国内福费廷等。

（10）互联网金融类

互联网金融类中间业务，是指商业银行利用互联网技术和信息通信技术实现资金融通、支付、投资和信息中介服务的新型金融业务。主要包括：①自助银行；②网上银行；③手机银行；④电话银行；⑤短信银行；⑥微信银行；⑦电子商务；⑧网络支付；⑨平台增值服务；⑩其他互联网金融服务。

（11）特色类

特色类中间业务主要包括：①审价咨询；②债券借贷；③票据转贴现买卖。

（二）统一专门规范的缺位

一般而言，资产业务与负债业务被认为是商业银行的传统业务，中间业务则是伴随金融改革由存贷款业务中衍生出的新兴业务。

综观我国中间业务相关规范，1995 年《商业银行法》赋予了商业银行在法定条件下开展中间业务的权利，但由于商业银行当时仅将中间业务视为配套业务，利用其作为服务性质的便利吸引客户，获得更多储蓄的工具，① 因此我国并未制定关于中间业务的专门规范。2001 年中国人民银行颁布了《商业银行中间业务暂行规定》，在一定时期对专门规范的空缺进行了补充，但该规范在 2007 ~ 2008 年分别被中国银监会、中国人民银行发布公告废止。

因此，无论在法律层面或是其他规范性文件层面，中间业务均缺少统一的专门规范。但这并不意味着中间业务不受法律层面规范的约束，从中间业务本身特点来看，一方面，中间业务与包括资产业务、负债业务在内的传统业务存在紧密关联，也受其相关部分规范的约束；另一方面，中间业务本质上是商业银行作为提供服务的独立主体参与金融等专业活动，受如《票据法》《中华人民共和国海关法》等专业领域法律的约束。

（三）政策性监管与行业自律的多元约束

从整体来看，虽然缺少统一的专门规范，但由于中间业务涉及的产品种类多样，发展渐趋成熟，且正逐渐成为商业银行盈利的主要业务，实践中监管机关与自律协会等主体制定的相关配套规范已较全面。

从规范颁布主体来看，现行有效的中间业务相关规范主要由中国人民银行、中国银保监会颁布实施，同时国务院、财政部等行政机关，中国银行业协会等行业自律协会及中国银行、中国工商银行

---

① 参见盛巧华：《我国商业银行中间业务发展研究》，载《中小企业管理与科技》2022 年第 9 期。

等主要商业银行均颁布了一定数量的规范。

从规范效力层级来看，目前约束中间业务的规范以部门性规范性文件为主，同时存在少数行政法规、部门规章、国务院规范性文件及行业规定。

从规范实施时间来看，早在20世纪八九十年代，相关部门已经开始关注中间业务，并尝试颁布具体的规制规范。并且，中间业务相关规范始终处于不断更新的状态，如2023年1月1日中国人民银行、中国银保监会新修订的《商业汇票承兑、贴现与再贴现管理办法》施行。

因此，中间业务始终是监管的重点之一，相关规范的数量及更新速度一直保持在较高水平。从整体来看，中间业务相关规范主要是中国人民银行等监管机构施行的政策性监管文件和中国银行业协会一类自律协会及中国银行等主要商业银行主动实施的行业性自律文件。部分中间业务相关规范汇总见表2－2。

表2－2　中间业务相关主要规范（部分列举）

规范名称	颁布机关	施行时间	效力级别
《民法典》	全国人民代表大会	2021年1月1日	法律
《票据法》	全国人大常委会	2004年8月28日	法律
《商业银行法》	全国人大常委会	2015年10月1日	法律
《银行业监督管理法》	全国人大常委会	2007年1月1日	法律
《中国人民银行法》	全国人大常委会	2004年2月1日	法律

续表

规范名称	颁布机关	施行时间	效力级别
《海关法》	全国人大常委会	2021 年 4 月 29 日	法律
《外汇管理条例》	国务院	2008 年 8 月 5 日	行政法规
《银行卡清算机构管理办法》	中国人民银行；中国银行业监督管理委员会	2016 年 6 月 6 日	部门规章
《支付结算办法》	中国人民银行	1997 年 12 月 1 日	部门规章
《金融机构信贷资产证券化试点监督管理办法》	中国银行业监督管理委员会	2005 年 12 月 1 日	部门规章
《商业汇票办法》	中国人民银行	1994 年 7 月 7 日	部门规章
《商业汇票承兑、贴现与再贴现管理办法》	中国人民银行；中国银行保险监督管理委员会	2023 年 1 月 1 日	部门规章
《商业汇票承兑、贴现暂行办法》	中国人民银行	1985 年 4 月 1 日	部门规章
《商业银行理财业务监督管理办法》	中国银行保险监督管理委员会	2018 年 9 月 26 日	部门规章
《关于实施银行卡清算机构准入管理的决定》	国务院	2015 年 6 月 1 日	国务院规范性文件
《携带外币现钞出入境管理暂行办法》	国家外汇管理局	2003 年 9 月 1 日	部门规范性文件
《银行卡跨行交易暂行规定》	全国银行卡办公室	2000 年 10 月 30 日	部门规范性文件

续表

规范名称	颁布机关	施行时间	效力级别
《依托小额支付系统办理银行本票业务处理方法》	中国人民银行	2007年11月25日	部门规范性文件
《电子商业汇票系统管理办法》	中国人民银行	2018年6月4日	部门规范性文件
《关于进一步规范银行函证及回函工作的通知》	财政部；中国银行保险监督管理委员会	2021年1月1日	部门规范性文件
《华东三省一市银行汇票办法》	中国人民银行；中国农业银行；中国工商银行；交通银行；中国建设银行	1989年9月20日	部门规范性文件
《支付结算业务代理办法》	中国人民银行	2000年7月1日	部门规范性文件
《规范商业承兑汇票信息披露》	中国人民银行	2021年8月1日	部门规范性文件
《信贷资产证券化试点管理办法》	中国人民银行；中国银行业监督管理委员会	2005年4月20日	部门规范性文件
《银团贷款业务管理办法》	国家金融监督管理总局	2024年11月1日	部门规范性文件
《关于进一步加强无证经营支付业务整治工作的通知》	中国人民银行办公厅	2017年11月13日	部门规范性文件
《关于促进支票影像业务健康发展的通知》	中国人民银行	2008年3月7日	部门规范性文件
《条码支付业务规范（试行）》	中国人民银行	2018年4月1日	部门规范性文件
《关于规范银行业金融机构间代理银行承兑汇票业务的通知》	中国银行业监督管理委员会办公厅	2012年11月23日	部门规范性文件

续表

规范名称	颁布机关	施行时间	效力级别
《关于对委托贷款业务范围问题的答复》	中国人民银行	1997 年 7 月 4 日	部门规范性文件
《关于规范支付创新业务的通知》	中国人民银行	2017 年 12 月 13 日	部门规范性文件
《关于加强支付结算管理防范电信网络新型违法犯罪有关事项的通知》	中国人民银行	2016 年 12 月 1 日	部门规范性文件
《关于推广支票授信业务的指导意见》	中国人民银行	2010 年 11 月 25 日	部门规范性文件
《关于银行汇票等有关问题的复函》	中国人民银行	2000 年 6 月 2 日	部门规范性文件
《商业银行实施统一授信制度指引（试行）》	中国人民银行	1999 年 1 月 20 日	部门规范性文件
《商业银行中间业务统计制度》	中国人民银行	2003 年 1 月 1 日	部门规范性文件
《银行间债券市场债券借贷业务管理办法》	中国人民银行	2022 年 7 月 1 日	部门规范性文件
《关于加强银行承兑汇票业务监管的通知》	中国银行业监督管理委员会办公厅	2012 年 10 月 8 日	部门规范性文件
《关于印发商业银行委托贷款管理办法的通知》	中国银行业监督管理委员会	2018 年 1 月 5 日	部门规范性文件
《商业银行授信工作尽职指引》	中国银行业监督管理委员会	2004 年 7 月 25 日	部门规范性文件
《关于支持商业银行进一步改进小型微型企业金融服务的补充通知》	中国银行业监督管理委员会	2011 年 10 月 24 日	部门规范性文件

续表

规范名称	颁布机关	施行时间	效力级别
《银行函证工作操作指引》	财政部办公厅；金融监管总局办公厅	2021年1月1日	部门工作文件
《关于规范银行汇票专用章事项的通知》	中国人民银行办公厅	2006年6月8日	部门工作文件
《中国银行业中间业务自律管理办法》	中国银行业协会	2013年6月6日	行业规定
《银团贷款中间业务收费行为自律公约》	中国银行业协会	2015年10月1日	行业规定
《中国银行委托贷款管理暂行规定》	中国银行	2001年11月16日	行业规定
《中国工商银行保管箱业务管理办法》	中国工商银行	2000年5月9日	行业规定

二、中间业务犯罪风险

银行中间业务产品种类多样，其可能涉及的刑事风险既包括银行工作人员利用职权实施的包括职务侵占、贪污等在内的职务犯罪，也包括在业务开展过程中因未严格遵守相关规范或存在疏忽而涉嫌的犯罪。其中，职务犯罪是所有单位内的工作人员均可能涉嫌的犯罪，与中间业务的实质关联性较低，本部分不进行详细论述。由于中间业务产品种类极多，不同商业银行开展具体业务的行为也存在一定区别，在产品的具体设计上也强调差异性。因此，本章拟从某类业务所涉刑事风险中总结最常见、最能体现该类业务特点的刑事风险（以具体罪名为核心），尝试还原各类业务涉及刑事风险的底层逻辑，并就业务涉及刑事风险时司法可能关注的主要内容进行分析。

（一）支付结算及相关代理类业务

支付结算，主要是指单位、个人在社会经济活动中使用票据、信用卡和汇兑、托收承付、委托收款等结算方式进行货币给付及其资金清算的行为。传统的支付结算代理业务，是指在银行双方之间，一方委托另一方办理其支付结算业务的行为。第三方支付蓬勃发展后的支付结算代理业务，包括了银行外主体委托银行办理支付结算业务的行为。

1. 涉及主要罪名

从已施行规范和实务案例来看，随着第三方支付的发展，商业银行在开展支付结算业务中主要是作为被害人或仅作为知情人涉及刑事案件，即被他人使用伪造的材料诈骗或被作为电信网络诈骗资金流动的通道。关于银行遭受刑事侵害的内容，将在后续章节详细展开，在此不赘述。

关于银行支付结算业务本身所涉刑事风险，从公开数据来看，整体数量较少，其中较典型的是因出具汇票而涉嫌违规出具金融票证罪。虽然出具汇票等业务在广义上属于授信业务，但支付结算业务与信贷业务在本质上存在明显差异，在刑事司法评价中也不能一概而论，相关案件被认定涉嫌违法发放贷款罪的数量较少。

2. 具体涉刑场景

（1）未按规定审查或故意不审查交易背景、担保材料，出具银行承兑汇票

交通银行某支行原客户经理为客户介绍担保公司，为促成客户的银行承兑汇票业务，未按规定认真审查担保公司的担保能力，在明知贷款用途与贷款合同不符的情况下同意出具银行承兑汇票。同

时，在客户申请开具票据时未审查出虚假合同，导致客户取得银行承兑汇票。人民法院认定该客户经理构成违规出具金融票证罪，判处有期徒刑 2 年。①

玉溪商业银行某支行原行长在明知没有真实交易的情况下，授意下属，欺瞒上级违规出具银行承兑汇票。人民法院认定该支行行长构成违规出具金融票证罪，判处有期徒刑 1 年，缓刑 2 年。②

（2）利用客户信息申请电子银行承兑汇票

湖南某农商行原董事长在客户不知情的情况下，利用客户企业银联 U 盾出具电子银行承兑汇票并申请承兑。人民法院认为，该董事长构成违规出具金融票证罪，判处有期徒刑 1 年 6 个月。该董事长将承兑资金用作其他用途，同时涉嫌职务侵占等罪名。③

3. 业务涉刑关注要点

违规出具金融票证罪规定于《刑法》第 188 条，具体内容为“银行或者其他金融机构的工作人员违反规定，为他人出具信用证或者其他保函、票据、存单、资信证明，情节严重的，处五年以下有期徒刑或者拘役；情节特别严重的，处五年以上有期徒刑。单位犯前款罪的，对单位判处罚金，并对其直接负责的主管人员和其他直接责任人员，依照前款的规定处罚”。对于该罪，司法实务可能主要关注以下几点：

---

① 参见交通银行某支行客户经理违规出具金融票证案，武汉市江岸区人民法院（2020）鄂 0102 刑初 827 号刑事判决书。

② 参见玉溪商业银行某支行行长违规出具金融票证案，昆明市盘龙区人民法院（2018）云 0103 刑初 1028 号刑事判决书。

③ 参见湖南某农商行董事长涉嫌违规出具金融票证、职务侵占、挪用资金案，湖南省安仁县人民法院（2020）湘 1028 刑初 32 号刑事判决书。

（1）超越权限制造内容虚假的金融票证应被定性为违规出具还是伪造

拥有制作权限的银行从业人员与银行外人员串通，合谋利用银行从业人员的职务便利，签发、出具形式真实、记载内容虚假的汇票应被认定为违规出具金融票证罪，而非伪造金融票证罪。

根据是否具有制作权限、是否冒用制作名义，《刑法》上的伪造被区分为有形伪造与无形伪造，伪造金融票证罪中的伪造行为不包括无形伪造，即银行从业人员超越权限制造内容虚假的金融票证的行为，至多构成违规出具金融票证罪。一方面，从体系解释的角度来看，票据诈骗罪与伪造金融票证罪同属刑法分则第三章“破坏社会主义市场经济秩序犯罪”中的金融犯罪，票据诈骗罪中的伪造并不包括出票人签发无资金保证的汇票这一无形伪造情形，伪造金融票证罪中规定的伪造票据行为自然也不包括无形伪造。另一方面，银行承兑汇票因自身的无因性特征，形式真实的票据不存在被拒付的可能，出具票据的银行本身不可能因其内容虚假直接否定票据的真实性。无形伪造的票据因出票人、付款人无法否认其真实性，无法免除其自身的票据义务，实质上与“伪造”有明显区别。①

（2）银行内部机构的工作人员以本部门与他人合办的公司为受益人开具信用证是否属于“为他人出具信用证”

根据最高人民法院刑事审判第一庭的《关于银行内部机构的工作人员以本部门与他人合办的公司为受益人开具信用证是否属于“为他人出具信用证”问题的复函》，违规出具金融票证罪中的“他人”，是指银行或者其他金融机构以外的个人或者单位。银行内部机

① 参见郑岩、宋光恩：《违规出具金融票证与伪造金融票证行为辨析》，载《中国检察官》2021年第16期。

构的工作人员以本部门与他人合办的公司为受益人，违反规定开具信用证，属于为他人非法出具信用证。

（3）“单位定期存款开户证实书”是否属于银行结算凭证

根据公安部经济犯罪侦查局关于单位定期存款开户证实书性质的批复，“单位定期存款开户证实书”是接受存款的金融机构向存款单位开具的人民币定期存款权利凭证，其性质上是一种金融凭证，它与存单同样起存款证明作用，只是不能作为质押的权利凭证。

（二）担保及承诺类业务

担保及承诺类业务是银行利用自身社会信誉来获取收益的业务。担保类业务，主要是指商业银行为客户债务清偿能力提供担保，承担客户违约风险的业务，通常不使用银行有形资金。承诺类业务，主要是指商业银行在未来某一日期按照事前约定的条件向客户提供约定信用的业务，是具有期权性质的中间业务。

1. 涉及主要罪名

从担保及承诺类业务的具体内容来看，其主要业务与支付结算业务有一定相似性，如承兑汇票、商票保证等业务均属于担保及承诺类业务。主要区别在于，支付结算业务主要是实际运用了商业银行的资金，担保及承诺类业务则通常只与银行信誉有关，资金的实际使用是滞后的。从刑事角度来看，支付结算业务与担保及承诺类业务在涉嫌罪名及具体行为上存在较强关联，本部分内容可作为支付结算类业务部分内容的补充。

从司法实务来看，担保及承诺类业务主要涉及的罪名与支付结算类业务较相似，较常见的罪名也是违规出具金融票证罪。同时，对违法票据承兑、付款、保证罪，也是担保及承诺类业务可能涉及的主要罪名。

此外，在实践中代理签发银行承兑汇票业务可能因出票人交易背景或申请资料存在虚假，导致最终无法按期还款等涉及纠纷。从司法实务来看，该类纠纷以通过民事途径解决为主。在穿透业务模式，要求受托商业银行承担实质审查义务或委托方与受托同业银行存在事前共谋的情况下，存在涉嫌违规出具金融票证罪或违法发放贷款罪的风险。

2. 具体涉刑场景

（1）明知业务公司无实际经营，也无能力提供保证金，违规办理承兑汇票业务

某城商行原客户经理明知客户申请承兑的汇票贸易背景虚假，未核实财务报表真实性，未进行贷前贷后调查，对违反票据法规定的票据予以承兑，造成特别重大损失。人民法院认为，该客户经理构成对违法票据承兑罪，判处有期徒刑3年，缓刑4年。①

（2）在办理票据业务中未能辨别出虚假印章，对加盖假印章的票据予以承兑、付款

某商业银行原员工在办理票据业务时未尽到严格审查的义务，对违反票据法的票据予以付款，造成重大损失。人民法院认为，该员工的行为已构成对违法票据付款罪。但行为人未审查出假票据存在各种客观因素，主观过失较小，且损失已由其他途径偿还，免于刑事处罚。②

3. 业务涉刑关注要点

对违法票据承兑、付款、保证罪规定于《刑法》第189条，具

① 参见某城商行客户经理涉嫌违法票据承兑罪案，杭州市西湖区人民法院（2016）浙0106刑初00092号刑事判决书。

② 参见某商业银行员工涉嫌违法票据付款罪案，泌阳县人民法院（2014）泌刑初字第00473号刑事判决书。

体内容为“银行或者其他金融机构的工作人员在票据业务中，对违反票据法规定的票据予以承兑、付款或者保证，造成重大损失的，处五年以下有期徒刑或者拘役；造成特别重大损失的，处五年以上有期徒刑。单位犯前款罪的，对单位判处罚金，并对其直接负责的主管人员和其他直接责任人员，依照前款的规定处罚”。对于该罪，司法实务可能主要关注以下几点：

（1）过失是否能够构成对违法票据承兑、付款、保证罪

对违法票据承兑、付款、保证罪在实践中存在两种形态：一种是明知自己的行为违规、甚至违法，明知承兑、付款、保证的票据是违法票据，明知故犯，仍进行承兑、付款、保证；另一种是履职不充分不尽职，导致本能审查出的违法票据被作为合法票据承兑、付款、保证。

在第一种情形中，行为人是故意对违法票据承兑、付款、保证，构成犯罪并无争议。在第二种情形中，行为人对违法票据承兑、付款、保证存在过失，此时是否构成该罪，笔者认为，应当从行为人具体的履职行为进行分析，在依照一般工作能力和程序，能够审查出违法票据的情况下，未审查出违法票据的，有被认定构成该罪的可能。在不具有审查出违法票据的能力与机会的情况下，行为人的行为欠缺违法性要件，不应被认定构成该罪。

（2）在票据是商业汇票的情况下，银行及其从业人员不会构成违法出具金融票证罪

《票据法》第19条规定，汇票分为银行汇票和商业汇票；《支付结算办法》第73条规定，商业汇票分为商业承兑汇票和银行承兑汇票；《票据管理实施办法》第8条规定，商业汇票的出票人，为银行以外的企业和其他组织。在票据领域，出票与承兑是完全不同的两

个独立行为。在票据是商业汇票的情况下，银行不可能是出票人，不可能存在出票行为，也就不存在违法出具金融票证罪中的“出具”行为，至多构成对违法票据承兑罪。

（3）对违法票据承兑、付款、保证罪中重大损失的具体内容

从该罪的立案追诉标准来看，银行或者其他金融机构及其工作人员在票据业务中，对违反票据法规定的票据予以承兑、付款或者保证，造成直接经济损失数额在50万元以上的，应予立案追诉。

根据相关立法解释的规定，“重大损失”，是指由于行为人的违法承兑、付款、保证，使银行或者其他金融机构被骗，造成重大经济损失。①

因此，该罪中的重大损失，是指因违法承兑、付款、保证行为使商业银行被骗产生的直接经济损失。

（三）托管类业务

根据中国银保监会2022年12月29日公布的《商业银行托管业务监督管理办法（征求意见稿）》的规定，托管，是指商业银行作为独立第三方，接受财产所有人或其授权代理人的委托，按照法律法规规定和托管合同约定，为所托管产品提供财产保管及相关服务的行为。商业银行所托管的产品，包括各类金融产品、各类专项资金形成的投资组合等。商业银行所托管产品持有的财产，包括各类银行存款等资金款项、股票、债券、未上市企业股权、其他债权、商品、金融衍生品等。

1. 涉及主要罪名

从既有判例来看，托管类业务主要涉及贪污、挪用公款等职务

---

① 参见王爱立主编：《中华人民共和国刑法条文说明、立法理由及相关规定》，北京大学出版社2021年版，第686页。

犯罪及背信运用受托财产罪。根据托管类业务涉及罪名的基本情况，本部分在职务类犯罪业务涉刑关注要点中对银行共管账户资金性质进行分析，在非职务类犯罪业务涉刑关注要点中对背信运用受托财产罪相关内容进行阐述。

2. 职务类犯罪业务涉刑关注要点

专项资金的托管业务，是指商业银行根据与客户签署的托管协议，开立托管账户保管资金，监督资金使用情况，并向客户披露托管资金及账务信息的一种资产托管业务，主要服务对象是在财政资金、民生领域资金、慈善公益基金等专项资金管理领域和债券发行、第三方支付、预付卡消费等资金支付领域中需要托管银行监督资金专款专用的单位或个人，以实现专款专用，实现确保托管资金安全的目的。设置托管账户需要由托管双方共同提出申请，与托管银行签订托管协议，开立账户，存入资金，而托管银行划付资金需托管双方共同发出约定的委托付款指令。在托管方包含国有性质主体时，相应资金的性质也就具有一定的特殊性，进而决定了是否涉嫌相关职务犯罪。

关于银行共管资金的性质，应首先明确共管资金的所有权，此时不能简单适用动产所有权随交付而转移的原则，因为特定化金钱的交付行为并不必然引起所有权的转移。对于银行共管资金的性质，必须根据其资金背景及相关贸易关系进行综合认定，全面考虑是否存在属于履约保证金，即金钱质（金钱以保证金形式特定化设立质权）的情形。

有观点认为，无论共管资金的权属如何，如托管方包含国有性质主体，那么共管资金均属于公共财产。如共管资金属于国有性质主体，那么可直接被认定为公共财产；如共管资金属于非国有性质主体，可依《刑法》第 91 条第 2 款以公共财产论。

3. 非职务类犯罪业务涉刑关注要点

背信运用受托财产罪规定于《刑法》第 185 条之一，具体内容为：“商业银行、证券交易所、期货交易所、证券公司、期货经纪公司、保险公司或者其他金融机构，违背受托义务，擅自运用客户资金或者其他委托、信托的财产，情节严重的，对单位判处罚金，并对其直接负责的主管人员和其他直接责任人员，处三年以下有期徒刑或者拘役，并处三万元以上三十万元以下罚金；情节特别严重的，处三年以上十年以下有期徒刑，并处五万元以上五十万元以下罚金。”对于该罪，在具体开展业务中须主要关注以下几点：

（1）在何种情形下工作人员的行为会被认定为银行违背受托义务，擅自动用客户资金

在实践中，存在银行工作人员为获取更多经济效益，向客户私自承诺或私下协商，导致擅自运用客户资金的事件发生。此时判断工作人员的行为是否能够被认定为银行违背受托义务，擅自运用客户资金，仍要从单位犯罪的认定逻辑出发，即从单位的行为、意志及利益等方面加以认定，包括具体行为人擅自运用受托财产行为是否服从单位意志，擅用行为是否将为单位获取利益，如获得利益是否最终由单位享有等。在司法实务中，以金融机构名义签订合同后，工作人员以单位名义背信运用受托财产，违法所得归单位所有的，金融机构往往需要承担相应的刑事责任。

（2）不具有谋利目的或加害目的是否构成背信运用受托财产罪

在实践中，有观点认为，在委托理财过程中，只要受托人按照委托的目的，善意地实施管理，就可以被认为是履行了受托义务，不属于“擅自运用”。因为投资总是存在风险，对受托人不可能要求

其永远不犯错误。在受托人运用信托财产投资失败，给委托人造成损失时，只要受托人不具有为本单位或第三人谋取不正当利益的目的或者损害委托人利益的目的，就可以被认为履行了受托义务，就算其投资行为存在一定过失或者不完全符合委托人的意思，也不属于“擅自运用信托财产”。①

笔者认为，从当前金融强监管的大背景及背信运用受托财产罪本身并非目的犯来看，是否具有目的或具体具有何种目的并不影响该罪的构成。即背信运用受托财产罪本质上侵害的是金融市场中的信任秩序，只要行为人故意实施了违背受托义务，实施擅自运用资金的行为，便存在构罪的风险。

（3）擅自运用中的运用是否包括对财产的处分

有观点认为，单纯的“占有”“侵占”客户资产的行为，应被认定为贪污罪或职务侵占罪。② 笔者认为，背信运用受托财产罪的犯罪主体是包括商业银行在内的金融机构，是关于金融市场主体的特殊规定，因此，商业银行在处分客户财产时，不应被认定为贪污罪或职务侵占罪，而应以背信运用受托财产罪论处。

（四）金融市场、贸易金融及相关代理业务

金融市场、贸易金融及相关代理业务均是以金融服务为核心开展的专门性业务，相较金融市场业务整体而言，贸易金融业务服务于实体经济，本质上是为商品和服务交易提供服务的独立业务体系。

从司法实务来看，商业银行开展金融市场、贸易金融类业务主

---

① 参见赖正直：《论背信运用受托财产罪的若干基本问题》，载《社科纵横（新理论版）》2008 年第 4 期。

② 参见刘宪权、周舟：《背信运用受托财产罪的刑法分析》，载《上海政法学院学报（法治论丛）》2011 年第 2 期。

要涉及的罪名与传统信贷业务涉及的罪名存在大量重合，如未严格遵守相关规定开展保理业务，可能涉嫌违法发放贷款罪，这些罪名在本书其他部分已详细展开，不作为本部分的重点。

从金融市场、贸易金融及相关代理业务的本质来看，商业银行及其从业人员开展相关业务的主要风险在于是否妥善处理相关资质问题，可能涉嫌的主要罪名为伪造、变造、转让金融机构经营许可证、批准文件罪，本部分围绕该罪名进行阐述分析。

伪造、变造、转让金融机构经营许可证、批准文件罪规定于《刑法》第174条第2款，具体内容为："伪造、变造、转让商业银行、证券交易所、期货交易所、证券公司、期货经纪公司、保险公司或者其他金融机构的经营许可证或者批准文件的，依照前款的规定处罚。单位犯前两款罪的，对单位判处罚金，并对其直接负责的主管人员和其他直接责任人员，依照第一款的规定处罚。"对于该罪，具体业务开展中需要主要关注以下几点：

1. 转让金融机构经营许可证、批准文件给他人，被用于设立金融机构的，构成何罪

该种情形因行为人主观认知内容而存在差异。行为人在转让金融机构经营许可证、批准文件给他人时，明知他人会利用该许可证或批准文件设立金融机构的，应被认定构成擅自设立金融机构罪的共犯。行为人在转让金融机构经营许可证、批准文件给他人时，不知道也不可能知道他人会利用该许可证或批准文件设立金融机构的，应被认定构成转让金融机构经营许可证、批准文件罪。

2. 未经单位同意，私下转让金融机构经营许可证、批准文件是否构成该罪

经营许可证、批准文件的所有权属于单位，实践中存在个人未经单位同意，或者通过窃取手段将许可证私下转让的行为。虽然个人并不是经营许可证或批准文件的所有者，但只要实施了“转让”金融机构经营许可证或者批准文件的行为，便可能构成该罪。

3. 不具有谋利目的，是否构成该罪

该罪行为人的主观方面是故意，在明知其行为是法律严格禁止的情况下，为了达到使自己或他人非法经营金融业务的目的，而故意实施转让经营许可证或者批准文件的危害社会的行为。对是否存在谋利目的，该罪并未作相应规定，因此行为人将自己的经营许可证或者批准文件通过出售、出租、出借、赠与等方式有偿或者无偿转与或者让与其他的机构或者个人使用的行为均可能构成该罪。

（五）投资银行及咨询顾问类业务

投资银行及咨询顾问类业务，是指商业银行利用自身信息优势、专业优势，为客户提供相关专业意见或投资服务。投资银行及咨询顾问类业务大体包括证券经济活动中介类业务，利用自有资本或以自身为主体借来资金后进行相关证券投资活动，或以自身专业机构优势接受客户委托，帮助客户进行专业分析或进行证券相关投资。

1. 涉及主要罪名

从投资银行及咨询顾问类业务特点及司法实务来看，该领域业务主要涉及的罪名是非法吸收公众存款罪与利用未公开信息交易罪。另外，由于商业银行在开展投资银行及咨询顾问类业务时可能与上市公司高管等内幕信息知情人频繁接触，甚至存在被认定为内幕信息知情人的可能，因此在开展业务的过程中，商业银行及其从业人员存在涉嫌泄露内幕信息、内幕交易罪的可能，由于这种刑事风险的存在只是与商业银行及其从业人员的工作特点存在一定关系，与业务本身关联较小，本书不具体展开。本部分在涉刑场景中对司法实务中开展相关业务涉嫌非法吸收公众存款罪的情形进行简要描述，在业务涉刑关注要点中对利用未公开信息交易罪进行分析。

2. 具体涉刑场景

某股份制银行支行原行长助理向客户推荐理财产品，实质上是投资公司自行包装用于圈钱的“理财”。人民法院认为，该行长助理违反国家金融管理法规，以返本付息为诱饵，参与向社会不特定对象公开吸收资金的行为，构成非法吸收公众存款罪，判处有期徒刑3年。①

非法吸收公众存款罪是P2P大范围“暴雷”后较常见的罪名，商业银行及银行业从业人员往往会认为自身是国家许可的吸储机构，不会涉嫌非法吸收公众存款罪。实际上，银行从业人员在开展中间业务的过程中，可能会因对理财产品未严格审查等原因，成为非法吸收公众存款罪的共犯。同时，如商业银行为争揽储户，违反中国人民银行关于利率的规定，采用擅自提高利率的方式吸收存款，虽然该种情形可能不作为犯罪处理，但刑事风险仍客观存在，且会受到相应的行政处罚。

3. 业务涉刑关注要点

利用未公开信息交易罪规定于《刑法》第180条第4款，具体内容为：“证券交易所、期货交易所、证券公司、期货经纪公司、基金管理公司、商业银行、保险公司等金融机构的从业人员以及有关监管部门或者行业协会的工作人员，利用因职务便利获取的内幕信息以外的其他未公开的信息，违反规定，从事与该信息相关的证券、

① 参见某股份制银行支行行长助理涉嫌非法吸收公众存款罪案，石家庄市桥西区人民法院（2019）冀0104刑初138号刑事判决书。

期货交易活动，或者明示、暗示他人从事相关交易活动，情节严重的，依照第一款的规定处罚。”对于该罪，具体业务开展中需要主要关注以下几点：

（1）仅将未公开信息出售给他人，是否构成利用未公开信息交易罪

虽然在仅将未公开信息出售给他人的情况中，行为人本人未从事与该信息相关的证券、期货交易活动，行为人本人也可能不会因为他人从事相关交易活动直接获利，但是行为人对未公开信息的售卖行为，可被认定为明示、暗示行为，进而构成利用未公开信息交易罪。最高人民检察院、公安部《关于公安机关管辖的刑事案件立案追诉标准的规定（二）》（公通字〔2022〕12号）明确将“以出售或者变相出售未公开信息等方式，明示、暗示他人从事相关交易活动的”作为立案追诉标准。

（2）以窃取、骗取等手段获得未公开信息的，是否构成该罪

利用未公开信息交易罪具有一定的职务色彩，行为人必须具备获取未公开信息的职务便利，职务便利是行为人通过管理、负责、经手、承办等职务范围内的行为能够获取的信息，包括利用职务身份、权限、影响或工作环境等便利条件获取的内幕信息以外的其他未公开的信息，但不包括窃取、诈骗、抢劫等手段获取的信息。该罪所侵犯的法益除证券期货市场管理秩序外，其行为本质是对诚实守信、勤勉尽责义务的违反，是一种背弃职业道德和职务义务的行为。① 因此，未利用职务便利以窃取、骗取等手段获得未公开信息，进而交易或明示、暗示他人交易的，不构成利用未公开信息交易罪。

---

① 参见潘庸鲁：《利用未公开信息交易罪的判断规则与证据标准》，载《人民司法》2021年第22期。

(3) 刑事司法实务中趋同交易时间节点判断的基本规则

在刑事司法实务中，原则上以“前五后二”的标准对趋同交易时间节点进行判断。但根据利用未公开信息交易的主体不同，可区分为掌握型主体与跟随型主体，掌握型主体主要是指商业银行等金融机构从业人员、有关监管部门或者行业协会工作人员中能够直接接触、知晓未公开信息的人员，对于掌握型主体，可能以“T + N”的更严标准对趋同交易时间节点进行判断。①

(六) 银行卡类、互联网金融及特色类业务

商业银行创新业务是在中间业务的基础上形成的概念，中间业务的许多内容与创新业务存在重合。银行卡类、互联网金融及特色类业务便是中间业务与创新业务的重点衔接领域。因此，互联网金融及特色类业务的主要风险，将在创新业务部分进行详细展开。

1. 涉及主要罪名

从司法实务来看，在银行卡类业务中，商业银行主要是作为被害人存在。从既有判例来看，银行卡类业务涉嫌窃取、收买、非法提供信用卡信息罪的风险较大，同时也有部分银行工作人员被认定为信用卡诈骗罪共犯的情形，本部分对构成信用卡诈骗罪的主要情形进行简单描述，在罪名详解部分对窃取、收买、非法提供信用卡信息罪进行分析。

2. 具体涉刑场景

银行工作人员明知他人相关资信证明系虚假，仍违反信用卡办理规定为他人办理信用卡，导致信用卡额度透支无法追回，构成信

① 参见陆玔:《精准判断趋同交易时间点，打击“老鼠仓”犯罪》，载《检察日报》2021 年 2 月 23 日，第 7 版。

用卡诈骗罪的共犯。

某商业银行原工作人员刘某明知史某冒用他人名义、相关资信证明系虚假，仍利用职务便利，违反信用卡办理规定，为史某办理24张不同额度的信用卡。史某取得信用卡后，通过多家企业POS进行多次套现透支，经发卡银行多次催收后超过3个月仍不归还，骗取发卡银行本金共计1086万余元。刘某最终被认定构成信用卡诈骗罪的共犯，判处有期徒刑8年。①

3. 业务涉刑关注要点

窃取、收买、非法提供信用卡信息罪规定于《刑法》第177条第2款，具体内容为："窃取、收买或者非法提供他人信用卡信息资料的，依照前款规定处罚。银行或者其他金融机构的工作人员利用职务上的便利，犯第二款罪的，从重处罚。"（以妨害信用卡管理罪的规定处罚）根据该罪的规定，窃取、收买或者非法提供他人信用卡信息资料的，处3年以下有期徒刑或者拘役，并处或者单处1万元以上10万元以下罚金；数量巨大或者有其他严重情节的，处3年以上10年以下有期徒刑，并处2万元以上20万元以下罚金。对于该罪，具体业务开展中需要主要关注以下几点：

（1）无偿提供信用卡信息是否构成该罪

该罪中的非法提供，并非是指缺乏相应法律依据，而是包括了所有没有合法根据提供信用卡信息的行为。在实践中，只有银行和持卡人本人才是获知信用卡信息的合法主体，因此包括出售、赠与、租借、告知等在内的所有提供行为，无论是否有偿，只要是未经合

① 参见刘某涉嫌信用卡诈骗罪案，宁夏回族自治区高级人民法院（2019）宁刑终19号刑事裁定书。

法程序向合法主体之外的人提供的，均涉嫌非法提供信用卡信息罪。

（2）成套银行卡资料是否属于信用卡信息

在非法收买、提供成套银行卡资料的交易中，“银行卡、U盾、电话卡和身份证复印件”被称为“银行卡四件套”。对于成套银行卡资料，司法实务已较明确，应当定性为信用卡信息，非法提供成套银行卡资料的，涉嫌非法提供信用卡信息罪。

一是从功能上来看，成套银行卡资料已达到“足以使他人以信用卡持卡人名义进行交易”的标准，即《关于办理妨害信用卡管理刑事案件具体应用法律若干问题的解释》第3条规定的信用卡信息的实质标准。

二是信用卡信息并不能局限于纯粹的电子数据或信用卡加密数据，一切能够被他人获取后进行无磁交易的信息资料也应被视为信用卡信息。随着网络支付的发展，对于信用卡信息的传统定义也应随着实践进行相应调整。“成套银行卡资料”的显著特点就是因其开通了网络支付，所以需要包含U盾或密码器及密码等信息，从而可以实现不使用信用卡实体卡片的网络支付和转账。①

（3）信用卡信息是否包括借记卡信息

关于妨害信用卡管理罪中的“信用卡”是否包括借记卡，司法实务已形成较明确的观点。一方面，从立法解释的效力和文义解释来看，“信用卡”包括借记卡；另一方面，虚构他人身份骗领借记卡同样破坏金融管理秩序。② 因此，虽然《银行卡业务管理办法》中

---

① 参见范志飞：《成套银行卡资料宜定性为“信用卡信息”》，载《检察日报》2021年7月7日，第3版。

② 参见肖福林：《妨害信用卡管理罪中的“信用卡”应包括借记卡——江西赣州中院裁定陈胜家妨害信用卡管理案》，载《人民法院报》2016年9月15日，第6版。

对信用卡与借记卡进行了区分，但刑事司法中的信用卡是包括借记卡的。

关于窃取、收买、非法提供信用卡信息中的信用卡是否包括借记卡，笔者认为，一方面，窃取、收买、非法提供信用卡信息罪与妨害信用卡管理罪规定于同一条。从体系解释的角度出发，应与妨害信用卡管理罪的定义保持一致。另一方面，从保护法益来看，借记卡与信用卡在本质上是相同的保护对象。因此，应认为窃取、收买、非法提供信用卡信息罪中的“信用卡信息”包括借记卡信息。

三、处理中间业务风险误区

（一）误区一：认为存在行政许可便不会涉嫌犯罪

一是认为对无须经过行政许可的业务，银行便可自主选择进行经营。在商业银行从事的业务中，有一些是无须监管部门或行政机关进行专门专项许可的，有些银行及从业人员会认为既然该类业务无须经过许可，就可以自主选择进行经营，只要不出现损失，便不存在风险。实际上，除须经过行政许可的业务外，银行总行、分行及从业人员仍须服从银行集体关于业务范围的决策。在实践中，存在银行分行从事未经总行授权的业务，虽然最终未造成损失，仍被追究刑事责任的情形。这主要是因为刑事法律中关于金融犯罪的规定，并不总是以损害结果作为必要条件，单纯的违规行为有时也会转化为刑事犯罪。

二是认为经过行政许可后所有行为均有合法依据。通过行政许可仅意味着具有了从事某一业务的资质，类似民事行为能力，并不能代表行政许可后的所有行为当然合法合规。即使经过行政许可，银行及其从业人员依然要严格遵守相关规范。由于刑事司法贯彻穿透原则，仅以行政许可外观作为出罪理由在实践中往往较困难。

三是认为经过行政许可后，行政处罚会代替刑事责任。这是对行政责任与刑事责任关系的一种误解，在税务领域，有时会对首次逃税的行为仅处以行政处罚，不追究刑事责任。但本质上行政责任与刑事责任并不重合，根据我国刑事司法的理念，凡是构成犯罪的，除有法定理由外，均要承担刑事责任，并无先进行行政处罚，再追究刑事责任的固定顺序。同时也需注意，行政处罚中的罚金，在一些情况下能够与刑事责任中的罚金相互抵消。

（二）误区二：认为行业惯例不存在风险

一是行业惯例往往是基于经济效益及过去的运行规则、制度形成的，并不总能够作为恰当的参考依据。从行业惯例本身的形成过程来看，基于利润这一主要目标，银行及其从业人员根据已知的规则内容和实践中的业务经验，在长期多次重复后，形成了行业惯例。因此，行业惯例对两个方面的变化敏感度较低，首先是监管政策的变化，其次是监管依据即规范内容的变化。在监管政策收紧，尤其是目前金融强监管的大背景下，监管依据不断更新，监管红线不断提高，曾被视为行业惯例的行为被追究刑事责任的现象屡见不鲜。

二是刑事司法与民事司法存在本质区别，行业惯例并不总能成为行为合理化的理由。在民事司法中，行业惯例有时能够发挥规范补充或规范参考的作用。但在刑事司法中，规范是更明确的，刑事司法判断是否构成犯罪的过程与民事司法中确认责任承担的过程存在本质上的区别。简言之，刑事司法至多将行业惯例作为判断行为是否合理的参考，但不会将行业惯例作为判断行为是否需要承担责任，或行为是否构成犯罪的标准。

三是刑事司法中并不存在一般社会公众观念中的法不责众现象。在一般社会公众的理念中，往往会认为形成惯例的普遍存在的行为，一方面，由于追究范围过广、社会影响较大；另一方面，由于公众对成文法认知存在局限性，即存在违法性认识错误，所以不会被追究刑事责任。但在银行及其从业人员这一专业能力极强，专业化水平极高的群体中，合规经营及风险预防始终是其需要严格恪守的底线，因此，在银行及其从业人员中，并不存在法不责众的情况。对于违法性认识错误，时任最高人民检察院第四检察厅厅长张晓津的观点代表了实务中的主流，“如果金融法律规定明确，则行为人不能以不知法作为免责事由，而只有在特定情形下才可能以违法性认识错误难以避免来出罪”。①

此外，“从旧兼从轻”是刑事司法适用的原则，一些成为行业惯例的行为，即使被新修订的法律认定构成犯罪，如果发生在法律被新修订之前，且修订前的法律并不认为这一行为构成犯罪，那么便存在不被认定构成犯罪的可能。但这并不是由于其行业惯例的性质，而是刑事司法本身罪刑法定及“从旧兼从轻”原则的作用。

（三）误区三：认为不存在谋利意图便无风险

一是虽然谋利意图是银行及其从业人员涉嫌违法犯罪的主要原因，但并不是判断是否构成犯罪的必要因素。从动机上来看，谋利意图是银行及其从业人员涉嫌违规违法风险的主要原因。许多银行及其从业人员受经济活动利益导向的影响，采取一些可能能够增加利润，但在行为与结果上均存在涉嫌违规犯罪风险的行为。但谋利

---

① 张晓津：《金融安全的刑法保护边界》，载《政法论坛》2023 年第 6 期。

意图，并不是判断是否构成犯罪的必要因素，在违规出具金融票证罪一类罪名中，无论行为人是否具有谋利意图，均可能构成犯罪。

二是银行及其从业人员在业务中可能涉嫌的主要罪名，保护的法益主要是社会主义市场经济秩序，并不局限于单纯的财产利益。在刑事司法领域中，尤其是银行及其从业人员在开展业务中可能涉嫌的金融类犯罪，其保护的法益（规定该类犯罪为保护的对象）往往并不只是单纯的财产利益，同时也包括了金融市场秩序等社会主义市场经济秩序。即遵守规范本身便是刑事司法的保护对象，违反规范的行为，无论是否造成了实际损失，无论实行行为人本身是否从中获利或是否有获利的意图，在一些情况下均可能构成犯罪。

三是不具有谋利意图在一些情况下可能被作为判断情节是否严重，是否具有主观恶性的参考因素，但对是否构成犯罪并无实质影响。根据罪刑法定原则，在刑事司法领域，判断是否构成犯罪的标准只有刑法条文的明确规定，即所谓的构成要件。凡是符合构成要件的，原则上便构成犯罪，谋利意图在一些情况下并不属于法定的构成要件，至多能够成为认定行为主体主观恶性、行为的危害性、情节的严重性的参考标准。

（四）误区四：认为业务中“法无禁止即可为”

一是在具体开展业务过程中，有明确规范指引的，应当严格遵守规范；无明确规范指引的，应始终坚持审慎原则。从银行层面来看，对于已有较明确规定的业务内容，应当严格遵守监管部门、行业协会等制定出台的规定，不应自主对规定进行扩张解释；对于尚不存在明确规定的业务内容，应以监管部门、行业协会等的政策、意见为准，不应在无依据的情况下自主进行全面探索。从银行从业人员的层面来看，在办理已有明确规定的业务时，必须严格遵守相关规定；在办理尚无明确规定的业务时，必须履行必要的汇报请示流程，并留存相应的书面材料。

二是在鼓励创新的同时，应以“无授权轻易不可为”理念为原则，以“法无禁止即可为”理念为指引。法无禁止即可为是民商事司法领域存在的原则，银行及其从业人员开展业务的行为，并不是单纯的民商事行为，而是关涉多种法律关系的复合行为，在行为本身性质多元的情况下，必须建立相对应的多层次理念。因此，无论是银行，还是其从业人员，在办理具体业务时，都不应只将法无禁止作为可以开展业务的理由，而应将无授权轻易不可为（包括规范授权与内部或上级授权等）作为判断的标准。但须注意，管理人员个人的授权，往往不是合理合法的授权，从业人员不能仅根据某个银行管理人员的授权开展尚不明确的业务。

三是银行及其从业人员开展业务无须经监管部门或其他行政机关许可的，须经过集体讨论决策或严格遵守内部规章制度。商业银行本质上仍是企事业单位，应当遵守企事业单位行为的基本准则，即集体讨论、集体决策。即无论从业人员的身份如何，都不能以个人的决策取代银行的集体决策，不能使个人的判断凌驾于集体判断之上。在对“法无禁止即可为”相关问题进行实质性判断时，必须充分发挥银行作为企事业集体的主体性质和相关规章制度的作用。

四、某银行原行长违规出具金融票证等罪案——银行担保承诺业务犯罪风险分析

2023 年上半年，中国建设银行因违规发放房地产贷款、违规办

理虚假按揭贷款等38项问题被处以1.99亿元的罚款。从公开披露的信息来看，当前银行遭受大额罚款的主要原因仍是违规放贷、违反审慎经营原则等资产业务、负债业务的内容。在中间业务领域，最知名的事件莫过于广发银行因“桥兴债”违规担保事件被罚7.22亿元，中国邮政储蓄银行因私刻公章、伪造证照合同、办理虚假贴现票据转贴现被罚5.21亿元，同时银行的相关责任人员均被追究刑事责任。由于上述事件的相关裁判文书并未在公开平台予以公开，笔者以行为较相似的某银行分行违规出具金融票证罪，伪造公司、企业、事业单位、人民团体印章罪一案为例进行分析。

（一）基本事实

2016年11月10日，时任某银行分行行长的被告人王某，为吸引客户到其所在银行办理业务，提高银行业绩，明知本行没有办理“借款保函”的业务，在未向上级部门报告，也未取得上级部门授权的情况下，违反规定，私自以某银行分行的名义对湖北某投资有限公司向某建设集团借款1.5亿元人民币的借款合同（期限3个月）出具“借款保函”，并在该“借款保函”上私自加盖某银行分行的印章，对该笔贷款进行担保。

湖北某投资有限公司向某建设集团借款的1.5亿元到期后，湖北某投资有限公司不能按时偿还该笔贷款。

2017年3月2日，被告人王某以同样方式对湖北某投资有限公司向陈某借款5000万元的借款合同（期限2个月）出具“借款保函”，并在该“借款保函”上私自加盖某银行分行的印章，对该笔借款进行担保，湖北某投资有限公司用该笔借款归还了某建设集团1.5亿元的部分借款。湖北某投资有限公司从陈某处借款的5000万元到期后，湖北某投资有限公司不能按期偿还该笔借款。经协商，双方签订借款展期合同。2017 年 5 月 3 日、7 月 3 日、9 月 1 日，被告人王某先后 3 次私自对湖北某投资有限公司向陈某借款 5000 万元人民币的借款合同、借款展期合同出具“借款保函”。

2017 年 7 月 3 日、9 月 1 日，被告人王某在对湖北某投资有限公司向陈某借款 5000 万元的借款合同、借款展期合同出具“借款保函”时，先后找人私刻某银行分行的公章，加盖在“借款保函”上，用完后均丢弃入江中。

（二）法院判决

被告人王某作为某银行分行原行长，违反规定，为他人出具保函，情节特别严重，其行为已构成违规出具金融票证罪；被告人王某伪造公司印章，其行为已构成伪造公司印章罪；被告人王某一人犯数罪，依法应当数罪并罚。

通过庭审查明事实可知，被告人王某在伪造公司印章时，其之前违规出具金融票证的行为已经完成，被告人伪造公司印章的行为与之前已经完成的违规出具金融票证的行为系两个不同的犯罪行为。即使承认牵连犯的概念，对牵连犯也应该采取类型说，即只有当某种行为通常用于实施某种犯罪，或者某种原因行为通常导致某种行为结果时，才宜认定为牵连犯。从违规出具金融票证罪的犯罪构成来说，伪造公司印章的行为并不是违规出具金融票证行为的通常手段。

被告人王某犯违规出具金融票证罪，判处有期徒刑 6 年；犯伪造公司印章罪，判处有期徒刑 1 年，并处罚金 5000 元；数罪并罚，决定执行有期徒刑 6 年 6 个月，并处罚金 5000 元。①

---

① 参见王某涉嫌犯违规出具金融票证罪、伪造公司印章罪案，襄阳市樊城区人民法院（2021）鄂 0606 刑初 139 号刑事判决书。

（三）风险提示

1. 超越业务范围经营可能涉及违规违法，甚至犯罪

即使部分业务无须取得监管部门的许可，从事不属于预先确定的经营范围内的业务，也可能违规违法，甚至犯罪。如该案，出具“借款保函”并不属于须经监管部门批准的业务类型，只是上级并未授权或允许该支行从事出具“借款保函”的业务。一方面，从事未经授权或允许的业务，本就缺乏合理合法的依据，更会使本应存在的监督审核制度缺位；另一方面，从事未经授权或允许的业务，意味着该支行并不具有从事该类业务的经验及能力，在具体事项处置上具有较高的风险。

2. 无论担保对象是否能够正常偿还债务，均可能构成犯罪

在实践中，该类事件的爆发通常是由于担保对象无法正常履行债务，导致提供担保的银行承担相应责任，造成直接经济损失。但无论担保对象是否能够正常偿还债务，银行及其工作人员均可能构成违规出具金融票证罪。违规出具金融票证罪本身是行为犯，只要存在不符合规定出具票证的行为，便可能构成该罪。因此，银行及其从业人员不应仅从金融的角度考虑最终承担损失的风险，而应将关注焦点前移至办理金融票证业务的行为上。

3. 银行高管并不具有刻制单位印章并使用的权限

根据国务院《关于国家行政机关和企业事业单位社会团体印章管理的规定》，国家行政机关、企业事业单位、社会团体刻制印章，均应到当地公安机关指定的刻章单位刻制。刻制单位将刻制的印章向公安机关办理印鉴备案后，才能正常使用。银行行长、党委书记、理事长等管理人员，虽然在银行部分事务上具有决策权、表决权，但并不具有私刻单位印章并使用的权限。为违规办理业务私刻单位印章的，最终有可能数罪并罚。

第四节 银行创新业务常见犯罪风险

一、创新业务及规范要求

（一）银行创新业务的基本内涵与主要类别

1. 银行创新业务的基本内涵

严格而言，银行业务只存在资产业务、负债业务及中间业务3种类型，在财经视角下，创新业务并不成为一种独立的类型。主要原因有三：一是因为创新业务本质上是在资产业务、负债业务、中间业务既有产品或服务的基础上进行改良创新的，即使依托了金融科技、渠道优化等新元素，其本质上仍是对资产业务、负债业务、中间业务既有产品或服务的一种调整，而非完全的原创。二是因为创新业务内容庞杂且不成体系，以避免同质化、提高产品层次为主要目标，每一个商业银行的创新产品，即使名称相同，在具体业务内容上也可能存在巨大差异，内容的极度丰富性与统一标准的缺乏，导致创新业务无法成为一种独立的类型。三是创新业务中的一部分内容，是由资产业务、负债业务、中间业务中的2种或3种业务类型交叉形成的，是一种无法明确单独归属于某一类型又与多种类型业务相关的独特存在。

虽然大多数产品或服务是由资产业务、负债业务、中间业务既有产品或业务衍生而来，但创新行为本身及创新成果面临与既有产品或业务不同的风险，本书认为有必要对创新业务中可能涉嫌的刑事风险进行独立提示。中国银监会早在2006年便发布了《商业银行金融创新指引》，明确指出，“金融创新是指商业银行为适应经济发展的要求，通过引入新技术、采用新方法、开辟新市场、构建新组织，在战略决策、制度安排、机构设置、人员准备、管理模式、业务流程和金融产品等方面开展的各项新活动，最终体现为银行风险管理能力的不断提高，以及为客户提供的服务产品和服务方式的创造与更新”。

金融创新是商业银行以客户为中心，以市场为导向，不断提高自主创新能力和风险管理能力，有效提升核心竞争力，更好满足金融消费者和投资者日益增长的需求，实现可持续发展战略的重要组成部分。商业银行应充分认识到金融创新与风险管理密不可分，风险管理是金融创新的内在要求，商业银行应采取有效措施，及时识别、计量、监测、控制金融创新带来的新风险。

创新业务以金融创新为核心，以金融科技和渠道创新为主要手段，以资产业务、负债业务、中间业务既有产品及服务内容为基础。本书参照《商业银行金融创新指引》与业内常见分类类型对创新业务进行分类梳理，并对其中涉刑事风险较高的内容进行分析。

2. 银行创新业务的主要类别

当前，中国银行业竞争加剧、资产负债业务效益下降、风险上升、资本补充困难，中间业务逐渐成为丰富银行收入来源、降低银行风险、缓解资本约束、促进经济金融高速发展的重要发力点。虽然资产负债业务一直是银行的主要业务，但在创新领域，中间业务的重要程度不断提高。由于创新业务本身并无权威分类标准，本节对创新业务的类别仅从便于说明的角度进行初步区分。

（1）金融科技类

金融科技类创新，主要是指商业银行利用金融科技手段，对业务渠道、业务流程、业务内容进行创新，通过缓解银行资本约束和优化收入结构，促进银行盈利能力提升。

金融科技类创新业务，既包括资产负债业务创新，如通过金融科技推进普惠金融，一些银行提出的大科技信贷，通过人工智能，推进银行数字化转型，影响中小企业融资等；也包括中间业务创新，如创新支付结算工具和自助设备，依托场景金融创新理念，根据客户各类生活场景创新出各种主题的借记、电子商务、网络支付等。

（2）资产业务类

资产业务创新主要是指在贷款和投资业务方面的创新。具体来看，商业银行资产业务创新的产品包括资产证券化、间接银团贷款、分享股权贷款、并购贷款、国际合作贷款多种。

从强监管的金融监管政策和商业银行信贷业务发展成熟化水平较高的特点来看，资产业务本身存在的创新空间已基本被开拓完成，目前其创新模式逐渐发展为依托金融科技手段和中间业务模式进行优化升级。

（3）负债业务类

负债业务类创新主要是客户存款业务创新与借入负债业务创新。

存款业务创新主要是为了吸收存款，解决流动性问题，也有部分商业银行将存款业务创新作为处理存贷差、降低资金成本和增加收入的手段。

根据企业负债管理理论，银行的流动性不仅可以通过加强资产管理获得，也可以由负债管理提供。只要自身借款潜力足够大，银行就没有必要保留大量高流动性资产，而应该将这些资产投入高盈利的贷款和投资业务中，甚至可以通过借款来支持贷款规模的扩大。在借入负债业务创新中，许多商业银行通过同业拆借、票据融资、回购协议、国际金融市场借款、存款证券化等手段灵活调度头寸、强化资本营运、开辟盈利来源。

（4）中间业务类

中间业务类创新业务的个性化特征非常明显，包括根据各种支付场景设计支付结算类产品、以嵌入生活场景的方式创新代理类产品、为外贸交易企业打造一站式金融服务平台等。

同时，中间业务类创新还包括在线上渠道建设 App 和 API（Application Programming Interface），在线下渠道通过建设网点智能系统，利用高度集约化、流程化、智能化的交易系统和管理平台提供服务。

此外，根据《金融科技发展规划（2022—2025）》的规定，中间业务类创新业务以中间业务产品敏捷交付为主线，运用智能模型、工具和系统开展端到端数字化流程重构，打通部门间业务阻隔与流程断点，灵活定制与编排跨角色、跨时序的业务，打造环节无缝衔接、信息实时交互、资源协同高效的中间业务服务模式，实现定价测算、减免审批、市场校准、回测分析等中间业务内部营运流程的标准化、精益化、自动化与智能化。

（二）业务创新与规范制定间存在明显脱节

目前，商业银行创新业务与规范间存在两种主要关系：一是业务创新，规范空白；二是规范严格，限制创新。一方面，从业务发展上来看，创新业务是基于资产业务、负债业务和中间业务既有的产品、服务，利用新的手段、技术等进行的改良、改善，当然受原有监管规范（包括法律、行业规范等）的约束；另一方面，创新业务在业务内容、业务渠道和业务流程上增加了许多新的内容，是原有监管规范无法预估、无法约束的，创新业务与规范间的脱节也主要是指这一部分。笔者认为，对于中间业务的监管，应当参考“软法”的思路，以行业自治为主，以法律监管兜底，给创新留出适当的空间，这也能有效避免利用监管空白从事违法违规业务的行为。

虽然创新业务仍要依法依规，但从创新的动因来看，过于明确的监管，会不利于创新业务。以中间业务创新为例，其动因主要有微观与宏观两方面。从微观层面来看，现有业务无法满足各类投资者尤其是个人投资者对相对存款利率更高的投资收益率的需求，无法满足各类企业对传统与非传统信贷渠道的融资需求，商业银行本身也存在业务规模增长与利润目标的需要，同时各类资产管理机构也存在盈利需求。从宏观层面来看，虽然利率市场化等金融改革不断推进，但在推进过程中不同领域的改革存在一定的不同步现象，即金融改革的推进在具体的不同领域存在不同的进度差异。从整体上来看，金融资产正在逐步准证券化或存在证券化趋势，在竞争加剧背景下，商业银行必须进行经营模式创新与转变。

因此，无论是从创新业务的动因，还是从创新业务本身的特点来看，商业银行创新业务主要都是受市场化和科技进步影响的产物。当前创新业务与规范制定间存在的脱节，既是因为业务创新速度较规范制定速度更快，也是因为规范本身可能对创新存在阻碍。

合法合规是业务创新总的原则与要求，不以创新名义违反法律规定或变相逃避监管是创新的底线。因此，笔者认为，创新业务领域的规范必须平衡鼓励创新与严守底线的关系，以行业自治规范—监管机构监管政策—行政法规或法律的顺序，对创新业务进行规范化总结，针对每一业务类型的底层逻辑，制定相应的规范，弥补当下存在的规范空白。业务创新与规范制定间的脱节是必然发生的，这并不当然意味着新的获利空间。在脱节的背景下，商业银行如何合理管控风险、推进创新业务、优化收入结构、提升利润水平，是合规的重点，也是提前审视刑事业务风险的重要性所在。

二、创新业务犯罪风险

从实质来看，所有的创新业务均是在传统业务的基础上进行的创新。因此，对于底层业务逻辑未发生变化的创新业务，其可能涉及的刑事风险与传统业务并无本质区别。本节主要对创新行为及较典型的创新业务刑事风险进行分析，其中伪创新和金融科技领域的刑事风险应是银行及其从业人员关注的重点。

（一）“伪创新”业务

金融产品的推陈出新、理念的更替、金融科技的进一步融合等均属于广义金融创新的范畴。虽然金融创新的内涵极为广泛，金融创新也始终秉持包容的精神，但许多外观上看似具有“金融创新”特点的行为，实际上既不存在创新价值，也不能降低交易成本，甚至会放大市场风险，加剧资金脱实向虚。比如，一些互联网存款产品、层层嵌套进行监管“套利”的新型中间业务、短期流动同业资金与中长期项目融资错配等。“伪创新”业务本质上是规避监管、违规牟利的行为，从产品设计到具体实施都面临刑事风险。

1. 涉及主要罪名

“伪创新”业务面临的刑事风险主要有两种类型：一种是进行“伪创新”业务而存在的风险，即利用“伪创新”业务谋取私利，或出于不正当目的同意或实行“伪创新”业务。该种风险主要涉嫌职务类犯罪，如受贿、贪污、职务侵占等罪名。另一种是因“伪创新”产品内容而存在的风险，主要是在设计创新时，未能发现其创新外观下的违法本质。该种风险涉嫌的最常见罪名是非法吸收公众存款罪。

2. 具体涉刑场景

向客户宣传推广非银行发行或承销的保本付息理财产品，构成非法吸收公众存款罪。

石家庄某银行支行原行长助理许某，经某1介绍，得知某公司以投资“某基金”名义对外发行理财产品，年回报率为11%~12%、返本付息。许某通过上网、主动联系某1了解到公司具体情况。为赚取中介费，增加业务收入。许某在银行向大客户某2、某3等人宣传该业务。某2、某3等人因许某的推荐进行了投资。

人民法院经审理认为，许某构成非法吸收公众存款罪，判处有期徒刑3年，并处罚金。①

3. 业务涉刑关注要点

由于银行是经过授权从事吸储业务的机构，许多银行及其从业人员认为，银行或从事银行相关事项的从业人员，不会涉嫌非法集资类罪名。但事实上，与具有发行私募基金资质的资管公司违规发行私募基金可能构成非法集资类似，银行及其从业人员的授权，是对于合法业务的授权，如违规甚至是违法从事相关业务，同样存在涉嫌非法集资的风险。

对于银行及其从业人员，判断从事的行为是否涉嫌非法集资类犯罪主要需考虑以下三个层面：第一，是否存在违规或变相保本返

---

① 参见徐某非法吸收公众存款案，石家庄市桥西区人民法院（2019）冀0104刑初138号刑事判决书。

利的行为，如存在便可能涉嫌非法集资；第二，从事的业务是否经过相应监管部门审核或是否存在领导、个人违规办理的情形；第三，是否存在回避或变相回避银行收款的行为。当然，判断是否涉嫌非法集资，仍要从非法集资类案件的 4 个基本特性出发，即是否存在“非法性”“社会性”“利诱性”“公开性”。

（二）结构化融资业务

1. 涉及主要罪名

结构化融资尚无明确的定义，但通常认为结构化融资是商业银行在传统融资方式无法满足市场和客户需求的情况下，对其进行的整合改良。以平安银行为例,① 其结构化融资业务是指为满足企业客户综合性的融资需求，使用两种或两种以上的融资工具（包括但不限于股权融资工具、债务融资工具、可转债融资工具等），帮助企业设计、实施的结构化融资方案。结构化融资产品中所包含的金融工具包括但不限于：上市融资（Initial Public Offering，IPO）、股权私募（Private Equity，PE）、信托融资、资产证券化、融资租赁、贷款、票据、理财、债券、可转债、担保、信用增级等。结构化融资一般具有以下两个特征：第一，将好的资产从整体中剥离出来后，放入具有特殊目的载体中，进而达到破产隔离的效果；第二，通过优先劣后、期限分级等手段，将具有特殊目的载体中的资产创造出各种不同风险、条件以及期限组合的金融商品，以满足不同风险偏好者的需求。

---

① 平安银行：《公司业务—投资银行—结构化融资》，载中国平安网，https：//bank. pingan. com/gongsi/touhang/jiegouxingrouzi/jiegouhuarongzi. shtml，最后访问日期：2024 年 10 月 10 日。

结构化融资是一类较成熟的创新业务，但由于业务本身的复杂性及参与主体的多元性，结构化融资主要涉嫌两类刑事风险：一类是违规出具金融票证罪，另一类是行为主体单独构成合同诈骗等罪名或成立相应罪名的共犯。

2. 具体涉刑场景

（1）未经许可开展“表外贷款”进行结构化融资，构成违规出具金融票证罪

某银行支行原行长助理孙某、原客户经理钟某分工合作，在未取得某银行总行授权许可的情况下，采取开展“表外贷款”业务的方法，违规向贷款的实际出资金融机构出具具有担保性质的《保函》《承诺函》《补充说明》等文书，以及签订《信托收益转让协议》《资产业务合作协议》等协议，以此为某集团公司等公司向金融机构所借贷款提供担保，使某银行实际承担贷款风险。

人民法院经审理认为，孙某、钟某构成违规出具金融票证罪，判处孙某有期徒刑5年6个月，钟某有期徒刑3年。①

（2）在开展结构化融资中收取财务顾问费，构成合同诈骗罪

某银行分行金融业务部原负责人，在为客户办理结构化融资业务中，明知在办理业务中不能以贷收费，故意隐瞒真相，私自签订“财务顾问服务协议”，并虚开发票，骗取某单位1700万元财务顾问费。

人民法院经审理认为，该工作人员构成合同诈骗罪，判处有期

---

① 参见孙某、钟某涉嫌违规出具金融票证罪案，四川省成都市中级人民法院（2019）川01刑终155号刑事判决书。

徒刑14年。[①]

(3) 在结构化融资中利用职务便利谋取私利，涉嫌贪污罪或职务侵占罪

在笔者团队办理的一起某城商行原行长被指控职务侵占案件中，公诉机关指控行为人在通过发行理财、信托贷款等方式为银行客户开展结构化融资的过程中，利用职务便利使用银行的资金受让信托受益权，将本应由银行享有的信托受益权占为己有，构成职务侵占罪。该案因存在一定争议，目前人民法院尚未作出一审判决。从基本犯罪构成来看，由于结构化融资的诸多工具均属证券产品，其中必然会存在类似信托受益权的权益，结构化融资本身又具有极高的复杂性，很难从全局对每一个部分进行充分审视监督。如果银行从业人员在开展结构化融资业务的过程中，利用银行的资金，并将本应由银行享有的收益占为己有，那么根据所在银行性质及其是否具有国家工作人员身份，可能分别涉嫌职务侵占罪或贪污罪。

3. 业务涉刑关注要点

结构化融资业务是典型的在多种传统业务，尤其是中间业务的基础上聚合形成的创新业务。结构化融资业务面临的刑事风险，与其整合或改良的中间业务面临的刑事风险基本一致，已在上一节有详细论述，此不赘述。

此外，结构化融资业务是由多种业务相互整合而成的，包含了多类业务，客观上给商业银行及其从业人员创造了较大的空间。除传统业务同样面对的刑事风险外，结构化融资面对的刑事风险，主

① 参见内蒙古自治区巴彦淖尔市中级人民法院（2015）巴刑二初字第7号刑事判决书。

要是专业人员在提供专业服务时，因信息差或对业务的主导地位，即因开展结构化融资的行为而存在的谋取不正当利益的风险。

（三）资产证券化业务

1. 涉及主要罪名

资产证券化，是指以基础资产未来所产生的现金流为偿付支持，通过结构化设计进行信用增级，在此基础上发行资产支持证券的过程。广义的资产证券化包括实体资产证券化、信贷资产证券化、证券资产证券化和现金资产证券化。其中信贷资产证券化是狭义的资产证券化，即将包括银行贷款、应收账款等在内的欠流动性但有未来现金流的信贷资产经过重组形成资金池，以此为基础发行证券。根据基础资产的不同，信贷资产证券化又可分为以住房抵押贷款为基础资产的住房抵押贷款证券化和以住房抵押贷款以外的其他资产为基础资产的资产支撑证券化。

在资产证券化业务中，银行将贷款进行资产证券化出售给投资者，并负责贷款的贷前评审和贷后管理。这既能盘活存量资产，还能拓宽资金来源渠道，提高融资效率。在资产证券化后，不仅银行可以减轻负债端的压力，小微企业/个人也可以获得资金支持。

银行开展的资产证券化业务与非传统的信贷业务在本质上具有相似性，类似传统中间业务中的出具银行承兑汇票等。在资产证券化业务中，银行及其从业人员可能涉嫌的主要罪名是违规出具金融票证罪。

2. 具体涉刑场景

行为主体在未经集体研究、未通过调查审核情况下出具保函协助开展资产证券化业务，构成违规出具金融票证罪。

四川某农商行原董事长宋某某接受某公司董事长请托，协助其开展资产证券化业务。在四川某农商行无保函业务、无出具保函资格，未通过调查审核、未经集体研究的情况下，宋某某私自以四川某农商行的名义为某公司非标融资出具保函。到期后，某公司仅支付部分利息，其余本息未能按期归还，四川某农商行承担连带保证责任。

人民法院经审理认为，宋某某构成违规出具金融票证罪、违法发放贷款罪、非国家工作人员受贿罪，数罪并罚判处有期徒刑19年。①

3. 业务涉刑关注要点

作为创新业务的资产证券化业务已较成熟，在实践中银行也基本依照非标融资业务建立了基本的合规体系。但由于资产证券化业务本质上仍是表外业务，经手人员及具有相应职权的人在业务开展中具有较高自由度，除审核业务本身的合规性，避免涉嫌违规出具金融票证等罪名外，在开展资产证券化业务的过程中，仍需重点关注防止因领导、股东意志违规开展业务或者发生商业贿赂的行为。

（四）金融科技类创新业务

1. 涉及主要罪名

金融科技类创新业务是创新业务的主流，随着大数据、区块链、人工智能等技术的不断进步，金融科技也获得了相应的发展。许多银行在传统机制的基础上，充分利用金融科技领域内的成熟技术，构建“虚拟化银行、数字化银行、信息化银行、智慧化银行”。

金融科技类创新业务面临的风险既包括技术本身存在的算法歧视、数字鸿沟、信息茧房等问题，也包括因技术发展而衍生的多种

① 参见宋某某违规出具金融票证、违法发放贷款、非国家工作人员受贿案，最高人民检察院指导案例第190号（2023年）。

新型犯罪，如商业银行及其从业人员因技术不完善而成为信息网络犯罪的被害人，犯罪行为人因法治意识淡薄利用金融科技手段实施犯罪等。

金融科技的投入存在一定门槛，包括资金门槛、时间门槛、客户门槛等。具体而言，不断的巨额投入和一定的时间发展才能产生效益。与此同时，还要不断迭代系统和科技能力，需要很多的应用，如果客户量达不到，也就很难实现了。因此，许多银行会与外部机构合作，或者聘请专门的科技人员。在此种情形中，金融创新类业务可能涉及的部分罪名，如侵犯公民信息罪、非法提供信用卡信息罪等已在上文分析，在此不再赘述。

除技术本身可能涉嫌的罪名外，金融科技创新业务涉嫌的主要罪名是职务犯罪。随着金融反腐的深入，涉案的银行高管不再只是偏向于行政，金融科技领域的专家型高管涉嫌犯罪的情况也逐渐发生。

2. 具体涉刑场景

（1）在金融科技建设招标过程中接受请托，为公司提供帮助的，构成受贿罪

河南某农信社信息科技中心原总经理王某某分3次收受上海某科技有限公司邱某现金，在河南省某农信社影像平台项目招标、原系统与新核心数据对接和电子验印业务与新核心数据对接中为该公司提供帮助。

人民法院经审理认为，王某某构成受贿罪，判处有期徒刑10年。①

① 参见王某受贿案，河南省漯河市中级人民法院（2017）豫11刑终55号刑事裁定书。

（2）内外勾结利用系统漏洞牟利，构成妨害信用卡管理罪共犯或职务侵占罪、贪污罪

河南某科技公司工作人员司某、刘某利用长沙银行在缺少“视频审核的业务流水号”“证件上传成功”“生成的视频流水号”等验证环节的情况下能够通过电子渠道开设长沙银行Ⅱ类户的系统漏洞，通过技术软件拦截长沙银行服务器向长沙银行App发送的信息，使用开设的长沙银行Ⅱ类户开设可以对外限额消费、缴费和转账的他行Ⅲ类户，通过出售非法开设的银行账户获利。最终被人民法院判决构成破坏计算机信息系统罪、妨害信用卡管理罪。①

如在该案中，银行内部工作人员与司某、刘某内外串通，利用银行系统的漏洞，那么可能构成破坏计算机信息系统罪的共犯；如其从司某、刘某的行为中获利，那么也可能构成妨害信用卡管理罪的共犯。另外，如果银行内部人员与外部人员串通，利用银行系统的漏洞，将银行资金套取后占为己有，那么可能涉嫌职务侵占罪或贪污罪。

3. 业务涉刑关注要点

对金融科技创新业务涉嫌刑事犯罪，主要应从以下三个方面加深认识：

一是要充分认识技术本身及技术衍生品可能存在的刑事风险。技术及其衍生品存在的刑事风险是双向的，一方面，金融科技的水平不断提高，在其尚不完善时，银行及其从业人员可能因技术上存在的缺陷而成为刑事案件的被害人；另一方面，金融科技既为客户

---

① 参见司某、刘某涉嫌破坏计算机信息系统罪、妨害信用卡管理罪案，湖南省长沙市中级人民法院（2021）湘01刑终754号刑事裁定书。

提供了便利，也赋予了银行及其从业人员更大的权限，这就要求银行及其从业人员正确对待技术及其衍生品。

二是要预防“内鬼”行为。金融科技的逐渐完善，使系统内的行为越发便利，也就使利用金融科技手段实行职务犯罪，谋取不正当利益的可能性更高。银行及其从业人员应明白，金融科技中的行为均是留痕的，便利的金融科技不会对行为是否合法、合规产生本质影响。

三是要理解外部合作中可能存在的风险。金融科技建设不可避免地会进行外部合作，这种外部合作的风险既包括因合作需要向外部机构开放的数据等财产、资产的保管风险，也包括外部机构利用金融科技进行洗钱等的风险。

三、处理创新业务风险误区

(一) 误区一：将鼓励创新的政策等同于业务合规

一是混淆政策与法律规范、监管规定间的关系。政策与法律规范、监管规定之间存在一种类似软规范与硬规范的关系。鼓励创新的政策体现了一种倡导性意见，银行及其从业者应当在鼓励创新的方向下积极推动业务发展，在此意义上，鼓励创新的政策实际上是一种类似建议或倡议的规范。进行创新符合政策，不进行创新不符合政策但并不会直接导致承担责任。法律规范、监管规定是由权力机关、监管机关制定的，是银行及其从业人员必须服从、不得违反的规范，是一种直接与法律责任相关的规范。从近年银行业受到监管处罚的主要原因来看，并未有银行因未积极响应创新而受到处罚，只有在创新过程中因信息科技外包管理不审慎等原因而受到处罚。

政策与法律规范、监管规定之间存在本质区别。由于法律规范、监管规定的更新频率相较政策更低，政策也更常在业务开展中被提起。银行及其从业人员可能会混淆政策与法律规范、监管规定之间的关系，错误地认为政策与法律规范、监管规定之间并无效力优先层级，从而认为符合政策的业务便符合法律规范或者监管规定，即使政策与法律规范、监管规定间存在一定差异，只要符合其中一者，便不存在风险。实际上，法律规范、监管规定是创新业务中的底线规定，业务无论是否符合政策，其合规性均需以法律规范、监管规定作为独立标准进行单独检验。政策与法律规范、监管规定是良好的创新业务需要同时符合的，但政策与法律规范、监管规定之间并无直接关系，即使有，也是政策服从于法律规范、监管规定。

二是将政策单独作为判断是否合规的前提。如上一部分已论述，从特点上来看，政策的内容往往是原则性的、模糊的，需要进一步解释的。法律规范、监管规定的内容往往是具体的，明确的，可以直接适用的。因此，仅从内容上来看，政策的涵盖范围较法律规范、监管政策更广，也更符合银行及其从业人员开展业务的认知。对于政策与法律规范、监管规定相符的部分，无论是依据政策，还是依据法律规范、监管规定进行判断，都能得出正确结论。对于政策与法律规范、监管规定不同的部分，有部分银行及其从业人员会存在单独将政策作为判断是否合规前提的行为，此时只依据政策对业务是否合规作出的判断，由于并不符合法律规范、监管规定，必然是错误的。

这种错误观念，一方面，是由于银行及其从业人员对政策、法律规范、监管规定间关系的认知错误；另一方面，是由于创新业务本身的创新行为将利益作为产品设计的主要目标，这种逐利性主导下的创新行为，会使银行及其从业人员至多从民事、行政角度进行风险评估，而忽略业务本身因结构设计或业务内容面临的刑事风险。此外，部分银行及其从业人员存在侥幸心理，认为在创新过程中，对合规的要求存在弹性空间，合规标准会因对象是否为创新产品而存在差异。实际上，银行及其从业人员必须牢记，依法依规是创新的底线，也是创新的红线。

三是将集体或领导个人鼓励或同意创新作为免责理由。一般而言，业务创新需要经过提出创新、设计应用、实际使用等多个环节，会经历较长的周期。在业务创新周期中，尝试创新的银行及其从业人员往往会将尚未实际实施的创新业务提交集体或者领导研究讨论，有时甚至会提交给监管部门进行审核。因此，创新业务的最终实施，通常是获得了银行集体或领导个人的同意、认可的。一些银行及其从业人员会错误地将集体或领导个人鼓励或同意创新作为免责理由，认为经过集体或领导个人同意的创新业务，即使存在风险，也不由其个人承担，这实际上既无法成为个人的合理出罪理由，也不能为创新业务本身是否合规提供依据。如在通过多层嵌套的资产管理产品或通道发放贷款的业务中，实际审批的信贷员或信贷业务负责人，可能会将这种区别于传统直接贷款的业务视为一种创新，并在得到领导许可后具体实施，但在用款人无法正常偿还贷款时，实际经手的信贷员或信贷业务负责人仍可能面临违法发放贷款等犯罪的风险。

第一，集体或领导个人的同意并不能取代产品本身的合规性判断。一方面，集体或领导个人的标准并不能代表法律规范或监管规定；另一方面，集体或领导的同意往往只是基于产品的营利性作出的，其判断能力与判断标准均不能作为合规的依据。第二，集体或领导个人的同意并不能作为个人行为的出罪事由。在刑事司法的视角中，即使集体或领导个人需因同意创新业务的行为承担责任，但作为具体实行人的个人，与集体或领导可能构成共同犯罪，仍需承担相应的责任。第三，在一些案例中，存在监管部门认为创新业务存在一定风险，集体或领导个人研究讨论后得出不同结论的情况。此时，应明确监管部门的意见具有更强的权威性、科学性，而不能以集体或领导个人的意见取代监管部门的意见。第四，在极少数案件中，监管部门即使认可了银行的相关创新决策，仍然存在银行及相关责任人员构成违法犯罪的风险，特别是在监管部门及相关工作人员存在失职渎职的情况下，更应关注业务本身的政策和法律风险。

（二）误区二：用传统业务思维对技术创新进行合规评价

一是将是否具有经济价值作为衡量技术的唯一标准。在实际创新过程中，技术是否具有经济价值往往决定了这项技术后续能否继续投入或继续实施。因此，一些银行及其从业人员会将是否具有经济价值作为衡量技术的主要标准，甚至唯一标准，从而导致对技术本身合规性的忽略。这是一种典型的以业务思维取代合规思维的错误认知，将创新能否实现，创新是否具有经济价值作为优先于合规的判断标准。以区块链和虚拟货币为例，区块链是一项具有极大价值的技术，目前也被多家银行重视并进行了相关开发。同时，区块链也是虚拟货币的基础技术之一。从二者之间的关系来看，虚拟货币是区块链经济价值的直接体现之一，且在境外可以直接实现利益变现，但由于我国对虚拟货币持否定态度，商业银行及其从业人员在业务创新的过程中，必须与直接体现经济价值的虚拟货币保持明确的界限。

一方面，过于强调技术的经济价值，既会导致对技术的认知不全面，仅关注其实用效果，不关注可能存在的风险，也会导致对技术的定位错误，在一些创新业务中，技术仅是作为一种代表创新的手段，并不发挥关键作用，对业务本身的结构与内容并无实质影响。但这种功能上的从属并不当然代表了合规判断上的从属。仅根据技术在业务中发挥的作用定位其合规价值，会导致对技术的合规判断不全面、不充分；另一方面，技术能否实际实施通常与技术是否合规不存在直接关系，如仅将经济价值作为技术在业务创新中被衡量的唯一标准，会导致仅评价经济价值，不进行合规风险审查情况的发生。

二是将技术的合规等同技术衍生品的合规。从金融科技类创新业务常见刑事风险来看，许多风险并非由于技术本身引起，而是发生于技术衍生品中，如银行从业人员利用经手客户信息的便利，非法利用或出售客户信息。技术衍生品包括两类：一类是与业务本身有关的，通过技术形成的属于业务内容的衍生品；另一类是技术运行必然形成，或技术运行必然需要使用的，如经过技术整理后形成的信息库，运行技术产生的开放端口等。有时，虽然技术本身并无涉嫌犯罪的风险，但运用技术形成技术衍生品的过程，以及技术衍生品本身均可能存在刑事风险。技术本身的合规，不能等同运用技术形成技术衍生品的过程和技术衍生品的合规。仅技术本身的合规，不能作为认定技术衍生品及其生成过程合规的标准，也不能作为出罪事由。

三是将产品的合规等同技术及其技术衍生品的合规。在一些金融科技类创新业务中，技术及其技术衍生品仅是作为将线下业务线上化的手段而存在，业务本身的结构、逻辑及内容并无实质变化。一些银行及其从业人员存在一种错误认识，即原本在线下已经过合规的业务，在实现线上化后业务本身并未发生实质变化，便不需要再进行合规审查。这种认知的错误与将技术和技术衍生品割裂的错误相仿，忽视了创新行为中所有方面的改变，即任何创新都需以合法、合规为底线。因此，应当对所有的创新行为，包括对业务产生实质影响与未对业务产生实质影响的改变进行独立的合规判断。并且，只是单方面的合规不能等同其他方面或业务整体的合规。例如，通过第三方互联网平台进行的快捷支付与传统的线下代收代付业务虽然从外观上看区别不大，但由于第三方互联网平台的快捷支付的场景与传统的支付场景存在明显不同，商业银行对支付本身的安全注意义务也就有了本质的差异，传统业务的合规标准也就无法再作为新场景中业务的合规标准。

（三）误区三：未以跨部门实质标准进行合规

确定法律性质是对创新业务进行合规判断的前提，在业务创新中，经常存在其外观上符合某一既有业务类型，实质上属于另一业务类型的情形。此时，一些银行及其从业人员可能会仅根据业务外观对业务进行归类，并据此进行合规判断。这种判断方式，一方面，不符合刑事司法的穿透思维，即根据实质而非仅外观进行判断。即使是相应的监管行为，也不会只根据业务外观进行判断。在相关监管中，仅以业务外观对实质可能存在风险或违规的业务进行抗辩，会被认定为属于规避监管的行为。另一方面，这种认识违背了业务本身的逻辑，也不符合业务创新的底层逻辑。一些业务创新是在既有业务的基础上进行改造，或将多个传统业务进行协调融合而成的，该类创新业务往往仍具有传统业务的外观，但经过创新，实质内容已完全发生改变。此时，仅根据业务外观审核业务合规风险，必然无法形成正确的结论。商业银行及其从业人员在判断创新业务风险时，应当始终坚持监管思维、刑事思维，穿透外观，对业务本身进行全面合规审查。

一般而言，银行内部存在事业部或部门划分，如分为金融市场部、托管结算部、消费金融部等。而基于传统业务进行的创新，涉及的内容往往跨越多个部门，因此，银行及其从业人员需要以新的全面合规的方式，以跨部门的实质标准对创新后的业务进行全面审查，不能仅从本部门出发，否则极易在业务创新中导致风险。

四、案例分析及风险提示

创新业务相关规范的制定总是滞后于创新实践，但这并不意味着创新业务的风险也总是在创新业务成熟后才显现。对创新业务来说，许多风险隐藏在业务模式之中，不可能通过一一列举的方式被穷尽分析。从宏观角度来看，创新业务的风险主要集中在两个方面：一方面是创新内容，其中只谋求经济利益而进行创新的业务是典型的高风险区；另一方面是创新手段，即不断更新的科技手段既为业务创新提供了便利，也增加了利用科技手段违法犯罪的风险。本部分以两起较为典型的案例对上述两方面风险进行简要提示。

（一）怀化市某农信社社长挪用资金等罪案

1. 基本事实

禹某在担任怀化市某农村信用合作联社舞水路分社原副主任、主任，怀化某农村商业银行股份有限公司舞水路原支行行长期间，利用职务便利，以银行内部资金调剂的名义，肆意在客户间拆借资金。

为了竞争揽取怀化市鹤城区几大市场客户的储蓄存款，自2003年起，舞水路支行创办了一项方便储户的“代办业务”，即由舞水路支行派专人上门帮储户收款后代存进个人在该行账户、代储户取款、转款等。因代办业务的需要，舞水路支行掌握了储户的存折和账户密码。2012年怀化市某农村信用合作联社保卫部门在工作中发现舞水路支行存在代办业务的违规行为，并将该行为提交怀化市某农村信用合作联社研究，联社召开了由社领导及部门负责人参加的专题会议，与会绝大多数人员从业务发展角度出发，认为舞水路支行如果不上门收款，存款就会下降近1亿元，建议加强安全防范措施，继续开展上门收款；只有保卫部门负责人1人从安全角度考虑，认为不能再上门收款。会议最后决定，同意舞水路支行继续进行代办业务。2014年8月14日，因稽核部门对舞水路支行的代办业务提出稽核意见，怀化市某农村信用合作联社又召开由班子成员、部门负责人及舞水路支行的相关负责人禹某、向某、潘某媛参加的会议，对舞水路支行的代办问题进行了研究。理事长杨某峰从稽核部门了解到，除办理上门收款外，舞水路支行还为客户办理转账汇款业务。与会人员一致认为，为了保障舞水路支行的客户资源及存款资金，舞水路支行在加强安全措施的前提下，可以继续开展上门收款的代办业务。杨某峰理事长的意见是：充分肯定上门收款成绩；继续坚定上门收款服务的做法；逐步规范上门服务方法。但对代办过程中存在的为客户办理转账汇款业务未予重视研究。根据怀化市某农村信用合作联社的要求，舞水路支行于2014年7月开始，与愿意代办的储户签署了一份《委托代办打款协议》或《授权委托书》。委托书载明储户委托舞水路支行代办跨行业务，并将其账户、密码告知舞水路支行。至案发时，舞水路支行共与413户储户签订了《委托代办打款协议》或《授权委托书》。由于舞水路支行创新的这项代办业务方便、简捷，舞水路支行也经常向外推广、宣传该业务，且该行帮客户代办跨行收付免收相关费用，从而使舞水路支行得以揽到大量存储及代办跨行资金业务。为此，舞水路支行特意安排工作人员王某柏、欧阳某等人以个人名义在其他商业银行及怀化市某农村信用联社其他分社都开立了一个相应的银行账户，用以操作将客户在不同金融机构的存款揽储到舞水路支行或帮助客户代转（付）账去相应其他银行账户，为客户省去跨行延迟、收费的相应不便。

为做好银行的储蓄业务，留住客户，稳定舞水路支行的储户资源，提高员工的福利待遇，从2003年开始，舞水路分社的代办业务在上门收款、代办转账的基础之上，利用掌握客户的存款信息及客户账户密码的便利，增加了在储户之间进行资金调剂的资金拆借业务。开始时，舞水路支行的客户因临时过桥或者借款投资的需要，找到易某帮忙借款，因为正常的贷款有额度限制，且贷款手续复杂，时任该社主任的易某想出在客户间进行资金调剂的方式给需资方解决资金困难，即由舞水路分社的工作人员以银行内部资金调剂的名义，向舞水路分社的储蓄客户借资然后再借给需要资金的人（是否经过集体研究，没有证据证明），并安排时任舞水路分社副主任的禹某具体负责。禹某根据易某的安排，利用不同储户资金季节性闲置的特性，以银行内部在客户间资金调剂需储户帮忙为由向储户借款，然后以个人名义将款借给需要用钱的客户。因为资金调剂方便、快捷、效率高，给需资方客户解决了资金短缺的困难，业务发展很快。随着该项业务的发展，禹某就以银行内部资金调剂名义，承诺按1～1.5分不等的月利率标准支付利息，以揽储或者从存款客户账户取款后直接转账的方式，将舞水路农商行客户资金以个人名义调剂给用资方的客户，同时向用资方收取略高出资方利率的利息，用于支付出资方客户的利息或者填补空缺。随着资金拆借业务的发展，找禹某帮忙的人越来越多，之后即便不是舞水路农商行的客户也找禹某帮忙进行资金调剂。2010 年 9 月，舞水路分社原主任易某调走后，禹某接任分社主任，保留了易某在位时期的工作模式，继续开展并大力发展资金调剂业务。

随着舞水路支行在储户之间资金调剂业务的开展，资金调剂业务因为快捷（一个电话解决）、息低（一般 1.2 分的月息）而越来越多，寻求代办操作的客户自然越来越多、规模越来越大，代办操作由原来的一笔借入对一笔借出，发展到多笔借入对一笔借出或一笔借入对多笔借出。同时，禹某在进行资金调剂的过程中，也由原来的在储户之间进行资金调剂，发展到直接吸纳储户现金进行调剂或者将储户的资金用于投资和调剂给其他非舞水路支行客户的资金使用人。

舞水路支行的代办业务自增加资金调剂后，储户量增加，员工福利成为怀化市鹤城区农村信用合作联社各分社中最好的。但是由于资金调剂过程中呆账、滞账甚至坏账的出现，资金调剂业务产生了巨大的亏损，后期特别是到 2016 年，禹某只要发现客户账户有钱，无论客户是否同意就擅自将该款通过办理取款手续转账给其他客户，也不再向客户出具借条。截至 2016 年 4 月 21 日案发时，禹某共计挪用舞水路支行 278 名客户的资金共计 221,794,795.11 元未退还。

2. 法院判决

禹某身为金融机构的工作人员，利用职务便利，挪用客户资金借贷给他人、归个人使用或者进行营利活动，数额巨大，超过 3 个月未退还的行为，已经构成挪用资金罪。禹某在担任舞水路分社原副主任期间，根据原主任易某的安排，具体负责实施资金调剂业务，在共同犯罪中起主要作用；禹某担任原舞水路分社、舞水路支行主要负责人后，决定资金调剂业务中资金的借入和借出，主导资金调剂业务的发展，应当对资金调剂行为承担主要责任。法院最终认定禹某构成挪用资金罪，判处有期徒刑9年。①

3. 风险提示

（1）领导安排不能免除个人责任

禹某一案对业务进行的创新主要有两方面，一方面是上门收款，另一方面是代办转账汇款，二者统称为代办业务。其中，代办转账汇款业务又发展为资金调剂业务。根据公开裁判文书显示，禹某案中进行的两方面创新活动，经过了银行内部讨论，更有理事长和前任主任的肯定意见。但在刑事诉讼中，集体研究行为和领导的肯定意见无法成为免除或减轻禹某个人责任的理由，这意味着即使创新业务得到了领导的同意，也不能免除禹某作为直接责任人，即业务实际操作人的责任。在创新业务的设计与执行中，银行从业人员必须根据法律法规进行独立判断，而非盲目落实领导意志。

（2）监管部门的监管意见高于银行内部意见

在禹某一案中，稽核部门已在监管中对其进行的代办转账汇款业务提出监管整改要求，但银行内部讨论及领导决策判断，认为业务本身无问题，只需对风险进行合理控制，导致代办转账汇款业务

---

① 参见禹某挪用资金案，怀化市鹤城区人民法院（2017）湘1202刑初275号刑事判决书。

发展为资金调剂业务，最终涉嫌犯罪。在业务创新的过程中，银行集体决策或领导个人意见不能取代监管部门的监管意见。只有法律法规及相关监管政策才是判断业务是否合法合规的依据，银行内部意见无论是如何作出，由谁作出，都不能单独作为判断创新业务风险的依据。

（3）逐利性创新业务的底线仍是合法合规

在禹某案中，银行是为了获取并保留更多存款，从而获得更多手续费等利润才进行了上门收款、代办转账等创新。从禹某案体现的创新动机来看，一方面，银行为了获得更多的利润，不断优化已有的业务模式，提高客户体验；另一方面，银行会根据获取利润的大小，满足能够显著提高利润的客户需求。但商业银行在进行业务创新时，不能仅将创新业务的盈利能力作为考量是否可行的标准，仍要坚持合法合规的底线，在符合法律法规和监管政策的前提下进行业务创新，否则短期的利益增长最终必然会导致难以承担的风险。

（二）中国人民银行某支行员工侵犯公民个人信息案

1. 基本事实

2015 年 1 月，被告人范某某在办理贷款业务的过程中，得知被告人刘某某系中国人民银行某县人行员工，便要求被告人刘某某帮忙查询贷款客户的个人征信报告，并承诺每份报告给予 24 ~ 26 元的报酬，后范某某提供公民身份证复印件等资料，通过电子邮件发给被告人刘某某。同月 13 ~ 15 日，被告人刘某某盗用征信管理同事的银行征信系统账号、密码进而登录某人行系统，查询个人信用报告，此间，1 月 14 日晚，通山某农村商业银行股份有限公司（以下简称某农商行）员工被告人汪某，在某人行系统上帮助被告人刘某某查询了80余份个人信用报告。1月15日，刘某某因查询报告一事被单位得知，刘某某遂将范某某提供的公民身份证复印件等资料交给被告人汪某。同月15～18日汪某在某农商行宝石支行，借用征信管理同事的银行征信系统账号、密码，查询个人信用报告。至此，某人行系统中个人信用报告异常查询492次，其中，未查到12次，查询到480次；某农商行系统中个人信用报告异常查询231次，其中，未查到18次，查到213次。以上查到的个人信用报告共计693份，均由被告人刘某某先后提供给被告人范某某，范某某在获得上述个人信用报告后转让给徐某等人并从中获利。

2. 法院判决

范某某、刘某某、汪某违反国家相关规定，共同侵犯公民个人信息并出售，从中获利，情节严重。公诉机关指控3名被告人侵犯公民个人信息的事实成立，其行为均已构成侵犯公民个人信息罪。3名被告人共同的故意侵犯公民个人信息，非法查询公民征信报告600余份并出售，情节严重，其行为符合侵犯公民个人信息罪的犯罪构成。结合被告人存在自首、认罪认罚、退清所获赃款等情节，判处3名被告人罚金1.5万～3万元不等。①

3. 风险提示

（1）公民征信报告等商业银行在提供服务中获取的信息属于公民个人信息

《个人信息保护法》中的个人信息，是指“以电子或者其他方式记录的与已识别或者可识别的自然人有关的各种信息，不包括匿名

① 参见范某某、刘某某、汪某侵犯公民个人信息案，嘉鱼县人民法院（2016）鄂1221刑初125号刑事判决书。

化处理后的信息”。刑事司法中的“公民个人信息”，则是指“以电子或者其他方式记录的能够单独或者与其他信息结合识别特定自然人身份或者反映特定自然人活动情况的各种信息，包括姓名、身份证件号码、通信通讯联系方式、住址、账号密码、财产状况、行踪轨迹等”。①

根据最高人民法院、最高人民检察院《关于办理侵犯公民个人信息刑事案件适用法律若干问题的解释》第 5 条的规定，“非法获取、出售或者提供行踪轨迹信息、通信内容、征信信息、财产信息”“将在履行职责或者提供服务过程中获得的公民个人信息出售或者提供给他人”达到一定标准，便属于侵犯公民个人信息情节严重的情形。因此，商业银行在提供服务过程中获取的包括征信报告等在内的可识别公民信息原则上均属于公民个人信息。

（2）未谋取利益也可构成侵犯公民个人信息罪

根据相关法律规定，侵犯公民个人信息的行为是违反国家有关规定，向他人出售或提供公民个人信息，或将在履行职责或者提供服务过程中获得的公民个人信息，出售或者提供给他人的。该罪并未将谋取利益作为构成犯罪的要件。

范某某等人的案件也体现出，为他人提供公民个人信息的，可能构成侵犯公民个人信息的共同犯罪，也可能单独构成侵犯公民个人信息罪。

（3）便捷的科技手段要求更严格的权限管理

利用科技手段进行业务创新，不仅提高了客户端业务的便利性，也提高了银行内部业务流程及操作的便捷性。范某某等人一案便存

① 王爱立：《中华人民共和国刑法条文说明、立法理由及相关规定》，北京大学出版社 2021 年版，第 950 页。

在借用或盗用同事权限，超越本身职权范围查询公民个人信息的行为。这意味着，在科技手段本身与网络犯罪关联性较强的前提下，必须加强权限的管理。从制度与流程上避免以优化业务的创新手段，被用于谋取不正当利益的行为或进行违法违规行为。

第三章

银行遭受犯罪侵害风险

第一节　银行遭受犯罪侵害现状与原因

根据中国银保监会官网统计数据中公开的商业银行监管指标情况（见图3-1），2012~2022年，我国商业银行不良贷款余额由2012年第四季度的4929亿元上升至2022年第四季度的29,829亿元，不良贷款率由2012年第一季度的0.94%上升至2022年第四季度的1.63%。

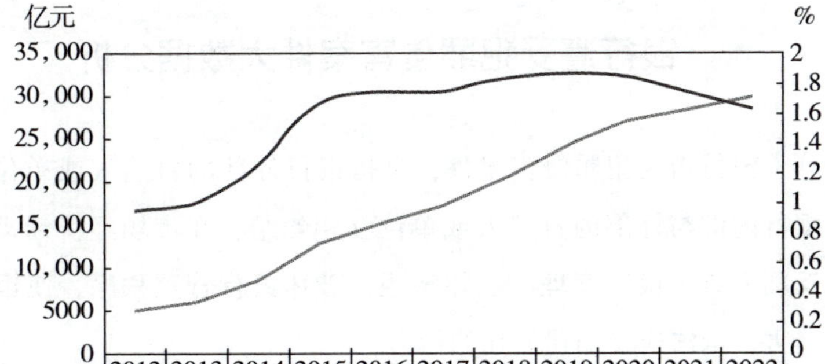

	2012年	2013年	2014年	2015年	2016年	2017年	2018年	2019年	2020年	2021年	2022年
贷款余额/亿元	4929	5921	8426	12,744	15,122	17,057	20,254	24,135	27,015	28,470	29,829
不良贷款率/%	0.95	1	1.25	1.67	1.74	1.74	1.83	1.86	1.84	1.73	1.63

图3-1　2012~2022年我国商业银行不良贷款余额及不良贷款率

商业银行因贷款资金被挪用、统计数据不真实、重大关联交易审议程序不规范等违法违规行为导致被中国银保监会查处罚没高额罚款时有发生。例如，2023年2月，中国银保监会对中国银行、渤海银行等5家银行罚没3.8亿余元。①

① 参见《中国银保监会依法查处5家金融机构违法违规行为》，载国家金融监督管理总局官网2023年2月17日，http://www.cbirc.gov.cn/cn/view/pages/ItemDetail.html?docId=1096417&itemId=915&generaltype=0。

由此可见，国家对规范市场秩序的查处力度和决心，以及违法行为给商业银行带来了巨大的经营风险和损失。银行业有序、安全、高效、稳健的运行，对我国的经济发展和社会稳定都非常重要。银行业作为经营货币与信贷的特殊行业，在经营过程中极易成为违法犯罪分子转移风险的载体，本章将针对涉及商业银行并对其造成侵害的刑事犯罪进行具体分析。

一、银行遭受犯罪侵害案件大数据分析

银行遭受犯罪侵害案件，是指银行外部的自然人或单位，以及银行内部与外部的自然人或单位互相勾结，在市场经济活动中，违反国家有关银行管理的法律法规，破坏银行管理秩序，使银行遭受侵害，依法应受刑罚处罚的行为。

银行遭受犯罪侵害的案件，一般是行为人为获取私人利益或者商业目的而实施的，侵犯银行资金资产安全的一种金融犯罪。因此，根据我国《刑法》分则的规定，涉及银行遭受犯罪侵害的犯罪主要为第三章“破坏社会主义市场经济秩序罪”的第四节“破坏金融管理秩序罪”中的骗取贷款、票据承兑、金融票证罪和第五节“金融诈骗罪”中的贷款诈骗罪、票据诈骗罪、金融凭证诈骗罪、信用卡诈骗罪、信用证诈骗罪、有价证券诈骗罪。另外，普通诈骗或者合同诈骗犯罪也是重要相关罪名，但因数据量和筛选原因未被纳入本次统计范围。

同时考虑近几年，随着互联网和银行业务的飞速发展，部分电信网络诈骗将目标也指向了银行，因针对银行实施的电信网络诈骗

的行为人多在境外，给追赃挽损带来了巨大困难，进而给银行造成了重大损失。对此，本章将在案例分析部分对涉及银行作为被害人的电信网络诈骗进行详细的分析，由于电信网络诈骗案件的大部分被害人不是银行，本章对该类案件将不进行大数据统计。

为了更好地了解银行遭受刑事犯罪的领域，笔者将对骗取贷款、票据承兑、金融票证罪，贷款诈骗罪，票据诈骗罪，金融凭证诈骗罪，信用卡诈骗罪，信用证诈骗罪，有价证券诈骗罪通过多个维度进行展开分析。在数据收集方面，主要以 Alpha 和威科先行案例数据库为主，以中国裁判文书网进行补充校对。在检索过程中，在 Alpha 案例库中首先按照罪名检索，之后案由选择“刑事”并具体到罪名，案件类型选择“刑事案件”，文书类型选择“判决”“裁定”“死刑复核”，审理程序选择“一审”“二审”“再审”，最后在结果中搜索带有关键字“银行”的文书，同时结合案由信息进行初步筛选，数据检索截止时间为 2023 年 6 月。

（一）案件分布（时间、地域、数量）

1. 犯罪时间分布

如表 3－1 所示，自 2014 年起，银行遭受犯罪侵害案件数量显著增长，至 2018 年，案件数量开始下降，至 2021 年，银行遭受犯罪侵害案件数量明显减少。

表 3-1 银行遭受犯罪侵害案件数量时间分布

骗取贷款、票据承兑、金融票证罪		贷款诈骗罪		票据诈骗罪		金融凭证诈骗罪		信用卡诈骗罪		信用证诈骗罪		有价证券诈骗罪		合计
年份	数量/件	年份	数量/件	年份	数量/件	年份	数量/件	年份	数量/件	年份	数量/件	年份	数量/件	
2007 年及以前	0	2007 年及以前	10	2007 年及以前	39	2007 年及以前	7	2007 年及以前	78	2007 年及以前	3	2007 年及以前	0	137
2008	1	2008	20	2008	20	2008	3	2008	177	2008	0	2008	0	221
2009	0	2009	24	2009	43	2009	7	2009	497	2009	0	2009	0	571
2010	3	2010	22	2010	54	2010	10	2010	1285	2010	0	2010	0	1374
2011	12	2011	29	2011	54	2011	5	2011	1690	2011	0	2011	1	1790
2012	28	2012	47	2012	74	2012	6	2012	3400	2012	1	2012	0	3401
2013	77	2013	93	2013	64	2013	7	2013	3369	2013	1	2013	0	3611
2014	546	2014	207	2014	161	2014	23	2014	9653	2014	7	2014	7	10, 597
2015	763	2015	213	2015	170	2015	17	2015	10, 953	2015	1	2015	4	12, 117
2016	922	2016	286	2016	193	2016	14	2016	10, 979	2016	3	2016	4	12, 397

续表

骗取贷款、票据承兑、金融票证罪		贷款诈骗罪		票据诈骗罪		金融凭证诈骗罪		信用卡诈骗罪		信用证诈骗罪		有价证券诈骗罪		合计
年份	数量/件	年份	数量/件	年份	数量/件	年份	数量/件	年份	数量/件	年份	数量/件	年份	数量/件	
2017	1014	2017	292	2017	198	2017	20	2017	9110	2017	4	2017	2	10, 638
2018	988	2018	314	2018	176	2018	27	2018	6192	2018	11	2018	1	7708
2019	913	2019	373	2019	174	2019	17	2019	3610	2019	6	2019	4	5093
2020	706	2020	350	2020	153	2020	11	2020	2341	2020	4	2020	2	3565
2021	210	2021	144	2021	43	2021	2	2021	756	2021	2	2021	0	1157
2022	56	2022	26	2022	4	2022	0	2022	81	2022	0	2022	0	167
2023	7	2023	3	2023	0	2023	0	2023	14	2023	0	2023	0	24

2. 犯罪罪名分布

统计数据显示（见图3－2），信用卡诈骗罪共计64,185件，骗取贷款、票据承兑、金融票证罪共计6246件，该两种罪名占比较高。贷款诈骗罪和票据诈骗罪数量相对减少，金融凭证诈骗罪、信用证诈骗罪和有价证券诈骗罪数量较少。

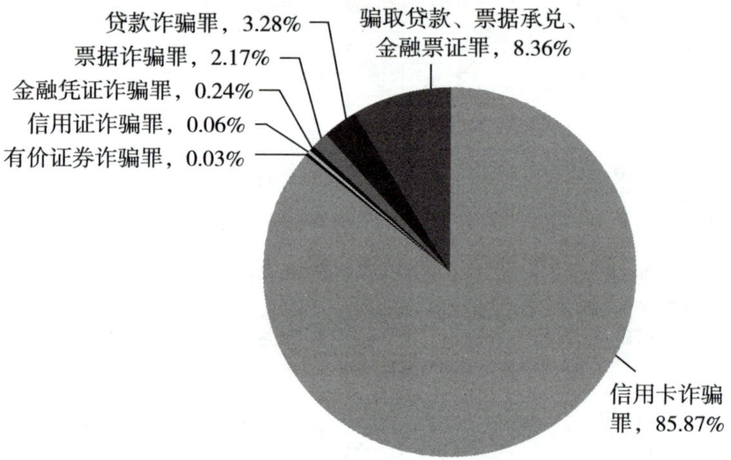

图3－2　银行遭受犯罪侵害案件案由分布

3. 犯罪地域分布

统计数据显示（见图3－3），我国银行遭受犯罪侵害案件数量较多的地域为：上海市11,407件、广东省6603件、福建省4613件、河南省4463件、浙江省4192件、山东省3800件、江苏省3468件。可见我国银行遭受犯罪侵害案件发生的地域与人口数量和经济发展水平有着紧密的关系。

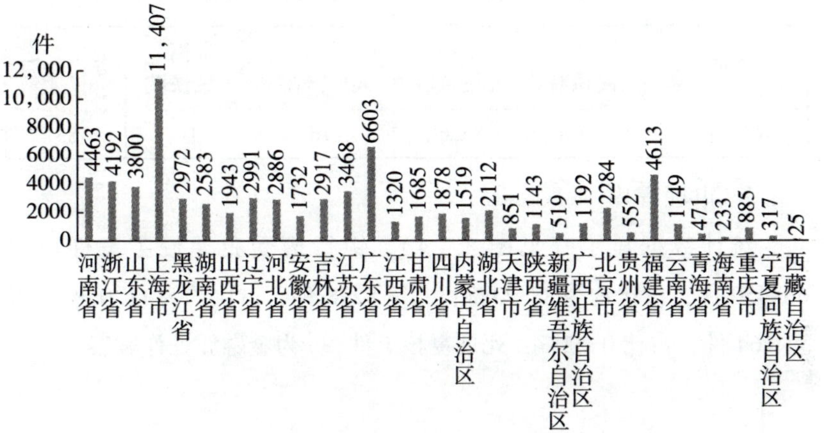

图 3－3　银行遭受犯罪侵害案件数量的地域分布

（二）审理概况（法院层级、审理程序、审理结果）

1. 法院层级

统计数据显示（见表 3－2），由基层法院审理的银行遭受犯罪侵害案件数量最多，占比约为 88.13%。由中级人民法院和高级人民法院审理的银行遭受犯罪侵害案件数量较少，分别占比约为 11.39% 和 0.37%。最高人民法院审理的银行遭受犯罪侵害案件仅为 1 件，为 1999 年的金融凭证诈骗案件的死刑复核案件。2011 年实施的《刑法修正案（八）》，已经删除了金融凭证诈骗罪和票据诈骗罪关于死刑的规定，2015 年实施的《刑法修正案（九）》，删除了金融诈骗类犯罪中的全部死刑规定。

表 3－2　法院审理银行遭受犯罪侵害案件数量的层级分布

法院	基层人民法院	中级人民法院	高级人民法院	最高人民法院	专门法院
数量/件	65,990	8526	276	1	83

2. 审理程序

统计数据显示（见图 3－4），银行遭受犯罪侵害案件一审 66,450 件，占比约为 88.73%；二审 8278 件，占比约为 11.05%；再审 164 件，占比 0.22%；死刑复核 1 件，[①] 为金融凭证诈骗案。

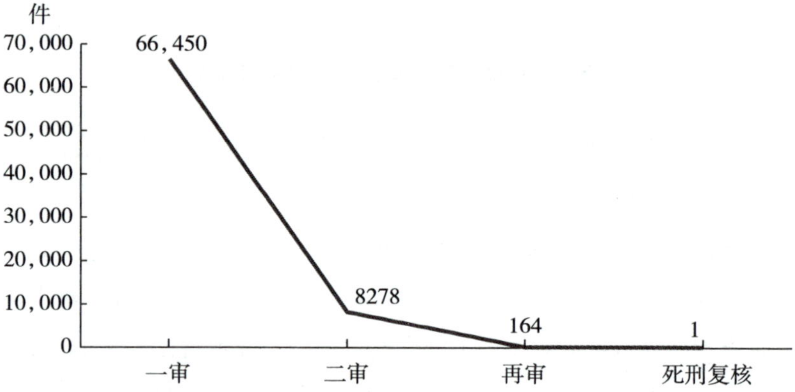

图 3－4　法院审理银行遭受犯罪侵害案件数量的审理程序分布

3. 审理结果

统计数据显示（见图 3－5），银行遭受犯罪侵害案件的二审维持原判较多，约为 75%；再审案件数量较少，能够公开查询到的最终改判无罪的案件更少，其中骗取贷款、票据承兑、金融票证罪改

① 2015 年《刑法修正案（九）》删除了金融诈骗类犯罪中的死刑处罚，该死刑复核案件为在此实施之前判决。

判无罪的有5个，主要是基于未“造成重大损失”；贷款诈骗罪改判无罪的有2个，主要是基于主观无“非法占有为目的”，客观无认定金融诈骗类犯罪的“七种情形”；① 信用卡诈骗罪再审改判多为针对量刑进行调整，改判无罪的有2个，主要是基于无“非法占有目的”的主观恶意；信用证诈骗罪和有价证券诈骗罪暂未查询到公开的再审判决书。

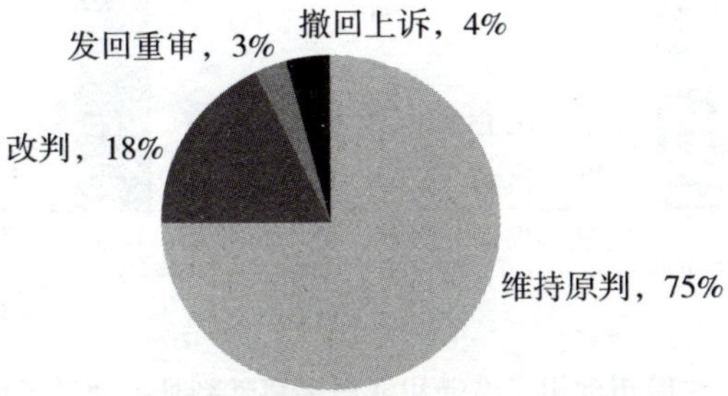

图3-5　法院审理银行遭受犯罪侵害案件二审裁判结果

（三）刑罚刑期

统计数据显示（见图3-6、图3-7），银行遭受犯罪侵害案件量刑普遍较重，被判处刑罚的比例较大，适用罚金附加刑比例达64.98%。虽然统计结果显示缓刑判决占一定比例，但缓刑主要集中在信用卡诈骗案件中，占比达约34.05%，在除信用卡诈骗案件的其

① 参见最高人民法院印发的《全国法院审理金融犯罪案件工作座谈会纪要》中认定具有金融诈骗非法占有目的的7种情形：“（1）明知没有归还能力而大量骗取资金的；（2）非法获取资金后逃跑的；（3）肆意挥霍骗取资金的；（4）使用骗取的资金进行违法犯罪活动的；（5）抽逃、转移资金、隐匿财产，以逃避返还资金的；（6）隐匿、销毁账目，或者搞假破产、假倒闭，以逃避返还资金的；（7）其他非法占有资金、拒不返还的行为。但是，在处理具体案件的时候，对于有证据证明行为人不具有非法占有目的的，不能单纯以财产不能归还就按金融诈骗罪处罚。”

他银行遭受犯罪侵害案件中，缓刑适用率较低。在有期徒刑判决中，3 年以下有期徒刑占判处刑罚比例达约 76.07%，3 年以上 10 年以下有期徒刑占判处刑罚比例达 21.05%。

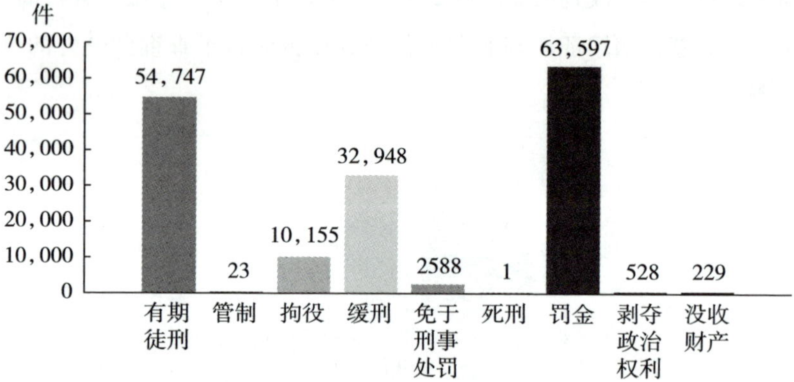

图 3－6　法院审理银行遭受犯罪侵害案件判处刑罚种类数量分布

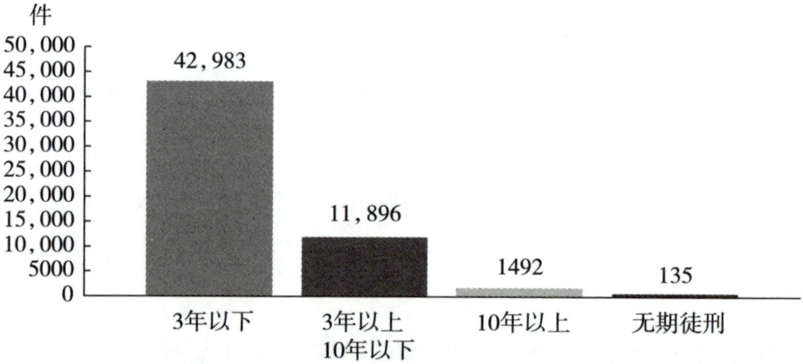

图 3－7　法院审理银行遭受犯罪侵害案件判处自由刑刑期统计

（四）涉案金额和主体

因数据量和筛选原因，涉案金额仅统计骗取贷款、票据承兑、金融票证罪，贷款诈骗罪，票据诈骗罪，金融凭证诈骗罪，信用证诈骗罪自2021年至2023年6月的数据。

关于涉案金额，统计数据显示（见图3-8），共404个犯罪主体有明确涉案金额，涉案金额分布在100万元以下区间的占比41.34%，分布在100万~1000万元的占比约为41.09%，分布在1000万~1亿元的占比约为14.60%，分布在1亿元以上的占比约为2.97%。

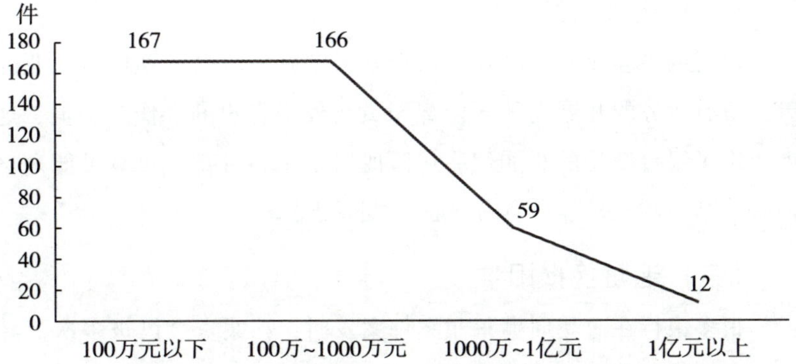

图3-8 银行遭受犯罪侵犯案件涉案金额统计及案件数量分布

注：100万元以下不包括100万元；100万~1000万元包括100万元；1000万~1亿元包括1000万元；1亿元以上包括1亿元。

关于涉案主体，因贷款诈骗罪为自然人犯罪，故不计入统计范围。统计数据共涉及361个明确犯罪主体，其中自然人单独犯罪的共344人，占比95.29%；自然人与单位在同案中均被处罚的有17个，占比4.7%；暂未查询到单位单独犯罪的判决。

二、银行遭受犯罪侵害案件特点

（一）涉案金额较大

银行遭受犯罪侵害的案件，涉案金额几十万元、几百万元、几千万元已经司空见惯，甚至有些案件涉案金额高达上亿元。2015～2019年，我国全国法院金融犯罪涉案金额个案均值5404.03万元。①银行作为金融犯罪高发机构，且信用卡诈骗罪和骗取贷款、票据承兑、金融票证罪为我国金融犯罪前两名，涉案金额直接影响我国金融犯罪涉案金额的均值。

（二）内外勾结较多

银行的主要业务为吸收公众存款、发放贷款以及办理票证业务等，所有业务的开展离不开内部职员与外部客户的合作与交流，这就决定了银行遭受的犯罪侵害风险既可能来自外部，也有可能来自内外勾结，甚至是客户与内部职员共同犯罪。

（三）追赃挽损困难

很多银行在遭受刑事犯罪案件案发时，涉案资金已被多次流转至多个账户甚至是国外的账户，很难被追回。2015～2019年，至审判阶段，我国全国金融犯罪案件个案追缴挽损金额比例均值仅为21.89%。②

① 参见《山东法院金融犯罪审判白皮书》，载微信公众号“山东高院”2020年9月28日，https：//mp.weixin.qq.com/s/_5mim7lBBGMMJVPlfF_MBA。

② “2015年至2019年，至审判阶段，山东金融犯罪案件个案追缴金额均值为1015.16万元，占个案犯罪金额均值的35.78%，高于全国13.89个百分点。”参见《山东法院金融犯罪审判白皮书》，载微信公众号“山东高院”2020年9月28日，https：//mp.weixin.qq.com/s/_5mim7lBBGMMJVPlfF_MBA。

三、银行遭受犯罪侵害原因分析

（一）银行内部监督管理存在漏洞

目前，银行对资金安全的监管和规章制度日趋完善，但是在实际执行过程中，有些银行在部分业务办理时处于尚不完善，使犯罪分子有机可乘的状态。以信贷业务为例，有些银行为了追求业绩、经济利益，放松了对贷款业务办理资料的审核，有些内部工作人员存在不按照规章制度办事，以及对办理流程把关不严的问题。贷后检查制度往往流于形式，甚至贷后审查落实不到位，进而造成银行资金损失。

（二）银行内部职员法律意识欠缺

在对金融机构的强监管和金融从业人员整体素质不断提升的背景下，银行对内部职员的法律合规和职业道德教育不断加强，但在具体业务办理过程中，银行还是主要依靠以老带新的模式，导致职员对不断更新的法律和行业规定掌握不够及时，法律意识淡薄，给犯罪分子可乘之机。尤其是在高额利益的驱使下，有些工作人员为了个人利益无法坚守职业操守，甚至放任犯罪或者内外勾结，走上犯罪的道路。

（三）金融法律体系还在不断完善

我国在国家法律、部门规章制度和金融机构管理层面，均有对银行业的监管规定。法律是解决银行遭受犯罪侵害的有效对策，目前面临日益复杂的金融环境，我国正在不断加强金融领域的相关立法。2020 年、2021 年中国人民银行已对外发布了《商业银行法》《银行法》《反洗钱法》修订草案公开征求意见的通知，2021 年年底中国人民银行发布《地方金融监督管理条例（草案征求意见稿）》，2021 年 12 月 31 日中国人民银行会同有关部门发布《金融产品网络营销管理办法（征求意见稿）》，2022 年 12 月 1 日《反电信网络诈骗法》实施，种种行动表明国家意在加强对金融犯罪的打击力度和规制力度，逐步重视互联网金融活动，减少相关领域的“灰色”地带。与此同时，我们也应该看到银行业相关法律还有尚须完善的地方，对久治不愈的顽疾和新型犯罪，要尽快出台针对性惩治犯罪的立法，同时，司法机关应对特定对象和范围精准打击，开展针对性的集中整治活动。

第二节 处理银行受害案件风险误区

一、认为足额担保即不存在风险

部分银行相关部门在业务经营过程中存在重营销、轻管理的思想，风险管控意识不强，过于追求业绩考核和客户拓展，认为存在足额担保就能有效避免资金使用风险，忽视了银行资金监控和后期管理，导致银行不良增加，最终形成损失。

（一）业务审批时只关注担保物权，尽调走过场

在司法实务中，银行往往最关注的是客户提供担保是否足值足额，对其他的业务申请资料审核不够严格，甚至在明知申请资料存在问题，但客户能够提供足额担保时，仍会为其办理相关业务。但即使客户提供了真实的足额担保，也可能由于担保物的人为或自然灭失、担保物权属存在争议等原因给金融机构造成重大损失。[①] 比如在（2022）豫1481刑初491号案例中，行为人以隐瞒抵押房产已经出售的方式申请贷款，以及在（2021）豫14刑终867号案例中，行为人在所有权人不知情的情况下，用所有权人名下房产抵押贷款，最终给银行造成了重大损失。

担保作为减少信贷资金损失危险的举措，属于事前判断，最终能够确保银行资金无风险，而事后可能并没有达到减少信贷资金损失的效果。根据《商业银行法》第35条和第36条的规定，商业银

---

① 参见张明楷：《骗取贷款罪的保护法益及其运用》，载《当代法学》2020年第1期。

行贷款，应当对借款人的借款用途、偿还能力、还款方式等情况进行严格审查，应当对保证人的偿还能力，抵押物、质物的权属和价值以及实现抵押权、质权的可行性进行严格审查。《贷款通则》第25条规定，贷款申请借款人应当填写包括借款金额、借款用途、偿还能力及还款方式等主要内容的《借款申请书》并提供相关资料。因此，银行除了对抵押物进行严格审查，对借款人的借款用途、偿还能力、还款方式等情况均要进行严格审查，以尽量避免资金损失风险。

（二）业务存续期未对担保物监控，管理不到位

即便在客户提供足额担保的前提下，银行在业务存续期仍要关注客户资金交易流水，跟踪资金流向是否与审批用途相符；要求客户定期提供相关财务报表与资金流水交叉比对，例如，对企业销货款归行率的控制和监控；定期查阅客户贷后的管理档案，对抵押品定期价值重评、清点库存押品清单等。

当发现严重影响银行资金安全的情况时，银行可根据《贷款通则》第71条规定，如果借款人不按借款合同规定用途使用贷款的，贷款人对其部分或全部贷款加收利息，情节特别严重的，贷款人停止支付借款人尚未使用的贷款，并提前收回部分或全部贷款。《贷款通则》第24条第2款规定，借款人存在严重违法经营行为等7种情况时，银行是不得对其发放贷款的。依据上述规定进行合规处置，可及时避免损失扩大。

（三）业务逾期为客户办理增信后，未持续监控

在司法实务中，贷款人或其他业务客户逾期时，有些银行会要求其提供抵押担保等增信并办理展期，之后便怠于对该业务的监控，

最终导致银行损失的扩大。

对于续贷或者展期能否达到“以时间、换空间”的效果，还是拖延了有效清收处置的时机，需要银行对客户进行全面监控，包括密切关注贷款用途的合规性、是否存在经济纠纷和诉讼案件对客户抵押银行资产和生产经营产生影响、积极获取客户涉诉信息等。

综上，银行业务的目的不是获得抵押物或质押物，在很多情况下，担保物可能无法被拍卖、变卖，即使银行可以通过抵押物、质押物来享受优先受偿的权利，但由于这种权利的行使需要很长时间，明显影响金融机构信贷资金的运用，不能不认为给金融机构造成了损失。[1] 同时，担保物可能存在损毁灭失、权属等争议。因此，无论是在业务审批时、业务存续期中、还是业务逾期后，只要给银行的信贷资产安全带来威胁，无论客户是否提供了足额担保，都有可能构成刑事犯罪，并给银行造成损失。例如在（2022）湘3123刑初15号案中，在案件立案后，银行要求部分借款人提供担保人对其不能偿还的贷款进行担保，法院认为，该担保为立案之后一种为减少信贷资金损失危险的无奈举措，仅仅只是一种事前判断，而事后可能没有减少信贷资金损失的危险，行为人依旧构成骗取贷款罪。

二、盲目同意借新还旧或展期

银行在信贷业务遇到贷款逾期时，有些会首先采用展期或借新还旧的方式处理，目的是使实质性风险得到有效化解。因此，银行

---

① 参见张明楷：《骗取贷款罪的保护法益及其运用》，载《当代法学》2020年第1期。

在办理展期和借新还旧业务时，需要调查拟承接企业的经济实力和实际负债情况，切实达到化解风险的目的。但在实务中，有些银行基于不良率的控制和报表压力，违规拖延时间，不仅业务实质性风险仍然存在，还可能将风险扩大。具体有以下方面。

（一）多次违规展期可能导致相关协议无效

关于贷款展期存在逾期展期和展期期限过长，是否会导致展期合同无效的问题在实践中存在争议，主要有以下观点：

1. 认为展期协议无效。《贷款通则》关于贷款展期累计期限有严格的规定，同时要求借款人应当在贷款到期日之前，向贷款人申请贷款展期。在实践中，贷款逾期后签订展期协议或者多次展期导致展期期限累计超过规定的情况，有被认定为展期无效的风险。如在最高法指令江苏省高院再审判例如（2012）苏商再终字第008号判例中，借款人因未按照《贷款通则》规定办理展期手续，认定贷款的展期不成立。

2. 认为展期协议有效。展期贷款性质上是对原贷款合同期限的变更。对于展期贷款的期限不符合中国人民银行颁布的《贷款通则》的规定，应否以此认定该展期无效问题，根据我国法律规定，确认合同是否有效，应当依据我国的法律和行政法规，只要展期贷款合同是双方当事人在平等、自愿基础上真实的意思表示，并不违背法律和行政法规的禁止性规定，就应当认定有效。[①] 例如，在（2021）辽07民终2059号判决中，法院认为中国人民银行1996年2号令第12条第2款关于贷款展期的规定系管理性规定，而非效力性规定，

---

① 参见最高人民法院《关于展期贷款超过原贷款期限的效力问题的答复》（法函〔2000〕12号）。

依法不应因此而认定该展期协议无效。

3. 认为展期协议无效，但协议约定的还款期限视为原还款期限的变更。例如，在（2022）湘1121民初1414号判决中，法院认为在贷款期限届满后申请贷款展期，展期协议违反了贷款展期的法律规定，展期协议无效，但协议约定的还款期限可被视为双方对借款合同履行期限的变更。

综上，因实践中对违反《贷款通则》是否导致展期协议无效存在争议，对应地是否应该收取展期到期日之前的罚息同样存在争议。若逾期展期无效，需要考虑贷款人是否存在过错导致展期协议无效，若贷款人无过错，存在不需要承担展期日到期之前的罚息的可能性。

（二）展期或者借新还旧可能造成担保脱保

根据《贷款通则》规定，申请保证贷款、抵押贷款、质押贷款展期的，还应当由保证人、抵押人、出质人出具同意的书面证明。同样地，银行在办理借新还旧业务时，相当于签订新的合同，更需要重新签订相关担保合同。在实践中，经常会出现以下情况：

1. 保证人拒绝签订同意展期或借新还旧的书面证明

在此情况下，银行应该在原保证期间内向保证人主张权利，否则存在无法追究民事和刑事责任的风险。

贷款展期合同一般被认为和保证合同存在一定的相对独立性，贷款合同的展期对保证期间不发生影响。例如，《保证合同》约定，连带责任保证期间为主合同项下的借款期限届满之日起两年，即便后续贷款合同的展期没有涉及连带保证事项，或未经保证人同意，保证人的保证期间不受影响，银行可以在保证期间内主张保证人对主合同债务承担保证责任。在此情况下，展期后形成的新的债务，保证人则不再承担保证责任。

借新还旧业务，不可以旧贷上的担保物权尚未进行涂销登记为由，主张对新贷行使担保物权。在实践中，有时新的贷款合同还会变更或者增加合同主体，需要重新签订担保合同。

2. 借新还旧时可能出现抵押权顺位后移风险

根据法律规定，当贷款到期后，借款人和贷款人订立新的借款合同，将新贷用于归还旧贷，旧贷因清偿而消灭，为旧贷设立的担保物权也随之消灭。[①] 因此，借新还旧为对原债权债务的更替，原债权债务存在担保物权的应重新办理。

一个抵押物上可以设置多个抵押权，并按照登记时间的先后顺序优先受偿，已登记的优先于未登记的，因此，新的贷款担保物权优先受偿权顺序可能会后移，影响债权的实现。

（三）拖延时间可能导致超过刑事追诉时效

根据法律规定，追诉期限应该从犯罪之日起计算；犯罪行为有连续或者继续状态的，从犯罪行为终了之日起计算。但在实践中，关于刑事案件追诉时效起算点的确定经常存在争议。

以骗取贷款罪为例，参考现有判例，司法机关对骗取贷款罪的追诉时效起算点存在不同的理解，主要有以下观点：一是认为行为人在骗取贷款后，贷款未还，损失一直存在，即可认定犯罪行为处于持续状态，即贷款偿还之前都可以追究行为人的刑事责任［参考案例：（2014）汝刑初字第274号、（2017）吉0781刑初16号］。二是认为贷款行为后又发生续贷的，犯罪行为存在持续，即追诉时效应

---

① 参见《统一裁判思路　稳定社会合理预期〈全国法院民商事审判工作会议纪要〉发布》，载中国法院网2019年11月14日，https：//www.chinacourt.org/article/detail/2019/11/id/4638096.shtml。

该从续贷之日或者最后一笔贷款到期之日开始计算［参考案例：（2018）粤 1581 刑初 519 号、（2019）鲁 1691 刑初 77 号］。三是认为该罪的追诉时效起算点应当为实害结果发生之日，即确定已给银行或金融机构造成重大损失之日，该损失的确定之日可以通过贷款确权书来证明［参考案例：（2022）辽 1122 刑初 79 号］。四是认为以第一次贷款（不包括借新还旧）发放之日作为追诉时效的起算点，因为超过追诉时效的案件不再追诉，因此暂时未在相关网站上查找到相关判例。

因此，需要追究行为人刑事责任的案件，银行要及时报案申请立案，避免因追诉时效问题无法通过刑事诉讼手段清收挽损。

三、非标债权通道业务回表处理

非标债权业务是相对标准化融资渠道而言的，形成的资产为非标准化债权类资产的相关业务。根据法律规定，标准化债权类资产之外的债权类资产均为非标准化债权类资产。标准化债权类资产是指依法发行的债券、资产支持证券等固定收益证券。

在实践中，商业银行的非标债权业务一般是指商业银行通过借道同业、借道理财、借道信托、借道投资、借道委托贷款等方式，将原来在表内核算的贷款业务转为表外业务或其他非信贷资产。[①] 因非标债权业务自带规避监管、增加利润、不入报表的优势，银行将一些本应通过贷款业务流转的资金，基于信贷投向限制、获取高额

---

① 参见王兆星：《贷款风险分类和损失拨备制度变革——银行监管改革探索之三》，载《中国金融》2014 年第 17 期。

利润等原因，通过引入信托基金公司、证券公司等，也就是俗称的“通道方”，以投资信托资产、资管计划、委托贷款等方式，最终实现向受限公司企业融资。

由于非标资产多投资于房地产等相关行业，随着地产行业逐渐下行，违约事件时有发生。再加上近年来，在金融强监管的背景下，很多表外业务被要求转回表内，比如，在2010年时，中国银监会要求商业银行的银信理财合作业务，应严格按照要求将表外资产转入表内。2018年《关于规范金融机构资产管理业务的指导意见》和《商业银行理财业务监督管理办法》的实施，对商业银行理财产品投资于非标准化债权类资产进一步控制，银行对非标债权资产的处置迫在眉睫，一部分进行了拆通道回表处置，另一部分经过审查被认定实质为金融借贷关系的，根据具体情况进行民事诉讼或者刑事诉讼。

银行对已被刑事立案并处于刑事侦查阶段的非标债权业务做回表处理时，需要注意以下风险：

（一）刑事案件被撤销的风险

对被认定为实质为金融借贷关系的业务，融资方或者融资方的实际控制人可能涉及的刑事犯罪有骗取贷款罪、贷款诈骗罪、合同诈骗罪等。对已被公安机关立案侦查的案件，必然首先需要满足“给银行造成重大损失”的立案标准。若此时银行将表外非标债权通道业务强行回表处置：一是需要按照表内业务要求重新签订相关的贷款合同，约定贷款期限和贷款用途等内容，贷款期限很有可能变为未到期，对于未到期债权一般被认定为未给银行造成重大损失。二是银行的回表处置也有可能被视为对行为人融资行为的合法性追认，影响司法机关对行为人是否具有犯罪故意或者犯罪行为的判断，存在已经立案侦查的案件被撤销的风险。

（二）回表时难提供合规担保

商业银行贷款要求借款人提供有效担保，部分表外非标债权仅有回购协议无担保物权，在此无担保的情况下，于回表过程中，贷款人如何提供担保，以及担保是否符合法律规定均会影响银行贷款资金能否收回，甚至可能引发新的刑事风险。

四、急于签订刑事和解协议

对已被刑事立案侦查的案件，银行基于上文的回表压力或者急于变现等原因，会考虑与涉案行为人签订和解协议。在某些情况下，和解协议的签订不但无法解决银行损失问题，还可能更不利于银行的清收挽损。

（一）和解协议导致刑事撤案，减少清收挽损资金来源

银行的清收挽损，通过刑事手段：一是可以在侦查阶段通过办案部门了解赃款赃物流向；二是可以及时追缴涉案行为人一切犯罪所得以及孳息；三是单位涉嫌犯罪时，部分相关主要负责人需要承担刑事责任。此时，刑事手段相较民事手段更有效。若在刑事案件侦办过程中签订和解协议或谅解协议，涉案行为人可能被减轻或者免于刑事处罚，刑事案件有被司法机关撤销的风险。一旦刑事案件被撤销，银行只能通过民事或者其他途径清收挽损，缺少了刑事强制措施的帮助以及对资金流向的侦查手段。

（二）若行为人不履行和解协议，刑事立案无法再次进行

在涉案金额较大，涉案行为人无法即刻偿还银行全部损失时，

和解协议有时约定的是还款计划或者提供“增信”。若涉案行为人在签订和解协议后，刑事案件被撤销，但涉案行为人的经济状况没有好转无法履行和解协议内容，或者“增信”时提供的担保物权价值虚高或者下降，此时银行再以同样原因去公安部门申请立案，公安部门可能根据和解协议内容，认为行为人无犯罪故意等原因不予立案。

五、对涉案资产的查冻扣范围认知不清

在办理银行遭受侵害的刑事案件过程中，银行作为被害人应尽可能地向司法机关提供涉案行为人的财产线索，避免由于对涉案资产的查冻扣不够及时，最终影响银行清收挽损的效果。对于司法机关查冻扣的范围，如果不符合法律规定，银行应向上一级机关或者相关部门及时反映情况，最大限度地减少自身的损失。

（一）“查冻扣”违法所得的一切财物及孳息

根据法律规定，对于有证据证实的违法所得以及孳息，应当及时追缴或者责令退赔。在实践中，涉案企业一般会将违法所得的资金放入企业的资金池中或者和其他资金进行混同，如不及时处置，之后其可能会被进一步转移。此时，对有证据证实的流入资金池的资金，司法机关可以先行冻结，作为被害人的银行，应及时提供资金线索，避免损失扩大。

（二）“查冻扣”资金池里的资金形成的资产

对有证据证实信贷资金进入涉案企业资金池后，从资金池转出

的其他资金或转出资金所形成的财产，能否由公安机关进行查封、冻结、扣押的问题，大致涉及以下两种情况：

1. 涉案企业或者实控人通过骗取贷款、贷款诈骗等违法犯罪方式骗取贵行资金，犯罪嫌疑人系拟查封、冻结、扣押财产的实际控制人或者受益人，无论从资金池转出的资金是否系涉案资金，办案机关均可以根据《刑事诉讼法》第 141 条、第 144 条以及《公安机关办理刑事案件程序规定》第 227 条、第 237 条的规定，对从资金池转出的资金或转出资金所形成的财产进行查封、冻结、扣押，并最终根据人民法院作出的刑事判决，将在案查封、冻结、扣押财产进行变价处理并作为犯罪分子的退赔款返还银行。

2. 涉案企业或者实控人通过骗取贷款、贷款诈骗等违法犯罪方式骗取贵行资金，犯罪嫌疑人是否系拟查封、冻结、扣押财产的实际控制人或者受益人，目前尚不清楚的，建议商请公安机关进一步加大侦查力度，扩大侦查范围，只要有证据证明犯罪嫌疑人与拟查封、冻结、扣押的财产存在一定利益关联的（这种关联可以包括第三人善意取得、有偿取得或者无偿取得等多种情况），均可以对从资金池转出的其他资金或转出资金所形成的财产暂时进行查封、冻结、扣押，如果后续经查明上述财产确实与案件无关的，可以根据《刑事诉讼法》第 145 条和《公安机关办理刑事案件程序规定》第 247 条的规定，依法解除相关查封、扣押和冻结。如果后续查明上述财产与案件有关的，则应当随案移送并最终根据人民法院作出刑事判决，确定所查封、冻结、扣押的财产能否作为犯罪分子的退赔款（变价后）返还银行。

（三）“查冻扣”涉案行为人个人名下的资产

根据法律规定，公安机关在办理案件过程中，可以查封、冻结、扣押犯罪嫌疑人个人名下财产。在查封、冻结、扣押后，经查明确实与案件无关的，应解除查封、冻结、扣押并予以退还。

（四）“查冻扣”涉案企业关联人名下的资产

在刑事案件侦办过程中，对涉案企业的实际控制人、高管、财务负责人以及他们的近亲属等相关人员进行摸排，对有证据证实涉案资金有流转到关联人个人账户和控制的账户的，或者存在不正常大额消费和交易的，应进一步深入调查，依法“查冻扣”相关资产。

值得注意的是，司法机关不断地在严加控制和规范“查冻扣”的范围。比如，严禁超权限、超范围、超数额、超时限冻结资金；要求公安机关适用资金冻结措施应当准确甄别资金性质，查明有关资金是否属于犯罪所得及其孳息；严格区分涉案财产与合法财产，不得对不符合冻结条件的资金适用冻结措施，不得冻结与案件无关的资金，慎用账户整体冻结措施等。因此，“查冻扣”应严格依照法定程序执行，控制在合理合法的范围之内，并根据新实施的相关法律法规的指示精神及时作出调整。

第三节 银行被害人追赃挽损

一、全面调查收集证据

银行在可能遭受刑事侵害时，应全面了解案件背景，并对内部相关业务人员和外部行为人开展全面调查。例如，当银行可能遭受骗取贷款时，需要了解行为人贷款时提供的全部审核资料；行为人在本行的其他业务情况以及在本行的资金使用和流转情况；银行内部全部的审批文件；银行内部经办人的信息等。根据全面调查的结果，梳理银行被骗的事实和证据。

二、刑民手段配合推进

（一）刑事手段

对有证据证实的银行遭受犯罪侵害的案件，银行应及时整理证据材料到公安等相关部门报案，并将涉案财产线索提供司法部门进行“查冻扣”等处置。

（二）民事手段

对暂时没有证据证实涉及刑事犯罪的案件，银行应根据相关合同提请民事诉讼，并及时申请查封被告名下资产。

（三）刑民结合

1. 对同一行为人采用刑事民事并行的手段

行为人在银行办理的业务有时不止一项，虽然有的业务涉及刑事犯罪需要报案处理，但其他暂时没有证据证实涉嫌刑事犯罪的业务，可以同时提起民事诉讼。

2. 对同一业务采用刑事民事并行手段

在办理同一业务时，可能会涉及多名行为人，对有证据证实涉及刑事犯罪的行为人需要报案处理，对暂时没有证据证实涉嫌刑事犯罪的行为人，可以同时提起民事诉讼。

3. 对于同一业务、同一行为人采用刑事民事并行的手段

（1）同时提起刑事控告和民事诉讼

对有证据证实涉嫌犯罪的案件，因为从银行到公安等相关部门报案到案件真正被立案侦查需要一定的时间，且是否能够被立案存在不确定性，鉴于行为人名下资产随时会发生被转移的风险，银行可以在刑事报案的同时就同一案件提起民事诉讼并申请财产保全。若刑事案件被立案侦查，人民法院在审理民事案件时，认为不属于经济纠纷案件而有经济犯罪嫌疑的，会裁定驳回起诉，将有关材料移送公安机关或检察机关；认为民商事案件必须以相关刑事案件的审理结果为依据，而刑事案件尚未审结的，会裁定中止诉讼；认为民商事案件不是必须以相关的刑事案件的审理结果为依据的，则会继续审理民商事案件。

（2）在民事诉讼过程中提起刑事诉讼

银行在民事诉讼过程中，如果发现被告涉嫌刑事犯罪的证据，不论民事程序是否终结，均可以结合犯罪线索，提供相应的证据，提出报案或者刑事控告。此时能否刑事立案的关键是能否收集到证明犯罪事实发生的证据，银行应当着重从证明符合相应犯罪构成要件的证据入手，结合证据情况撰写相应的报案或者刑事控告材料，有理有据地争取说服公安机关进行刑事立案。

（3）在民事诉讼结案后提起刑事诉讼

银行即便在民事诉讼中胜诉，但由于被告没有可供执行的财产或者被法院依查封的财产（或抵押物）经过拍卖、变价后不足以偿还银行贷款本金，此时民事案件的处理结果可以作为行为人不能偿还银行本金缺口的证据。在某些刑事犯罪中，比如在骗取银行贷款罪中，如果能够证明银行遭受的损失达到刑事立案标准，且有证据证明被告在申请贷款过程中使用了欺骗手段（包括但不限于提供虚假财务报表、提供虚假购销合同等），则一般认为上述行为仍然符合骗取贷款罪的构成要件，银行仍可以通过报案、控告等途径依法要求公安机关予以立案侦查。

（4）在刑事案件处理完毕后提起民事诉讼

根据法律规定，被害人因人身权利受到犯罪侵害或者财物被犯罪分子毁坏而遭受物质损失的，有权在刑事诉讼过程中提起附带民事诉讼；被告人非法占有、处置被害人财产的，应当依法予以追缴或者责令退赔，追缴或者责令退赔的范围是犯罪分子违法所得的一切财物。银行业遭受刑事犯罪侵害的案件，属于被告人非法占有、处置被害人财产的范畴，在刑事诉讼中，无法通过提起附带民事诉讼解决。在该类刑事案件中，通常刑事判决仅对本金损失要求被告人退赔给被害人，对利息不作处理。对利息是否可以通过民事诉讼继续主张，目前存在争议，笔者认为，在双方签订合同有效的前提下，可以通过民事诉讼继续追索；若合同被认定无效，也可以按照过错要求被告人承担赔偿责任。

首先，当被告人和被害银行之间签订了若干合同，合同不会因为刑事被告人的违法犯罪行为而无效，只要双方签订的合同不存在法定无效情形，合同应属有效合同。因此，鉴于民事赔偿大于刑事追偿范围，银行可以继续要求合同相对方按照约定履行合同义务。

其次，刑事责任与民事责任是两种不同的法律关系，二者不能相互替代，不能因承担了刑事责任就可免除民事责任。根据法律规定，行为人以法人、非法人组织或者他人名义订立合同的行为涉嫌刑事犯罪或者刑事裁判认定其构成犯罪，合同相对人请求该法人、非法人组织或者他人承担民事责任的，民商事案件与刑事案件应当分别审理。①

关于避免民事权利人双重受偿的问题，可以参考已有判决给出的处理方式，将已追赃回来的款项从民事责任人的责任范围中予以扣减。同理，原告通过本诉得到实现的债权应当扣减刑事判决确定的责令退赔额。

三、刑事执行追缴

对经查实后属于被害人合法财产的，司法机关应当及时返还。

涉案财产在刑事案件审判后，在被执行时需要变价处理的，司法机关将会以拍卖、变价折抵等方式赔偿被害人损失。刑事案件执

---

① 《全国法院民商事审判工作会议纪要》（法〔2019〕254 号）第 128 条第 2 款规定："同一当事人因不同事实分别发生民商事纠纷和涉嫌刑事犯罪，民商事案件与刑事案件应当分别审理，主要有下列情形……（2）行为人以法人、非法人组织或者他人名义订立合同的行为涉嫌刑事犯罪或者刑事裁判认定其构成犯罪，合同相对人请求该法人、非法人组织或者他人承担民事责任的。"

行阶段对查封资产拍卖一般有3个阶段，一拍不低于评估价值的70%起拍，二拍是不低于一拍基础的80%，最后是变卖，变卖价格和二拍一样。若涉案财物最后一次拍卖未能成交，人民法院可以该次拍卖保留价以物退赔，被害人不同意以物退赔的，可以进行无保留价拍卖。

四、选聘专业律师团队

（一）在日常的工作中选聘企业合规律师顾问

1. 聘请刑事法律顾问预防刑事法律风险

银行的法律顾问区别于一般企业的法律顾问，银行对法律服务的需求越来越多，也越来越复杂，面对银行业相关刑事法律风险的提升，如果等面临刑事案件时再临时寻找律师，往往错过解决问题的最佳时机。专业的银行法律顾问尤其是刑事法律顾问可以帮助银行预防刑事法律风险、处理刑事法律危机、避免银行出现刑事案件。

2. 选择刑事法律顾问需要重点关注的问题

银行日常需要处理的刑事法律事务繁多，涉及的银行部门较多，寻找适合自己的律师团队尤为重要，一般可以从以下几点进行选择。

（1）具有银行等金融行业专业经验

银行的刑事法律顾问应当对我国目前金融行业的发展、相关的法律法规，以及未来行业走向有全面的了解。对银行内部能够办理的业务、财务相关知识、可能存在的刑事风险也要有所了解。只有承办过大量金融犯罪案件或者为金融企业提供过法律服务的律师团队，才能充分发挥刑事法律顾问的作用。

（2）能够高效配合银行的工作任务

银行遇到的刑事法律问题一般比较严峻，特别是国家政府关注的规模较大的涉及民生问题的危机事件，时间紧迫，任务繁重，刑事法律顾问需要第一时间反馈法律分析意见、提供解决方案并参与到汇报工作中，及时帮助银行解除危机。

（3）参与商业谈判并提供建议方案

银行在应对刑事法律事务时，往往涉及与大客户进行谈判，一般双方律师均需在场。为了更好地帮助银行的运营发展，律师还应当具备商业思维，从银行发展的角度提供谈判方案，更好地解决银行刑事危机。

（二）在清收挽损工作中选聘专业律师出谋划策

清收挽损专项工作除涉及银行，可能还涉及由政府机关、司法机关、纪检监委等共同组成的专项工作组，主要针对多年未解决或者难解决的顽疾，并由银行分时间阶段汇报工作。银行在进行清收挽损工作的同时，还需要配合相关部门的调查和汇报工作，任务繁重。此时，专业的律师团队可以有效地针对这些顽疾出具法律意见和解决方案，帮助推动银行专项工作的进展，减少银行损失。同时，好的律师团队还可以在项目服务中，最大限度地帮助工作专班避免其他刑事风险。

（三）在涉及诉讼时选聘诉讼律师保驾护航

民事和刑事诉讼的结果关系银行是否能够收回损失，先进行民事诉讼还是刑事诉讼或者两者同时进行，最终结果可能会差别很大。委托专业的诉讼律师，不但可以根据情况选择最优的诉讼方案，在诉讼过程中，在时间紧迫的情况下，可以有效应对诉讼风险，取得预期效果。

第四节　某银行被电信诈骗案——银行作为被害人追赃挽损路径分析

一、基本事实

某国有银行国外分行（以下简称国外分行）在境外遭受国际电信网络诈骗，手段为：诈骗行为人先冒充客户通过邮箱发邮件给国外分行，该邮箱地址与该客户留给国外分行的对公联系邮箱非常相似，告知国外分行以前留存的对公联系电话变更。国外分行内部职员没有分辨出邮箱地址存在区别（当然不排除内部职员与诈骗人勾结），将客户留存的电话进行变更。一段时间后，诈骗行为人通过假冒邮箱通知国外分行向我国香港特别行政区 3 家公司（以下简称第一层级公司）账户转账近 2000 万美元。国外分行按照规定，通过电话与客户确认支付指令，但由于联系电话之前已被电诈分子钓鱼邮件变更，实际上国外分行电话联系的是诈骗人，并没有联系到真实的客户，得到的必然是虚假的支付指令。第一层级公司收到资金后，于当日或者临近日期分多次转账到另外多家香港特别行政区公司（以下简称第二层级公司），第二层级公司再于收到资金当日或者临近日期分多次转账到内地 30 多城市的 30 余家公司（以下简称内地公司）。案件具体流程见图 3－9。

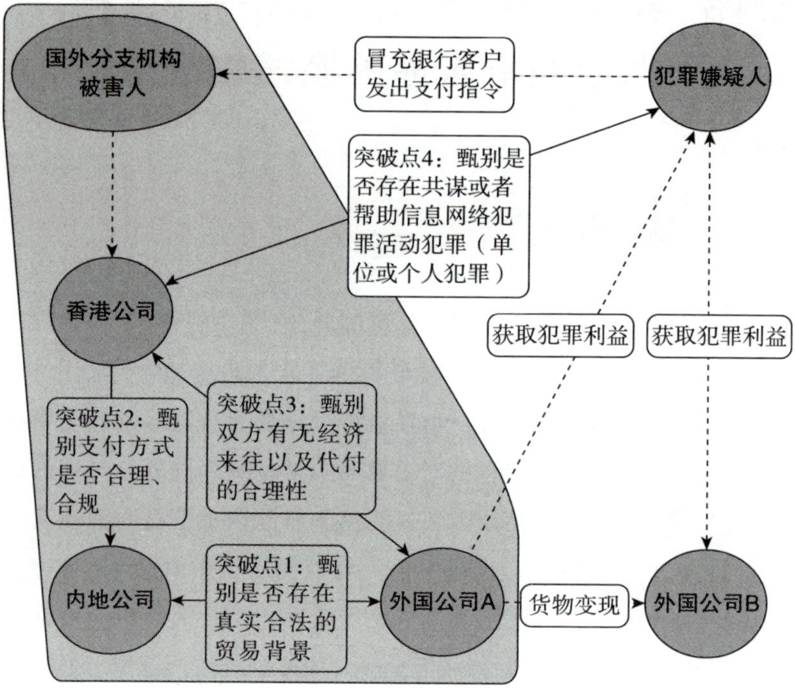

图3－9　案件流程

国外分行先在所在地向司法机关以金融犯罪报案，之后在香港特别行政区就此事提起诉讼，香港特别行政区高等法院就第一层级和第二层级10家香港特别行政区公司存在洗钱、掩饰隐瞒赃款等行为判令其向国外分行返还涉案资金。第一层级和第二层级的香港特别行政区公司均为“皮包”公司，甚至有的公司是用不知情的内地某农民的身份证等证件注册公司并担任法定代表人，均无可供执行的财产。

由于直接实施犯罪和最终取得犯罪利益的主体均在境外，只有部分涉嫌掩饰、隐瞒犯罪所得及其所得收益的行为发生在国内，导致本案表面上无法形成闭环的证据链条，难以在内地刑事立案，给追赃挽损工作带来了一定困难。为了追缴遭受电信网络诈骗受到的财产损失，鉴于部分诈骗资金被转移到内地多家公司，国外分行同时对内地公司以不当得利纠纷案由提起民事诉讼，请求法院判令内地公司返还不当得利款项及利息。在民事诉讼案件审理过程中，被告也就是内地公司提供了与境外公司跨国货物销售合同、香港特别行政区一级或二级公司的汇款明细，称香港特别行政区公司汇款为境外公司货物的代付款。

二、法律分析

电信网络诈骗分子在诈骗银行时，往往会利用网络技术或者银行本身的漏洞，通过非见面的方式完成犯罪活动。通常在整个犯罪过程中，各方角色分工明确且很难被核实真实身份，给日后追赃挽损造成很大的困难。

如在案例中，通过现有证据资料，可以大致推测出负责诈骗银行巨额资金的一方和负责洗钱的公司分工明确，银行资金被骗出后，非常快速地经过多次转账，最终转到内地分布多地的多家不同公司。同时，实施诈骗的一方只能通过 IP 地址了解犯罪行为实施地，但因为是境外地址，无法追踪到个人；负责洗钱的香港特别行政区公司，是用不知情的内地人身份证件注册公司，找不到公司实控人，诉讼过程被告全程没参与，只能缺席判决。由于无法找到涉案行为人，且香港特别行政区公司为“空壳”公司，无可供执行财产，但已经明确受害银行资金被转移到内地多家公司，只能考虑如何通过刑事或者民事手段向内地多家公司追回银行损失。

内地多家公司目前采取的方式是将流入的涉案资金认定为“善意取得”的货款，在此背景下，通过对下面列举的法律问题进行分析和实操方案，尽量为银行追回损失。

（一）资金池中涉案资金的认定

内地公司接收香港特别行政区公司汇款时，其账户内可能已经存在大量资金，或者收到香港特别行政区公司汇款后，又收到其他方汇款，造成资金混同。此时，法院可能以此为由驳回原告诉讼请求。以该案为例，可以通过以下内容论证汇款是否属于涉案资金：

1. 香港特别行政区高等法院的“终局判决”已经确认了香港特别行政区公司应返还银行涉案款。换言之，香港特别行政区公司目前以及未来账面上所有不超过香港特别行政区高等法院要求返还的资金及其收益或者财产权，银行均享有追偿权或者债权，在香港特别行政区公司没有资金可执行的情况下，香港特别行政区公司“无任何法律依据”流入内地公司账户的资金理应返还银行。

2. 对内地公司所称的跨国贸易需要进一步核实。内地公司虽然主张其收到的香港特别行政区公司汇入的资金为国外公司支付给其的合同预付款，但其所提供证据的合法性、真实性如果存在严重疑问，或互相矛盾，那么内地公司所主张贸易的真实性、关联性均达不到民事证据及证明要求，跨国贸易真实性存疑，即内地公司是否能够“善意取得”货款还需进一步证实。

3. 内地公司明知货款可能为涉案赃款仍然进行交易，并非“善意”。银行对内地公司收款账户已启动合规审查且冻结相应资金，内地公司明知上述代付行为正在被调查，且汇款可能为赃款时，仍然执意推进贸易行为，对被调查事项不与国外购货方沟通、已发货的没有进行拦截、未发货的继续发货，具有明显的“恶意”，并可以合理怀疑其是在通过合法形式掩盖非法目的，此一旦被证实，对货款应当一律予以追缴。

4. 资金混同问题应视混同比例、收付款时间金额等综合判断，不宜“一刀切”、机械适用。该案中银行流入香港特别行政区公司资金和其自有或者其他资金混同比例明显悬殊（银行汇入资金占香港特别行政区公司账户原有资金的比例高于90%），且香港特别行政区公司接收银行汇款，之后再汇出给内地公司时间最短仅为1个小时左右，可以合理怀疑其是在利用香港特别行政区公司进行“洗钱”或“掩饰隐瞒犯罪所得”的行为。

综上，关于资金混同应综合考虑交易背景的真实性、资金混同比例、汇款时间紧凑度、汇款金额密集度等，不能一律认为无法认定资金来源。具体可以参考最高人民法院《关于刑事裁判涉财产部分执行的若干规定》中关于赃款赃物与其他合法财产共同投资或者置业，以及赃款赃物用于清偿债务、转让或者设置其他权利负担时的追缴范围进行处置。

（二）涉案香港特别行政区公司代付货款是否合理

1. 国内公司收取代付货款是否合理

一般合同中会有付款时间、付款方式、付款账户信息等约定，当贸易相对方违反合同关于付款的约定，让无关联第三方汇入名为货款资金，且该货款金额与合同约定无法对应时，收款方常规操作应当是在第一时间和第三方汇款方和贸易相对方进行核实并询问原因，并对第三方身份进行调查，避免日后出现纠纷。如果没有相应证据，则国内公司可能具有一定过错。

2. **香港特别行政区公司代付货款的原因**

香港特别行政区公司为尼日利亚公司方代付货款，证明双方存在关联性，如果双方存在恶意串通，则可能构成共同诈骗或帮信类犯罪。

该案中，被告如何确认收到香港特别行政区公司汇款为货款、收到香港特别行政区公司汇款后的反应、对香港特别行政区公司代付货款原因的说明可用以综合判断跨国贸易的真实性和实际目的。

（三）内地公司与境外跨国贸易背景的真实性

出口贸易是比较复杂的过程，出口方需要准备货物的报关文件、合同文件，并有能够确定出口货物种类、数量、价格、付款结算方式等信息的文件。货物在通关过程中，还应有出口商品检验证书、进出口货物报关单、出口结汇核销单等单据。银行应详细比对上述资料信息，尤其是对合同流、资金流、货物流和发票流“四流”信息进行比对，对贸易活动真实性提出合理怀疑。

以该案为例，被告提供的报关资料和买卖合同约定以及实际操作存在多处差别：

1. 销售合同约定金额与香港特别行政区公司汇给被告的金额不同，且资金流动异常，符合洗钱特征。

2. 销售合同约定的支付方式为发货后90日电汇付款，与被告所称的由香港特别行政区公司代付款不同。

3. 被告提供的几日内分别连续签订的多份购销合同，均为销售同一种货物，不符合正常逻辑下的统一签署同一份合同，被告需要对此予以解释说明。

4. 销售合同有盖章但无签字，且多份合同买方签章位置、文字特征相同，合理怀疑为一个合同被复印多份，之后买方在上面盖章。

5. 被告报关合同与装箱单、商业发票、报关单、出口放行通知书不配套，大部分海运提单与后附每项小合同里的报关单提单号不一致，且部分提单无船运公司签章，部分合同签署时间晚于开具商业发票或装箱单时间，部分报关单和出口放行通知书没有报关行的签字，所有报关单上没有海关的签章。

6. 被告未提交仓单、委托报关凭证、运费凭证等重要材料，没有形成可以证实真实出口的完整证据链。

7. 部分合同、发票、装箱单的合同号、买方与对应的报关单中的合同号、收货人不一致。根据国际贸易报关规则，海关根据报关申请方提供的合同、发票、装箱单等信息予以审核并出具出口放行通知书，报关单中的合同号、收货人等重要信息必须与合同、发票、装箱单中对应的信息一致，若提交的重要信息不一致，按程序规定海关应不予审核通过，但被告却提供了出口放行通知书。据此，合理怀疑一是被告提供的报关单及出口放行单存在作假情况，可能系篡改或直接伪造；二是销售合同为虚假合同，由于不同于国内增值税发票有税务监管，国际商业发票可以由被告随意出具且没有约束，装箱单也可以由被告随意制作出具，均为其单方出具的书证，不能够证实贸易真实存在。

（四）该案中涉及的刑事犯罪

1. 帮助注册香港特别行政区公司的人可能涉嫌的刑事犯罪

该案中，帮助电信网络诈骗活动洗钱（或掩饰隐瞒犯罪所得）一方利用内地某农民身份证件注册多家香港特别行政区公司用于转移诈骗资金，若该农民明知对方使用其身份证件可能用于违法犯罪，仍基于某些好处将身份证件交给对方，则可能构成帮助信息网络犯罪活动罪；若该农民不但将身份证件交给对方，而且后续继续配合帮助转账、套现、取现、“刷脸”验证等，则可能构成掩饰、隐瞒犯罪所得、犯罪所得收益罪；若该农民与电信诈骗团伙长期合作，形成较稳定的配合关系，则可能构成诈骗罪的共犯。

2. 香港特别行政区公司与境外诈骗方可能构成共同犯罪

根据目前有限的案件信息，初步认为，该案是一起有组织、有计划、有预谋的集团犯罪案件，犯罪嫌疑人非法利用信息网络技术，通过在境外实施犯罪行为，将非法获取的利益转移到香港特别行政区的公司，然后再通过国际贸易代付款等方式，掩饰隐瞒犯罪所得，实现逃避法律追究的目的。

香港特别行政区公司在香港特别行政区可能涉嫌洗钱类犯罪，但在我国内地，则不符合法律规定的洗钱上游犯罪的构成要件，可能构成掩饰隐瞒犯罪所得罪。

若香港特别行政区公司和境外诈骗方属于一个团伙，只是团伙分工不同，共同分赃，则可能构成共同的诈骗类犯罪。

3. 内地公司与国外公司可能构成共同犯罪

在该案民事诉讼过程中，内地某公司实控人承认国外公司为其叔叔的公司，双方进行不正常跨国贸易，具有很大的刑事犯罪嫌疑。出于担心受到刑事处罚，该内地公司后来退回了香港特别行政区公司的货款。

因此，若能证明内地公司与国外公司存在关联关系，并结合双方交易的目的和交易真实性进行判断，不排除双方共同掩饰、隐瞒犯罪所得的可能，进而构成共同犯罪。

（五）被害人的认定

在该系列案件审理过程中，某被告提出该案资金是从国外分行客户的账户上流出，国外分行不属于被害人，对此笔者认为，被害人的认定要根据犯罪对象和损失承担人来判定。

首先，该案中，诈骗分子未与银行客户对接，而是直接与银行职员联系，采取欺骗手段使银行职员陷入错误的认识。银行属于机构，银行职员被骗实际代表的就是银行遭受了诈骗，银行根据错误的认识将客户账户资金转账给诈骗分子，因此银行为该案的被害人。

其次，银行负责保管客户账户内资金安全，在客户没有过错的情况下，账户资金被划走，银行应该承担相应的责任，最终的损失方为银行，银行当然为该案的被害人。

（六）管辖问题

根据《刑法》《刑事诉讼法》及相关司法解释的规定，犯罪行为地、犯罪结果地、犯罪嫌疑人所在地的司法机关对刑事案件均有管辖权。针对或者利用计算机网络实施的犯罪，犯罪地包括犯罪行为发生地的网站服务器所在地，网络接入地，网站建立者、管理者所在地，被侵害的计算机信息系统及其管理者所在地，被告人、被害人使用的计算机信息系统所在地，以及被害人财产遭受损失地。该案可根据案件证据情况和司法资源信息共享情况，合理解释犯罪行为地、犯罪结果地、犯罪嫌疑人所在地等法律事实，统一协调、部署、选择报案地点，并根据概率分布原则，选择不同标的额的案件进行精准报案。

（七）民刑交叉

对跨国电信诈骗案件，由于其刑事取证困难，当其无法在内地被刑事立案时，有效的民事判决或许可打开该类案件目前在我国内地难以维权的窘迫局面。

该案系跨境诈骗且到我国国内时已经是洗钱链路中的末端，从而取证困难，因此我国内地公安机关暂未予立案。但由于此案已在国外分行所在地和香港特别行政区立案并在香港特别行政区判决，因此犯罪活动的事实可以被认定。根据司法独立和主权管辖原则，境外刑事诉讼对内地司法没有约束力，因此该案并不属于“先刑后民”的情形。

（八）内地民事诉讼主体适格

该案中，民事诉讼的原告为国外分行。被告认为，原告诉讼主体不适格，理由为转账给香港特别行政区第一层级公司的账户为原告的客户，而非原告。某一审法院认为，原告向香港特别行政区公司汇款，被告收到香港特别行政区公司的汇款，此事原告已在香港特别行政区向香港特别行政区公司提起诉讼，判决已经生效，因此原告提起诉讼不适格。

本书认为，该案中的原告是否为适格主体，需要从以下两点论证：

1. 原告与该案被告存在直接的利害关系

（1）证明被告收到的货款为诈骗获得的赃款

虽然该案中被告未直接收到原告的转账资金，但是如果通过资金流水等证据可以证明货款为诈骗赃款，则被告为银行受损资金的最终得利人，原、被告之间存在利害关系。

（2）证明被告无偿或以不合理价格受让赃款

该案中，被告称香港特别行政区公司转入账户内资金为与第三方跨国贸易货款，并提供了合同、资金流水等证据证明，此时原告需要关注被告提供的证据能否证明收到的价款与跨国贸易具有关联性，或者对价是否存在不合理性。若资金无关联或者对价明显高于市场价，则被告不属于“善意第三人”。

2. 香港特别行政区法院判决不影响原告在内地起诉

（1）根据法律规定,[①] 可以得到内地法院认可和执行的判决必须是当事人存在书面协议管辖的民商事案件判决，而涉案双方当事人不存在协议管辖。

（2）银行是否可以在内地起诉属于程序性问题，应当适用内地相关程序性规定。我国《民事诉讼法》规定的“一事不再理”原则是指后诉与前诉的当事人相同；后诉与前诉的诉讼标的相同（法律关系或权利义务相同）；后诉与前诉的诉讼请求相同，或者后诉的诉讼请求实质上否定前诉裁判结果。该案中，香港特别行政区和内地案件的两个诉讼的当事人、诉讼标的和诉讼请求均不相同，不属于“一事不再理”范畴。因此，法院不能剥夺银行在内地起诉的权利。

（3）银行作为电信诈骗被害人，可基于刑事犯罪对涉案行为人违法所得进行追缴，起诉被告是因为有证据证明被告收到香港特别行政区公司的款项是涉案资金。根据法律规定,[②] 第三人善意取得涉案财物的，在执行程序中不予追缴。作为原所有人的被害人对该涉案财物主张权利的，人民法院应当告知其通过诉讼程序处理。鉴于香港特别行政区公司均为“空壳”公司，无可供执行财产，银行作为被害人经过追缴或者退赔不能弥补损失的，以刑事案件的被告人之外的责任主体为被告提起民事诉讼主张损失赔偿，并不违反“一

---

① 本案以案件审理时有效规范为准，即最高人民法院《关于内地与香港特别行政区法院相互认可和执行当事人协议管辖的民商事案件判决的安排》（法释〔2008〕9号）。现规范内容更新为，最高人民法院《关于内地与香港特别行政区法院相互认可和执行民商事案件判决的安排》（法释〔2024〕2号）。

② 最高人民法院《关于刑事裁判涉财产部分执行的若干规定》（法释〔2014〕13号）。

事不再理”的原则。[①] 银行有权通过民事诉讼程序继续主张权利。

3. 不存在重复诉讼导致重复获赔的问题

香港特别行政区法院已经判决退赔银行损失，若银行在内地提起民事诉讼是否属于重复诉讼？首先，所谓的香港特别行政区代付公司均为“皮包”公司，在案件发生后，早已人去楼空，香港特别行政区高等法院作出的判决为缺席判决，因此上述香港特别行政区公司事实上并没有可供执行的财产，不具备出现重复获得赔偿的可能性。其次，上述判决并未在内地得到承认和执行，即使得到内地承认和执行，也与该案无关，该案是基于被告在内地不当得利要求的返还，具有法律依据。最后，法官可以在该案裁判文书中对上述事实予以充分释明，以引用香港特别行政区判决的形式说明内地的判决和香港特别行政区判决相互区分，从而避免可能出现的重复获得赔偿的情况。

综上，笔者认为，该案中银行可以作为适格主体在内地提起民事诉讼。

三、风险提示

（一）识别大额转账支付指令真伪

银行应本着“了解你的客户”原则，承担风险防控责任。在客户发出大额转账支付指令时，要根据对客户经常进行的业务范围、

① 林某何、中国民生银行股份有限公司福州分行侵权责任纠纷案，最高人民法院（2018）最高法民再360号再审判决书。

交易习惯、转款金额、转款目的地等信息的了解，判断是否存在异常，并根据银行规定，向客户核实确认支付指令是否正确。银行一旦发现异常，应尽量多地向客户了解实际交易情况，必要时可以向公安部门求助。

(二) 强化内部职员的风险意识

银行均有比较完善的账户管理体系和规章制度，诈骗分子多数比较难成功。因此，一些银行遭受电信诈骗的案件表现为银行内部职员与诈骗分子内外勾结，共同造成银行遭受损失。该案中，诈骗分子能够骗得钱款，主要原因是银行内部职员失误将诈骗邮件误认为客户的邮件，并将客户信息进行修改，但当然不排除是银行内部职员和诈骗分子内外勾结，故意实施诈骗行为的可能性。

因此，银行平时应加强对员工遵纪守法的教育，避免其受到外部侵蚀，提高其法律意识。

(三) 警惕大量异常开户异常交易

大量电信诈骗类案件需要非法收购多张银行卡，银行卡分为多个层级，一般一级卡为最前端直接转移涉案资金，快进快出通过支付、转账、消费等方式拆分资金到多个层级的卡。有些银行仅凭身份证即可开户，对开户理由、提供的身份证明等材料审核不够严格，让犯罪分子有可乘之机，找“卡农”办理多张银行卡实施犯罪。如果能够在开户源头上及时发现异常并阻断涉案人员作案，可以有效地保障银行账户资金安全。

(四) 遭受侵害及时管控延迟交易

银行在对账户管理和交易检测时，应及时推送账户预警信息，对高度可疑账户采用实施管控或延迟账户交易，争取反应时间，阻断涉案资金的继续转移。

（五）积极搜集刑事犯罪证据

在完整的电信网络诈骗犯罪团伙中，各角色分工明确。诈骗活动一般由实施诈骗的幕后主犯统一谋划，各个环节的行为人可能互不认识、互不接触。诈骗采取网络通话或者先进的网络技术等非见面方式，诈骗成功后诈骗资金被立刻进行转移以及清洗。即便某个环节的涉案行为人被发现，但因为其对上下游不接触、不了解，公安机关很难调取到完整的证据链条，追回损失。因此，在遇到电信网络诈骗案件时，要根据上文的法律分析，积极搜集调取相关证据，运用多种手段追赃挽损。

第四章

银行业刑民交叉法律问题

第一节 理论争鸣、现实规范与处理原则

一、理论争鸣

虽然本书旨在研究和探讨实务问题，但因为理论与实践之间存在的辩证关系，特别是在刑民交叉领域对各种问题争议巨大的背景之下，对相关理论观点的梳理和深入了解，将非常有助于理解、分析、解决复杂的刑民交叉案件，为理论研究提供鲜活的研究素材，从而有助于推动相关立法和司法解释的不断完善。

为方便读者理解，本书将刑民交叉的主要理论观点归纳总结如下：

首先，围绕刑民交叉，从宏观而言，主要有两种观点：一种观点认为，“刑法学理论不应创制和使用没有影响力与实际意义的非概念、虚概念，不能用非概念、虚概念掩盖、转移刑法争议问题的症结与焦点……即使认为‘刑民交叉’是一个概念，它也不是对事物本质的思考，刑法学不应当创制和使用这一概念”。[①] 另一种观点则认为，“刑行民交叉不仅是一个真问题，而且是一个越来越突出的问题。这也是经济社会法治全面发展的必然现象，不以人的意志为转移。改革开放之前，经济关系简单，社会关系简单，法律关系也很简单，所以那时候没有多少刑行民交叉问题，有的话也多是刑事附带民事诉讼。但随着市场经济的发展，社会主体的活动日益复杂多元，违法的、犯罪的、民事的、行政的行为就交织起来了，所以刑

---

① 张明楷：《刑法学中的概念使用与创制》，载《法商研究》2021年第1期。

行民交叉将是一个只会增多不会减少的客观现实”。① 很多人认为，上述两种观点是相互排斥的，其实不然。前者主要是从规范概念的角度对“刑民交叉”概念提出的质疑，后者并未讨论概念问题，而是围绕刑民交叉的“问题”展开的讨论，并不涉及具体规范概念。因此，持后一观点的专家、学者才进一步提出，可以将“刑民交叉”问题概括为“刑民交织”“刑民关联”“刑民互涉”等。

其次，在承认刑民交叉问题客观存在的基础上，关于刑民交叉问题的具体类型或者内涵，又主要分为两种观点：一种观点认为，刑民交叉，是指刑事法律关系和民事法律关系的交叉；另一种观点则认为，刑民交叉，是指刑事法律事实（主要是行为）和民事法律事实（主要是行为）的交叉。因“法律关系交叉说”不够明确、具体，且主要从民事角度出发（因为刑事法律关注犯罪构成要件和犯罪行为而非法律关系），“法律事实交叉说”目前在理论和实践中更具说服力。

再次，法律事实交叉又可以分为两类：一类是牵连型的交叉，另一类是竞合型的交叉。“牵连型刑民交叉，是指同一主体实施不同法律事实，该法律事实分别构成刑事犯罪和民事不法，但刑事犯罪与民事不法之间存在牵连关系的情形。由此可见，这种牵连型的刑民交叉是以存在两个法律事实为前提的，只不过这两个法律事实之间具有一定的关联性。这里的竞合型刑民交叉，是指同一主体实施同一法律事实，同时构成刑事犯罪和民事不法的情形……在竞合型刑民交叉中，又可以进一步分为两种类型：一是排斥关系的刑民交叉，二是并存关系的刑民交叉。这里的排斥关系的刑民交叉，是指

① 江必新、胡云腾、王轶：《刑行民交叉疑难问题研究》，载微信公众号“中国法律评论”2021年12月16日，https://mp.weixin.qq.com/s/vta-2qVX2fy52UTrmVhaWw。

同一法律事实所涉嫌的刑事犯罪与民事不法之间具有排斥关系：刑事犯罪的成立以否定民事法律关系为前置条件，反之亦然，民事法律关系的成立以否定刑事犯罪的构成为前置条件。并存关系的刑民交叉，是指同一法律事实构成犯罪但并不排斥民事法律关系的存在。换言之，刑事犯罪与民事不法可以同时成立。”①

最后，对上述牵连关系的刑民交叉，目前通说认为，刑事案件和民事案件应当以分别审理为原则，一般不存在谁先谁后的问题，即“刑民并行”。但是，对竞合型的刑民交叉，有的学者认为，原则上亦应当“刑民并行”，在例外情况下才适用“先刑后民”；有的学者则认为，应当根据“排斥型交叉”和“并存型交叉”进行分别处理：对于排斥关系的刑民交叉，由于刑民只能择其一成立，所以就不存在谁先谁后的问题；而对于“并存型交叉”，则原则上应当“刑民并行”。②

二、现实规范

改革开放以来，为公正稳妥处理不断增多的刑民交叉案件，中央政法机关曾发布多个司法文件或司法解释，其中比较有代表性的有：

1985 年出台的最高人民法院、最高人民检察院、公安部《关于

① 陈兴良：《刑民交叉案件审理的司法规则——实体法与程序法的双重考察》，载《中国刑事法杂志》2024 年第 2 期。

② 参见王利明：《“刑民并行”：解决刑民交叉案件的基本原则》，载《中国刑事法杂志》2024 年第 2 期。

及时查处在经济纠纷案件中发现的经济犯罪的通知》规定，在审理经济纠纷案件时，如发现经济犯罪，应当将经济犯罪的有关材料分别移送有管辖权的公安机关或检察机关。但其并未明确该经济纠纷是否还继续审理，出现推诿、争抢等现象。

1987 年出台的最高人民法院、最高人民检察院、公安部《关于在审理经济纠纷案件中发现经济犯罪必须及时移送的通知》强调，在经济纠纷与经济犯罪发生交叉时，一般应当将经济犯罪与经济纠纷全案移送，体现了“重刑轻民”“先刑后民”的思路。

1997 年出台的最高人民法院《关于审理存单纠纷案件的若干规定》对“先刑后民”的适用作了限定，即“确须待刑事案件结案后才能审理的”，纠正了以往明显“重刑轻民”的倾向，规定在审理存单纠纷案件时，部分案件应当“刑民并行”。

1998 年出台的最高人民法院《关于在审理经济纠纷案件中涉及经济犯罪嫌疑若干问题的规定》，在坚持刑事优先原则的基础上，有限度地提出了刑民分开处理的某些情形。如规定：“同一自然人、法人或非法人组织因不同的法律事实，分别涉及经济纠纷和经济犯罪嫌疑的，经济纠纷案件和经济犯罪嫌疑案件应当分开审理……人民法院作为经济纠纷受理的案件，经审理认为不属经济纠纷案件而有经济犯罪嫌疑的，应当裁定驳回起诉，将有关材料移送公安机关或检察机关。”

此后，2000 年出台的最高人民法院《关于审理票据纠纷案件若干问题的规定》，2005 年最高人民法院《关于银行储蓄卡密码被泄露导致存款被他人骗取引起的储蓄合同纠纷应否作为民事案件受理问题的批复》，2014 年出台的最高人民法院、最高人民检察院、公安部《关于办理非法集资刑事案件适用法律若干问题的意见》，2015

年出台的最高人民法院《关于审理民间借贷案件适用法律若干问题的规定》，2018 年出台的最高人民检察院、公安部《关于公安机关办理经济犯罪案件的若干规定》均对特定情形下的“刑民并行”处理方式持开放态度，进一步缩小了刑事优先原则的适用，特别是 2019 年《全国法院民商事审判工作会议纪要》的出台，进一步明确和细化了刑民交叉案件的处理原则。

三、处理原则

2001 年中国加入 WTO 以后，民商事纠纷急剧增多，最高人民法院先后发布或修改了多个涉及刑民交叉案件处理的司法解释和司法文件，进一步缩小了刑事优先原则的适用，特别是在 2019 年《全国法院民商事审判工作会议纪要》出台以后，刑民交叉案件的多元处理方式已逐渐成为共识：

一是“分别审理”，即同一当事人因不同事实分别发生民商事纠纷和涉嫌刑事犯罪，民商事案件与刑事案件应当分别审理。主要有下列情形：

1. 主合同的债务人涉嫌刑事犯罪或者刑事裁判认定其构成犯罪，债权人请求担保人承担民事责任的；

2. 行为人以法人、非法人组织或者他人名义订立合同的行为涉嫌刑事犯罪或者刑事裁判认定其构成犯罪，合同相对人请求该法人、非法人组织或者他人承担民事责任的；

3. 法人或者非法人组织的法定代表人、负责人或者其他工作人员的职务行为涉嫌刑事犯罪或者刑事裁判认定其构成犯罪，受害人请求该法人或者非法人组织承担民事责任的；

4. 侵权行为人涉嫌刑事犯罪或者刑事裁判认定其构成犯罪，被保险人、受益人或者其他赔偿权利人请求保险人支付保险金的；

5. 受害人请求涉嫌刑事犯罪的行为人之外的其他主体承担民事责任的。

二是“先刑后民”，即人民法院在审理民商事案件时，如果民商事案件必须以相关刑事案件的审理结果为依据，而刑事案件尚未审结的，应当根据《民事诉讼法》第153条第5项的规定裁定中止诉讼。待刑事案件审结后，再恢复民商事案件的审理。如果民商事案件不是必须以相关的刑事案件的审理结果为依据，则民商事案件应当继续审理。

三是“先民后刑”，即刑事案件须以民事案件查明的事实为依据，民事部分可以先行审理，而后才审理刑事部分。例如，在一些职务侵占、挪用资金类型的案件中，判断行为人的行为是否成立犯罪的前提之一，就是被“侵占”或者“挪用”的财产是否属于涉案公司的财产，如果犯罪对象涉及的财产权属存在争议，关于财产权属的民事案件就应被先行审理。在银行业部分刑民交叉案件中，也会存在是否“先民后刑”的争议。例如，骗取贷款案件中认定造成“重大损失”，是否要求先通过民事诉讼追究担保人的保证责任？或者对于抵押、质押物是否可以足额清偿贷款，是否需要通过先提起民事诉讼与执行程序确认？笔者将在下文结合银行业刑民交叉案件的特点对上述问题进行具体阐述。

第二节 银行刑民交叉问题主要特点和基本类型

一、主要特点

一是涉案金额大。与非金融行业相比，银行业刑民交叉案件的涉案金额往往非常巨大，百万元、千万元标的的案件通常只是初级，亿万元标的的案件非常常见，百亿元级别的案件亦不在少数。这与银行作为金融业的核心机构之一，主营货币信贷业务，每天都与海量资金“打交道”的特点密切相关。

二是涉及主体多。银行业务除涉及信贷双方外，还可能涉及多个担保方、反担保方、通道方、合作方、关联方等，相关票据业务还同时涉及出票人、背书人、贴现人、转贴现人等主体，即便仅涉及资金的流入、流出、结算业务，也会涉及多个资金流主体，甚至在同一业务主体中还存在优先级、劣后级、回购方等多个主体，这些都会导致相关刑民交叉问题的进一步复杂化。

三是法律关系杂。这一点与银行刑民交叉业务涉及的资金量大、主体多是密切相关的。资金量大往往伴随资金流向分散，主体多通常意味着法律关系错综复杂，二者叠加，导致涉及的刑民交叉问题更加复杂。仅以洗钱或者掩饰、隐瞒犯罪所得、所得收益罪涉及的刑民交叉问题为例，如果上游资金源于多家银行，并交错流向多个交易主体，交易主体本身又存在合法与非法资金混同的资金池，资金池内的资金再通过外表合法的购销贸易形式支付对价给关联方，其中涉及的法律问题就至少包括：上游犯罪的查证情况与认定（先刑还是先民的问题）、下游支付结算行为的合规审查、资金混同的民事认定、不当得利和代位权诉讼的案由选择，以及相关民事纠纷的举证责任分配等一系列相互交织和相互影响的刑民交叉法律问题。

四是内部责任大。商业银行特别是其中的国有银行，在处理涉及银行业刑民交叉法律问题时，不但要充分考虑全面追赃挽损，还要考虑勤勉尽职履职、内部合规等诸多问题。以骗取贷款案为例，借款人通过财务造假骗取银行大量信贷资金到期后无法偿还，借款人被采取刑事强制措施后，其在境外的配偶表示愿意替犯罪嫌疑人偿还部分资金，但要求银行出具谅解书并协助向办案机关申请为犯罪嫌疑人办理取保候审，银行决策层如果贸然出具谅解书，可能导致犯罪嫌疑人取保后不再积极偿还剩余贷款，如果不出具则可能导致银行追赃挽损数额大大降低。面对如此“两难”选择，银行如何作出决策，如何保证自己的决策不存在失职渎职风险，是银行业在处理刑民交叉问题过程中经常遇到的问题。

二、法律分类

按照法律行业的分类标准，银行业刑民交叉法律问题主要可以分为以下 4 类：一是法律性质的认定。即首先需要确认相关法律问题或者案件属于刑事还是民事领域，抑或是二者兼有，以采取相应的法律应对措施。如果属于刑事问题，则通过刑事报案解决；如果属于民事问题，则通过民事协商或者诉讼解决；如果二者兼有，则分别处理。二是诉讼程序的选择。如果相关法律问题既涉及民事又涉及刑事，则存在先民后刑、刑民并行或者先刑后民三种程序的选择问题。三是刑事附带民事的范围。主要是针对银行作为被害人的刑事案件，在要求追究犯罪嫌疑人、被告人刑事责任的同时，可否以及在什么情况下提出怎样的附带民事诉讼要求。四是刑事追赃与民事救济的区分。即对于同一类诉讼资产，如果分别属于不同刑事、民事案件的执行标的，或者涉及不同诉讼主体或案外人的利益，如何区分执行的先后顺序、比例等问题。

三、业务分类

按照银行内部业务构成，银行业务主要分为负债业务、资产业务、中间业务三大类。同时，如前文所述，虽然大多数产品或服务是由资产业务、负债业务、中间业务既有产品或业务衍生而来，但创新业务面临与既有产品或业务不同的风险，故有必要对创新业务可能涉嫌的刑事风险进行独立提示。与此相对应，本书按照业务分类将银行业刑民交叉法律问题分为：负债业务刑民交叉问题、资产业务刑民交叉问题、中间业务刑民交叉问题和创新业务刑民交叉问题。

（一）负债业务刑民交叉问题

银行的负债业务是银行通过吸收和借入等手段形成资金来源的业务，是银行开办资产业务和其他业务的基础与前提条件之一，主要包括存款业务和非存款负债业务。负债业务涉及的刑民交叉法律问题中最典型的就是“刑民并行”问题。最高人民法院曾公布一起典型案例，具体情况如下：

2014年5月，赵某一到甲银行北城支行办理存款业务，通过该支行大堂经理赵某二（赵某一的孙女）介绍认识张某一和刘某一（非银行工作人员），了解到乙银行有贴息存款业务，500万元起存，定期一年，银行除定期利息外再支付4%的利息。2014年5月16日，赵某一和赵某二来到甲银行北城支行存款3118万元。后在张某一、刘某一的带领下又到乙银行育岗支行开立借记卡，卡号为62×××24，并将北城支行卡上的3000万元存款分6笔每笔500万元转到育岗支行尾号为8824的卡上，分别办理了一年期定期存款业务，年利率3.3%，到期日均为2015年5月16日。2014年5月19日，赵某一又在张某一、刘某一的陪同下来到乙银行建南支行。当日，赵某一在《个人客户业务申请书》（开户）、《个人客户业务申请书》（网银）、《电子银行注册申请书》、《电子银行个人客户变更事项申请书》上均有签字，经赵某一当庭辨认确认该签字为其本人所签，以上4份业务凭证上均加盖有“现场管理范某一”的名章。根据以上业务凭证可以看出，2014年5月19日当天，赵某一开立了卡号为62×××31的借记卡，开通该卡网上银行功能，并添加在乙银行育岗支行开立的尾号为8824的银行卡的网上银行功能。当日网上银行业务办理完毕后，赵某一在乙银行建南支行开立的尾号为4531的银行卡上收到了120万元利息，付款账号为62×××65（户名不详），庭审中乙银行建南支行、育岗支行表示该利息并非银行支付。2015年5月存款到期，赵某一到乙银行育岗支行查看存款，育岗支行工作人员告知其存款已于2014年5月28日起分多笔通过乙银行的网上银行渠道转至62×××65等他人不同的银行账号上。本案庭审过程中，赵某一、建南支行、育岗支行均对定期存款3000万元被通过网银渠道转走的事实无异议，且银行账号为62×××65的收款账号与向赵某一支付120万元高息的账号为同一账号。

另，某中级人民法院于2018年12月27日作出刑事判决，认定范某一、董某等人构成盗窃罪，分别判处有期徒刑，追缴范某一、董某等人非法所得的赃款赃物，追缴后发还给储户办理存款的银行。根据法院调取证据中董某的系列讯问笔录显示，公安部门从董某处搜到了与赵某一尾号4531的银行卡相符的U盾及其他储户的U盾；董某称其在2012年即开始通过范某一获得银行储户的卡号、U盾和网银登录密码，通过网上银行将储户卡内的资金转移到自己所控制的银行卡上，并向范某一支付2%～10%不等的“好处费”；张某一、刘某一、赵某二的证言均可证实在乙银行建南支行营业厅内由范某一指导赵某一办理业务；关于赵某一前后三笔合计5000万元的存款，范某一自认其主动介绍给董某，且收到了董某支付的300万元“好处费”；董某称其向范某一支付了500万元的“好处费”，共中300万元已经支付至范某一指定的银行卡上，200万元为向范某一的借款并向范某一支付利息。

法院认为，建南支行与赵某一之间系电子银行服务合同关系，根据该种合同的性质及目的，作为储户的赵某一以及为储户提供电子银行服务的建南支行，均应遵循诚实信用原则履行各自的合同义务，共同保障储蓄存款的安全。

但建南支行与赵某一在履行电子银行服务合同过程中，均有违反诚实信用原则的不当履行行为，对于赵某一存款的损失，双方均应承担相应的民事责任。

首先，建南支行在为赵某一办理网上银行业务时存在未尽最大注意义务以及风险提示义务的违约行为。范某一作为建南支行的大堂经理，其工作职责是对进入银行办理业务的客户进行引领指导、提供业务咨询、推介产品、维持秩序等，在赵某一办理业务的4张凭单即《个人业务申请书》（开户）、《个人业务申请书》（网银）、《电子银行注册申请书》、《电子银行个人客户变更事项申请书》上均有"现场管理范某一"的名章，也说明范某一在赵某一办理银行业务时履行了相应的职务行为。但范某一并未正确履职，反而是利用其履行职务的便利，与案外人董某相勾结，将控制储蓄资金流转的网银登录密码、网银U盾提供给董某，导致赵某一的存款因范某一、董某等人的犯罪行为被转走而遭受损失。上述事实表明，范某一利用银行工作人员身份和职务便利，在履行职务过程中严重违规，反映出建南支行在内部管理方面存在漏洞。赵某一虽然在开户、注册网银、添加网银等业务的申请书上签字确认，但建南支行面对该等大龄储户应当尽到最大注意义务，给予进一步的风险提示。但现无证据证实建南支行对赵某一进行了相关提示，反而任由赵某一在范某一指引下设置初始密码、任由范某一经手装有U盾的档案袋、任由赵某一在不是该行工作人员的案外人陪同下修改密码。上述事实表明，建南支行作为专业金融机构，在为普通储户尤其是年龄偏大的类似赵某一的储户办理网银、交付U盾等直接关系存款安全的业务过程中，应当但未尽到最大注意义务和风险提示义务，工作流程和业务操作规范亦存在重大漏洞。上述均属建南支行在履行电子银行服务合同过程中的违约行为。另，虽然赵某一的存款最终被董某等人的犯罪行为转走，但并无证据证实赵某一与董某之间达成借贷的共同意思表示，故建南支行所提赵某一与董某之间构成借贷法律关系的主张，依据不足，法院不予支持。

其次，赵某一在开通网银过程中有未尽合理注意义务的违约行为。赵某一虽然在办理储蓄、开通网银业务时已逾70岁，年龄偏大，但其作为完全民事行为能力人，同时是3000万元资金的大额储户，其对自身储蓄存款的安全同样负有注意义务。其一，赵某一未从源头上尽到谨慎注意义务。一年定期存款能够获取额外年利率4%的利息、额外利息由第三人而非银行支付、提前支付而非到期支付、向专门开立的利息卡支付而非向存款账户支付、存款期间不得查询、提前支取等业务模式及规则，均明显与正常银行业务不符。赵某一未产生怀疑，而是完全听信范某一等人的说辞，未尽到应有的注意义务。其二，赵某一对网银初始密码的设置违反注意义务。密码作为保障资金安全的电子钥匙，具有私有性、秘密性，密码泄露将直接导致资金风险。但赵某一开通网银时输入的密码不是自己设置，而是范某一指定的密码，该行为放任了其资金账户被他人控制、处置的风险。其三，赵某一对U盾被他人控制未尽到相应的注意义务。双方当事人对于建南支行是否将U盾交付赵某一这一情节存在争议，赵某一主张建南支行柜台未将U盾直接交付于他，建南支行则主张柜台将装有U盾的档案袋交给了赵某一，赵某一又交给了范某一。从公安机关对案外人的询问笔录看，柜台工作人员将装有U盾的档案袋交给赵某一，赵某一又交给范某一的可能性较大。但无论是赵某一主张的建南支行柜台未将U盾直接交付于他，还是建南支行主张的赵某一接手后又交给了范某一，结果均是赵某一未能掌握U盾。但赵某一签字的《个人业务申请书》上明确提示，U盾是保护网上银行和账户资金安全的重要工具，切勿将U盾及其密码交给他人。显然，赵某一对U盾被他人控制未尽到合理的注意义务，也无视了前述《个人业务申请书》对于U盾重要性的提示。即便赵某一因年龄原因或者基于对建南支行的充分信任，未注意《个人业务申请书》中的特别提示，不知道U盾的存在，不知道U盾被他人掌握可能导致的不法侵害，但这属于个人认识问题，不能免除其应当承担的法律责任。赵某一的上述不当履行行为为范某一、董某等人的犯罪行为提供了便利，对其存款损失亦存在过错。

最后，案涉存款损失的民事责任承担问题。建南支行作为专业金融机构，应当对储户存款以及结算业务等负有保障安全的义务，尤其是在当今社会公众对专业化服务依赖程度越来越高的情况下，金融机构更应遵循诚实信用原则尽到最大的注意义务，制定完善的业务规则和操作规范，加强内部管理。但如前所述，建南支行工作人员范某一在赵某一开通网银过程中，为赵某一指定初始密码，并将U

盾提供给其他犯罪分子，不仅未尽到风险提示义务，反而严重违反操作规范，表明建南支行在内部管理、工作流程和业务操作规范方面存在重大漏洞。故建南支行应当对赵某一的存款损失承担主要责任，法院酌定为赵某一本金损失的95%，即赵某一存款本金3000万元扣除已收取的额外利息120万元为2880万元，其中95%为2736万元。同时，赵某一在开通网银过程中也未尽到合理的注意义务，对其本金损失应自担5%的责任。关于赵某一主张的利息和违约金，为体现双方均有违约均应承担相应责任的原则，法院酌定建南支行自存款之日即2014年5月16日起至付清之日止，按照中国人民银行同期活期存款利率向赵某一支付利息。①

上述案例亦属于《全国法院民商事审判工作会议纪要》第128条规定的典型的“刑民并行”情形之一，即“法人或者非法人组织的法定代表人、负责人或者其他工作人员的职务行为涉嫌刑事犯罪或者刑事裁判认定其构成犯罪，受害人请求该法人或者非法人组织承担民事责任的”，民商事案件与刑事案件应当分别审理。

（二）资产业务中的刑民交叉

银行的资产业务是商业银行运用其吸收的资金，从事各种信用活动，以获取利润的行为，主要包括贷款业务、贴现业务、投资业务等。以票据贴现业务为例，实践中以票据贴现为手段的多链条融资模式被称为票据清单交易、封包交易，即商业银行之间就案涉票

① 中国工商银行股份有限公司石家庄建南支行、赵某借记卡纠纷、金融借款合同纠纷，最高人民法院（2019）最高法民再365号再审民事判决书。

据订立转贴现或者回购协议，附以票据清单，或者将票据封包作为质押，双方约定按照票据清单中列明的基本信息进行票据转贴现或者回购，但往往并不进行票据交付和背书。在实务中，双方还往往再订立一份代保管协议，约定由原票据持有人代对方继续持有票据，从而实现合法、合规的形式要求。

关于上述票据清单交易、封包交易案件中的民刑交叉问题，《全国法院民商事审判工作会议纪要》第 105 条规定，人民法院在案件审理过程中，如果发现公安机关已经就实际用资人、直贴行、出资银行的工作人员涉嫌骗取票据承兑罪、伪造印章罪等立案侦查，一方当事人根据最高人民法院《关于在审理经济纠纷案件中涉及经济犯罪嫌疑若干问题的规定》第 11 条的规定申请将案件移送公安机关的，因该节事实对于查明出资银行是否为正当持票人，以及参与交易的其他金融机构的抗辩理由能否成立存在重要关联，人民法院应当将有关材料移送公安机关。民商事案件的审理必须以相关刑事案件的审理结果为依据的，应当中止诉讼，待刑事案件审结后，再恢复案件的审理。案件的基本事实无须以相关刑事案件的审理结果为依据的，人民法院应当继续案件的审理。参与交易的其他商业银行以公安机关已经对其工作人员涉嫌受贿、伪造印章等犯罪立案侦查为由请求将案件移送公安机关的，因该节事实并不影响相关当事人民事责任的承担，人民法院应当根据《最高人民法院关于在审理经济纠纷案件中涉及经济犯罪嫌疑若干问题的规定》第 10 条的规定继续审理。

（三）中间业务中的刑民交叉

商业银行中间业务，是指不构成商业银行表内资产、表内负债，形成银行非利息收入的业务。商业银行常见的中间业务主要有结算、租赁、信托、代理、信用卡、担保、咨询顾问业务等。

以信用卡业务为例，根据我国《刑法》第 196 条及相关司法解释的规定，行为人以非法占有为目的，通过窃取、收买、骗取或者其他非法方式获取他人信用卡信息资料，并通过互联网、通讯终端等使用的，应认定为冒用他人信用卡进行信用卡诈骗活动，涉案数额达到较大标准以上的，应按照信用卡诈骗罪定罪处罚。此类犯罪行为既侵犯被害人的人身权利（如非法获取公民个人信息），也侵犯被害人的财产权利。因行为人侵犯的财产对象系银行借记卡内的存款，遭受财产损失的主体为发卡银行或持卡人，认定二者的损失，应结合民事裁判中的过错原则，即按照发卡银行和持卡人在被告人获取信用卡信息资料、盗刷过程中是否存在过错以及过错程度等进行实质性审查和认定，并以此为依据责令被告人向被害人退赔损失。但在侵财类刑事案件中，被害人一般无法通过附带民事诉讼主张财产损失，无法在刑事诉讼过程中实现其诉讼权利，如果法院在刑事诉讼过程中依职权审查证据并确定当事人的过错程度，有可能剥夺当事人的民事诉讼权利。因此，关于财产损失被害人的确定以及退赔对象和数额问题，有些法院会采取概括性表述的方式，并不明确具体主体和数额，引导当事人另行提起民事诉讼，在民事诉讼中确定相关主体的过错程度以及数额等，待民事判决发生法律效力后，案件执行再按照“刑民并进”原则处理。①

（四）创新业务

银行的创新业务并不属于严格意义上的银行业务分类，主要是

① 参见牟林德：《吴某、吴某某、王某某信用卡诈骗案——认定信用卡诈骗罪的要点以及其中刑民交叉问题的处理》，载《中国经济评论》2023 年第 3 期。

指银行利用新技术和新的服务模式，以提高服务效率、降低成本、增强客户体验，并开拓新的市场和业务领域。创新业务既可以是负债业务，也可以是资产业务或者中间业务，还可能是几种业务的交叉组合，故其所涉及的刑民交叉法律问题比较复杂，有必要对其单独分析研究。

以保兑仓业务为例，保兑仓交易作为一种新类型融资担保方式，其基本交易模式是，以银行信用为载体、以银行承兑汇票为结算工具、由银行控制货权、卖方（或者仓储方）受托保管货物并以承兑汇票与保证金之间的差额作为担保。其基本的交易流程是，卖方、买方和银行订立三方合作协议，其中买方向银行缴存一定比例的承兑保证金，银行向买方签发以卖方为收款人的银行承兑汇票，买方将银行承兑汇票交付卖方作为货款，银行根据买方缴纳的保证金的一定比例向卖方签发提货单，卖方根据提货单向买方交付对应金额的货物，买方销售货物后，将货款再缴存为保证金。在三方协议中，一般而言，银行的主要义务是及时签发承兑汇票并按约定方式将其交给卖方，卖方的主要义务是根据银行签发的提货单发货，并在买方未及时销售或者回赎货物时，就保证金与承兑汇票之间的差额部分承担责任。银行为保障自身利益，往往还会约定卖方要将货物交给由其指定的当事人监管，并设定质押，从而涉及监管协议以及流动质押等问题。实践中，当事人还可能在前述基本交易模式基础上另行作出其他约定，只要不违反法律、行政法规的效力性强制性规定，这些约定应当被认定有效。保兑仓交易以买卖双方有真实买卖关系为前提。双方无真实买卖关系的，该交易属于名为保兑仓交易实为借款合同，保兑仓交易因构成虚伪意思表示而无效，被隐藏的借款合同是当事人的真实意思表示，如不存在其他合同无效的情形，应当被认定有效。保兑仓交易认定为借款合同关系的，不影响卖方和银行之间担保关系的效力，卖方仍应当承担担保责任。①

但是，如果行为人通过保兑仓交易形式，骗取银行承兑汇票或者诈骗交易对手，或者交易双方恶意串通骗取银行资金的，如何根据交易流程和各方责任确定刑事被害人以及刑、民法律关系，是实践中争议非常大的刑民交叉法律问题，需要根据具体案件的证据和事实进行深入分析。

① 参见《全国法院民商事审判工作会议纪要》（法〔2019〕254号）第68条至第70条。

第三节 银行业刑民交叉常见问题与解决思路

一、骗取贷款罪中“重大损失”的认定

（一）有关“重大损失”的相关规定

最高人民检察院、公安部《关于公安机关管辖的刑事案件立案追诉标准的规定（二）》（2022年）第22条规定，重大损失指的是金融机构的直接经济损失，即逾期未偿还银行或其他金融机构的信贷资金。但直接经济损失的定义在骗取贷款罪相关的司法解释中尚没有被明确，鉴于骗取贷款罪和职务犯罪同属于经济犯罪，参考最高人民检察院《关于渎职侵权犯罪案件立案标准的规定》（高检发释字〔2006〕2号）的定义，“本规定中的‘直接经济损失’，是指与行为有直接因果关系而造成的财产损毁、减少的实际价值”。

中国银监会2007年7月3日颁布实施的《贷款风险分类指引》第5条对贷款“损失”的定义为，“在采取所有可能的措施或一切必要的法律程序之后，本息仍然无法收回，或只能收回极少部分”，银行或者其他金融机构在采取诉讼、强制执行等穷尽一切法律手段后仍不能清偿的，才能判定造成重大损失。

财政部《金融企业呆账核销管理办法》（财金〔2017〕90号）第二章“呆账核销条件及程序”规定，金融企业经采取必要措施和实施必要程序之后，符合相关认定标准才可认定呆账，并要求金融企业呆账核销应提交采取的补救措施及其结果、追偿证明等。《金融

企业呆账核销管理办法》附件1《一般债权或股权呆账认定标准及核销所需相关材料》要求，由于借款人和担保人不能偿还到期债务，金融企业诉诸法律，借款人和担保人虽有财产，但对借款人和担保人强制执行超过1年仍无法收回的债权；或者借款人和担保人虽有财产，但进入强制执行程序后，由于执行困难等原因，经法院裁定终结或者终止（中止）执行程序的债权；或者借款人和担保人无财产可执行，法院裁定执行程序终结或者终止（中止）的债权，应当提交强制执行证明或者法院裁定证明、财产追偿证明。

2009年公安部经济犯罪侦查局在《关于骗取贷款罪和违法发放贷款罪的立案追诉标准问题的批复》（公经〔2009〕314号）中明确了不良贷款数额不等于重大损失数额。“二、关于给银行或者其他金融机构‘造成重大损失’的认定问题。如果银行或者其他金融机构仅仅出具‘形成不良贷款数额’的结论，不宜认定为‘重大经济损失数额’。根据目前国有独资银行、股份制商业银行实行的贷款五级分类制，商业贷款分为正常、关注、次级、可疑、损失五类，其中后三类称为不良贷款。不良贷款尽管‘不良’但不一定形成了既成的损失，因此‘不良贷款’不等于‘经济损失’，也不能将‘形成不良贷款数额’等同于‘重大经济损失数额’。”该规定解释了银行的不良贷款和刑法上的重大损失之间的关系，对实践有重大指导意义。

根据上述规定，可以看出认定重大损失的条件包括：第一，该损失与欺骗行为有直接的因果关系，是贷款人的欺骗行为本身造成的，没有被其他介入因素阻断因果关系；第二，该损失是已经实际发生的价值损耗，而不是预期利益的减少；第三，损失数额应超过50万元；第四，银行的不良贷款数额不等于重大损失数额。

(二)司法实践中“重大损失”的认定

金融机构的重大损失，一定是指具有终局性的、现实的损失。如果贷款已得到清偿，或者贷款有足额担保，担保人已代为偿还的，或者贷款在案发时未到期等，则不存在金融机构的重大损失，定罪亦无从谈起。司法实践中对该重大损失的判断标准争议较大。一种观点认为，根据中国人民银行《贷款风险分类指导原则》（银发〔2001〕416号）第4条、中国银监会2007年7月3日颁布实施的《贷款风险分类指引》第5条对贷款“损失”的定义，即“在采取所有可能的措施或一切必要的法律程序之后，本息仍然无法收回，或只能收回极少部分”，银行或者其他金融机构在采取诉讼、强制执行等穷尽一切法律手段后仍不能清偿的，才能判定造成重大损失。另一种观点认为，行为人不能按期归还资金，也没有提供足额有效抵押，就应认定给银行或者其他金融机构造成重大损失。对于后期在判决前通过法律手段获得清偿的，可酌定从宽处罚。

全国人大常委会法制工作委员会刑法室处长许永安在其主编的《刑法修正案（十一）解读》中认为，实践中对是否造成“重大损失”的判断时点和标准不能过于机械，不能要求穷尽一切法律手段后才确定是否造成损失，如行为人采取欺骗手段骗取贷款，此后不能按期归还资金，也没有提供有效担保，就应认定给银行等金融机构造成重大损失，而不能要求银行等在采取诉讼等法律手段追偿行为人房产等财产依旧不能清偿之后，才判定其遭到重大损失。

经查询相关裁判文书，各地法院对重大损失的界定，存在明显差异。主要有以下几种情形：一是只要贷款逾期未偿还，即认定造成了损失。二是贷款逾期后，经金融机构多次催收未偿还，即认定为损失。三是以担保债权实现情况作为损失认定依据，具体又分为3种情况：其一，借款人没有提供有效担保，包括虚假担保和不足额担保，导致贷款到期后无法偿还；其二，经法院执行程序，在处置担保物或者保证人名下资产后，仍无法偿还贷款；其三，贷款逾期后，债权人经穷尽一切执行措施，包括拍卖、变卖、以物抵债后，仍无法偿还贷款。

（三）对银行认定和计算“重大损失”的梳理

根据上述分析，结合司法判例，不同情形认定和计算损失的标准均有所不同，具体总结梳理如下：

1. 贷款到期后未能足额偿还，借款人虽提供了保证人，但经银行明示要求承担保证责任后保证人仍未主动履行保证责任；贷款到期后未能足额偿还，亦未提供任何担保措施。如未提起民事诉讼，则可直接将未偿还的贷款金额认定为损失金额，进行控告报案；如已提起民事诉讼，是否需根据最终未执行回的贷款金额确定损失金额目前在实践中争议较大。在提起民事诉讼后，以最终未执行回的款项确定损失对银行等金融机构更不利，会使其面临因民事程序无法完结导致无法启动刑事程序的困境，此问题因司法实践中各地做法不一，需根据具体情况与办案机关进一步沟通。

2. 贷款到期后未能足额偿还，但已提供真实、足额担保，则根据诉讼和执行结果，扣除担保物价值及保证人名下的资产价值，最终以未清偿的贷款金额认定损失金额。同时，在提供担保的情况下，银行仍须尽快行使担保权，确定担保物或担保人可实际清偿的债权金额，扣除实际清偿的债权金额后，进而确定未清偿的贷款金额，并以此认定损失金额。

3. 贷款到期后未能足额偿还，虽提供了担保，但经执行程序处置担保物时，拍卖、变卖的担保财产流拍等，致使贷款金额无法被偿还，在此情况下，可以将无法被偿还的金额认定损失金额。

4. 贷款到期后未能足额偿还，银行等金融机构通过催收、起诉、申请执行、以物抵债、不良资产转让等一切可能的方式，仍未能挽回的贷款金额，可被认定为损失金额。

(四)"重大损失"是否包括银行的利息损失

有关该重大损失是否应包括利息，各地标准并不统一。例如，2020年山东省高级人民法院、省人民检察院、省公安厅联合出台的《关于办理骗取贷款犯罪案件相关问题的参考》规定，"最高人民检察院、公安部《追诉标准（二）》中的……'给银行或者其他金融机构造成的直接经济损失'应限定为侦查机关立案时逾期未偿还的贷款本金，且应扣除已向银行或者其他金融机构缴纳的保证金"。又如，2015年浙江省高级人民法院、省人民检察院、省公安厅出台的《关于办理骗取贷款、票据承兑、金融票证罪有关法律适用问题的会议纪要》第2条规定，"直接经济损失应限定为侦查机关立案时逾期未偿还银行或者其他金融机构的信贷资金。偿还信贷资金是指行为人通过自己偿还、他人代为偿还、担保人偿还等途径已经向银行或者其他金融机构偿还贷款合同约定的本金及利息"。

经查询相关判例可知，该损失是否包括利息，司法实践中认定不一。有判决认为，法律规定的损失为直接经济损失，故仅指到期未偿还的贷款本金，且已归还的利息应当冲抵该本金；另有判决认为，直接经济损失应当包括到期未归还的所有贷款本金和利息；还有判决认为，直接经济损失仅指贷款本金，但已归还的利息属于贷款合同产生的孳息，不能冲抵未归还的本金。但经对比发现，司法实践中更倾向于认定该损失不包括利息。因为从民事角度来看，利息属于孳息，此种损失对本金来说，本身就具有间接性。虽然银行等金融机构发放贷款的核心目的是赚取利息收益，但刑法保护的是信贷资金安全，而不在于保障银行等金融机构取得的间接利益。况且，银行等金融机构在损失利息后，如果在刑事案件中得不到恢复，也还可以通过民事或者其他途径得到救济。因此，从损失认定的客观实在性角度出发，“直接经济损失”一般仅是指到期未归还的贷款本金，不包括利息。

（五）“重大损失”的计算时间

针对骗取贷款罪损失的计算时间结点，根据目前司法实践，一般认定行为人“给银行或其他金融机构造成重大损失”的时间点为侦查机关立案时。以山东省、浙江省为例，其中山东省《关于办理骗取贷款犯罪案件相关问题的参考》规定，“给银行或者其他金融机构造成的直接经济损失”应限定为侦查机关立案时逾期未偿还的贷款本金，且应扣除已向银行或者其他金融机构缴纳的保证金；浙江省《关于办理骗取贷款、票据承兑、金融票证罪有关法律适用问题的会议纪要》规定，直接经济损失应被限定为侦查机关立案时逾期未偿还银行或者其他金融机构的信贷资金。

但是，2020 年 8 月最高人民法院《关于政协十三届全国委员会第三次会议第 2334 号（政治法律类 294 号）提案答复的函》提到，“给银行或者其他金融机构造成重大损失”，一般是指导致银行或其他金融机构的金融资产遭受实际的、无法挽回的直接损失。如在公安机关立案后行为人全额偿还欠款，金融机构最终并未遭受实际损失的，不宜认定为该条规定的“造成重大损失”。《回函》虽不是正式司法解释，却由最高人民法院作出，代表着最高人民法院的倾向和态度。最高人民法院认为，在骗取贷款罪基本犯的范畴内，对于在公安机关立案后行为人全额还款的，不再认定为“造成重大损失”，按照法律最新对于骗取贷款罪的规定，也就不再构成骗取贷款罪。

二、首贷与展期、借新还旧等责任区分

在银行贷款业务中，如果首笔贷款（已经被借新还旧的贷款偿还或者已经银行同意展期）存在骗取银行的行为（如财务报表造假、抵押物评估造假等），银行事后至今才发现上述欺骗行为，银行可否据此单方面宣布借新还旧的贷款或者展期贷款提前到期，并根据催收结果认定骗贷行为造成的损失金额，从而控告借款人构成骗取贷款罪？该问题因涉及是否“先民后刑”的问题，在实践中存在较大争议，具体分析如下：

首先，银行事后在借新还旧或展期贷款中发现首笔贷款存在骗取银行的行为，银行是否有权单方面宣布借新还旧的贷款或者展期贷款提前到期取决于贷款合同中是否有相关约定。如贷款合同明确约定若借款人存在骗取银行的行为，银行有权宣布贷款提前到期，即使该骗取银行贷款的行为发生在借新还旧或展期贷款之前的首笔贷款中，银行仍有权根据该贷款合同约定单方面宣布借新还旧的贷款或者展期贷款提前到期。

虽然借款人的骗取行为发生在借新还旧或展期贷款之前的首笔贷款中，但新贷或展期贷款的出现，往往是因为前期的贷款归还困

难，如果此时银行停止贷款，不仅借款的企业将无法维持，而且放贷的银行也会形成不良资产。故为了保全已发放的贷款和收回已发放的贷款，放贷的银行才不得已进行救济贷款，其本质上仍属于对旧贷的展期。且无论是借新还旧还是展期贷款，均未违反《商业银行法》及《贷款通则》等有关金融法律、行政法规和规章的规定，因此属于有效。①《最高人民法院公报》2008 年第 11 期刊发的“中国工商银行股份有限公司三门峡车站支行与三门峡天元铝业股份有限公司、三门峡天元铝业集团有限公司借款担保合同纠纷案”［(2008) 民二终字第 81 号］中，最高人民法院的裁判观点认为，“借新还旧”系在贷款到期不能按时收回的情况下，作为债权人的金融机构又与债务人订立协议，向债务人发放新的贷款用于归还旧贷款的行为。该行为与债务人用自有资金偿还贷款，从而消灭原债权债务关系的行为具有本质区别。虽然新贷代替了旧贷，但原有的债权债务关系并未消除，客观上只是以新贷形式延长了旧贷的还款期限，故“借新还旧”的本质是旧贷的一种特殊形式的展期。结合中国人民银行的复函和最高人民法院的裁判观点可以确认，在司法实践中认为，“借新还旧”是以新贷的行为延长了旧贷的还款期限，并未改变借款人所使用的贷款，实质上是旧贷的一种特殊形式的展期，贷款展期更是直接意义上对原贷款的展期。故无论是借新还旧还是贷款展期，对放贷的金融机构来说，其本质均是对旧贷的展期，如旧贷存在骗取行为，本质上仍会导致贷款无法清偿，危及贷款资金安全，银行有权根据合同约定单方面宣布贷款提前到期。

---

① 参见中国人民银行 1997 年 5 月 19 日发布的《关于借款合同有关法律问题的复函》（银办函〔1997〕320 号）。

其次，如借贷合同中未有相关约定，即使借款人旧贷的骗取行为构成犯罪，也并不必然导致贷款合同无效，银行无权直接单方面宣布贷款到期。但是银行有权以受到欺诈为由，请求撤销贷款合同（须在除斥期间内行使撤销权），或以借款人存在欺诈行为且逾期还款，已构成违约为由，要求借款人偿还本息。

其一，最高人民法院（2018）最高法民申97号民事裁定书、（2018）最高法民再371号民事裁定书中的裁判观点及最高人民法院2024年4月11日法答网发布的答疑意见，均认为不能以借款人构成骗取贷款罪的事实直接认定借款合同无效，应当依据《民法典》有关民事法律行为效力的规则认定合同效力。故即使借款人在旧贷的过程中存在骗取行为而构成犯罪，并不当然导致贷款合同无效，仍须确认该骗贷行为是否存在损害国家利益、违背公序良俗或违反法律、行政法规的效力性强制规定，进而确定合同的效力。

其二，《民法典》第148条规定："一方以欺诈手段，使对方在违背真实意思的情况下实施的民事法律行为，受欺诈方有权请求人民法院或者仲裁机构予以撤销。"因借款人存在提供虚假资料骗取贷款的行为，不论是否构成犯罪，均在民事上构成合同欺诈，故银行有权请求撤销该贷款合同（需在除斥期间内行使撤销权），并要求借款人返还相应借款。但需注意，可撤销的合同被撤销后，银行可要求借款人返还本金无争议，但要求借款人按照贷款合同约定的利息标准支付利息及要求担保人承担担保责任等在司法实践中仍存在重大争议，司法实践中一般以银行是否存在过错判定其责任承担的比例。

其三，借款人骗取贷款的行为，在民事上已构成合同欺诈，且已逾期还款，则自然构成违约，银行可依据贷款合同约定或者以该欺诈行为、逾期还款的违约行为导致合同目的无法实现为由，主张解除合同并要求借款人偿还本息承担违约责任等。

最后，根据上述分析，不论是借新还旧还是贷款展期，本质上均属对旧贷的展期，原债权债务关系继续存续，客观上只是以新贷的形式延长了旧贷的还款期限。因首笔贷款存在骗取银行的行为，直接影响资金安全，借款人可能无力偿还贷款。故银行在催收或者行使撤销权后，发现因该骗贷行为导致贷款无法收回，且未收回的贷款损失金额达50万元的，有权控告借款人构成骗取贷款罪。

三、借款人涉嫌犯罪保证合同效力的认定

首先，在民间借贷领域，根据最高人民法院《关于审理民间借贷案件适用法律若干问题的规定》（2020年第二次修正）第12条第1款规定："借款人或者出借人的借贷行为涉嫌犯罪，或者已经生效的裁判认定构成犯罪，当事人提起民事诉讼的，民间借贷合同并不当然无效。人民法院应当依据民法典第一百四十四条、第一百四十六条、第一百五十三条、第一百五十四条以及本规定第十三条之规定，认定民间借贷合同的效力。"第13条规定："具有下列情形之一的，人民法院应当认定民间借贷合同无效：（一）套取金融机构贷款转贷的；（二）以向其他营利法人借贷、向本单位职工集资，或者以向公众非法吸收存款等方式取得的资金转贷的；（三）未依法取得放贷资格的出借人，以营利为目的向社会不特定对象提供借款的；

(四)出借人事先知道或者应当知道借款人借款用于违法犯罪活动仍然提供借款的;(五)违反法律、行政法规强制性规定的;(六)违背公序良俗的。”最高人民法院《关于审理民间借贷案件适用法律若干问题的规定》(2020年第二次修正)第8条规定:“借款人涉嫌犯罪或者生效判决认定其有罪,出借人起诉请求担保人承担民事责任的,人民法院应予受理。”第12条第2款规定:“担保人以借款人或者出借人的借贷行为涉嫌犯罪或者已经生效的裁判认定构成犯罪为由,主张不承担民事责任的,人民法院应当依据民间借贷合同与担保合同的效力、当事人的过错程度,依法确定担保人的民事责任。”

其次,经金融监管部门批准设立从事贷款业务的金融机构及其分支机构,因发放贷款等相关金融业务引发的纠纷,虽然不适用上述关于民间借贷的规定,但并不意味着借款人与金融机构之间形成的借贷合同和担保合同,因借款人构成骗取贷款罪而必然无效或者不能据此主张保证权。

《民法典》第148条规定:“一方以欺诈手段,使对方在违背真实意思的情况下实施的民事法律行为,受欺诈方有权请求人民法院或者仲裁机构予以撤销。”第153条规定:“违反法律、行政法规的强制性规定的民事法律行为无效。但是,该强制性规定不导致该民事法律行为无效的除外。违背公序良俗的民事法律行为无效。”第154条规定:“行为人与相对人恶意串通,损害他人合法权益的民事法律行为无效。”根据上述法律规定可知,借款人骗取银行贷款构成犯罪的行为,同时属于《民法典》第148条规定的欺诈行为,属于可撤销的民事法律行为。即便将该行为认定为“违反法律、行政法规的强制性规定的民事法律行为无效”(实际上该规定是指合同内容约定违法的情况，而不是指履行合同的行为违法，故严格讲骗取贷款的行为并不符合上述规定)，也属于“该强制性规定不导致该民事法律行为无效的除外”情形。鉴于骗取贷款行为与民事欺诈行为虽然属于同一行为（事实)，但这种行为（事实）之间并不存在排斥关系，属于上文所提可以并存的竞合型刑民交叉法律事实，即同一法律事实构成犯罪但并不排斥民事法律关系的存在，刑事犯罪与民事不法可以同时成立。因此，借款人骗取银行等金融机构的贷款并不必然导致借款合同无效，在银行不行使撤销权的情况下，借款合同及相关保证合同仍然有效。

再次，银行在贷款审核和批准上存在的管理不慎本身并不构成法律规定的效力瑕疵，不足以影响《保证合同》的效力。在实践中，银行作为拥有强大经济实力和缔约能力的专业金融机构，应当对贷款申请材料负有更高的审查注意义务，但其在贷款交易中却未能尽到注意义务，忽视了通常情况下应当发现的贷款申请材料造假，甚至可能会被监管部门给予相应的行政处罚。“但在民法上，并非所有的义务违反行为均能构成合同效力瑕疵。立法者通过对义务违反的类型、违反注意义务的程度、侵害的法益及救济的途径等方面进行价值衡量后，立足于交易秩序及安全的维护与交易双方利益衡平的视角，针对不同的义务违反行为分配相应的法律效果……银行等金融机构对于贷款的审核与监管仅仅是其对贷款风险进行防范和控制的手段，在性质上属于不真正义务。此类义务的特征在于相对人通常不得请求履行，其违反亦不发生损害赔偿责任，而仅使负担此义务者遭受权利减损或丧失的不利益。[①] 因而，如无其他事实支撑，单

① 参见韩世远：《合同法总论》（第4版），法律出版社2018年版，第350页。

纯不真正义务的违反并不足以使得民事合同发生效力瑕疵。”①

最后，虽然刑事认定结果并非民事合同效力判断的决定性标准，但其通常会被民事审判作为法律事实所采纳，并会因违法犯罪行为模式以及要件事实涵摄结果的不同而对合同效力的认定产生相应影响。如果借款人骗取贷款的行为对银行构成民法上的欺诈，则除非银行明知存在欺诈而未陷入错误，否则借款合同效力是否存续的决定权衡在于银行，其可选择撤销借款合同，也可选择保持借款合同效力而追究借款人的违约责任，甚至可以在不行使撤销权的前提下以根本违约为由解除合同。若银行选择撤销借款合同，则依据《民法典》第682条以及最高人民法院《关于适用〈中华人民共和国民法典〉有关担保制度的解释》第17条的规定，担保合同因效力上的从属性一并无效，担保人依其过错的程度在不超过借款人不能清偿部分的1/3的区间内承担责任。若银行选择不行使撤销权，则不论借款合同是否解除，担保人均需对借款人的债务承担连带保证责任，除非其有证据证明借款人在骗取贷款的过程中同时对其实施了骗取担保的欺诈行为，且银行参与了该欺诈行为或对该欺诈行为是明知或应知的，如此，担保人方得免除保证责任。②

① 傅朱钢、周晔：《刑民交叉案件中金融机构违反不真正义务对合同效力的影响》，载微信公众号“最高人民法院司法案例研究院”2022年9月1日，https：//mp. weixin. qq. com/s/6x-x2jb_zdnW5Qw_dDnKoQ。

② 参见傅朱钢、周晔：《刑民交叉案件中金融机构违反不真正义务对合同效力的影响》，载微信公众号“最高人民法院司法案例研究院”2022年9月1日，https：//mp. weixin. qq. com/s/6x-x2jb_zdnW5Qw_dDnKoQ。

四、不良资产转让中的刑民交叉问题

据统计，2023 年我国不良资产总额为 7. 34 万亿元，其中银行业不良资产总额为 3. 95 万亿元；非银金融机构为 1. 75 万亿元；非金融企业不良资产总额为 1. 64 万亿元。①

根据《金融企业不良资产批量转让管理办法》（财金〔2012〕6 号）、中国银保监会办公厅《关于开展不良贷款转让试点工作的通知》（银保监办便函〔2021〕26 号）、中国银保监会办公厅《关于开展银行不良贷款转让试点的复函》（银保监办便函〔2021〕27 号）和中国银保监会办公厅《关于开展第二批不良贷款转让试点工作的通知》（银保监办便函〔2022〕1191 号）、《银行业信贷资产登记流转中心不良贷款转让业务规则》（银登字〔2023〕1 号）等规定，商业银行等金融机构可以作为出让方向资产管理公司、金融资产投资公司或者监管部门同意的其他机构转让不良贷款。但根据《银行业信贷资产登记流转中心不良贷款转让业务规则》（银登字〔2023〕1 号）第 10 条的规定，下列不良贷款不得转让：“（一）债务人或担保人为国家机关的贷款，经国务院批准列入全国企业政策性关闭破产计划的贷款，国防军工等涉及国家安全和敏感信息的贷款；（二）精准扶贫贷款、‘三区三州’等深度贫困地区各项贷款等政策性、导向性贷款；（三）虚假个人贷款、债务关联人涉及刑事案件或涉及银行

---

① 参见共研产业研究院：《2024 年中国不良资产管理行业发展现状分析：不良资产总额为 7. 34 万亿元》，载搜狐网 2024 年 9 月，https：//www. sohu. com/a/808934010_121388092。

内部案件的个人贷款、个人教育助学贷款、银行员工及其亲属在本行的贷款；（四）在借款合同或担保合同中有限制转让条款的贷款；（五）国家法律法规及有关部门限制转让的其他贷款。”

如果银行在转让不良贷款之后，才发现已经转让的贷款涉嫌骗取贷款、贷款诈骗或者其他有关刑事犯罪，特别是在相关刑事案件的处理中，犯罪嫌疑人、被告人或其亲友愿意主动退赔部分或者全部涉案资金的，应当如何处理？实践中存在较大争议：

一种观点认为，银行的不良贷款被转让之后，债务人同意银行向资产管理公司转让标的债权并承诺向资产管理公司无条件清偿相关债务。如果不良资产转让合同明确约定，标的债权文件被认定为无效或被撤销或者涉嫌犯罪，标的债权应包括转让方要求债务人返还债务人基于标的债权文件取得的全部财产及利息等相关权益（如有）的债权及其担保权利，则该不良贷款转让合同依法有效，不良资产公司可以基于不良贷款转让合同的约定获得刑事案件中发还的案款或者退赃、退赔款。如果不良资产转让合同并未对相关问题作出明确约定，则由双方协商解决，协商不成的，由人民法院根据公平原则酌情分配处理。

另外，《银行业信贷资产登记流转中心不良贷款转让业务规则》（银登字〔2023〕1号）第10条虽规定，“虚假个人贷款、债务关联人涉及刑事案件或涉及银行内部案件的个人贷款、个人教育助学贷款、银行员工及其亲属在本行的贷款”不得转让，但《民法典》第153条规定：“违反法律、行政法规的强制性规定的民事法律行为无效。但是，该强制性规定不导致该民事法律行为无效的除外。违背公序良俗的民事法律行为无效。”由于《银行业信贷资产登记流转中心不良贷款转让业务规则》仅属于行业规范，本身并不属于法律或行政法规，且上述规则仅涉及个人贷款业务，故不能因此否认不良资产转让协议的效力。

另一种观点则认为，刑事被害人的身份具有专属性，刑事案款或者犯罪嫌疑人、被告人的退赃、退赔款的发还兼具身份属性和财产属性，甚至具有一定的道义属性，不能被随意转让。根据《民法典》第153条的规定，并参照《银行业信贷资产登记流转中心不良贷款转让业务规则》这一行业规范的规定精神，相关转让协议因违反公序良俗且违背行业规范，应被依法认定为无效行为，协议双方对所得利益互相返还。银行作为刑事案件的被害人，有权最终获得有关刑事案款或者犯罪嫌疑人、被告人的退赃、退赔款。

五、民事诉讼中发现涉刑问题的处理

最高人民检察院、公安部2017年出台的《关于公安机关办理经济犯罪案件的若干规定》第20条规定："涉嫌经济犯罪的案件与人民法院正在审理或者作出生效裁判文书的民事案件，属于同一法律事实或者有牵连关系，符合下列条件之一的，应当立案：（一）人民法院在审理民事案件或者执行过程中，发现有经济犯罪嫌疑，裁定不予受理、驳回起诉、中止诉讼、判决驳回诉讼请求或者中止执行生效裁判文书，并将有关材料移送公安机关的；（二）人民检察院依法通知公安机关立案的；（三）公安机关认为有证据证明有犯罪事实，需要追究刑事责任，经省级以上公安机关负责人批准的。有前款第二项、第三项情形的，公安机关立案后，应当严格依照法律规定的条件和程序采取强制措施和侦查措施，并将立案决定书等法律文书及相关案件材料复印件抄送正在审理或者作出生效裁判文书的人民法院并说明立案理由，同时通报与办理民事案件的人民法院同级的人民检察院，必要时可以报告上级公安机关。在侦查过程中，不得妨碍人民法院民事诉讼活动的正常进行。”第21条规定：“公安机关在侦查过程中、人民检察院在审查起诉过程中，发现具有下列情形之一的，应当将立案决定书、起诉意见书等法律文书及相关案件材料复印件抄送正在审理或者作出生效裁判文书的人民法院，由人民法院依法处理：（一）侦查、审查起诉的经济犯罪案件与人民法院正在审理或者作出生效裁判文书的民事案件属于同一法律事实或者有牵连关系的；（二）涉案财物已被有关当事人申请执行的。有前款规定情形的，公安机关、人民检察院应当同时将有关情况通报与办理民事案件的人民法院同级的人民检察院。公安机关将相关法律文书及案件材料复印件抄送人民法院后一个月以内未收到回复的，必要时，可以报告上级公安机关。立案侦查、审查起诉的经济犯罪案件与仲裁机构作出仲裁裁决的民事案件属于同一法律事实或者有牵连关系，且人民法院已经受理与该仲裁裁决相关申请的，依照本条第一款至第三款的规定办理。”第22条规定：“涉嫌经济犯罪的案件与人民法院正在审理或者作出生效裁判文书以及仲裁机构作出裁决的民事案件有关联但不属同一法律事实的，公安机关可以立案侦查，但是不得以刑事立案为由要求人民法院移送案件、裁定驳回起诉、中止诉讼、判决驳回诉讼请求、中止执行或者撤销判决、裁定，或者要求人民法院撤销仲裁裁决。”第23条规定：“人民法院在办理民事案件过程中，认为该案件不属于民事纠纷而有经济犯罪嫌疑需要追究刑事责任，并将涉嫌经济犯罪的线索、材料移送公安机关的，接受案件的公安机关应当立即审查，并在十日以内决定是否立案。

公安机关不立案的，应当及时告知人民法院。”第24条规定：“人民法院在办理民事案件过程中，发现与民事纠纷虽然不是同一事实但是有关联的经济犯罪线索、材料，并将涉嫌经济犯罪的线索、材料移送公安机关的，接受案件的公安机关应当立即审查，并在十日以内决定是否立案。公安机关不立案的，应当及时告知人民法院。”

六、追赃挽损与资金混同、善意取得的关系

在银行作为被害人的刑事案件中，从银行流出的涉案资金往往会进入犯罪分子精心设计的洗钱账户或者资金池，之后下游的犯罪分子还可能会利用国际贸易、票据背书或贴现等形式将涉案资金进行转移。对于这种情况，可以参照中国银监会、公安部《电信网络新型违法犯罪案件冻结资金返还若干规定》的方式进行认定，即“冻结公安机关对依法冻结的涉案资金，应当以转账时间戳（银行电子系统记载的时间点）为标记，核查各级转账资金走向，一一对应还原资金流向，制作《电信网络新型违法犯罪案件涉案资金流向表》……冻结资金以溯源返还为原则，由公安机关区分不同情况按以下方式返还：（一）冻结账户内仅有单笔汇（存）款记录，可直接溯源被害人的，直接返还被害人；（二）冻结账户内有多笔汇（存）款记录，按照时间戳记载可以直接溯源被害人的，直接返还被害人；（三）冻结账户内有多笔汇（存）款记录，按照时间戳记载无法直接溯源被害人的，按照被害人被骗（盗）金额占冻结在案资金总额的比例返还（返还计算公式见附件4）。按比例返还的，公安机关应当发出公告，公告期为30日，公告期间内被害人、其他利害关系人

可就返还冻结提出异议，公安机关依法进行审核。冻结账户返还后剩余资金在原冻结期内继续冻结；公安机关根据办案需要可以在冻结期满前依法办理续冻手续。如查清新的被害人，公安机关可以按照本规定启动新的返还程序。”被害人以现金通过自动柜员机或者柜台存入涉案账户内的，涉案账户交易明细账中的存款记录与被害人笔录核对相符的，可以依照上述规定，予以返还。

关于银行在作为刑事被害人和民事诉讼原告人通过诉讼程序进行追赃挽损的过程中，如何处理和应对“刑民交叉”特别是涉案资金持有人提出的“善意取得”等抗辩，本书在第三章案例分析部分进行了详细阐述，本章不再赘述。

第四节 某公司合同诈骗案——银行“厂商银”业务模式中刑民交叉问题分析

该案为笔者律所律师代理的一起关于银行“厂商银”融资模式下的，涉及银行开具承兑汇票后，未收回应付票款，担保人逃避担保责任，而进行的刑民交叉案件。

一、基本事实

2002 年 11 月，被告人巩某注册成立 A 公司，与 B 公司长期做钢材贸易。2015 年年初，B 公司为解决下游销售相关问题，向某银行的支行（以下简称 X 支行）推荐 A 公司并申请金银仓业务。2015 年 2 月 13 日、2016 年 3 月 17 日，A 公司、B 公司两次与 X 支行签订“金银仓业务三方合作协议”；2015 年 7 月 6 日，A 公司、B 公司与另外一银行支行（以下简称 Y 支行）签订“合作协议书（担保提货模式）”。3 个合同均约定，X 支行、Y 支行为 A 公司和 B 公司之间的付款订货和货款结算提供授信融资支持，由 A 公司向银行缴存 40% 的保证金，两家银行开具收款人为 B 公司的全额承兑汇票并控制 A 公司向 B 公司购买钢材的提货权，如 A 公司在汇票到期日前不能向银行补交 60% 的应付票款，B 公司则承担无条件退款义务或回购义务或连带责任保证义务和承担连带还款责任。

在合同履行期间，被告人巩某因经营不善导致资金紧张，遂产生利用上述合同获取银行承兑汇票，用贴现款偿还债务的想法。巩某勾结B公司内部授权经办人员甲配合行骗，并与该案其他被告人伪造“B公司产品销售合同专用章、财务专用章、货款通知章和财务部长印”四枚印章，制作虚假的“B公司产品销售合同”“会计报表”等资料交予X支行、Y支行。巩某等人高息借用担保公司巨款，向X支行、Y支行缴存承兑汇票出票金额40%的保证金1.14余亿元，共获取承兑汇票47张，出票金额达2.8633亿元。甲将本应交B公司财务入账的承兑汇票，私自转交A公司被告人。之后巩某指使他人将上述汇票贴现或质押借款，获取2.81亿余元。上述汇票到期后，因巩某拒不按照合同约定向银行交纳承兑汇票出票金额60%的1.7亿余元欠款，致使X支行、Y支行在承兑汇票兑付日分别为A公司垫付9480万元、7696余万元。随后X支行从承担退款和连带保证责任的B公司账户扣划9541余万元（含利息），Y支行垫付的资金未能扣缴。

因此，Y支行前往B公司要求其承担还款责任，B公司未偿还款项，转而向公安机关报案，指控巩某等人涉嫌诈骗。此后，Y支行向合同约定的管辖法院提起要求返还借款的金融借款合同纠纷诉讼，并通过诉讼保全程序成功冻结了B公司银行账户中7696.328581元资金。见图4－1。

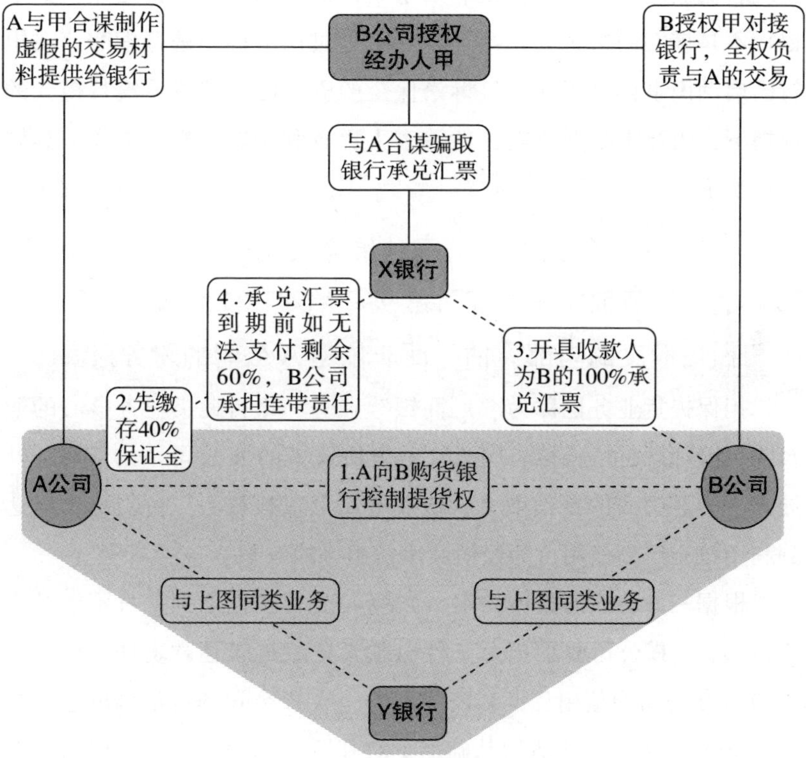

图4－1 案例法律关系

该案经过二审终审，法院最终认定巩某等被告人犯合同诈骗罪，而不是骗取票据承兑罪。

二、法律分析

该案从银行的角度出发，关键点为银行是否为该案的被害人，如果认定银行为刑事案件的被害人，则正在进行的民事诉讼可能中止或者被驳回，银行只能依靠刑事案件追缴的财物获得退赔；如果银行不是该案的被害人，则可以继续通过民事诉讼进行索赔。在银行已启动民事诉讼程序，且诉讼保全的资金已能够覆盖银行损失的前提下，银行不是刑事案件的被害人更有利于银行挽回损失。具体分析如下：

（一）Y 支行给予 A 公司的综合授信额度是为三方协议服务的，主要取决于担保方 B 公司的经济实力以及银行对 B 公司授信额度的内部评估，而非依据 A 公司的财务报表

担保提货业务也称为“厂商银”业务，银行此类业务核心的逻辑及风险理念是依托核心厂商（三方协议中的 B 公司）的信用，开展其下游经销商的授信业务，该业务重点审核核心厂商情况，以达到利用核心厂商信用，为经销商增信担保的效果。

根据三方协议的具体约定，如果 A 公司在汇票到期日不能补齐应付票款，B 公司要承担无条件退款义务或连带还款责任。银行看中的是 B 公司的信用程度和经济实力，给 A 公司的授信额度也是在对 B 公司间接额度评估的基础上，对其所选择的经销商给出的综合考量，而不是依据 A 公司自己提交的材料，银行也无须对这些材料作实质审查。

反言之，如果没有 B 公司承担连带还款责任，无论 A 公司的真实财务情况如何，银行都不可能给予民营企业如此大额的授信额度。

此外，Y 支行与 A 公司的《综合授信额度合同》签订于 2015 年 7 月 6 日，与三方协议签订于同一天，这也可证明该合同就是服务于三方协议的。基于三方协议约定的内容，银行对 A 公司进行综合授信。因此，即便 A 公司提供的财务报表造假，也不存在 Y 支行被骗的问题，因为银行并非以此作为给予其授信额度的考量因素。

(二) Y支行与B公司、A公司签订的协议真实有效

该案中，Y支行与B公司、A公司三方之间签订于2015年7月6日的三方协议，是经各方协商后签订的真实协议，协议不仅有各自单位的公章，而且有各自单位负责人的签字，不存在法定无效或者可撤销的情形，因此协议真实存在、合法有效。

Y支行根据三方协议约定，在A公司交存初始保证金后，开具收款人为B公司的承兑汇票，并向B公司交付了承兑汇票。至于A公司与B公司之间签订的《订货意向书》《产品销售合同》，根据三方协议约定，不是开具承兑汇票的考量因素，银行只对其作形式审查即可。将承兑汇票交付B公司之后，汇票的票据权利即转移给B公司，B公司有权行使到期提示付款、背书转让、贴现等权利，这些权利的行使与Y支行无关。B公司如果对其所有的承兑汇票保管不善，则应当承担相应的法律后果。该案中B公司的内部管理流程出现问题，导致承兑汇票被交付B公司后又流入A公司，这些行为及其后果应由B公司承担，与Y支行无关。承兑汇票被交付B公司后即为B公司的财产，如果对这笔财产管理不当，遭受损失的是承担连带还款责任的B公司。B公司被骗，既与Y支行无关，也不影响B公司对Y支行按约定承担连带还款责任。

(三) 针对承兑汇票，银行不存在被骗的问题

上文已提及，承兑汇票被交付B公司之后，汇票的票据权利即转移给B公司，银行与B公司对真实发货量进行对账，如果没有发货，B公司对未发货部分的货款承担连带还款责任。该案中，涉嫌伪造的《产品销售合同》一则产生于票据权利被转移给B公司之后，二则因其不能反映真实发货量，并非银行后期对账考察的重点因素，

也就不存在Y支行因为虚假的《订货意向书》《产品销售合同》而被骗的情况。

（四）该案的刑事诉讼有借刑事审判让B公司逃避承担民事连带还款责任的嫌疑

在刑事案件之外，Y支行已根据三方协议约定的连带义务，向人民法院提起要求返还借款的金融借款合同纠纷诉讼，并通过诉讼保全程序冻结了B公司银行账户资金。

对此，公安部曾先后出台《关于严禁越权干预经济纠纷的通知》、《关于严禁公安机关插手经济纠纷违法抓人的通知》及《关于公安机关不得非法越权干预经济纠纷案件处理的通知》，以纠正办理经济案件中的各种违法行为和不正之风。

最高人民法院颁布的《关于在审理经济纠纷案件中涉及经济犯罪嫌疑人若干问题的规定》也明确指出，同一公民、法人或其他经济组织因不同的法律事实，分别涉及经济纠纷和经济犯罪嫌疑的，经济纠纷案件和经济犯罪嫌疑案件应当分开审理。而该案B公司试图将民事纠纷与该案被告人对B公司的涉嫌经济犯罪行为混为一谈，掩盖事实真相，有使B公司规避还款责任的嫌疑。

三、风险提示

该案例为典型的银行票据业务遇到的刑民交叉案件的解决。票据业务是指商业银行按照一定的方式和要求为票据的设立、转移、质押、保管和偿付而进行的业务活动，主要包括银行承兑汇票和以未到期票据为交易工具的融资业务，是现代商业银行重要的资产业务之一。银行在办理票据业务过程中，应重点防范经营管理过程中的市场风险、信用风险、操作风险和合规风险。

（一）业务办理时应重点关注贸易背景真实性

贸易背景真实，是指融资企业必须存在真实合法有效的交易，如果贸易融资双方为了骗取银行的信贷资金，相互串通或者单方通过虚假合同、应收账款凭证等证明交易背景的材料来欺诈银行，很容易造成银行开具的汇票失去还款来源。虽然该案中银行最终挽回了损失，但在整个过程中承担了上亿资金的风险。

虚构交易背景的手段主要有：伪造交易相对方的公章，进而制造虚假购销合同；提供虚假发票；利用关联交易，串通虚构交易背景循环贸易等，套贷套利；通过一笔交易重复融资等。

银行在提供授信时应对以下事项进行审核：一是贷款人的基本信息资料、企业征信、近年财务报表；二是融资期限与结算周期是否匹配，融资时间点是否合理；三是贸易涉及的商品数量和种类是否与企业经营范围和经营规模相符；四是贷款申请提供的购销合同、发票、出入库单据、运输单据是否真实，贷前调查报告中是否对贸易真实性进行相近的分析，包括交易双方历史合作的履约回款的情况；五是横向对比贷款资料避免重复融资；六是如果涉及境外贸易，还需要在税务、承运公司、海关等相关网站查询单据信息是否真实，查询交易商品信息价格的合理性，综合判断交易真实性。

（二）开具和交付票据过程应合法合规

开具和交付票据应严格依照法律法规和银行规章制度的规定，确保手续完备。如该案中，说明 Y 支行没被骗的原因之一为 Y 支行按照三方协议履行了义务，没有因为《产品销售合同》等造假被骗；

以及 Y 支行对于每一次取票行为都有完整的记录和录像，用以证明交付汇票合规合法，避免流入 B 公司的责任追究中。

（三）银行开具票据后应持续追踪管理

银行在开具汇票后，不能不管不问，融资后的管理可以有效降低融资风险，防止资金回流和空转“套利”行为。银行票据业务完成后的主要风险点为资金没有按照约定用途进入实体经济；销售货款未按照约定的时间方式回笼；发票、运输单据等不真实、合法有效。因此，银行应重点核实资金用途是否真实，防止资金挪用；对物流、仓储、资金流、单据等进行跟踪监控；还款资金来源是否合法有效。

该案中，银行在开出汇票后，通过收票确认函、提货通知书等严格把控整个交易环节，并且坚持严格的对账制度银行每个季度都应当通过电子邮件和电话进行对账，确认资金和交易情况，并留有对账记录。

（四）确保保证金管理规范和担保人有能力担保

银行在办理汇票承兑业务时，应当收取适当比例的保证金并实施专户管理，应核查承兑保证金来源是否合法、合规，避免贷款和贴现资金转存保证金后滚动申请银行的承兑汇票业务。

在还款来源不足，存在风险敞口时，担保人的能力尤为重要，决定是否能够有效覆盖风险敞口。因此，银行对担保人的基本信息、征信、财务报表都要认真核对，避免出现担保公司无实际经营或为“空壳”公司的情况。

（五）制定最有利于银行的诉讼方案

在实践中，虽然通常刑事手段能给行为人带来更大的威慑力，更有利于被害人的追赃挽损，但并不是所有案件都适用。

该案中，如果先选择刑事报案，在刑事手段无法继续推进后再民事诉讼，很有可能错过最佳保全财产的时间，造成不可挽回的损失。因此，应对案件全面分析，最好聘请专业团队，制定出最有利于银行追赃挽损的解决方案。

第五章

银行及从业人员刑事风险应对

第一节 调查取证

对有证据证实存在犯罪事实，并需要追究刑事责任的案件，相关办案机关应该立案。因此，证据的调取和收集是刑事案件最开始也是最重要的一个环节。

在实践中，银行及从业人员遇到的刑事风险多为经济犯罪，从侦查机关角度出发，因其受理的案件较多，或基于相关禁止侦查机关参与经济纠纷的规定，往往希望报案人在刑事控告或报案时，尽可能提供完整的证据，并能够将犯罪事实论证清楚，如果确实存在需要追究刑事责任的犯罪事实，才会立案侦查；从银行的角度出发，由于其没有侦查机关的权利和专业侦查技术，很难收集到完整的犯罪证据，所以在提供犯罪线索后，希望侦查机关立案并对刑事涉案人员进行调查，通过刑事调查证明犯罪事实的存在。因此，调查取证过程需要专业律师对犯罪事实进行梳理，协助银行准备报案证据或者配合司法机关开展调查。

一、分析案件

（一）查阅资料了解案件背景

银行在工作中或者处理不良资产时发现涉案线索后，应立刻开展案件的调查工作，了解涉案的事实、背景，并开始收集相关证据。比如，对涉嫌骗取贷款罪的调查，主要围绕整个业务办理过程展开，再集中到需要整理的资料如业务经办人信息、签署的所有合同、涉案企业信息、涉案企业实控人和关联人信息、资金流向、贷款使用、贷款目前不良状况、借款人造假情况等；又如，此阶段相关资料一般为书面资料或电子数据，因此需要注意避免相关人员销毁证据。

（二）作出初步法律分析意见

调查人员根据整理的相关资料，初步给出相应的法律意见，如果有律师协助，可以出具最终的《法律意见书》，包括调查的过程记录、对案件的初步的法律意见、对银行提出的法律问题的解答建议以及后续的处理意见等。

（三）根据需要继续补充资料

银行在前期提供资料时，基于处置方案的不明确可能存在资料遗漏的情况，尤其是在比较复杂的不良资产处置时，可能涉及的资料较多，容易出现对重要资料未给予重视的情况。调查人员经查阅银行提供的资料后，可根据初步的法律意见和处置方案建议银行继续补充资料。如果有律师协助，可以根据现状和法律规定进行调整，及时对需要继续补充的资料制作清单，此项工作可能需要经过几轮并贯穿整个不良资产的处置工作，以此为后续工作的开展打好基础。

二、调查访谈

访谈对象包括被调查人本人以及其同事和相关人员，其中对被调查人员进行访谈，应尽量安排在所有证据材料收集齐后进行。如果银行在收集完证据后，判定现有证据已达到案件的立案标准时，也可以选择直接报案。在进行调查访谈时，银行内部人员可能由于之前的同事关系，达不到预期的调查结果，甚至反而让被调查人员了解到已被掌握的证据。因此，银行可考虑聘请专业的律师团队，特别是之前有司法办案经验的律师团队介入，保持客观中立，即便被调查人员不配合，也可以通过法律知识和问话技巧适当地对其施加压力，合法地寻找线索和收集证据。

银行进行调查访谈与侦查机关讯问嫌疑人有本质区别，银行不具有侦查权，访谈工作应把握好合法合规的原则，具体需要注意以下问题。

（一）关于调查主体

银行可以聘请具有专业技能的非银行人员参与刑事案件的调查，如果调查人员为律师，律师经证人或者其他有关单位和个人同意，可以向他们收集与案件有关的材料；如果调查人员不是律师，目前没有相关的法律规定。调查主体应避免单人谈话，如可安排银行法务监察部门人员陪同律师一起进行谈话。

（二）关于调查对象

调查对象包括涉嫌刑事犯罪的行为人、提供线索举报人、了解案件事实和涉嫌犯罪行为人的人。根据法律规定，刑事案件的办理由公检法等机关负责。因此，银行不具备动用强制措施调查刑事案件的权利和手段，被约谈的对象也没有配合的法定义务，约谈的对象只能是自愿配合，所以调查技巧尤为重要。

（三）关于调查地点

建议选择安静、无人打扰的楼层较低的房间，避免谈话内容被第三人窃听，谈话时可以准备好录音录像设备。对需要约谈多个谈话对象的，建议准备多个房间同时进行，避免被谈话人相互打听谈话内容。

（四）关于谈话提纲

建议在谈话前将所需要的证据内容转化为谈话提纲，对于有多个调查对象的访谈，应列出核心问题，对比调查对象的说法，形成证据链。

（五）关于谈话内容

建议记录谈话时间、地点、参与人；告知被谈话人的权利义务和参与人的身份；了解被谈话人工作简历、利益关联人、职务、负责的业务、可能涉案事件的经过、是否获利等。被谈话人和谈话人应在谈话笔录上逐页签字，建议同时按手印。

（六）关于保密问题

因谈话内容涉及个人隐私问题，建议银行与谈话参与人就谈话签订保密声明，对最终不能形成证据或报案材料的谈话笔录，建议案件结案后销毁或密封保存。

三、收集证据

银行在经过梳理资料和调查访谈后，需要制作证据材料的一般针对两种情况：一是经调查后，认为其工作人员涉嫌违法犯罪的事实，需要向司法部门控告或报案；二是发现银行受到外部侵害，为保护自身权益，直接向司法部门控告。银行在进行刑事控告或报案时，应向司法机关递交刑事控告材料，案件能否被司法机关立案，与控告材料密不可分，控告材料具体有以下内容。

（一）梳理证据材料

根据《刑事诉讼法》的规定，证据一共有8类，银行应根据不同的证据种类分类整理，作为控告人和报案人主要能提供的证据种类有书证、物证、证人证言、视听资料、电子数据等。举例说明：

1. 书证，是指能够通过所记载的内容或表达的含义证明待证事实的有关情况的文字材料，包括涉案的全部合同、资金流水、客户提交的审核材料、审批材料等，银行在收集书证时需要注意是否有原件、证据中是否签章完整、是否能够证明需要待证事实。

2. 视听资料、电子数据，主要针对涉案的工作电脑、移动硬盘中的数据进行取证。因电子数据存在被删减和篡改的风险，银行可采取公证的方式对其取证，对重要的电子数据建议银行在公证后做好封存，以备办事机关进行司法鉴定。

3. 证人证言在收集时应注意在合法、合规的前提下进行，证人证言应由两个或以上问话人取证，建议全程录音录像，证人可以自书证据，并最好能够在需要时同意出庭作证。

4. 物证，是指涉案相关物品，可以提供原物，也可以提供权属证明等。

（二）制作证据清单

证据在按照种类进行分类整理后，一般需要制作证据清单，归类顺序方式可以自行确定，可参考表5-1的证据清单制作。

表 5 - 1 证据清单

控告证据目录
提交人：×××公司（控告人）
提交时间：××××年××月××日
被控告人：1. ××公司，统一社会信用代码：×××；
2. ×××，身份证号码：×××

序号	证据名称	主要内容	证明事项	证据来源	页码
第一组证据　证明目的：×××					
1	×××	×××	×××		××
2	×××	×××	×××		××
第二组证据　证明目的：×××					
3	×××	×××			

（三）起草刑事控告书

一份较好的刑事控告书能够帮助司法机关快速清晰地了解案件情况，作出对案件性质的判断。控告书应先对案件基本事实进行介绍，之后结合提交的犯罪证据对犯罪构成分别进行阐述，最后得出结论。刑事控告书格式、体例并无一定之规，关键是要让办案机关看明白，充分了解控告事项和证据。下文是笔者团队控告某案的一份控告书：

关于对 A 有限公司、×××骗取贷款案，×××贷款诈骗案的报案材料

控告人：B 股份有限公司

统一社会信用代码：×××××

注册地址：×××××

法定代表人：×××

联系人：×××　　　　联系电话：×××

被控告人一：A有限公司

统一社会信用代码：×××××

注册地址：×××××

法定代表人：×××

联系人：××× 联系电话：×××

被控告人二：×××，男，身份证号：×××××，现居住地：×××××，联系电话：×××××。

被控告人三：×××，女，身份证号：×××××，现居住地：×××××，联系电话：×××××。

控告请求

1. 对被控告人A有限公司、×××骗取贷款案立案侦查，依法追究其刑事责任。

2. 对被控告人×××贷款诈骗案立案侦查，依法追究其刑事责任。

3. 责令被控告人A有限公司、×××、×××归还骗取B股份有限公司的贷款×××元。

控告事实与理由

一、相关人员基本信息

介绍被控告人公司基本情况和被控告自然人在公司的任职情况。

二、主要事实经过

建议按照时间顺序，介绍被控告人与银行之间借贷经过，以及目前贷款逾期和银行损失情况。

三、涉嫌犯罪理由与证据

从主客观出发，结合犯罪构成要件和在案证据来进行论述构成犯罪的原因。

最后一段进行概括论述。

此致

侦办单位

控告人：A股份有限公司

时间：

第二节 案件立案

银行发现侵犯银行合法权益的犯罪行为时，有权利也有义务向公检法机关报案或者控告。银行可以聘请律师陪同银行授权代表去公安机关或者监察机构进行刑事控告，并协助银行与承办机关保持沟通，跟进后续立案进程。

一、监察机关立案

银行领域涉及监察机关调查的犯罪一般为国有银行管理人员涉嫌贪污贿赂等由监察机关专属管辖的罪名，同时还包括违法发放贷款、违规出具金融票证等监察机关和公安机关共同管辖的罪名中归属于“公职人员”① 利用公权力犯罪的罪名。

在具体案件中，经过初步核实，对监察对象涉嫌职务违法犯罪，需要追究法律责任的，监察机关应当按照规定的权限和程序办理立案手续。监委调查人员有权采取讯问、谈话、强制到案、责令候查、管护、留置、搜查、调取、查封、扣押、勘验检查等调查措施。其中，强制到案持续时间最长不得超过 24 小时；责令候查最长不得超过 12 个月；采取管护措施的，应当在 7 ~ 10 日内依法作出留置或者解除管护的决定。

---

① “公职人员”的范围参见《监察法》第 11 条和第 15 条，《监察法实施条例》第三章第一节，以及国家监委与最高人民法院、最高人民检察院、公安部联合印发实施的《关于加强和完善监察执法与刑事司法衔接机制的意见（试行）》。

监委的留置，是指监察机关在一定时间内将被调查人留在特定场所配合调查的一种强制措施。对被调查人采取留置措施后，应当在24小时内，通知被留置人员所在单位和家属。留置时间不得超过3个月。在特殊情况下，可以延长一次，延长时间不得超过3个月。省级以下监察机关采取留置措施的，延长留置时间应当报上一级监察机关批准。监察机关发现采取留置措施不当或者不需要继续采取留置措施的，应当及时解除或者变更为责令候查措施。对涉嫌职务犯罪可能判处10年有期徒刑以上刑罚的被调查人，监察机关依照前款规定延长期限届满，仍不能调查终结的，经国家监察委员会批准或者决定，可以再延长2个月。省级以上监察机关在调查期间，发现涉嫌职务犯罪的被调查人另有与留置时的罪行不同种的重大职务犯罪或者同种的影响罪名认定、量刑档次的重大职务犯罪，经国家监察委员会批准或者决定，自发现之日起重新计算留置时间。留置时间重新计算以一次为限。

对于监察机关移送起诉的案件，人民检察院应对犯罪嫌疑人先行拘留，留置措施自动解除，案件进入刑事诉讼环节。人民检察院应在10~14日内作出是否逮捕、取保候审或者监视居住的决定。人民检察院经审查，认为犯罪事实已经查清，证据确实、充分，依法应当追究刑事责任的，应当作出起诉决定。人民检察院经审查，认为需要补充核实的，应当退回监察机关补充调查，必要时可以自行补充侦查。对于补充调查的案件，应当在1个月内补充调查完毕。补充调查以2次为限。

二、公安机关立案

被害人可以书面或者口头提出报案或者控告，公安机关应当立即受理，问明情况，并制作笔录，即“有案必受”。案件被受理后，公安机关会将受案回执交给报案人或控告人。但案件的受理不等于案件已被立案，此后就是立案审查阶段。

刑事案件立案审查期限原则上不超过3日；对重大疑难复杂案件，立案审查期限可以延长至30日；对特别重大、疑难、复杂或者跨区域性的经济犯罪案件线索，立案审查期限可以再延长30日。

如果公安机关决定不予以立案，被害人可以寻求以下救济：

一是可以在收到不予立案通知书后7日以内向作出决定的公安机关申请复议，复议决定依旧是不予立案的，控告人可以在收到复议决定书后7日以内向上一级公安机关申请复核。

二是向同级检察院立案监督部门提出申诉。人民检察院认为公安机关不立案理由不能成立的，会通知公安机关立案。

三是被害人有证据证明对被告人侵犯自己人身、财产权利的行为应当依法追究刑事责任，而公安机关或者人民检察院不予追究被告人刑事责任的案件，可以向法院提出自诉。

被害人只有在案件移送审查起诉之日起，才可以委托诉讼代理人，但在刑事立案阶段律师可以为被害人提供法律咨询服务，只是不能直接代表被害人办理相关手续，因此自然人在报案时需要以个人名义亲自办理，单位在报案时需要法定代表人或者公司授权的员工进行办理，律师可以陪同并指导。

三、疑难问题应对

（一）防控嫌疑人出逃风险

在刑事案件侦办过程中，往往立案和抓捕刑拘嫌疑人之间存在一定的时间间隔，有部分嫌疑人在知道自己即将被侦查机关抓捕时，会想尽各种办法逃脱抓捕，甚至已准备好境外身份，对刑事案件日后的办理产生了较大阻碍。防止嫌疑人逃跑，可以采用以下措施：

1. 申请境内发布通缉令。根据法律规定，如果应当被逮捕的犯罪嫌疑人在逃，以及依法应当被留置的被调查人在逃，公安机关可以发布通缉令，采取有效措施，将其追捕归案。如果被害人发现犯罪嫌疑人有逃跑的迹象，可以第一时间向办案机关报告。

2. 申请采取限制出境措施。根据法律规定，公安机关在办理一般刑事案件过程中和国家监察体制改革前检察机关在办理职务犯罪案件过程中可以采取边控措施。人民检察院为防止犯罪嫌疑人等涉案人员逃往境外，需要在边防口岸采取边控措施的，应当按照有关规定制作边控对象通知书，商请公安机关办理边控手续。如果被害人发现犯罪嫌疑人有逃往境外的迹象，可申请办案机关对其采取边控措施。

3. 申请国际红色通缉令。对于已逃往境外的嫌疑人或犯罪分子，可以向国际刑警组织申请，发布通缉通告，要求成员方引渡逃犯。国际刑警组织官网中可查询到我国申请的红色通缉令的逃犯照片、姓名、罪名等信息。

（二）防止嫌疑人转移资产

根据相关法律规定，司法机关有权力查封、扣押和冻结涉案财产，被害人应提供涉案财产线索并积极配合司法机关调查涉案财产范围和流转情况。

1. 申请冻结涉案资金账户。前文已述及，对于进入资金池并与其他财产混同的涉案资金，司法机关可以先行冻结。

2. 申请“查冻扣”涉案资金形成的资产。司法机关可以根据侦办案件需要，对从资金池中转出的资金和转出资金所形成的财产进行查封、冻结、扣押。若后续查明涉案资金形成的资产已被第三人善意取得或者已与案件无关的，可以依法解除相关查封、扣押和冻结。

3. 申请“查冻扣”涉案行为人及关联人名下资产。前文已提及，根据法律规定，公安机关在办理案件过程中，可以查封、冻结、扣押犯罪嫌疑人个人名下财产。在实践中，涉案行为人个人名下资产一般已被转移，或不够偿还被害人损失。此时，被害人可以向司法机关提供涉案企业的实际控制人、高管、财务负责人以及他们的近亲属等相关人员名单，申请司法机关进行摸排，对有证据证实涉案资金有流转到关联人个人账户和控制的账户的，或者存在不正常大额消费和交易的，应进一步深入调查，依法“查冻扣”相关资产。

4. 申请查冻扣虚假交易资产。在实践中，存在涉案行为人通过虚假交易转移资产的情况，此时应详细比对交易资料，尤其是对合同流、资金流、货物流和发票流“四流”信息进行比对，如果发现异常或者属于通过合法形式掩盖非法目的的违法行为，司法机关可以对虚假交易资产进行追缴。

（三）案件进展缓慢的应对

根据相关法律规定，公检法机关在接到报案、控告、举报时，都应当接受，之后根据案件情况，一般在30日（最长不超过60日）内作出立案、不予立案、移送管辖等决定。实践中，经常出现案件不受理、受理后不作出是否立案的决定、立案后案件停滞不前的情况。

1. 对于报案后不受理的情况

在实践中，公安机关在接收案件时，都应当立即接受，问明情况，并制作笔录，同时制作受案登记表和受案回执，并将受案回执交给扭送人、报案人、控告人、举报人。对不属于自己管辖的案件，应当移送有管辖权的机关处理或者先采取紧急措施后移送主管机关，如无须刑事处罚但需要行政处理的案件；对不属于公安机关职责范围的事项，可以口头告知扭送人、报案人、控告人、举报人向其他主管机关反映或自诉；对重复报案、案件正在办理或者已办结的，解释后不再登记，有新的事实或者证据的除外。

对于报案不受理的情况，被害人可以拨打110报案或者转警务督察投诉，也可以直接到公安机关的督察部门或者政府信访部门投诉举报；如果存在违法违纪问题，还可以拨打公安部的违法违纪举报投诉电话“12389”，要求依照有关规定追究相关领导和直接责任人员责任等。

2. 对于受理后不立案的情况

公安机关决定不立案的，应当说明理由，制作不予立案通知书。报案人收到不予立案通知书后，一是7日内向作出决定的公安机关申请复议，公安机关应当在收到复议申请后30日以内最长不超过60日内作出决定，并将决定书送达控告人。控告人对不予立案的复议决定不服的，可以在收到复议决定书后7日以内向上一级公安机关申请复核。对上级公安机关撤销不予立案决定的，下级公安机关应当执行。二是被害人及其法定代理人、近亲属或者行政执法机关向人民检察院申请监督，人民检察院启动立案监督程序进行审查。三是对于符合自诉条件的依法向人民法院提起自诉。

3. 对于立案后不“抓人”的情况

侦查机关对已立案的刑事案件，应当在侦查阶段中，收集、调取犯罪嫌疑人有罪或者无罪、罪轻或者罪重的证据材料。法律对于立案之后多久对犯罪嫌疑采取强制措施并没有明确的规定，如果侦查机关迟迟没有“抓人”，可能是由于证据不足，不符合“抓人”的条件。如果此时当事人发现相关办案人员存在违法违纪情况，可以向警务督察部门举报投诉，或者拨打公安部的违法违纪举报投诉电话“12389”，要求依照有关规定追究相关领导和直接责任人员责任。

4. 对于漏捕漏诉的情况

在案件侦办过程中，当事人发现漏捕漏诉情况，应当向侦查机关提供证据线索。同时，被害人或者代理律师可以漏捕漏诉为由，向检察院侦监部门投诉或控告，或向全国检察机关服务电话“12309”提出控告，要求监督纠正办案人员的违法或违规行为，依法追究犯罪嫌疑人的刑事责任。

（四）刑事退赔谈判的推进

根据相关法律规定，对退赃、退赔的，综合考虑情况后，可以减少基准刑的30%以下；对积极赔偿被害人经济损失并取得谅解的，综合考虑情况后，可以减少基准刑的40%以下。在具体认定金融诈骗犯罪的数额时，案发前已归还的数额应当扣除。

在实践中，银行通过刑事审判追缴损失周期较长且存在被告人资产损毁的风险，而通过谈判能够快速收回部分损失，但往往为分期付款，或者无法偿还利息，能否偿还后续资金亦存在不确定性。因此，在案件已进入刑事程序后的退赔，银行应当综合权衡利弊，确定谈判方案。

第三节　对接司法行政机关

一、对接侦查机关

（一）银行作为被害人的刑事案件

银行作为被害人，需要收集证据材料，到公安机关或者检察院报案，配合侦查机关侦办案件。在必要时银行可以聘请专业律师参与调查，提供必要的专项法律服务。

1. 律师参与银行追赃挽损案件的优势

首先，银行可以挑选对应专业的律师组成团队以提供法律服务。在银行作为被害人的刑事案件中，梳理的资料和证据材料，除涉及刑法外，往往还涉及公司法、民商法、银行法等法律知识，并要求案件调查人员了解经济财务相关知识，对案件调查人员要求较高，专业的律师团队可以提供更专业的法律服务。

其次，外聘第三方律师参与调查更客观中立。银行作为被害人的刑事案件通常需要从内部调查入手，向银行内部人员了解情况，并获得线索。如果是企业内部法务人员进行调查，可能会由于上下级关系或者日常关系，达不到预期效果。外聘律师介入，则会保持客观中立，减少徇私舞弊、偏袒护短的行为。

2. 律师在对接侦查机关时的主要工作

银行在作为被害人时，自刑事案件移送审查起诉之日起，才可以委托诉讼代理人，因此在侦查阶段，律师可以为银行提供法律咨询服务，但是不能代表银行办理刑事案件相关手续。

律师可以协助银行进行调查访谈并在梳理相关资料后出具专业的法律分析意见，对法律问题进行解答分析，对后续处理战略和方案提出专业意见；在报案时帮助完成刑事控告书和整理证据等报案材料；在案件侦办过程中出现阻碍和法律疑问及时提供法律帮助，出具法律方案和建议意见，促使案件侦办顺利。

（二）银行内部人员涉嫌犯罪的案件

律师在作为刑事案件犯罪嫌疑人的辩护人时，可以向公安机关了解犯罪嫌疑人涉及的罪名和案件有关情况；及时办理律师会见，向犯罪嫌疑人了解案件情况，并提供帮助；查找补充嫌疑人无罪或者罪轻的证据材料，向侦查机关递交取保候审申请；遇到犯罪嫌疑人人身权利和诉讼权利受侵犯等违法行为时，及时代为控告申诉等。

二、对接检察机关

（一）银行作为被害人的刑事案件

首先，银行作为被害人，可以在审查起诉阶段委托律师作为诉讼代理人。律师在此阶段可以查阅、摘抄、复制案卷材料。其次，向检察院提出对涉嫌的犯罪事实、罪名等相关事项的法律意见；根据了解的全部案情，为银行寻求最佳的追赃挽损方案，特别是对办案机关给出的与银行利益不符的认定结论，代表银行提出反对和要求改正的意见，以最大限度维护银行的合法权益。此外，律师还可以代表银行在此期间与办案机关沟通退赔接收与谅解的问题等。

（二）银行内部人员涉嫌犯罪的案件

首先，辩护律师在初步了解案情后，认为不应该逮捕的，在批捕阶段向检察院提交不予逮捕的意见；其次，根据案件进展情况，结合检察院应当或者可以通过羁押必要性审查程序对犯罪嫌疑人进行释放或者变更强制措施的16种情形，向检察机关提交羁押必要性审查的申请书；在审查起诉阶段，通过阅卷全面了解案情，对案件结果进行评估预判，向检察官提交辩护意见，同时与当事人和检察机关沟通是否以及如何认罪认罚；此外，推动赔偿和解等，争取从轻、减轻、免除处罚或者不起诉。

三、对接审判机关

（一）银行作为被害人的刑事案件

在审判阶段，律师作为银行的诉讼代理人可以根据案卷材料内容，向人民法院申请收集、调取与案件有关的证据材料；对证人证言、鉴定意见等提出异议，申请证人、鉴定人出庭作证；参与庭前会议；在庭审过程中向被告人、证人、鉴定人发问；进行法庭辩论；对证据和案件情况发表意见，表达被害单位银行的诉求；在法院作出判决后，继续跟进法院执行阶段进程等。

（二）银行内部人员涉嫌犯罪的案件

在审判阶段，辩护律师可以向被告人提前介绍法庭审理程序，告知被告人在庭审中的诉讼权利义务，以及应该注意的事项；视情况为被告人申请取保候审；在发现司法机关有违反法律规定的情况时，提出申诉和控告；继续调查和收集案件有关材料；参与庭前会议，进行非法证据排除；在庭审时进行发问、辩论、对证据和案件情况发表意见；评估和协调审判阶段是否以及如何认罪认罚；评估和沟通是否以及如何退赔等工作；在法院作出判决后，听取被告人对判决书的意见，对后续上诉、申诉、执行等工作提供专业建议。

第六章

银行业刑事风险防控建议

第一节　传统风控手段的问题与不足

在金融全球化和科技迅猛发展的背景下，商业银行作为金融体系的核心，其刑事风险防控的重要性日益凸显。刑事风险不仅威胁银行自身的资产安全和声誉，还可能对整个金融系统的稳定性形成挑战。因此，构建全面、有效的刑事风险防控体系，对商业银行乃至整个金融行业的健康发展至关重要。

刑事风险，是指一定主体遭受犯罪侵害或面临刑事指控的可能性。商业银行的刑事风险指的是商业银行遭受犯罪侵害以及商业银行或其从业人员面临刑事指控的可能性。① 为应对刑事风险以及其他风险，我国多数商业银行建立了合规体系，例如，中国银行早在2008 年就在总行和境内一级分行设立了法律与合规部门，在各海外机构设有专职或兼职合规员。同时，中国银行制定发布集团《合规政策》，明确各级管理者及员工的合规责任，统一规范全行规章制度管理，制定全行授权管理工作方案，建立重要合同报备制度。② 然而，由于金融市场的不断创新和本身的复杂性，商业银行面临的刑事风险日益多元。在传统手段下，商业银行虽有形式上的合规，但尚未形成一套完整、合理、科学的刑事风控运行体系，这也导致在实践中难以运用合规手段有效应对刑事风险。例如，2008～2010 年，中国农业银行的内控风险案件，揭示了商业银行在内部控制和合规管理方面存在的问题。在该案中，中国农业银行的内部员工利用职

① 参见白建军：《商业银行刑事风险研究》，载《金融法苑》2019 年第 2 期。
② 参见中国银行：《中国银行坚持合规经营》，载中国银行网，https：//www.bankofchina.com/aboutboc/boccsr/200807/t20080701_992.html？keywords = 合规。

务之便，操纵金融交易并非法获取巨额利益，严重损害了银行的声誉和利益。[1] 在2023年，金融领域至少有101人被查。从职位来看，在被查的101人中，8人为中管干部，占比8%；75人为中央一级党和国家机关、国企和金融单位干部，占比74%；18人为省管干部，占比18%。

当前，我国商业银行在合规管理机制建立、合规执行等方面，都存在应对刑事风险的短板和不足，而这些短板和不足又使银行在应对越来越复杂的犯罪、越来越严格的监管新环境时越发“举步维艰”。

一、缺乏刑事风险意识

缺乏刑事风险意识是商业银行的普遍现象，商业银行对盈利与风险的偏向性选择、对刑事风险的避而不谈、对刑事风控的一知半解等都会导致商业银行刑事风险防控乏力。

一是部分商业银行在追求短期利益的过程中，往往忽视了长期风险的存在和潜在影响。在个别商业银行管理者的错误规划下，为了实现经济业绩迅速增长，忽视客观情况盲目追求效益增长，片面追求业务量的提升，忽视业务办理时的刑事风险隐患。这种短视的行为模式导致银行在业务发展中可能过度涉足高风险领域，或采取违规操作以获取更大的利润。例如，民生银行大连分行因海洋养殖骗局被骗贷3.56亿元，4名高管因涉嫌违法发放贷款罪均获刑5年。

① 白某贪污违法所得没收案，最高人民检察院指导性案例127号（2021年）。

此案例反映出银行在风险控制和合规管理方面的不足，同时也暴露了银行对风险意识教育和培训的忽视。①

二是商业银行在风险管理方面缺乏全面的考虑。商业银行往往过于关注传统、常规的金融风险，如信用风险、操作风险、市场风险等，这些业务上的合规要求通常更容易被法律法规和监管机构明确规定，因此商业银行也更容易将精力和资源集中在这些方面的合规措施上，以确保符合相关要求并避免违规行为，而忽视了对刑事层面新兴风险和复杂风险的识别和应对。随着金融业务的不断发展和创新，以及科技的迅速进步，金融领域涌现出许多新形态和新模式的犯罪行为，这些新兴风险往往具有隐蔽性、跨境性和快速传播的特点，给商业银行的风险管理带来了极大挑战。以银行通道业务为例，通常意义下的通道业务，是指由商业银行等资金方主导，通过证券公司、信托公司、保险公司、基金及子公司等通道方，设立一层或多层信托计划、资管计划、私募基金等投资产品作为通道载体，为资金方指定的融资方进行融资或对其他资产进行投资的交易安排。在该类交易中，通道方不承担主动管理职责，风险管理责任和因管理不当导致的风险损失实质上由资金方承担。为模糊底层资产，通道业务通常会嵌套多层通道，但在这过程中，由于资金端和客户端被隐藏，多个通道之间往往在权责上定位不清晰，也就相应地产生了银行资产流失、银行直接责任人员涉嫌违法发放贷款罪等刑事风险。并且，通道业务的主要动力来自监管“套利”。在这过程中，银行已不仅是为了间接扩大投资渠道和规模，更多的是为了金

① 参见《民生银行骗贷大案细节曝光！四名银行工作人员违法发放贷款 3.56 亿获刑五年》，载新浪网，https://finance.sina.com.cn/money/bank/gsdt/2022-02-28/doc-imcwipih5815405.shtml。

融“套利”。在利益的驱动下，不正当行为往往也滋生而出。因此，若商业银行缺乏对相关业务的前瞻性全面风险意识或刑事风险思维，必将导致相关刑事风险的发生，直至“人财两空”。

三是商业银行在应对刑事风险时，往往只关注表面的法律规定，而忽视了底线思维的重要性。底线思维，是指商业银行在开展业务活动时必须始终坚守的风险意识和合规意识。它要求银行在追求经济利益的同时，要始终牢记自身的社会责任和商业道德，不从事任何非法或不道德的活动。然而在实践中，一些商业银行可能为了追求利润最大化而采取违法违规行为，这不仅会损害银行的声誉和信誉，还可能引发严重的法律后果和刑事风险。对此，已有部分银行明确表示，会将底线思维作为风险管理的基础，例如，北京银行首席风险官曾就北京银行风险管理工作情况接受记者采访中表示，“北京银行将坚持底线思维，强化全面风险管理，全行资产质量稳中向好；未来将继续加强重点领域风险防控，优化业务结构，重塑风险文化，确保全行始终稳健发展、行稳致远”。①

二、缺少刑事风控机制

一方面，商业银行的刑事风险处置机制存在明显的滞后性。这一滞后性主要体现在对违规或违法行为的处理上，导致大部分银行内部人员的刑事犯罪行为在持续 1 年以上才得以被揭露。以渤海银

---

① 参见北京银行：《北京银行首席风险官韩旭：坚持底线思维　持续夯实全面风险管理防线》，载微信公众号“北京银行”2021 年 11 月 11 日，https：//mp. weixin. qq. com/s/Pu6YQSyV8S2F-mQexeT-tQ。

行存单质押案为例，济民可信集团称其在渤海银行南京分行的 28 亿元在不知情的情况下被质押，渤海银行已向公安机关报案。① 深入探究其滞后性的原因，主要归咎于以下两点：一是银行对违法行为的处理态度存在偏差，往往仅对典型的、重大的违法行为给予重视，而对于一般、轻微的违法行为则往往采取“大事化小、小事化了”的态度，这在一定程度上助长了违法行为的滋生；二是银行在风险防控上更注重外部风险的防范，而对银行内部产生的犯罪风险关注不足，因此在内部犯罪风险的防控上表现出更明显的滞后性。

另一方面，商业银行在刑事风控执行上也存在不足。在竞争激烈的市场环境下，银行为追求业务增长和利润，有时会在风控政策和业务目标之间产生冲突。这种冲突可能导致银行在执行风控措施时降低标准，从而增加风险。另外，传统的风险监管框架主要依赖审计、法务等部门在事后对刑事风险进行处置和追责，而缺乏专门的刑事风险事前预防机制。这种缺乏事前预防的机制导致刑事风险往往只能在事后才被发现，无法被及时遏制和防范，进一步加剧了银行的风险暴露。

三、缺失专项合规制度

商业银行在业务风控体系建设上已取得显著进展，但遗憾的是，针对刑事风险的防控制度尚未成为其重点关注和投入的领域。刑事风险防控不仅涉及对员工行为的严密监控、精准的风险识别与评估，

---

① 参见《“消失”的存款与永远在路上的银行内控合规》，载澎湃新闻网 2021 年 11 月 18 日，https：//www. thepaper. cn/newsDetail_forward_15427759。

还需要建立和执行有效的内部控制制度，这些都需要大量的资源和精力投入。然而，由于刑事风控管理的成本相对较高，且其回报并非立竿见影，银行在资源分配上往往更倾向于那些能够直接增加利润和业务增长的领域。

具体而言，商业银行在刑事风险防控方面的投入不足体现在多个方面。以技术投入为例，建立一套能够实时监控员工操作、检测异常行为的内部系统，不仅需要巨额的资金，还需要对员工进行系统培训，以确保他们能够正确使用和理解这一系统。然而，面对这样的投入，银行可能会权衡利弊，将有限的资源投入到其他看似更直接和有效的领域，如新产品的开发或市场的快速扩张。

商业银行专项刑事风险防控制度的缺失，不仅导致其在刑事风险应对方面存在显著的不足，也对其整体风控体系的建设产生了负面影响。从组织结构来看，商业银行往往缺乏专门的刑事风险防控部门或人员，导致刑事风险防控工作难以得到有效的组织和实施。从制度来看，商业银行的现有制度往往更侧重一般性的合规要求，而缺乏对刑事风险的专门规定和应对措施。从运行机制来看，商业银行在风险识别、评估、报告和应对等方面也缺乏专门针对刑事风险的机制。从企业文化来看，商业银行往往缺乏对刑事风控重要性的认识和重视，导致员工在业务操作中缺乏刑事风控意识。

四、缺位“关键少数”监管

银行内部人员可能涉及违法发放贷款、贪污、挪用公款、职务侵占、挪用资金、违规出具金融票证等犯罪。由于内部人员对银行操作和信息的了解程度更高，他们的犯罪行为更难被发现和防范，给银行带来了内部防控的挑战。

一是内部人员犯罪行为的隐蔽性较高。由于内部人员对银行的运作和内部控制措施较熟悉，因此，他们可以更巧妙地规避监测和防范措施，使其犯罪行为更难被发现。例如，内部人员可能通过篡改账户记录、虚构交易或在复杂交易中掩盖挪用行为等手段，让犯罪行为显得正常或难以被察觉。

二是内部人员对机构内部信息的了解程度较高，使他们更容易获取敏感信息并加以利用。他们可以利用自身职务的权限，窃取客户资料、账户信息等，为自己的犯罪活动提供便利。例如，在渤海银行案件中，内部人员管理不到位，引发了“济民可信集团在渤海银行南京分行的28亿人民币在不知情的情况下被质押”的风险事故。①

三是内部人员往往会利用内部信息获取不正当的利益，如提前知晓重大事件或交易信息，从中获取私利。内部人员的风险给商业银行的内部控制带来了挑战。尽管银行已采取一系列措施防范内部风险，如设立审计机构、建立内部控制制度、实施分工与复核机制等，但内部人员仍然能够利用其特殊地位进行犯罪活动。

四是银行高管因具备一票否决权、缺少监管、任职时间长等问题，实际成为银行“内部控制人”，例如，涉嫌行贿罪的包商银行行长李某某，其自2002年担任行长，2008年开始担任党委书记、董事长，到2019年被接管时，连续任“一把手”11年。而在2017年浦发银行涉案金额775亿元违规放贷一案中，浦发银行成都分行原行

---

① 参见《“消失”的存款与永远在路上的银行内控合规》，载澎湃新闻网2021年11月18日，https：//www. thepaper. cn/newsDetail_forward_15427759。

长王某任职15年。银行的“一把手”因违法违纪被处理案在实践中也频频发生，从中纪委网站的通报中便能看到，多位银行的“一把手”因违法违纪被处理。

五、缺漏专业与行业对接

刑事风险渗透到商业银行的多个领域，包括人员操作、业务活动以及非业务相关的各个方面。由于规定的多样性和标准的复杂性，不同的业务和流程都面临各异的刑事风险。同时，这些风险还随着时间和环境的变化而变化。因此，商业银行必须投入大量的资源和精力，以确保其业务操作和流程始终符合各项合规要求，并能适应不断变化的合规标准。

银行业务的错综复杂性，使刑事风控制度的制定、管理和执行需要各部门之间的无缝对接和紧密合作。但在实际操作中，懂刑事法律的专业人员往往对银行业务了解有限，而银行业务专家又可能缺乏必要的刑事法律知识。这种知识和技能的错位，加之跨领域的合作和沟通障碍，直接导致刑事风险的预防和管理措施不够到位。

第二节　新形势下的银行业合规体系建设

洛克曾言："哪里没有法律，哪里就没有自由。"建立健全刑事风控合规体系，其目的不是限制企业经营自由，而是为了企业更好的自由经营，有效防控刑事犯罪和刑事被害而积极存在的。只有制定确定性的规范体系，才能为自由经营提供安全保障。

一、由"形式合规"走向"实质合规"

事实上，我国多数商业银行已建立形式上完备的合规体系，但近些年来层出不穷的银行从业人员犯罪或银行遭受犯罪侵害的案件也传达出"有合规未合规"的事实，这也意味着"形式完备"并不当然引导"实质正当"。尽管银行可能已建立完善的合规制度和流程，但这些往往只是形式上的合规，并不能确保有效防范各类风险。银行在追求合规管理的过程中，必须超越单纯的形式合规，迈向更深入和全面的实质合规。实质合规要求银行不仅在制度和流程上符合法律要求，更需要在企业文化、风险管理和员工意识上全面提升，确保银行业务的每一个环节都严格遵守法律法规，从而有效避免涉及刑事犯罪，维护银行的声誉和可持续发展。

例如，在银行发放贷款的过程中，为了实现对责任人员的权力制约，银行通常在内控制度中会特别重视审批流程的设定，希望通过开会、多层级实质审核等严密的程序来规范贷款发放。在具体的审批制度层面，银行便会倾向增加审批环节、增加审批人员等，从而实现审批责任的分流或风险的分散。然而，在笔者团队办理的某银行行长涉嫌违法发放贷款罪的案例中，银行发放贷款的过程为“企业先向支行提出贷款申请，由支行向总行进行汇报，经总行同意后进行立项，由支行信贷科对申请贷款的企业进行审前调查形成调查报告上报支行信贷审批小组，经支行信贷审批小组审批同意后，报支行行长签字审批。然后上报总行公司业务部，公司业务部对支行上报的申请贷款档案材料进行贷前复查签字审批，复查后交由投资信贷管理部审查，之后由信贷管理部上报主管副行长和行长，由行长组织召开贷款审批委员会，经审批委员会同意后，由行长作为银行信贷工作的最终责任人签字同意，由支行对贷款进行发放。”在如此严密的审批程序之下，可以视为银行其实已在形式上建立合规程序，但行长仍通过后补签字、一票否决、私下沟通等方式，向不符合放贷资质的企业发放贷款，造成银行资产部分流失，这亦说明，审批程序的规范化本身符合实质合规本意；但是如果仅注重形式完备，而忽视审批过程的科学性和实效性，就根本无法实现对银行的合规保护。

在银行其他经营中，对重大事项进行集体讨论决策是一项重要的内控制度，会议固然会因其公开性、民主性等降低业务风险，但其也会导致业务责任人员产生另一种误解，即“只要经过集体决策的事项，就不会违法，更不会有任何刑事犯罪风险”。但是，刑事责任的认定相较其他责任认定的最特殊之处就在于，刑事认定往往采取穿透式认定，如在上文提到的案例中，即使银行经过了集体讨论，也并不能免去银行行长涉嫌违法发放贷款的刑事责任。银行应当更关注穿透式认定，金融行业与刑事认定均要求“穿透式监管”。自2016年国务院办公厅《互联网金融风险专项整治工作实施方案》

中首次正式提出穿透式监管这一概念后，该方案要求各监管机构按照“实质重于形式”原则进行互联网金融监管，应综合资金来源、中间环节与最终资金投向等全流程信息，采取穿透式监管方法，通过表面判定业务本质属性、监管职责和应遵循的行为规则与监管要求。相较于金融监管，刑事认定秉持更彻底的穿透认定原则。

总而言之，产生上述问题的核心在于，一方面，形式上的合规制度分散在银行重点关注的部分风险模块中，于银行治理架构来说并无形成体系化建设，这也就导致银行在管理、审批、执业等业务环节并未对风险作出识别，最终在银行治理中呈现“治标不治本”的“形式合规”现象。另一方面，业务层面对刑事风险的不重视导致银行并未针对高风险问题作出专业预警，未在银行需要重点关注的业务层面架构风控层面的防火墙。所以在合规方案的设计中，形式层面的完备性和实质层面的有效性都应当成为重要的合规标准。

二、着力系统性地避免“窝案”

“窝案”的目标通常是非法获取资金或者获取非法利益。例如，银行责任人员通过不正当手段伪造文件、信息或者操纵交易来骗取资金或者制造虚假的金融交易，以谋取个人或组织的不正当经济利益。这种犯罪行为通常会导致银行或其他金融机构遭受财务损失，同时可能损害金融体系的声誉和稳定性。银行作为“窝案”的高发领域，依据其波及范围，总体上可以分为两种类型：

一是银行内部与外部其他单位、企业高管勾结形成“窝案”。例如，2021 年包商银行腐败案就是一起典型的银行与外部单位干部勾结的“窝案”，包商银行在经营过程中分层“围猎”监管干部，利益输送载体多种多样，“围猎”方式花样频出，情节极其恶劣，最终内蒙古银监局原党委书记、局长薛某某，内蒙古银监局原党委副书记、副局长宋某某和内蒙古银监局原党委委员、副局长陈某某等官员，包商银行原党委书记、原行长等均面临刑事处罚。

二是银行内部上下级勾结形成“窝案”，银行行长、经理、董事长、财务等一连串银行工作人员因为关联或同一类事件陷入刑事风险，具体而言，包括银行的高级管理人员与工作人员勾结，系统地操纵银行的账目，从而涉及贪污、虚报资产、洗钱等刑事行为。在笔者团队办理的一起涉嫌受贿、贪污、违法发放贷款罪案件中，银行董事长、财务均因以同一操作流程瓜分银行利益而陷入刑事风险。

金融领域“窝案”的出现通常是因为内部腐败、不透明的交易、内部共谋、监管不力、经济动机以及外部压力等。银行作为金融领域的重要角色，除具备上述金融领域“窝案”的共性外，银行与外部以及银行内部等出现“窝案”还与银行自身特点有关，例如，银行涉及的大量金融资产和交易使银行工作人员或高管无法舍弃诱惑、某些属于“潜规则”却违法的程序、银行内部的不透明性、机构的多元性等。

基于“窝案”以及银行的特征，除传统防控手段外，银行应当着重从以下角度避免“窝案”的发生：

一是完善治理结构。银行应当建立权责明确、有效制衡的公司治理结构和内部控制机制，防范主要股东、实际控制人以及董事、监事、高级管理人员等相关人员违反规定干预控制金融机构。银行的股东不得违反规定委托他人或者接受他人委托持有银行的股权。银行的实际控制人不得以股权代持、隐匿关联交易等方式掩盖实际控制权。

二是优化岗位设置。银行应当进一步明晰各环节岗位职责和权力边界，并建立各司其职、人尽其才的岗位管理机制，通过制度设计切断权力寻租、利益输送的风险链条，实现“制约”与“均衡”。优化选人用人机制，健全领导人员分类分层管理，配强领导班子人员，选配政治强、业务精的专业人才，开展高管日常履职评估，关注高管的经营理念、风险偏好、重要行为。

三是完善激励约束机制。优化绩效考核和薪酬结构，完善薪酬延迟支付及追索扣回等制度，压降薪酬、费用支出。塑造清廉合规金融文化，有效开展案件警示教育，纠正经营管理者片面追求短期效益的倾向。

三、积极应对虚拟货币带来的挑战

刑事风险之间存在紧密的关联，我国虽对虚拟货币采取“一刀切”禁止的严监管的模式，但由于虚拟货币的匿名性、便利性以及跨国性，虚拟货币仍成为洗钱、诈骗等其他犯罪活动的潜在工具。例如，虚拟货币交易可以相对匿名的方式进行，因此洗钱犯罪分子可能会使用虚拟货币来隐藏其资金流动；虚拟货币交易是全球性的，因此可以轻松越过国界进行，以逃避监管等。

在实践中，此类犯罪的洗钱手法和可疑特征主要包括以下三个方面：

一是资金交易异常。在涉及虚拟货币的交易中，其资金往往呈现账户资金快进快出、较多特定金额的倍数资金、涉及账户人员地区多样、存在交易特殊附言等特征，如“订购结算币”（在某种交易或平台上，用于结算订单或支付的虚拟货币），“充值大盘 80,000个”（某个平台或市场上充值了 80,000 个单位的某种虚拟货币）等。当用户购买、出售或交换其他虚拟货币或资产时，他们可能需要使用“订购结算币”来完成交易。在某些交易所中，比特币可能被视为“订购结算币”，用户需要用这些货币来支付交易费用或完成其他交易。

二是资金交易与银行预留身份不符。例如，某事业单位职员 A、国有企业员工 B、国家机关职员 C 3 名个人账户短期内交易金额达到数千万元，与预留职业及正常人员账户交易行为明显不符，且无合理解释。

三是资金交易涉及的第三方平台涉嫌非法集资、非法吸收公众存款、开设赌场等负面消息。

对银行来说，虚拟货币交易者通过银行账户，再将资金转移到第三方支付账户，然后通过“跑分”平台等手段进行多层级的资金交易，以规避银行的监测。最终，这些资金可能被洗净，并转移到个人账户供个人使用，或者转移到境外虚拟币交易平台进行交易。银行无法追踪这些资金的具体去向和受益人信息，因此无法有效地监测整个资金流向。支付机构也难以将客户的进出备付金账户的资金与具体交易一一对应。在无法追溯整个资金链的情况下，这可能导致银行难以识别可疑交易，从而增加商业银行漏报可疑交易报告的风险，最终导致洗钱、赌博、诈骗等关联刑事风险。

基于以上分析，商业银行除在配备与其业务规模、风险偏好等相适应的反洗钱人员的基础上，要结合上述虚拟货币犯罪特征，加快推进反洗钱、风控等监测系统对虚拟货币相关交易智能化应用场景建设和运用，提升对账户交易碎片化信息的加工能力和分析能力。

四、全链条应对跨境电信诈骗风险

在全球化的金融环境中，商业银行作为资金流动的重要枢纽，其安全性和稳定性对整个经济体系至关重要。跨境电信诈骗作为一种新型的金融犯罪手段，其隐蔽性强、涉及范围广、侦破难度大，给银行资产安全带来了前所未有的挑战。因此，探讨银行如何应对跨境电信诈骗风险，具有重要的现实意义和紧迫性。跨境电信诈骗不仅涉及巨额资金的非法转移，而且往往与洗钱、网络赌博、恐怖融资等其他犯罪活动有所交织。这种犯罪行为不仅损害了银行的经济利益，还可能破坏银行的声誉，削弱客户的信任，严重时甚至威胁金融系统的安全稳定。此外，跨境电信诈骗的跨国性质使案件的侦破和资产的追回工作异常复杂，需要跨国司法合作和协调，这进一步增加了银行应对此类风险的难度。

在笔者团队办理的某银行国外分行在境外遭受国际电信网络诈骗案中（详见本书第三章第四节案例）。诈骗结果的发生与银行内部刑事风控的缺失有密切关联，银行应举一反三从以下角度建立刑事风险防控体系：

一是银行必须加强内部控制和员工培训。在上述案件中，诈骗分子通过冒充客户的电子邮件更改了客户的联系电话，这一行为未被银行职员及时识别，反映出银行内部控制的不足。因此，银行需要对员工进行持续的法律意识教育和风险识别培训，提高他们对欺诈行为的警觉性。

二是银行应实施严格的客户身份验证程序，并对客户的交易习惯进行深入了解。通过“了解你的客户”原则，银行能够在客户发出大额转账支付指令时，及时发现并核实异常交易。在该案中，如果银行能够及时识别出电话变更的异常，可能就能阻止诈骗行为的发生。

三是技术投入也是提高风险管理能力的关键。银行应利用先进的监控技术和网络安全措施，建立风险评估模型，定期对跨境资产进行风险评估。在上述案件中，如果银行能够通过技术手段识别、追踪、截停资金流，可能就能更快地发现并阻止资金的非法转移。

四是加强国际合作对应对跨境电信诈骗同样至关重要。银行应与国际监管机构和其他银行合作，共享风险信息。上述案件涉及多个国家和地区，如果银行能够与我国港澳台地区及其他涉及的司法管辖区的监管机构进行有效沟通，会有助于更有效地追回损失。

五是法律诉讼和紧急应对机制的建立也是银行应对跨境电信诈骗的重要手段。一旦发现可疑交易，银行应迅速采取措施，如冻结账户、延迟交易等，以阻断资金的继续转移。同时，银行需要积极搜集相关证据，为法律诉讼提供支持。

第三节 金融科技背景下的银行业刑事风险防控

一、金融科技赋能刑事风险防控升级

金融科技（FinTech），是指借助科技手段，通过创新的方式，改善和增强金融服务的提供和使用。它包括了各种技术，如大数据分析、人工智能、区块链和云计算等，用于提高金融业务的效率、便捷性和安全性。2019 年 8 月，中国人民银行正式发布《金融科技（FinTech）发展规划（2019—2021 年）》，指出加强战略部署，提高金融科技水平，实现金融与科技充分融合。随着科技的飞速发展，金融科技已成为金融行业的一股重要力量，金融科技主要表现为实现个性化、人性化任务目标，分析和处理大批量数据等，银行业作为高度信息化的行业，其业务流程中的任何一环节的有效运行都依赖信息数据。

近年来，金融科技蓬勃兴起颠覆了商业银行的传统运行方式、发展方向，冲击了商业银行的发展模式及思维方式。金融科技不仅改变了金融业务的方式，还对商业银行刑事风险防控产生了深远影响。

一是金融科技的应用使商业银行更容易识别和防范欺诈行为。通过大数据分析和人工智能技术，银行可以更准确地检测异常交易和不寻常的客户行为，减少欺诈风险。例如，中国农业银行通过有效掌握客户所属客群的关联关系、领袖客户、风险传导路径等信息，基于图计算技术开发的知识图谱，用于识别贷款申请与历史黑名单、可疑记录的交叉点，加深客户全方位洞察，以及对高风险客户进行精准预警。切实提升关联风险识别分析的自动化水平，助推全行风险管理水平的提高，支持客户维系、失联催收、潜在 VIP 识别等业务创新。①

二是金融科技有助于加强合规监测和风险评估。银行可以借助自动化工具，更快速地执行合规检查和风险评估，减少操作风险。例如，区块链的不可篡改性和去中心化特性为银行交易提供了高度的安全性和透明度。每一笔交易都被记录在区块链上，形成一个完整且不可篡改的交易历史。这种特性使任何试图篡改交易数据或进行欺诈的行为都会立即被系统识别并阻止。因此，区块链技术能够极大地降低因数据篡改或虚假交易引发的刑事风险。

三是金融科技助力银行内部审计。随着银行各项业务和产品的迅猛发展，违规人员的违规操作越发复杂化、隐蔽化、团伙化、多样化，金融科技的应用能够解决传统的内控审计检查方法和模型的不准确性、覆盖不全面等问题。

四是金融科技的不断发展为案件调查和取证提供了新的工具。人工智能在文本分析、语音识别和图像识别等领域取得了显著进展，有望帮助银行更有效地处理刑事调查中的大量数据和信息，提高取证的效率。在实践中，部分商业银行也通过科技手段有效识别和打击了非法金融活动，避免成为刑事被害人。例如，2023 年 6 月，平安银行信用卡中心通过其 SAFE 反欺诈系统，发现了一系列信用卡

---

① 参见国家科技成果信息服务平台：《中国农业银行基于知识图谱和图挖掘的信用风险管理系统》，载国科网，https：//www. tech110. net/portal. php？ mod = view&aid = 7057889，最后访问日期：2024 年 5 月 10 日。

交易异常现象。这些交易主要表现为突击消费和跨地域消费，异常信用卡的收款方和付款方多数情况下为同一人。这些迹象通常是非法套利活动的标志，即通过虚假交易参与银行返现活动，非法获取活动补贴。在进一步的调查和监控下，平安银行与上海市公安局宝山分局合作，共同分析了这些交易的资金流向，并最终锁定了涉嫌非法套利的犯罪嫌疑人。①

二、金融科技应用新增风险及防控

随着金融科技的持续发展，科技在重塑金融新动能的同时也带来了诸多新的刑事风险，金融与技术的重叠也使风险更具隐蔽性和破坏力。一方面，金融科技打破了风险传导的时空限制，使风险的传播速度更快、波及范围也更广；另一方面，金融产品的交叉性和关联性不断增强，导致新增技术风险的识别难度加大。

（一）第三方传导风险

金融科技在银行中的应用主要有 3 种方式：一是银行自身技术升级；二是银行成立金融科技子公司，如光大科技、华控清交等；三是与第三方金融科技公司结合。对方式一和方式二来说，由于并未突破银行内部管理，其风险主要源于银行原有合规风险或技术本身的风险。而对方式三来说，由于第三方公司是独立的法人，有自己的管理方式、管理秩序或合规体系，银行即使有严密的合规体系，

---

① 参见《非法套利 16 万元，7 人疯狂“薅羊毛”被刑拘!》，载微信公众号“平安信用卡”2024 年 1 月 26 日，https：//mp. weixin. qq. com/s/FOTdp0OivRtMiLq3JNFIEg。

也并不能全面监控第三方公司内部，相应地也就产生了第三方甚至第四方等金融科技公司带来的新增刑事风险。

一是金融科技公司在创新金融产品和服务中的风险。中国社会科学院金融研究所金融科技研究室主任在采访中曾提到，“在成本上，中小银行可能很难花大量的资金去投入到科技能力的建设方面，银行就一些合作方共同开展，但合作方可能会存在合规的问题，还包括合作方的能力、资质、牌照等”。[①] 例如，一些金融科技公司可能推出未经充分风险评估或未获得相应监管批准的产品，从而涉嫌非法集资、诈骗等犯罪行为，若银行未能充分了解或评估其科技产品，则可能导致银行被诈骗，银行可能成为诈骗罪等被害人，银行领导也可能涉嫌相应的渎职犯罪。同时，引入第三方科技公司或金融科技产品也意味着银行决策者或决策部门有了新的选择权利，相应地也会产生新的职务犯罪风险。

二是金融科技公司可能利用技术手段进行非法活动，如黑客攻击、数据泄露等。这些行为可能导致银行客户信息被盗用、交易数据被篡改等严重后果，给银行带来重大的刑事风险。例如，2023 年 6 月，国家金融监督管理总局办公厅下发的《关于加强第三方合作中网络和数据安全管理的通知》中提到，“某寿险公司采购部署的第三方软件产品（保融第三方签约平台），在网络攻防演习时被发现其前端管理页面的 JS 文件中明文写有管理员账号及密码，攻击者可利用该账号绕过前端验证直接登录系统，并查询包含个人敏感信息在内的所有数据，存在敏感数据泄露风险”。

三是金融科技与银行合作中可能存在操作风险。由于金融科技

---

① 《金融刑案考③金融科技隐患初现，谨防银行“内鬼”偷钱偷信息》，载搜狐网 2021 年 10 月 20 日，https://www.sohu.com/a/496073327_260616?g=0。

公司的业务模式和技术架构相对复杂，如果银行在与金融科技公司合作过程中未能充分了解和评估其业务模式和技术风险，可能导致操作失误或系统故障，进而引发刑事风险。

（二）技术风险

一是人工智能应用中数据泄露的风险。在人工智能广泛应用的背景下，银行积累了大量的客户信息和交易数据。这些数据不仅是银行进行风险管理和业务创新的基础，也是犯罪分子觊觎的目标。一旦银行的数据安全防护措施不到位，或者存在内部人员滥用职权、泄露数据的情况，就可能导致大数据泄露的风险。大数据泄露不仅侵犯了客户的隐私权益，还可能被犯罪分子用于实施诈骗、洗钱等犯罪活动。犯罪分子可以利用泄露的客户信息进行身份冒用、非法交易等操作，给银行带来直接的经济损失和声誉损害。更严重的是，大数据泄露还可能暴露银行的内部业务流程和风险控制弱点，为犯罪分子提供更多的可乘之机。

二是数据升级不及时可能导致银行的风险管理系统无法准确识别潜在的刑事风险。如果银行的风险模型和数据库没有及时更新，就可能无法及时捕捉新的犯罪手法和风险特征，从而给银行带来潜在的风险隐患。

三是数据误差带来的风险。数据误差是金融科技应用中另一个重要的技术风险。由于数据输入错误、数据处理逻辑不当或系统故障等原因，银行的数据中可能存在误差或不一致的情况。这些误差可能导致银行的风险评估结果失真，甚至误导银行的决策和行动。

四是技术不稳定或不成熟带来的风险。例如，宁波某银行原有的反欺诈平台稳定性不佳，容易出现交易风险判断超时、交易漏判。

虽然建立了对应的处理机制，保障交易业务按时完成，但交易风险监测仍旧受到影响。而且，反欺诈平台出现超时、漏判后，高度依赖人工对风险交易进行追溯和补查，提高人工审核的工作量，影响了风控效率。① 在漏判、误判期间，银行很容易成为诈骗、盗窃、破坏计算机信息系统等犯罪的被害人。相应地，反洗钱平台、贷款审核平台中的漏判、误判等，也会相应地扩大刑事风险。

（三）监管风险

主要是指金融产品创新与监管滞后所带来的新增风险。金融科技的创新速度远超传统监管制度的更新速度，导致部分新兴业务和产品游离于监管之外，形成监管空白。这使银行在开展这些业务时，可能因缺乏明确的监管指导而陷入合规困境，增加刑事风险。

针对上述风险，监管部门同样可以积极借助金融科技的力量，为监管工作赋能。通过运用先进的科技手段，监管部门可以实现对银行业务的全面、实时、动态监管，提高监管的及时性和有效性。具体而言，监管部门可以利用大数据技术对银行的数据进行挖掘和分析，发现潜在的风险点和违规行为；通过实时风险评估系统对银行的业务进行持续监测，确保银行业务的合规性；利用模型分析等技术手段对银行的风险状况进行量化评估，为监管决策提供科学依据。此外，监管部门还可以要求与银行进行信息共享和合作，及时了解银行的业务动态和风险状况。我国目前就正在进行金融监管创新，助力穿透式监管。其中，一些专注面向监管科技的区块链底层核心技术研发企业，积极承接中国人民银行金融科技应用试点项目，

① 参见《客户案例丨宁波银行：重构反欺诈平台　交出银行业反电诈“高分答卷”》，载微信公众号“芯盾时代”2023 年 11 月 1 日，https：//mp. weixin. qq. com/s/bvMxa1NKOlMV6S9 – ngTD0Q。

基于 RegChain ①为数字函证平台提供底层区块链技术支持，与中国互联网金融协会和多家银行共同参与中国人民银行地方首批金融科技创新监管试点应用建设。②

三、案例分析——某银行技术漏洞叠加第三方风险引发犯罪

（一）基本事实

A 公司于 2024 年某日在某商业银行网银系统开具商业承兑汇票 139 张，总金额 5000 多万元，该 139 张票据的出票人、承兑人均为 A 公司，收款人为 B 公司，到期日均为上述票据开具之次日。开具商业承兑汇票当天，B 公司与 A 公司相互勾结，利用某银行新开发的与票交所对接的票据网银系统漏洞，由 B 公司发起“非拒付追索”，随后 A 公司作为承兑人确认“同意清偿”。因某银行的票据网银系统漏洞，导致直接将某银行的备付金账户资金作为 A 公司的票据承兑资金划扣至收款人 B 公司账户，整个票据的收票、追索、清偿及扣款均于 2 分钟之内完成。当天双方共兑付 40 余张商业承兑汇票，从某银行的大额备付金账号共计划扣 1600 余万元。

某银行发现备付金账户被恶意划扣后，紧急关停票据追索功能

---

① RegChain 是内生安全、高效扩展、自主可控的国产基础联盟链平台，内置 RegLang 智能合约执行引擎、GmSSL 国密算法等自研核心技术，架构上内嵌监管层，以实现对链上业务的合规监管。

② 参见苏洁：《监管科技 + 区块链提升监管效率》，载中国银行保险报网，http：//chsh. cbimc. cn/2020 – 09/23/content_364102. htm。

并限制A公司办理任何票据业务。经查，A公司于某银行的账户内资金仅有50余万元，其自身并无能力承兑支付其开具139张共计5000余万元的商业承兑汇票。商业承兑汇票的“非拒付追索”适用于票据承兑人被依法宣告破产或因违法被责令终止业务活动时，为保护持票人的利益，持票人有权在票据未到期时发起非拒付追索，要求其前手清偿票据金额、利息和其他法定款项。

经调查，《上海票据交易所业务指南》中“追索同意清偿”部分规定的结算方式为“线上清算”或者“线下清算”。银行基于保障资金安全的业务逻辑及业务风险管控考虑，在业务操作流程中增加风险控制措施，在《某银行新一代票据管理系统操作手册》“网银端追索及清偿—同意清偿”中规定，仅可选择“线下清算”，且选项为灰色，客户无法变更结算方式，即银行在开发新一代票据管理系统时明确提出了如下开发需求：客户不能使用银行票据管理系统及网银系统进行非拒付追索同意清偿的线上清算功能。案发后，经对票据管理系统进行代码审计时发现，票据管理系统在“非拒付追索”下同意清偿（线上）场景下存在严重逻辑漏洞。票据管理系统厂商未按照与银行签署的《软件开发服务合同》中约定的系统质量要求进行交付，也未按照银行业务部门提出的非拒付追索清偿功能在实际使用中仅支持线下清算、不得支持线上清算的业务需求进行开发交付。

导致上述问题的原因是，该银行在外聘团队开发票据管理系统的同一时期，委托另外一家外聘公司开发“新网银”系统项目。在票据管理系统和“新网银”系统两个项目外包团队配合工作期间，“新网银”系统外包技术人员微信接到票据管理系统外包技术人员关于打开网银系统“非拒付追索”业务功能下“线上清偿”开关的技术需求，要求其进行部分网银端票据功能改造。票据管理系统外包人员在票据管理系统功能本身存在缺陷的情况下，贸然指导“新网银”系统开发人员开启网银端线上清算功能，且未征得银行方面的授权或同意，导致银行原有对于非拒付追偿同意“只允许线下清算”的风控措施彻底失效，产生风险。上述系统漏洞疑似被外聘技术团队工作人员利用实施票据诈骗犯罪。目前，该案件正在进一步侦办过程中。

（二）法律分析

该案是一起典型的利用银行信息系统漏洞而实施的高技术难度的侵害银行财产利益的犯罪行为，主要涉嫌的罪名可能有 3 个：诈骗罪、票据诈骗罪和盗窃罪。其中，票据诈骗罪为诈骗罪的特殊罪名，二者的主要区别在于犯罪的客体和客观方面不同。诈骗罪侵犯的客体为公私财产所有权，票据诈骗罪侵犯的是票据管理秩序和公私财产所有权。在客观方面，诈骗罪主要表现为虚构事实或隐瞒真相骗取对方当事人，票据诈骗罪则表现为虚构票据事实或隐瞒票据真相，通过实施票据行为进行诈骗活动。该案犯罪嫌疑人如构成票据诈骗罪，其必然符合诈骗罪的构成要件，主要在于犯罪嫌疑人是否利用了金融票据功能实施犯罪。就目前掌握的证据来看，犯罪嫌疑人签发无资金保证的承兑汇票，并进行追索骗取银行财物，属于利用金融票据的支付功能实施诈骗，故更符合票据诈骗罪的构成要件，应认定为票据诈骗罪。

票据诈骗罪与盗窃罪的区别主要在于，受害人是否基于错误认识而处分或交付财产。且二者的行为方式亦存在区别，票据诈骗罪系利用金融票据功能实施诈骗行为获得财物，而盗窃罪则是通过秘密窃取的方式获取他人占有的财物。在该案中，银行作为受害人是基于错误认识进行票据兑付还是在不知情的情况下，由犯罪嫌疑人利用银行系统漏洞秘密窃取的财物，系认定构成票据诈骗罪还是盗窃罪的主要分歧点。因目前该案仍在进一步侦查中，后续可根据案件的进一步侦查情况确定是否变更罪名。

此外，银行相关工作人员是否存在失职渎职、内外勾结等问题，还需要后续根据证据情况具体分析。

（三）风险提示与防控建议

1. 风险提示

一是业务制度更新不及时。一些银行的《电子商业汇票业务管理办法》发布时间较早，没有及时根据金融科技发展进行修订，或者修订的操作细则聚焦核心的授信项下贴现及银行承兑汇票业务的人工操作要求，对结算类的系统自动操作的商业承兑汇票业务未出具明确的管理细则。另外，由于《上海票据交易所业务指南》对提示付款功能有明确的操作要求，未对商业承兑汇票的非拒付追索进行明确规定，银行基于风控逻辑严格不准入商业承兑汇票非拒付追索同意清偿线上清算，但忽视了对该功能进行预判式细化规定和管理，两方面结合导致单一系统风控逻辑失效后出现重大刑事风险。

二是科技制度监控不全面。一些银行目前尚无核心模块和账务模块定义，科技人员对模块判定以及厂商出具代码是否必须审查仅基于工作经验判断，导致制度设计不足未能在制度发布中进行优化，存在制度管理漏洞。此外，在外聘技术开发过程中，系统代码变更未在业务需求中全面体现，导致银行未对部分隐蔽功能进行测试，无法形成需求、开发、测试、验收和上线的闭环管理，业务需求管理及测试出现安全隐患。

三是对外包厂商等第三方的监管不到位。部分外包厂商缺乏安全防范意识，忽视银行业对安全的特殊需求，擅自进行系统修改。银行缺乏完备的管理制度和行之有效的监督措施，导致外包人员不能按照开发要求执行标准化的交付和交接流程，致使关键信息和项目知识未能有效衔接，引发局部甚至系统风险。

2. 防控建议

一是及时补充完善技术管理制度。结合金融科技风险控制要求和业务发展趋势，及时修订完善数字货币、商业汇票、反洗钱以及其他信息科技管理相关管理办法，细化各操作环节管理要求和管理要点，补缺相关业务或管理事项无制度规定的情况，确保各项操作有据可依。同时，启动对未审查制度进行复审，提升制度有效性，弥补制度管理漏洞。

二是提升需求管理水平。加大需求提出、受理、分析、实现、测试、验收、变更、终止等各环节的规范化管理，压实各环节涉及人员的职责，强化银行内外部人员交叉监督，不断提升需求管理水平。

三是加强外包人员管理。完善细化交接流程，加强对外包厂商人员的监控和检查，确保其操作符合银行技术外包管理要求和监管规定。同时，加强培训、教育和沟通，提高其风险意识和操作规范性。